Theory and Practice of Writing

쓰기 이론과 실천사례

응용 언어학적 관점

Theory and Practice of Writing

쓰기 이론과 실천사례

응용 언어학적 관점

윌리엄 그레이브 William Grabe
&
로버트 B. 카플란 Robert B. Kaplan

허선익 뒤침

도서
출판 박이정

뒤친이
허선익

1966년 경남 합천에서 태어나 경상대학교 사범대학 국어교육과를 졸업하고, 웅양
중학교, 거창여자고등학교, 명신고등학교를 거쳐 지금은 경남과학고등학교에서 국
어를 가르치고 있다. 읽기 교육과 쓰기 교육에 관심을 갖고, 현재 경상대학교 국어
교육학과 박사 과정에 있다. 논문으로는 《의미 변동에 따른 동사의 어휘의미 표상
연구》, 《설명문 쓰기에서 다른 덩잇글 활용 양상》, 《읽기와 어휘 가르침에서 어휘
사슬 활용 방안》 등이 있다.

쓰기 이론과 실천사례
응용 언어학적 관점

초판 인쇄 2008년 7월 22일
초판 발행 2008년 7월 29일

지은이 William Grabe · Robert B. Kaplan
뒤친이 허선익
펴낸이 박찬익
편집책임 이영희
책임편집 김민영

펴낸곳 도서출판 박이정
주소 서울시 동대문구 용두동 129-162
전화 02)922-1192~3
전송 02)928-4683
홈페이지 www.pjbook.com
이메일 pijbook@naver.com
온라인 국민 729-21-0137-159
등록 1991년 3월 12일 제1-1182호

ISBN 978-89-7878-977-6 (93370)

* 책값은 뒤표지에 있습니다.

▌차 례▐

이 책은 윌리엄 그레이브(William Grabe)와 로버트 B. 카플란(Kaplan)이 1996년도에 펴낸 『*Theory and Practice of Writing*』을 우리말로 뒤친 책이다. 저자들은 미국과 세계 곳곳에서 응용 언어학적 관점(이점을 저자들이 강조하고 있다)에서 모국어로 혹은 외국어로서 영어를 가지고 쓰기 가르침을 실천해 온 사람들이다. 제목에서 알 수 있듯이 이론과 실천에 균형을 잡고 골고루 살핀 내용들이 책의 곳곳에 스며들어 있다.

책 내용을 간단히 훑어보도록 한다. 1장은 응용언어학적 관점에서 쓰기에 접근하는 방법이나 목표를 제시하고자 하였다. 읽고 쓸 수 있는 능력은 대체로 글말 능력으로 아우를 수 있는데 역사적인 흐름의 살핌에서부터 외국어와 모국어에서 쓰기에 어떻게 접근하고 있는지를 살피고 있다. 2장은 읽기에서 많이 연구가 이뤄졌던 텍스트언어학적 관점을 바탕으로 글이란 무엇인가에 접근하고 있다고 할 수 있다. 여러 텍스트언어학적 개념들이 소개되고 이들이 어떤 과정을 거쳐 지금에 이르게 되었는지를 소상히 알려주고 있다. 쓰기가 의사소통의 한 측면이라는 점에 비추어 볼 때, 맥락을 벗어날 수 없고, 글쓰기의 관습에서부터 글쓰는 이의 사회경제적 배경까지 두루 살피는 안목도 필요하다는 점에서 2장의 텍스트언어학적 관점을 마련한 이유를 읽어낼 수 있다. 3장에서는 2장의 논의를 아우르면서 필자가 내세우는 덩잇글 구성 모형을 제시한다. 어떻게 논의를 하든 결국 글은 일곱 개의 구성요소 즉 통사, 의미, 어휘, 결속, 의미연결, 기능차원, 비언어적 차원에서 논의할 수밖에 없고 이것이 덩잇글 구성 모형의 토대를 제공한다고 하면서 그 구성 모형을 제시하였다. 당연한 말일 수도 있지만 덩잇글 구성 모형을 잡는 일이 쉽지 않은 것은 단순히 이들의 합이 덩잇글 구성의 온전한 모형일 수 없고 이들 구성요소가 상호작용하는 정도를 정하는 데서 어려움이 있다는 지적은 아직도 이론적으로 해결해야 할 과제가 많이 남아 있음을 함의한다고 하겠다.

4장은 1960년대부터 나타나기 시작한 쓰기 과정에 대한 접근과 그로 말미암아 일어난 변화를 소개하고 있다. 과정에 대한 접근을 초점에 따라 네 단계 즉 '표현론적 단계, 인지 단계, 사회학적 단계, 담화 공동체 단계'로 나누었다. 사회학적 단계에서는 많은 부분을 민족지학 방법론(개별사례연구)에 할애하고 있으며, 담화 공동체에서는 고급 수준의 쓰기, 주로 학문 공동체에 초점을 맞춰 서술하고 있다. 5장은 앞 부분에서 4장에 이어 몇몇 대표적인 이론가들이 이끈 쓰기 가르침의 변화를 짚어 보고 있다. 버레인터와 스카다말리아, 헤이즈와 플라워의 모형이 발전되면서 가다듬은 내용들을 소개하면서 그 한계를 논의하였다. 아울러 기능에 따른 목적을 강조한 헬리데이의 관점을 수용하여 갈래를 강조한 논의들을 깊이 있게 다루었다. 뒷부분은 모국어 맥락과 외국어 맥락에서 쓰기의 같고 다른 점을 논의하고 있는데 영어 교사들이 눈여겨 볼만한 대목이다.

뒤친이도 현장 교사로서 어쩔 수 없이 학교라는 맥락, 학업이라는 맥락에서 쓰기를 보고 있지만 이 책의 얼안은 더 넓어서 전문 직업 맥락에서 쓰기를 염두에 둔 6장이 마련되어 있다. 6장은 학교가 아닌 맥락에서 실제로 수행되는 쓰기와 학교 맥락에서 이뤄지는 쓰기를 비교하고 특별한 목적을 위한 영어에서 쓰기 접근 방법, 전문 직업 맥락에서 쓰기에 대한 사회구성주의 관점을 논의한다. 이런 연구를 통해서 이들 맥락에서 쓰기가 갖고 있는 특징을 밝히고 있는데 결국 이들도 너른 범위의 수사학 얼개에 드는 영역의 하나일 뿐이라고 지적한다. 우리말 교육에서 조금 더 챙겨보아야 될 부분인 듯하다.

7장은 대조 수사학의 관점에서 살피고 있는데 쓰기를 더 넓게 문화적이고 사회적인 맥락에서 살피는 장이다. 대조 수사학에서 문제가 되는 것은 문화에 따른 언어 사용의 양상이며 체계에 관련되는 언어상의 특징보다는 통사 결속, 의미연결을 이루는 방법들에서 차이라고 할 수 있다. 말하자면 수사학이라는 개념에서 어느 정도 암시를 받을 수 있듯이 언어 사용과 관련된 문제를 다룬다. 구체적인 대상으로 각 나라들의 문체를 비교하고 있다.

8장은 쓰기 이론 수립을 위한 논의를 한다. 이론을 마련하기 위해서 가장 기본적인 물음에 대한 답을 해나가고 있는데 여기에는 민족지학 연구(=개별 사례연구)에서 이뤄진 논의를 '언제, 어떻게, 왜, 무엇을 누구에게 쓰는가'와 같은 쓰기에 대한 기본적인 물음에 대한 답으로 요약해서 보여주고 있다. 그러면서 쓰기 이론 수립을 위해 쓰기 기술, 지식, 과정에 대한 분류 체계를 보여주고 있다. 이를 바탕으로 저자들은 소통을 위한 언어 사용으로서 쓰기 모형을 제안한다. 저자들도 지적하고 있듯이 구체적인 자료를 바탕으로 하지는 않았지만 이 모형을 바탕으로 쓰기에 관련되는 인자들을 설명해 준다. 아울러 이 모형을 요약하기 사례를 통해 간단히 적용해 보이고 있다.

9장은 앞 장들과 뒤에 이어지는 실천 사례에 관련되는 세 장의 징검다리 역할을 한다. 연구에서 나온 결과들을 바탕으로 하고 사회적 맥락에 대한 고려를 통하여 이론에서 실천으로 옮겨가는 방법을 찾아보고 있다. 연구결과를 바탕으로 쓰기를 가르치는 교사, 쓰기를 배우는 학생, 교육기관, 가르침 자료, 교과과정의 역할을 두루 살피고 있다.

이 책을 우리말로 뒤치도록 한 동기를 부여했던 장들은 10장에서 12장에 마련되어 있다. 저자들은 오랜 경험을 통해 초급 수준에서 고급 수준에 이르기까지 쓰기 수업 시간에 자유롭게 해볼 수 있는 과제들을 각 단계별로 25개씩 설정하고 구체적인 실천 방법을 제시하고 있다. 저자들이 지적하고 있듯이 수준을 가르는 엄격한 잣대가 있을 수 없지만 쓰기 가르침의 내용이나 주제가 이어지면서 고급 수준으로 이르는 단계별 가르침을 제시할 수 있을 것이다.

10장에서는 초급 수준의 학생들을 대상으로 하는 쓰기에 대해 언급하고 있는데 이 수준은 우리나라로 치면 초등 학생들에 해당한다. 이들에게 해 볼 수 있는 주제들은 쓰기를 위해 학생들을 준비시키기, 쓰기를 안내하고 뒷받침하기, 함께 쓰기, 다른 목적을 위해 쓰기, 쓰기 교과과정 넓히기라는 다섯 개의 원칙에 따라 묶여 있다. 11장에서도 앞 장에서와 마찬가지로 다섯 개의 원칙을 제시하는데 이들은 학생들에게 쓰기를 준비시키기, 쓰기를 안내하고 도와주기, 쓰기를 중심으로 활동하기, 서로 다른 목적을 위해 쓰기, 쓰기 교육과정 넓히기로 되어 있다. 중급 수준의 학생은 우리나라 학제로 치면 중고등학교(중학교에서 고1)에 해당하는데 쓰기의 얼안이 우리나라와 비교할 때 상당히 너르다는 것을 알 수 있다. 12장은 고급수준(고2 이상)의 쓰기 가르침에 관련되는 주제들을 다룬다. 더 전문화된 갈래와 맥락에 초점을 모으는데 정보의 통합과 생성, 분석에는 더 전문화된 쓰기 형식과 관례를 필요로 하기 때문이다. 이 장에서도 앞에서와 마찬가지로 다섯 가지 원칙 즉 쓰기 위해 계획하기, 정보를 조직하고 관례에 주의하기, 쓰기를 뒷받침하고 안내하기, 서로 다른 갈래에 따라 쓰기, 쓰기 교과과정 넓히기에 따라 25개의 주제가 베풀어진다.

마지막 장에서는 쓰기에 대하여 비평하고 평가하는 방법에 대해 논의를 한다. 여러 논의에 기대어 또래 모둠 비평에서부터 여러 방향으로 첨삭을 할 수 있는 구체적인 방법을 제시하면서 장점뿐만 아니라 있을 수 있는 문제들을 골고루 지적한다. 아울러 수행평가에 이르기까지 평가의 얼안을 넓혀서 두루 살피고 있다.

이 책의 짜임에 대해 간단히 언급하기로 한다. 각주는 각 장의 마지막에 붙어 있는데 읽기의 편의를 위해 뒤침본을 펴내면서 해당 부분의 아래에 달아놓았다. 어떤 장들은 결론이 있지만 어떤 장에서는 결론이 없다는 점이 아쉬운 점으로 남는다.

뒤침본을 펴내기 위해 많은 사람들의 도움을 받았다. 대학교 시절부터 지금까지 끊임없이 이끌어 주고 가르쳐 주시는 대학교 은사님들, 같이 공부를 하고 있는 선배님들, 친구들과 후배들에게 받은 도움은 이루 다 말로 표현할 수 없을 것이다. 그리고 책을 펴내기 위해 수고를 아끼지 않은 박이정 출판사의 모든 분들께 고마운 마음을 전한다.

2008.3.

뒤친이 허선익

‖ 서 문 ‖

　이 책은 쓰기 이론과 실천에 대한 응용 언어학적 관점을 보여준다. 그러나 응용 언어학의 방향에서 쓰기 가르침과 쓰기에 대해 살피는 일은 잘 해낼 수 있을지 의문을 품게 되는 과제이다. 우선 모국어 맥락에서 쓰기에 대한 철저한 연구가 그 자체로 여러 학문에 걸친 과업이다. 영어학, 교육학, 언어학, 심리학, 사회학으로부터 나온 관점들을 고려해야 할 것이다. 게다가 고등 교육(tertiary)(대학 재학생과 졸업생)을 받는 학생들과는 달리 초등학교에서 학생들에게 쓰기 가르침을 논의할 때 나타나는 근본적으로 다른 문제들과 관심사가 있다.

　더 나아가 응용 언어학의 관점은 상황을 더 꼬이게 한다. 그 자체가 여러 학문에 걸쳐 있듯이 응용 언어학은 쓰기 연구에 새로운 기준을 더해 놓는다. 설명되어야 하는 쓰기의 다양성과 쓰기를 배우는 목적에서 복잡성 증가, 외국어 상황에서 유발된 여러 문화에 걸친 다양성이 모두 쓰기에 대한 연구를 더 너른 얼개에 자리 잡게 한다. 저자들은 더 너른 얼개로부터 나온 쓰기 가르침과 쓰기의 본질에 대해 살피려고 시도하였는데 그렇게 하면서 피할 수 없이 응용 언어학적 탐구에 충실할 수밖에 없었다. 응용 언어학자로서 저자들은 어떤 교사와 교원 연수 강사들에게는 낯설 수도 있는 언어 능력의 발달에 대한 가정을 하게 될 것이다. 이해를 하는 데 있을 수 있는 걸림돌은 언어학 개론서 교재로 바로잡을 수 있을 것이라고 진심으로 믿고 있다.

　여러 학문에 걸친 폭넓은 방향을 채택하면서 이 책에서는 쓰기 조사연구에서 핵심 문제, 쓰기 가르침에서 현재의 방향, 다수의 가르침 맥락에서 이론과 실제 사이에서 다소 잘못 자리매김되고 있는 일련의 연관성을 다루어 나간다. 응용 언어학자로서 저자들은 이 책이 특히 쓰기에서 이론과 실천사례 사이의 관련성에 대한 이해에 이바지하고 동시에 그러한 연결이 일어나야 하는 복잡하고 서로 다른 많은 맥락들을 드러낼 것이다. 이런 연결이 명료해지는 정도만큼, 수반되는 문제들이 제기되고 해결 방향이 제안되며 이 책의 중요 목표를 달성하게 될 것이다. 이런 책을 쓰나가는 일이 저자들이 일을 해나가는 상황에 얹혀진 한계를 드러낼 것이고 특히 응용 언어학 얼개에서의 요구와 관련하여 더욱 그러할 것이다.

이 책에 대해서 출판자나 독자들이 참으로 국제적인 관심거리를 지닐 것이라고 기대할 것이다. 말하자면 논의가 나라의 울을 넘어서 보편적인 적용 가능성을 지닐 것이라는 것이다. 우리는 이론의 논의에서 지역적인 경계를 건너뛸 수 있는 생각들을 제공하는 데 성공하게 될 것이라고 믿는다. 이는 어떤 곳에서 이루어진 조사연구든 최첨단을 반영할 것이다. 그러나 실천 사례를 다루어 나가는 확장에서 이상적인 교실 수업을 가정해야 했고, 교사/학생 상호작용의 어떤 구체적인 맥락, 그리고 그런 상호작용에 참여하는 학생과 교사들의 어떤 실제적인 특성들을 가정해야 했다. 어떤 구체적인 맥락으로부터 출발하지 않는다면 이상적인 상황을 만들어내기란 불가능하다고 저자들은 믿고 있다.

우리의 이론적 논의가 일어나는 범위 안에서 얼개를 만들어내는 데 어떤 치우침이 있다는 것을 털어 놓기로 한다. 저자로서 우리들은 둘 다 미국에서 연구를 하고 있고 그 결과로 미국에 기반을 둔 출판물과 학자들에 더 낯이 익다. 저자들은 미국에서 모이는 회의에 주로 참석하였다. 그리고 미국에서 도서관 자료를 살폈고, 우리와 지리적 (철학적) 제약을 함께 하는 다른 학자들과 주로 교류하였다. 또한 미국에서 연구를 하였기 때문에 그 나라의 조건으로부터 나오거나 적용되는 응용 언어학적인 문제들의 해결책에 대한 개인 연구와 공동 연구에 우리는 초점을 모았다.

이는 저자들의 경험이 완전히 근시안적임을 암시하는 것은 아니다. 다양한 시간과 기간 동안 다른 지역과 다른 환경에서 연구를 하였으며, 아울러 거의 셀 수 없을 정도로 많은 교육체제에서 일한 경험이 있다. 그러나 이런 접촉이 전적으로 보편적인 것은 아니며 많은 기간을 포함하는 것은 아니다. 그리고 다른 교육제도에 대한 지식은 오래 되었을 수도 있다.

이 책을 편집하면서 폭넓은 국제적 관점을 통합하려고 하였으며 다른 교육 제도에 대한 공동의 경험을 끌어내고 국제 범위의 간행물과 책에서 우리가 입수할 수 있는 다른 문헌으로부터 나온 응용 언어학 조사연구를 세심하게 살폈다. 때때로 우리는 더 지역적인 조사연구 자료들을 다른 나라에 있는 활용 가능했던 동료들의 도움을 수시로 받았다. 그리고 그와 같은 국제적, 더 정확히 말하면 다국적 자원들을 같이 끌어내는 데 성공하는 정도가 이 책의 폭넓은 적용 가능성을 결정하게 될 것이고 응용 언어학적인 연구 조사연구가 영어 학습과 가르침에 대해 이뤄졌던 세계의 다른 지역으로부터 나온 관점들을 반영하게 될 것이다.

어떤 정도로든 학문적인 근시안의 잘못을 저지르고 있다면 우리는 동료들과 독자들에게 용서를 구하고 싶다. 대부분의 조사연구 모범사례들의 다양한 측면들을 상당히 철저하게 포괄하려 하였다고 믿기 때문에 빠뜨린 더 큰 논제들에 관심이 있는 독자라면 우리들을 용서해 줄 것이라고 믿는다. 몇몇 논제들은 미국적 상황에만 적합한 것으로 비칠 수도 있지만 그러저런 나라들의 문화적 다양성과 언어적 다양성이 너무나 커서 그런 토대에서 끌어낸 생각들이 더 폭넓은 함의를 지닐 것이다.

실천 사례의 문제와 관련하여 우리의 생각과 예들이 분명히 미국적 맥락으로부터 나왔지만 우리가 제공하는 대부분의 주장들이 다른 지역에 있는 교사들에게 유용할 것이다. 그럼에도 불구하고 모든 주장들이 보편적인 적용 가능성을 지니고 있다고 간주할 수는 없으며 개념적인 제약을 가정한다면 모든 가능한 상황에서 모든 실천 가능성을 완전히 다루었다고 할 수도 없다. 이 책의 독자들이 가르침 실천 사례의 완벽한 묶음 혹은 우리가 제시한 생각들이 가능하거나 유용한 것들을 전부를 제공하였다고 믿기를 바라기보다는 이 책이 독자들이 기꺼이 사 가기를 바라는 생각들의 대형매점으로 간주하여 주기를 바란다.

이 서문을 마감하면서 이 책의 다양한 부분에 되짚어 보기를 기꺼이 제공하여 준 여러 사람들에게 고마움을 나타내고 싶다. 앤젤라 바커(Angela Barker), 예나 부르게스(Jena Burgess), 울라 코너(Ulla Connor), 탐 밀러(Tom Miller), 프레드릭 스톨러(Fredrick Stoller)가 그들이다. 처음의 예상을 넘어서 불어난 연구거리를 수행하는 동안 연구를 할 수 있도록 참으며 안내하여 준 롱맨(Longman)과 크리스 캔들린(Chris Candlin)에게도 고마움을 나타내고 싶다.

1996년 4월
윌리엄 그레이브(William Grabe): *북부 애리조나 대학*
로버트 B. 카플란(Robert B. Kaplan): *남부 캘리포니아 대학*

이 책을 삼가
케이시 로시츠케(Kathe Rositzke)와 오드리 카플란(Audrey Kaplan)에게 바칩니다.

   '좋은 고깃국은 소금이 필요 없다.'라는 말은 응용 언어학의 핵심 주제들에 대해 포괄적인 설명을 제공하려는 이와 같은 책의 어떤 총괄 편집자라도 마음에 새겨두기에 알맞은 금언으로 떠오른다. *응용 언어학과 언어 연구 연속물*에서 이 최근 원고의 범위는 어쩔 수 없이 폭이 너른데 *쓰기*가 눈에 띌 정도로 널리 퍼졌을 뿐만 아니라 쓰기의 여러 역할의 중요성을 알려 주기 때문이다. 쓰기는 인지 능력의 측정도구로서, 교육과정의 설계와 가르침과 평가의 전달 방법에서 핵심적인 기술 영역으로서, 삶과 일터에서 일상적인 의사소통이라는 사회적 요구와 직업적 요구에 대한 이해의 방법으로서, 동시대의 산업 사회와 후기 산업 사회에서 모두에게 생애 기회에 직접 접속할 수 있거나 접속 불가능하게 하는 핵심적인 문지기 역할을 드러냄으로써 중요한 역할을 하며, 문화적 다양성과 상대성을 설명하고 탐구하는 데서 민족지학적인 중요성을 지닌다. 여기서 폭넓게 다루었음에도 불구하고 이런 책이 왜 지금 필요한지를 강조할 여지는 남아 있다. 서로 구별되는 매우 다른 역할과 여러 겹의 목적을 풀어내고 초점을 모을 필요성에 부분적으로 그 이유가 있으며, 그보다는 모국어와 외국어 수행에 대한 중요한 구별이 있지만 그런 구별에서 다양성과 파편화가 있음에도 불구하고 쓰기와 쓰기 과정의 본질이 무엇보다 중요하다고 주장하는 것에 그 이유가 있다.

   그 다음에 저자들은 쓰기의 본질, 쓰는 행위, 저자들의 개인적인 목적과 공통적인 목적, 이런 쓰기 과정의 근거와 다양한 덩잇글 산출이 있게 한 근거를 탐구하는 것으로 시작한다. 앞에서 개략적으로 소개한 쓰기 관련 사실들이 한 수준에서 따로 처리될 수 없으며, 어떤 사실이 반드시 중요한 것이라고 주장할 수 없다고 논의한다.

이를테면 저자들의 논의거리인 *작문*은 인지적인 동시에 사회적이고 개인적이며 교육적이라는 것이다. 그들의 관점에 따르면 작문은 역사적인 참조가 없으면 적절하게 언급될 수 없다. (복잡한 방식으로 쓰기 그 자체를 다루는 것만으로도 흥미롭기도 하지만) 쓰기 그 자체의 발생에 대한 것뿐만 아니라 서로 다른 시기에 서로 다른 환경에서 이뤄진 쓰기의 산출과 수용에 대한 상대적인 조건들과 같은, 서로 다른 사회–문화적 맥락과 사회–정치적 맥락에서 쓰기 발전의 다양한 역사들이 포함되고 다뤄져야 한다. 간단히 말해 사회적이고 문화에 따른 여러 겹의 글말 문화를 포함하고 논의해야 한다. 저자들이 논의하고 있듯이 다시 한 번, 발화 영역과 완전히 구별되는 영역으로 쓰기를 논의할 수 없게 되었다. 덩잇글 구조에 대한 조사연구에서 서로 다른 사회에서 글말 능력과 입말 능력의 사회적 실천 사례 연구, 공적인 담화에서 쓰기와 발화의 내적 연관성에 대한 연구, 모든 갈래에 대해서는 아닐지라도 상호 텍스트성과 상호 담화성에 대한 연구는 모두 쓰기의 실천 관례와 연구에 대한 다면적인 기준의 필요성을 지적한다.

이런 관점에서 빌 그레이브와 밥 카플란은 도입 장에서 모국어로서 영어와 제2언어로서 영어 상황에서 이전에 밝혀진 쓰기 과정에 관련된 사실들을 끌어오고 쓰기 필요성의 다양성에 대한, 다양한 반응의 맥락에서 쓰기 조사연구에 대하여 명확하고 설득력 있으며 범위가 뚜렷한 설명을 시작하고 있으며 제공하고 있다. 그와 같은 설명은 쓰기 조사연구 방법론이 지니고 있는 여러 학문에 걸친 성격을 저자들이 내세울 수 있도록 해준다. 여기서 그들은 일반적인 연구의 도구이자 연구의 한 측면을 이룬 실험 기법, 언어학적/텍스트언어학적 기법, 민족지학 방법론과 심리학적 기법과 같은 용어들과 마찬가지로 모국어 쓰기와 외국어 쓰기에 대해 잘 알려진 구별이 얼마나 뒤섞이고 흐릿하게 되었는지를 보여준다.

그러나 다양성 속에서 통일을 이룬 것을 기리는 데서 적절히 주의하여야 한다. 쓰기 실천 사례와 쓰기 가르침의 역사라는 관점에서 볼 때 특히 영어권에서는 일반적으로 가정하는 것보다 공공연하게 한쪽으로 치우친 사람들이 훨씬 많이 있어 왔으며 동시에 의도에서 숨겨진 차이들이 있다. '갈래에 기반을 둔', '과정에 초점을 모은', '총체 언어', '산출물 중심의' 입장들은 쉽사리 믿고 넘어가는 표어보다 학술적으로나 교육적인 가치가 떨어지는 기술이었다. 그럼에도 이들은 중요한 점에서 구별되는 입장을 나타내고 있으며 굳이 말한다면 종종 이용되고 있다. 덩잇글 기술에 대한 접근은 논의의 여지가 없지 않았으며, 가르침 자료들에 대한 적용도 아니었다. 형식적인 입장과 기능적 입장의 뒤섞임이 성공적일지라도 가르침 전략은 단순히 어떤 언어학적 분석을 잘 읽어내는 것일 수 없다. 학생들의 쓰기는 어떤 목표로 설정된 인지 전략이 접속 가능한 언어 형식으로 변할 수 있다는 믿음에 따라 개인 혼자의 수행으로 평가될 수 없다. 쓰기 발달의 맥락에서 어떤 학문분야나 전문 직업 분야로 그렇게 분명하게 모여들 것이라고 보아서도 안 되고 개인적인 쓰기 수행을 해당 가르침 과제에 대한 순간적이고 개인적이며 개별적인 반응으로 보아서도 안 된다. 이 책의 가치는 이런 가변성을 인정하고 있다는 점이며 여전히 쓰기 연구와 쓰기 실천사례들을 다루었고, 그리고 다루어야 하는 핵심 논제를 주장하고 보고하고 있을 정도로 윤곽이 뚜렷하다는 것이다.

뒤따르는 장들에서 빈틈없이 상세한 내용으로 그런 것들을 다루고 있다. 덩잇글을 산출물로 적절하게 다루는 것으로 시작하면서 덩잇글을, 필자의 담화와 독자의 담화라는 추론 가능한 두 과정으로부터 도출되는 명백하고 분석 가능한 인공물로 설득력 있게 자리매김한다. 그런 담화들은 실험을 통한 설명과 민족지학을 통한 설명, 심리적 설명을 통해 접속 가능할 정도로 인지적이고 사회적인 조건의 제약을 받으며 동시에 개인적이고 기능적이다. 그러나 덩잇글에서 나타난 설명력 있는 증거를 통해 서로 영향을 주고받는 것으로 간주되어야 한다. 따라서 쓰기 과정과 읽기 과정은 덩잇글에서 서로 연결된다. 저자들이 이 책에서 다른 특징 즉 연구와 실천의 밀접한 연관성을 정당화할 수 있도록 해주는 것도 이런 입장에서이다. 실제로 사람들은 쓰기와 읽기를 자신의 연구 실험 대상으로 보며 자신의 연구 방법으로 보며 자신의 연구 대상으로 본다. 결국 개인적으로 이용 가능하며 형식적인 어휘 문법 체계의 일반적이고 실제적인 제약 안에서 정신의 담화 처리 실제에 대한 검증을 해보는 일 외 필자(혹은 그 문제와 관련하여 독자)가 하고 있는 일이란 무엇인가?

그렇지만 이런 상호관계에도 불구하고 쓰기 연구와 가르침에서 이론과 실천 사이의 관계는 자명하지 않았다. 이는 부분적으로 저자들이 주장하는 것처럼 (두 가지 측면에서 덧붙일 수 있는 가정이나 일터는 제외하고) 학교와 학회 사이의 힘을 전체적으로 분산시킨 결과이다. 이는 부분적으로 그레이브와 카플란이 핵심 부분인 8장 '쓰기 이론을 향하여'에서 한 것과 같은 방식으로 쓰기 기술, 지식 기반, 쓰기 과정과 이들이 어떻게 언어 처리의 기술 모형으로 통합될 수 있는가에 대해 각 기관별로 명료성이 없었기 때문이기도 하다. 가르침 실천이나 연구 실천 사례에서 위에서 초점을 모은 필자, 독자, 덩잇글, 주제가 상호 의존되어 있다는 쓰기의 참모습을 완전히 받아들이는 데 완강한 거부감이 있었다는 점을 감안하면 이는 부분적으로 오해에서 비롯되었을 것이다.

누가, 무엇을, 어떤 목적으로, 왜, 언제, 어디서, 어떻게 쓰는가를 나눠어 살핀 장에서 제시한 부분들은 어떤 면에서 보면 사회언어학에 대한 피쉬먼(Fishman)의 유명한 견해를 바꾸고 확장한 것이다. 다른 면에서 보면 그것은 연구와 실천을 위한 조건과 질문을 규정한다. 이런 질문에 답을 하면서 교육과정을 세울 수 있을 것이며 이어지는 장들에서 저자들이 보여 주었듯이 교육자들이 이런 질문으로 무엇인가를 해볼 수 있다. 그렇게 많지는 않지만 이런 질문을 모두 동시에 품고 있다면 무방비 상태에 놓일 것이다. 브레히트가 쓰고 있듯이 그런 조건은 옳지 않다. 이와 비슷하게 이런 질문으로부터 연구 목록을 만들어 볼 수 있을 것이다. 그러나 여기서는 실망스럽게도 그리고 별다른 정당화 없이 이렇게 상호 영향을 미치는 질문들에 대한 동시적인 고려의 필요성이 덜 분명하다. 왜 그런지 생각해 볼 것이다. [편집자로서 저자는] 조사연구 반응에 대한 특이성은 적용된 언어 실습의 특이성으로부터 나왔다고 생각한다. 담화에 대한 초점 없이 덩잇글에 초점을 모으고, 문화적이거나 개별 집단에 초점보다는 개인에, 역사적 조건에 대한 초점보다는 실제에, 사회적인 현상에 대한 초점이 없는 상태에서 인지적인 측면에, 학습에 대한 초점보다는 가르침에, 주제 관련 문제에 대한 초점보다는 언어적인 측면에 초점을 모으는 이 모든 것들이 여러 학문에 걸쳐 있는 문제에 대해 연구자들에게 불가능한 것으로 인식되도록 하는 상황을 낳았고, 적절하고 실제적인 조사연구 실천을 불가능하게 하였다.

이런 관점에서 본다면 쓰기의 실제와 이론에 대한 이 책은 더 폭넓은 함의를 지닌 것으로 드러난다. 이런 식으로 읽을 때, 이 책은 응용 언어학의 현재 상태에 대한 책으로서 출발에서 저자들이 밝혀낸, 이 학문이 맞닥뜨린 문제에 초점을 맞춰 드러낸 특성이 응용에서뿐만 아니라 응용 언어학 그 자체의 원리에 대해서도 얼마나 적절한 것인지를 보여주게 될 것이다.

크리스토터 N 캔들린 교수
총괄 편집자
맥콰이어 대학
시드니, 오스트레일리아

01 | 쓰기 연구와 가르침에서 쟁점들

Issues in writing research and instruction

1.1 들머리

응용 언어학은 적어도 지난 50여 년간 쓰기 기술의 발전에 관심을 기울여 왔다. 그런 관심을 기울인 것은 타당해 보인다. 응용 언어학의 개념을 비교적 엄격하게 실세계의 언어에 기반을 둔 문제를 해결하려는 시도로 진지하게 생각해 본다면, 영어를 모국어[1]로 하는 학습자이든 외국어로 하는 학습자이든 혹은 다른 언어의 학습자이든 쓰기 능력의 계발은 분명히 응용 언어학의 영역에 완전히 포함된다.

그러나 두 집단 사이에 의미심장한 차이가 있다. 왜냐하면 이 집단들 사이에는 학습자와 관련된 문제에서 폭넓은 다름이 있기 때문이다. 이런 차이들 때문에 그 결과로 나타난 쓰기 이론과 가르침에 대한 중요성이 책 전체에서 탐구될

---

1) (뒤친이) 일반적으로 L1은 제1언어를 가리키고, L2는 제2언어를 가리킨다고 말할 수 있다. 엄밀히 말하면 여러 언어를 쓰는 상황에서 쓰인다는 점에서 함의는 분명히 다르지만 뒤침 맥락을 매끄럽게 하기 위해서 L1은 모국어로, L2는 외국어로 나타내기로 한다. 본문 24쪽 등에 나타난 내용으로 보면 외국어는 다시 EFL(외국어로서 영어: 엄밀히 말하면 단일 언어를 쓰는 상황에서 어떤 목적어로 쓰는 영어)와 ESL(제2언어로서 영어: 다중 언어 상황에서 쓰는 영어)를 가리키는 것으로 구분을 한다.

것이다. 어쨌든 한 권의 책에서 두 집단을 다루는 것은 응용 언어학에서 편의상 채택해 볼만 한 것이다. 왜냐하면 두 집단은 언어에 바탕을 둔 교수학습을 가정하고 있으며, 지난 20여 년 동안 역사적인 전개에서 중요한 부분이 겹치기 때문이다. 모국어로서 영어 연구와 실천 사례를 무시하기로 한 결정은 제2외국어로서 쓰기에 대한 접근 관점을 왜곡할 뿐만 아니라 쓰기 [능력] 향상에 제기되는 쟁점들과 관련되어 있는 응용 언어학적 탐구의 올바른 영역을 잘못 해석할 수 있다.

이 장은 폭넓은 응용 언어학적 관점을 받아들여 쓰기 가르침의 실천과 이론에 내포된 폭넓은 문제와 쟁점들 다수의 개략적인 모습을 살핀다. 쓰기의 쟁점을 살피는 데서 쓰기의 기본적인 성질에 대한 가정이 고려되어야 한다. 예를 들면 *왜* 사람들은 쓰는가? 말하자면, 서로 다른 *어떤 집단의 사람*에 의해 *어떤 갈래의 쓰기*가 이뤄지는가? 그리고 *어떤 목적*으로? 더 근본적으로는 *쓰기를 구성하는 것은 무엇인가*를 물어야 한다. 그와 같은 기본적인 질문은 진공상태에서 논의될 수 없고 다양한 상황에서 입말 능력 계발과 입말 능력 필요(literacy[2]) demands)에 의해 제기되는 더 큰 쟁점들을 고려해야 한다. 읽기 쟁점과 관련된 일련의 문제와 통합되는 글말 능력은 상보적인 이해/산출 과정으로서, 읽기와 쓰기 사이에 있어야 하는 관련성에 초점을 모은다. 또한 입말 형식과 글말 형식

---

2) (뒤친이) 한때 literacy를 문식성으로 뒤친 적이 있다. 그러나 이 말은 낱말을 만드는 방식에도 맞지 않고, 어떤 의미인지 쉽게 와 닿지 않는다. 낱말밭의 모습을 살펴보면 대립 관계가 한 축을 이루므로 여기에서 암시를 받을 수 있는데 영어에서 literacy와 짝을 이루는 낱말은 oracy이다. 대립되는 낱말과 짝을 지어 생각해보면 literacy는 글말로 읽고 쓸 수 있는 능력을 나타내고 oracy는 입말을 부려 쓸 수 있는 능력 즉, 말하고 들을 수 있는 능력을 나타낸다. 따라서 읽고 쓸 수 있는 능력, 말하고 들을 수 있는 능력으로 풀어서 뒤칠 수 있으나 너무 길다는 흠이 있다. 그래서 글말에 관련되는 능력 정도의 의미를 지니거나 입말에 관련되는 능력 정도의 의미를 지니는 용어를 제안해 볼 수 있다. 따라서 이들을 각각 글말 능력, 입말 능력으로 뒤치기로 한다. 이 말의 상위어로는 촘스키 언어학에서 제안한 언어 능력(linguistic competence)이 될 수 있을 것이다. 한편 월터 J. 옹 《Orality and Literacy》(김진명 뒤침, 문예출판사)에서는 '구술성/문자성'에 바탕을 두고 구술문화와 문자문화로 뒤치기도 하였다. 이런 점들을 고려하여 여기서는 맥락에 따라 '글말 문화/글말 능력', '입말 문화/입말 능력'으로 뒤치기로 한다.

의 구분이나 글말 매체의 구체적인 제약도 끌어들인다. 따라서 글말 문화에 대한 간단한 살핌을 통해 쓰기 이론과 가르침에서 이뤄진 최근의 발전 정도를 이해하기 위한 중요한 배경을 제공받을 수 있다.

기초에 대한 어떤 논의이든 반드시 모국어로 쓰기와 외국어로 쓰기에 대한 연구의 얼개를 통합하여야 한다. 모국어 관점으로, 모국어 맥락에서 제기된 이론적인 문제와 관심사는 외국어 상황에서 쓰기 접근에 영향을 미친다. 외국어 관점으로 외국어에 대한 조사연구는 두 맥락 사이의 차이에 초점을 모은다. 외국어 맥락에 도입된 인지적인 맥락과 문화적인 맥락, 교육적인 맥락과 같은 추가적인 변수들 다수가 어떤 점에서든 실질적으로 다른 고려를 하게 한다.

이 장은 또한 조사연구와 가르침 사이의 간격을 찾아내고 그런 간격을 어떻게 이어줄 수 있는지 고려한다. 모국어 쓰기에서 이론으로부터 실천으로의 전환에 지난 20년 간 상당히 많은 변화가 있었다. 그와 같은 변화는 외국어 적용에서 커다란 영향을 미쳤다. 외국어 맥락이라는 점을 고려한다면 이런 적용 몇몇은 적절했고, 다른 몇몇은 적절하지 않았다. 이를테면 외국어 교육은

- 외국어로서 영어를 배우는 학생들에게 쓰기를 요구하는데 몇몇 학생들에게 영어는 매우 중요한 과목으로 인식되지 않을 수도 있다.
- 특별한 목적(ESP)을 지닌 학생들 즉 직업을 위해 영어(EOP)를 배우는 학생들에게 영어 과목에서는 구별되는 쓰기를 부여한다. 그 목적들은 영어를 매체로 하는 대학에 들어가고자 학문을 목적으로 영어를 배우는 학생들에 대한 요구와 매우 다를 수 있다.
- 성인과 이민을 온 영어권 학생의 글말 능력에서 쓰기에 대한 요구를 포함한다. 두 집단은 학문을 목적으로 하는 맥락에 있는 사람들과 매우 다른 요구를 경험한다.
- 쓰기의 정교한 수준이 중요한 관심사가 아닌 학업을 위한 쓰기 요구를 포함한다.

이런 모든 문제들은 응용 언어학의 관점에서 쓰기 이론과 쓰기 실천에 대한 두루 살핌에서 다룰 내용이 된다.

1.2 쓰기의 본질에 대하여

현대의 문자사용 사회(=문명사회) 즉 광범위한 인쇄 매체라는 특징을 지닌 사회에서 쓰기의 필요성은 일반적으로 인식하는 것보다 훨씬 더 크다. 나날의 삶의 세계를 살펴보면, 사람들이 다양한 형태의 쓰기에 맞물려 있음을 발견할 것이다. 그리고 이들 가운데 몇몇은 일상적이고 평범하며 중요하지 않다고 무시할 수도 있을 것이다. 그러나 이런 다양한 형태들은 모두 어느 정도 글말 매체를 다룰 수 있는 능력을 보여준다. 대부분의 사람들이 나날의 삶에서 일정한 형식의 쓰기를 실천하고 있다고 하는 것이 올바르다. 그리고 실제로 일상적인 삶에서 모든 사람들은 수많은 서식들을 갖추고 있다. 게다가 많은 사람들은 일기, 편지, 짧막한 전달내용, 살 물건 목록, 가계부 등등을 자신들의 직업과는 상관없이 다른 이유로 쓴다.

글쓴이에 따라 일상에서 수행되는 다양한 과제들을 기술하는 것은 사람들이 쓰는 것들을 가를 수 있는 방법을 제공한다. 한편으로 쓰기 유형에 대해 조금 추상적인 목록은 기술하는 데 쓸모가 있다. 실제적인 쓰기 과제 목록들은 같은 기능 즉 무엇을 썼으며 왜 썼는가에 따라 이런 과제들을 묶는 방법을 제공하지 않는다. 실제로 서로 다른 기능에 따라 쓰기의 많은 갈래들이 일반적으로 나타난다. 이런 갈래의 쓰기는 맥락, 과제, 독자에 달려 있는데 이미 있는 정보를 재결합하거나 미적 형식에 따라 확인하고, 소통하고, 행위를 요청하고, 기억하고, 욕구를 채우며, 안으로 살피고, 무엇인가를 이루기 위한 쓰기를 포함한다.

- 자기 이름을 적는 것은 확인하기 위해서
- 살 물건 목록을 적는 것은 확인하고, 소통하고, 그리고/또한 떠올리기 위해서
- 메모를 적는 것은 소통하고 떠올리기 위해서
- 학생이 논술을 쓰는 것은 요구 조건을 충족하기 위해서
- 일기를 쓰는 것은 안으로 살피기 위해서

- 전문적인 논문을 쓰는 것은 소통하고, 재결합하고, 안으로 살피기 위해서
- 미적인 창조활동으로 알려진 시나 소설을 쓰기 위해서

그럼에도 어떤 발달 수준에서 작문과 관련된 쓰기와 관련되지 않은 쓰기를 구별할 수 있다.3) 이런 구별은 유용한데 대부분 학업에서 쓰기라고 언급되는 것은 작문으로 간주하기 때문이다. 작문은 (목록이나 서식 등등과는 달리) 짜임새를 갖춘 문장들을 어느 정도 통일되고, 결속되어 있으며 의미연결4)된 더 큰구조에 결합하는 것과 관련이 있다. 작문이라는 의미를 함의하는 쓰기의 부분들은 담화를 연결하는 표면적인 자질들과 개별 문장들의 의미 합 이상인 구성물에 대한 기저 논리를 포함하고 있다. 그림1.1은 읽을 이를 중심으로 하여 작문과 그렇지 않은 글의 이분법을 보여준다. 이 행렬은 작문이 있고 없음에 따라 쓰기에서 나타날 수 있는 가능한 선택내용을 암시한다.

　더 나아가서 작문은 본질상 전달하기와 변용이 이뤄지는 다시 전달하기로 나눌 수 있다. 다시 전달하기는 이야기 전달이나 모사처럼 어느 정도 글쓴이에게 알려진 쓰기 갈래임을 의미한다. 계획하기는 회상하기와 되풀이하기에 관련된다. 반면에 변용하기는 쉽게 이용할 수 있는 아무런 청사진이 없는 갈래임을 의미한다. 계획하기는 정보의 많은 조각들을 나란히 늘어놓기뿐만 아니라 다양한 수사적 선택내용과 제약에 대한 무게를 재는 것과 관련된다(버레인터와 스카다말리아 1987). 쓰기의 이런 갈래에서 최종 산출물을 확인하지는 못한다. 반면에 글쓴이와 글쓴이가 의도한 독자를 위해 정보-변용 문제의 해결을 통해 쓰기 행위를 살필 수 있다. 작문에 대한 이런 개념은 원고 쓰기나 '발화의 순간에

---

3) (뒤친이) 우리말에 '쓰기'와 '적기'가 구별될 수 있을 듯하다. 둘 다 의미영역을 서로 간섭하기는 하지만 쓰기는 어느 정도 사고력이 요구되는 창조적 활동의 일부로 볼 수 있고, 적기는 기계적인 받아적기, 쓰기를 보조하는 활동으로 간주할 수 있을 듯하다. 본문에서 composition은 쓰기로, non-composition은 적기로 맞춰볼 수 있을 듯하다.
4) (뒤친이) 덩잇글다움의 기준은 우리나라에서 보그란데와 드레슬러(1981)의 책이 기본으로 많이 인용되고 있다. 덩잇글다움의 으뜸으로 'cohesion'과 'coherence'를 들 수 있는데 이들은 학교용어로 '응집성'과 '통일성'에 대응한다. 여기서는 이를 각각 통사결속과 의미연결로 뒤치기로 한다.

짜맞추기'에서 나타나는 생각보다 훨씬 더 포괄적이다(브릿턴 Britton 1983). 왜
냐하면 '최종 산출물'을 포함하기 때문이다. 전통적으로 설명문이나 논설문/설
득문이라는 이름이 붙은 덩잇글뿐만 아니라 '창의적인' 쓰기는 변용하기와 관
련된다. 그림 1.1에서 비록 다시 전달하기와 변용하기에서 조직하기 전략이 많
은 갈래의 쓰기에 나타날 수 있기는 하지만 다시 전달하기와 변용하기를 구별하
려는 시도를 하였다.

독자	작문 없이 적기	작문으로 쓰기	
		지식을 전달하기 위해	지식을 변용하기 위해
자신	물건 살 목록	개인적인 일기	'일지'에 주석 달기
아는 다른 한 사람	우유 배달부에게 적기	사적인 편지	
모르는 다른 한 사람		사업상의 편지	
알고 있는 작은 동아리		수업 계획 설교	
모르는 작은 동아리	설문지	소식지 항목	제안
큰 동아리	세금 고지서 운전면허 응시원서		시, 극, 단편소설, 소설

〈그림 1.1 다른 독자를 대상으로 하는 작문 유형〉

학생들이 쓰기를 배우는 대부분의 학업 환경에서 교육 제도는 학생들이 정보
를 변용하는 능력으로 쓰기를 배우게 될 것이라고 가정한다. 사실 고등학교에
들어가기 전에 쓰기를 배우는 많은 학생들이 다시 전달하기 이상을 요구하는
쓰기에 일관되게 접해 볼 기회가 거의 없다. 어떤 경우에 모국어와 영어를 외국
어로 배우는 학생들 모두 단순한 형식에서조차 다시 전달하기를 거의 연습하지
않았다. 이런 학생들이 학업 환경에 들어가게 되었을 때 학생들로부터 일어나는
문제는 아마도 응용 언어학에서 주의를 기울일 만한 가치가 있을 것이다. 게다

가 쓰기가 이뤄지는 공간도 입말 능력이 발달되는 것과는 구별되게 학생들에게 제약을 얹어 놓는다.

학생들에게 부과되는 발달상의 이런 제약과 학업 기관에서 제시되는 더 복잡한 요구사항을 이해하기 위하여 쓰기의 [역사적] 발전 상황과 지난 두 세기 동안 제기되었던 쓰기/글말 능력 기대의 변화 모습을 간단하게 살피는 것이 유용할 것이다.

역사적으로 말해서 쓰기는 다소 최근의 고안품이다. 종의 역사와 겹침이 있는 입말과는 달리 글말은 6,000년을 넘지 않는 기록된 역사를 가지고 있다. 입말의 어떤 측면들은 생물학적으로 결정될 수 있지만 쓰기에 대해서는 그렇게 할 수 없다고 언어학자들은 일반적으로 받아들인다. 정상적인 발달을 보인 모든 사람들은 모국어를 배울 수 있지만 현재 세계 인구의 절반이 기능상 충분한 수준에까지 읽고 쓸 수 있는 방법을 모른다. 그리고 세계 인구의 5분의 1이 완전히 문맹이다. 이런 차이가 쓰기 도구나 읽을 자료에 대한 접속이 불가능하기 때문에 우연적이라고 주장하는 것은 잘못이다. 혹은 이 5분의 1에 해당하는 사람들이 어느 정도 '비정상적'이라는 꼬리표를 붙이는 것도 알맞지 않은 듯하다.

입말 매체와 글말 매체 사이의 구별이 쓰기 능력 발달에 의미심장한 제약을 준다는 것은 주의를 하게끔 한다. 쓰기 능력은 자연스럽게 습득되지 않고, 모든 세대에 걸쳐 학교에서든 다른 지원 환경에서든 (생물학적인 것이 아니라) 문화적으로 전승되어야 한다. 어휘 사용과 구문 활용에 따라 두 매체 사이에 많은 구별이 있지만, 습득됨/학습됨의 구별은 특별히 주목을 받을 만하다. 이런 구별로부터 논리적으로 이끌어낼 수 있는 결론은 쓰기가 기술이며, 연습되고 경험을 통해 학습되어야 하는 기술들의 묶음이라는 것이다. 이런 식으로 쓰기를 자리매김하는 것은 쓰기가 왜 학생들에게 여러 가닥의 복잡한 문제를 일으키는지, 그 기술은 자연스럽게 생겨나지 않고 의식적인 노력과 많은 연습을 통해 얻을 수 있는지를 설명하는 데 도움을 준다. 이런 이유로 다수의 학생들은 정보를 새로운 덩잇글로 변용하는 복잡한 작문 기술을 더 이상 발전시키지 못할 성싶다.

핵심 주장은 쓰기를 통달해야 하는 기술들의 묶음으로 가정하는 것이 예를 들면 헤엄치기를 배우는 것과 같이 있을 법한 주장이긴 하지만 성장에 따라 자동적으로 수반되는 천부적인 능력이 아니라는 것이다(리버만과 리버만 1990). 쓰기, 특히 학업에서 더 복잡한 작문 기술이라는 평가를 받는 쓰기는 연습하기, 가르치기, 실천 관례, 경험, 목적과 관련된다. 쓰기가 기술이라는 주장은 사람들이 쓰기를 배우는 방법이 사람들이 말하기를 배우는 것과 다르다는 것을 함의할 뿐이며 어떤 사람이든 어느 정도의 지원 없이 쓰거나 읽게 될 것임을 보장하지는 않는다.

1.3 글말 문화와 쓰기

글말 문화의 전개에 대한 역사를 통해 쓰기의 본질에 대해 기예로 보는 관점이 뒷받침되고 있다. 실제로 다수의 글말 능력 연구자들은 이런 관점을 강하게 옹호하였다. 글말 문화에 대한 다른 자리매김은 역사적인 증거에 맞서지 못한다(구디 Goody 1987, 그랩 Graff 1987). 실제로 역사적으로 매우 다른 맥락과 다른 용도로 발전된 글말 유형이 많이 있기 때문에 더 복잡한 어떤 자리매김이 모든 맥락에 똑같이 효력이 있는 것은 아니다(크레시 Cressy 1980, 그랩 1987, 휴스튼 Houston 1988, 퍼브스 Purves 1991). 게다가 글말 문화의 전개는 읽기와 쓰기 기예가 발전하였고 세대를 따라 내려오면서 문화적인 맥락과 사회적인 맥락에 맞춰 전승되었음을 보여준다. 그리고 이런 기예들은 적합한 사회적 지원이나 문화적 뒷받침이 없어질 경우 유지되지 않았다.

사실 기예로서 쓰기라는 자리매김은 글말 문화에 대한 역사적 관점과 매우 잘 들어맞는다. 왜냐 하면 글말 문화 운동과 발전은 자신의 이름을 적거나 장부 서식을 채워 넣는 것과 같은 매우 기본적인 기술의 확장에 지나지 않았다. 그와 같은 글말 문화의 전개는 이전에 논의되었던 작문으로서 쓰기나 학업에서 가치 있는 쓰기와 같은 종류로 간주하기 어렵다. 그럼에도 불구하고 이런 글말 문화의 전개는 쓰기 능력의 어떤 측면을 반영한다는 것을 부인하기는 어렵다.

글말 문화 전개의 역사는 암시적이면서 동시에 일반적으로 잘못 이해되고 있다. 암시적이라는 것은 수많은 다양한 글말 문화 운동과 글말 문화의 전개 맥락이 현재 학생들의 쓰기 능력 활용과 그에 대한 기대치를 더 잘 이해하도록 하기 때문이다. 그러나 종종 잘못 이해되고 있는 것은 글말 능력에 대한 많은 가정들이 정확한 자료 보고와 분석 없이 조장되고 수용되기 때문이다(그랩 Graff 1987). 글말 문화에 대한 연구가 증명해 보인 중요한 사실은 통시적으로나 공식적으로나 다양한 갈래의 쓰기 능력이 있듯이 다양한 갈래의 글말 능력이 많이 있다는 것이다. 교육 맥락에서 쓰기 문제를 드러내 보이는 대부분의 학생들도 사실은 쓰기 능력을 지니고 있다. 그 기술들은 단지 교육 기관에서 값어치가 있다고 하지 않는 것이다(바르통과 이바니치 Barton and Ivanic 1991, 스트릿 Street 1993). 이는 특히 학업을 목적으로 하는 영어(EAP: English for Academic Purpose)를 배우는 외국어 학생들의 경우 그러하다. 그들은 분명히 서로 다른 글말 문화 관례와 읽기와 쓰기에 대해 서로 다른 관점을 지니고 고등 학업 기관에 왔다.

서양의 글말 문화 역사는 대중들을 위해 필요한 경우 입말로 뒤칠 수 있는 필기 전문가들에 의해 사건이나 전통, 거래를 기록하기 위한 쓰기의 활용으로 시작된다(기원전 3100년 경). 성직자의 권력은 읽고 쓸 수 있는 능력과 관련된 신비한 능력 덕분이었다. 그리스 시민 국가의 출현은 시민들 사이에 글말 기술이 퍼져나감을 알리는 신호가 되었다. 그러나 그리스 정통 시민 계급 사이에 글말 능력은 일반적으로 가정되는 것보다 덜 퍼져 있었으며 덜 정교하였다. 그리스 시민의 15-20%만이 '시민'으로 구성되어 있었고 입말 전통을 여전히 의사소통의 수단으로 믿고 선호하였다. 이와 마찬가지로 로마 시대에도 시민들 사이에 제한된 글말 능력을 지닌 것으로 나타났다. 이런 맥락에서 글말 능력은 대부분의 경우 공립학교의 출현 때문이었으며, 제국의 군대 투입 지역에서 정부의 일을 하는 관리가 필요하게 된 때문이었다. 그럼에도 불구하고, 글말 능력을 지니고 있는 사람들은 소수의 지적, 정치적, 종교적 선민이었다(구디 1987, 그랩 1987).

　로마의 쇠망으로 글말 능력의 역할은 4세기에서 8세기에 이르는 동안 유럽 전역에 걸쳐 나타난 종교적 토대를 구축하는 것으로 물러남을 보였다. 로마 시기의 학교 제도는 여전히 서부 유럽에 남아 있지만 대부분은 성직자 교육을 위한 교회에 자리를 내어 주었다. 8세기에서 10세기에 이르는 시기에 종교 외 다른 활용을 위한 글말 능력의 계발이 시작되었는데 일반적인 믿음과는 어긋나게 '암흑 시기'는 수도원 담장 안에서는 완전한 문맹의 시기가 아니었다. 10세기와 11세기는 상업을 위한 글말 문화의 시작을 보였으며 12세기에서 15세기에 이르는 동안은 유럽 전역에 글말 문화가 관례로 되기 시작하였다. 그리스 시민 사회로부터 현재에 이르기까지 유럽에서 글말 문화는 연속적인 흐름을 지니고 있다는 것이 하비 그랩과 같은 학자들의 연구로부터 분명해졌다. 역시 이해되어야 하는 것은 글말 문화가 여전히 제한되어 있으며 교회, 국가, 경제적 필요성이나 특별한 맥락에서 특별한 실천 관례에 매여 있다는 점이다. 우리에게 익숙한 대중 글말 문화는 대부분 이 시기에 있지 않았으며 작문 능력은 매우 제한되어 있었다.

　앞에서 살펴본 것처럼 종교 단체는 유럽 사회의 글말 문화 역사에서 중요한 역할을 하였다. 대중들의 글말 능력이 필요하게 된 것은 16세기에 있었던 프로테스탄트 혁명 이후였다. 로마 가톨릭 교회와는 달리 프로테스탄트 교리는 개인적인 구원이 성경 낭송에 직접 접속을 통해 이루어진다는 관점을 취하였다. 프로테스탄트 종파는 성경을 인도 유럽어(영어, 불어, 독일어, 스페인어)가 아닌 언어로 뒤치는 것을 허용할 뿐만 아니라 유럽 언어로 성경에 접속하려는 목적으로 선교 활동 언어 표현에서 글말 능력을 가르치는 선교 활동을 통해 세계 전체의 글말 문화 발전에 중요한 기여를 하였다(이를테면 여름 언어학교(Summer Institute of Linguistics)와 위클립 성경 번역자들).

처음으로 유럽에서 대중적인 글말 능력 [향상] 운동으로 잘 알려진 것은 아마 영국 혁명과 올리버 크롬웰의 출현이나 마틴 루터와 프로테스탄트 종교 개혁으로 거슬러 올라 갈 수 있을 것이다(비록 지배계층을 넘어서서 글말 능력의 향상에 진지한 목표가 있었던 것 같지는 않지만 이른 시기에 대한민국에서 한글의 계발은 무시되어서는 안 될 것이다). 그러나 대중의 글말 능력 향상 운동에서 가장 분명한 성공 사례는 스웨덴 국민들에게 성경을 읽을 수 있는 능력을 요구한 17세기 스웨덴에서 일어난 움직임이었다(아노브와 그랩 Arnove and Graff 1987, 그랩 1987). 이 움직임은 분명히 성공적이었는데 성경 읽기가 종교적인 서약을 받는 데 전제 조건이었고 교회에서 서약은 혼인을 위한 전제 조건이었기 때문이었다. 처음에는 남성뿐만 아니라 여성들도 글말 능력을 교육받았다. 그러나 이 글말 문화 보급 운동은 이전의 글말 역사에서와 마찬가지로 거의 대부분 읽기에, 특히 성경 읽기에 집중되어 있었다. 일반적인 글말 문화 전개에서 쓰기의 역할은 지난 200여년 쯤에 일어난 혁명으로 볼 수 있다. 비록 시민들 사이에서 근본적인 쓰기 기술은 최근에 이르기까지 알려지지 않았지만 말이다.5)

현대에 공무와 사업상의 목적을 넘어 일상적인 목적을 위한 쓰기의 활용을 포함하여 대중적인 글말 문화는 18세기 후반에 주로 영국과 프랑스, 미국에서 나타났다. 쿡 검퍼즈(Cook Gumperz)의 추적(1986, 레즈닉과 레즈닉 Resnick & Resnick 1977도 참조)에서처럼, 현대의 (쓰기 기술을 포함한) 글말 문화는 세 단계에 걸쳐 나타난 것으로 볼 수 있다. 대체로 1750년에서 1850년까지의 기간은 (학교 주도나 학교 교육에서 의해서가 아닌) 보편적인 글말 능력의 시대로 나타낼 수 있을 듯하다. 19세기 중반은 유럽 대륙의 일부, 영국, 미국에서 의무 교육의 시작과 함께 학교에서 글말 능력 교육을 지원하기 시작하였다. 글말 능력은 그 당시 지배 계급이 대중을 더 능률적인 노동자로 되도록 하기 위해 훈련시키는

---

5) 근대 이전의 역사는 분명히 유럽 중심적이다. 아랍권, 중국, 일본과 다른 언어에서 글말도 역시 엘리트에 제한되거나 특별한 목적을 위한 것이었다(이를테면 대한민국의 글말). 비유럽권의 글말에서 글말 능력의 발달에 대한 논의는 이 책의 범위를 벗어나는 과업이다. 저자들은 글말의 역사에 대한 유럽 중심의 한계에 미안함을 느낀다.

수단이 되었다. 현상을 유지하는 수단이며, 선택된 소수를 위한 상승 통로였으며 더 넓은 사회에 정보의 흩퍼짐을 다스리는 수단이었다. 글말 능력이 있다고 간주되기에 필요한 잴 수 있는 기량 수준이 소수 정예가 만든 규정에 따를 수밖에 없었다는 것도 사실이다. 소수 정예에 대한 압박이 늘어남에 따라 글말 문화의 흩퍼짐을 통해 관문을 통과하기 위해 필요한 글말 능력의 수준을 다시 자리매김 하였고 따라서 필요로 하는 글말 능력의 수준도 계속해서 올라갔다.

20세기에 글말 문화에 적어도 한 번의 매우 큰 변화가 일어났다. 실증주의의 성장과 과학에서 진보가 모든 문제를 해결할 것이라는 믿음으로 미국과 유럽의 교육 제도에서 심리 측정법과 평가 절차를 활용하게 되었다. 교육 제도에 대한 널리 퍼져 있는 이러한 영향력은 사회에서 글말 능력의 활용과 학업에서 기대치를 높여 나갔다. 또한 이는 학생들을 여러 기술과 능력 수준에 따라 구분하고 계층화하는 데에도 이바지하였다. 결국 교육에서 낙제와 보충이라는 개념을 끌어들였다. 학생들은 특별한 기술에서 모자라는 것으로 분류될 수 있었고 글말 능력이 기회를 붙잡는 것이 아니라 문젯거리가 될 수도 있었다.

2차 세계 대전이 끝난 뒤 글말 능력을 전문 직업에서 활용하자는 요구는 읽기 연습과 쓰기 연습의 필요성을 동시에 늘여 놓았다. 전문 직업에서 글말 능력은 이제 문명사회의 대부분에서 교육 제도의 목표가 되었다. 전문적인 글말 문화가 나타나게 됨은 또한 작문과 관련된 쓰기 능력 갈래에 대한 요구도 늘여 놓았다 (캐슬 Kaestle 등 1991, 퍼브스 Purves 1991, 스테드먼과 캐슬 Stedman and Kaestle 1987). 쓰기가 학교와 사무직 채용에서 강조된 것은 20세기 동안에 의무적인 취학이 늘어남을 통해서이다. 글말 능력이라는 개념에 컴퓨터가 어떤 충격을 줄 것인가 하는 것은 두고 볼 일이다. 컴퓨터가 글말 문화와 '세계'를 바꿀 것이라는 과장된 주장이 어느 정도 있지만 그런 변화가 실현되기 전의 얼마쯤의 일일 것이다. 그리스는 시민들의 글말 능력의 일부로, 더 널리 퍼진 도구로서 알파벳 체계를 이용하는 데 수 세기가 걸렸으며(그랩 1987), 변화의 주동 세력으로 (책이 급속도로 흩퍼지는 데 잴 수 없는 중요성을 지닌 기술 혁명인) 인쇄술이 대중의 글말 능력에 영향을 미치는 데 수 세기가 걸렸다(아인슈타인 Einstein 1979, 1985). 따라서 글말 문화 관례에서 컴퓨터가 의미심장한 변형을 유발하기까지는 여러 세대를 거칠 것이다.

서구의 글말 문화 역사에서 지난 두 세기는 학생들의 쓰기 능력에 대한 기대와 요구의 변화에 대응한다. 18세기와 19세기에 대부분의 학교 수사학은 용법과 예절에 대한 기본적인 안내를 제공하였을 뿐이다. 그러나 고등 교육 수준에서 쓰기 가르침과 작문은 수사 연구의 일부분으로서 대학 교육의 중요한 측면이 되었으며, 이는 캠프벨(Campbell 1776), 블레어(Blair 1783), 프리슬리(Priestley 1777)의 영향력 있는 수사학에 맞춘 것이다. 이런 흐름의 수확으로 신입생 작문 과정은 1874년에 하버드에서 시작되었는데(버얼린 Berlin 1984), 미국의 신입생 작문 가르침에서는 계속해서 전개되었다(버얼린 1984, 크로울리 Crowly 1990, 1995). 이런 흐름이 왜 유럽에서가 아니라 미국에서 강하게 유지되었는가 하는 것은 탐구할 만한 가치가 있는 질문이다. 그 동기가 무엇이든, 다른 곳과는 달리 미국에서 이런 흐름은 작문 가르침에서 학교를 통해 빠르게 자라났다. 수사학과 작문의 최근 역사가 길고 복잡하지만 여전히 쓰기 가르침에 대한 '현재의 전통적인' 접근법은 미국에서 100년의 전통을 지닌 신입생 작문 과정의 시작으로 거슬러 올라간다. 그런 접근법은 안내 책자들, 본보기 덩잇글의 사용, 다양한 방식의 담화에서 쓰기 주제(이들은 20년 전에 유별나게 인기가 있었다)에서 나타나는 강조를 통해 알아 볼 수 있다.

글말 능력과 쓰기에서 학술적인 현재의 관심은 전문적인 글말 문화의 역사적 전개에서 쉽게 알아 볼 수 있다. 지난 15-20년 동안 교육자들은 '교육에서 위기'를 한탄하였는데 미국(그리고 오스트레일리아, 캐나다, 뉴질랜드와 같은 영어권 국가뿐만 아니라 영어를 국어나 공용어로 채택하는 홍콩과 같은 나라)에서 국가 수준 검증에서 발견되는 [성적] 하락 때문이었다. 미국에서 글말 능력 잣대들이 정치적이고 경제적인 기술들이 매우 필요한 시기에 떨어졌다는 논의가 정치가, 교육자, 부모들에 의해 전개되었다. 행정가들과 정치가들에게 더욱 중요한 이런 관심사들은 글말 능력의 올바른 역사에 비추어 충분한 근거를 갖고 있지 않은 듯하며 취학 인구가 증가한 실체를 반영하지도 않은 듯하다. 사회-경제적 지위가 더 낮은 학생들과 소수민족 학생들이 이런 검사를 받는 인구에 추가됨으로써 일시적으로 떨어짐이 나타날 것으로 예측하여야 할 것이다(코우 Coe 1986). 다수의 사람들이 고등 교육과 사회 계층 이동을 열망한 효과의 징후일 뿐이다. 그것은 문화 붕괴나 교육적으로 글말 능력 [향상이] 실패하였다는 피할 수 없는 신호가 아닌 것이다(브레이시 Bracy 1995, 스테드먼 1994).

현재 글말 능력에 대한 일반적인 관심으로 인해 글말 능력의 본질과 개인적인 결과와 사회적인 결과에 관련되는 다수의 이론이 나타났다. 글말 능력의 사회적인 결과는 글말 능력이 사회적으로 동기부여가 된 현상이기 때문에 영향력이 크고 잘 검증이 되었다. 그 목적이나 활용, 가치들이 글말 능력이 실행되는 사회에 의해 결정된다는 것이다. 글말 능력은 보편적으로 단일한 한 묶음의 기예가 아니며 오히려 매우 맥락에 의존되어 있는 기술이고 그것이 작동하는 사회에 의해 결정된다(스트릿 Street 1984, 1993). 그 반대되는 입장에서는 글말 능력이 개인에 미치는 인지적 영향에 직접적으로 초점을 모은다. 개인의 인지 발달에 대한 '대분할' 혹은 '대약진' 이론으로 일반적으로 일컫는 이 이론은 개인의 인지 능력에서 큰 변화는 글말 능력을 습득한 결과라고 주장한다(구디 1977, 올슨 Olson 1977 참조, 기이 Gee 1986, 구디 1987, 올슨 1994). 간단히 말해 이 이론은 읽고 쓰기를 배우는 것은 개인의 인지-사고 처리를 바꾼다는 것이다. 글말 능력은 정신이 작용하는 방식을 바꾼다는 것이다.

1960년대 중반 이후 다양한 학자들이 역사적 배경에서라기보다는 논리적 배경에서 '대분할' 입장을 옹호하였다. 글말 능력과 개인적인 차원에서 그 결과에 대한 이런 관점에 불을 붙인 획기적인 논문(『글말 능력의 결과』)은 1963년 구디와 왓트(Goody and Watt)에 의해 출판되었다. 이 논문에서 그들은 '대분할' 이론이 알파벳 원리를 그리스인들이 채택한 결과라고 주장한다. 알파벳 원리가 그리스 시민들에게 대중적인 글말 능력을 부여하였다는 것이다. 즉 그리스 사회에서

변화는 결국 정통 그리스 시민화를 위한 탁월한 발명품 되었다고 주장한다. 구디
와 왓트는 더 일반적으로 글말 능력의 부흥이 (개인적으로나 사회적으로) 다수
의 극적인 변화를 이끌었다고 주장하였다.

- 신화보다 역사가 주도권을 쥠
- 자연과 초자연 사이의 구별
- 상당한 양의 지식을 저장하고 정보에 접속할 수 있는 능력
- 추상적인 논리적 추론의 창조
- 분석 대상으로서 언어 그 자체를 분석할 수 있는 능력
- 집단으로부터 개인을 자각하고 그 결과 개인적인 성찰의 필요성
- 이미 구체화된 지식이나 믿음에 대한 비판적인 회의주의의 출현
- 민주적인 기구의 출현

그 결과들의 기다란 목록은 현대의 서구 학교교육 제도에서 일련의 교육 목표처
럼 읽힌다. 따라서 어떻게 글말 능력이 교수-학습의 본질과 동일시되는지 쉽게
알 수 있다. '대분할' 관점은 지난 30년 동안 다양한 자료의 뒷받침을 받았다.
해브록(Havelock 1976), 올슨(1977), 옹(1982), 비고츠키(1962, 1978)와 같은 학자
들은 글말 능력의 습득과 관련하여 비슷한 성격의 논의를 하였다.

　지난 15년 동안에 개인의 인지 차이에 대한 이런 이론에 대한 강력한 반박이
나타난다. 이른 시기에 구프(Gough 1968)는 그리스에서 글말 능력의 부흥과 인
도와 중국에서 이와 비슷한 역사적 전개를 비교하였다. 그녀의 연구에서 서로
다른 사회는 대중들 사이의 글말 능력 확산의 결과에 따른 발전 경로를 반드시
똑같이 따르는 것은 아니라고 주장하였다. 특히 관념으로서 역사, 추론 논리학,
민주적인 기구가 글말 능력의 결과라는 주장은 뒷받침되지 않는다고 주장하였
다. 그녀의 연구에서 사회적 맥락이 글말 능력의 활용과 결과 활용에 중요한
역할을 한다고 주장한 이래 뒤따르는 학자들로 하여금 개인차를 밝혀내도록 유
도하였다.

글말 능력이 보편적으로 일관된 인지 현상이라기보다는 (사회적 환경 속에서 부려 쓰는) 사회적 현상이라는 주장은 스크립너와 코울(Scribner and Cole 1981)의 연구에서 강한 지지를 받았다. 리베리아에 있는 바이 족(Vai)[6] 사람들의 글말 능력 습득에 대한 일련의 연구에서 글말 능력만으로 피험자들 사이에 있는 일반적인 인지 능력 차이를 설명할 수 없음을 보여 주었다. 오히려 피험자들 사이에 있는 구체적인 기술들이 특별한 기술과 글말 능력 유형에 따라 강조된 과제의 결과였음을 발견하였다(바이 말, 아라비아 말, 영어). 글말 능력보다 학교에서 교육이 추상적인 추론, 논리적 결론 끌어내기, 관련이 없는 정보를 연결하기와 같은 개인별 인지 기술을 예측하게 하는 듯하였다. 이들은 읽기와 쓰기를 배운 것으로부터 나오는 것으로 가정된 것이었다. 글말 능력이 학교에서 가치 있는 인지 기술의 원인이라기보다는 그 기술들을 학교에서 반복적으로 가르치고 그 결과 이런 기술들은 기본적인 인지 발달을 나타낸다는 생각에 영향을 미쳤다는 것이다.

글말 능력으로 돌릴 수 있는 인지 영향력이, 특별한 상황에서 학습한 글말 능력 기술의 점진적인 확장의 결과이고 이 기술들은 사회적으로 깊이 새겨진다고 하는 것이 더 개연성이 있다(구디 1987, 올슨 1991, 숄즈 Scholes 1983). 글말 기술이 사회적으로 내재화되는 성질을 갖고 있다는 또 다른 증거는 일련의 교육 관련 조사연구에 나타난다(보그스 Boggs 1985, 쿡-검퍼즈 1986, 히쓰 1983, 1986b).

그랩의 역사적 연구와 결합되어 현재의 조사연구는 글말 능력에 관련되는 기술과 글말 능력 습득이 문화와 사회 집단에 걸쳐 단일의 통일된 인지 과정을 구성하지는 않는다는 것을 증명하고 있다. 오히려 개별 사회/문화 집단의 필요

---

6) (뒤친이) 바이 족은 리베이라와 시에라 레오네 지역에 살고 있는 종족이다. 바이 족은 두알라 부켈레가 1820년대에 만든 고유의 음절 쓰기 체계를 지니고 있는 것으로 알려져 있다. 19세기에 걸쳐 쓰기 체계의 글말이 널리 퍼졌다. 글말 체계의 사용은 20세기에 쇠퇴하였지만 현대의 컴퓨터 기술이 복구를 가능하게 하였다. 2003년에 바이족의 음절을 이용한 성경이 출판되었다((From Wikipedia, the free encyclopedia)

에 이바지하기 위해 발전되는 글말 능력의 서로 다른 갈래가 있다는 것이다. 학교에 들어가게 되었을 때 일반적으로 학생들은 글말을 지니지 않거나 글말을 모르는 상태로 있지는 않다. 그들은 그들이 속한 공동체나 사회 집단, 가족의 실천 사례들을 지니고 온다(번스타인 Bernstein 1972a, 1990 핼리데이 1978, 핫산 1989, 히쓰 1983, 웰스 Wells 1986). 어떤 학생의 글말 능력 실천 관례가 학교 공동체의 예상되는 글말 능력 실천 관례에 맞지 않을 때 문제가 발생한다. 글말 능력 발달에서 핵심 논제는 통일된 인지 기술의 발달이 아니라 다른 많은 글말 능력 실천 관례가 있으며 그 가운데 몇몇만이 교육 제도에서 가치가 있다는 평가를 받을 가능성이 있다는 인식에 있다. 동시에 글말 능력에 관련되는 기술 의 활용 가능성이 사회가 움직이는 방식을 수정할 가능성이 있다. 그런 생각을 뒷받침하기 위해 인지 변화에 대한 구체적인 이론이 필요하지는 않다(구디 1987, 올슨 1991, 1994).

글말 문화의 역사와 비슷하게 쓰기의 역사와 목적, 결과와 같은 쓰기에 대한 연구는 사회적인 맥락에서 보아야 한다. 보편적으로 모든 쓰기를 규정하는 쓰기 기술 묶음은 없으며 특정의 사회적 맥락과 구별되는 쓰기 기술 묶음도 없다. 쓰기를 연습하는 서로 다른 방법이 많이 있으며, 교육 제도에서는 일반적으로 특정의 쓰기 실천 관례에 가치를 매겼고, 모든 학생들이 그런 교육적으로 가치 가 있는 일련의 쓰기 기술을 연습하고 학교 맥락에 오는 것은 아니다.7) 이는 이런 학생들이 '어떻게 써야 하는지'를 모른다거나 인지적으로 결함이 있다는 것을 의미하지 않는다. 오직 교육기관에서 평가되는 쓰기 실천 관례의 연습을 잘 하지 않았을 뿐이다. 이런 논리를 따른다면 학업 담화 공동체에서 가치 있는 실천 관례들을 단순히 가르치는 것만으로는 충분하지 않다. 그리고 학교 기관에 있는 모든 구성원들은 학생들이 다른 맥락에서 가치 있고 목적 지향적인 쓰기

---

7) 미국에서 '이민 학생'들이라는 용어는 최근의 이민자뿐만 아니라 난민, 영구 주거 외국인, 정치적 인 망명자, 다른 문화권에서 교육을 받은 사람이나 영어를 제1언어로 사용하지 않는 집단의 구성원을 가리키도록 사용된다.

실천 관례 묶음을 지니고 있다고 이해하는 것이 필요하다. 그런 인식은 쓰기 가르침과 학생들의 실천 관례에 접근하는 방법을 바꿀 것이다.[8]

글말 문화의 긴 역사에서 끈질기게 따라다니는 논쟁거리는 쓰기 발달의 본질에 대한 비판적인 통찰을 제공한다. 그리고 이른 시기의 글말 능력 연구에 대한 실수투성이의 가정들을 없애려고 한다면 주의를 기울여야 한다는 교훈을 제공해 준다.

1.4 입말과 글말

글말 능력에 대한 연구와 글말 능력과 쓰기와 관련성에 대한 연구는 입말과 글말은 서로 대립하는 것이 아니며 서로를 정확하게 반영하는 것이 아님을 보여준다. 글말 능력의 역사는 입말과 글말이 사용되는 복잡한 맥락에서 함께 존재함을 증명해 준다. 글말 문화가 유럽 사회에서 널리 퍼지기 시작했을 때조차 대부분의 읽기는 사회적 활동으로서 큰 소리로 낭송되었으며 글말 형식은 입말 재현과 밀접하게 연결되어 있었다. 입말 상호작용으로부터 묵독이 떨어져 나온 것은 비교적 최근의 관례였다. 오늘날의 언어 사용은 강의, 계산, 토론과 같은 다양한 입말 실행 관례와 병행해서 진행된다. 게다가 어떤 입말 실천 관례는 학생들이 통달하기를 기대하는 쓰기 실천을 가로막거나 강화한다. 예를 들면 최근의 교육에 관련된 조사연구는 입말 상호작용 방식이 뒤에 나타나는 읽기와 쓰기 기술 발달에 강력한 영향을 미친다는 것을 예로 들고 있다(블룸과 그린 Bloom and Green 1992, 쿡-검퍼즈 1986, 퍼브스 1991, 웰스와 창-웰스 Wells and

---

8) 문화적으로나 사회적으로 다양한 학생들을 주도 집단의 글말 실천 사례에 따라 가르치기는 동화주의자(assimilationist)의 주장이며 대안을 가로막는다는 논의가 있었다. 이와 비슷한 후기 구조주의자나 사회 구성주의자들의 논의에 대한 뒷받침은 사회구조가 이들 새로운 개인에 영향을 미치는 동시에 새로운 개인들의 기여가 기존의 사회 구조를 필연적으로 바꾼다고 주장하게 될 것이다(웰스 1994 참조).

Chang-Wells 1992).

현대 언어학의 역사를 통하여 대부분의 언어학자들은 입말이 중심이고 글말은 입말의 단순한 반영이라는 입장을 취해 왔다(바이버 Biber 1988, 헬리데이 1989). 대부분의 교육 현장조사 연구자들은 반대 입장을 취해 왔다. 글말이 정확한 언어 형식의 진정한 표상이고 가치를 부여하며 실천되어야 한다는 것이다. 지난 십 년간 교육의 민족지학 연구와 서로 다른 글말 덩잇글과 입말 덩잇말의 유형에서 말투식의 변이에 대한 사회언어학적인 조사연구에서 이들 두 입장이 결합하였다. 이 조사연구는 언어와 언어 가르침에 관련된 두 개의 주요 원칙에 대한 혼란스러운 가정을 적절하게 어울리게 하려고 하였다. 바이버(1988, 1994), 체이프(Chafe 1982, 1985), 헬리데이(1989), 크레스(Kress 1989), 타넨(Tannen 1982, 1985)에 의해 이뤄진 연구에서 입말과 글말이 바뀌고 겹칠 수 있는 다양한 방법을 지적하였다. 이 연구들로부터 나온 발견 사실들은 두 매체의 속성에 대한 지식을 상당히 넓혀 주었다.

이런 학자들의 연구는 입말과 글말 덩잇글에 걸친 변이 유형이 여러 기준에서 다름을 지적하였다. 구조와 조직화에서 차이, 다양한 언어 특징들의 사용 빈도에서 차이, 산출 제약에서 차이, 입말 덩잇말과 글말 덩잇글의 변이 형태 사용에서 차이가 그것이었다. 체이프(1985)와 타넨(1982)은 특히 입말과 글말 덩잇글의 변이형태에 대한 이해가 변이 형태에 대한 단일한 기준으로 결정될 수 없음을 논의하였다. 그들은 오히려 덩잇글은 기능에 따른 기준으로 가르면 다른 덩잇글과의 변이와 겹침이 일어난다고 주장한다. 이런 관점에 따르면 덩잇글을 단순히 입말 덩잇말이나 글말 덩잇글로 간주하는 것은 충분하지 않고 그런 단순한 연속체로 포착할 수 없는 방식으로 덩잇글이 다양성을 보인다는 것이다.

일련의 최근 연구에서 바이버(1988, 1992, 1994, 1995)는 다양한 입말과 글말 덩잇글들 사이에 유지되는 복잡한 관계 묶음을 분명하게 하였다. 그의 연구에서 바이버는 23개의 서로 다른 갈래에 있는 입말과 글말 덩잇글을 비교하면서 덩잇글 변이의 여러 기준 모형을 계발하였다. 폭넓은 언어 특징들을 통합함으로써 바이버(1988)는 입말과 글말 덩잇글 변이에 대한 연구에서 발견 사실들이 모순되지는 않더라도 어지러운 곤란함을 극복하기 위해 노력하였다. 덩잇글 특질들은 자동으로 세는 프로그램에 의해 분석되었다. 빈도를 센 결과는 (거의 일만 단어로 된) 말뭉치에 있는 모든 덩잇글에 대하여 언어 특질들의 발생 유형을 결정하기 위해 인자 분석에 활용되었다. 인자 분석 모형은 여섯 개의 해석 가능한 기준을 밝혀냈다. 말하자면 언어 표현 특징들이 여섯 개의 서로 다른 인자들과 함께 나타나는데 이들 각각은 덩잇글 변이에서 의사소통/기능 기준으로 분석될 수 있다는 것이다. 의사소통 해석은 이전의 담화 분석 문헌에서 담화 기능과 양립할 수 있는 언어 특징들의 무리에 바탕을 두었다.

그의 연구 결과 비록 여섯 가지 기준 가운데 어느 것도 입말 갈래와 글말 갈래 사이의 절대적인 구별을 제공하지는 않지만 그가 제시한 여섯 개의 기준 가운데 세 개는 어떤 식으로든 입말-글말 변이와 관련이 있음을 지적하였다([필자와] 관련된 산출 대 정보 산출, 명시적 지시표현 대 상황 의존적 지시표현, 추상적 정보 대 구체적인 정보). 말하자면 어떤 기준도 글말 덩잇말과 입말 덩잇글을 분명하게 구별하지는 않는다는 것이다. 따라서 자주 가정되는 입말과 글말 덩잇글 사이의 전통적인 이분법은 그의 결과에 대한 엄밀한 해석에서 덩잇글 변이의 단일 기준을 보여주는 것 같지 않다. 바이버의 결과는 또한 덩잇글 구조가 여러 겹의 기준을 지니고 있는 성질에 대한 강한 증거를 제공한다. 어떤 자질들의 작은 묶음도 중요하지 않으며 의사소통 기준에 대하여 어떤 단일한 개념도 덩잇글 변이나 덩잇글 구조에 대한 만족스러운 해석을 제공하지 않을 것이다.

이끌어낼 수 있는 중요한 결론은 입말-글말로 이뤄진 연속체가 엄밀한 의미에서 덩잇글 비교를 위한 *단일 기준*으로 존재하지 않는다는 것이다. 학생들이 산출한 덩잇글을 포함하여 쓰기와 작문에 대한 조사연구를 위해 이런 연구 노선에 담긴 함의는 모든 덩잇글이 복잡한 여러 겹의 기준을 지닌 구조물이라는 것이다. 입말과 글말의 구별뿐만 아니라 학생들의 작문에 나타나는 입말 특징들에 대한 기존의 주장들은 대부분 지나치게 단순화한 것이거나 이런 기준에 바탕을 두고 있는 주장들과 관련하여 주의가 필요한 주장들이다.

　입말과 글말의 비교와 글말 능력에 대한 논의에서 언급된 논제들 대부분은 글말의 본질에 대하여 기본적인 가정을 지적하는데 이 가정은 쓰기에 대한 현재의 조사 연구의 해석에서 적절한 맥락이 제시될 수 있도록 분명해야 한다. 이런 지적 사항으로 다음이 논의되었다.

(1) (영어를 모국어로 하는 학생과 외국어 하는 학생들과 관련된 언어-중심 문제를 포함하여) 쓰기 연구는 응용 언어학 탐구에 알맞은 영역이다.

(2) 쓰기는 문화적으로 일련의 실천 관례가 전승되는 한에서 기술이다.

(3) 쓰기는 서로 다른 많은 활용과 기능에 관련된다. 이들 가운데 모두가 학업과 관련하여 가치가 있는 것은 아니다.

(4) 글말 능력 연구는 쓰기를 인지 기술이라는 단일하고 보편적인 묶음으로서가 아니라 사회적으로 맥락화되는 일련의 실천 관례로 보아야 한다는 것을 보여준다. 학업에서 쓰기는 단지 그 맥락에 맞는 실천 관례들의 가치 평가가 이뤄진 묶음일 뿐이다.

(5) 학업에서 가치가 있는 쓰기는 정보를 변용하거나 언어 표현 그 자체를 바꾸어야 하는 작문 기술을 필요로 한다.

(6) 입말과 글말의 활용은 사회적 기능에 이바지하는 일련의 실천 사례들로서 서로 상호작용하고 서로를 강화한다.

(7) 글말과 입말에 대한 연구는 모든 덩잇글들이 매우 복잡하고 여러 겹의 기준을 지닌 구조물이며 이런 기준들의 실제적인 언어 기능에 관한 본질은 이제 탐구되기 시작했을 뿐이다.

(8) 입말과 글말의 변이형태들은 글말 덩잇글의 서로 다른 여러 유형들이 과제나 독자, 목적에 따라 매우 다양할 수 있음을 보여 준다.

(9) 작문 이론가들이 내세우는 글말과 입말이 차이가 없다는 주장은 최근의 사회 언어학적인 조사 연구에 바탕을 두고 의문을 갖고 고려되어야 한다.

이들과 다른 관련된 가정들이 영어를 모국어로 하든 외국어로 하든 두 맥락에서 쓰기 조사연구에 대한 다음의 논의를 안내하게 될 것이다.

1.5 영어를 모국어로 하는 맥락에서 쓰기에 대한 조사연구

일반적으로 말해 모국어 맥락에서 쓰기 조사연구는 교육학, 심리학, 언어학, 수사학/작문이라는 네 학문에서 내세우는 기준에 따라 수행되어 왔다. 그 기준들은 학문에 따라 다르게 나타나는데 서로 구별되고 어느 정도 느슨하기는 하지만 상호작용한다. 영역을 다소 다르게 구분하는 쓰기 조사연구 분석이 어느 정도 있는데 이런 특별한 통합(힐록스 Hillocks 1986, 노스 North 1987, 펠프스 Phelps 1988, 위트 Witte 1992)은 결정적인 것이 아니라 단지 현존하는 조사연구의 어느 정도 혼란스러운 배열을 조직하는 안내 지침을 제공하기 위한 것일 뿐이다. 이런 연구 흐름의 첫 번째는 글말 능력의 발달 혹은 쓰기 능력의 습득 특히 이른 시기에서 이런 능력의 발달을 연구한다. 사회 언어학을 적용한 조사연구와 교육 심리학에서는 학생들이 쓰기를 배우는 방법을 탐구할 뿐만 아니라 어떤 학생들이 쓰기를 배우는 데 어려운가를 탐구한다.

교육학자와 교육 심리학자들은 쓰기를 배우는 사회-교육적인 맥락, 쓰기에서 의미를 표현하고자 하는 욕구, 학생들이 쓰기를 목적 지향적인 활동으로 보아야 될 필요성, 어린 학생들이 성장하는 기간을 통해 배우는 다양한 단계에 주로 관심을 갖는다. 이들 연구의 대부분은 개별 학생들에 대한 사례 연구와 언어 경험 접근(LEA)과 전체 언어 접근법에 집중되어 있다(캘킨스 Calkins 1986, 다이슨 Dyson 1989, 1993, 그레이브스 Graves 1983, 1984). 실천에 대한 대다수의 접근법은 쓰기 발달에 대한 비고츠키식의 관점과 같은 맥락에 있다(몰 Moll 1990, 샤프와 갤리모어 Tharp and Gallimore 1988, 비고츠키 Vygotsky 1983, 베르치 Wertsch 1985, 1991). 게다가 오스트레일리아에서 이뤄진 현재의 조사연구는 이른 시기에서부터 쓰기를 배우는 중요한 측면으로 갈래 지식과 언어 형식의 역할을 언급한다(크리스티 1992, 코우프와 캘런치스 Cope and Kalantzis 1993).

그와 같은 연구는 또한 사회 언어학자들에 의해 교육적 맥락에서 수행된 민족지학 조사연구[9])와 비슷하다. 교육학에서 민족지학 연구는 서로 다른 사회적 배경과 언어적 배경을 지닌 학생들이 주류 학생들을 위해 마련된 교육 상황에서 배우는 방법을 탐구한다. 그와 같은 연구는 서로 다른 위험 부담이 높은 시험에서 집단10)의 차이, 학교의 기대치와 가정환경 사이의 차이들을 검토하여 왔다 (보그스 1985, 히쓰 1986b, 필립스 1983, 푸울 1991, 스노우 등 1991). 대화 방법의 영향과 강의에서 상호작용 담화(블룸과 그린 Bloom and Green 1992, 카즈덴 Cazden 1988, 쿡과 검퍼즈 1986, 윌스와 창-웰스 1992), 교실 맥락에서 학생과 교사의 태도 등을 검토하여 왔다. 특히 연구자들은 글말 능력 관련 일들과의 접속, 학교 글말 능력에 대한 태도, 의미 있는 글말 능력 과제의 가르침이 쓰기 [능력] 발달에 중요한 조건임을 발견하였다.

조사연구의 두 번째 흐름은 쓰기의 인지적 측면 연구와 관련된다. 인지 심리학, 교육학, 작문에서 연구자들은 쓰기 활동에서 사용된 정신 과정의 설명과 모형화에 관심을 보였다. 대부분의 연구들이 근본적으로 실험의 성격을 띤다. 쓰기에 대한 이른 시기의 인지 연구가 주로 글말 산출물을 연구하고 덩잇글 회상에 대한 실험적인 조사연구를 하였는데(브릿턴과 블랙 Britton and Black 1985b, 반 데이크와 킨취 1983), 인지 처리에 대한 더 최근의 연구는 쓰기 과제 수행(말하자면 실제 시간에 일어나는 것)에서 실제 처리뿐만 아니라 실시간 반응 분석, 과제 조정하기(intervention)에 대해 연구하였다(버레인터와 스카다말리아 Bereiter and Scardamalia 1987, 플라워 1994, 플라워 등 1990, 힐록스 1986, 켈로그 Kellogg 1994, 스마고린스키 Smagorinsky 1994).

다른 접근법은 작문 과정과 작문 과정 발전의 특성을 양적으로 검토하기 위한 방법으로 되돌아 보기 사례(retrospective case) 연구와 관찰 조사방법과 관련

---

9) (뒤친이) ethnography를 뒤친 용어인데, 처음 출발은 민족적 특성을 밝히려는 의도에서 출발하였지만, 오늘날 이 용어를 거론할 때는 민족지학에서 했던 방법론을 거론하기 위해 사용된다. 정량적 분석을 사용하든 그렇지 않든 어쨌거나 개별 사례에 초점을 모으고 있으므로 '개별 사례 연구'나 '사례별 연구'라는 것이 이 용어에 담긴 본래 의미를 잘 드러낸다고 생각한다.

10) (뒤친이) 수학능력시험과 같이 단 한 번의 시험으로 대학 진학이 결정되는 경우 위험 부담이 높은 시험이라고 할 수 있다.

된다. 이 연구로부터 나온 중요한 결과는 글쓴이들이 쓰기 전 활동, 쓰기, 고쳐 쓰기 과정들 사이를 쉴 새 없이 오간다는 것이다. 쓰기는 직선을 따르는 과정이 아니다. 대신에 내용 정보, 수사적 요구, 독자에 대한 해석이 복합적으로 결합한 다. 훌륭한 글쓴이와 빈약한 글쓴이는 다른 방식으로 과정 기술을 활용하는 듯 하다.

세 번째 연구 흐름은 덩잇글 그 자체 혹은 덩잇글 구성에 대한 연구이다. 이 연구는 일반적으로 '텍스트 언어학' 혹은 '담화 분석'이라는 표제에 든다. 인지 심리학, 언어학, 응용 언어학, 수사학/작문에서 조사연구는 독자들이 적합한 해 석을 할 수 있도록 허용하는 방법으로 어떻게 덩잇글이 구성되고 조직되는지 관심을 가진다. 이 연구 분야에서 중심 주제들은 어휘-문법 구조의 기여, 통사결 속(cohesion), 의미연결(coherence), 추론하기 과정, 덩잇글 모형화이다(컬트하드 Coulthard 1994, 핼리데이와 핫산 1989, 호이 1991, 만과 톰프슨 Mann and Thompson 1982, 싱거 Singer 1990, 반데이크와 킨취 1983).

이런 주제들에 대한 연구는 양적이거나 질적이다. 많은 연구들이 중심 생각 이해와 회상, 훌륭한 필자와 빈약한 필자의 비교에 관련되어 있고 결과 자료에 대한 적절한 통계적 분석을 사용하여 표면 자질들, 명제 단위, 추론 사슬들을 세는 것과 관련이 있다(벡 Beck 등 1991, 콕스 Cox 1990, 1991, 스피겔과 피츠제럴 드 Speigel and Fitzgerald 1991). 덩잇글의 의미연결을 탐구하는 다른 연구는 대형 구조(macrostructure(혹은 덩잇글 주제)), 절과 덩잇글 단위 사이의 논리적 관계, 덩잇글에서 정보 구조(이전의 정보와 새로운 정보, 주제-평언(theme-rheme), 화 제-논평(topic -comment)[11]), 초점-전제 구조)에 초점을 모은다(싱거 1990, 반드

---

11) (뒤친이) 우리 말에서 앞에 있는 topic-comment 짝과 뜻을 가르기가 쉽지 않은 단어이다. 이 글의 저자도 언급하고 있듯이 겹치는 용어이기 때문(뒤에 나오는 2.5.3.1 참조)에 뒤칠 때에도 따로 구분하지 않기로 한다.

언어학에서 주제(혹은 대상)는 비형식적으로 언급되는 어떤 것이고 논평(혹은 초점)은 주제에 대해 언급되고 있는 어떤 것이다. 비록 주제-논평이라는 이분법의 일반적인 성질을 널리 받아들이고 있지만, 그것을 넘어서는 어떤 것은 대단한 논쟁거리이다. 그 구별은 아마도 처음에 앙리 바일(Henry Weil)에 의해 1884년에 제안된 듯하다. 게오르그 본 가벨렌츠는 심리적 주어(대략적

코플 vande Kopple 1986, 1990). 의미연결에 관련된 세 개의 하위 개념들은 쓰기 조사연구와 쓰기 가르침에 중요한 것으로 증명되었다.

마지막 네 번째 흐름은 쓰기에 대한 수사학적 연구이다. 수사학과 작문, 응용 언어학, 문학 비평으로부터 조사연구자들은 쓰기 목적, 주제, 갈래, 독자, 상호 텍스트다움, 쓰기의 사회적 구성뿐만 아니라 더 큰 사회정치적 맥락, 역사적 맥락, 교육적 맥락의 함수로서 쓰기 기술이나 쓰기 해석에서 변이형태를 검토한다. 수사적 연구는 그 기원이 아리스토레스의 다섯 가지 규범으로까지 거슬러 올라간다. 그 다섯 가지 규범은 고안, 배열, 문체, 기억과 전달이다(코르벳 Corbett 1971, 호너 Horner 1983). 나타남과 물러남의 긴 역사 뒤에 현대 수사학 연구는 탐구의 세 부분으로 구성되어 있다. 역사적 연구, 철학적 연구, 비판적/해석학적 조사연구인데 많은 수사학자들은 이런 구분에 반대하고 실제로 이들 세 영역에서 나온 연구를 결합하지만 이 삼분법에 따른 틀은 수사적인 탐구를 아우르는 유용한 방법을 제공한다.

고전적인 수사학 역사와 19세기-20세기 수사학 역사에 대한 현재의 연구에서 (문학) 덩잇글에 대한 수사적 비평, 상호텍스트성의 사회적 맥락과 정치적 맥락을 중요한 부분으로 제시한다. 미국 대학에서 1970년대와 1980년대 수사학의 부활은 작문 연구에 수사학의 영향력을 늘여 놓았고, 일반적으로 교육 기관에서 작문의 가르침 특히 중등학교와 고등 학업 수준에 영향력을 높여 주었다. 현대 수사학 부활의 지속적인 영향력은 담화 공동체와 쓰기에서 사회적 구성의 역할에 대한 강조가 늘어날 것인데 이 둘은 쓰기 가르침과 쓰기 이론 특히 학업 맥락과 전문적인 직업 맥락에서 의미심장한 영향을 미친다. 교과과정에 걸친 쓰기 가르침뿐만 아니라 내용 중심의 쓰기 가르침은 이런 수사학의 발전으로 영향을 받았다.

으로 주제)와 심리적 목적어(대체로 초점)를 구별하였다. 프라그 학파(의 연구가 뒤에 다시 소개됨)에서도 연구를 하였는데 주로 정보와 어순과의 관계에 관심을 보였다. 1960년대에 미카엘 헬리데이는 이런 생각으로 생성 문법에 영향을 미쳤다.

일반적으로 모국어 맥락에서 쓰기에 대한 조사연구는 초등 수준에서 대학 졸업 후 전문 직업 수준에 이르기까지 거의 대부분의 수준에 걸쳐 쓰기 가르침을 바꾸어 왔다. 보수적인 가르침 방법(문헌에 사용된 용어는 '현재적인 전통')이 여전히 존재하고 어떤 기관에서는 그것이 주도하고 있지만 네 영역의 조사연구 흐름에서 쓰기에 대해 계속되고 있는 조사연구는 쓰기 가르침을 더 좋게 바꾸었다. 비록 평가 이론에 대한 요구와 등급을 매기기 위한 기관의 요구가 평가의 변화에 보수적인 제약을 얹어 놓았기는 하지만 이런 조사연구 흐름은 쓰기 평가와 측정에 강력한 영향을 미쳤다.

조사연구로부터 혜택을 입은 조사연구에서 새로운 분야는 컴퓨터의 지원을 받는 가르침인데 컴퓨터는 조사연구의 도구이며 가르침의 자원으로 활용된다(뱅거트-드라운스 Bangert-Drowns 1993, 코치란-스미드 Cochran-Smith 1991, 페닝튼 Pennington 1993, 스나이더 Snyder 1993). 지금 현재로는 대부분의 컴퓨터 도움을 받는 가르침을 단순히 전통적인 쓰기 가르침을 새로운 매체로 전환하였을 뿐이다. 이 특별한 영역은 현재 쓰기를 위한 활용 개념을 넘어서 혁신적인 방법으로 컴퓨터의 능력을 활용하도록 배운다면 상당한 기여를 하게 될 것이다(브루스 Bruce 등 1993, 브루스와 루빈 Bruce and Rubin 1993, 셀프와 힐리고스 Selfe and Hilligoss 1994, 투먼 Tuman 1992).

모국어 조사연구에 대한 이런 관점은 미국의 교육 맥락에서 주도하였지만 영국에서 브릿턴, 카터, 웰스, 캐나다에서 버레인터와 프리드먼과 존스, 오스트레일리아에서 크리스티와 핼리데이, 핫산, 마틴이 쓰기 이론과 가르침에서 중요한 변화를 지적하였다. 어쨌든 아직까지 이런 연구자들의 기여는 미국에서 발전된 것만큼 쓰기 연구 얼개를 크게 바꾸지는 않았다. 미국이 유일하게 고등교육 수준에서 신입생들에게 작문을 의무적으로 요구하는 유일한 나라라는 사실은 초점에서 차이를 설명하는 데 도움을 준다.

미국 모국어 쓰기에서 드러난 것은 외국어 쓰기 이론과 가르침에 대한 연구와는 잘 들어맞지 않는다. 이런 차이에 대한 근거는 쉽게 설명이 가능하다.

1. 미국 작문 조사연구 공동체는 다른 학생들의 쓰기 발달, 쓰기 맥락, 교육기관에서 쓰기 요구의 측면에서 대부분의 나머지 세계들과 고립되어 있었다.
2. 영어에 대하여 유일하게 연구할 만한 가치가 있는 언어로 받아들이는 미국 작문 연구자들 사이에 퍼져 있는 민족지학적 태도 때문에 수년 동안 이민 학생들과 국제 교류 학생들의 독특한 배경과 욕구와 관련하여 아무런 배려를 하지 못 하였다. 모국어 필자에 대한 조사연구는 동일하게 외국어 학습자들에게 적용된다는 암묵적인 가정이 있었다.
3. 미국에서 쓰기 가르침의 '위기' 때문에 다른 학습자들을 배제하고 중등학교나 고등 교육 기관에 있는 모국어 쓰기 학생들에게 연구자들의 초점을 모으는 결과를 가져왔다.
4. 최근까지 미국에서 막대한 연구자금과 수지가 맞는 교과서 시장, 전문직업적인 승진 유망성이 작문 연구의 주류를 이루었다.
5. 모국어 학습자들의 문제와 관심거리에 대부분 열려 있는 응용 언어학과 같은 학문들은 영어과에서가 아니라 언어학과나 외국어학과에서 나타났다. 이 상황은 응용 언어학과 작문 조사연구자들 사이뿐만 아니라 응용 언어학자와 언어 표현 교육 연구자들 사이의 상호작용을 상당히 줄여 놓았다.
6. 자신의 쓰기 능력을 높일 필요성이 있는 다양한 모국어 학습자들이 마주치는 문제와 관심거리가 최근에야 그에 어울리는 주목을 받게 되었다. 이 관심사는 주로 국제적인 맥락에서 영어 사용을 위한 관심사로부터 나온 것이라기보다는 소수 민족의 언어에 대한 필요성 자각이 늘어난 데 말미암은 것이었다.
7. 영어를 외국어로 하는 학생들에 대한 쓰기 조사연구는 미국에서보다 다른 영어권 국가에서 왕성하게 이뤄졌다.

이 모든 요인들이 특히 미국에서 외국어 쓰기 능력과 가르침에 대한 조사연구의 뒤늦은 출현에 젤 수 없는 기여를 하였다. 이 원인 연결망은 물론 여러 언어를 사용하는 국가에서 나타난 사회적 태도를 반영하고 있다. 분명히 앞에서 제시된 일곱 가지 사항은 참이며 더 강력한 형태로 나타난 이전의 외국어 쓰기 조사연구의 실패를 설명해 주지만 제2외국어로서 영어나 모국어/외국어 구별과 같은 중요한 문제가 불가피하게 성립될 수 없다는 중요한 문제를 교묘히 피하고 있다. 미국과 오스트레일리아와 같은 나라의 교육 제도는 여러 언어를 지니고 있는 모든 학생들을 상대로 해야 한다. 사회적으로 어떤 집단의 어린이들에게 2류 시민 계급을 양산할 가능성이 있는 극단보다는 연속성이 있을 것이다.

미국에서 외국어 쓰기 조사연구의 뒤늦은 발전은 영국이나 오스트레일리아와 같지 않았다. 다른 나라에서 영어 필요성에 대한 자각이 커짐과 함께 이민 학생과 국제 교환 학생들의 욕구에 대한 자각이 커지면 제2언어에서 쓰기에 대한 관심이 더 많이 생겨날 것이다. 동시에 미국에서 외국어 쓰기 조사연구에 대한 최근의 연구는 미국 교육 특히 고등교육에 참여하는 국제 교환 학생들이 더 계속 불어나고 규모가 커짐에 따라 다시 한 번 중요한 것으로 떠오르고 있으며 학생들의 학습에 언어를 지원하려는 노력이 초등학교와 중등학교에서 필요하게 되었다. 소수 언어 학생 문제에 대한 조사연구를 지원하는 연방정부 지원금을 늘리는 것이 또한 쓰기에 대한 미국의 조사연구에서 이런 변화를 도와줄 것이다.

미국에서 쓰기 문제에 대한 관심이 생겨나고 외국어 학습자들의 욕구가 나타남에 따라 그리고 모국어 쓰기 가르침을 이끄는 동일한 조사연구 가정에 따라 이런 학생들이 판단될 수 없다는 자각으로 이어졌다. 모국어 학생과 외국어 학생 사이의 유사성이 있기는 하지만 조사연구에 담긴 함의와 실제 가르침이 외국어 학습자들의 욕구에 가장 잘 부합하도록 하려면 인식되어야 하는 차이들도 있다.

1.6 외국어 학생들의 욕구와 쓰기 가르침

영어를 외국어로 하는 학생들의 쓰기 욕구에 대한 어떤 논의든 이들 학습자들의 쓰기 활용과 쓰기 필요성이 다른 집단들 사이에 상당한 다양성이 있다는 것을 먼저 고려해야 한다. 끌어낼 수 있는 가장 폭넓은 구별은 외국어로서 영어(EFL)와 제2언어로서 영어(ESL) 학습자들을 구분하는 이분법이다. 더 알맞은

것으로는 이 두 집단이 단일 연속선상의 끝에 놓여 있지만 비언어적인 (행정상/
예산상) 이유로 다르게 다뤄진다는 것이다. 외국어 과정은 영어를 배울 필요가
있는 학생들을 포함하는데 (이런 경우 영어로 *쓰기*를 배울 필요가 있음), 이들
학생들은 영어를 정상적으로 말하거나 공동체의 언어로 쓰이지 않는 나라에 살
고 있다(이를테면 중국이나 인도네시아, 프랑스). 제2외국어 과정에서는 영어를
배우도록 요구하고 있는데 이들 학생들은 영어가 공동체의 하나의 언어 혹은
대표 언어가 되는 나라에 살고 있다.

　외국어로서 영어와 제2언어로서 영어 사이의 이런 구별은 더 구체적인 변이
형태를 포함한다. 영어가 공식 언어 역할을 공유하고 있는 나라(이를테면 싱가
포르, 인도, 나이제리아)에 살고 있는 학생들, 영어가 공식적인 것으로 인정되지
는 않지만 교육상 중요한 언어인 나라(이를테면 말레이시아, 몰타 섬)에 있는
학생들, 영어가 공동체의 중요 언어인 나라(미국, 영국, 캐나다, 오스트레일리아,
뉴질랜드)에 있는 학생들이 있다. 뒤에 소개한 나라에 있는 학생들은 영구적으
로 사는 학생들과 학업 기간이나 전문 직업 훈련 기간에만 머무르게 될 학생들
로 더 잘게 나눠진다. 영어가 주도적인 공동체에 영구히 사는 학생들은 일반적
으로 공공 교육 제도에서 이른 시기에서부터 영어를 배우려고 하는 집단과 어른
이 되어서 생업에 필요한 글말 능력이나 직업상의 훈련을 위해 필요로 하는
집단(직업 목적을 위한 영어 [EOP: English for Occupational Purpose])으로 나눠
진다. 공공 교육 제도에 있는 학생들은 최근에 정착했거나 그들의 부모가 최근
에 공동체에 정착한 학생들과 그 반대로 그 공동체에 본래부터 있던 학생으로
더 나눌 수 있다(미국에서 토박이 미국인, 푸에토리코 출신, 쿠바 출신, 인도차
이나인, 스페인어를 하는 뉴멕시코인, 케이전 인(Cajun[12]), 프랑스어를 하는 뉴
잉글랜드 인이 있다). 이 모든 학생들은 일반적으로 미국 공공 교육에서 제한된
영어 유창성(Limited English Proficiency)을 지닌 학생들이라고 부른다. 쓰기 가
르침에서 부가적인 논제는 이들 학생들이 초등학교 수준에 있는가 아니면 중등

---

12) (뒤친이) 앨라배마 주미시시피 주 남동부의 백인과 인디언 및 흑인의 혼혈인.

학교 수준에 있는가 하는 것에 달려 있다.

다양하게 유창성을 필요로 하는 외국어 학생의 분포가 넓기 때문에 모국어 학생들의 쓰기에 초점을 맞춘 연구에 완전히 들어맞지 않는 연구와 가르침에서 문제가 나타난다. 외국어로서 영어를 배우는 맥락에 있는 학생들은 간단한 단락 쓰기와 요약하기 기술에서부터 논술과 전문적인 논문을 쓸 수 있는 능력(이는 학생들의 교육 수준, 전공, 기관 요구 사항에 달려있음)에 이르는 범위의 영어 쓰기 기술을 필요로 할 것이다. 외국어로서 영어를 인정하는 나라에서조차 지역 교육 기관의 기대를 넘어 일반화하기는 불가능하다. 카치루(Kachru 1985, 1992)는 남아시아와 아프리카에서 다양한 다른 언어 화자들이 영어를 다른 선택 언어로서 활용하는 것으로 보고 있으며 영어가 중심 언어가 아닌 곳에서조차 문학 기능과 사회적 기능을 위해 이바지하고 있음을 보여준다. 이런 나라들에서 나타나는 이와 같은 다양성은 교재와 쓰기 가르침에 대해 적절한 조언을 제공하기를 어렵게 한다.

비록 그 필요성이 대부분의 경우 더 학업을 향하고 있긴 하지만 제2외국어로서 영어 맥락에서 쓰기 필요성의 범위는 마찬가지로 다양하다. 생업을 위한 글말 능력과 직업에서 낮은 수준의 필요성은 쓰기 전문가가 다루지 않고 기본적인 성인 교육 교사들에 의해 일반적으로 다뤄지며 그들은 작문으로서 쓰기를 강조하지 않을 수 있다.

서로 다른 학생 집단과 학생들의 서로 다른 쓰기 필요성에 의해 만들어진 그물 조직은 외국어 쓰기 이론과 실행을 복잡하게 만드는 인자들 가운데 주변적인 인자들의 묶음일 뿐이다. 어떤 적절한 이론일지라도 모국어로 영위되는 삶과 문화적 경험으로부터 나오는 영향력을 고려하여야 한다. 이런 정보의 필요성은 글말 능력에 대한 사회 언어학과 교육에서 최근의 민족지학 연구에 의해 충분히 예증되고 있다. 다른 배경을 가진 학생들은 주류를 이루는 문화권 출신 학생들이 채택하는 접근과는 다른 방식으로 교육과제에 접근한다. 모국어를 통한 학생들의 사회화 관례와 양립하거나 혹은 단순히 설명하기 위해 수정된 교육적인 지도가 교실수업에서 글말 능력 습득 비율을 드높인다는 것이 확인되기도 하였다(오와 조던 Au and Jordan 1981, 히쓰 1986b, 1993 쌰프와 갈리모어 1988).

　이런 학생들의 모국어 경험에 더하여 연구자들과 교육 실천가들은 학생들의 모국어에 대한 태도와 경험뿐만 아니라 모국어가 학습에 영향을 미칠 수 있는 언어 간섭의 갈래와 수준을 고려할 필요가 있다. 언어 전환과 언어들 사이의 발달에 관련된 문제들은 응용 언어학자들에게 잘 알려져 있고 제2 언어습득에 대한 조사연구에서 핵심적이다. 이 영역에서 조사연구의 주된 위협은 대조 수사학 연구로부터 나오긴 하지만 외국어 쓰기 가르침에 대해 이런 현상으로 빚어진 문제들은 전체적으로 잘 자리매김되지 않았다. 언어 사용의 사회적 맥락의 층위에서 탐구되지 않은 심각한 논제들에는 다음이 포함된다.

- 모국어 교육제도에서 학생들의 교육 성취정도에 대한 신중한 연구(다양한 학교 제도에서 교육의 서로 다른 수준에 도달하였다는 것의 의미 즉, 학생들의 모국어 공동체에서 글말 능력이 자리매김되는 방식)
- 모국어에서 학생들의 읽기 동기와 능력에 대한 연구
- 모국어에서 학생들의 쓰기 동기와 능력에 대한 연구
- 모국어에 대한 태도와 그 모국어에서 글말 능력에 대한 연구
- 영어와 영어로 이뤄지는 글말 능력에 대한 학생들의 태도 연구

더하여, 언어 간섭과 언어 전환을 넘어서는 과정에 대한 논제들은 두 언어를 통한 학습의 영향과 같은 논제 이를테면 어떤 언어에서 처리되는 정보가 외국어 어휘 발달에 영향을 미치는가를 포함한다. 이 논제는 또한 교육과정에서 두 개의 언어가 제공되는 상황에서 교육과정 설계 선택에도 영향을 미친다. 그리고 두 언어들이 교육적으로 설명될 수 있는 방식에도 영향을 미친다.

- 이중언어 전환 교육거리
- 이중언어 유지 교육거리

- 외국어를 위한 집중훈련 교육거리
- 외국어를 위한 몰입 교육거리
- 외국어를 위한 이동 교실
- 어느 정도 다른 선택내용

따라서, 모국어 맥락에서 쓰기 실천에 핵심적인 논제들과 관심사를 넘어서는 쓰기 가르침 이론과 실천에 관련되는 다수의 인자들이 외국어에 있다. 이런 인자들에 대한 불완전한 이해를 가정한다면 비록 외국어 학생들에 대한 실제 가르침 실천 사례가 모국어 학생들에 제시될 수 있는 것보다 더 많은 정보가 알려졌지만 외국어 쓰기 조사연구가 모국어 쓰기 조사연구의 실천 사례들을 넘어서 발전할 수 없다는 것이 놀라운 일이 아니다. 외국어 학생과 학습에 영향을 미치는 조사연구에 대한 이런 검토로부터 모국어 맥락에서 나온 조사연구와 실천 사례를 무차별적으로 빌려쓰는 것이 전적으로 부적절한 것이 분명해져야 한다. 동시에 쓰기를 연구하는 외국어 조사연구자들은 먼저 모국어 학생들이 포함된 가르침 실천 사례와 쓸거리에 대한 조사연구를 검토하고 채택하여 왔다. 다음에 나오는 외국어 학생에 대한 쓰기 조사연구에 대한 개관에서 모국어 조사연구와 잇닿아 있다고 자각하는 것이 중요할 뿐만 아니라 다수의 외국어 학생들의 매우 서로 다른 학습 환경을 인식하는 것이 중요하다.

1.7 외국어에서 쓰기에 대한 조사연구

고등 교육 기관에 오는 국제 교류 학생들의 수가 늘어나고 국내 공교육 체제에서 실패하는 학생들에 대한 의식이 늘어남과 함께 제2언어로서 영어 쓰기에 대한 조사연구는 1960년대 후반과 1970년대 초반에 미국과 영국에서 시작되었다. 영어가 주도적이지 않은 나라들에서 제2 외국어 쓰기는 조사연구에서 비교적 하찮게 취급되었다. 이는 언급하기 어려운 교육적 문제가 적어서라기보다는 조사연구에서 무시된 사례에 가까울 것이다.

외국어로서 영어 쓰기 연구의 유형은 모국어 쓰기 조사연구 유형을 그대로 따르지는 않는다. 외국어로서 영어 조사연구에서 응용 언어학은 쓰기 필요성과 학생들이 지니고 있는 문제점에 가장 주의력을 모으는 학문이었다. 응용 언어학은 한편으로 담화 구성과 덩잇글 구성 과정을 연구하기 위하여 인지 심리학과 언어학의 연구를 끌어들이는 한편, 학생들이 쓰기를 배우는 사회적 맥락을 연구하기 위하여 사회언어학자와 민족지학 방법론자의 연구를 끌어들였다. 외국어에서 쓰기에 대한 연구를 하려는 노력은 매우 최근의 일이다. 대조 수사학과 특별한 목적을 위한 영어와는 별도로 쓰기에 대한 연구는 1980년대 이전에 상대적으로 적었다. 1980년대 이전에 나타난 가장 전문적인 논문들은 다양한 맥락에서 이뤄지는 쓰기의 본질에 대한 연구라기보다는 쓰기 가르침의 기법에 모여 있었다.

응용 언어학에 더하여, 외국어로서 쓰기에 대한 조사연구는 교육과 작문 연구에서 비교적 최근에 나타났다. 소수 언어 학생들과 위험도가 높은 시험을 위한 언어 기술을 초등학교에서 구사하는 학생들에 대한 관심이 미국과 오스트레일리아 공교육에서 쓰기에 대한 의식과 관심을 높이도록 이끌었다. 미국에서 교육 조사연구는 거의 전적으로 굿맨의 전체 언어 철학과 학생들의 쓰기 능력을 향상시키기 위한 방법으로 민족지학적인 교실 수업 조사연구를 끌어들였다(에델스키 Edelsky 1991, 프리먼과 프리먼 Freeman and Freeman 골드먼과 트루에바 Goldman and Trueba 1987, 허들슨 Hudelson 1989a, 1989b). 작문 연구로부터 나온 조사연구는 최근에는 모국어 작문연구를 따르고 있는데 외국어 학생들 집단에 비슷한 작문 조사 연구 접근법을 채택하고 있다(크롤 Kroll 1990, 존슨과 로엔 Johnson and Roen 1989, 레임즈 Reimes 1991, 레이드 Reid 1993). 대부분의 외국어로서 영어 연구자들이 어린 학생들의 쓰기 능력 발달이나 작문 연구를 전공하였지만 심할 정도는 아닐지라도 자신이 연구하는 관련 학문보다 자신들이 응용 언어학 동아리에 속한다고 여겼다.

응용 언어학에서 쓰기 연구는 먼저 모국어로서 영어와 다른 외국어 학생들의 쓰기에서 발견되는 수사적인 변이형태의 연구에 집중되어 있었다(카플란 Kaplan 1966, 1972). 이런 연구 노선은 일반적으로 *대조 수사학*으로 부르는데 담화 차원에서 학생들 쓰기에서 선호되는 조직 유형을 이해하는 방법으로 학생들의 쓰기가 어떻게 분석될 수 있는가를 탐구하는 담화 분석과 텍스트언어학적 연구를 끌어들였다. 연구는 여전히 계속되고 외국어 학생들의 쓰기에 대한 담화 분석 연구가 널리 흩어지는 데에 이바지하였다. 카플란의 첫 연구가 나타난 이래, 외국어 덩잇글이 구성되는 방법과 이들 덩잇글들이 모국어 학생들이 구성한 덩잇글과 어떻게 다른가, 서로 다른 언어 공동체에 속해 있는 외국어 학생들 사이에 어떻게 그리고 왜 다른가 하는 것을 탐구하는 일군의 응용 언어학자들이 인지 심리학, 텍스트 언어학, 담화 분석 연구를 끌어 왔다. 이런 노선을 따르는 최근의 연구에는 의미연결(coherence)과 통사결속(cohesion), 덩잇글의 대형 구조, 정보의 배열, 명제 분석의 활용, 담화 구역(discourse bloc) 분석, 추론과 개념틀(schema) 이론, 이야기 구조, 덩잇글 말뭉치에 대한 비교 연구, 어휘-통사적 특징이 덩잇글에서 동시에 나타나는 유형들에 대한 연구가 포함된다(2장 참조).

응용 언어학에서 텍스트 언어학과 담화 분석의 발전으로부터 나온 더 세분화된 영역은 다양한 학생들 집단의 특별한 쓰기 필요성이다. 이런 연구 방향에서 가장 잘 알려진 것은 특별한 목적을 지닌 학생들을 위하여 영어로 쓰기의 필요성 연구이다. 대조 수사학에서 나타난 이른 시기의 연구를 따르면서 이 분야는 1970년대를 통해 가장 적극적인 쓰기 조사연구 분야였다. 그리고 오늘날에까지 인기가 유지되고 있다. 특별한 갈래의 쓰기 기술을 필요로 하는 다른 특별한 목적을 지닌 집단은 미래의 의사, 변호사, 공무원 등등이다(허친슨과 워터즈 Hutchinson and Waters 1987, 존스와 더들리 에반스Johns and Dudley-Eavns 1991, 매허와 로코츠 Maher and Rokosz 1992, 스웨일즈 Swales 1990, 트림블 Trimble 1985, 더 확대된 논의는 6장 참조).

공교육에 참여하는 학생들의 외국어로 쓰기를 대상으로 하는 조사연구는 학업 관련 언어 표현 기술에 대한 관심, 소수 민족 언어 사용 학생들이 예상되는 글말능력 기술의 향상에서 심각한 어려움에 맞닥뜨리고 있다는 이중언어 교사들로부터 시작되었다. 전체 언어 조사연구의 많은 발견 사실들을 끌어들이면서 어린 학생들을 위해 외국어로서 영어 전문가들은 쓰기 가르침에 새로운 언어 표현기술 접근 방법을 적용하였다(잉라이트와 맥클로스키 Enright and McClosky 1988, 팰티스 Faltis 1992, 페레고이와 보일 Peregoy and Boyle 1993). 최근의 조사연구 결과는 이제 나타나고 있으며 더 어린 학생들의 글말 가르침에 상당한 영향을 미칠 것이다. 중등 교육에서 영어를 외국어로 사용하는 학생들의 욕구는 아직껏 외국어로서 영어 조사연구의 영역으로 나타나지 않고 있다(발트 Wald 1987). 조사연구자들이 이 영역과 영어를 외국어로 사용하는 성인들에 관련된 쓰기 문제를 연구하게 될 것이라고 기대할 수 있을 뿐이다(몬타뇨와 하르먼 Montaño and Harmon 1991).

제2언어 쓰기에 대한 조사연구는 미국, 오스트레일리아, 캐나다에서 이뤄졌고, 영국에서 가장 적게 이뤄졌다. 서로 다른 나라에서 영어로 쓰기를 배우는 학생들에 대한 서로 다른 기대와 필요성을 지니고 있다는 것은 분명하다. 조사연구에서 수행된 것이 이런 기대와 필요성을 수립하고 있는지 혹은 이런 기대치에 대한 성공적이고 교육적인 실행 방법을 탐구하고 있는지는 분명하지 않다(카플란 1995 참조). 분명히 일본, 홍콩, 말레이시아, 인도와 같이 영국이나 미국의 고등교육에 많은 학생들을 보내는 나라들은 이런 학생들의 쓰기 필요성에 대해 어느 정도 고려하고 있다. 어떤 경우에 대학교육 2년 자격에 걸맞은 내용을 제공하도록 요구하는 국내용 미국 대학 교육거리의 계발에 의해 언급되기도 한다(일본과 말레이시아). 얼마나 성공적인 것으로 드러날지는 두고 볼 일이다.

외국어로서 영어 쓰기 조사에서 현재 강조되는 것은 모국어로서 영어 쓰기에 대한 조사연구를 그대로 따르고 있다는 것이다. 그러나 모국어 교육 조사연구를 외국어 교육에 확장 적용하는 것에는 오늘날에 널리 퍼져 있는 적용에 대해 의문을 제기하는 비판이 있다. 이런 점에서 조사연구 방법을 결과 해석과 구별하는 것이 중요하다. 모국어 맥락에서 유용한 조사연구 방법이 외국어 교육 맥락에 적용 가능할 것임은 직관적으로 사리에 맞다. 이런 점에서 모국어 교육과 외국어 교육 쓰기 조사연구 사이의 구별은 지난 10년 동안 더 흐릿해졌다. 모국어 교육과 외국어 교육 쓰기 조사연구 둘 다에서 실험적인 처리, 덩잇글 분석, 실시간 반응 분석, 민족지학적[개별사례=뒤친이] 관찰 등등을 채택하는 연구들을 포함하고 있는 것이다. 우리가 주장하는 것처럼 이런 상황은 외국어 쓰기 조사연구가 모국어 조사연구를 그대로 본뜬 것임을 의미하는 것은 아니다. 실제로는 매우 다른 학생들에 대하여 매우 다른 문제들을 말해 주고 있는 것이다.

1.8 이론에서 실천으로 옮겨가기

모국어 맥락과 외국어 맥락에서 쓰기에 대한 조사연구가 지난 20여년 동안 눈에 띄게 발전을 해왔음에도 쓰기 가르침은 이제 이런 조사연구의 혜택을 입기 시작하고 있다. 1950년대와 1960년대에 대부분의 쓰기 교사들은 모국어 교사이든 외국어 교사이든 쓰기 가르침이 이론적으로 잘 마련되어 있고 효과적인 방법을 지니고 있다고 느꼈다. 이 방법론은 오늘날 우리가 '현재의 전통'이라고 부르는 접근법이다. 브릿턴(1983:2)은 다음과 같이 적고 있다.

모국어 상황과 외국어 상황에서 우리 모두에게 매우 친숙한 작문 가르침의 폭 좁은 전통이 있었다. 여기서는 '정확한 용법, 정확한 문법, 정확한 철자법'을 강조하였고, 그 초점은 주제 문장, 단락을 전개하는 다양한 방법이고 ... 통일성, 의미연결, 강조법의 완전한 삼위일체에 있었다. ... 리차드 영(Richard Young 1978)은 이런 전통을 '현재적-전통의 수사학'이라고 불렀다. 그리고 이를 실행에 옮기는 사람들의 강조 사항과 교육적인 기법은 작문 과정의 본질에 대한 암묵적이지만 공유되고 있는 가정에 따라 결정된다. 이들 가운데 핵심은 [작문] 과정의

창조적인 측면은 신비롭고, 잴 수 없고, 따라서 가르칠 수 없다는 낭만주의적
믿음이다. 우리가 가르칠 수 있고 논의할 수 있는 것은 문체, 조직, 용법의 사소
한 문제들이다.

쓰기 실천 사례에 대한 이와 비슷한 설명은 쓰기 가르침에 대한 20세기의 기나
긴 전통을 인정하면서 브릿턴(1984, 1987)에서 제시된다. 외국어 맥락에서 비슷
한 전통은 강조되는 정도만큼 영어를 외국어로 배우는 학생들은 모국어 학생들
에게 제시되는 같은 '현재의 전통'에 따른 쓰기 가르침에 이를 정도로 정확한
문법, 철자법, 용법에 초점을 모을 필요가 있다는 느낌에 의해 강화된다(레임즈
1983a, 1991). 1960년대 중반은 쓰기 가르침에서 전환점이 된다. (a) 학생들의
쓰기 능력에서 느린 향상, (b) 학원에 외국어로 배우는 소수민족 학생들과 국제
교류 학생들의 수적인 증가에 따른 불만으로 인해 더 성공적인 가르침 실천사례
에 바탕을 둔 쓰기 가르침의 새로운 이론으로 이어졌다. 쓰기 가르침에 대한
새로운 접근법의 대다수는 '적용되고 있는 기법'에 의해서라기보다는 완전히
발전되지 않았거나 덜 발전된 이론적인 조사연구에 의해 제대로 알려지지 않았
다(노쓰 North 1987).

레임즈(1983a)는 1970년대에 쓰기 가르침에 대해 거의 대부분 '증명된' 기술
들만을 제공하는 쓰기 이론에 의해 외국어 쓰기 가르침이 일반적으로 통일되었
다고 지적한다. 레임즈(1983a:261-2)는 다음과 같이 언급한다.

> 작문 영역을 희생하고 외국어로서 영어 작문의 일부로서 외국어인 영어를 강
> 조하였다. 그렇게 한 이유는 단락으로 나아가기 전에 문장을 완전히 통달하는
> 것이 필요하며 논술로 나아가기 전에 단락을 완전히 통달하는 것이 필요하다고
> 생각하였기 때문이다. 따라서 우리는 과제를 더 쉽게 할 수 있는 통제와 한계를
> 제공하였다. ... 우리가 가르친 대부분의 학생들은 규칙을 요구하였고, 쓰기 수행
> 을 조정할 수 있는 구체적인 무엇인가를 요구하였다. 그래서 우리는 문법적인
> 임시방편의 해결책과 단락 모형들을 제공하였다. 우리는 짜깁기와 따라하기를
> 가르치고 있다는 것을 깨달아야 했다. 우리는 작문을 가르치지 않았다.

레임즈는 계속해서 외국어 필자들에게 문법의 중요성을 강조하긴 했지만 작문 실천 관례를 희생해서는 안 된다고 주장한다.

인지 심리학, 사회언어학, 교육적인 민족지학 방법론, 전체-언어 교육, 응용 언어학을 끌어들이며 1970년대 후반에 나타난 이론들은 1980년대에 이르러 쓰기의 이론에 강력히 경쟁하는 이론이 될 정도로 널리 퍼져 나갔다. 이런 이론들은 마침내 쓰기 가르침을 바꾸기 시작했다. 동시에 대부분의 쓰기 가르침이 여전히 '현재적 전통'에 따른 접근법의 주변에 몰려 있다는 것을 언급해야겠다. 대부분의 외국어 교실수업은 단락 모형, 문법과 사용 규칙, 어휘 향상을 전체 교육내용으로 강조하는 쓰기 교재에 기대고 있었다. 이런 교재들의 대부분은 과정 중심이라고 선전하고 있었지만 목적 지향적인 쓰기 활동을 강조하지 않았다. '현재적 전통'에 따른 접근법은 모국어 쓰기 가르침에서 여전히 남아 있었는데 특히 중등학교와 대학교 수준의 학급에 그러하였다. 대부분의 초등학교 교실에서 학생들은 일상적인 단락, 짧은 문답지, 객관식 시험을 넘어서는 어떤 갈래의 쓰기도 거의 하지 않았다(애플비 Applebee 1981).

대부분의 교사들이 당시에 이뤄지고 있는 조사연구에 무디거나 의식하고 있지 않는 상황이었음에도 불구하고 쓰기 가르침은 이러저런 맥락에서 나아지고 있었다. 초등학교 학제에서 글말 능력에 대한 전체 언어 접근 방법은 쓰기 수행과 쓰기를 가르치는 방법에 잴 수 없는 영향력을 늘여가고 있다. 전체-언어 옹호자들의 지나친 강조가 혼란스러울 수 있지만 더 많은 교사들이 그들의 일상적인 교실 수업에서 전체-언어 가르침의 실천 사례들을 채택하고 있었다. 많은 교사들이 이제 어린 학생들을 위한 이른 시기의 작문 실행을 강조하며 쓰기에서 의미 있고 목적에 맞는 자기 자신을 표현하도록 북돋워 주었다. 이런 상황에서 이론에서 실천으로의 변화는 단지 대다수의 교실 수업에서 뿌리를 내리기 시작했을 뿐이다. 소수 민족 언어를 사용하는 어린 학생들의 가르침에 적용은 모국어 초등학교 학생들의 경우에서처럼 성공적인 듯 보였다(다이슨 Dyson 1993, 팰티스 1992, 페레고이와 보일 1993).

작문 과정에 대한 조사연구는 이제 미국의 고등 교육 기관과 대학 이전 교육 거리에서 쓰기의 가르침에 강력한 영향을 미치고 있다. 더 많은 작문 교육과정은 적절한 주제, 학급 토론, 난상 제안(생각 마련), 여러 벌의 원고 쓰기/고쳐 쓰기, 동료들 끼리 되짚어 주기, 실제적인 과제를 강조하는 접근 방법을 채택하고 있다. 어떻게 교재가 학생들의 쓰기 실천을 향상시키는 데 성공적일 수 있는가 하는 것은 여전히 미해결의 문제이긴 하지만 많은 쓰기 교재들이 '쓰기 과정'을 강조하기 위해 다시 쓰였다. 쓰기 과정 연구는 또한 자유로운 글말 능력 실천이라는 프레이리 식의 생각과 쓰기 과정의 내용에 더 많은 초점을 모을 수 있는 의미 있는 의사소통을 강조하는 철학을 결합하였다. 일관되고 지속적인 주제나 학생들이 지니고 있는 개인적인 지식이나 학생들이 시간을 의미 있게 바칠 수 있는 주제를 유지하면서 점차로 쓰기 교육거리들은 내용-중심으로 바뀌고 있다 (바르쏠로매와 피트로스키 Bartholomae and Petrosky 1986). 외국어 맥락에서 이와 비슷한 노력이 내용 중심 과정과 보호망이 마련된 교실에서 진행되고 있다 (브릿턴 등 1989, 크랜덜 Crandall 1993, 크루거와 라이언 Kreuger and Ryan 1993, 쇼트 Short 1994). 영국에서 공교육의 주된 논제인 여러 교과과정에 걸친 쓰기 움직임은 이런 흐름이 다른 방법으로 나타난 것이다. 더 많은 교육거리들이 쓰기 과정에 더 많은 내용을 얹어 놓기보다는 내용 중심의 과정에 더 많은 쓰기를 더해놓고 있다.

비록 많은 변화들이 이제 교실수업과 교사들에게 퍼지고 있을 뿐이지만 덩잇글의 본질과 구성에 대한 조사연구는 쓰기 실행에 많은 영향을 미치고 있다. 주제 전개, 정보 구조화, 담화 양식 변이형태, 담화 단위들 사이의 논리적 관계, 추론의 역할, 어휘-통사적 유형 사용과 같은 덩잇글 구성의 다양한 측면들에 대한 조사연구는 더 생산적인 쓰기 가르침 실천 사례들로 이어졌다.

텍스트 언어학적인 조사연구 사례에서 이론에서 실천으로 전환에 중요한 걸림돌은 조사 연구의 적용에 대한 포괄적인 언어학적 전망이 없다는 것이다. 전체 언어와 작문 과정 조사연구에서와는 달리 텍스트 언어학에서 많은 조사연구들은 심리학, 언어학, 응용 언어학, 인공 지능, 교육 심리학, 의사소통 학문, 수사학/비평과 같은 개별 학문으로부터 나왔다. 상당한 분량의 조사연구가 응용이라기보다는 기본적인 것으로 간주되며 쓰기 가르침에 대한 함의에 거의 대부분 주의를 기울이지 않았다(크리스티 1992, 핼리데이 1993b, 마틴 Martin 1993, 밀러 Miller 1995). 그러나 응용 언어학자들은 이 연구와 가르침의 실천 사례에 어울리는 포괄적인 조사연구 관점을 묶어 보려는 노력을 하고 있다. 덩잇글 의미연결에 대한 기본적인 통합을 만들어 내려는 연구는 효과적인 가르침 실천 사례 특히 외국어 학생들의 가르침 실천 사례의 산출로 이어졌다(세르니글리아 등 Cerniglia 1990, 그레이브와 카플란 1989, 존스 1986, 레이드 1993).

다양한 조사연구 접근법과 쓰기 실천 사례로의 전환으로부터 나온 전체적인 얼개는 쓰기 가르침을 위해 가장 적절한 교육과정이 무엇일까에 대한 불일치가 어느 정도 있다는 것이다. 쓰기 가르침에 조사연구의 영향을 받는 접근법이 '현재적 전통'을 따르는 가르침의 몇몇 형태를 신봉하는 교사들의 실천 사례와 뒤섞일 때, 그로부터 나타나는 혼란은 납득이 간다. 하나의 표준적인 방법이 모든 학생들과 모든 환경에서 적절하게 계발될 수 있다는 이른 시기의 (그리고 지속되고 있는) 가정에 더 큰 문제가 있다.

그러나 서로 다른 교육기관의 실천 사례를 분류하는 것이 가능하고 최근의 흐름에서 각 관점들의 강점을 인식하고 찾아낼 수 있는 일관된 근거를 명확하게 할 수 있다. 서로 다른 학생 집단들은 각 관점으로부터 혜택을 입을 수 있음을 밝혀내고 그리고 가장 중요한 것은 관점들 사이에 존재하는 명백한 갈등을 피해 갈 수 있는 일관된 쓰기 가르침 이론으로 이런 관점들을 합칠 수 있다는 것이다 (레키 Leki 1992, 레임즈 1991, 레이드 1993). 여기서 가장 주목할 만한 갈등은 '과정 대 결과'에 마련된 구별을 지나치게 강조하는 것이다. 이는 몇몇 작문 연구자들이 만든 허수아비일 뿐이다(카플란 1988, 레임즈 1991).

실제적인 수준에서 쓰기 조사연구의 목표는 단순한 이분법을 넘어서는 것이며 적어도 쓰기와 쓰기 발달에 대한 포괄적인 이론을 싸안을 수 있는 다음의 논제들을 더 잘 이해할 수 있도록 하는 것이다.

- 과제, 주제, 갈래, 독자에 적합한 일관된 글말 담화의 본질
- 담화의 생성에 역할을 하여야 하는 과정들의 묶음
- 학생들의 쓰기 향상을 뒷받침하도록 결합된 다양한 학습 과정의 본질

이런 관점에서 쓰기는 대립적인 관점이 아니라 상보적인 관점들의 결합과 관련된 문제이며 이러저런 방법으로 다양한 인자들을 설명하는 것이 어떤 이론의 목표일 수 있다(이를테면 플라워 1994, 위트 1992 참조).

다음 장에서 쓰기 이론뿐만 아니라 쓰기 가르침과 관련된 다수의 논제들이 더 깊이 있게 다뤄진다. 이론적인 논의의 결합은 쓰기에 대한 일관된 얼개로 통합된다. 뒤에 나오는 장들은 이론에서 실천으로 전환에 초점을 맞추는데 서로 다른 학생 집단에 적합한 쓰기 가르침 접근법과 쓰기에서 되짚어 보기[13)와 평가에 관련된 논제들에 초점을 맞춘다. 다음 장들에서 확장된 논의는 이 장에서 주목한 통찰에 바탕을 두고 있으며 더 많은 정보를 지닌 논의를 촉진하고 쓰기 가르침의 개선으로 이어질 수 있는 논제들과 실천 사례들을 살필 것이다.

---

13) (뒤친이) feedback을 뒤친 말인데, 학생들이 자신의 글에 대한 반응은 되짚어 보기로, 교사가 학생들의 글쓰기 활동에 보인 반응은 되짚어 주기로 뒤친다. 다른 곳에서도 마찬가지다.

02 텍스트언어학적 조사연구
Textlinguistic Research

2.1 도입

충분한 정보가 제공된 가르침은 필요한 지식(알 필요가 있는 지식)의 배열에 대한 이론과 성공적인 학습에 반영된다고 생각할 수 있는 일련의 기예(할 줄 알아야 한다고 생각한 기술), 가르침에 영향을 미치는 사회적 맥락에 대한 설명 (무엇인가를 할 줄 알 필요가 있는 것에 영향을 미치는 인자)을 가정한다. 쓰기 가르침에서는 아직껏 이런 세 가지에 대해 분명한 일치를 보이지 않고 있다. 그보다 더 한 것은 대부분의 현재 이뤄지고 있는 쓰기에 대한 조사연구는 이들과 관련하여 명백히 언급하지 않고 이런 논제들을 바탕에 깔고 있다는 것이다.

이와 성공적인 대조를 보이는 읽기 가르침에서는 지난 15년 동안 대부분의 이론 구성의 핵심지역이 되었고, 더 최근에는 이론에서 실천으로 이어지는 전환이 시도되는 영역이 되었다. 이런 발전에 대한 근거는 찾아내기 어렵지 않다. 대부분은 읽기가 언제나 이해와 파악이라는 인지 활동, 인지 심리학과 인공 지능의 주된 관심사들과 강하게 연결되어 왔다는 것이다. 그와 같이 이해와 파악, 정신 표상, 기억, 정보 회상, 학습에 대한 연구는 모두 언어 과제가 개입된 것으로 읽기와 관련된 실험적인 연구를 만들어내는 경향을 띤다(아담스 1989, 오크힐과 건햄 Oakhill and Garnham 1988, 레이너와 폴라첵 Rayner and Pollatsek 1989, 라이벤과 페르페티 Reiben and Perfetti 1991, 스타노비치 Stanovich 1992).

읽기 조사연구에서 그와 같은 활동은 읽기 가르침에서 유창한 읽기 모형과 그 과정에 영향을 미치는 인자들과 읽기에서 개인차에 대한 확장적인 연구를 이론가와 실천가들에게 바쳤다. 더 최근에 나타난 읽기의 상호작용 모형을 더 폭넓게 받아들인다면 가르침의 설계를 위한 함의와 실제적인 관심사(이를테면 읽기를 어떻게 가르칠 것인가)들에 대한 동기부여가 실질적으로 늘어났다. 통찰력 있는 이론 구성과 이론적인 배경을 지닌 가르침에서 조사연구의 결과, 읽기 가르침은 신비를 어느 정도 벗었으며 부분적으로 맞을지는 모르지만 '읽기는 읽기로 배운다.'는 표어는 지나친 단순화로 인식되었다.

2.2 쓰기 조사연구 필요성

학생들이 쓰기를 배우는 데 어려움에 대해 비슷하게 밝혀진 관심사가 있음에도 불구하고 쓰기에서 비슷한 상황을 보이는 것을 보면 나아진 증거가 덜하다. 실제로는 쓰기 과정에 대해서뿐만 아니라 성공적인 쓰기 가르침에 대한 상당한 조사연구가 있었다. 그러나 쓰기에서는, 산출 모형에 대한 연구가 강력한 이해 모형을 필요로 한다고 느끼는 인지 심리학자들로부터 나온 입장을 아직껏 누리고 있다. 많은 수사학자들과 작문 연구자들이 쓰기에 대한 이론을 발전시키고 있고 동시에 가르침을 위해 그와 같은 이론이 지니고 있는 함의를 탐구하고 있는 동안 읽기 가르침에서 거둔 성과에 맞먹을 만한 중요한 발전을 쓰기 가르침에서 이루도록 할 만한 합의가 거의 나타나지 않았다.

쓰기 이론과 실천에 대한 조사연구의 범위가 폭넓은데 그것은 폭넓은 이론적 관심뿐만 아니라 학생 구성원들이 폭넓음을 반영한다. 이런 다양성으로부터 나타나는 것은 개인적인 선호도와 주관적인 연구, 전통 그리고 실제적인 목적을 위해 실제로 영향을 미칠 법한 화용론적인 논제에 바탕을 둔 조사연구와 가르침 분야이다. 노쓰(1987)는 작문 가르침의 관점으로부터 비슷한 결론에 이르렀다.

쓰기에는 더 복잡한 모형이 필요하다. 그 모형은 쓰기에 대한 과정 중심의 관점과 결과 중심의 관점에 기댈 뿐만 아니라 독자와 사회적 맥락에 따른 관심 사를 설명할 수 있는 모형들이다. 과거에는 과정 대 산출에 대한 논쟁에 너무 많은 논의가 있었다. 상호작용 읽기 모형의 유추로부터 나온 덩잇글 산출의 연 구만으로 쓰기 가르침에서 기량 향상을 뒷받침하는 데 필요한 유창한 쓰기 모형 의 계발로 이어지지 않는다는 것이 분명해져야 하며 동시에 쓰기 과정에 대한 이론은 글말 덩잇글의 완전한 해석으로부터 저절로 형성되지 않는다는 것이 분 명하게 되어야 한다.

쓰기에 대한 이론을 형식화하려는 과거의 시도로부터 자유로워지는 방법으 로 기본적인 질문으로 돌아가는 것이 필요하다. 쓰기 능력에 대한 이론으로 나 아가는 첫 단계는 그렇다면 다음과 같은 새로운 질문을 언급해 보는 것에 있다.

1. 덩잇글이란 무엇인가?
2. 산출물로서 덩잇글이 어떻게 검토될 수 있는가?
3. 과정으로서 덩잇글이 어떻게 검토될 수 있는가?
4. 쓰기의 상호작용 모형을 반영한 것으로 산출과 과정이 어떻게 검토될 수 있는가?
5. 쓰기를 위한 더 폭넓은 맥락의 일관된 해석 안에서 과정과 산출 문제가 어떻 게 내재되어 있는가?
6. 어떤 갈래의 덩잇글을 학습자가 산출하기를 기대하는가?
7. 교실 수업에서 쓰기 가르침을 위해 이런 논제들이 무엇을 암시하는가?

여기서 제안된 것은 (텍스트언어학, 인지 심리학, 수사학, 작문 조사연구의 뒷받 침을 받고 있는) 쓰기에 대한 이론 수립의 근본적인 기준을 위한 묶음이다. 이 장과 다음 장에서 그와 같은 이론의 기본 요소들이 개략적으로 제시될 것이다.

이런 논제들은 어떤 충분한 모형이 조사연구 발견사실에 의해 뒷받침되는 현상들의 자리매김으로 시작되어야 한다는 의미에서 규정적이다. 현재의 연구가 쓰기 기술에 대한 철저한 모형을 구성한다는 것을 주장하지는 않는다. 그러나 앞에서 제시된 질문에 답하는 것이 적어도 우선적인 설명으로 이어질 것이다.

2.3 덩잇글의 본질에 대하여

글말 덩잇글에 대한 분석은 여러 면에서 비교적 새로운 연구 분야이다. 덩잇글 분석은 지난 10년 동안에 양적인 면에서 급속히 늘어났고 사회 언어학, 심리 언어학, 응용 언어학, 인지 심리학, 인공 지능 연구의 기여를 통해 다양해졌다. 또한 계속 이어지고 있는 전통들이 덩잇글 분석에 어느 정도 이바지하고 있다는 것을 깨닫는 것이 중요하다.

이런 전통 가운데 가장 이른 시기의 전통은 해석학이다(이글리튼 1983, 옹 1982). 문헌 해석을 위해 처음에 의도되었고 그 초점이 역사적으로 타당한 덩잇글에 집중되기는 했어도 지난 세기에 모든 글말 문화에 대한 해석과 관련이 있었다. 이 전통은 문학 비평에 중요하였고 덩잇글 분석에도 함의를 지니고 있다(브릿턴과 블랙 Britton and Black 1985a, 래빈 Rabin 1986). 이를테면 브릿턴과 블랙은 문헌 해석은 성서 뒤침과 관련이 있으며, 뒤침이 속된 것이 아니라 이해 가능하기 위해서는 문법이 아니라 담화 분석을 필요로 한다는 점을 주목하였다. 두 번째 전통인 수사학 역시 현대의 덩잇글 조사연구보다 앞서는데 아리스토텔레스와 다른 고전적인 그리스 학자들에 거슬러 올라간다. 수사적 전통은 최근의 담화 분석과 덩잇글 분석에 잴 수 없는 영향을 미쳤다(버얼린 1984, 1987, 니일 Neel 1988, 펠프스 Phelps 1988, 영 Young 1987). 세 번째 전통 역시 현대 언어학을 앞설 가능성이 높은데 근대 문학 비평과 문체론이다(콤프론 Comprone 1987, 크로울리 Crowley 1989, 이글턴 1983, 플라워 1986). 이런 유형의 조사연구는 현대 담화 분석을 위해 구체적인 방법을 거의 내세우지 않았지만 덩잇글의 본질에 대해 근본적인 물음을 제기하였다. 그 질문들은 일반적으로 다시 고려되어야 하는 것이었다.

이 세 가지 전통들은 현대 언어학에서 최근의 발전과 결합되었는데 연구의 영역으로서 덩잇글 분석의 출현을 위한 역사적 토대를 이룬다. 보그란데와 드레슬러(1981)와 테이트(Tate 1987)는 이런 발전 과정을 훌륭하게 요약하였다. 비록 덩잇글 분석이 유럽에서 중요한 학문으로 인식되었지만 북미에서 이뤄진 덩잇글 분석을 놓고서 그렇게 말할 수는 없다. 지난 30년 동안 미국에서 언어학의 전개는 대부분 덩잇글 분석의 발전을 가로 막았다. 사회 언어학자와 공동 연구를 한 기능주의 언어학과 생성주의자 배경을 지니지 않는 몇몇이 입말과 글말에서 담화 분석에 상당한 관심을 쏟았다(이를테면 브라운과 율 1983, 그레이브 Grabe 1982). 컬트하드(1994), 기본(Givon 1983), 핼리데이(Halliday 1994), 핼리데이와 핫산(1976, 1989), 만과 톰프슨(1988, 1992), 반데이크(van Dijk 1985)와 다른 사람들이 한 연구에서는 담화 구조의 측면을 탐구하였고 이런 연구로부터 덩잇글에 대한 더 나은 이해와 덩잇글의 본질을 살필 수 있는 일련의 기법을 얻게 되었다.

덩잇글 분석에 영향을 미치는 연구의 범위는 덩잇글이 여러 겹의 기준으로 이뤄진 구성물이라는 관점을 필요로 한다. 말하자면 덩잇글 분석을 위한 단일한 어떤 기준도 덩잇글 본질에 대한 해석을 제공할 수 없다는 것이다. 허드슨 (1980:13)에서 지적하고 있듯이,

> 담화 구조에 대한 가장 명백한 사실은 서로 다른 많은 갈래의 구조들이 담화를 가로지르며, 이들을 단일 유형으로 돌리려는 어떤 시도도 실패할 수밖에 없다.

바이버는 글말과 입말 갈래를 놓고서 덩잇글 변이형을 연구한 자신의 연구에서 자신감 있게 이 주장을 증명하고 있다. 바이버(1988:22)는 다음과 같이 주장한다.

어떤 언어에서 언어학적인 변이형태는 어떤 단일의 기준에 따라 분석하기에는 너무나 복잡하다. 연구자들에 의해 제안된 수많은 구별이 있다는 단순한 사실은 어떤 단일 기준도 그 자체로 충분하지 않다는 것을 나타내 준다. 이런 구별에 더하여 제한된 언어 특질 대 정교한 언어 특질, 형식적인 언어 특질 대 비형식적인 언어 특질은 나이, 성별, 사회 계층, 직업, 사회적인 역할, 공손함 정도, 목적, 주제 등등에 걸쳐 다양하다. 이론적인 관점에서 보면, 우리는 해당 언어에서 언어적 변이형태에 대한 기술이 여러 겹의 기준을 지닐 것을 예상하게 된다.

그러나 이전의 많은 노력들은 덩잇글 변이형태들이 변이형태의 본질을 포착할 수 있는 단일의 포괄적인 연속체로 기술될 수 있다고 가정하였다. 아주 최근에야 여러 겹의 기준에 따른 구성물과 그 구성물이 무엇인가에 대한 생각을 연구자들이 기꺼이 받아들이고 있다(바이버 1988, 쉬피린 Schiffirin 1987). 덩잇글이 여러 겹의 기준으로 이뤄진 구성물이라는 생각이 한 번 인식되고 나자 어떤 단일 규정이 충분하지 않다는 것이 분명해졌다. 그러나 덩잇글이 *아닌* 것을 결정하기 위한 어떤 합리적인 진단에 바쳐질 작업 규정을 제공하는 것은 가능하다.

어떤 덩잇글은 실제 사용에서 하임즈(Hymes 1972)가 제시한 의사소통 능력의 네 가지 의미(어떤 덩잇글이 있을 수 있으며, 실행 가능하고, 적절하며 수행되는가)에서 (아무리 작을지라도) 담화의 주제를 암시하는 의미를 실어 나르는 언어의 구조적 등가물이다. 게다가 헬리데이(1978)에서 논의하고 있듯이, 어떤 덩잇글은 형식적인 시작과 끝을 지니는 것으로 자리매김해서는 안 되고, 예측 가능한 구조를 지닌 흠이 없는 구조로 자리매김해서도 안 된다. 덩잇글의 시작과 끝은 구성을 위한 형식적인 구조 유형으로부터가 아니라 덩잇글로부터 사회적이고 의미론적으로 결정될 가능성이 높다. 앞의 제약들을 고려해 보면 덩잇글은 다음과 같이 간단히 자리매김 될 것이다.

담화 조각이 있을 수 있고, 실현 가능하며 적절하고 수행된 것일 때 그리고 주제를 갖고 있는 것으로 밝혀질 때 덩잇글(=텍스트)이 나타난다.

이 뜻매김은 작문으로서 쓰기에 대해 논의된 생각들을 텍스트 언어학적 기준에 맞춘 것이다(브라운과 율 1983도 참조).

2.4 의사소통으로서 덩잇글

의사소통을 폭넓게 해석할 때 언어는 의사소통을 위한 핵심이라고 가정되고 있다(위도우슨 1980). 이런 이유로 글은 독자와 의사소통을 하기 위한 의도를 드러낸다고 말할 수 있다(위도우슨 1980, 레임즈 1983b 참조). 글쓴이는 어떤 의도와 목적뿐만 아니라 전달할 정보를 지니고 있다. 따라서 글은 다음에서 보기를 들어 보인 것과 같이 어떤 용인된 언어 원리, 심리학적 원리, 사회학적인 원리 안에서 정보를 소통할 수 있도록 짜인다.

1. 그라이스의 규범 – 정보 전달적이며, 사실에 비추어 정확하고, 적절하며, 분명하여야 한다. 그리고 이런 규범에서 체계적으로 해석 가능한 어긋남이 있을 수 있다(엠프슨 Empson 1961, 스타이너 Steiner).
2. 상태, 상황, 의도와 태도의 전달을 위한 관례
3. 정보의 참신성, 정보 흐름의 속도, 정보의 개연성을 나타내는 기제
4. 구조화에 대한 더 큰 유형을 예상할 수 있는 인지 구조의 예측 가능성: 개념틀, 각본, 전개 얼개(frame), 목표 등등.

덩잇글이 어떻게 구성되는가에 대한 어떤 이론이든 이런 원리들이 글의 구성과 구조에 어떻게 영향을 미치는지 고려하여야 할 것이다. 그러나 글말 덩잇글을 살필 때에는 이론적 가정에는 낮은 차원의 언어 기술을 넘어서는 영향력을 포함해야 한다는 것을 인식하는 것이 필요하다. 덩잇글 분석은 덩잇글이 쓰인 맥락에 의존되어 있고 관련되어 있어야 할 것이다. 다음의 발췌문은 이런 점을 보여주는 예가 될 것이다.

예컨대 거의 80일 전에 J. E. 듀어든이라는 이름을 가진 남부 아프리카 동물학자가 인도 해와 대서양에 걸쳐 널리 분포하고 있는 긴집게발게를 관찰한 것을 출판하였다. 이 동물의 끄나풀은 살아 있는 말미잘이다. 연구를 수행하는 동안 듀어든은 게가 대양저에서 두 개의 말미잘을 떼어내고 집게발에 이들 각각을 움켜쥐고 있는 것을 발견하였다. 그 다음에 살아 있는 '끄나풀들'을 앞으로 내어민 채 게는 바다 밑바닥을 따라 먹이를 찾으러 움직인다. 말미잘의 손가락 같은 촉수 즉 폴립이 해류에 뻗치면 이들은 작은 먹이 조각들을 모으는데 이때 게는 두 번째 집게발로 말미잘에서 먹이를 떼어낸다. 게다가 말미잘은 다른 목적을 제공한다. 게의 어떤 부분이든 앞부분에 닿으면 자동적으로 찌르는 도구를 그 방향으로 뻗친다. 듀어든은 '웬만한 크기의 어떤 바다 동물이든 게 앞에 있는 폴립을 건드리지 않고는 게를 괴롭힐 수 없을 것이다.'라고 적고 있다. 긴집게발게는 효과적인 방어 도구를 지니고 있는 것이다. 아마도 오늘날 더 많은 과학자들이 무척추 동물을 연구하는 데 대부분의 시간을 보내기 때문에 원시 동물들 사이에 도구 사용의 사례들을 점점 더 많이 찾아내고 있을 것이다. (에이브러햄슨 1985:25-6)

첫 번째 덩잇글에서 저자는 일반 독자를 언급하고 있다. 즉 그는 전문가 지식을 가정하고 있지 않다. 저자는 분명히 전문가이긴 하지만 저자의 태도는 독자와 같은 상태이다. 주제는 분명한 사례들로 신중하게 다듬어진다.

배치 처리과정에서 실행하고자 하는 작업은 입력 창에 제시되어야 한다. 제시한 각각의 작업들에서 카드 더미의 첫 번째 카드로서 올바르게 미리 구멍뚫린 UCC 작업 카드를 지니고 있어야 한다. 카드 리더를 통해 카드가 읽혀진 뒤에 작업 카드의 오른쪽 부분을 찢어내어 운영자가 보관하며 당신의 카드 더미는 작업 이름의 첫 번째 글자(당신의 작업 카드 왼쪽 위 모서리에 인쇄됨)에 따라 작업 회수 통(입력 창의 오른쪽에 곧바로)에 되돌아간다.

(USC UCC USM AAO2 1985:8)

이 덩잇글은 대조적으로 간결하다. 저자는 상당한 양의 정보를 전제로 하고 있으며 구체적인 상황에 있는 특정의 독자를 가정한다. 정보의 흐름 속도는 더 빠른데, 가정하고 있는 공유된 지식 때문이다. 다수의 2인칭 대명사가 나타내고 있듯이 저자는 독자에 대해 권위적인 입장에 있다.

이 두 덩잇글은 덩잇글 구성에서 더 넓은 구성 원리가 어떻게 역할을 하고 있는지를 보여 준다. 이런 사례들은 덩잇글이 독자에게 매우 다른 수준에서 정보를 전달하고 있음을 보여 준다. 따라서 쓰기에 대한 어떤 이론이든 여러 수준의 의사소통에 대한 설명을 제공하여야 한다. 말하자면 덩잇글 이해와 산출은 덩잇글의 표면 구조에 대한 지식을 필요로 할 뿐만 아니라 덩잇글 기저에 있는 구성에 대한 지식도 요구한다.

이 장의 마지막 부분은 표면적인 통사적 차원에서 다양한 수준의 구조화를 탐구하려는 시도를 하고 있는 연구 접근 방법들 몇몇을 자세히 살필 것이다. 다음 장에서 덩잇글 기저에 있는 차원들을 고려하는 분석으로 넓힐 것이다.

2.5 표면/문장 차원에 대한 연구

2.5.1 통사적 분석

1950년대와 1960년대에 촘스키 학파의 번성으로 쓰기 향상을 보여 주게 될 통사적 자질을 결정하기 위해 학생들의 쓰기 점검에 대한 관심이 일어났다. 모문과 변형이라는 촘스키의 개념에 대한 분석을 바탕에 깔고 헌트(Hunt 1983)와 다른 사람들(로번 Loban 1976, 오헤어 O'Hare 1973)은 학생 쓰기의 중심 구조로 T-단위14)라는 개념을 발전시켰다. 그들에게 담화는 T-단위 구조물의 연속으로 간주되었다(주절과 모든 의존적인 수식 절들). 이 연구의 대부분은 학생들의 작

---

14) (뒤친이) 별다른 부연 설명은 없는데, 종결단위나 명제 등과 같은 개념으로 볼 수 있다. 때로는 체이프와 같은 사람은 억양 단위로 언급하기도 한다.

문 산출을 탐구하려는 노력을 목표로 하였다. 헌트의 잘 알려진 연구인 '세 등급 단계에서 문법 구조'는 4학년, 8학년, 12학년에서 학생들 글에서 통사적 복잡성이 일관되게 늘어나고 있음을 보여 주었다. 기초적인 T-단위로부터 헌트는 쓰기의 발달을 증명한다고 주장할 수 있는 수치를 만들어냈다. 그들 가운데 가장 알려진 것은 다음과 같다.

> T-단위 당 낱말들의 수
> 문장 당 T 단위들의 수
> T-단위 당 절들의 수
> 절 당 낱말들의 수

쓰기 조사연구에서 T-단위 접근법에 대한 다수의 비판이 있음에도 불구하고, 헌트가 발견한 사실들은 그때 이후 그의 측정에 신뢰성을 보장할 정도로 충분히 되풀이되었다(적어도 모국어 맥락에서 (힐록스 1986, 여기에 대한 비판으로는 보그란데 1984, 1985 참조, 외국어 맥락에서 비판과 논의는 개이즈 Gaies 1980, 라어슨-프리먼 Larsen- Freeman 1978 참조). 이 방법을 사용한 가장 훌륭한 성과는 분명히 변별적인 나이/등급 집단에 걸친 글의 차이를 측정한 것이다. 결국 그의 방법론은 셀 수 없는 연구와 학위 논문뿐만 아니라 문장 결합으로 알려진 가르침 방법론의 원천이 되었다(모국어에서 문장 결합에 대한 개관은 다이커 등 Daiker 1985 참조).

문장 결합을 뒷받침하는 이론적 배경에 대한 강력한 비판이 있었지만 어느 정도는 쓰기 향상으로 이어질 수 있다는 증거들이 있었다. 가르침 접근법은 어느 정도 성공을 거두었고 실패했다고 할 수는 없을 것이다. 보그란데(1984)와 힐록스(1986)는 이것이 왜 그러한가에 대한 다수의 주장을 제공한다. 이런 인자들 가운데 포함되는 것은 문장 결합이

- 통사 형식에 의식적인 집중을 하도록 하고
- 고쳐 쓰기를 위한 순차적인 전략을 제공하며
- 학생들에게 자신감을 드높여주고
- 통사 유형에 대한 친근감을 높이며
- 문장 쓰기의 유창성을 향상시키고 빈도를 높여 주며
- 문장 다양성을 드높이고
- 문장에서 정보 밀집도를 높일 수 있게 하고
- 담화에서 정보 덩이의 통제를 도와주고
- 담화 처리의 다른 차원과 통사론을 통합하게 한다는 것이다.

분명히 문장 결합은 다양한 구문 유형과 결합 가능성에 대한 학생들의 자각을 드높인다. 그러나 더 넓은 의미에서 기본적인 차이가 남아 있다. 말하자면 '통사적 복잡성'이나 '통사적 완성도'(syntactic maturity)가 쓰기 능력 향상에 대한 중요한 근거가 된다는 실제적인 증거가 없다는 것이다. 모든 외국어 교사들이 올바른 통사구문을 쓸 수 있지만(혹은 따로 떨어져 있는 문장을 정확하게 분석할 수 있지만), 글말 덩잇글을 산출할 수 없는 학생들과 마주친다. 통사적 완성도가 어느 정도 담화 능력에 전제가 되는 듯하지만 그 정확한 관계는 잘 이해되지 않는다.

T-단위와 문장 결합 향상에 대한 조사연구에 더하여 작문 교사들로부터 통사적인 것에 바탕을 둔 발견사실들과 발달 심리학자들이 제공한 조사연구는 T-단위 분석과 비슷한 결과를 제공한다. 특히 다음에 나오는 다수의 더 나은 변화들이 '더 성공적인' 글말 덩잇글에 나타날 수 있다(힐록스 1986, 페레라 Perera 1984, 위트와 체리 Witte and Cherry 1986).

- 형용사 사용의 증가
- 명사구 복합성의 증가
- 자유 수식어 사용의 증가
- 문장 수식어 사용의 증가

- 관계절 사용의 증가
- 한정적인 부사절 사용의 증가
- 문체적인 어순 변이형태 사용의 증가
- 수동태 사용의 증가
- 복합 명사구 주어 사용의 증가
- 시제와 양상 용법 범위의 확대
- 수식을 받지 않는 명사구들의 사용 감소

동사적 사질에 내한 지금까지의 조사연구(T-단위 분식도 포함)에 터한다면 등급 수준의 범위를 구별하는 측정 방법들이 어느 정도 있다. 잘 된 글의 문체는 같은 과제 비교에서 이와 같은 특징들을 더 많이 포함하게 될 것이라고 말하는 데는 논쟁의 여지가 없다. 더 흥미롭고 더 논쟁을 불러일으키는 질문은 이들 가운데 어떤 특징이 성숙한 쓰기 문체의 참된 표지가 될 수 있는가 하는 것이다. 이들 자질들의 대다수가 여전히 미해결로 남아 있다. 더 나아가 이와 비슷한 일반적인 발달 진행이 외국어 쓰기 학생들에도 나타나는지는 분명하지 않다. 아마도 더 중요한 것은 거꾸로 생각할 수 없다는 점일 것이다. 가르침에서 이런 자질들을 가르치거나 잘 하도록 하는 것이 더 나은 쓰기 품질로 이어질 것이라는 생각 말이다. 문장 결합에 대한 모국어 발견 사실들이 외국어 학생들에게 복잡한 구문을 가르치는 데 암시를 준다. 그러나 문장 결합에 대한 이런 활용은 쓰기 향상과 혼동되어서는 안 된다는 것이다.

표면적인 특징을 대상으로 하는 조사 연구에 대한 비판으로서 가장 심각한 것은 구문의 복잡성 측정과 쓰기 품질의 향상에 대한 판단 사이에 분명한 관련성을 보일 수 없다는 것이다. T-단위나 이와 비슷한 다른 측정 방법들이 폭넓게 규정된 등급 차이를 구별하지만 통사적 복잡성이나 유창성에 대한 이런 측정 방법과 의미연결/ 등급 척도에 따른 측정으로 판단되는 쓰기 품질 사이에 분명한 연관성이 없다(힐록스 1986). 따라서 T-단위 접근법의 가장 심각한 문제는 문장 수준의 복잡성 통제와 전체적인 쓰기 품질 사이에 흐릿한 관련성이다. 그리고 글쓴이의 통사 발달에 대한 이해에서 중요한 성과를 어느 정도 거두었지만 전체적인 쓰기 발달에 대한 관련성은 아직 수립되지 않았다. 페이글리(1979), 놀드와 프리드먼(Nold and Freedman 1977), 스튜어트와 그로브(Stewart and Grobe 1979)는 복잡성과 품질 사이의 관련성을 거의 제공하지 않고 있다. 힐록 스(1986)는 문장 결합이 통사적 복잡성보다는 '통사적 유창성'을 도모한다고 주 장한다. 그리고 전체적인 쓰기 품질에 미치는 유창성의 효과는 여전히 남아 있 으며 이 시점에서는 미해결의 문제이다. 그러나 힐록스는 실험 조사연구에 바탕 을 두고 문장 결합이 자유로운 쓰기와 모형 제시와 같은 다른 가르침 전략보다 효과적인 듯하다고 주장한다.

작문에서 통사적 분석이 오늘날에도 계속되고 학생들의 덩잇글 산출에 중요 한 통찰을 제공하고 있지만, 덩잇글 구성의 본질에 대해 더 많은 정보를 빠뜨리 고 있다. 쓰기가 단순히 복합 절이 함께 놓인 연쇄라면 학생들의 쓰기에서 현재 분명하게 드러나는 문제는 진단하고, 예측하고, 고치는 것이 비교적 쉬울 것이 다. 덩잇글 분석에 통사론에 바탕을 둔 두 번째 접근법인 현재의, 텍스트 언어학 적인 말뭉치 접근법은 더 정교한 방법론을 채택하고 표면 구조 특질들 묶음의 담화 기능적 토대를 강조함으로써 추가적인 통찰을 제공할 가능성이 높다. 이런 연구 대부분이 문체 분석으로 시작하였지만 말뭉치 조사연구에서 최근에 이룩 된 발전을 통해 다음 절에서 제시되는 것처럼 덩잇글 구성에 새로운 통찰이 이런 연구 흐름으로부터 생겨나고 있음을 암시한다.

2.5.2 말뭉치 조사연구

말뭉치 조사연구거리에서 맞닥뜨리고 있는 것으로 가장 널리 이러지도 저러 지도 못하는 문제는 분석에 앞서 결과를 해석하기 위한 이론적 기초가 부족하다 는 것이다. 따라서 대부분의 말뭉치 연구는 잦기 통계(frequency count)를 살피고 이런 결과들에 대해 무엇을 이야기할 수 있는지 결정한다(싱클레어 1991, 1994).

덩잇글이 여러 겹의 기준으로 된 구성물이라는 것이 널리 인식되고 있다. 그러나 이 주장은 말뭉치 조사연구에서는 이런 기준들의 발견을 가능하게 하는 방법을 거의 설명하기 힘든 듯하다.

말뭉치 조사연구에서 이런 한계를 극복하는 가장 좋은 방법은 바이버(1988, 1992, 1995)에 제시되어 있다. 1장에서 기술된 것처럼 바이버의 연구는 입말과 글말 덩잇글 사이에 나타나는 변이형태를 검토한다. 이른 시기의 중요한 연구(1988)에서 그는 변이형태에서 확인 가능한, 적어도 여섯 개의 덩잇글 기준이 있음을 주장한다. 그의 조사연구 절차는 여러 변수가 주어지는 통계학을 이용하는 다른 말뭉치 분석과 비슷하였다. 그리고 어떤 사람은 그의 접근 방법이 다른 비슷한 노력을 기울이고 있는 것과 거의 구별되지 않는다고 주장할 수 있다. 실제로 그가 발견한 사실들은 많은 어휘-통사적 특징들에 대한 인자 분석을 해석한 결과이고 그가 고안한 덩잇글 인자들을 사전에 지적하지 않았다. 중요한 차이점은 다음과 같은 사실에 있다.

- 그는 대부분의 말뭉치 연구에서 이전에 검토하였던 것보다 더 많은 덩잇글을 사용하였다.
- 그는 더 많은 어휘-통사 특징을 측정하였는데 이들도 각각 포함되었다. 왜냐하면 그것들은 언어학 연구 문헌들에 담화에서 어떤 기능 특징을 지닌 것으로 논의되었기 때문이다.
- 각각의 특징에 대해 기능에 따른 해석을 할 수 있었기 때문에 그는 자질들 묶음들이 인자 분석에서 동시에 나타나는 것이라는 납득할 만한 전체적인 해석을 할 수 있었다.

바이버는 확실한 통계적 절차를 사용하고 실험 결과를 다수의 다른 말뭉치로 되풀이하였기 때문에 그의 덩잇글 기준에 타당성을 가질 수 있었다.

바이버 연구에서 중요한 발견 사실은 덩잇글 갈래들이 표면적인 언어 특징들 묶음의 동시 발생 유형에 따라 확인될 수 있다는 것이다. 비록 표면 구조가 담화 기능을 반영하는 방식이 개별 특질들과 구체적인 덩잇글 갈래 사이에 실제적인 관계나 개념적인 관계에 달려 있지는 않지만 표면 구조는 덩잇글 변이형태를 반영하고 추론에 의해 담화 구조를 반영한다. 본보기로 바이버는 네 번째 기준 즉 '설득을 위한 명백한 표현'이 필요한 양상 조동사(*must, should*), 예언 양상 조동사(*will, shall*), 설득 동사(*동의하게 하다, 조정하다, 요청하다, 간청하다, 서약시키다, 제안하다, 요구하다, 주장하다, 재촉하다*), 부정사(*가야 함, 규칙을 바꾸어야 함*), 조건을 나타내는 종속절(*이를테면 만약 --라면, --하지 않는다면*)이 있다. 이런 특징들이 개별적으로는 덩잇글 유형을 자리매김하는 데 거의 아무런 역할을 하지 않는다. 그러나 모아 놓는다면, 집합으로만 자리매김할 수 있는 덩잇글 기준으로 통합될 수 있을 듯하다. 그 다음에 이런 덩잇글다움 기준은 기능에 따라 자리매김된 어떤 덩잇글 갈래가 이 기준의 어떤 지점에 있는가를 알아보는 척도로 사용될 수 있다.

그레이브(1987)는 바이버의 접근법을 설명 덩잇글이라는 넓은 범주에서 덩잇글 변이형태를 자리매김하기 위한 방법으로 설명 덩잇글의 다양성에 적용하였다. 15개의 기능에 따라 자리매김된 유형 115개의 덩잇글이 통사적 변수, 어휘적 변수, 통사결속 변수에 따라 분석되었다. 언어 특징을 세는 바이버의 프로그램을 사용하면서 그레이브는 인자 분석을 채택하고 여섯 개의 해석 가능한 인자를 도출하였다. 처음 네 개의 인자들은 매우 믿을 만한데 설명글 유형들 사이에 서로 구별되는 유형을 살피기 위해 사용되었다. 덩잇글 해석/기능 해석은 각각의 인자에 대해 언어 특징의 동시 발생 유형에 바탕을 두었다. 언어 특징에 대한 바이버의 상황 해석과 의사소통 해석을 따르면서 네 개의 중요한 기준에 다음과 같이 이름을 붙였다.

1. 서사적 맥락 대 비서사적 맥락(맥락의 직접성 immediacy of context)
2. 정보 중심 대 상호작용 중심
3. 추상적/논리적 정보 대 상황 정보

4. 객관적 문체 대 자기 표현적 문체

이 네 가지 기준은 연구에서 사용된 15개의 덩잇글 갈래들 사이에 설명 덩잇글의 세 가지 유형을 자리매김하기 위해 제공되었다. 이 연구의 중요성은 덩잇글의 표면적인 언어 자질에서 덩잇글 구조를 보여주고 있으며, 단순히 개별적인 표면 자질들의 수를 세고 쓰기 발달에서 이들의 상관관계를 밝히는 것보다 설명력이 더 큰, 학생들이 쓴 글의 변이형태를 설명하는 방법을 제안하고 있다는 것이다. 그와 같이 한 연구에서는 미국 대학에서 세내기들의 쓰기가 갖고 있는 일반적인 본질을 탐구하였다.

그레이브와 바이버(1987)는 남부 캘리포니아 대학의 신입생 쓰기 교육거리로부터 나온 40개의 논술 쓰기 학기말 시험을 사용하여 예비 연구를 수행하였다. 연구 목표는 새내기들이 바이버의 연구에서 사용된 말뭉치에서 나온 다양하게 편집된 줄글과 비교하여 어떻게 쓰기를 하는지 알아보기 위한 것이었다. 그 논술문은 바이버가 사용한 더 큰 입말과 글말 말뭉치에 편입되었다. 열 명의 상위권 영어 토박이 화자가 아닌 사람, 열 명의 상위권 영어 토박이 화자, 열 명의 하위권 영어 토박이 화자가 아닌 사람, 열 명의 하위권 영어 토박이 화자를 포함하고 있었지만 40개의 덩잇글은 그 자체로는 아무런 유의미한 차이를 보여주지 않았다. 이 예비 연구의 결과들은 새내기 작문이 인문과학 학술 글의 기준 다섯 가운데 세 개의 기준(서사적 관심 대 비서사적 관심, 다듬은 지시표현 대 상황 의존 지시표현, 추상적 문체 대 구체적인 문체)과 매우 비슷함을 보여 주었다. 따라서 다섯 가운데 세 개의 기준에 대해 학생들의 쓰기에서 갈래 기대치를 따르고 있는 듯하였다.

그러나 다른 두 가지 기준은 학생들의 쓰기에서 유형들과 달랐다. 한 기준(자신과 관련된 산출과 정보 산출)에서 학생들의 논술이 전문적인 설명 유형과는 달랐고 다른 설명 덩잇글의 범주보다 일반적인 소설과 비슷하게 자신과 관련된 문체 표지들이 더 많이 나타났다. 네 번째 기준(설득을 위한 명백한 표현)에 대

해 학생들이 쓴 논술은 전문적인 갈래들과 달랐는데 겉으로 드러나는 설득 자질
들의 표지가 지나치게 나타났다. 결국 학생들의 논술은 다섯 가지 기준 모두에
서 전문적인 갈래와 하나도 들어맞지 않았다. 오히려 신입생들의 논술은 쓰기
과정의 마지막 시험에서 덩잇글 갈래의 두드러진 자질 몇몇을 결합한 중간 형태
를 이루고 있었다. 작문은 어느 정도 독특한 갈래 형식이며 적어도 현재 가르치
고 있는 갈래이지만 학습 경험으로 그 유용성에 의문을 제기하고 있다.

2.5.3 문장에 대한 기능적 관점: 정보 구조

통사적 차원의 현상에 대한 연구가 덩잇글 구조화와 쓰기 향상에 대한 통찰
로 이어지는 세 번째 영역은 언어학에서 프라그학파의 연구로부터 나타났다(퍼
버스 Firbas 1986). 반트 코플(Vande Kopple 1986:72-3)은 그들의 지향점을 다음
과 같이 기술하고 있다.

> 그 이름이 나타내고 있듯이 문장에 대한 기능적 관점은 언어에 대해 기능에
> 따른 접근을 하고 있다. … 그들은 언어가 하는 것이 무엇이며, 다양한 목적을
> 달성하기 위해 어떻게 다양한 방법으로 그것을 사용하는가를 탐구한다. 따라서
> 그들의 초점은 따로 떨어져 있거나 마구잡이로 연결된 문장이 아니라 주로 연결
> 된 덩잇글에 있다. 왜냐 하면 사람들은 앞의 것을 의사소통을 위해 사용하지 않
> 기 때문이다. 그리고 그들의 연구 대부분에서 덩잇글의 의미와 구조 사이의 관계
> 와 덩잇글이 존재하는 언어 외적인 상황, 덩잇글이 분명히 지니고 있는 의사소통
> 기능, 수신자의 동기, 지식, 의식에 대한 화자나 글쓴이가 분명히 드러내는 가정
> 을 검토함으로써 진행한다.

2.5.3.1 용어의 정리

사실은 정보 구조화에 대한 연구에서 겹치는 다수의 개념들이 있다. 이들은
일반적으로 새로운 정보-이전의 정보 관계, 화제-논평의 관계, 주제-평언

(theme-rheme)의 관계들이 그것이다. 이들이 덩잇글에서 정보의 기능에 따른 배열을 기술하고 있지만 어떤 시기에 이들은 다르게 뜻매김되기도 하였는데 연구자에 달려 있다. 여기서는 독자들이 다른 연구를 검토할 때 있을 수 있는 모순을 인식할 수 있도록 간단히 구별하도록 한다. 몇 가지 사례들이 이런 있을 수 있는 차이들을 조명해 줄 것이다.

새로운 정보-이전의 정보 분석에서 연구자는 이미 언급된 정보로서 이전(given)을 규정한다.15)

> 1. *대부분의 사람*들은 살아남기 위해 *여우*가 사슴, 큰 사슴, 순록, 엘크와 다른
>   동물들을 죽여야 한다는 것으로 알고 있다. *그 약탈자*들은 무리라고 부르는
>   가족 단위로 모여 사는데 대개 여섯에서 열두 마리가 포함되어 있고 그것에는
>   이들을 먹여 살리기 위해 상당한 고기가 필요하다. *그 무리*는 잘 짜여 있는데

첫 번째 문장은 비한정적인 일반 명사구절(*대부분의 사람*들)로 시작하는데 이는 새로운 정보가 뒤따를 가능성이 있음을 나타낸다. 이 새로운 정보는 방금 논의한 주제와는 밀접하게 관련되어 있지 않을 듯하다. 두 번째 문장에서 *약탈자*라는 용어는 *여우*들을(정관사 *the*로 알려짐) 되가리키기 위해 사용되었다. *무리*가 처음 나타난 것은 새로운 정보를 도입하기 위해서이고 그 다음에 뜻매김 되었다. 두 번째 중심 절에서 그 용어가 이전의 정보의 일부분임을 정관사 *the*의 사용으로 알려졌다.

많은 연구자들은 주제-평언(theme-rheme) 분석을 화제-논평(topic-comment) 분석과 뒤섞는다. 주제-평언구조를 다르게 취급한다면 주제는 일반적으로 주절에서 처음 언급된 것으로 가정하는데 이는 일반적으로 문장의 행위주/주어/주제와 일치한다. 앞의 단락에서 주제들은 각각 '대부분의 사람들', '그 약탈자들', '그것', '그 무리'가 된다. 이런 유형의 분석이 제공하는 입장의 변화는 다음 사

---

15) (뒤친이) 이 덩잇글의 온전한 모습은 비록 부분적으로 생략되기는 했지만 3장 3절에 나온다.

례에서 발견할 수 있다.

2. *1960년대 후반과 1970년대 초반*에 불리한 조건에 의해 유동이 일어났음을 나
   는 발견하였다.

3. *이 지역에서 여우-통제 계획이 없어졌다는 것을 알아차리고는* '여우가 모든
   사슴을 쓸어버릴 것이라고 누구나 알고 있다.'고 말하였다.

예문2에서 절의 주제는 행위주 주어가 아니라 시간적 배경이다. 예문3에서 주제
는 인용이 뒤따를 수 있도록 배경을 제공하는 (비문법적으로) 앞에 놓여 있는
분사이다.

주제-평언은 이제 일반적으로 프라그 학파(이를테면 데인스 Danes 1974, 퍼
바스 1986, 바첵 Vachek 1966)와 직접적으로 연관을 짓기보다는 핼리데이(1985,
1994)의 체계적인 덩잇글 분석과 관련을 짓는다. 핼리데이의 경우 덩잇글에서
주제-논평(t-r) 구조는 독립적인 개념으로 다루었다. 그의 체계적인 분석에서
'*주제*'라는 개념은 구조에서 출발 지점을 표상한다. 이와 달리 논평은 화자의
출발 지점으로부터 벗어남을 나타낸다. 이 개념은 비록 같은 개념인 것은 아니
지만 새로운-이전의 관계와 함께 작용한다. 이전의 정보-새로운 정보 관계는
듣는이/읽는이의 관점에 바탕을 두고 있는 반면 (그리고 정보의 억양 단위에
바탕을 두고 있고), 주제-논평 관계는 말하는 이/글쓴이의 관점에 바탕을 두고
있다(그리고 구성성분 연속에 바탕을 두고 있다). 더 나아가 프라이즈(Fries
1994)와 마틴(Martin 1992)은 주제 구조는 덩잇글의 내용 전개 방법을 보여준다
고 주장한다. 말하자면 덩잇글에 걸쳐 절 주제 연쇄들이 덩잇글에 있는 중심
생각(대형-주제)의 전개를 나타내 준다는 것이다. 핼리데이를 따르는 체계 언어
학은 다양한 관점으로부터 이런 노선의 연구에 이바지하였다(벤슨과 그리브스
1985, 컬트하드 1994, 쿠투어 Couture 1986, 핼리데이 1985, 핼리데이와 핫산
1989).

앞에 범주를 잡은 것과 다른 것으로 *주제-평언* 구조는 '문장이 언급하고 있는 어떤 것'으로 규정할 수 있다. 비록 아래에서 논의하는 라우티머티(Lauttimatti)의 연구에서 이런 기준을 사용하고 있기는 하지만 이런 설정에는 더 많은 해석과 직관이 어느 정도 필요하다. 앞의 예문 1과 3에서 여우는 모든 문장의 주제이고 '논평'은 각각의 경우에서 여우에 대해 언급되는 어떤 것이다. 예문2에서 주제는 '나'이다.

마지막으로 때때로 논의되는 다른 용어 묶음이 있는데 때로는 앞의 묶음과 헷갈리기도 한다. 그것은 *초점-전제(focus-presupposition)*이다. 이 용어 짝은 강조되거나 초점이 모아지는 정보(일반적으로 예상하지 않은 방법으로 대조되기도 한다)와 배경으로 제시되는 정보를 가리키는 용어이다(종종 전제되거나 가정되는 지식으로 다루기도 한다). 두 가지 예문이 이런 관계를 보여 준다.

4. *내 인생에서 여우의 생애에 대해 그와 같은 세부 내용들을 추적하면서 보낼 수 있는 것*이 나에게는 행운이었다.
5. 종종 '자연의 균형'이라고 종종 언급되는 것은 *이와 같은 안정된 상태*이다.
4. *It* has been my good fortune *to have spent most of my career researching such details of the wolf's life.*
5. It is *this type of stability* that is often referred to as the 'balance of nature'.

예문 4에서 it 주어는 '보내는 것'으로 시작하는 비한정절로 이해되는 위치에 나타나 있다. 이 구문은 저자의 '행운'을 강조한다. 예문5에서 분열 구문의 사용이 이와 비슷하게 문장의 초점으로서 '이와 같은 안정 상태'를 강조한다. *초점*은 종종 새로운 정보로 취급되고 *가정된* 정보는 이전의 정보와 동의어로 처리된다. 그러나 이전의 정보나 문장의 주제도 초점이 될 수 있으며 덩잇글에 처음 도입되는 가정된 지식도 전제될 수 있다. 있을 수 있는 모든 혼란에도 불구하고 정보 구조에 대한 중요한 연구들이 있으며 대부분 구별을 무디게 하는 것이 발견 사실들의 타당성을 없애는 것 같지는 않다.

2.5.3.2 주제 문장 구조

정보 구조화에 대한 조사연구의 두 번째 중심 흐름은 주제 문장 구조에 의해 나타나는데 주제-평언 분석을 글말 덩잇글과 담화 단순화 검토를 위해 사용한 라우타머티(1987)에 의해 발전되었다. 담화에서 주제 전개에 대한 그녀의 이론은 담화의 주제와 문장의 주제를 띠고 있는 주어, 통사적 주어, 문장의 처음에 오는 요소들 사이의 관계를 검토하였다. 세 개의 개념이 언제나 겹치는 것이 아님을 주목하고, 글말 덩잇글에서 다양하게 가능한 유형을 탐구하였다. 그녀의 목표는 문장의 주제를 담고 있는 주어를 떼어내고 덩잇글에서 주제를 담고 있는 주어를 형성하는 전개 방식을 탐구하는 것이었다. 그녀의 접근 방법은 여러 가지 근거에서 중요하다.

1. 그녀는 문장에서 주제다운 자료와 그렇지 않은 자료들의 기능에 따른 분류에 바탕을 두고 있다. 그 범주들은 문장에서 각 부분이 어떻게 작용하리라 예상되는 것을 설명하였다.
2. 주제를 담고 있는 주어의 구체화는 라우타머티의 경우 주제가 단순히 이전의 것이 아니라 그와 반대로 새로운 정보임을 나타내는 방식으로 제시된다.
3. 그녀는 이런 분석을 주제 전개의 어떤 유형이 다른 것들보다 더 쉽게 찾아낼 수 있음을 보이기 위해 글말 담화에 적용하였다(이를테면 경쟁하고 있는 하위 주제들이 적고 덜 복잡한 연쇄가 전개되는 글(A-B, B-C, C-D)과 병렬적인 주제 전개(A-B, A-C, A-D)가 더 많이 된 글이 더 읽기 쉬움). 이런 제안은 반트 코플(1986)의 연구로 잘 뒷받침되었다.

라우타머티의 주제 전개에 대한 접근 방법은 학생들의 쓰기에 적용 가능할 것이다. 특히 어느 정도 벗어나는 주제 구성을 하거나 아마도 읽기 어려운 덩잇글을 쓸 법한 학생들을 위한 구체적인 가르침 방법을 제공할 수 있다. 후자의 적용 방법은 세르니글리아 Cerniglia 등(1990)을 참조할 수 있다.

2.5.3.3 주제 연속성

담화에서 주제 전개의 기능에 초점을 모은 세 번째 흐름의 연구는 주제 연속성에 대한 기본(Givon 1983, 1985)의 연구이다. 그의 연구에서 토대는 계속 이어지는 담화에서 연속해서 언급되는 명사구들(NPs)로 취급된다. 그는 주제-논평을 새로운 정보-이전 정보와 구별하지 않고 두 개념을 뒤섞어서 사용하고 있다. 실제로 그의 연구는 분석 중인 주제로서 간주될 수 있는 어떤 것은 이전에 언급될 필요가 있다는 점에서 담화에서 이전의 정보-새로운 정보의 변화로 다루는 연구와 흐름을 같이 한다.

정보 구조화가 담화 연속에 본질적이라는 기능적 관점으로부터 시작하면서 기본은 주제가 되는 어떤 명사구는 서로 다른 방식으로 앞으로 전개되는 담화에서 언급되는데 그것은 다음에 달려 있다.

- 마지막에 언급된 것과 떨어져 있는 정도
- 직전의 담화에서 경쟁할 수 있는 명사구 지시체의 수와
- 앞으로 전개되는 담화에서 지속되는 강도

이와 같이 잴 수 있는 수단들은 문법의 표면에 주제가 등재되는 서로 다른 방식을 설명하는 방법을 제공한다. 그리고 정보의 흐름을 조정하고 알려주는 데서 필자가 하는 결정을 알려 준다. 어떤 의미에서 이런 접근은 통사 결속 분석과 비슷하다. 그 차이는 붙어나고 있는 문법 표지 형식을 지니고 있는 담화에서 주제를 유지하거나 회복하는 어려움의 정도와 그의 측정법이 관련을 갖고 있다는 것이다. 언뜻 보면 기본(1983:17)은 주제 실현에 대하여 다음에 나오는 잣대가 영어에 일반적으로 적용될 수 있다고 주장하는 듯하다.

가장 연속적이고 접속 가능한 주제
1. 영 조응 표현(나는 가게 가서 0 치즈를 조금 샀다)

2. 강세가 없거나/ 결속된 대명사나 문법적인 일치[영어에는 적용되지 않음]

3. 강세를 받으며/독립된 대명사(*그는 혼자 그 가게에 갔다*)

4. 오른쪽으로 분지된 한정-명사구(*It's* on the desk, *the book* you want)

5. 중립적인 순서로 된 한정-명사구인데 여기서 정관사는 선행 표현에서 부합된 표현을 찾음을 나타낸다(*그 사람이* 다시 돌아왔다).

6. 왼쪽으로 분지된 한정-명사구(*The book you found*, we left it on the bus)

7. Y-이동된 명사구(*The dictionary*, I found yesterday)[16]

8. 분열/초점 구문(It's *the dictionary* that I found yesterday)

9. 지시적 비한정 명사구(*A dictionary* was found yesterday)

가장 끊어지고/접속 불가능한 주제

기본(1985)은 그 뒤에 여러 언어에 걸친 조사연구에 알맞도록 더 복잡한 일련의 연속체[17]로 접근 방법을 고쳐 나갔다. 이런 연구의 흐름이 지니는 중요성은 어떻게 정보가 지속되며 어떻게 주제가 유지되는가를 살피기 위한 구체적인 점검 목록을 제공해준다는 것이다. 특정의 덩잇글 처리에서 독자가 지니고 있을 법한 어려움은 예상되는 연속체에 바탕을 둔 주제 표지에서 벗어나는 것에 달려 있다는 것을 살필 수 있게 되었다. 글쓴 이의 경우 이 연속체는 어디에서 주제를 강조할 필요가 없으며 쉬운 회상을 위해 강하게 표지를 해야 되는 때를 아는 것의 중요성을 나타내준다.

2.5.3.4 주제 구조 분석

데인스와 라우타머티의 연구를 끌어들이면서 문장 중심의 기능적 담화 분석에서 네 번째 노선은 주제와 이전의 정보를 녹여내는 데 집중하였다. 위트 (1983a, 1983b 또한 코너 Connor 1987, 반트 코플 1986 참조)는 수준 높은 글과

---

16) (뒤친이) Postal(1971)은 화제화된 문장을 Yiddish어의 영향을 받은 구조라 하여 하여 Y-이동 변형이라 부른다. 한편 Hanmaker(1971)은 엄밀한 의미에서 Y-이동을 주제화로 보지 않기도 한다(조성식 편(1990:1268), 영어학 사전, 신아사).

17) (뒤친이) 위에 제시한 1-9까지가 접속 가능/불가능의 정도에 따른 연속체를 이룬다고 할 수 있다.

낮은 수준의 글에서 차이와 고쳐 쓰기 전략에서 차이를 연구하기 위하여 주제 구조 분석을 발전시켰다. 학생들의 논술에서 주제와 연속적인 이어짐 유형을 살피면서 위트(1983b)는 낮은 등급의 논술이 알맞은 이전 정보를 충분히 제공하지 않으며 독자로 하여금 너무 많은 추론을 하게 한다는 것을 발견하였다. 그런 덩잇글은 읽는이에게 우호적이지 않은 것이다. 더 나아가서 위트는 낮은 등급의 논술이 연속적인 이어짐 유형을 덜 사용하는데 이는 논술에서 중심 주제를 알아 차리도록 하는 데 어렵게 한다는 것도 발견하였다. 결국 주제 구조 분석에서 서로 다른 유형이 학생들 쓰기 품질에 대한 좋은 예측 근거가 되는 듯하다.

이와 관련되는 일련의 연구에서 코너(1987)는 주제 구조 분석을 학생들의 쓰기에서 정보 구조 유형 인식으로 이어질 수 있는지 알아보기 위해 쓰기 가르침에 적용하였다. 그녀는 학생들에게 중심 주제와 세부 주제뿐만 아니라 뒷받침 정보의 전개를 결정하도록 한 가르침으로부터 긍정적인 결과를 알려 주었다. 코너는 다음과 같이 적고 있다.

> 학생들의 반응은 긍정적이었고 그리고 학생들이 쓰기에서 향상이 나타났다. 특히 초점이 더 분명해지고 세부주제의 전개가 더 나았다. 주제 구조 분석이 쓰기에서 의미연결을 이루기 위한 유용한 점검이라고 느낀다.

2.5.3.5 이전 정보와 새로운 정보

정보 구조화에서 다섯 번째 연구 접근은 덩잇글에서 새로운 정보와 이전의 정보에 대한 구체적인 살핌이다. 이 접근은 이전의 정보가 이전 담화에서 나타나야 한다는 근거에서 주제와 이전의 정보를 구별한다(반면에 담화의 주제는 이전 담화에 반드시 나타나야 할 필요는 없다). 그리고 이전의 정보는 담화 주제에만 국한될 필요가 없다. 다양한 정보 구조 유형을 사용하고 있는 반트 코플(1982, 1983, 1986)에 의한 연구는 일반적으로 말해서 새로운 정보에 앞서 나타난 이전 정보에 대한 조직화는 덩잇글을 더 읽기 쉽고 기억할 수 있도록 해준다는 것을 보여준다. 정보 구조와 인지의 상관관계에 대한 그의 연구에서는 정보 전개의 더 복잡한 유형이 아마도 있을 것이고, 학생들에게 자신들의 덩잇글에서 조직의 이런 유형들을 확인할 수 있도록 가르칠 수 있으며 정보 구조화의 토대에서 덩잇글 갈래, 글쓴이 혹은 쓰기 목적들 사이의 차이점을 연구자들이 살필 수 있을 것이라고 주장한다.

반트 코플(1986)에서는 새로운 정보-이전의 정보에 대한 이론에서 최근의 발전도 논의한다. 특히 프린스(1981, 1992)는 새로운-이전의 관계가 두 부분으로 될 수 없다고 주장한다. 대신에 그녀는 덩잇글에서 더 다듬어진 정보 구조화 분석을 위해 새로운 정보, 추론된 정보, 이전의 정보에 대한 일곱 개의 범주들을 제안한다(브라운과 율 1983도 참조). '새로운' 정보에서 프린스는 (도입될 때 쉽게 독자들에 의해 인식되는) *사용되지 않은* 정보와 *아주 새로운* 정보를 구별한다. 아주 새로운 정보는 계속되는 담화에 기여하는가 아니면 한 번도 반복되지 않은가에 따라 닻을 내리거나 닻을 내리지 않는다고 주장한다. 중간 범주는 두 갈래의 '추론'을 포함하는데 *추론 가능한 것*(inferables)과 *내재되어 추론 가능한 것*(containing inferables)이 있다. *추론 가능한* 정보는 이전 담화에서 제시된 정보로부터 가정될 수 있는 정보를 가리킨다(이를테면 카메라 -- 렌즈). *내재되어 추론 가능한* 정보는 집합적인 지시 표현의 일부분으로서 인출 가능한 정보이다 (이를테면 달걀 가운데 하나). '이전의' 정보는 두 가지 방식으로 *환기될* 수 있다. 이전의 덩잇글에 의해 명시적이거나 상황에 대한 참조를 통해서이다(이를테면 '*당신은* 이것이 의미하는 것을 이해하여야 합니다.'인데 핼리데이는 이를 외부 대응 지시표현이라고 불렀다). 관계에 대한 이런 목록들은 비교적 새로운데 다양한 서로 다른 덩잇글 갈래들의 변이형태를 살피는 데 쓰일 수 있을 것이다.

2.5.4 덩잇글에서 통사결속

통사결속은 덩잇글에서 문장이나 절 단위 사이에 있는 관계를 알려주기 위해 덩잇글의 표면 형식에서 찾을 수 있는 수단이다. 알려 주는 체계의 몇몇은 앞에서 지적하였고, 특히 기본의 연구에서 주제 연속성을 지적하였다. 통사결속 연구(헬리데이와 핫산 1976, 1989)는 덩잇글의 표면 형식을 이어주기 위하여 사용된 체계적인 장치를 철저하게 검토하는 데 초점을 모았다. 어떤 덩잇글을 묶는 것은 기저에 있는 관계를 겉으로 드러나게 표시하는 것이다. 통사결속이 어떤 덩잇글에 덩잇글다운 해석을 완전히 설명하지는 않지만 중요한 표지이다.

통사결속이 작동할 수 있도록 하는 방법은 여럿이 있는데 지시표현, 대체, 생략, 접속과 반복, 포함, 동의, 반의, 연쇄와 같은 어휘적 관계가 수로 포함된다(브라운과 율 1983, 헬리데이와 핫산 1976, 1989, 호이 1991). 획기적인 연구인 『영어에서 통사결속』(헬리데이와 핫산 1976)은 일반적으로 인용되고 있기는 하지만 결국 밝혀지는 것처럼 통사결속의 전체 모습을 나타내지는 않았다. 그럼에도 불구하고 헬리데이와 핫산의 이른 시기 연구는 어떤 식으로든 처음이라는 자리를 차지한다. 그들이 자리매김하는 기본적인 범주는 다음에 나오는 네 개의 덩잇글 조각 (6)-(9)에서 간단하게 예를 들 수 있다.

> (6) 바버(사무엘)는 간신히 그 과정을 돌려놓았다. 무궁동18)을 연주하면서 *그의* 마지막 악장은 특별 공연으로 협주곡의 전통적인 기능을 완전히 실현하였다. *그것은* 억누를 길 없는 분노로 들끓어 오르며 구르다가 *그것은* 만족스러운 절정으로 끝맺었다.
>
> Barber(Samuel) managed to reverse the process; *his* last motion, a driving moto puerto, fully realizes the traditional function of concerto as a showpiece. *It* seethes and stomps with unrelenting fury, *and it* ends in a satisfying climax.
>
> (골드버그 1985; V,1)

이 덩잇글은 통사결속 장치를 몇 개 포함하고 있다. 대명사를 통한 통사결속의

---

18) (뒤친이) 기악곡의 한 형식. 모토페르페투오(Moto Perpetuo) 또는 상동곡(常動曲) 무궁동(無窮動)이라고도 한다. 32분음표·16분음표·8분음표와 같은 짧은음표의 움직임이 처음부터 끝까지 계속 연주되는 것이 특징이다. (6)은 어색하기는 하지만 통사결속을 보여주기 위해 그대로 뒤쳤다.

좋은 본보기는 절에 걸쳐 지시하기 위하여 *his*와 *it*을 사용한 것이다. 또한 접속사 *and*도 활용하고 있다. 어휘 결속은 두 형태로 나타난다. 포함 관계는 *바버(Barber)*, *협주곡(concerto)*, *악장(movement)*으로 나타나고 있다. *협주곡*은 *바버*가 작곡한 음악의 형태로, *악장*은 *협주곡*의 기본 부분으로 나타난다. 어휘 연쇄도 이 덩잇글에 나타난다. 과정은 일련의 행위 사슬로 나타나는데 *연주하고(driving)*, *무궁동(moto puerto)*, *들끓고(seethes)*, *구르며(stomps)*, *억누를 길 없는 분노(unrelenting fury)*, *끝맺는다(ends)*.

(7) 진보된 지능의 증거로서 도구를 사용하는 습성에 대한 과학적인 의심은 상당히 최근에 일어난 현상이다. *이에 대한 이유 한 가지*는 몇 년 동안 그 주제의 연구자들 다수가 진화가 이뤄진 종들을 더 많이 연구하였다는 것이다. ... 아마도 *가장 극적인* 사례는 1960년대에 *행동주의자 제인 구달의 첫 번째 보고였는데* 그녀는 그때 침팬지가 흰개미 흙더미를 살필 때 나무 막대를 사용한다는 것을 발견하였다. *다른 과학자들*은 열 다섯 종의 새가 도구를 사용하는 습성을 보이고 있음을 발견하였다. (에이브러햄슨 1985:25).

Scientific doubt about using tool behavior as evidence of advanced intelligence is indeed a fairly recent phenomenon. *One reason for this* is the fact that for many years, the majority of the research on the subject was conducted on more evolved species. ... Perhaps *the most dramatic* example *was first reported by behaviorist Jane Goodall* in the mid-1960's, when she discovered that chimpanzees sometimes use small twigs to probe into termite mounds. *Other scientists* have found that some fifteen species of birds exhibit tool use behavior.

(Abrahamson 1985:25)

덩잇글(7)은 지시 표현과 비교 표현의 예뿐만 아니라 어휘 결속 장치의 전체를 포함하고 있다. 지시 표현 연결은 *이에 대한 이유 한 가지*는에서 this는 이전 문장을 가리킨다. 비교 표현을 통한 결속은 *가장 극적인 사례*와 *다른 과학자들*이라는 표현을 통해 나타난다. 어휘 결속 형태는 여기서는 반복, 포함, 연쇄이다.

반복은 *도구를 사용하는 습성, 종, 과학자와 과학적인, 습성과 행동주의자*이다. 포함은 *진화된 종과 침팬지, 과학자와 행동주의자*이다. 연쇄는 이 덩잇글 조각의 전체에 걸쳐 있다. 동물 연쇄는 *침팬지, 흰개미, 새와 종*이다. 과학 연쇄는 *과학적, 증거, 현상, 연구, 주제, 사례, 보고되다, 행동주의자, 발견하였다, 종, 나타낸다*가 있다.

> (8) 또 다른 방식으로 언급하는 것은 우리가 미국에서 백 년 전에 숲을 빼앗았던 것과 같은 방식으로 그늘이 숲을 다룬다는 것이다. 우리 삼림의 역사에 대한 *이와 같은 참조*는 마이어의 역사 연구이며, *그리고 이것*은 보통의 *것*이 아니다. (월드 1985:134)
>
> Another way of putting it is to say that they treat their forests *much as* we in America ravished our woodlands a hundred years ago. *This reference* to our own forest history is Myer's, *and it* is not a casual *one*. (Wild 1985:134)

덩잇글(8)은 대체의 좋은 사례를 제공하는데 여기서 *one*은 되돌아가서 *reference*를 가리킨다. 게다가 이 덩잇글은 접속(and), 지시표현(this), 대명사(our, it), 반복(forest), 동의어(woodland)를 결속의 표지로 사용한다.

> (9) 전임 양심수가 '이제 다시는 당신을 괴롭히고 싶지는 않군요. 그러나 당신을 괴롭힐 가능성은 매우 높아요.'라고 말했다.
>
> 'I hope I will not trouble you again,' the former prisoner of conscience said, '*but* there is a strong possibility that *I may*.' (Amnesty Action Newsletter, Dec. 1984:1)

덩잇글(9)는 생략에 대한 예뿐만 아니라 대명사를 통한 결속과 접속사를 이용한 결속의 예이다. 생략은 may에 서술어가 따르지 않을 때 일어난다. 생략은 '당신을 다시 귀찮게 하다'를 소급해서 가리킨다. but과 I는 이 덩잇글 조각에서 또 다른 결속 장치이다.

이런 조작으로 표면 덩잇글 구조를 연결하는 수단을 제공할 수 있다. 그와 마찬가지로 또한 저자가 사용한 구조와 일직선을 따르는 덩잇글 순서화에서 의사소통 의도와 선택을 반영한다. 결속이라는 개념은 어느 정도 논쟁거리이고 특히 덩잇글 전개나 이해 전개에 대한 적절한 측정 수단을 제공하는지 여부와 덩잇글 관계들에 대해 완전한 기술을 제공할 수 있는지 여부가 문제가 된다. 다음 장에서 통사 결속이 덩잇글의 조직에 관련되는 구조화의 일부일 뿐이라고 주장한다. 앞의 논쟁거리에 대해 브라운과 율(1983)은 헬리데이와 핫산의 결속 이론이 외부 자원에 대한 분류를 보여준다고 주장한다. 그러나 헬리데이와 핫산 (1989)에서 브라운과 율 이 두 사람의 이론을 분류학으로 돌린 한계를 받아들이고 있는지 분명하지는 않다.

핫산(헬리데이와 핫산 1989)은 최근에 더 쉽게 회상 가능한 구체적인 범주에 대한 연구에서 어휘 결속의 기능을 제한함으로써 이에 대한 자신의 기술을 고쳤다. (덩잇글 구성에서 핵심적이긴 하지만) 연쇄는 연구자들 사이에 믿을 만한 정도로 검증 가능하지 않다는 것을 인정하고 핫산은 이제 동의어, 반의어, 상하의어(상위어-하위어 분류), 부분어(meronymy; 부분-전체)[19], 같은 외연을 지니는 어휘로서 반복(덩잇글에서 어휘 결속)이라는 범주를 채택하고 있다(호이 1991 참조).

덩잇글과 학생 작문에 대한 결속 연구는 확장되고 있다. 특히 콕스 등(1990, 1991), 스피겔과 피츠제랄드(1991), 티어니와 모젠탈(Tierney and Mosenthal 1983), 위트와 페이글리(Witte and Faigley 1981)는 복잡한 연구 결과 묶음을 제시한다. 통사결속 연구는 쓰기 능력향상을 이해하는 데 완결된 답을 제공하는 것 같지는 않다. 동시에 통사결속 분석은 어떤 유용한 통찰을 제공하고 있다. 예를 들면 위트와 페이글리(1981)는 여러 등급 수준에 걸쳐 쓰기 품질에 대해 합리적인 예측을 할 수 있는 지표라는 점을 주목하였다. 그들은 또한 통사결속

---

19) (뒤친이) 이 용어는 어휘 항목들이 부분과 전체의 포함 관계를 형성한 경우를 가리키는 용어이다. 대체로 "A는 B의 부분이다." 혹은 "B는 A를 갖는다."와 같은 문장 틀로 기술할 수 있다.

이 학생들의 발상 기술에서 차이를 보여주는 유용한 지표라고 생각하였다.

헬리데이와 핫산(1989)은 통사결속 분석을 결속 조화 이론으로 최근에 확대하고 있다. 통사결속의 수량화가 그 자체로 결속을 이룬 덩잇글과 그렇지 않은 덩잇글을 구별하지 못한다는 비판을 인식하고, 동일성 사슬이나 '유사성' 결속 끈을 만드는 분석적인 접근법을 제안하였다. 더 나아가 사슬을 이루는 요소들이 사슬들에 걸쳐 상호 연결되는 방식은 덩잇글의 의미연결을 만들어내는 핵심적인 요소임을 보여 준다. 따라서 사슬을 이루는 결속 요소들, 그리고 다른 사슬들과 상호 연결되는 요소들은 덩잇글에서 서로 구별되는 의미연결을 나타내는 결속의 수량화된 측면이다(인지 심리학 연구로부터 논의를 뒷받침하기 위해서는 싱거 1990도 참조할 것). 당분간 다수의 조사연구가 결속 조화를 사용하여 이뤄지고 있다(콕스 등 1990, 1991, 스피겔과 피츠제랄드 1991, 호이 1991).

통사결속과 의미연결 사이의 연결은 수차례에 걸쳐 제기된 논제이다. 그 문제는 표면 형식이 어느 정도까지 기저에 있는 덩잇글의 의미연결에 기여를 하는가 하는 것이다. 헬리데이와 핫산의 경우, 언어 사용에 대해 기능적 관점을 취하였는데 표면 구조가 상당할 정도의 기여를 한다고 본다(크리스티 1992, 마틴 1989, 1992, 1993). 다른 연구자들은 이해를 위해 덩잇글의 지엽적인 의미연결에 대한 분석은 표면 형식에서 구체적으로 드러나지 않은 절차를 사용함으로써 늘어나게 될 것이 틀림없다고 주장하여 왔다. 이런 절차들은 다음 장의 주제이다.

03 | 덩잇글 구성 모형을 위하여

Towards model of text construction

3.1 들머리

지난 15년간 덩잇글 분석의 발전은 전달내용(message), 글쓴이의 의도, 주제, 독자에 대한 예상을 고려하여 부분적으로는 적어도 덩잇글 구성의 모형을 발전시키려는 시도였으며 덩잇글 구조가 조합되는 방식에 대한 기술이었다(버레인터와 스카다말리아 1987, 핼리데이와 핫산 1989, 마틴 1992). 텍스트 언어학에 대한 조사연구의 개관에서 나타나듯이(2장), 덩잇글 구성에 대한 포괄적이고 철저한 모형을 만들어내고자 하는 노력은 복잡한 과제이다. 어떤 모형에서든 덩잇글 구성에 대한 심리학적인 연구, 기계공학적인 연구와 인공지능에 대한 언어학, 공시적인 방법과 통시적인 방법 둘 다에서 담화 분석과 덩잇글 갈래에 대한 언어학자와 응용 언어학자들의 연구, 쓰기 [능력] 향상에 대한 연구로부터 나온 발견 사실들, 수사학적 연구와 비평 연구로부터 나온 통찰을 설명해야 할 것이다.

덩잇글 구성에 대한 명시적인 모형은 현재 연구 능력을 넘어선다고 해야 할 것이다. 그럼에도 불구하고, 덩잇글이 구성되는 방식에 대한 이해는 쓰기의 본질과 쓰기 능력 향상에 대한 이해의 본질적인 부분이다. 지난 15년간 덩잇글 구성에 대한 기술을 발전시키고자 하는 노력은 보그란데(de Beaugrande 1980, 1984), 보그란데와 드레슬러(de Beaugrande and Dressler 1981)[20], 브라운과 율 (Brown and Yule 1983), 딜런(Dillon 1981)에 의해 이뤄졌다. 각 경우에서 기술들은 다른 측면들을 옹호하면서 덩잇글 분석의 어떤 측면을 강조하였다. 이 장에서는 쓰기와 쓰기 능력 향상 연구라는 광범위한 영역에 적절한 덩잇글 구성에 대한 기술 모형이 제안한다. 그 다음에 이 모형은 덩잇글 구성에 대한 지식을 통합하는 쓰기 이론의 구성요소를 표상하게 될 것이다.

그 모형을 계발하기 위해 그와 같은 모형이 언급하여야 할 중요한 발견 사실들과 가정들을 살펴볼 필요가 있다. 연구를 통해 뒷받침되는 것으로 보이는 중요한 가정들에는 다음과 같은 것들이 있다.

1. 글말은 덩잇글 기준에 따라 입말과 구별된다. 그리고 입말의 구성은 입말의 구조와 수사학적인 중요성에 따라 연구되어야 한다.
2. 덩잇글은 계층 구조를 지니는데 대부분 주장들 사이의 논리적 관계 묶음으로 구성되거나 전체 담화(discourse matrix)에 있는 요소로 구성되거나 결속된 통일체로 이뤄져 있다.
3. 덩잇글의 서로 다른 유형들은 목적, 독자, 지위, 저자, 정보 부담에 대한 요구 때문에 변화가 큰 짜임새를 지닐 것이다.
4. 서로 다른 덩잇글 유형, 목적, 독자에 따라 다양하게 나타나는 상위-수준 구조를 덩잇글은 지니고 있다.
5. 덩잇글 구조에서 구별될 수 있는 상위-수준 구조는 더 나은 이해와 회상, 의미연결 평가와 관련되어 있다.
6. 덩잇글 구조 분석을 위한 체계는 현재 사용되는 체계가 특정의 장점과 약점을 지닐지라도 연구를 위해 이용될 수 있다.
7. 덩잇글 유형의 다양성에 대한 이론은 가능하며 이해, 산출, 평가 연구를 위해 필요하다.

---

20) 이 책은 이현호·김태호 공역 《텍스트 언어학 입문》(양원각, 1991)에서 출간되었다.

8. 의미연결에 대한 이론은 덩잇글 구성에 대한 어떤 모형에서든 중요하다.
9. 의미연결에 대한 어떤 이론이든 새로운 정보-이전의 정보(given-new), 주제-
   논평 등등의 정보 구조 분석을 통합하여야 한다.
10. 덩잇글의 표면구조는 이전에 예측하던 것보다 더 덩잇글 구성에 중요한 역할
    을 한다.
11. 쓸 수 있도록 배우는 일은 다수의 복합 구조적인 기준과 수사학적 기준의
    조정을 필요로 하는데 특히 설명문 쓰기와 논증 글쓰기에서 더 많은 복잡성
    이 나타난다.

앞에서 지적된 다수의 사항들 가운데 핵심인 의미연결이라는 개념은 모든 의미연
결이 독자의 구성물이라고 간주하는 몇몇 연구자들에게 논쟁거리일 수 있지만,
덩잇글 구조 그 자체가 독자에 의해 인식되는 의미연결에 이바지하거나 방해가
된다는 고려해 볼 만한 증거들이 있다. (벡 등 Beck et al., 1991, 브릿턴과 걸고즈
Britton and Gulgoz 1991, 마틴 1992, 싱거 Singer 1990). 게다가 기본적인 주장의
자연스러운 확장이라는 부수적인 가정들이 많이 있는 것처럼 덩잇글이 여러 겹의
기준으로 이뤄진 구조물이라는 생각은 이제는 널리 받아들여지고 있다.
　연구문헌에서 제시한 다양한 연구 영역으로부터(그리고 앞에서 개관한 연구
로부터), 덩잇글 구성에 대한 기술적인 모형은 어떻게든 여러 겹의 요소들이
통합되어야 하는 일곱 개의 기본 요소들을 필요로 하는 듯하다.

1. 통사 구조
2. 의미론적 의미와 투영(mappings)
3. 통사결속 알려주기
4. 의미연결 해석을 뒷받침하는 조직 구조와 갈래
5. 어휘적인 형식과 관계들
6. 덩잇글 구조의 문체와 말투식에 관련된 기준들
7. '세계 지식'을 포함하여 비언어적인 지식 기반들

각 구성요소 안에는 화학의 분자에서 원자들처럼 그 구성요소들 사이에서뿐만 아니라 다른 구성요소와 하위 구성성분들과 상호작용하는 다수의 하위 구성요소들이 있다. 뒤따르는 논의에서 덩잇글 구성 모형의 성분들은 네 부분으로 제시된다.

1. 덩잇글 구조의 요소들
2. 의미연결의 이론
3. 덩잇글의 기능-사용 차원들
4. 기능적인 사용 차원들이나 요소들과 상호작용하는 비언어적인 기반들

3.2 덩잇글 구조의 요소들

덩잇글 구조에서 잠재적으로 의존적인 네 개의 구성요소들이 두 차원으로 존재한다. 두 개는 문장 차원의 요소들이고 두 개는 덩잇글 속성 차원(즉 문장내부에서)의 요소들이다(그림 3.1). 또한 표면구조와 기저 구조 사이에 두 차원에서 중요한 나눔이 있다. 그 나눔은 일반적으로 형식-의미를 구별하는 것으로 간주된다. 다섯 번째 구성요소는 다른 네 구성요소의 기저에 있는 것으로 흩어져 있다. 이들 다섯 구성요소는 함께 덩잇글 구조 즉 덩잇글이 구성되는 구조물의 요소들을 이룬다.

	표면	어휘부	심층
문장차원	통사부		의미부
덩잇글 속성 차원	통사결속		의미연결

〈그림 3.1 덩잇글 구조의 성분들〉

3.2.1 문장 차원

문장 차원에서 통사부와 의미부는 언어학 이론에서 일반적으로 이해되는 것으로 간주한다. 이들은 사용된 절의 구조 차원에서 작용하는데 표면구조의 체계와 기저에 있는 해석을 표상한다(의미와 낱말 의미를 문장 의미로 사상한다). 통사적 구성 요소는 구절의 유형과 관련되는데 절 구성 유형과 절끼리의 결합, 문장 안에서 낱말과 구절의 순서를 결정한다.21) 예컨대, 수동 구문의 유형과 수나 문장 처음에 나타나는 구절의 유형들, 전치사 구절의 배치 유형들이나 수, 수사적 질문의 수를 살펴보고자 할 수 있다(바이버 1988, 페레라 1984). 어떤 연구자는 어떤 언어에서 이용 가능한 통사 장치를 충분히 기술하는 통사 구성요소를 제안하거나 채택하고자 할 것이다(쿼크 등 Quirk et al., 1985).

아마도 앞으로 언어 연구가 발전함에 따라 선호되는 통사적 기술은 경험적인 연구의 문제가 될 수 있다(싱클레어 1991, 1994. 이를테면 글말 영어 말뭉치의 분석에 바탕을 둔 콜린스 코빌드에서 발전된 '문법'을 참조할 수 있다). 당분간 연구자들은 그들의 관심사나 교육받은 내용과 양립할 수 있는 통사적 접근방법을 수용해야 할 것이다. 매우 일반적으로 통사적 분석은 2장에서 기술된 것과 같이 일반적으로 다양한 범주와 구문, 다양한 결합 구문에서 동시 발생을 고려하게 될 것이다.

의미론적 구성요소는 연구 가능한 대안 얼개에 비교적 열려 있다. 언어학적 의미론 연구가 최근에 발전하였기 때문에 간결하고 완전한 이론이 아직 수립되지 않았다(프롤리 Frawley 1993, 라두소 Ladusaw 1988, 마틴 1992). 의미 이론은

---

21) 연구를 위해 채택되는 문법 모형이 분석이 가능한 구조를 결정한다는 것을 이해하여야 한다. 말하자면 문법 이론은 쿤의 의미에서 자기 규정적인 모형을 산출하는 것이다. 예를 들면, 헌트의 T-단위 분석(2장 참조)에서와 마찬가지로 이른 시기 변형생성 문법을 채택한다면 핵문(kernel sentence)은 '검토될 수 있는 것'으로 자리매김될 것이다. 동시에 표준으로서 분석의 수단을 자리매김하게 될 것이다. 말하자면 어떤 문법 기능이 모형에서 전면에 나타나고 나머지가 주변적이라면 그 모형에서는 다양한 구문들이 검토될 수 있는 방법을 규정할 것이다. 요점은 문법 모형의 선택은 중립적인 선택이 아니라는 것일 뿐이다.

언어 형식을 현상학적 세계에서 대상과 사건에 관련지으려고 하였다. 이 구성성분의 중심 기능은 의미를 낱말이나 구절에 할당하는 것이다. 그리고 구절의 의미가 어떻게 전체 절이나 결합 절의 의미 해석에 결합되는가를 해석하는 것이다. 또한 의미 구성요소는 절 안에 있는 낱말들의 어휘 부류가 지니고 있는 의미를 해석한다. 그와 같은 부류에 포함되는 어휘들은 대명사, 재귀사, 양태 동사와 특정의 의미 제약과 통사 제약에 의해 수반되는 동사(이를테면 사실을 전제로 하는 동사(factive verb)22), 지각 동사, 양상 동사, 설득 동사, 발표 동사(public verb)23)) 부류들이다. 의미 구성요소는 또한 해석의 범위와 문장 차원에서 다룰 수 있는 다른 의미론적 논제들에 관련된 사실들을 설명할 것이다(프롤리 1993, 재켄도프 Jackendoff 1972). 예를 들면 아래 두 문장에서 부정 표지는 (1)에서는 하위절을, (2)에서는 전체 절로 해석 범위를 바꾸었다.

(1) I regret that Tom doesn't like me.
　　탐이 나를 좋아하지 않는다는 것을 유감으로 생각한다.
(2) I don't regret that Tom like me.
　　탐이 좋아한다는 것을 유감으로 생각하지 않는다.

이것과 다른 의미 해석 특징들은 (한편으로는 미시구조적인 '어휘 의미론'과 다른 한편으로는 거시구조적인 '화용론'에 대응하는) '문장 의미론'이라는 용어로 종종 언급된다.

---

22) (뒤친이) 전제와 함의에 대한 논의에서 가르는 부류에 드는 동사이다. 사실 동사는 작은 절 안에 안긴 내용이 사실임을 전제로 하는 동사인데 다음의 예문 (1), (2)에 나오는 regret이 이에 든다.
23) (뒤친이) 보고 동사(reporting verb)라고도 하는데 어떤 사실을 공적으로 발표하는 동사 부류이다. 영어에서는 admit, comment, declare, reply, say가 이 부류에 든다.

3.2.2 어휘부

어휘부(우리의 정신낱말 목록)는 표면 형식과 기저 구조에서 다른 네 개의 구성요소 전반에 퍼져 있다. 어휘부는 다른 네 개의 구성요소 각각에 영향을 미치고 영향을 받는다. 덩잇글 구성에서 어휘 내항들은 기본적인 의미와 통사 구조, 의미론적 의미, 화용론적 해석이 산출되는 것으로부터 신호를 받은 추론을 제공한다. 어휘부는 통사적으로 유용한 전치사, 관사, 존재 양화사인 there 등등과 같은 통사적 구성요소를 제공함으로써 통사적 구성요소를 뒷받침한다. 더 나아가 구체적인 낱말의 어휘 내항은 문장의 통사적 구조를 생성하기 위한 통사적 정보를 포함한다. put이라는 동사는 직접 목적어와 처소를 나타내는 전치사구가 뒤따르기를 요구하지만, sit이라는 동사는 직접 목적어가 아니라 처소를 나타내는 전치사구가 따르기를 요구하였다. 예를 들면 다음과 같다.

1. 그 소년은 책을 책상 위에 두었다. [무엇을 어디에 두었느냐?]
   The boy put the book on the desk. [put what where?]
2. 그 소년은 의자에 앉았다. [어디에 앉았지?]
   The boy sat on the chair. [sat where?]

어휘부는 또한 덩잇글의 생각 내용을 표상하는 의미 형식을 제공한다. 어휘부 그 자체는 개념틀 구조나 각본에 목적어가 관련되어 있는 것처럼 혹은 더 추상적으로 정신 동사, 지각 동사, 심리 동사, 발표 동사, 이동 동사나 방법, 처소, 시간, 평가 등등을 나타내는 부사처럼 (통사적 기준뿐만 아니라) 의미론적 기준에 따라 조직되어 있을 가능성이 높다.

절을 넘어서는 덩잇글 구조 차원에서 어휘 형식은 결속에 의해 덩잇글 정보를 알려준다. 어휘부는 이런 목적을 위한 단위를 제공하는데 이를테면 대명사, 지시사(demonstrative), 생략 표지(이를테면 x도 그렇게 한다), 대체 표지(이를테면 one)가 포함된다. 이것과 다른 형태들은 모두 결속의 모습을 알려준다. 마지막으로 의미연결 구조는 단언문(assertion)에서 필수적인 추론, 수사적인 서술부, 논리적 관계가 특정의 어휘 형태로부터 쉽게 해석될 수 있다는 점에서 어휘적인 실마리를 가진다고 할 수 있다. 간단한 예로 '문제'라는 단어를 사용하는 첫 번째 절은 일반적으로 문제-해결 담화의 시작을 나타낸다(호이 1986, 1994, 타드로스 1994). 어휘부를 덩잇글 구성의 핵심 부분으로 간주하는 것은 근본에서 벗어나는 것이 아니다. 일군의 연구자들은 어휘 결속을 결속의 중요한 측면이라고 논의한다(핼리데이와 핫산 1989, 핫산 1991, 위트와 페이글리 1981). 문체론자들 또한 정확한 의미와 태도를 드러내는 데 용어 선택의 중요성에 오랜 동안 관심을 가져 왔다.

3.2.3 덩잇글 차원

문장 차원의 두 구성요소들은 어휘부와 마찬가지로 대부분의 연구자들이 언어 연구의 본질로 받아들일 것이라는 점에서 어느 정도 간단하다. 그러나 덩잇글 차원에 있는 구성요소들은 어느 정도 논쟁거리이다. 결속과 의미연결은 표면 덩잇글 구조와 심층 덩잇글 구조로서 '절보다 큰 단위'에 대한 통사론과 의미론에 대응한다. 이 차원에서 '구조'는 (뒤따르는 낱말이나 구문을 직접적으로 예측하게 할 수 있는 문장에서 낱말들과는 달리) 비록 어떤 문장이 뒤에 나오는 문장에 영향을 미칠 가능성이 있지만 뒤에 나오는 문장의 형식이나 해석을 결정할 것이라고 정확하게 예측하는 것이 불가능하기 때문에 구별되어야 한다. 이 두 번째로 넓은 차원은 계열을 이룬다(paradigmatic). 이는 어떤 문장 형식을 다른 문장을 대신하여 선택하는 것이 가능하다는 것을 의미한다. 해당되는 절 위치에서 선택 가능한 내용의 범위는 계열 구조의 제약을 보여준다.

계열 구조는 다음과 같은 방식으로 예를 들 수 있다. 어떤 단락의 시작은 다음에 나오는 세 문장 가운데 하나로 시작할 수 있다. 단락 시작의 구성으로서 이들은 모두 실행 가능한 선택내용을 보여 준다.

3. 전망에서 변화를 가져오는 것은 하루 동안 햇빛이 비치는 서로 다른 각도이다.

 What led the change in perspective was the different angles of the sun's rays throughout the day.

4. 하루 동안 햇빛이 비치는 서로 다른 각도가 전망에서 변화를 가져온다.

 The different angles of the sun's ray throughout the day led to the change in perspective.

5. 전망의 변화는 하루 동안 햇빛이 비치는 다른 각도에 의해 만들어진다.

 A change of the perspective was created by the different angles of the sun's rays throughout the day.

문장3에 이어지는 덩잇글은 아마도 '무엇이 전망에 변화를 초래할까?'를 논의하는 것과 관련이 있을 것이고, 문장4를 뒤따르는 덩잇글은 '서로 다른 각도'를 논의하고, 문장5에 이어지는 덩잇글은 아마도 '전망에서 변화'에 대한 논의와 관련이 있을 것이다. 그 증거로는 여는 구조의 결정과 확인 맥락이 아마도 직접 뒤따르는 구문들에 대한 개연성을 만들어낸다는 것이다.

6. 메어리의 생일이었다. ____ 그리고 그녀의 어머니는 향수를 그녀에게 주었다.
 (a) 나는 그녀에게 장미를 주었다.　　(b) 장미가 나에 의해 그녀에게 주어졌다.
 (c) 장미는 내가 그녀에게 준 선물이었다. (d) 그녀는 나로부터 장미를 받았다.
 (e) 그녀에게 장미를 주는 것은 그날에 있었던 나의 증여였다.
 It was Mary's birthday. ___ And her mother gave her some perfume.
 (a) I gave her a rose.　　　　(b) A rose was given to her by me.
 (c) A rose was my gift to her.　(d) She received a rose from me.
 (e) Giving her a rose was my contiburion to the day.

기법상으로 보았을 때 다섯 개의 선택내용 가운데 어느 하나가 덩잇글6의 빈칸에 가능하다. 그러나 영어 모국어 화자는 선택항(a)를 고를 가능성이 높다. 왜냐하면 그 덩잇글이 메어리가 자신의 생일 선물로 받은 선물 목록에 대한 개연성을 만들어내기 때문이고 선택항 (a)는 덩잇글에 있는 마지막 문장과 문법적으로 대응하기 때문이다. 예컨대 수동태 구문을 선택할 아무런 논리적 근거는 없는 듯하며, 다른 선택항은 구문의 초점을 바꾸는 듯하다. 실제로 토박이 화자와 거의 토박이에 가까운 화자를 대상으로 한 실제 실험에서 피험자의 80% 이상이 (a)를 선택하였다.

결속이나 의미연결의 본질이나 전체 덩잇글 구성에서 상대적 기여도에 대해 일관된 일치는 거의 없다. 게다가, 의미연결의 전반적인 규정에 대해서도 일치된 의견이 없다(브라운과 율 1983, 존즈 1986, 펠프스 1988, 싱거 1990). 결속을 규정하는 특징들도 핫산(핼리데이와 핫산 1989)에서 틀을 잡은 어휘 결속에서 최근에 변화가 있었지만 진지한 조사연구 사용에서 결속의 중요한 부분을 더 논쟁거리로 만들었다. 결속과 관련된 이런 논제들은 2장에서 논의하였다. 여기서 관심사는 의미연결과 결속 사이의 관계와 덩잇글 구성 모형에서 의미연결의 역할을 탐구하는 것이다.

3.3 의미연결에 대한 이론

쓰기에서 의미연결이라는 개념은 전통적으로 쓰기 조사연구와 쓰기 가르침의 구성요소로 받아들여 왔다(뱀버그 Bamberg 1983, 보그란데와 드레슬러 1981). 그러나 지난 20여년 간 심리학, 언어학, 응용 언어학에서 조사연구자들은, 독자가 덩잇글이 결속되어 있다는 것을 어떻게 해석하며 의미연결이라는 감각을 전달하기 위해 필자가 어떻게 언어 표현구조를 통제하는지 이해하려는 노력으로 이 개념을 탐구하기 시작하여 왔다.

동시에 화용론과 대화 분석에서 조사연구는 덩잇글 구조 그 자체와는 상관없이 독자의 해석 체계에 의해 의미연결의 어떤 부분이 구성된다는 주장을 하였다. 건햄(Garnham)은 어떤 덩잇글에 대한 덩잇글 모형 표상을 장기 기억으로 끌어모으려는 독자의 노력으로 대체로 통제되는 교량추론(bridging inference)을 한다는 것을 지적하였다(건햄 1985, 오크힐과 건햄 1988). 일반적인 인지처리와 맞서는 것으로 이런 교량 추론이 언어적 특징의 처리에 반영되는 정도에 대한 이해는 이런 처리들이 언어 체계의 일부인지 혹은 인지 처리 모형에서 그 기원을 두고 있는지를 결정하게 될 것이다. 만약 이들이 대체로 본질상 언어적이라면 덩잇글 형식이 추론 기제를 위한 점화 역할을 한다고 논의할 수 있다(바살로우 Barsalou 1992, 레이너와 폴라책 1989, 싱거 1990).

두 번째로 의미연결 해석이 비언어적인 근원을 가질 가능성에 대한 논의는 브라운과 율(1983)에서 논의되었다. 위도우슨과 다른 사람들의 논의를 좇아 그들은 의미연결이 청자(독자)가 전달내용에 부여하는 결속 틀을 상기할 수 있는 관례화된 지식과 추론(sequence)의 결과라고 주장하였다. 이런 자원들은 각본, 틀, 세계의 구성에 대한 개념틀이라고 일반적으로 불러 왔다. 이런 외부적인 지식 자원들을 가정하면서 브라운과 율은 의미연결이 본질적으로 덩잇글의 산물이라기보다는 독자의 창조물이라고 주장하였다. 유추에 대한 일반적인 원리를 끌어들이면서 독자는 전달내용과 이미 지니고 있는 지식 사이의 유사성을 발견하고 그 결과 독자는 연결을 할 수밖에 없다는 것이다. 그들은 다음과 같이 주장한다(1983:65-6).

> 포퍼가 언급하였던 "규칙성을 발견하여야 한다."는 규범은 바틀렛의 '의미를 찾으려는 노력'과 함께 발화가 나타난 맥락에서 이해를 하는 인간에게 강력한 예측을 하게 한다. … 인간의 자연스러운 반응은 언어와 유사한 신호, 의사소통하려는 신호를 이해하려고 하는 듯하다. … 청자와 독자의 자연스러운 노력은 그들이 마주치는 덩잇글의 적합성과 의미연결이 덩잇글에 있지 않다고 할 수밖에 없을 때까지 덩잇글에 적합성과 의미연결이 있다고 하는 것이다. … '결속된' 담화를 표상하는 것은 문장들의 연쇄가 아니다. 오히려 그것은 유추와 논리적 해석이라는 원리에 의해 주도되는 것으로 [어떤 연쇄가] 일련의 연결된 사건을 기술할 것이라고 기술하고 그런 가정으로 언어적 단서를 해석하는 독자에 있다.

세 번째로 의미연결이 비언어적 토대를 갖고 있다는 논의는 스퍼버와 윌슨 (Sperber and Wilson 1986)이 제안한 *적합성(relevance)* 이론24)에서 발견된다. 언어 사용에 대한 이와 같은 화용론적 해석에서 적합성 원리는 어떻게 의미연결로 간주되는가를 결정한다. 이론의 토대에는 덩잇글에서 인간은 새로운 정보의 창출과 기존 정보와의 모순, 다른 어떤 것과 관련된 확인으로 인한 비교에 의해 적합성을 찾을 수밖에 없다는 일반적인 인지 처리 원리를 가정한다(스미드 1989). 그 이론에서 적합성=의미연결이라고 구체적으로 언급하지는 않았다. 실제로 어떤 덩잇글은 결속을 이루고 있지만, 적합성에 대한 세 가지 기준 어느 하나도 충족시키지 않을 수 있다. 그러나 인지 원리는 브라운과 율이 앞서 언급한 것과 매우 비슷하며 의미연결에 대한 비언어적인 토대를 암시한다.

앞서 제시한 의미연결에 대한 관점에 상당할 정도의 진실이 담겨 있는 듯하다. 동시에 이런 성질에 대한 논의는 인쇄된 면이 읽기 과정에 중요하지 않다고 어느 정도 말하는 듯하다. 덩잇글 분석과 담화론의 발전으로 덩잇글 이해와 해석에 새로운 연구 관점을 열었지만 그럼에도 불구하고 이런 해석의 근거는 우선 덩잇글의 전달내용 그 자체에 달려 있다. 이런 사실을 무시한다면 하향식 처리만을 지나치게 강조하는 불균형에 이르게 된다. 해석에서 덩잇글이 부과하는 제약을 무시하는 것은 덩잇글도 역시 부적합하다는 논리적 결론에 이르게 된다는 것이다. 그러나 편지를 받은 대부분의 사람들은 (청하지도 않은 광고를 제외한다면) 편지에 있는 정보를 알고 있다고 가정하면서 그것을 열어보지 않으려고 하기보다는 편지를 읽어보려고 할 것이다. 덩잇글을 읽는 행위 그것이 덩잇글이 독자에 의해 구성된 의미연결 해석에 영향을 미친다는 것을 함의한다. 이런 이유로 덩잇글 그 자체는 의미연결 구성에 상당한 역할을 한다는 것을 가정하는 것이 사리에 맞다.

덩잇글에서 의미연결에 대한 최근의 연구에서는 의미연결을 수립하는 정보

---

24) (뒤친이) 이 책은 《인지적 화용론》이란 제목으로 김태옥·이현호(1993, 한신문화사)가 뒤친 책이 출판되었다.

의 대부분이 특히 일상적인 덩잇글의 경우 독자에 의해 덩잇글에 단순히 부여되는 것이 아니라는 것을 주장한다. 현재에는 덩잇글에서 의미연결과 해석에 대하여 독자 반응 이론과 구성주의적 관점을 인용하는 것이 유행하고 있다. 불행하게도 그들의 논쟁은 그런 문제를 다루기 위해 추상적인 논리와 대표적인 사례가 되는 문학작품에 기대고 있다. 이와는 대조적으로 인지 심리학 연구는 덩잇글에서 덩잇글 구조가 의미연결의 주된 인자라는 강력한 근거를 제공하고 있다. 의미연결의 어떤 측면은 덩잇글 구조 그 자체로 추적 가능하고 다른 측면들은 독자와 덩잇글의 상호작용 효과로 보는 것이 더 낫다. 이런 관점을 지지하는 연구 사례들은 앤더슨(Anderson 1990), 벡 외(Beck 1991), 브릿턴과 걸고우즈(1991), 싱거(1990), 반데이크와 킨취(1983)에서 발견할 수 있다.

게다가, 지난 20여년 간 의미연결에 대해 비언어학적 관점을 수용하는 것과는 대조적으로 많은 텍스트 언어학자들은 덩잇글이 의미연결되어 있다고 어떻게 말할 수 있는가를 결정하기 위하여 덩잇글 구조를 탐구하였다. 덩잇글의 이런 잠재되어 있는 속성을 검토하기 위한 초기의 노력은 핼리데이와 핫산(1976)의 결속 이론이다. 1980년대에 다양한 반응으로 결속이 의미연결과 같지 않다는 것을 논의하였다(브라운과 율 1983, 캐럴 Carrell 1982), 모젠탈과 티어니 Mosenthal and Tierney 1984, 위도우슨 Widdowson 1979). 그렇지만 결속 조화(cohesion harmony)에 대한 핼리데이와 핫산의 최근(1989) 이론은 덩잇글 의미 수립에서 지엽적인 인과 관계의 영향에 대한 연구와 정보 구조에 대한 연구에 상당히 가깝게 일치를 보인다.

통사결속이 문장의 한계를 넘어서 덩잇글의 형식적인 신호 자질을 나타낸다는 것은 상당히 올바르고 의미연결이 그 이상인 것은 옳지만, 이런 표면적인 신호 자질들을 사용하면서 필자는 자신이 의도한 선호되는 결속 해석을 독자가 할 수 있도록 안내한다는 것도 가능성이 있다. 이런 점에서 덩잇글 결속에 대하여 덩잇글에 있는 많은 언어적 신호나 표지들이 덩잇글 정보의 결속 논리를 수립하는 얼개를 제공한다. 덩잇글에서 많은 신호 기제들이 근본적으로 임의적이며 관습의 일부로 의미가 없으며 문체에 따른 선택 내용이라고 다른 식으로 주장할 수 있다. 덩잇글 이해에 대한 인지 심리학과 교육 심리학 연구는 분명히 덩잇글에서 구조적인 신호의 임의성을 지적하지는 않는다.

의미연결의 본질에 대해 일어났던 논쟁은 덩잇글에서 표면 구조가 덩잇글의 구성 논리와 완전히 부합하지 않는다는 것을 지적하였다. 먼저 어느 정도 애매성이 언어와 덩잇글에 내재한다는 것이다. 두 번째로 어떤 언어적 신호도 덩잇글 논리를 구성하는 데 필요한 모든 정보를 완벽하게 제공하지 않는다는 것이다. 마지막으로 필자들은 의도한 독자와의 친밀도, 주제, 갈래에 대한 지식, 필자의 목표, 글말 매체에서 유창성에 대한 서로 다른 의존 정도에 따라 덩잇글 구조를 알려주는 형식 자원들을 채택할 것이다. 이런 요소들은 통사결속의 표면 형식들을 찾아내기가 쉬운 반면 의미연결의 본질을 구별하기가 훨씬 더 어렵다는 것을 암시한다.

표면 구조를 넘어서면 덩잇글은 필자와의 관계, 독자가 지녔다고 가정되는 지식, 주제와 관련에 따라 필자에 의해 조직된다. 덩잇글 구조에 이론적 구성물로서 의미연결은 주장(혹은 명제)들 사이에 유지되는 기저 관계를 가리키며 이런 주장들이 담화의 전체 주제(즉 대형 구조)에 어떻게 기여하는가를 가리킨다(벡 등 1993). 이런 일련의 관계들은 결속된 덩잇글이 명시적이든 암묵적이든 전체를 포괄하는 주제로 통일된다는 것을 가정한다(브릿턴과 걸고우즈 1991, 카플란 외 1983, 싱거 1990). 덩잇글 구조에서 이해의 정신 모형을 독자가 부분적으로나마 수립할 수 있도록 해 주는 것은 의미연결이다(건햄 1985, 싱거 1990).

의미연결 구조에 대한 다양한 접근이 제안되어 왔다(만과 톰슨 1988, 마틴 1992, 메이어 Meyer 1975, 스퍼버와 윌슨 1986, 반데이크와 킨취 1983). 다수의 연구에서 의미연결은 다음과 같이 (명시적이든 암묵적이든) 자리매김하였다.

- 담화 주제를 지닌다(담화의 전체적인 주제)
- 종속 구조(원인, 조건, 비교, 상세화), 대등 구조(부가, 재진술), 지배 구조

(super- ordination) 즉 문장 차원에서 덩잇글의 상위 구조에 이르는 구조에 의해 단언 명제들 사이에 논리적으로 관련되는 적절한 단언 명제 묶음을 구성한다.

■ 단언 명제에 얹혀진 정보 구조에 따라 짜여서 독자가 가장 효과적으로 주제나 저자의 의도를 이해하도록 안내한다(화제-논평, 주제-평언, 알려진 정보-새로운 정보, 초점-전제).

덩잇글 구성요소에 대한 핵심적인 논제는 논리적인 단정과 정보 구조 사이의 관계가 담화 주제 얼개 안에서 어떻게 작용하는가 하는 것인 듯하다.

의미연결의 세 가지 하위 구성요소 가운데 담화의 주제와 단정 사이의 논리적 관계는 비교적 간단하다. 담화 주제의 하위 구성요소 안에서 절 단위들의 상호작용과 관계를 설명하려는 시도가 있었는데 더 큰 구조나 대형 구조라는 개념이 그것이다(호이 1991, 카플란 1972, 만과 톰슨 1988, 메이어 1987, 싱거 1990, 반데이크와 킨취 1983). 이런 개념들은 다음의 문제-해결을 보여주는 덩잇글로 예를 들 수 있다.

자연의 균형이 얼마나 섬세한가?

1. 북부 미네소타 주와 미시간 주의 로얄 섬에서 수행된 여우에 대한 20년의 조사연구 기간 동안 '균형을 이루고 있다.'는 것과는 상당히 다르게 여우와 먹잇감의 비율이 유동적이고 때로는 커다란 이변이 생길 수 있음을 알았다. 이 지역에서 여우는 큰 사슴(moose)과 사슴 대부분을 죽이고 난 뒤 실제로 굶주릴 수도 있었다. 이는 왜 여우 통제 계획이 여우와 그들이 사냥하는 동물들 사이의 수를 많게 하고 안정되게 할 수 있는지를 설명해 준다.

2. 대부분의 사람들은 살아남기 위해 여우가 사슴, 큰 사슴, 순록, 엘크와 다른 동물들을 죽여야 한다는 것으로 알고 있다. 가족 단위로 모여 사는 육식 동물들을 무리라고 하는데 대개 여섯에서 열두 마리가 포함되어 있고 이들을 먹여 살리기 위해 상당한 고기가 필요하다. 무리는 잘 짜여 있는데 여우들 각각은 사회 계층에서 고유의 자리를 차지하고 있다. 각 무리들은 수백의 먹잇감

동물들이 포함될 정도로 충분한 영역을 지니고 있으며 오줌이나 울부짖음으로 경계를 나누고 있다.

3. 여우의 생애와 먹잇감 동물들과의 상호작용에 대해 그와 같이 자세히 조사할 수 있도록 대부분의 시간을 보낸 것이 나에게는 행운이었다. 자연의 균형이라는 생각을 공식적으로 마음속에 지니도록 도와준 연구는 로얄 섬에서 여우-큰 사슴 연구였는데 필자는 천구백오십팔 년부터 천구백육십이 년까지 박사 학위를 취득하기 위해 수행하였다. 눈 덮인 슈피어리어 호수에 있는 이백십 평방 마일의 국립 공원으로 작은 스키용 비행기를 타고 날아서 매년 겨울마다 갔다. 스물에서 스물다섯 마리의 여우가 있었으며 대략 육백 마리의 큰 사슴이 있는 것을 발견하였다. 여우들은 늙고 병든 큰 사슴과 새끼들을 사냥하고 있었는데 약탈자와 희생자가 안정되어 있는 듯하였다.

4. 이런 유형의 안정상태를 종종 '자연의 균형'이라고 부른다. 먹잇감은 여우를 피하는 데 상당히 적응되어 있었고, 여우들은 먹잇감을 붙잡는 데 적응되어 있어서 이 둘 사이에 대략적인 균형이 이뤄져 있는 것이다. 불행하게도 단기간에 걸쳐 그와 같은 균형이 언제나 작용하는 것은 아니다. 인간의 간섭, 이상 기후, 혹은 다른 '외부' 요인들이 포획자-먹잇감 사이의 균형을 혼란스럽게 할 수 있다. 이런 시기에 과학자들은 '균형'이란 단어를 사용하기를 머뭇거리게 된다. 우리들 가운데 다수는 '역동적인 균형'이란 구절을 더 선호하는데 이와 같은 현상을 더 잘 기술할 수 있기 때문이다.

5. 1960년대 후반과 1970년대 초반에 불리한 조건에 의해 유동이 일어났음을 발견하였다. 연이어 혹독한 겨울이 북미에 몰아닥쳤다. 필자와 학생들은 그 당시에 미네소타 북부 지역의 여우와 사슴을 연구하고 있었는데 방사 추적 안테나를 사용하고 있었다. 시골뜨기 비행사는 우리가 왜 그와 같은 일을 하는지 의아해 했다. 이 지역에서 여우-통제 계획이 없어졌다는 것을 알아차리고는 '여우가 모든 사슴을 쓸어버릴 것이라고 누구나 알고 있다.'고 말하였다.

6. 그가 옳은 듯이 보였다. 해마다 우리는 여우들이 월동한 흰꼬리 사슴을 천오백 평방 마일 범위에 걸쳐 10분의 1로 죽이고 있음을 발견하였다. 거의 대부분의 사슴들을 사냥 계절에 볼 수 없었고 여우들이 그들 죽음의 주요 원인이었다.

7. 그러나 여우들은 혹독한 겨울 추위의 도움을 받았다. 혹독한 겨울은 사슴이 급격히 줄어드는 데 두 가지 역할을 하였다. 먼저 많이 내린 눈은 다 큰 사슴

을 쉽게 죽도록 했다. 따라서 1968-1969년 겨울에 여우들은 소비할 수 있는 것보다 훨씬 더 많은 사슴을 얻었다. 여우가 죽이는 것을 발견할 때마다 우리는 얼어붙은 호수 가까지 비행기를 착륙시키고 눈신을 신고 사체 가까기 가 보았다. 죽었지만 거의 먹지 않았거나 아예 먹지 않은 사체 여럿을 보았다. 이것은 다음 여름에 새끼의 수가 더 적을 수 있음을 의미한다.

8. 두 번째로 그해 여름에 태어난 새끼 사슴은 시작에서부터 어려움에 직면할 것이고,

9. 먹잇감 개체수는 간헐적으로 태어나는 새끼 사슴이나 새끼 떼들의 줄어듦으로 별탈 없이 유지될 수 있다. 그러나 북미 미네소타 주에서는 1966년에서부터 1972년 사이에 잔혹한 일곱 차례의 겨울을 맞이했고, 여우의 개체 수가 늘어난데 비해 ...

10. 처음의 사슴이 줄어드는 기간에 실제로 여우의 수는 늘어났다. 그 사실은 ... 사슴의 취약성에서 이익을 얻고 있다는 사실을 깨닫기 전까지는 설명할 수 없었다.

11. 따라서 여우는 심각한 식량난에 갑자기 맞닥뜨리게 되었다. ...

12. 그와 같은 혹독한 겨울이 로얄 섬에 닥쳐왔을 때 미네소타로부터 20마일밖에 떨어져 있지 않은 ...

16. 그러나 중부 알라스카에서 잘 통제된 실험의 결과에 대해서는 거의 논쟁이 없었다. 38퍼센트에서 60퍼센트의 여우들은 실험 지역으로부터 사라졌지만 여러 인접 지역에서 여우는 통제되지 않았다. 여우가 통제되기 전과 비교해서 여우가 옮겨진 지역에서 큰 사슴과 순록의 새끼, 일년생 말들은 두 배와 네 배로 늘었고 여우의 이동이 전혀 없는 지역보다 일관되게 더 많아졌다. 큰 사슴과 순록 떼의 크기도 그와 비슷한 경향을 따랐다.

17. 여우가 통제되지 않으면 어떤 일이 일어나는 것일까? 실험 전에 [여우의] 무리가 줄어 들었기 때문에 계속해서 줄어들 것인데 안정적이긴 하지만 적어지거나 혹은 천천히 늘어날 것이라고 예상하였다. 한편 미네소타에서 필자가 관찰한 것으로부터 여우 새끼들은 기아로 죽을 것이며 여우는 번식력도 줄어들고 다 큰 여우들은 서로를 죽이게 될 것이다. 통제 계획이 먹잇감과 여우들을 되살아나게 하고 따라서 이들 각각이 더 오랫 동안 살아남도록 할 것이다. 그리고 1960년대 후반에 여우와 사슴이 호수를 따라 붐비기를 바라는 것

이었지만 지금은 비어 있다.

18. 먹잇감 무리들이 어떤 이유든지 적고 여우 통제가 그들에게 부여된 압력을 덜어주는 손쉬운 수단으로 종종 제안된다. 사냥을 하지 않는 사회는 일반적으로 분노의 울부짖음에 응답을 한다. 여우는 속죄양으로 사용되는 듯하다. 이런 사람들 대다수는 여우-먹잇감 균형 체계가 균형을 이룬다고 생각하기 때문에 어떻게 여우 통제가 먹잇감이 회복되는지를 도울 수 있는지에 대해 이해할 수 없다(메크 Mech 1985:57-8).

이 덩잇글은 종속 구조, 대등 구조, 상위 구조라는 개념에 의해 검토될 수 있는 짜임보다 더 큰 짜임 유형을 포함하고 있다. 1단락은 담화의 화제와 저자의 의도(여우, 자연의 균형)를 소개한다. 이 화제는 문제거리(여우와 먹잇감 동물의 비율이 심하게 변동하고 심지어는 파국으로 치닫는다)로 제시된다. 2단락은 1단락과 대등하게 연결되는데 부가적인 정보를 제공하기 때문이다. 세 번째 단락도 부가적인 정보인데 단락2와 대등하며 1단락과 대등하게 연결된다. 이 단락은 저자에 의해 적절한 배경정보를 제공한다. 그와 같이 이런 문제를 언급하는 저자의 권위를 정당화한다. 3단락의 마지막 문장은 1단락에 있는 '안정성'을 다시 언급하는데 이는 덩잇글에 제시되는 '문제'의 계층구조를 계속 언급하기 위한 전환 장치로 사용되었다.

　단락4는 3단락과 1단락에 있는 '안정성'이라는 개념을 확장하고 범위를 한정하였다. 그렇기 때문에 단락1에 딸린다. 단락5는 '불균형'이나 '역동적인 균형'의 상실 사례이다. 이 단락은 단락4에 딸린다. 단락6은 단락5의 마지막에 있는 일반화를 정당화한다. 그러나 이런 견해가 단순함을 알려 준다. 이 단락은 '문제'를 재분석하는 더 복잡한 단락으로 전이되는 단락이다. 단락7, 8, 9는 불균형의 두 번째 원인(혹독한 겨울)이 검토되는 두 번째 분석의 흐름을 발전시킨다. 이들 단락에서 논의는 주로 '역동적인 균형'이 처음으로 소개되는 단락4를 소급해서 언급한다. 단락7은 불균형에 책임이 있는 두 번째 인자를 제공한다는 점에서 단락5와 대등한데 이 두 인자는 단락4에서 처음으로 언급되기 시작한다.

단락10은 문제를 다시 자리매김하고 단락11은 직접적인 원인을 다시 규정한다. 단락12는 단락15를 통해 다른 지역에서 일어났던 같은 사건들을 묘사한다. 단락16은 문제에 대한 *해결책*을 제안한다. 이들 단락은 단락7-9에 있는 기술 내용을 다시 자리매김한다. 덩잇글은 18단락에까지 계속되는데, 여기서 다시 한 번 '자연의 균형'이라는 개념을 재검토하려는 자신의 의도를 서술한다. 여기서 저자는 담화의 주제를 다시 자리매김한다. 그렇다면 이 단락은 처음의 세 단락을 제외하고 모든 단락의 상위 단락이 된다.

이 덩잇글은 덩잇글 의미연결의 일부분을 이루는 덩잇글 짜임의 논리적 유형에 대한 몇 가지 사례를 보여준다. 단락들의 관계는 담화 구역 분석, 절 관계 분석, 수사적 구조 분석을 통하여 그림으로 나타낼 수 있고 이 덩잇글이 작용하는 관계를 검토하기 위하여 명제 분석을 사용할 수 있다(브릿턴과 걸고우즈 1991, 호이 1991, 카플란 1972, 만과 톰슨 1988, 1992). 다른 방식으로 의미연결 관계를 뒷받침하는 결속 관계를 표면 구조와 연결함으로써 그림으로 나타낼 수 있다.

세 번째 주요 하위 구성부분인 정보구조(2장 참조)는 의미연결의 일부분으로 명확하게 인식되지는 않는다. 특히 정보 구조에 대한 연구는 분류 용어에 대한 일련의 폭넓은 뜻매김 때문에 혼란스럽다.

그러나 정보 구조는 결속된 덩잇글의 생성에 핵심적으로 관련되어 있다. 정보구조는 늘어놓은 덩잇글 표지들이 정보 흐름의 속도, 정보의 양, 앞으로 전개될 정보의 흐름에 관련되는 관계를 어떻게 알려주는가 하는 문제를 함의한다. 그 문제들은 다음과 관련되어 있다.

- 어떻게 덩잇글에서 더 중요한 주제 정보가 강조되는가,
- 어떻게 이전의 정보와 새로운 정보가 알려지는가,
- 어떻게 정보의 어떤 측면이 이미 표현된 것과의 관계 속에서 전개되는가,
- 너무나 많은 정보나 너무 적은 정보(이는 어느 정도 의도하는 독자나 가장된 독자와 관련하여 규정될 수 있다)는 덩잇글의 의미결속에 어떻게 영향을 미치는가?

정보 구조에 관련된 이런 모든 문제들은 덩잇글이 놓이는 순서뿐만 아니라 얼마
나 빨리 그리고 어떤 관점으로부터 어떤 정보의 중요 부분을 제시하고자 하는
것에 제약을 받는다. 덩잇글의 순서와 관련되는 신중한 논의는 보그란데(1984)
에서 발견된다.

마지막으로 덩잇글 의미연결의 구성에 가정되는 추론 체계의 역할을 고려할
필요가 있다. 이들은 덩잇글 그 자체의 특별한 측면은 아니지만, 그와 같은 체계
는 덩잇글의 의미 해석에 대한 한계를 결정하는 데서 글쓴이/읽는이를 제약하기
위해 덩잇글 구조와 상호작용한다. 그 다음에 이런 체계는 적절한 추론이 이뤄
진다면 덩잇글 구조의 기제에 의해 제약을 받아야 한다. 이를테면 덩잇글 추론
에서 덩잇글 이해와 관련되는 것으로 일반적으로 이뤄지는 구별은 *교량* 추론과
정교화 추론의 구별이다. 많은 연구자들은 대부분의 추론이 정교화 추론이고
덩잇글에 직접 신호를 받는 이해를 위한 기본적인 실마리의 일부가 아니라고
가정한다. 그러나 어떤 추론은 새로운 정보와 이미 저장되어 있는 정보 사이의
연결을 만들 필요가 있다. 이런 종류의 추론은 교량 추론으로 덩잇글에 대한
기본적인 분석의 일부로 만들어지고 저장되어 있다고 가정한다(오크힐과 건햄
1988). 이런 발견 사실들은 의미연결 생성 기제로서 추론이, 덩잇글 구조에 강하
게 제약을 받으며, 어느 정도 다룰 수 있도록 의미연결이라는 개념을 뜻매김하
는 것이 덩잇글이 구성되는 방식에 대하여 이해하기 위해 핵심적인 것으로 간주
될 수 있음을 암시한다.

3.4 덩잇글에 대한 기능-사용 기준

덩잇글 요소들이 덩잇글을 생성하기 위해 기능적으로 조직되는 기준을 확인
할 수 있는 덩잇글 구성 성분들이 있음에 틀림없다. 이 기준은 더 많은 것이
관련되어 있기는 하지만 덩잇글 구성에서 사람과의 사이에서 작용하는 수준으

로 구성될 것이다(핼리데이 1985). 기능/문체 수준은 읽는이와 주된 관심사, 상황, 세계 지식, 아마도 재귀적으로 자신에 대한 글쓴이의 태도와 상응 관계를 탐구한다. 이런 수준의 분석은 덩잇글 안에서 적합성이라는 매개인자 이를테면 어떤 덩잇글 맥락에 들어맞는 구조적 요소를 함의한다. 결국 직접 전달하는 발화 구조를 기술 설명서(technical manual)에서 발견하기를 기대하지는 않을 것이다. 분석의 이런 수준은 문체와 밀접한 관련이 있겠지만 문체의 문제로만 간주되지 않을 것이다. 문체는 글쓴이의 개성을 반영한다. 여기서 논의하는 구성요소는 다양한 목적으로 덩잇글을 다루기 위해 필자가 사용하는 매개인자를 나타낸다. 기본적이고 자연스럽게 그와 같은 조작은 글쓴이의 개성 전부를 나타내지는 않을 것이고 그와 같은 조작이 나타내는 것은 글쓴이의 개성 전부가 아니다.

[아래에 나오는] 처음의 다섯 가지 덩잇글 구성요소와는 달리 이 구성요소는 덩잇글 구조의 성분과 관련이 있는 것이 아니라 특정의 덩잇글을 구성하기 위하여 구성요소들이 결합하는 방식에 관련된다. 수사 연구 분야에서 나온 덩잇글다움 기준에 대한 기여는 덩잇글의 논리적 구성에 대한 전통적인 분류 체계의 수립이었다. 더 최근에 이르러 언어학자들은 덩잇글 분류에서 전통적으로 가정되는 하향식 유형 없이 덩잇글을 구성하는 덩잇글다움 기준에 따라 덩잇글을 살피는 방법을 탐구해 오고 있다. 딜런(Dillon 1989)은 사람 사이에 작용하는 덩잇글 기준이 자세와 관련되는 다섯 가지 기준으로 이해될 수 있을 것이라고 주장하였는데 이는 덩잇글과 독자에 대한 글쓴이와의 관계이다.

- 개인적 - 비개인적
- 거리를 둠 - 유대가 있음
- 우위에 있음 - 동등함
- 에두름 - 맞섬
- 격식적 - 비격식적

이 다섯 가지 매개인자들은 덩잇글 구성에서 사람들 사이에서 작용하는 기준을 뜻매김하려는 시도를 보여줄 뿐인데 대부분은 다른 연구에서 실험에 반영되었다(바이버 1988, 스콜론과 스콜론 Scollon and Scollon 1983). 우위/동등이라는 기준은 더 일반적으로 평등/불평등 혹은 공손함/권위가 있음이라는 매개인자로 논의되었다는 점도 주의를 기울여야 한다.

주스(Joos 1967)에서와 마찬가지로 딜런은 일련의 매개인자들을 문체에 따른 선택내용으로 해석하기보다는 어떤 덩잇글을 규정하는 기본적인 구성요소의 묶음으로 해석하기를 원하였다(티어니와 피어슨 Tierney and Pearson(1983:572-6)에서 조정(*alignment*) 참조). 딜런은 매개인자들을 '어떤 덩잇글에서 사회적인 신호를 하는 기능'으로 언급한다. 실제적인 문제는 이런 매개인자들을 덩잇글 구조의 잴 수 있는 측면을 수립하기 위하여 어떻게 사용할 것인가 하는 것이다.

이런 문제를 언급하면서 덩잇글 구조의 기준을 자리매김하려는 이른 시기의 시도에서 체이프(Chafe 1982)는 덩잇글은 구조에 대한 두 가지 기준이 달라지는 방법에 따라 분류될 수 있다고 제안하였다. 덩잇글 연류/분리(involvement/detachment)[25]와 덩잇글 통합/나누기(intergration/segment)가 그 방법이다(타넨 Tannen 1987, 1989 참조). 바이버와 그의 동료들(바이버 1988, 1989, 1992, 바이버와 피네건 Biber and Finegan 1988, 1989, 그레이브 1987)에 의한 최근 연구에서 다수의 덩잇글다움 기준들이 어휘-통사적인 요소의 복합적인 동시 발생 유형으로부터 구성된다고 주장하였다. 그의 가장 포괄적인 연구인 바이버(1981)에서 입말 덩잇글과 글말 덩잇글의 기저에 있는 일곱 개의 덩잇글다움 기준을 자리매김하였다. 이 연구로부터 덩잇글 유형에 대한 이론은 이런 기준들을 설명하여야 한다고 제안하였다. 유형들은 선험적으로 결정되기보다는 경험적으로 확인 가능하다는 것이다. 이런 연구 흐름을 좇아 여기서 제안된 덩잇글 구성 모형은 문체 사용의 구성요소를 포함한다. 언어 구조물의 덩잇글다운 사용은

---

25) (뒤친이) Chafe(1994), *Discourse, Consciousness, and Time*(The University of Chicago Press)(김병원, 성기철 옮김, 《담화와 의식과 시간》, 한국문화사)에서 이 개념은 현장성과 탈현장성이라는 개념으로 바뀐 듯하다. 인간의 의식이 가진 특징으로 강조하고 있는 내용은 '인간의 의식은 현장에 있지 않은 것도 의식할 수 있다.'는 것이다.

덩잇글 구조물의 의사소통 기준을 만들어낸다는 것이다. 덩잇글 분석 연구로부터 뒷받침되는 덩잇글 구조의 아홉 가지 기준이 제안된다.

1. *수사적 의도*(rhetorical intention)는 덩잇글이 상위 수준의 덩잇글 논리 구조에 의해 제약될 때 덩잇글 구성 기준을 반영한다(메이어 1984, 1987).

2. *상호작용성*(interactivity)은 덩잇글을 통해 글쓴이와 읽는이 사이의 상대적인 상호작용/연관을 전달하기 위한 다양한 자질들을 결합하는 덩잇글다운 기준이다.

3. *지시성*(referentiality)은 덩잇글 내부에서 나타나는 지시표현의 유형과 정도를 기술하며 핼리데이와 핫산(1976, 1989)이 내부 지시표현(endophoric)과 외부 지시표현(exphoric)으로 구별한 것과 관련될 수 있다.

4. *맥락의 직접성*(immediacy of context)은 덩잇글 정보를 자리매김하기 위해 서로 다른 시간적인 신호로 알려주는 사용을 반영한다. 이는 일반적으로 이야기 전달 덩잇글과 다른 갈래의 덩잇글을 구별한다(바이버 1988, 그레이브 1987).

5. *설득*(suasion)은 독자를 설득하고자 하는 시도를 독자에게 알려주는 특징들의 사용을 가리키는 데 가장 일반적으로 양상이나 어떤 동사의 하위 갈래로 나타난다(바이버 1988).

6. *추상성*은 덩잇글에서 나타나는 객관성이나 중립성의 상대적인 정도를 반영한다. 덩잇글은 전문적인 문체나 격식적인 문체 혹은 덩잇글다운 다른 문체로 표시된다(바이버 1988, 그레이브 1987).

7. *정교화*는 서로 다른 유형의 덩잇글에 나타나는 정교화의 유형과 정도를 가리킨다. 그것은 계획된 결정 혹은 계획되지 않은 결정에 따른 제약이라는 개념과 동일시될 수 있다(바이버 1988, 옥스 Ochs 1979, 레픈과 그레이브 1993).

8. *증거 있음*(evidentiality)은 신중한 전문적인 글에서 언급되고 있는 것에 대한 사실성에 대한 저자들의 책임 정도를 나타내기 위해 저자에게 필요한 것을 가리킨다(바이버 1988, 체이프와 니콜스 1986).

9. *덩잇글 유형(갈래*)는 일반적으로 서로 다른 덩잇글 유형과 덩잇글다운 특성이 이런 갈래들을 규정하기 위해 결합되는 방식 가운데서 발견될 수 있는 변이형태를 가리킨다(바이버 1989, 더들리-에반스 1989, 마틴 1992, 스웨일즈 1990).

이들 기준 각각은 (다른 것이 더 있을 수 있는데) 덩잇글이 형성되고 필자의 다양한 목적과 맥락의 요구 사항에 따라 제약되는 방식들을 보여준다. 덩잇글 구성 모형은 덩잇글 생성을 다루면서 이런 기준들을 설명하여야 한다.

3.5 비언어적인 지식

덩잇글 구성 모형의 마지막 구성요소는 덩잇글의 적절한 산출과 해석에 알맞은 세계/배경 지식을 제공한다. 접속해야 하는 비언어적인 성질을 띤 많은 정보들이 있기는 하지만 이 지식의 어떤 측면은 어휘부에 등재되어 있을 것이다. 덩잇글 구성 모형에서 포함해야 하는 비언적인 요소들이 다수 있다.

- 지시표현
- 세계 배경지식(과 상호텍스트성)
- 기억
- 감정
- 지각
- 의도
- 논리적 배열(연역 등등)
- 상황

이 묶음의 모든 구성 요소들은 덩잇글의 어떤 측면들에 강력한 영향을 미치지만 근본적으로 덩잇글 모형의 언어 영역에는 독립되어 있다. 예컨대 *지시표현*은 실제 세계와 인지를 연결하는 기능을 해 줄 수 있는 묶음인데 그것은 언어 표현 없이도 수행될 수 있는 활동이다. 전형적인 표현이 언어적이지만 전체 개념을 언어적이라고 할 수는 없다. *감정, 지각, 의도*에 대해서도 마찬가지 주장이 이뤄질 수 있다. *세계에 대한 배경지식과 기억,* (아마도 같은 영역을 포괄할 것인데)

*상황*은 맥락과 내용을 조직하는 얼개나 개념들의 묶음이다. 이들도 언어에 기대고 있지 않다. 언어가 없는 상태에서 일련의 지식을 상상하는 것이 가능할 듯하고 그와 같은 지각에 대해 상당할 정도로 심리적인 근거가 있다(코헨 1983, 존슨-레어드 1983, 파이비오 1986).

3.6 전체적인 덩잇글 모형

앞에서 얼개를 잡은 덩잇글 모형에서 구성요소들이 정확하고 완전히 꼴을 갖춘 것으로 간주되어서는 안 되며 심리적으로 타당한 모형 수립에서 격식을 갖춘 시도로 간주되어서도 안 된다. 그런 일은 구체적인 처리 기제를 필요로 하고 그와 같은 방식으로 각 부분들이 상호작용하는 방법에 대해 정확하게 설명할 필요가 있다. 그런 명시적인 모형은 덩잇글 구성에 대한 현재의 이해를 넘어선다. 오히려 제시된 것은 (1) 덩잇글 구성에 대한 이론에서 고려되어야 하는 것이 무엇인가를 포함하려는 시도이며 (2) 왜 다양한 구성요소들이 중요한가를 설명하려는 시도이며, (3) 앞으로의 연구에서 덩잇글에 상호작용하는 구성요소들을 탐구하는 방식을 제안하려는 시도를 하는 기술적인 쓰기 모형이다.

이런 목표를 염두에 두고, 덩잇글 구성 이론들은 쓰기 과정에 대한 인지 모형의 언어-산출 측면에 관련된 것이 무엇인지를 설명하려고 하였다(이를테면 보그란데 1984, 마틴 1992). 플라워와 헤이즈가 제시한 쓰기 처리 모형은 덩잇글 구성에 무엇이 관련되어 있는지 상세한 설명을 제공하지 않았고 덩잇글 구성을 대상으로 하는 조사연구에 관련되는 구체적인 문제를 자리매김하려고 한다면 그와 같은 자세한 설명이 필요할 것이다. 게다가 어떤 덩잇글 구성 모형이든 쓰기에 대한 더 너른 범위의 처리 모형에 의해 보완될 필요가 있을 것이다. 그런 처리 기제는 덩잇글 산출의 다양한 구성요소들이 *어떻게* 덩잇글 산출에서 결합되는지를 기술하게 될 것이다. 그러나 잠깐 동안 여기서 언급되는 모형이 덩잇글 정보가 어떻게 결합되고 산출되는가를 구체적으로 밝힐 필요는 없다. 그 주된 관심사는 어떤 목적에 무엇이 결합되는가 하는 것이다. 이 장에서 제시된 덩잇글 구성 모형은 건햄(1985, 오크힐과 건햄 1988)에 의해 기술된 덩잇글 이해/버레잇터와 스카다말리아(1987)의 처리 모형, 플라워와 헤이즈(1981a, 1981b)와는 구별되기는 하지만 서로 어울릴 수 있는 호소력 있는 기술을 제공한다. 덩잇글에 대한 이와 같은 생각은 그림3.2로 나타낸다.

그림에서 나타낸 일곱 개의 구성요소들(통사, 의미, 어휘, 결속, 의미연결, 기능차원, 비언어적 자원)은 덩잇글 구성 모형의 토대를 이룬다. 각 구성요소는 그 자체로 덩잇글 구조나 덩잇글-구조 제약의 중요한 측면들을 나타내야 한다. 실제로 그런가 하는 것은 결국 양적인 방법으로 검증해야 한다. 우선 이 모형은 덩잇글의 한 두 요소에만 기대었던 이른 시기의 연구는 일곱 명의 장님과 코끼리 이야기를 떠오르게 한다고 강력하게 주장한다. 동시에 성질 면에서 단순히 구성되어 있다기보다 상호작용을 하고 있다는, 말하자면 전체는 고립되어 있는 부분의 합보다는 크다는 사실을 인식하는 것이 중요하다. 이것이 (문장 층위 분석에서 사용된 것과 같은) 구성적 접근이 불충분한 이유이다. 단순히 조각들을 모을 수 없고 따라서 전체 덩잇글을 만들어내야 하는 것이다.

부분들을 단순히 더하는 것을 허용하지 않는 덩잇글에 관련되는 특징이 있다(베이트슨 Bateson 1979, 딜런 1981). 비슷한 상황은 체스 장기판으로 잘 나타낼 수 있을 것이다. 말하자면 덩잇글은 각 말들의 세력 영역이 눈에 보이는 체스 장기판으로 간주할 수 있다는 것이다. 제한이 없는 것은 아니지만 많은 말들이 여러 겹의 선택내용을 갖고 있다. 어떤 조직 유형은 어떤 맥락에서 일반적으로 더 적합하다고 인식될 것이고 각 부분들은 다른 부분과 어떤 식으로든 상호작용하고 무한정으로 결합되려는 경향을 보인다.

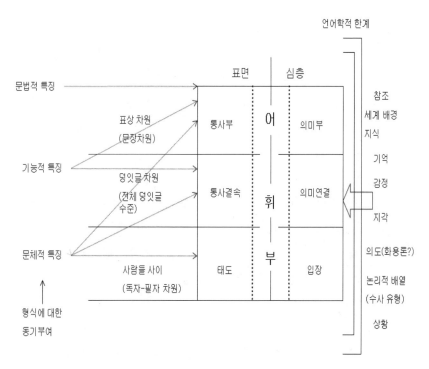

〈그림3.2〉 덩잇글 구성 모형

　덩잇글의 경우, 상호작용하는 요소들의 결과로 일대일의 효과뿐만 아니라 어떤 것에 대해서도 집단으로 관련을 맺는 결합 효과를 가져 온다. 따라서 미리 알 수 없는 관계를 형성한다(그리고 언어 표현에서 '숨은' 범주들을 만들어낸다). 덩잇글에는 여러 인자들이 있고, 여러 겹의 영역이 있으며 확인 가능한 구성요소들로부터 만들어지지만 그것들로 완전히 되돌릴 수 있지는 않다. 이것이 아마도 쓰기가 그렇게 많은 연습이 필요한 기술인 이유일 것이다.

3.7 결론

이 장의 목적은 쓰기에 대한 현재의 연구와 모순이 없으며 줄글[26] 이해와
글말 담화 분석에 대한 연구에 묶이게 될 덩잇글 구성 모형을 제시하는 것이다.
전체적으로 일곱 개 부서의 덩잇글 구성모형 성분이 그림 3.2에 제시되어 있다.
이들 각각은 덩잇글이 산출되는 방식에 대한 어떤 연구에도 기본적인 요소를
제공한다. 2장과 3장에서 논의된 줄글 구성에 대한 통찰은 여기서 제안된 모형
대부분을 뒷받침한다. 이런 개념들은 기술적인 덩잇글 구성 모형으로 결합되고
다듬어졌다. 그와 같은 덩잇글 구성 모형의 목표는 덩잇글 구성요소에 대한 이
해에 있기 때문에 그리고 어느 정도 그들이 상호작용하는 방법에 대한 이해에
있기 때문에 이 모형은 실제 사용되는 글말 덩잇글의 속성을 규정하려는 일반적
인 연구 목적에 들어맞는다.

이 즈음에 덩잇글 구성은 산출물로서 덩잇글을 나타낸다는 것을 떠올리는
것이 중요하다. 다음 장에서 산출물로서 덩잇글과 과정으로서 쓰기에 대한 신중
한 이론을 최소한으로 설명할 것인데 이들은 서로 기대고 있는 것이 아니라
같은 현상에 대하여 메우고 기워주는 관점으로 설명할 것이다. 8장에서 보게
되듯이, 쓰기에 대한 실행 가능한 이론은 사회 맥락에 대한 해석과 그러한 해석
이 쓰기에 미치는 영향을 싸안아야 할 것이다.

---

26) (뒤친이) 일반적으로 글은 운문과 산문으로 구별하는데, 이를 고유어로 가락글과 줄글로 표현할
    수 있다.

04 | 쓰기 과정에 대한 접근
Writing process approaches

4.1 도입

1장을 마무리하면서 쓰기 산출물 대 쓰기 과정에 대한 논제가 작문 연구와 가르침에서 1980년대의 논쟁거리였음을 언급하였다. 쓰기 과정에 대한 접근의 발전은 작문 연구에서 새로운 영역이 떠오를 수 있는 중요한 추동력으로, 졸업 후 학업의 영역에서 일어나는 작문을 연구하는 추동력으로 이제 널리 인식되고 있다.

다른 영어권 국가에서 쓰기에 대한 대부분의 연구가 주로 초등학교나 중등학교 학생들에 초점을 모으고 있기 때문에 고등 교육 수준의 작문에 대한 강조와 함께 그와 같은 발전은 미국에서만 특이한 듯하다(부머 Boomer 1985, 브릿튼 등 1975, 크리스티 등 1989, 웰스 Wells 1986, 웰스와 창 웰스 Wells and Chang-Wells 1992). 외국어로서 영어에서 쓰기에 대한 현재의 연구는 과정으로서 쓰기 접근에서 나온 이론적이고 교육적인 흐름에 바탕을 두고 있다는 점도 주목할 만하다. 실제로 외국어로서 영어 맥락에서 현재의 관점들은 더 일반적으로 과정 중심의 흐름에서 나온 부산물로 바라 볼 때 이해될 수 있다(허들슨

Hudelson 1989b, 존슨과 로엔 1989, 크롤 Kroll 1990, 레키 Leki 1992, 레임즈 Raimes 1991, 자멜 Zamel 1987).

지난 세기 중반에 이르기까지 미국에서 쓰기 가르침은 어느 정도 통일된 방식에서 나온 접근법이었다. 경우에 따라 거의 쓰지 않는 학생들(애플비 1981)은 네 개의 중요한 '수사적' 구별 즉, 묘사, 서사, 설명, 논증에 따라 '주제'에 대한 개요 짜기를 배우고 썼다. 대체로 서너다섯 개의 단락으로 된 틀에 맞추었다. 설명하기 과제를 통해 학생들은 뜻매김, 분류, 비교, 대조 등등과 같은 논리적 배열을 배웠고 제시된 유형을 모방하는 (혹은 비슷한) 논술을 하였다. 논술은 한 번의 원고 쓰기이며 실수들은 지침서에서 제공된 해답으로 고쳐지고 이들은 번갈아 가며 표면적인 문법의 다양한 측면에 대하여 연습하고 그 다음에 그에 대한 해답을 제공하였다. 쓰기 주제에 대한 착상은 문학 자료나 읽을거리로부터 보충되는데 이들에는 분석과 모방을 위한 모형을 포함한다. 혹은 쓰기 교사가 전달하는 강의로부터 보충되기도 한다. 조사연구를 위한 쓰기에서조차 출판된 중요 자료 묶음을 중심으로 짜인다. 일반적으로 쓰기 교실수업에서 학생들이 어떻게 쓰기 과정에 접근하는가 하는 것보다는 쓰기 산출물에 초점이 모인다.

1960년대에 이런 가르침 얼개에 대해 강하게 반발하는 다수의 요소들이 함께 합쳐졌다.

1. 1960년대에 미국의 고등학교에서는 비정상적인 팽창을 하게 되었고 자유화 운동으로 많은 학교에서 '개방 입학'이라는 제도를 채택하였다. 말하자면 지원한 어떤 학생이든 허용하였고 대부분의 경우에서 학교에서 학생들을 낙제시키기 위하여 작문과 같은 졸업을 위한 선발 과정(gate-keeping)을 사용하였다.

2. 개방 입학 제도와 교육의 기회 균등 요구 결과로 더 많은 소수민족 학생들이 고등학교에 입학하게 되었다. 소수 민족 학생들은 결국 심사를 통해 선발된 학생들이었다.

3. 몇몇 고등교육 기관에서 소수 민족의 탈락 비율이 높아지고, 미국 전역에서 2년제 단과 대학이 불어나자 이에 대한 관심으로 위험이 높은 시험에서 학생

들을 위한 구제/기초 쓰기 수업에 초점을 모으게 되었다. 많은 학교에서 학생들이 성취도에 대한 쓰기 능력 검증을 하기 시작했고 필요한 '정규' 일학년 작문과정에 입학을 허용하기 전에 낮은 쓰기 능력을 지닌 학생들을 보충 학급에 배치하였다.

4. 보충을 위한 쓰기 학급과 신입생을 대상으로 하는 작문 교실 교사들은 쓰기 가르침에 대한 전통적인 접근법에 불만을 느끼게 되었고, 관례에 따른 접근법이 문화적으로 같은 선발 집단과 중산층을 위해 마련된 교육 제도에서 수용 가능하지만 이제는 생애 경험에서 차이가 잴 수 없이 큰 학생들에게는 근본적으로 알맞지 않다는 것을 인식하게 되었다. 고등교육 기관의 교사들은 쓰기 교육 내용(혹은 형식)으로서 순전히 설명적인 논술 쓰기와 문학 비평으로 초점을 옮겨 가기 시작했다.

5. 고등교육 기관은 권위적인 지식의 요새라기보다는 탐구를 위한 공개적인 토론의 장이 되는 쪽으로 옮겨 갔다.

6. 동시에 연구자들은 글말 능력 지표로 믿고 있는 전국적인 평가 점수에서 하향 추세가 있음을 발견하였다. 표준검사에서 학생들의 성적 하락은 1980년대에 걸쳐 눈에 띌 정도로 드러난 기량의 쇠퇴에 대한 인식을 뛰어넘을 정도로 대중들의 염려에 불을 지폈다.

7. 1960년대에 인간의 기술 연구에 대한 심리적이고 철학적인 근거가 이제는 인지심리학이라고 규정되는 방향으로 변화가 일어나기 시작하였다(가드너 Gardner 1985). 기저에 깔려 있는 가정은 (1) 마음의 내적 작용을 연구할 수 있으며, (2) 복잡한 기술들은 복잡한 처리에서 함께 작용하는 요소들의 상호 작용으로 이뤄지고, (3) 학습자들은 가설을 창의적으로 만들 수 있다는 것이다. 이들을 통해 언어 기술 특히 쓰기 능력과 읽기 능력에 대한 연구를 이론 연구가 가능한 타당한 영역으로 보게 되었다.

이런 흐름은 모두 교사, 연구자, 평가자들에게 쓰기의 본질과 글말 매체를 재평가하도록 이끌었다. 그리고 쓰기를 배우고 가르치는 방법을 재평가하도록 하였다. 이런 재평가의 수확은 많은데 여기서는 일반적으로 과정으로서 쓰기 움직임을 드러내는 것에 주로 초점을 모은다.

이론에 얽매이지 않는 개념으로서, 과정으로서 쓰기는 쓰기 가르침에 대한 인식과 학생들이 쓰기를 배우는 방식에 대한 일반적인 인식을 크게 바꾸었다. 이런 중요한 변화가 잘 반영된 것으로 교과서 시장에서 혁신을 예로 들 수 있다.[27)]

이전의 가르침에 대한 반발로서 과정으로서 쓰기에서는 다음으로부터 얽매이지 않는 가르침에 접근한다.

- 세 단락 또는 다섯 단락 모형
- 정보의 조직화나 순서화에 대한 단순한 가정
- 전형적인 원고 한 번 쓰기 과제
- 학생들이 혼자서 써야 하거나 가르침을 통해서나 총괄적인 되짚어 주기로 써야 한다는 가정
- 문법/활용 지침과 강의에 대한 의존
- 개요 짜기, 쓰기, 편집하기에 바탕을 둔 선조적인 작문 모형

그리고 쓰기를 위해 인위적이고 강제적인 주제에서 얽매이지 않는 가르침에 접근한다.

이런 이전의 가르침 대신에 과정 접근은 다음을 격려한다.

- 자기 발견과 창의적인(authorial) 목소리
- 글쓴이에게 중요한 (적어도 흥미가 있는) 주제에 대한 의미 있는 글쓰기
- 목표 중심의 활동, 맥락에 영향을 받는 활동으로서 쓰기 계획의 필요성
- 생각 생성하기와 미리 쓰기 과제, 원고들 사이의 되짚어 보기가 있는 여러 번의 원고 쓰기
- 동료든, 작은 모둠이든, 또는 교사로부터든 실제 독자로부터 간섭하기 혹은 정보가 담긴 평가를 통해서 다양한 되짚어 주기
- 글쓴이 자신의 단점을 극복할 수 있도록 쓰기 표현을 발전시키고 쓰기를 할 수 있는 수단으로서 자유롭게 쓰기와 일지 쓰기
- 최종의 문법이나 용법보다는 내용 정보나 개인적인 표현을 더 중요시하기

---

27) 대부분의 교과서가 5-10년 단위로 연구에서 혁신을 이끌기 때문에 더 강력한 변화들이 재빠르게 교과서 산업에 나타난다.

- 쓰기가 어떤 과정에 따른 순서가 아니라 여러 겹의 반복으로 이뤄진다는 생각, 그리고 과제는 필요하다면 언제나 다른 방식으로 반복될 수 있다는 생각
- 쓰기 과정에 대한 학생들의 자각과 독자, 목소리, 계획 등등의 개념에 대한 자각

과정 접근은 교사와 학생들에게 더 의미 있는 상호작용과 더 목적 지향적인 쓰기를 허용하는 긍정적인 혁신으로 종종 논의된다.

실제로 과정으로서 쓰기는 어떤 연구자들(이를테면 헤어스튼 Hairston 1982)이 쓰기이론과 가르침에서 (쿤 1970에서 설명하고 있듯이) 범주28)의 변혁이라고 주장할(따라서 별개의 이론적인 배경이 필요함) 정도로 인기가 있다. 이 운동이 그렇게 강력하게 전개되었고 그렇게 인기를 끈 것은 쓰기-과정이라는 관점이 언어에 대한 중요한 진실을 포착하고 있다는 사실의 검증에 있다. 새로운 진리라고 공언하는 교육에서 어떤 움직임과 마찬가지로 쓰기-과정 접근은 최근에 신중한 살핌의 대상이 되었고, 심각한 비판으로 이어졌는데, 그 대부분이 정당한 근거를 갖추고 있다.

1980년대에 이르러 이 새로운 주장에 대한 비판이 처음으로 나타나기 시작하였고 쓰기-과정 주장의 많은 부분에 심각하게 의문을 제기하였거나 제약을 두었다. 대부분의 비판에서 핵심은 쓰기-과정 접근이 강력한 이론적 근거가 없는 교육 개념이라는 것이고 그 근거는 쓰기를 크게 바꾸려는 시도로 주장되었다는 것이다(헤어스톤 1992, 노쓰 North 1972). 되돌아 보건대, 쓰기-과정 접근이 다른 대부분의 새로운 관점과 마찬가지로 잘 전개되어 나가고 있는 것은 분명하다. 중요한 통찰을 제공하긴 하였지만, 더 많은 것을 제공해야 한다고 주장한다(애플비 1994). 지난 30여 년 동안의 움직임에서 이뤄진 중요한 발전을 검토함으로써 과정으로서 쓰기에 대한 이해는 잘 될 것이다. 이런 방식을 통해서 정도에 지나친 것은 참된 강점과 통찰로부터 분리될 수 있을 것이다.

---

28) (뒤친이) 쿤의 용어 Paradigm을 모범사례로 뒤치기도 하고, 보는틀로 뒤치기도 한다.

쓰기-과정 접근의 역사는 1960년대부터 지금까지 대략 네 단계로 나눠질 수 있다. 1980년대 중반에 처음 제안되었는데(페이글리 1986), 이 관점은 효과적인 분석 틀로 남아 있다. 각 단계에서는 새로운 통찰을 제공하고 이전 단계에서 밝혀진 어려움에 응답하였다. 이런 단계들은 다음과 같이 얼개를 잡을 수 있다.

1. 표현론적 단계
2. 인지 단계
3. 사회학적 단계
4. 담화 공동체 단계

이런 단계들이 모든 실천가들의 일반적이고 역사적인 흐름의 변화를 나타내지 않는다는 것을 알아차리는 것이 중요하다. 사실은 많은 연구자들과 교사들이 여전히 쓰기 가르침에서 표현론적 접근을 좋아한다. 예를 들면 다른 사람들은 가르침에서 사회적-맥락 인자들을 심각하게 고려하지 않고 인지적 접근을 더 좋아하기도 한다.29)

4.2 쓰기 과정에 대한 표현론적 접근

쓰기 과정에 대한 표현론적 단계는 최근에 1960년대에까지 소급될 수 있는데 논의는 엘보우(Elbow 1973, 1981), 매크로리(Macrorie 1970, 1980), 머레이 (Murray 1968, 1980, 1985)와 다른 사람들에 의해 시작되었고 글쓴이가 자신의 실제적인 목소리를 찾아야 하며 자신을 자유롭게 표현할 수 있어야 한다고 강조하였다. 낭만적인 목표이기는 한데 그 목표는 버얼린(Berlin 1987)과 페이글리

---

29) 이 장에서는 현재의, 과정으로서 쓰기 이론과 실천 사례뿐만 아니라 다루고 있는 관점에 대한 선행 사실들의 검토를 위해 네 개의 유용한 정보 자료들을 끌어들였다. 버얼린(1987), 페이글리 (1986), 힐록스(1987), 노쓰(1987).

(1986)가 지적하듯이 새롭고 자발적이며 진정성을 지닌 글을 산출하는 것이다. 글쓴이들은 그들이 진정으로 창조적이라고 생각하는 것을 말해야 하고 그것에 운명을 걸어야 한다. 글쓴이는 자신이 하늘로부터 받은 소리가 나올 수 있도록 해야 한다.

노쓰(1987)는 좋은 글과 쓰기 가르침의 본질에 대한 화용론적 통찰에 의해 쓰기 실천가들이 안내를 받을 수 있는 것으로 이런 표현론적 입장을 두드러진 특징으로 언급하였다. 본질적으로 이들의 제안은 훌륭한 필자로서 자신들에게 무엇이 작용하고 있는가를 자세하게 알려주며 결과적으로 교실수업에서 다른 사람들을 위해 무엇을 해야 하는가를 자세히 늘어놓는 것에 맞먹는다. 노쓰가 주목하는 것처럼, 이론이든 실천이든 쓰기에 대한 이런 접근은 통찰력이 떨어지는 입장과 뛰어난 통찰을 보여주는 입장을 구별하거나 쓰기 가르침에 대한 화용론적 지침이 어떻게, 언제, 왜 다른 맥락과 교사들에게 전이될 것인가를 결정할 만한 주도적인 이론적 근거를 갖고 있지 않다. 교실 수업에서 *무엇*을 해야 하고 *어떻게* 해야 하는지를 제공하는 것에 맞서 이런 통찰이 *왜* 적절한지에 대해서는 비교적 주의를 기울이지 않았다.

엘보우는 그의 영향력 있는 책에서 생물학의 흔적을 추가하였다. 즉 쓰기는 신비로운 것이 아니라면 유기적 과정(organic process)으로 간주할 수 있는데 그 것은 창조적인 원천에서 흘러나온다는 것이다. 쓰기는 필자가 자신을 표현하는 수단인 것이다.

그러나 표현론적인 움직임의 낭만적 토대가 지니는 신비로움에도 불구하고, 이 시기에 마련된 실제적인 지식이 전통적인 접근으로부터 쓰기에 많은 변화를 주장하였다는 점을 주목해야 한다. 뒤에 나타나는 연구에서 과정으로서 쓰기에 대한 탐구가 이런 전문적인 실천가들에 의해 쓰기 가르침에 제시된 실제적인 조언에 그 뿌리를 두고 있다.

쓰기에 대한 그와 같은 접근에서 맞닥뜨린 중대한 문제는 필자가 필요로 하는 모든 지적 자원들을 이미 갖고 있으며 단지 표현을 위한 적절한 배출구를

찾으면 된다고 가정하는 것이다. 이 관점은 실제 세계에서 쓰기가 수행되는 사
회적 맥락과 쓰기 맥락을 근본적으로 무시한다. 아마도 더 중요한 것은 비록
다듬어진 정도에 차이가 있겠지만 쓰기 과정 동안 덜 자란 필자들과 전문 필자
들의 인지 과정이 같은 식으로 작용한다는 가정에 있다(버레인터와 스카다말리
아 1987, 모펫트 Moffett 1968). 그럼에도 불구하고 약한 방법론과 결합된 이와
같은 신낭만주의적인 표현론적 관점은 이론적으로 과정으로서 쓰기에 대한 더
과학적인 접근에 길을 열어놓았다.

4.3 쓰기 과정에 대한 인지적 접근

 1970년대 초반에 쓰기에 대한 경쟁력 있는 접근 즉 심리적인 배경을 지닌
접근이 인지 심리학 연구에서 나타났다. 자넷 에미그(Janet Emig 1971, 1983)의
사례 연구와 실시간 반응 분석을 위한 개척자적인 노력은 쓰기 조사연구에 획기
적인 발판을 놓았다. 그것은 쓰기 과정을 연구하고 표면적으로나마 필자들이
쓰는 동안에 실제로 무엇을 하고 있는지를 알아 볼 수 있는 더 과학적인 방법이
었다. 그녀는 사례 연구와 사고 내용 소리 내어 말하기, 쉼, 고쳐 쓰기에서 다시
읽기 역할의 연구, 필자들 사이에 퍼져 있는 고쳐 쓰기 유형과 고쳐 쓰기 정도에
대한 연구를 합리화하였다(페이글리 1986:532). 더 실제적인 수준에서 그녀의
연구는 쓰기를 일직선으로 이어지는 과정이 아니라 되풀이되는 과정으로 볼 수
있도록 하였으며 미리 설계하기와 계속 이어지는 과정에서 짜깁기의 중요성에
관심을 불러 일으켰으며, [연구] 자료의 원천으로서 필자들이 보여 주는 실수의
중요성에 관심을 모았다(이에 대한 비판은 노쓰 1987). 그것만으로도 그녀는 임
상 조사연구로 분류될 수 있는 연구에서 선구자가 되었으며(노쓰 1987) 특히
펄(Perl 1979), 셀프(1981, 1984), 좀머(1980)와 다른 연구자들의 사례 연구와 글
쓴이들의 실수에 대한 샤우그너시(Shaughnessy 1977)의 연구에 선구자가 되었

4. 쓰기 과정에 대한 접근 | 129

다. 동시에 초등학생과 중등학생의 작문에 대한 새로운 관심이 칼킨스(1986), 그레이브스(1983, 1984)와 다른 연구자들에 의해 주도되었는데 사례 연구를 사용하는 연구의 길을 텄을 뿐만 아니라 더 일반적으로 개인관찰 조사 방법의 길을 열었다. 사례 연구를 사용한 에미그와 다른 연구자들로부터 이론적인 진퇴양난의 문제가 나타났다. 에미그가 제공하지 않았던 것은 그녀가 발전시킨 조사 연구 갈래를 위한 이론적인 기초였다(힐록스 1986, 노쓰 1987). 이런 이론적 틈을 메우기 위해 쓰기 연구자들은 인지 발달/피아제의 이론, 독자 자각 이론, 실제 쓰기 상황으로 고개를 돌렸다.

　연구자들은 쓰기를 자아 중심적인 쓰기, 글쓴이 중심의 쓰기에서 독자와 덩잇글 중심의 쓰기로 발전하는 것으로 보기 시작하였다(칼킨스 1983, 그레이브스 1984, 크롤 1981, 모페트 1968). 쓰기가 지나칠 정도로 복잡하다고 가정한다면 그리고 문헌에서 나타난 수많은 발견 사실들을 고려한다면 어떤 시도에서든 일관된 모형을 제공하여야 한다는 것이 분명하다. 그 얼개는 보고된 자료를 설명하고, 서로 부딪히는 발견사실들과 해석을 설명하여야 한다는 것이다. 목표는 다양한 학문으로부터 나온 관점을 사용하여 많은 갈래의 연구로부터 나온 발견 사실들, 많은 갈래의 증거들을 끌어 모으는 것이다. 이 시기 동안 1980년대를 대표하는 두 팀 즉 (1977년부터 이어져 온) 플라워와 헤이즈, 버레잇터와 스카다말리아(1987)가 쓰기 과정과 쓰기 과정의 인지 발달 모형에 대한 실험적인 연구 결과를 출판하기 시작하였다.

　1970년대 후반에 시작된 플라워와 헤이즈[30](1977, 1980a, 1980b, 1981a, 1981b, 1984)의 연구는 종합적인 연구를 제공하려는 쓰기 과정의 인지 모형을 발전시켰고 이 모형은 지난 15년 동안 작문 연구를 주도하였다. 과정으로서 작문 흐름에 막대한 영향을 미친 플라워와 헤이즈는 다음과 같이 주장하였다.

---

30) (뒤친이) 플라워의 책 가운데 *Problem-Solving Strategies for Writing*(1993)이 원진숙·황정연 뒤침 (1998), 《글쓰기의 문제해결 전략》, 동문선에서 출간되었다.

- 작문 과정은 상호작용적이며, 뒤섞여 있으며, 동시 발생적일 수 있다.
- 작문은 목표 중심 활동이다.
- 전문적인 필자들은 초보적인 필자와는 다르게 글을 쓴다.

이 세 개의 가정들은 쓰기 과정에 대한 이론의 기본적인 전제이다. 플라워와 헤이즈가 제안한 연구 방법은 허버트 시몬과 동료들(에릭슨과 사이먼 Ericsson and Simon 1984, 뉴월과 사이먼 Newell and Simon 1972)의 실시간 반응으로부터 적합성을 부여받은 실시간 반응 분석에 바탕을 두었다. 이 방법은 목표 중심의 행위를 살피는 인지 심리학에서 중요한 접근 방법이었다. 학생들이 쓰는 동안에 소리내어 이야기한 실시간 반응과 전사본, 비디오 테입을 모으고 살피면서 플라워와 헤이즈는 작문에 대한 자신들의 관점을 뒷받침할 자료들을 제시하였다(조사 연구에서 실시간 반응 분석에 대한 논의와 설명은 헤이즈와 플라워 1983, 로어와 애셔 Lauer and Asher 1988, 스마고린스키 1994 참조). 그들은 이른 시기 노력으로부터 결국 작문 과정 모형을 발전시켰고(헤이즈와 플라워 1981a), 그 과정 모형은 실시간 반응 연구에 바탕을 두었는데 사이몬과 다른 사람이 문제 해결 과정을 설명하기 위해 만든 인공지능(AI) 처리 모형과 매우 비슷하였다.

그림 4.1은 가장 널리 볼 수 있는 그들의 모형을 보여 준다. 그 모형은 글쓴이의 작문 과정을 세 개의 주요 부서로 나누었다. *작문 처리기, 과제 환경, 글쓴이의 장기 기억*이 그것이다. 작문 처리기 안에는 글말 덩잇글을 생성하는 세 개의 작동 과정이 있다. *계획하기, 옮기기, 검토하기*이고 이들 세 개의 작동 과정은 '*조정기*'라고 부르는 실행 통제 장치에 의해 운영된다. 마지막으로 설계 처리에 서는 *생각 생성하기, 정보 조직화, 목표 설정하기*라는 세 개의 하위 부서가 있다. 덩잇글의 실제 산출에서 마련되고 있는 생각들은 종이 위에 언어로 옮겨진다. 그 다음에 그것을 다시 살피고 고친다. 쓰기에 대한 이 모형은 1970년대 후반에 처음 제안되고 난 뒤 근본적으로 바뀌지 않은 채 남아 있다(플라워 1994 참조).

쓰기 과정에 대한 이 모형은 많은 흥미를 불러일으켰고 실시간 반응 분석을 사용하는 연구를 하도록 하였다. 여러 차원에서 비판도 불러일으켰다. 몇몇 연구자들은 글쓴이들이 과정 선호도와 인지 능력의 측면에서 한결 같지 않음을 주목하였다. 오히려 쓰기는 다수의 처리 모형 선택 내용과 관련이 있고 서로 다른 필자들은 다른 처리 전략을 채택하면서 과제에 접근할 것이다.

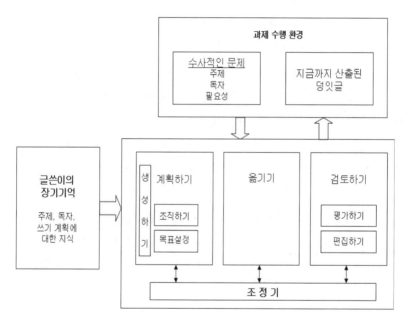

〈그림4.1〉 플라워와 헤이지의 쓰기 과정 모형

이들의 영향력 있는 모형에 대한 또 다른 비판은 모형 그 자체의 정교화에 초점을 모았다. 노쓰(1987)는 플라워와 헤이즈가 제안한 모형은 형식적인 모형 수립을 위한 기준을 만족시키기에는 너무나 분명하지 않다고 주장한다. 구체적으로 그는 모형으로부터 사람들의 실제 쓰기로 나아가는 실천을 거의 설명하지 않았다고 주장한다. 예컨대 덩잇글 자료들이 어떻게 구성되며 어떤 언어 제약이 이 구성에 부과되는지 아무런 구체적인 설명이 없다는 것이다(이 책의 3장 참조).

플라워와 헤이즈 모형에 대한 마지막 비판은 방법론에 있는데 이것은 그들 이론의 핵심 부분이다. 근본적으로 플라워와 헤이즈가 주장하는 정도로 쓰기 과정의 연구를 위해 실시간 반응 분석이 타당하지 않을 수 있다고 주장한다(도 브린 Dobrin 1986, 스마고린스키 1994 참조). 더 적절한 관점은 실시간 반응 분석이 필자들이 하는 것에 대해 중요한 어떤 것을 드러낼 수 있지만 쓰기 과정의 이론을 위한 증거의 중요 원천이 될 수 없다는 것이다. 이 문제를 대상으로 하는 균형 잡힌 논의는 버레잇터와 스카다말리아(1987:42-4, 195-6)인데 이들은 어떤 원천으로부터 나온 자료이든 설득력이 있으려면 통제되어야 하고 믿을 수 있어 야 하며 다른 실험 원천으로부터 나온 발견 사실에 수렴되어야 한다는 것을 지적한다(스카다말리아와 버레잇터 1986:724).

플라워와 헤이즈가 발전시킨 쓰기 과정 모형에 대해 많은 비판이 있음에도 불구하고 이들의 연구거리로부터 나온 중요한 발견 사실은 인정을 해야 한다.

1. 공개적인 토론을 위해 새로운 범위의 논제를 제기하였다.
2. 새로운 차원으로 쓰기에서 되풀이함(recursion)에 대한 이해를 보여주었고 당 시에 논쟁거리가 아니었던 관점을 제공하여 주었다. 근본적으로 병렬적인 과 정들 사이의 상호작용이라는 개념을 쓰기에 부여하였는데 이는 최근의 읽기 조사연구 발전에 반영되어 있다(그레이브 1988a, 스타노비치 1980, 1986, 1992).
3. 그들은 쓰기 과정 모형을 만들고자 하였고 따라서 더 명시적인 주장, (실시간 반응 분석에 의해서가 아닐지라도) 더 명시적이고 검증 가능한 가설들, 더 신 중하게 자리매김된 연구 방법으로 쓰기 연구의 길을 열어 놓았다.

플라워와 헤이즈의 방법을 따르면서 조사연구의 발견사실들을 더 일관된 모형 으로 종합하려는 시도들은 비록 모든 시도들이 같은 종류의 종합을 하려는 것은 아니지만 그들의 혜택을 입었다. 1983년에 선보인 쿠퍼와 마추하시의 모형은 전문적인 덩잇글 산출을 위해 필요한 과정을 추론하기 위해 덩잇글 산출에 관련되는 연구로부터 포괄적으로 끌어 모았다. 그들의 모형은 다소 비격식적이고 이상적인 쓰기 과정에 대한 기술을 보여 준다. 필자들의 작문에 대한 관찰 연구로 이뤄진 것이라기보다는 수사학과 텍스트 언어학에서 나온 조사연구와 발견 사실에 매우 의존하고 있는 모형이다.

세 번째 과정 모형은 많은 정보들을 끌어 모으며 보그란데(1982, 1984)에서 고안한 모형이다. 그는 쓰기 과정 모형에서 포함되어야 하는 자질들에 대한 기술적인 설명을 제안한다. 그의 분석은 인지 심리학에서 나온 조사연구에 주로 의존하고 있는데 특히 기억, 주의집중, 읽기에 대한 조사연구에 기대고 있다. 그의 모형은 플라워와 헤이즈가 그러한 것처럼 전문 필자가 하는 것이 무엇인가에 대하여 일관되고 전체적인 논의를 제공하는데 어린 학생과 빈약한 필자들의 행위들을 보충하여 끼워 넣었다. 보그란데의 모형이 상당히 자세할 뿐만 아니라 인지 심리학의 연구로 뒷받침되고 있지만 여전히 그 본질상 기술적인 전체 모형일 뿐이다. 잘못을 입증할 만한 구체적인 예측을 하는 조작적인 모형(=검증가능한)이 아닌 것이다.

작문에 관련된 다양한 모형들 모두 한계를 지닌 듯하지만 쓰기 조사연구에 대한 논의를 진전시켰으며 더 세련된 분석으로 이어졌다(플라워와 헤이즈에 의한 최근의 연구는 5장을 참조). 작문 과정에 대한 모형 구성의 점진적인 발전으로 버레인터와 스카다말리아(1987)에 의해 제안된 더 강력한 현재의 모형으로 이어졌다. 그들의 이론은 필자들이 쓰기를 하는 동안 무엇을 하는가, 왜 필자들이 서로 다른 방식으로 다르게 쓰는가에 대한 이해에서 중요한 발전을 보여준다. 이들은 서로 다른 많은 연구 관점과 어떤 일관된 설명에서 증거 원천들을 설명하는 명시적인 이론을 제공해 준다. 그들의 이론은 어린이와 초보자, 빈약한 필자, 전문적인 필자들이 무엇을 하는가를 설명해 준다. 그리고 사람마다 쓰기가 다른 이유에 대한 분명한 예측도 할 수 있게 한다. 그 예측은 확실하게 되거나 거부될 수 있다. 이런 의미에서 그들의 모형은 기술적일 뿐만 아니라 실험 증거들을 쉽게 검증할 수 있는 정도에서 설명적이기도 하다.

4.4 쓰기 과정에 대한 사회적 맥락 접근

1980년대 초반에 쓰기에 사회적인 관점이 여러 다른 원천으로부터 발전하였다. 여기에는 사회언어학, 핼리데이의 기능 언어학, 초등 교육 조사연구, 사회적 기반을 가진 수사학, 사회 과학이 있다. 글말 능력, 지식, 쓰기에 대한 이런 관점들은 교육 현상 그 자체에서 피아제 식의 발달 심리학이나 실시간 반응 분석에서 문제가 있다고 느끼는 쓰기 연구자들 사이에서 널리 받아들이는 독자들을 형성하였다. 이 새로운 연구자 집단은 교실 수업에서 적용 가능한 개념은 실제 세계에서 적용 가능하다고 보기보다는 오히려 과정으로서 쓰기 접근이 특정의 쓰기 목적을 규정하는 사회적 맥락을 벗어난다면 아무런 의미가 없다고 주장하였다(비고츠키 식의 관점). 쿠퍼(1989), 페이글리(1986), 위트(1992)에서 주장하듯이 본질적인 것은 쓰기가 개인 산출물로서가 아니라 사회적인 맥락이라는 관점에서만 잘 이해될 수 있다는 것이다.

쓰기 조사연구에서 이와 같은 일반적인 흐름은 최근의 일이지만 쓰기 과정에 대한 일관된 이론으로 잘 꾸려지지는 않았다(플라워 1994). 실제로 쓰기 과정에 대한 사회적인 관점 안에 서로 구별되는 관점들이 어느 정도 있다. 하나는 교육적인 민족지학 연구로부터 나온 관점(교육이 더 중심)이고, 두 번째는 사회 언어학으로부터 온 관점(더 사회언어학적임)이고, 세 번째는 담화 공동체로부터 나온 관점(더 이론적임)이다. 다른 관점으로 사회 과학으로부터 나온 관점이 있는데 쓰기 산출물을 사회적 맥락의 의미를 지닌 것으로 다룬다. 이 후자의 관점은 전문직업적인 맥락에서 쓰기를 다루는 6장에서 다룰 것이다.

4.4.1 교육 맥락에서 민족지학

교육에서 민족지학 연구는 특히 쓰기에서 연구는 지난 20년 동안 나타났다. 대체로 사회학에서 민족지학 방법론과 참여자 관찰 조사연구, 사회 언어학, 인류학에서 비롯된다(카즈덴 Cazden 1988, 히쓰 1983, 1986a, 스핀들러와 스핀들러 Spindler and Spindler 1987b). 이런 방법론적 지향을 가정하는 연구자들은 이론적 전제 조건을 피하며 관찰에 앞선 얼개를 부여하지 않은 채 실제로 일어난 것을 관찰한다. 공동체 구성원들이 연구자에게 친숙할 수 있도록 일정 기간에 걸쳐 관찰자는 공동체에 참여한다. 민족지학적 접근은 관찰된 실체를 뒤틀어 놓을지도 모르는 자기 충족적인 이론 모형에 치우치지 않으려고 노력하며 인위적으로 자료를 생성하거나 통제하려고 하기보다는 사회적 맥락에서 자연스럽게 나타나는 자료들을 모으려고 한다.

민족지학 관점에서 보면 쓰기는 말하기와 매우 비슷하게 자연적으로 발생하는 맥락 바깥에서는 그 목적을 잃어버린다. 사람들이 어떻게 그리고 왜 쓰는지 알려면 일상적이고 자연스러운 상황에서 어떻게 수행하는가를 보아야 한다. 어떻게 어린이들과 초보 필자들이 쓰기 기술을 향상시키는가를 알기 위해서는 간섭하지 않고 그들의 향상 과정을 관찰하여야 한다(그레이브스 1984, 노쓰 1987). 이런 관점의 중요성은 지나치게 크게 평가될 수 없다. 종종 이론이 설명할 수 있는 일정한 범위에 걸친 자료가 있기도 전에 이론 모형이 등장하기도 하였던 것이다.

민족지학은 교육 맥락과 글말능력 가르침에 적용되었다.

(1) 언어가 발생하는 사회적 맥락을 인식하고 연구한다.
(2) 서로 다른 언어 사용이 서로 다른 맥락에서 일어난다고 가정한다.
(3) 언어 사용 맥락에서 서로 다른 언어 사용을 해석하고 이어주려고 하는데 여기에는 공교육 체계에서 모든 학생들에게 부과한 완고한 요구사항도 포함된다(보그스 1985, 샤프와 갤리모어 1988).

교육 환경에서 민족지학 연구의 첫 번째 집단은 하루 중에 교실에서 일어나는 학생들의 쓰기 과제에 구체적으로 초점을 모은다. 칼킨스(1986), 그레이브스 (1983, 1984), 하스트(Harste 등 1984)와 같은 연구자들은 이런 연구 노선을 대표하는 사람들이다. 이런 연구들이 사례 연구, 과제 간섭 연구와 가깝기 때문에 이들은 민족지학 접근법의 주류와 구별되어야 하고 이 두 번째 집단은 4.3에서 논의로 제시하였다.

4.4.2 그레이브스와 그의 동료들의 쓰기 연구

그레이브스(1984)는 처음에 일곱 살배기 어린이의 쓰기에 대한 1973년도 박사 논문에서 행한, 교실수업에서 이뤄지는 쓰기에 대한 민족지학 방법에 따른 사례 연구를 발전시켰다. 그때 이후로 그와 그의 동료들은 유럽, 미국, 캐나다, 오스트레일리아에서 어린이의 쓰기에 대한 연구를 하였다. 학생들의 쓰기에 대해 일반적으로 일 년 이상 이어지는 관찰 연구거리에 바탕을 두고 학생들은 교실에 들어가는 그 순간에 쓸 수 있고, 쓰기를 원한다고 주장하였다. 이런 자연스러운 경향을 바꾸는 것은 학생들의 욕구를 활용할 만한 긍정적인 도움을 거의 주지 않는 교육체제이다. 오히려 대부분의 학교에서 쓸 시간을 매우 적게 주고, 학생들에게 쓰도록 북돋워주지 않는다. 교사들은 자신들의 입장으로 일반적으로 어떻게 쓰기를 가르칠지 알지 못하며 스스로 어떤 것도 쓰지 않는다. 교사들은 교실수업에서 모형에 따른 쓰기를 거의 하지 않으며 학생들과 산출물을 비평하고 되짚어 보기 위하여 필요한 공유를 거의 하지 않는다. 교육 재정 지원에서도 거의 최근에 이르기까지 쓰기 문제를 무시하였다. 그레이브스(1984)는 특히 초등학교 수준에서 읽기에 대한 조사연구와 대조적으로 쓰기 조사연구를 위한 재정 지원에 두드러진 불균형이 있다고 지적하였다.

마지막으로 학교에서 쓰기의 전통적인 활용도 대부분의 어린 학생들에게 부정적으로 관련되어 있다. 쓰기 과제는 학문적인 목적을 위해, 평가와 점검을 위해, 학습 활동을 위해 활용된다. 이들은 학생들에게 적합성이 떨어지는 인위적인 숙제일 뿐이다. 그리고 쓰기가 이뤄지고 나면 표면적인 특징들을 지나칠 정도로 바로 잡은 형태를 띤 채로 즉 교사들의 되짚어 주기로 되돌려 준다. 특히 미국의 초등학교 수업에서 이런 실망스러운 쓰기 모습으로 인해 칼킨스(1983, 1986), 그레이브스(1983, 1984)와 다른 사람들이 초등학교 쓰기에 참여적인 민족 지학 조사연구 접근을 발전시키게 되었다. 이런 조사연구에서 나온 결과로부터 연구자들은 가르침을 위한 몇 가지 지침을 제안하였다.

1. 쓰기는 발견의 과정이다. 그 전개 과정은 문제 해결 과정으로 나아간다.
2. 그림 그리기와 대화는 미리 써보기와 연습의 수단이다.
3. 학생들은 자신들이 말하고자 하는 것을 써내려 갈 수 없는 지점에서 자신들의 대화를 내면화하도록 배운다. 그들은 더 나은 연습하도록 배운다는 것이다.
4. 학생들은 자신들을 위한 쓰기에서 다른 사람을 위한 쓰기로 나아가도록 배운다.
5. 쓰기를 향상시키기 위해 설계하기, 미리 써보기, 연습 활동에 시간을 보낼 필요가 있음을 배운다.
6. 학생들은 능력이 낮더라도 특히 자신들의 쓰기에 대해 교사와 협의를 함으로써 스스로 진지하게 고쳐 쓰기를 할 수 있다는 것을 안다.
7. 학생들은 신들의 글에 대해 통제할 필요가 있음을 안다.
8. 학교 수업에서 학생들에게 동기를 부여하고 참여시키지 않기 때문에 교사들은 쓰기에 책임감을 갖고 참여하도록 할 필요가 있다. 학생들은 쓰기에 동기를 갖고 참여할 필요가 있으며 교사들 또한 수업에 쓰기를 해 보고 자신들의 쓰기를 학생들과 공유할 필요가 있다.
9. 교사들은 교실 수업을 통제할 필요가 있으며 자신의 실천과 관련하여 능동적인 교사/연구자가 될 필요가 있다.

이런 발견 사실들은 오스트레일리아에서 이른 시기의 쓰기 가르침에 강력한 영향을 미쳤다(월시 Walshe 1981a, 1981b). 뉴질랜드에서 클레이(Clay 1975)가 한 연구와 비슷하며 영국에서 '교육과정에 포괄적인 언어' 운동을 주도하였던 벌락 보고서(1975)[31]와 일치한다. 미국에서는 이런 발견 사실들뿐만 아니라 다른

---

31) (뒤친이) "삶을 위한 언어" 보고서인데 벌락 보고서로 잘 알려져 있다. 알란 벌락이 의장을 맡은 독립 협회에서 언어 가르침에 대한 정부 차원의 계획을 마련하도록 하였다. 최종 결론은 "모든 중학교에서 교육과정에 걸친 언어"를 위한 정책을 계발해야 한다는 것이었다. 이 보고서를

이른 시기의 글말능력 연구가 온나라에 걸쳐 국립 쓰기 연구소의 창립과 발전에 강한 영향을 미쳤다. 이 연구소는 쓰기 과정의 가르침을 장려하기 위한 목적을 지니고 있었다. 미국의 다른 지역 학교에 있는 교사들이 쓰기를 효과적으로 가르치기 위한 방법을 배우러 여름 연수회에 참가하였다. 돌아가서는 자신들의 학교에 있는 교사들에게 쓰기 가르침에 대한 연수회를 열어야 했다. 따라서 매년 더 많은 교사들이 쓰기에 관련을 맺게 되었으며 학급에서 더 많은 시간을 쓰기에 몰두하게 되었다.

다른 연구자들이 출판되는 책에서 점진적으로 나타나는 연구들을 살피는 시간을 갖기 때문에 여러 주장을 하고 있는 어떤 연구 접근법이 면밀한 조사를 받는다는 것은 피할 수 없다. 특히 버레잇터와 스카다말리아(1987), 힐록스(1986), 라우어와 애셔(1988), 노쓰(1987)는 그레이브스와 동료들의 연구를 어느 정도 비판하였다. 다음에 나오는 다섯 개의 비판은 민족지학 연구를 사용하는 특정 집단에 대한 일반적인 논쟁거리를 보여 준다.

1. 그레이브스의 연구는 아마도 민족지학으로 간주해서는 안 될 듯하다. 이런 관찰이 있었던 전체 교실수업 맥락에 대해 거의 기술하지 않았다. 오히려 이 연구들은 관찰 기간 동안 쓰기에 보내는 시간에 초점을 모으고 있다(히쓰 1983 참조). 이런 비판은 민족지학이라고 주장하지만 사실은 사례 연구 유형에 드는 많은 쓰기 조사 연구를 향한 일반적인 비판이기도 하다.

2. 모은 것과 같은 자연스러운 자료들은 더 큰 일반화를 하기에는 타당하지 않은 자료이다. 민족지학의 목표는 구체적인 언급을 하는 것이고 특정한 장소와 시간에 무엇이 일어나고 있는가에 대한 자세한 기술을 제공하는 것이며 특정의 학생들에게 일어난 것과 같은 정보를 제공하는 것이다. 그와 같은 방법론은 사례 연구에 걸친 '평균'을 허용하지 않는다(스핀들러와 스핀들러 1987a, 웰스 1986).

통해 영어가 무엇이며 어떻게 가르쳐야 하고 무엇을 포괄해야 하는지를 검토하였는데 이는 1989년 콕스 보고서(Cox Report)로 이어졌다.
Retrieved from "http://en.wikipedia.org/wiki/Bullock_Report_%28A_Language_for_Life%29"

3. 그레이브스와 다른 사람들은 두 차례 동시에 일어나는 관찰 대상이나 행위들 사이의 관계에 터하여 인과적인 진술을 어느 정도 하고 있다. 그들은 한 변수 에 다른 변수의 원인으로 제곱을 하였다. 그러나 그레이브스는 관찰 주체에 대한 어떤 체계적인 통제도 하지 않은 듯한데 이는 인과적인 진술을 하는 데 최소한으로 필요하다(힐록스 1986, 노쓰 1987).

4. 그레이브스와 그의 동료들은 출판된 저작에서 매우 최소한의 자료만을 제시 하였다. 그들의 주장을 검증하기 어려우며 자료로부터 이끌어내는 통찰의 깊 이를 평가하는 것이 불가능하다. 아마도 다른 연구자들은 다른 결론에 도달할 수 있는 자료들의 더 큰 부분에 맞닥뜨렸을 것이다(힐록스 1986).

5. 해당 조사연구 출판에서 조사자의 개입에 관련되는 논제가 어느 곳에서도 주 의를 기울이지 않았다. 그러나 분명히 조사자가 '자연스러운' 교실수업 환경 에 개입하는 것은 문제가 된다. 이를테면 그레이브스는 그의 이른 시기 연구 에서 쓰기를 준비하고 있는 듯한 학생의 바로 앞에 앉아 있었다. 그는 학생의 낱말을 베껴 적고 학생들의 행위를 등재하고 무엇을/왜 학생이 썼는지 물었다 (힐록스 1986, 로어와 애셔 1988, 노쓰 1987).

이런 비판들로 상처를 받을 정도로 그리고 실제로 심각한 의문을 제기하였지만 이른 시기 학생들의 쓰기 연구에서 개척자적인 노력을 한 이런 흐름의 연구를 과소평가하지 않는 것이 중요하다. 그리고 이런 연구들은 중요한 가설들을 만들 어냈다는 것을 과소평가하지 않는 것이 중요하다.

1. 다른 연구자들(이를테면 플라워와 헤이즈)에 의해 발전된 개념들을 확실하게 해 주었다.
2. 여전히 답을 기다린 채 남아 있는 새로운 조사 연구 질문을 만들어냈다.
3. 그 혜택의 정도가 보고되지 않았지만 미국의 초등학교 쓰기 가르침에 유익한 효과를 가져왔다.
4. 전체 언어 접근으로 알려진 더 일반적인 언어 표현 기술 접근을 보강하고 거 기에 영향을 미쳤다(굳맨 1986).
5. 미래에 더 발전된 조사연구로 이끌 수 있는 논의를 자극하였다.

힐록스(1986:60-1)는 신중하게 균형 잡힌 논평에서 그레이브스와 그의 동료들의
조사연구에 대하여 다음과 같이 말하였다.

> 작문에 대한 조사연구는 많은 중요한 생각을 발전시켰는데 그들 가운데 여전
> 히 가설로 남아 있어야 할 것도 있다. 그러나 그 가설은 앞으로 탐구와 검증을
> 받을 만한 가치가 있다. 그레이브와 칼킨스에 의해 발전된 생각들과 … 그리고
> 그 동료들은 매력적인 본보기들이다. 그들의 연구에서 우리는 학령의 첫 해에
> 어린이들이 고안된 철자를 활용하며 종이의 공간을 활용하는 방법을 배우며 교
> 사와 친구들과 공유하며 고쳐 쓰기에서 밖으로 드러난 행동을 내면화된 행동으
> 로 바꾸고 자기 중심적인 성향을 사회 중심적인 성향으로 바꾸면서 쓰기를 시작
> 한다는 것을 본다. 조사연구자들은 이런 생각들을 가능한 한 엄격하게 살펴야
> 한다. 관찰된 일들의 분석을 위한 규칙을 제공하고 여러 사례를 가로지르는 자료
> 들을 보여주고, 대안 설명을 설명할 수 있도록 통제를 하여야 한다.

상당한 분량의 지면이 그레이브스와 동료들의 연구를 검토하는 데 할애하였는
데 교사와 조사 연구자 모두에게 이 연구의 영향이 널리 퍼져 있기 때문이다.

4.4.3 쓰기의 민족지학에서 사회언어학적인 조사연구

두 번째 민족지학 노선의 연구는 쓰기 연구에 대한 '정상적인' 접근으로 기술
될 수 있다. 쓰기 과정에 대한 영향은 (a) 가정에서 글말 능력과 학교에서 기대되
는 글말 능력의 부합정도를 관찰하기 위한 연구, (b) 교사-학생, 학생-학생의
언어 사용을 관찰하기 위한 교실수업 상호작용의 부합 정도를 관찰하기 위한
사회 공동체에 대한 연구로 거슬러 올라갈 수 있다. 학교와 가정 사이의 부합
혹은 더 많은 경우는 비부합에 대한 핵심 연구들은 사회화 과정이 다른 집단의
학생들이 사용한 말투식(register)[32]에 미친 영향과 그리고 말투식 사용이 교육

---

32) (뒤친이) 국어학계에서는 화계라고도 하는데, 결국 집단이나 상황, 계층에 따른 관례화된 언어
　　표현을 가리키므로 말투식이라고 뒤친다.

적인 표현의 요구에 어떻게 부합하는가를 탐구한 번스타인의 사회학 연구로부터 시작한다(번스타인 1972a, 1972b, 1990). 1950년대와 1960년대 자신의 연구에 바탕을 두고 번스타인은 학교제도에서 실패하는 어린 학생들이 교육 제도에서 사용되고 요구되는 말투식을 사용할 수 없어서가 아니라 가정의 사회화 환경에서 이런 말투식을 사용하도록 격려를 받거나 기대되지 않았기 때문에 충분한 통제력을 갖지 못하였다고 주장한다(코우프와 캘런치스 1993, 프리보이와 웰치 Freeboy and Welch 1993, 라로 Lareau 1989, 웰스 1986, 1994). 그의 연구는 가족 공동체/문화와 공식적인 교육제도에서 요구 사이의 교육적인 불일치에 대한 민족지학 연구의 길을 열어 놓았다(또한 핼리데이 1978, 스탑스 Stubbs 1980, 웰스 1986 참조).

이런 흐름을 따르는 다른 연구는 다음의 연구들을 포함한다. 하와이의 어린이에 대한 연구인 보그스(1985), 교실 수업 담화의 변이형태를 연구한 카즈덴 (1988), 뒤늦은 글말 능력 발달에서 입말 담화 상호작용의 유형을 연구한 쿡-검퍼즈(1986), 다양한 맥락에서 가정 언어와 학교 언어 사용의 변이형태를 연구한 히쓰(1983, 1986a, 1986b, 1993, 히쓰와 만지올라 Heath and Mangiola 1991), 웜 스프링 인디언33)학생들의 가정 언어와 학교 언어의 변이형태를 연구한 필립스(1983), 아타바스칸 인디언 학생들의 가정 언어와 학교 언어의 변이형태를 연구한 스콜론과 스콜론(1981), 하와이와 나바호의 초등학교 학생들을 대상으로 글말 능력 발달에 비고츠기 식의 접근을 연구한 쌰프와 갈리모어(1988)가 있다.

이 모든 연구에 흐르는 일관된 원칙은 공식적인 교육 환경과 학교 바깥 공동체에서 학생들이 무엇을 하고, 어떻게 그리고 왜 하는지를 발견하는 것이다. 이런 논제들이 이해될 때에만 쓰기가 어떻게 다르게 향상되는지를 결정할 수 있고 어떻게 쓰기 과정이 일어나고 왜 그리고 언제 적절하게 일어나는지를 결정할 수 있다(히쓰 1983). 이런 조사연구의 토대에 근거하여 과정으로서 쓰기 접근

---

33) (뒤친이) 오레곤 주의 인디언

이 고려하여야 하는 것에 대해 즉 (i) 쓰기가 일어나는 맥락, (ii) 생태학적으로 타당성을 지니는 가능한 가르침 맥락, (iii) 더 효과적인 쓰기 가르침을 안내할 수 있은 힘을 지닌 맥락에 대해 제안을 할 수 있다.

아마도 이런 흐름의 연구에서 가장 영향력이 있는 것은 히쓰(1982, 1983, 1986b, 1993)의 연구이다. 그녀의 핵심 연구(1983)에서는 북부 캐롤라이나 주에서 서로 다른 공동체 출신 학생들의 세 집단에 대한 쓰기를 검토하였다. 이를 바탕으로 서로 다른 가정 환경에서 서로 다른 언어 사용에 대한 연구로 교육 제도에서 언어 표현이 매우 다른 방식으로 수용되고 사용되고 있으며 이것은 교육에서 성공과 실패에 체계적인 차이를 가져온다는 주장을 하게 된다.

가정 언어와 학교 언어 사용에 대한 이와 같은 불연속성은 다른 맥락에서도 연구되었다. 보그스(1985)에서는 하와이 어린이들 사이의 사회화를 연구하였는데 어린 학생들이 가정에서 한 묶음의 언어 관례를 배우고, 학교에서 매우 다르고 충돌하는 일련의 관례를 배우도록 사회화된다는 것을 발견하였다. 보그스와 그의 동료들이 한 연구에서 이른 시기에 나온 수확은 하와이의 사회화 사례에서 나타난 측면들을 통합하는 글말 학습의 발전이었다(오와 조던 1981, 오 등 1986). 필립스(1983)와 스콜론과 스콜론(1981)은 토박이 미국 공동체와 영국계 미국인 공동체 사이의 언어 사회화 관례에서 불일치를 탐구하였다. 가정과 학교 사이의 사회화 관례에서 큰 차이가 토박이 미국인 학생들의 높은 실패율에 결정적으로 기여하는 요인으로 간주되었다.

히쓰(1986b)는 캘리포니아에서 세 인종 집단(중국계 미국인, 맥시코계 미국인, 남동부 아시아계 미국인)에 대한 연구에서 학교에서 기대되는 글말 관례와 가정에서 사회화 관례를 비교하였다. 중국계 미국 학생들이 학교에서 더 성공적이었는데 부분적으로 중국계 미국 어린 학생들에 대한 가정에서 사회화 관례가 미국 교육 제도에서 학교 글말 관례에 더 가까웠기 때문이며 부분적으로 중국계 미국 어린 학생들이 가정 밖의 공동체에서 공적인 언어에 더 많이 접촉하기 때문이었다. 웰스(1986)는 (영국) 브리스톨에서 열 살배기 어린이들을 연구하였는데 가정과 학교에서 입말과 글말의 사용에 대하여 다양한 집단의 학생들을 비교하였다. 그는 언어 사용에서 학부모에 의한 사회화 관례가 이른 시기의 성공에 영향을 미친다는 것을 발견하였다(크리스티 1992, 핫산 1989, 라로 1989, 웰스 1994도 참조).

학교-가정에서 글말 관례의 비교는 또한 쓰기 과정 가르침의 원천이 되었는데 학생들에게 능동적인 민족지학 방법론자가 되도록 요구하였다(히쓰 1985, 히쓰와 브랜스콤브 Heath and Branscombe 1985, 히쓰와 만지올라 1991). 학생들은 교사와 외부 조사자와 협력하는 실질적인 현장 연구자가 되어 자료를 모으고 자신들의 결과를 조사연구자가 활용하도록 써내려 가고 응답하고 질문하였다. 그렇게 진행되는 활동의 결과는 학생들이

- 언어 사용을 관찰하고
- 자신의 '조사연구' 발견 사실에 대하여 이야기하기 위하여 상위 언어적인 자각을 하며
- 그들이 관찰한 것에 대하여 자신들의 생각을 표현하기 위한 새로운 방법을 계발하고
- 실제 독자들에게 실제적인 목적과 감사의 목적으로 글을 보내었다.

학생들의 경우 그 경험이 과정으로서 목적을 지닌 쓰기를 배우는 학습 활동이 되었다.

연구에서 발전되고 있는 분야는 학교에서 입말 사용 관례가 어린 학생들의 글말 능력 발달에 잴 수 없는 영향을 미친다는 것을 보여주고 있다(블룸과 그린 1992). 학생이 어떻게 교사와 다른 학생들과 말로 상호작용하는가 하는 것은 교사에 의해 학생이 어떻게 평가를 받는가를 결정할 정도로 중요하며 학생이 어떻게 읽기와 쓰기를 배울 것인가를 결정할 정도로 중요하다.

4.4.4 핼리데이의 글말에 대한 사회 기호학적 접근

M.A.K. 핼리데이는 몇몇 연구자들이나 교사들이 인식하는 것보다 쓰기 가르침에서 현재 나타나고 있는 변화에 더 많은 영향을 미치고 있을 것이다. 언어에 대한 그의 언어-사회학적 접근(핼리데이 1978:38-9)은 전체 언어 가르침 이론에 이론적이고 언어학적 기초를 제공했을 정도로 그의 언어와 쓰기 발달에 대한 관점은 미국, 오스트레일리아, 뉴질랜드, 영국의 교육제도에 스며들어 있다. 지난 이십여 년 동안 핼리데이(1973, 1978, 1985, 1993b)는 언어의 기능적 사용을 강조하며 언어학에 사회적인 맥락에 따른 접근 방법을 발전시켰다. 1970년대 초반에 그의 전반적인 언어 이론을 통합하는 것으로써 이른 시기의 글말 능력 향상 조사연구에 가장 영향력 있는 언어 발달 이론을 분명히 드러냈다. 특히 언어가 주로 기능적인 목적에 이바지하도록 사용되며 언어 발달 양식은 의미 있는 의사소통을 표현하고자 하는 어린이의 욕구에 달려 있다는 그의 생각은 미국에서 전체 언어 철학의 중요한 원천이 되었다(에델스키 등 1991, 굳맨 1986[34], 재거와 스미드-버크 Jagger and Smith-Burke 1985).

핼리데이는 모든 언어 사용이 사회-기능적인 목적에 이바지한다고 제안한다. 어린이들은 자신들이 필요로 하는 활동의 목적에 언어가 이바지하는 것을 인식함으로써 언어를 배운다. 핼리데이(1978:57)를 인용하면 다음과 같다.

> ... 읽기와 쓰기를 배우는 것은 무엇인가? 근본적으로 그것은 언어의 잠재적 기능의 확대이다. 읽기와 쓰기를 배우지 않는 어린이들은 대체로 이해를 하지 못하는 어린이들이다. 그런 매체들이 제공하는 기능 확대를 분명하게 깨닫지 않거나 혹은 언어의 쓰임에 대하여 기대에 스스로 들어맞게 하지 못하는 어린이들이다. 따라서 만약 쓰기 체계에 고유한 것으로 교사가 알고 있는 의미 유형으로 안내를 받지 않는다면 쓰기와 읽기의 학습은 맥락에서 벗어날 것이다. 왜냐 하면 인간의 역사에서와 마찬가지로 근본적으로 읽기와 쓰기는 언어 기능의 확대이기

---

34) (뒤친이) 이 책은 이희자 편역(1993), 全體言語에서 全體란 무엇인가, 한국문화사에서 출간되었다.

때문이다. 이것이 어린이들이 똑같이 잘할 수 있도록 해 주어야 하는 이유이다.

입말의 기능 확장으로 쓰기를 보는 이런 생각 즉 어린이가 그 사용을 위한 목적으로 바라 볼 때 통달할 수 있다는 생각은 전체 언어 가르침 철학의 기본이다. 다른 곳에서 핼리데이는 이런 관점을 교육 상황과 관련하여 설명하였다.

> [교육은] 어린이가 언어로 무엇을 할 수 있다는 것에서 출발하는데 이는 이들이 학교에 올 때가 되면 이미 상당할 정도로 한 것이다. 아직껏 할 수 없는 것으로부터 언어 사용을 위해 배울 뿐만 아니라 학교와 삶에서 성공하기 위해 언어를 사용하도록 배울 필요가 있을 것이다. ... 무엇보다도 말하기와 듣기를 배우는 힘이 그러한 것처럼 읽기와 쓰기를 위한 힘은 기능적이다. 우리는 말하기를 배우는데 다른 방식으로 가능하지 않은 일들을 하기를 원하기 때문이다. 그리고 우리는 같은 이유로 쓰기와 읽기를 배우는 것이다 (1978:205).

> [어떤 학생이] 글말과 수단으로서 쓰기를 필요로 하기 시작하는 그 기능은 무엇인가? 읽기와 쓰기 학습이 그에게 의미가 있고 언어가 무엇이며 무엇을 위한 것인가에 대한 경험과 일치시키고 그런 경험을 넓히는 수단으로 그것을 바라볼 수 있도록 하는 것일까? 혹은 자기 자신의 언어 사용과 아무런 관련이 없는 무의미한 연습을 하도록 하는 것일까? (1978:213)

> 아마도 핵심적인 질문은 이럴 것이다. 학교가 학생이 사회화되어야 하는 (우리가 보아 온 것처럼 이것이 다른 사람들보다 몇몇 학생들에게는 더 큰 요구조건이 되기도 한다) 새로운 문화인 정도만큼 학교 일상에서 실제 언어 사용 유형이 사회화 과제에 적절한가? 만약 그렇지 않다면 이런 상황을 고치기 위해 무엇을 할 수 있는가? (1978:215)

앞에 있는 세 가지 질문은 전체 언어 운동을 마련한 사람들이 도전거리로 받아들인 것들이다. 이 운동에서는 핼리데이의 기능 언어학을 이론적 근거로 언급한다. 전체 언어 운동의 주도자들 이를테면 에델스키 등(1991), K. 굳맨(1986), Y

굳맨(1985)은 핼리데이가 제기한 교육제도의 문제를 글말 학습의 핵심으로 받아들인다. 그들의 관점에서 '학교 일상에서 실제 언어 사용 유형'은 사회화 과제에 적절하지 않다. 어린이들은 읽기와 쓰기 배우기가 어렵다는 것을 발견한다. 왜냐 하면 학교 제도가 그것을 어렵게 하기 때문이다. K. 굳맨(1986:20)은 다음과 같이 지적한다.

> 학교 제도는 종종 언어를 의미 있는 기능 사용으로부터 갈라낸다. 그 다음에 그들은 언어를 비언어로 바꿔 버린다. 언어 사용의 사회적 맥락에서만 학습자에게 가능한 의미를 지니고 오직 그런 맥락에서만 언어이고 배우기 쉽다.

학교 환경의 실체에 대한 다양한 학자들의 이런 반응은 어린이들이 의미를 나타내는 방법을 배움으로써 언어를 알고, 읽기와 쓰기가 의미 있는 (혹은 전체) 활동일 때 더 성공적으로 읽기와 쓰기를 배운다는 것을 되풀이해서 주장한다.
　배움에 대한 생각에서 가장 중요한 것은 모든 언어 기술들이 하나의 기예 이를테면 읽기가 다른 언어 기술과 따로 떨어져 배우도록 고립된 상태에서 배우는 것보다 의미 있는 의사소통이 되도록 함께 연습되어야 한다는 것이다(잉라이트와 맥클로스키 Enright and McCloskey 1988 참조). 굳맨(1986:30)은 다음과 같이 지적한다.

> 말하기, 듣기, 쓰기, 읽기는 모두 세상의 사물, 사건, 생각, 경험의 탐구 맥락에서 모두 일어난다. 내용 교과과정은 어린이들이 갖고 있는 학교 바깥의 관심사와 경험을 끌어들인다. 따라서 모든 범위의 입말 기능과 글말 기능을 통합한다. 학습자들의 언어와 지식에 있는 곳에서 시작하는 것이 폭넓고 풍부한 교육과정이다. 그리고 그곳에서부터 외부 세계가 만들어진다. ... 통합은 전체 언어 교육과정에서 핵심적인 동기이다.

어린 학생들의 쓰기 발달에 관심을 가진 다른 연구자들은 *전체 언어* 관점의 관찰에 따른 주장을 확신하는 경향이 있다. 1970년대와 같은 이른 시기에 촘스키는 학생들에 의한 쓰기 학습은 학생들의 언어 표현 기술 발달이 잘 이뤄지기 전까지 기다려서는 안 된다고 주장하였다(클레이 Clay 1975, 페이텔슨 Feitelson 1988, 가스킨스 Gaskins 1994, S. 스탈 Stahl 1994도 참조). 오히려 이른 시기의 쓰기 과정을 통한 언어 탐색과 고안된 철자법의 창의성이 뒤에 나타나는 읽기와 쓰기 발달에 유익한 영향을 미친다(아담스 1989 참조). 그의 개척자적인 연구 이후 다른 학자들은 그런 주장을 뒷받침하는 증거를 찾아내었다. 그레이브스와 그의 동료들의 발견 사실에 더하여 비섹스(Bissex 1980), 클레이(1975), 허들슨 (1984, 1989a)은 모두 이른 시기의 쓰기 발달에 대한 조사연구 전망들을 뒷받침하는 중요한 증거들을 제공하였다.

이른 시기의 글말 능력 향상에 대한 전체 언어 접근이 강한 논리적 호소력이 있었지만 전체 언어 접근을 뒷받침하는 증거들이 관찰, 사례 연구, 교사의 증명 형태를 띠고 있다는 점을 인식해야 한다. 실제로는 이 접근이 다른 가르침 접근보다 우위에 있음을 입증하는 실험적인 연구가 거의 없었다는 것이다(가스킨스 1994, 맥케나 등 McKenna 1993, 1994, S. 스탈 1994, 스탈과 밀러 Stahl and Miller 1989).

4.4.5 중등학교 이후 쓰기와 담화 공동체

등급화된 학교 환경에서 민족지학 연구의 폭넓은 호소력을 가정할 때 그리고 초등학교 언어 표현 기술에서 일어난 상당한 변화를 고려할 때 중등학교 이후 수준에서 쓰기에 대한 민족지학 연구가 거의 일어나지 않았다는 것은 다소 놀랍다. 대신에 고등학교 수준에서 논의는 표준적인 조사연구들이 왜 쓰기 가르침에 전이되지 않는지, 왜 학생들이 그들이 쓰기 수업에서 배운 것을 다른 학급이나 일터에서 전이시키지 않은 것처럼 보이는지에 대한 근거로 초점의 폭을 넓혔다.

1980년대에 쿠퍼(Cooper 1986), 밀러(1984), 레이더(Reither 1985)는 모두 쓰기

를 사회-수사적 상황에서 일어나는 것으로 보는 관점을 옹호하였다. 사회적인 맥락에서 글이 산출되고 읽히고 해석된다는 것을 인식하고 '쓰기는 사고'라는 전제에 이끌리는 모형이 쓰기 과정에 대한 불충분한 표상임을 논의하였다. 쓰기는 상호작용이 이뤄지는 세상으로부터 고립된 것으로 볼 수 없다는 것이다. 오히려, '쓰기는 사회적 활동이며, 사회 구조에 의존되어 있다...'(쿠퍼 1986:366) 다음과 같은 지적도 있다.

> 글쓴이가 쓰기를 하는 동안에 하는 것은 쓰기가 이뤄지는 사회적인 수사 상황
> 으로부터 그리고 글쓴이로 하여금 무엇을 하게 하고, 글쓴이들이 하는 것을 하도
> 록 하는 동기로부터 인위적으로 떼어낼 수 없다(레이더 1985:621).

쓰기 연구에 대한 이와 같은 관점은 버켄코터와 허킨(Berkenkotter and Huckin 1995), 플라워(1994), 프리드먼과 메드웨이(Freedman and Medway 1994), 위트(1992)에서 더 넓혀졌다.

화자와 매우 비슷하게 글쓴이들은 사회 구조로 자리매김되는 역할을 떠맡는다. 사회적으로 인정되는 관례와 기대치 안에서 쓰기를 함으로써 글쓴이들은 상황을 바꿀 수 있다(새로운 형태의 상호작용을 재구성할 수 있다). 따라서 쓰기는 생태 즉 유기체와 환경 사회의 상호작용 전체를 반영한다. 쿠퍼의 경우 쓰기의 생태학적 모형은 '사회적으로 구성된 체계의 다양성에 끊임없이 관여하는 활동'이다(1986:367).

이와 같은 생각들을 한 단계 더 발전시켜 지금 일반적으로 논의되고 있는 일련의 기본 논제에 열어 놓으면 이런 논의들은 쓰기에 대한 사회-인지적 접근, 독자, 갈래와 담화 공동체에 대한 논의로 집중된다. 인지적 관점과 사회적 관점의 점진적 병합이 다양한 모국어 쓰기 맥락에서 지난 10년 동안 논의되었다. 초등학교와 중학교 맥락에서 랭거(Langer 1987)(또한 데이비스 등 1994, 니덜스와 크냅 1994도 참조)에 의해 제기되었고, 더 최근에는 플라워(1994)가 고급 수

준의 글쓴이에 대한 사회인지적 쓰기 이론을 제안하였다. 이런 입장들에서 근본적인 논의는 쓰기에 대한 포괄적인 이론은 쓰기에 영향을 미치는 다양한 사회적 인자들을 인식할 필요가 있다는 것이다. 그러나 동시에 쓰기 그 자체는 글쓴이의 인지 활동을 통해 산출된다는 생각에 닿아 있어야 한다. 이런 식으로 이들 두 가지 중요 구성성분 즉 인지나 사회적 맥락 가운데 어느 하나를 무시하는 이론은 필연적으로 불충분하다(버켄코터와 허킨 1995, 프리드먼과 메드웨이 1994, 니스트랜드와 위트 Nystrand and Witte 1992).

지난 20년 동안 중요한 사회 인자로서 독자의 문제에 관심이 쏠렸다. 그 시작은 1970년대에 작문에 대한 수사적 영향력의 증가 때문이었다(에드와 런스포드 Ede and Lunsford 1984, 크롤 1984, 박 Park 1982). 많은 연구자들이 (쓰기의 사회적 맥락에서 앞에 놓이는) 독자를 자리매김하기 위해 활발하게 시도하였지만 그 개념은 뜻매김하기 어려운 채로 남아 있다(독자에 대한 논의는 8장 참조).

독자에 의해 자리매김되는 사회적 맥락에 대한 더 최근의 관점은 담화 공동체라는 개념의 출현이다(바제르만 Bazerman 1988, 스웨일즈 1990, 1993). 담화 공동체 개념은 다른 관점에 바탕을 둔 작가와 독자 사이에 인위적으로 조명되고 분리된 관계보다는 자연스러운 상호작용에 작가, 독자, 덩잇글, 사회적 맥락을 포함한다(래포스 1988).

중등학교 이후의 쓰기 가르침에서 이런 관점은 앞으로 고등 수준의 쓰기 가르침의 본질을 바꾸게 될 일련의 발전으로 이어졌다. 한 가지 논제는 학생들의 쓰기가 학업 환경에서 목적을 지닐 수 있도록 학생들을 '담화 공동체'에 끌어들이려는 움직임에 있다. 이와 관련된 또 다른 논제는 교과 과정에 걸친 학업에 대한 깨달음을 만들어내는 역할 넓히기에 있다. 쓰기는 따로 떼어내어 가르칠 수 있는 기술이 아니라 전체 교직원이 가르쳐야 하는 책무이다. 여전히 제기되는 다른 문제는 다른 학생과 다른 자료와 상호작용하는 수단으로서 쓰기를 가르치는 내용 중심 쓰기 과정의 계발에 관련되어 있다. 이런 접근은 전체 언어 접근 관점과 양립할 수 있는데 적어도 고등 교육 수준에 관련된다(바르솔로매와 피트로스키 1986, 브린튼 등 1989, 쉬이 Shih 1986).

담화 공동체라는 개념은 호소력이 있으며 쓰기 이론의 확장에서 쓸모가 있으려면 탐구되어야 한다. 학업 담화 공동체라는 개념의 기저에 있는 생각은 학생들이 가입하고자 하는 학업 담화 공동체에 스스로 입문할 필요가 있다는 것이다. 이런 경우 담화 공동체는 전문적인 관심사에 들어맞는 정보와 생각에 대하여 토론하고 쓰는 학자 공동체이다.

최근에 담화 공동체의 개념에 대하여 유보조건과 우려가 제기되고 있다. 자리매김에 관련되는 우려는 담화 공동체란 무엇인가 하는 것이다. 이 물음은 쿠퍼(1989)가 제기하였는데 답하기 쉽지 않다(니스트랜드(1990)에 의한 비판도 참조). 존 스웨일즈(1987)(스웨일즈 1990도 참조)의 학회 논문을 참조하면서 쿠퍼는 비록 배타적 견지에서 그 기준들이 비판을 받을 수 있지만 공적인 맥락에서는 그의 설명이 만족스러운 작업 규정을 제공한다고 주장한다(1989:212-6). 스웨일즈의 그 뒤에 나온 책인 《갈래 분석》(1990:23-7)에서 담화 공동체의 정체를 밝히기 위해 여섯 개의 기준을 개략적으로 제시한다.

1. 개인 구성원들의 사적인 목표는 서로 구별되더라도 담화 공동체는 공통의 공적인 목표를 공유한다. 집단의 공적인 목표에 대한 언급은 실제적인 기능에 이바지한다. '그것은 구성원들에게 각자의 방식으로 언급된 목표를 해석하도록 함으로써 일치라는 환상을 만들어낸다.'(쿠퍼 1989:212).
2. 담화 공동체는 토론과 논쟁을 위한 공개 토론장이다. 담화 공동체에서는 구성원들 사이에 상호작용이 일어나야 한다. 이런 상호작용 기제에는 모임, 편지 주고받기, 모임 소식지 등이 포함된다.
3. 담화 공동체는 다양한 참여 기제를 통해 되짚어 주기와 정보를 구성원들에게 제공할 것이다. 모임 소식지, 간행물, 모임의 중요한 기능은 구성원들의 관심사와 필요에 부합하는 유용한 자원으로 구성원들을 지원하는 것이다.
4. 상호작용을 하기 때문에 정기적으로 일어나는 상호작용을 통해 담화 공동체는 담화 기대치와 담화 갈래를 규범으로 발전시킬 것이다. 이런 갈래들은 공동체를 위한 규범이 될 것이고 당연히 유지될 것이다.

5. 담화 공동체는 자리매김된 갈래 기대치와 함께 구체적인 일련의 용어와 전문 화된 어휘를 발전시킨다. 공동체에 특수한 줄임말, 약어, 참고 문헌이 일반적 으로 사용되게 될 것이다.

6. 담화 공동체는 더 넓은 집단에 중요한 문제를 논의하고 전문적인 내용을 생성 하고 이런 정보를 규칙적으로 교환할 수 있도록 충분한 구성원을 갖추어야 한다.

새롭게 나타나는 비판적인 언어학 관점에서 나온 페어클럽(1992a, 1992b)[35]의 최근 연구도 담화 공동체의 모습을 규정하는 것과 관련하여 타당성을 지니고 있다.

쿠퍼에 의해 제기된 핵심적인 문제는 담화 공동체를 자리매김할 수 있는지 여부뿐만 아니라 학생들이 입문하여야 하는 구조인가 하는 것이다(비젤 Bizzell 1993도 참조). 쿠퍼는 다음과 같이 논의한다(1989:216-9).

> 지식, 권력, 성공은 공동체에서 자동으로 수습 과정에서 적절한 인지 능력이 나 사회적 능력의 부족을 보이기 전까지 개인으로 흘러가는 듯이 보인다. … 우 리는 쓰기 교실 수업을 기본적으로 자연스럽게 안정된 담화 공동체가 되기를 바란다. 우리의 관심사나 가치, 지위, 삶의 여정 등을 확인할 수 있는 그런 곳이 기를 바란다. 그러나 우리는 또한 우리 학생들, 우리의 모든 학생들이 유능한 필자가 되고 신참자로 담화 공동체에 끼어드는 것과 같은 기본적인 의미에서가 아니라 담화에 어떻게 끼어드는지를 배우기를 바란다. … 담화 공동체의 기본 개념이 쓰기 가르침을 이끌어 줄 것이라는 주장은 냉소적이며 이기적인 것으로 만 보일 수 있다. 우리 스스로 만든 공동체에 학생들이 참여하기를 원하거나 원 해야 한다고 하는 것은 결코 분명하지 않다. … 학생들이 우리가 공동체의 가치 로 알고 있는 것들을 받아들이고 있다고 주장한다면 서로 다른 세대, 서로 다른 인종, 서로 다른 민족, 서로 다른 성별, 서로 다른 경제 계층 출신의 모든 학생들 에게 학업 담화 안에서 힘을 발휘하지 못하게 할 것이다.

---

35) (뒤친이) 페어클럽의 책 가운데 국내에 출판된 것으로 《Media Discourse》(1995, Edward Arnold) (이원표 뒤침(2004), 《대중매체 담화 분석》, 한국문화사)가 있다.

쿠퍼는 담화 공동체를 자리매김할 뿐만 아니라 이론으로서 그리고 쓰기 가르침을 위해 있을 수 있는 개념상의 약점을 검토하고 있다(또한 페어클럽 1992a, 1992b도 참조).

처음부터 담화 공동체 관점은 이와 같은 염려를 하였다. 바르솔로매(1985)와 비젤(1986a, 1993)은 어떤 사람이 어떻게 담화 공동체에 입문하게 되는지, 그런 공동체에서 무엇을 받아들이기 시작하는 것인지에 의문을 제기하였다. 바르솔로매는 학업 공동체에서 수습 과정을 마치기가 쉽지 않다고 주장하였다. 비젤은 더 나아가서 학생들이 학업 담화 공동체의 일원이 되는 것이 바람직한가에 의문을 제기하였다. (위에서) 쿠퍼가 지적하였듯이 담화 공동체는 집단의 실제 의지를 넘어서는 것으로 보이는 정당성의 근거를 쉽게 가정할 수 있다. 공동체에서 권위 있는 인물의 정치적/ 주관적 결정에 의해서가 아니라 어떤 절대적인 지식에 의해 안내를 받는 것처럼 공동체는 받아들이지 않는 것과 받아들이지 않는 사람을 결정한다.

담화 공동체의 개념이 엘리트 구성원의 공동체로 자리매김된다면 담화 공동체는 지식의 교환이나 서로 다른 관점의 토론을 나타내지 않는다. 대신에 그것은 아무런 의문 없이 학습되어야 하는 문화적인 교양으로 스며들어야 하는 정보 덩이라는 의미로 구체화된다(허쉬 Hirsh 1987, 니스트랜드 1990).

학생들의 입문이라는 주장을 묵살하지 않으면서 담화 공동체 개념을 활용하는 듯이 보이는 쓰기에 대한 한 접근에서 고등교육 수준의 쓰기 교실에 프레이리 식의 입장을 적용하였다. 프레이리 식의 접근은, 지나치게 단순화되었겠지만 집단이 자신들의 조건을 자각하고 대화, 맞겨룸(confrontation), 글말 능력 향상을 통하여 그 조건들을 바꿀 필요가 있다(프레이리 Freire 1985, 1994, 프레이리이와 마케도 Freire and Macedo 1987, 기룩스 Giroux 1988, 쇼어 Shor 1987).

최근에 바르솔로매와 피트로스키(1986)는 고등교육 수준의 1학년 쓰기 교육 거리를 피츠버그 대학에서 계발하려는 장기적인 교육과정 마련 계획을 보고하였다. 그 계획은 쓰기 강좌에서 담화 공동체를 계발하려는 생각에 바탕을 두고 있었다. 특별 작문 수업은 12명의 학생, 교사, 쓰기 실험 조교로 이뤄져 있었다. 각 수업은 학기 전체를 통해 일주일에 여섯 시간을 만났다(6학점제). 위험 부담이 높았는데 12명의 학생들은 12권의 책을 읽고 24개의 작문 과제를 하였다. 과정을 독특하게 하는 기본적인 특징들은 다음과 같다.

(1) 강좌의 내용 주제('사춘기의 성장과 변화')
(2) 폭넓은 독서 토론과 쓰기 과제에 모든 학생들이 참여해야 한다는 요구인데 이는 대화와 의견 교환이 공동체 수립에 본질적인 부분으로 간주되었다.
(3) 모든 과제는 정해진 시간에 마쳐야 하고 모든 수업에 참석해야 한다는 요구인데 이는 의무를 다하지 않는 학생들에게는 학급에서 탈락시킨다는 벌칙이 있었다.
(4) 학생들 각자는 집단에 무엇인가 기여를 하도록 기대되었는데 모든 학생들이 사춘기에 성장과 변화를 겪었고 따라서 '전문적인 지식'을 지니고 있을 것이기 때문이다.
(5) 과제의 순서는 개인적인 자각에서 학업 공동체가 같은 주제를 어떻게 수행하는가에 대한 이해로 옮겨졌다.
(6) 학생-교사 비율이 낮음.

이 수업에서 교육과정의 목표는 내용 중심의 가르침 환경을 만들어내는 것뿐만 아니라 학생들로 하여금 세 가지 면에서 즉 (1) 강좌의 내용과 관련하여, (2) 학생으로서 자신의 위치에 대하여, (3) 학업 기관의 기대치와 관련하여 자신들의 상황에 대한 자각을 하도록 하는 문제에 맞서도록 하는 것이었다. 동시에 소규모 학급, 같은 교사로부터 주당 여섯 시간 수업, 쓰기 실험 조교의 폭넓은 부가적 활용은 모두 강좌에 전념하고자 고군분투하는 학생들에 대한 지원을 의미한다.

쓰기의 사회적 맥락에 대한 자각을 형성하기 위한 담화 공동체의 이러한 활용은 인지 강조에서 사회를 강조하고 결국 사회-인지를 강조하는 쓰기 조사연구 흐름의 결과로 최근에 발전된 쓰기 접근법의 하나를 대표한다.

후기 구조주의 문학 비평을 끌어들이면서 페이글리(1986)는 독자 반응 이론 (이를테면 피시나 에코)의 영향을 주목하는데 그 영향력은 실재나 자기 자신 혹은 저자에 대해 쓰려는 어떤 노력이든 언제나 이전 덩잇글의 참조를 필요로 한다(상호텍스트성)는 것이다. 더 나아가서 전문 (지식)을 구성하는 것에 대해 추상적으로 언급하는 것이 불가능한데 그것은 작가 공동체에 의해 자리매김되 기 때문이다. 마지막으로 몇몇 작가의 경우 지속되는 문제가 학술 공동체의 특 권화된 언어 표현에 대한 무지에서 비롯될 수 있다. 가장 중요한 것은 페이글리 가 최근의 사회과학 연구를 논의하고 있다는 것이다. 텍스트 특히 자연과학 텍 스트는 정보의 자율적인 제시가 아니라 연구 공동체의 복잡한 상호작용에서 '(사용되는) 사회적 도구'라는 것이다. 그것이 어떻게 그런가 하는 것은 다음 장의 초점이다.

쓰기 과정에 대한 조사연구와 최근의 확장
Writing process research and recent extensions

5.1 도입

　앞장에서 일반적으로 받아들이고 있는 쓰기 과정 접근의 윤곽을 제시하였다. 이 장에서는 세 갈래로, 쓰기와 관련된 인지처리에 대한 연구를 살필 것이다. 먼저 쓰기 처리에 대한 플라워와 헤이즈의 잘 알려진 모형에 대한 최신의 연구를 언급한다. 그 다음에 버레인터와 스카다말리아에 의해 제안된 접근법과 전문성의 발달과 본질에 관심을 갖고 있는 연구자들의 다른 접근법을 논의한다. 두 번째로 헬리데이식으로 언어에 접근하는 방법을 탐구하는 최근의 연구와 가르침 실천 사례로 논의를 확대하는데 쓰기 연구와 가르침에서 갈래 형식에 초점을 모으는 논의들이 있다. 이런 확장은 쓰기에서 언어 형식과 인지처리 사이의 균형을 다시금 주장한다. 또한 이런 확장은 쓰기 과정에 대한 인지적 연구에서 쓰기가 실행되는 사회적 맥락의 다양화에 대한 고려로 화제를 옮겨 간다. 마지막으로 쓰기 연구와 가르침을 위한 과정 접근이 외국어 맥락에 미친 영향이 논의된다. 점차 과정 접근에 의해 알려진 쓰기 가르침 정보가 외국어 학생이 관련된 맥락에 채택되고 있다. 그러나 외국어 쓰기 맥락이 모국어 쓰기 맥락에

서 다른 정도와 그와 같은 차이가 서로 다른 가르침 실천에 암시하는 정도를
확립해 나가는 것이 중요하다.

5.2 쓰기 과정에 대한 이론들

지난 십 년 동안 쓰기 과정에 대한 최근의 연구를 세밀히 살피는 것이 중요한
데 그런 연구가 쓰기에 대한 우리의 이해를 자리매김하기 때문이다. 최근의 연
구는 쓰기 과정의 복잡성에 대하여 더 중대한 깨달음으로 관심사를 통합하였고
쓰기를 위한 갈래 이론의 발전과 연결이 이뤄지도록 하였으며 쓰기에 대하여
다수의 강한 주장들을 더 균형이 잡힌 관점을 지니도록 하였다. 특히 플라워와
헤이즈, 버레인터와 스카다말리아의 최근 연구는 쓰기 능력의 향상에 대한 중요
한 통찰을 제공하였다. 최근의 논의 전개를 적절한 관점에서 자리매김하기 위해
서 쓰기 과정에 대한 플라워와 헤이즈의 잘 알려진 최근 연구를 먼저 요약하고
자 한다. 이런 배경을 바탕으로 한다면 버레인터와 스카다말리아(1987)의 연구
를 자리매김하는 것이 가능할 것이다. 이들의 연구는 쓰기 조사연구를 광범위하
게 통합하는 이론이 중요하다는 것을 강조할 것이다. 그들이 제안한 이론은 또
한 학업 맥락에서 효과적이고 원리를 따르는 쓰기 교과과정을 위한 강력한 토대
를 제공한다.

5.2.1 쓰기 과정: 쓰기에 대한 플라워와 헤이즈 모형

4장에서 우리는 쓰기 과정 연구 특히 플라워와 헤이즈의 이른시기 연구와
관련하여 그것으로부터 발전된 일련의 생각들을 조심스럽게 개관하였다. 지난
십 년 동안 플라워와 헤이즈의 대부분의 연구는 자신들의 모형에 있는 다양한
하위 구성성분에 대하여 더 명시적인 자리매김을 하는 방향으로 나아갔다(플라

위 1988, 1989, 플라워 등 1990, 하아스 Haas와 플라워 1988, 헤이즈 등 1987).
이를테면 1980년대에 플라워와 헤이즈(1980a)는 쓰기에서 발견 과정의 일부로
*과제-중심 구성요소 (task-based component)*에서 *수사 문제(rhetorical problem)*
라는 개념을 발전시켰다. 그들은 중요한 요소가 관련되어 있는 수사 문제 모형
을 제시하고 이 모형의 적용에서 초보 필자와 전문가 필자가 얼마나 다른지
보여 주었다. 플라워와 헤이즈의 경우 수사 문제는 두 개의 중요 단위들로 나눠
진다. 즉 수사적 상황(독자, 주제, 과제)과 필자의 목표(독자, 필자의 개인적인
측면, 의미의 구성, 격식을 갖춘 덩잇글의 산출)가 그것이다. 간단히 말해 그
모형은 작문 과정에서 필자가 맞닥뜨릴 수 있는 잠재적인 쓰기 관련 문제의
범위를 보여주려고 하였다. 쓰기에서 '문제'라는 이 개념은 고쳐 쓰기 이론에서
문제 해결에 대한 논의를 통하여 헤이즈 등(1987)에서 확대된다. 이 경우에 문제
해결은 덩잇글에 대한 반응과 문제를 검색하고 진단하는 과정의 전개에 중심을
두며, 밝혀진 문제를 해결하려는 전략[32])의 계발로 이어진다.

헤이즈 등(1987)에서 제시한 고쳐 쓰기 이론은 자신들의 일반 모형에서 제시
한 *재검토하기(reviewing)*의 세부 구성요소를 탐구하려는 노력의 일부였다. 고쳐
쓰기 이론에는 (a) 과제 자리매김, (b) 평가, (c) 전략 선택과 (d) 쓰기 계획에서
덩잇글의 수정이라는 기본적인 네 개의 과정이 있다. 이 세부구성 요소 모형의
목표는 실시간 응답 분석 조사연구와 이른 시기 자신들의 발견사실로부터 어떻
게 필자가 고쳐 쓰고, 왜 전체적으로 고쳐 쓰기(구성이나 계획의 변화, 정보의
재구성)가 종종 어려운지, 고쳐 쓰기 과정에서 초보자와 전문가가 어떻게 다른
가를 설명하는 것이었다.

다른 일련의 연구(플라워 등 1990)에서 *과제 수행 환경과 쓰기 과정*에 있는
주요 구성요소들 사이의 관계를 검토하였다. 특히 플라워는 읽기에서 쓰기로
이어지는 학업 과제를 분석하였다. 이런 연구들은 학생들이 쓰기 과제를 수행하
기 위하여 어떻게 읽으며 서로 다른 학생들이 얼마나 다르게 과제를 표현하는지

---

32) (뒤친이) 이 책 전체에서 두루 쓰이는 이 용어는 교육학에서는 방략으로 언급한다.

(그리고 그것이 읽기에 미치는 영향), 어떻게 과제 표상과 읽기가 쓰기 과정에 영향을 미치는가를 탐구하였다. 그 연구는 또한 특별한 과제 수행 맥락에서 쓰기에 대한 관점을 살펴보았다. 교사의 관점과 학생의 관점, 쓰기 과정에 있는 학생의 관점, 덩잇글을 결합하여 함께 살핀 연구를 통해 학생들에게 전략 지식을 향상시켜야 할 필요성을 논의하는 복잡한 요인들의 묶음을 만들어냈다. 그런 전략은 알맞은 쓰기 목표를 결정하는 전략, 쓰기 과제 목표에 대한 자각, 설정된 목표를 실행할 수 있는 전략이다. 이 연구에서 전체적인 주제는 구체적인 쓰기 과제를 수행하는 데서 맥락과 인지의 상호작용 관계를 설정하는 것이다. 쓰기는 인지 활동이면서 맥락에 제약을 받는 활동으로 간주할 수 있다. 맥락이 제한된 제약을 부과할 경우 쓰기 가르침의 목표는 학생들이 전략 지식을 발전시키도록 하는 것이 될 것이며, 지식 전달과 같은 단순한 전략에 기대기보다는 그들의 지식을 변용할 수 있도록 하는 것이다.

플라워의 경우 필자들이 배우기 어려운 핵심적인 전환은 새로운 쓰기 기술을 어떻게 습득할까 하는 것이 아니라 새로운 목적을 위해 이미 습득한 쓰기 기술을 어떻게 적용할까 하는 것이다. 그녀는 다음과 같이 주장한다.

> 학생들의 경우 … 교실 수업 내용, 그 내용에 관련된 교사의 관심사, 등급 매기는 도구로서 시험 문제 … 등이 주제 쓰기에서 친숙한 개념틀에 알맞은 것일 가능성이 있다. 그러나 대학에서 중요한 것은 분명한 갈래나 관례가 아니라 목표이다. 비판적인 의문으로 이끌 수 있는 자기 주도적인 목표, 실제적인 문제와 논쟁거리를 통해 글을 생각하는 데 활용하고자 하는 목표, 개인적인 수사 목적으로 가상의 동료들에게 쓰고자 하는 목표들, 이 모두는 더 제한적인 이해와 비평과 학업에 따른 쓰기를 구별한다(플라워 등 1990:251).

따라서 이전의 연구뿐만 아니라 이 구체적인 연구에서 중요한 수확은 쓰기 능력의 향상을 과제 수행 환경과 내용 지식에 제약을 받는 적합한 목표 형성(이를테면 수사적으로 필수적인 목적(rhetorically-bounded purpose)의 구성, 플라워

1989:292))을 위한 전략들의 발전과 쓰기 과정을 통해 목표를 달성하기 위한 전문적인 전략들이 수반되는 것으로 본다는 것이다.

이 모형에 대한 연구 결과 훌륭한 필자들은 수사적인 문제의 더 많은 측면들을 더 깊이 있게 고려한다고 주장한다. 훌륭한 필자들은 또한 문제에 대해 완전하게 전개된 표상을 갖고 독특한 수사적 문제에 반응할 수 있다. 마지막으로 훌륭한 필자들은 쓰기 과정에 나타나는 수사적인 문제의 관점에서 자신이 세운 목표를 (독자, 전달자(persona), 의미, 덩잇글 산출과 비교하여) 재평가할 수 있다. 말하자면 훌륭한 필자들은 자신이 세운 목표를 알맞게 고칠 수 있는 것이다. 전체적으로 플라워와 헤이즈는 자신들의 모형으로부터 두 가지 함의를 이끌어낸다. 먼저 훌륭한 필자는 그들이 쓰는 동안에 원하고 있는 것에 더 풍부한 감각을 지니고 있으며 수사적 문제에 완전히 전개된 그림을 지니고 있다. 실제로 훌륭한 독자들은 문제를 발견하고 문제를 해결하는 데 창조적이다. 두 번째는 수사적인 문제를 인식하고 탐구하는 것은 가르칠 수 있는 과정이라는 것이다.

수사적인 제약을 충족하기 위한 학생들의 전략 지식과 지식 변용 능력에 대한 플라워와 헤이즈의 강조는 다른 다수의 연구에서 그대로 되풀이되었다(예를 들면 버레잇터 1990, 브레잇터와 스카다말리아 1987, 브라운과 팰링사르 Brown and Palincsar 1989, 카터 1990, 콜린스 등 1989). 그리고 학생들이 더 자신들의 목표에 더 전략적으로 자각하도록 가르치며 쓰기에서 자신의 목표를 달성하는 방법을 깨닫도록 가르치는 길을 열어 놓았다.

동시에 이 영향력 있는 이론은 쓰기에 대하여 더 정교하고 사회적인 맥락에 따른 접근을 하도록 발전하였다. 모든 필자들에게 근본적으로 같은 단일의 쓰기 과정이 있다는 가정에 한계를 부여하였다. 말하자면 전문가 수준의 필자들은 초보 필자와 같은 쓰기 과정을 지니고 있지만 더 나은 듯하다. 그들의 모형에서 숙련된 필자와 덜 숙련된 필자는 같은 연속 선상에 있다. 플라워와 헤이즈는 숙달된 필자와 덜 숙달된 필자 사이의 구별을 하려고 상당히 노력하였지만 그들의 모형은 모든 필자들에 공통된 특징들을 기술하려고 하였다. 다른 관점으로 전문가 필자들이 다른 쓰기 과정을 통해 쓰기를 해나간다고 주장한 버레잍터와 스카다말리아(1987)에 의해 제안되었는데 다른 쓰기 과정으로 전문가 수준의 필자들은 부가적인 전략 처리를 통해 지식을 변용할 수 있다는 것이다.

5.2.2 쓰기 과정에 대한 버레잍터와 스카다말리아의 모형

버레잍터와 스카다말리아의 이론은 '쓰기 과정'이 단일의 처리 모형으로 가정할 수 없고 쓰기의 서로 다른 발달 수준에는 다른 처리 모형을 고려해야 한다고 제안한다. 어린 학생의 쓰기 과정과 성인으로 숙달된 필자가 같을 수 없다고 주장한다. 즉 숙달된 필자는 같은 과정을 수행하는 것이 아니라 몇 배로 효과적인 과정을 수행한다는 것이다. 대신에 숙달된 필자는 (필요하다면) 다른 쓰기 과정을 수행하는데 그것은 덜 숙달된 필자는 (아직) 수행할 수 없는 것이다. 그런 모형이 얼마나 많이 존재할 수 있겠는가를 논쟁하기보다는 그들의 목적에 비춰 두 개의 모형을 제안하는 이론이 축적된 연구를 통해 발견한 사실을 하나의 모형으로 제안하는 이론보다 더 잘 설명할 수 있음을 증명하는 것으로 충분하다는 것이다.

버레잍터와 스카다말리아가 모든 필자들의 공통된 특징에 초점을 모으기보다는 왜 그리고 어떻게 숙달된 필자와 덜 숙달된 필자가 다르게 쓰는가를 기술하는 데 더 많은 초점을 모은 이후, 폭넓게 다른 연구들을 고려하였다. 그들이 제안한 이론은 이런 발견 사실들을 일관성 있게 설명하고 그들의 이론을 확장하고 다듬는 중요 수단으로 검증 가능한 다수의 가설들을 만들어낼 수 있게 되었다(이와는 달리 플라워와 헤이즈는 쓰기에 대한 자신들의 이론을 발전시킬 자료들을 탐구하면서 자신들이 주장하는 이론의 다양한 측면들을 검증하도록 다른 사람에게 맡겨 두었다고 주장한다).

특히 버레잍터와 스카다말리아는 다음의 중요한 문제를 설명하는 데 관심을 가졌다.

1. 어떤 처리 모형이 숙달된 쓰기와 덜 숙달된 쓰기를 어떻게 구별할 것인가?
2. 독자와 갈래의 차이가 어떻게 서로 구별되는 쓰기 어려움을 만들어내는가? 그리고 왜 어떤 갈래는 통달하기 어려우며 어떤 독자에게는 전달하기 더 어려운가?
3. 왜 어떤 쓰기 과제는 (갈래와 독자뿐만 아니라, 목적, 주제, 언어 표현의 변용 등에서) 쉽고 다른 과제는 더 어려운가?
4. 어떤 쓰기 과제나 갈래에서 쓰기 기술이 다른 쓰기 과제나 갈래에 왜 전이되지 않는가?
5. 같은 수준의 통달 정도에 있는 듯한데 어떤 사람들은 어떤 쓰기 과제에 대해 더 많은 어려움을 겪는 이유는 무엇인가?
6. 왜 어떤 어린이들은 쓰기가 쉽고 자연스러운 것으로 인식하는 반면 숙달된 필자는 어렵고 고통스럽다고 인식하는가?
7. 왜 고급 수준의 쓰기 가르침이 특별히 어렵고 덜 효과적인가?
8. 왜 몇몇 사람들은 많은 실습을 하고 오랫동안의 교육 경험에도 불구하고 완전히 익은 작문 기술을 발전시키기 못하고 있는가?
9. 왜 전문가 수준의 필자들은 덜 숙달된 필자와 다르게 고쳐쓰기를 하는가?
10. 쓰기 과정이 '발화 시점에서 형성하기(shaping)'라는 개념을 어떻게 설명할 수 있는가?

버레잇터와 스카다말리아가 이런 논제들을 탐구하기 위해 사용한 기본적인 가정은 솜씨가 뛰어나고 잘 완성된 작문이 문제 인식과 해결의 치밀한 상호작용에 바탕을 두고 있다는 생각이다. 복잡한 줄글을 쓴, 솜씨가 있는 필자의 과정과 어린이나 나이든 미숙한 필자의 과정은 다를 것이 틀림없다. 기본적인 차이가 쓰기 과정에 대한 두 모형 즉 *지식 전달* 모형(knowledge telling model)과 *지식 변용* 모형(knowledge transformation model)에 잡혀 있다. 숙달된 필자와 미숙한 필자 사이의 작문 양식에 매우 다른 갈래를 보여주는 발견 사실들로부터 이런 두 모형에 대한 기본적인 근거를 끌어내었다. 특히 덜 숙달된 필자들이 제시된 과제를 곧바로 쓰기 시작한다는 증거를 제시한다(애초 설계에서 시간이 덜 걸림).

(i) 덜 숙달된 필자들은 쓰기 전에 훨씬 덜 정교하거나 추상적인 메모를 작성한다.

(ii) 덜 숙달된 필자들은 쓰는 동안에 목표, 설계, 문제거리를 고려하기보다는 내용을 생각하는 데 주로 관심을 갖는다.

(iii) 덜 숙달된 필자들은 내용의 재조직화와 관련된 핵심적인 고쳐 쓰기를 할 수 없는 듯하다.

(iv) 덜 숙달된 필자들은 쓰기에 사용된 생각들을 회상하는 데 덜 복잡한 경로를 사용한다(목표나 조직화 전략 등등에 대한 아무런 참조를 하지 않음).

(v) 덜 숙달된 필자들은 설계하고 정보를 통합하는 지침으로서 쓰기에서 중심 생각을 활용하지 않는다. (스카다말리아와 버레잇터 1987)

스카다말리아와 버레잇터가 주장하는 이런 발견 사실들은 더 숙달된 필자들에 대해서 단순히 쓰기 과정의 더 효율적인 활용이 아니라 질적으로 다른 쓰기 과정을 활용한다는 것을 주장한다.

덜 숙달된 필자들에 의해 사용되는 쓰기의 *지식 전달* 모형은 필자들로 하여금 숙달된 필자들의 작문에서 종종 발견되는 복잡한 문제-해결 활동의 종류를 지나쳐 버릴 수 있도록 하는 일련의 간소화된 절차를 제공한다. 어린이와 미숙한 필자들이 복잡한 덩잇글을 쓰기 시작할 때, 그들이 성공하고자 한다면 과제를 비교적 덜 복잡하게 유지하도록 할 필요가 있다. 그렇게 하기 위해서 그들은 과정을 혼란스럽게 하는 문제에 신경 쓰지 않고 입말 경험을 글말 형식으로 바꾸면서 가장 기본적인 문제를 해결해야 한다. 특히 대화에 몰두하고 상대방에 의해 시작된 주제에 반응하는 것에서 쓰기에 활용될 정보를 회상하고 만들어내는 방법으로서 대화를 떠올릴 수 있는 독백으로 바꾸어야 한다. 따라서 그들의 중요한 해결거리는 자신의 내적인 자원으로부터 충분히 유용한 정보를 생성하는 것이다.

회상 절차를 간단히 하기 위하여 보초 필자들은 몇 개의 구체적인 전략들에 기대고 있는 듯하다.

- 과제의 주제를 고려하여 자신들이 그것에 대해 아는 것이 무엇인지 물어 본다.
- 과제의 갈래를 고려하여 자신들이 그것에 대해 아는 것이 무엇인지 물어 본다.
- 그들은 방금 자신이 썼던 것을 읽고 부가적인 정보를 생성하기 위해 이것을 활용한다.

이런 전략들은 개인적인 경험이나 느낌에 대해 일기나 일지를 쓸 때, 서사적인 전달을 할 경우에 잘 적용된다. 구체적인 사건들과 이야기를 자세하게 이야기할 수 있는 것이다. 이런 주제들은 쓰기 주제로서, 이른 시기 쓰기 가르침에 일반적이다(애플비 1984, 그레이브스 1983, 마틴 1989). 교사들은 자신들의 가르침 경험으로부터 별다른 혼란 없이 그리고 '말할 거리'의 부족 없이 그런 과제를 성취할 수 있으며 기본적인 쓰기 기술들을 연습할 수 있다는 것을 알고 있다. 이런 과제 유형의 또 다른 장점은 어떻게 이론적으로 규정되든 세부 내용과 사건이 연대기적 순서라는 간단한 장치를 통해 그리고 주제에 대한 간단한 내용 생성이라는 기본적인 절차를 통해 의미연결이 스스로 이뤄진다는 것이다.

어리고 경험이 적은 필자가 직면한 과제의 기술을 통해 *지식 전달* 모형의 적용을 설명할 것이다.

다음과 같은 쓰기 과제의 예로 시작해 보기로 한다.

휴일에 무엇을 하며 보냈습니까?

필자는 질문을 쳐다봄으로써 쓸 거리를 찾을 것이다. '휴일'이라는 단어를 보고 휴일에 했던 일들에 대해 생각한다. 그는 일반적으로 사람들이 휴일에 무엇을 하는가를 생각해 볼 수 있고 내용을 생성하는 다른 방법으로서 쓸 만한 가치가 있는 것에 대해 생각해 볼 수 있다. 필자는 또한 사건을 자세하게 떠올려야 한다는 것을 알고 있다. 왜냐 하면 단순한 시간 순서에 따른 갈래를 요구받았기 때문이다. 과제 때문에 회상되는 거의 대부분이 주제와 연관이 있을 것이며 주제와 연관성으로 인해 일관성이 있으며 아마도 단순한 시간 순서로 통일되어 있을 것이다. 추상적이고 논리적인 조직화는 중요 관심거리가 아니다. 학생들이 써 나감에 따라 앞선 덩잇글은 기억으로부터 부가적인 기억을 인출하고 활성화하는 자극이 될 것이다. 이 과정의 결과로 나타난 글말 덩잇글은

- 충분한 정보를 찾는 것이 쉬웠으며
- 너무 많은 인지 과제로 필자에게 지나친 부담을 주지 않았고(따라서 상대적으로 쉬웠음)
- 시간과 주제에 간단하게 결합함으로써 그 자체로 일관되게 구성되는 경향이 있다.

이런 일반적인 쓰기 과정은 그림 5.1에 제시되어 있다.

이 모형에서 정보는 과제, 주제, 갈래, 과제에 있는 어휘의 어떤 항목으로부터 생성된다. 주제 확인 요소들은 회상되고 기억은 적절한 정보를 위해 탐색을 한다. 회상된 정보가 주제에 적절한 듯하면 (이전의 확인 전략을 통해 회상된 정보와 함께) 그 정보는 적히고 더 많은 것을 말하기 위해 기억 탐색에 활용된다. 회상 요구와 평가 요구만 있기 때문에 처리 요구 조건은 이 모형에서 단순하다. 지식-전달 모형은 쓰기를 위한 효과적인 수단이 되는 작문에 다룰 수 있는 해결 방안을 설명해 준다.[33) 그러나 그 모형은 더 복잡한 과정이 필요한 쓰기 과제를 설명해 주지 못하며 여기서는 정보의 순서화, 정보의 상대적인 두드러짐, 예상 독자, 논점 구성의 논리적 유형에 대한 결정이 쓰기의 효율성을 결정할 것이다. 이런 갈래의 쓰기 과제는 일반적으로 학업 목적을 위한 더 발전된 형태의 쓰기이며 *지식-전달* 모형은 그와 같은 발전된 쓰기에서 요구 사항과 관련된 과제 복잡성에 대해 아무런 빛도 던질 수 없다. 이런 이유로 버레잇터와 스카다말리아는 그와 같은 쓰기가 필요하고 수행될 때 필자에 의해 환기되는 두 번째 쓰기 과정 모형을 제안하였다. 그들은 이를 *지식-변용* 모형이라고 이름 붙였다.

---

33) 쓰기의 지식 전달 모형은 요구되는 과제 수행에 충분할 때 숙달된 성인 필자들에 의해서도 사용된다.

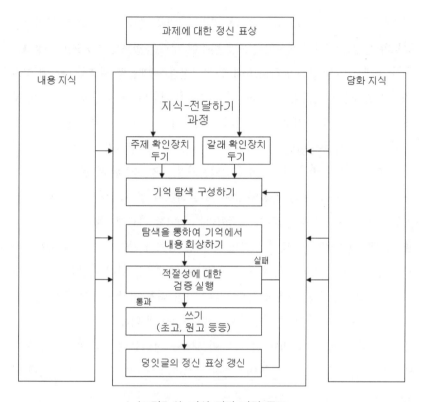

〈그림5.1〉 지식-전달 과정 구조

그림 5.2에서 지식-전달 모형은 다른 과정의 구성요소의 일부일 뿐이다. 더 큰 모형은 과제 복잡성에서 두루 살펴야 하는 문제-해결 과정이 필요할 때 그와 같은 쓰기의 본질을 표상한다. 특히 문제들은 내용 문제 공간이나 수사 문제 공간에서 의식적인 해결책에 의해 해결되며 한 공간의 출력물은 다른 공간의 입력물이 된다.

이 모형에서 쓰기 과제는 문제 분석과 목표 설정으로 직접 이어진다. 결과로 설정되는 목표와 문제 예측은 인식된 문제 해결을 위한 설계로 이어지는데 내용 생성, 내용 통합, 예상 독자 , 필자 의도, 갈래 형식, 언어 표현상의 문제, 구성 논리 등등이 문제가 될 수 있는가에 대한 결정으로 이어진다. 어떤 문제의 해결은 다른 문제를 불러일으킬 수 있다. 따라서 (내용 문제를 해결하는) 부가적인 정보의 생성은 이전에 제시된 정보에 비추어 새로운 정보를 최상으로 구성하는 수사 문제로 이끌 있는가 하는 문제로 이어진다. 문제들을 해결해 나감에 따라 쓰기 산출물을 만들어내는 지식-전달하기에 입력된다. 글이 산출됨에 따라, 문제-해결 과정을 거쳐야 하는 일련의 문제들에 그것들은 이바지한다.

이런 쓰기 과정에 대한 본보기로서, 필자가 학생들의 읽기 기술의 향상에 대해 쓰면서 얼마나 빨리 낱말들이 확인되는가를 설명하기 위해 *해득 기술*이라는 용어를 사용하는 경우를 가정해 보자. 되살피면서 필자는 어떤 읽을거리에서 몇몇 독자들이(수사 문제 공간) *해득*이라는 용어를 다르게 이해하고 있다는 것을 깨달았다(문젯거리). 몇몇 독자의 경우 그 용어가 단지 문자를 음성으로 바꾸는 정신적 변용을 의미할 뿐이며 다른 독자들에게는 단어 재인을 의미할 수 있다. 그 필자는 내용 문제 공간으로 나아가면 내용 지식에서 더 나은 용어를 탐색한다. *낱말 재인 기술*이라는 용어가 다른 용어에 의해 나타날 수 있는 잘못된 해석 없이 의도한 의미에 알맞다. 이 새로운 용어는 함의와 관령성과 함께 덩잇글의 구성에 얼마나 잘 들어맞는지 점검하기 위하여 수사 문제 공간에 되먹임된다. 수사적인 문제들은 다음에 대한 결정을 포함할 것이다.

- 앞의 덩잇글에서 그 용어를 끌어들인 곳이 어디인가
- 얼마나 신중하게 그 용어를 설명하는지 여부
- 그 새로운 용어가 독자들에게 어떤 다른 갈래의 혼돈을 유발하지 않은지 여부
- 부가적인 정보가 용어의 변경으로 인하여 덩잇글의 다른 곳에서 필요하지 않은지 여부

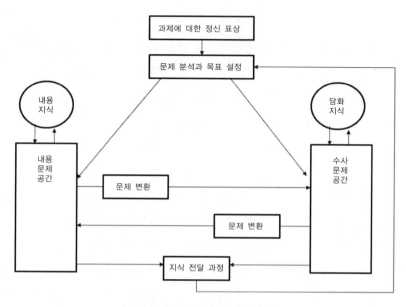

〈그림 5.2〉 지식-변용 과정의 구조

마지막 두 개의 관심사는 내용 정보를 뒷받침하는지 찾아보기 위하여 내용 문제 공간으로 되돌아가 가게 한다. 새로운 용어로부터 혼란이 있을 수 있거나 혹은 부가적인 정보가 필요하게 되면, 필자는 (수사 문제 공간으로 되돌아가서) 또한 덩잇글의 구성 얼개가 조정될 필요가 있는지 여부를 고려할 것이다. 그와 같은 상호작용은 생성된 덩잇글로부터 문제 재인, 문제 예측, 목표 설정에 따라 제기되는 모든 문제에 대해 계속된다.

지식 전달 모형과 *지식 변용* 모형이라는 두 개의 쓰기 과정은 필자가 작문하는 두 가지 다른 방법을 대표하는데 대부분의 필자들은 *지식 변용* 과정을 결코 통달하지 못하는 듯하다. *지식 전달* 과정은 인지적 복잡성이 감당할 만한 수준에 있는 동안 주제 관련 자료를 덜 숙련된 필자가 충분히 생성할 수 있도록 적절한 뒷받침을 제공해 준다. *지식 변용* 모형은 과제의 복잡성이 반영된 쓰기를 나타내고 그런 복잡성을 필자가 건드릴 수 있는 적절한 방법을 발견하도록

이끈다. 많은 경우에서 훌륭한 필자는 지식 전달 과정에만 기댈 수 있는데 앞에
써 보았던 비슷한 과제로부터 정보가 지식 변용 과정을 겪었기 때문이거나 지식
전달 과정의 정교한 활용으로부터 그런 과제 요구조건을 충족시켰기 때문이다.
따라서 성격으로 미뤄 설명 덩잇글로 볼 수 있는 갈래가 지식 전달 과정에 주로
기대고 있는 숙달된 필자로부터 나올 수 있다. 그런 지식 전달 과정은 최소한의
문제 해결이 필요한 정교한 내용을 생성한다. 학생들의 경우, 다섯 단락 모형은
지식 전달에서 주제를 형성하는 연습의 역할을 보완한다.

　버레이터와 스카다말리아가 이 이론을 뒷받침하기 위해 끌어들인 증거는 두
형태를 띤다. 15년 동안 자신들의 조사연구거리에서 자신들의 이론을 옹호하는
논제들을 탐구하였는데 다른 조사연구의 발견 사실들과 결합하여 자신들의 이
론을 강하게 뒷받침한다. 이에 더하여 자신들의 두 모형 이론은 전문가-초보자
조사연구에서 발견되었던 많은 차이들에 대하여 힘 있는 설명을 제공한다. 그에
따라 다른 많은 조사연구 발견사실들을 하나도 남김없이 설명한다. 특히 그들의
이론들은 이전에 제기되었던 연구 문제들을 설명하고 있다.

5.2.3 숙달된 수행과 덜 숙달된 수행에 대한 설명

　두 과정 이론은 어린 학생이 어떻게 잘 쓸 수 있는지 그리고 쓰기에 겉으로
드러나는 어려움은 없지만(지식 전달) 숙달된 필자들이 어려우며 복잡하다고
발견하는 것(지식 변용)에 대한 명시적인 설명을 제공한다. 이와 비슷하게 쓰기
과제는 어려움에서 정보 관리 요구가 얼마나 복잡하게 되는가에 따라 다양하며
주제에 대한 배경지식에 따라 그리고 특정 주제가 이전에 연습되었던 정도와
사람에 따라 달라질 것이다. 지식-변용 모형의 문제 공간에서 언급되어야 하는
정보가 많을수록 더 복잡한 작문이 요구되며 특정의 필자에게 쓰기 과제가 더
어려워진다. 이런 식으로 이 이론은 똑같이 숙달된 필자가 하게 되는 특정 쓰기
과제에 대한 어려운 수행을 설명한다.

　지식-변용 모형에서는 독자와 갈래와 관련하여 쓰기 과제 어려움에 대한 차이를 분명하게 가정할 수 있다. 한 갈래나 쓰기 과제를 연습한 필자가 새로운 과제와 갈래에 따라 일반적으로 나타나는 복잡한 쓰기 문제를 해결하는 연습을 하기 전까지는 반드시 다른 갈래나 과제에 자신의 숙달된 수행으로 전이하는 것은 아니라고 주장한다. 고급 수준의 가르침에서 마주치는 어려움도 또한 설명될 수 있다. 만약 학생들이 지식 변용 기술을 드높이는 쓰기 과제의 갈래를 거의 연습하지 않았다면 그런 기술들을 쉽게 부려 쓸 것 같지는 않다. 버레인터와 스카다말리아(1987)는 문제 공간들 사이를 오가며 내용 문제와 수사적인 문제 둘 다를 해결하려는 복합적인 노력은 깊이 살피는 주변적인 과정을 유발하는데 이 과정은 단순한 쓰기 과제에서는 포함되지 않는다. 이와 마찬가지로 변증법적인 과정을 필요로 하지 않는 단순 쓰기 과제(일반적으로 서사적인 상술, 개인적인 표현)는 변증법적인 과정이 없어서는 안 되는 상황을 필자가 준비하도록 하지 않는다.

　오스트레일리아, 캐나다, 영국과 미국으로부터 나온 증거는 영어 화자인 학생들이 인지적인 요구가 있는 쓰기 과제를 연습하거나 진지하게 가르침을 받지 않았음을 보여 준다(애플비 1981, 카터 1990, 크리스티 1989, 마틴 1989). 과제와 갈래에 걸친 쓰기 과정의 전이는 (오스트레일리아를 제외하면) 비교적 적은 관심을 받았다(5.3 이하 참조). 그러나 이는 쓰기 향상에 중요한 논제가 된다. 예를 들면 페이튼(Peyton 등 1990)은 대화형 잡지 쓰기(dialogue journal)가 쓰기 가르침에 더 나은 접근법인데 학생들이 논술 쓰기 과제보다 대화형 잡지를 더 많이 쓰기 때문이다. 버레인터와 스카다말리아의 논의를 따르면(그리고 오스트레일리아의 갈래 중심 이론에 따르면), 그와 같은 결과는 분명해지는데 대화형 잡지 쓰기가 지식 전달하기이며 더 쉽고, 날마다 연습하기 때문이다.

　버레인터와 스카다말리아의 연구와 헤이즈 등(1987)의 연구는 고쳐 쓰기에서와 마찬가지로 숙련된 필자들은 덜 숙련된 필자들이 훈련하거나 도움을 받는다 하더라도 통달하기 어려운 방식으로 수행할 수 있음을 예로 보여 주었다. 이런 차이는 고등 교육 수준에서도 볼 수 있다. 분명히 구별되는 이와 같은 모습은 단일 과정 이론보다는 두 과정 이론을 더 강하게 옹호한다는 것이다.

모든 숙련된 필자들은 애초 생각을 종이에 적고 난 뒤에나 그들이 방금 적어 놓은 것을 깊이 살핀 뒤에야 그들이 실제로 말하기를 원하는 것을 발견하는 현상을 겪어 보았을 것이다. 말하고자 하는 것에 대한 이런 발견이나 전이는 쓰기가 전개됨에 따라 해결될 필요가 있는 문제를 분명히 인식한 결과이다. 쓰기 행위가 진단 과정이 되는 것이다.

현재로서는 버레잇터와 스카가말리아의 쓰기에 대한 두 과정 이론이 쓰기 과정과 초보 필자와 전문 필자 사이의 작문에서 차이에 대한 중요한 발견 사실들을 더 낫게 설명하는 듯하다. 동시에 플라워와 헤이즈에 의한 최근 연구는 자신의 과정 모형을 더 다듬었다는 것도 알아야 한다. 플라워와 헤이즈 모형의 하위 구성요소에 대하여 정교화(계획하기, 문제 해결하기, 고쳐 쓰기, 맥락과 상호작용 구성요소에 대한 자세한 탐구)가 잘 이루어졌다는 것을 가정한다면 이전에 제기되었던 연구 문제들 다수를 감당할 수 있는가를 논해 보고 싶은 유혹을 받는다. 그러나 두 과정 모형은 무시할 수 없는 어떤 장점을 지니고 있다.

첫째로 덜 숙달된 필자들 사이에서 나타고 있는 어떤 쓰기 처리 능력의 비동시성은 계속적인 발전이 예상되는 모형을 뒷받침하지 않는다. 만약 덜 숙달된 필자가 동일하고 일반적인 쓰기 처리 모형을 지니지만 덜 다듬어진 그런 모형을 채택할 수 있다면 그들이 숙달된 필자들과 같이 수행할 것이라고 예측할 것이다. 그러나 그렇지 않다. 덜 숙달된 필자들은 실제로 그들이 다른 방식으로 하고 있는 것을 암시하는 방식으로 수행한다.

두 번째로 두 과정 모형은 동일성보다는 차이점에 초점을 모은다. 결과적으로 덜 숙달된 필자와 숙달된 필자 사이의 비교로부터 나온 다수의 결과에 대한 직접적인 설명을 제공한다.

세 번째로 두 과정 모형은 더 복잡한 쓰기 과제가 덜 숙달된 필자의 능력을 벗어나고 숙달될 필자가 다룰 수 있는 문제가 어떻게 발생하는가에 대한 설명을 제공한다. 즉 더 복잡한 쓰기 과제의 문제 해결 본질에 대하여 직접적으로 언급한다.

5.2.4 버레인터와 스카다말리아 이론의 한계

그러나 버레인터와 스카다말리아의 쓰기 과정 이론은 내세운 사람이 가정하는 것과 같은 강력한 가설 생성 이론이 되려고 한다면 언급해야 할 다수의 난점을 지니고 있다. 플라워(1989, 1994, 플라워 등 1990)에 의해 논의된 것처럼 쓰기에 영향을 미치는 맥락을 설명해야 한다. 이는 문제 공간, 내용 지식의 구조화, 수사 지식의 구조화와 같은 모형의 구체적인 구성요소들을 다듬음으로써 가능하게 된다. 그리고 정보의 자세한 원천과 문제 표상이 연결되는 방식을 다듬음으로써 가능하게 된다.

두 번째 문제는 어떤 필자가 쓰기 과정의 지식-변용 모형을 발전시켜 나가는 방법과 관련된다. 그것은 버레인터와 스카다말리아가 어떻게 혹은 언제 이런 인지 전이가 일어나는지를 측정하기 위해 제시한 자료에서 분명하지 않다(버레인터와 스카다말리아 1993). 그와 관련된 문제는 필자가 지식-변용 능력을 부분적으로 발달시킨 단계를 언급하는 것이 가능한지 여부이다. 만약 그것이 가능하다면 어떻게 인식될 수 있으며 적용 가능성이 어떻게 일반화될 수 있는가(이를테면 어느 정도 맥락에 의존되어 있을 것인가)? 또 다른 관련된 문제는 더 복잡한 쓰기 과정이 특정의 개인에 제한되어 있고 전문적인 필자가 되고자 하는 모든 사람들에게 똑같은 접속은 불가능한가 하는 것이다. 이를테면 4-8학년에 있는 모국어 학생들에 대한 많은 연구에서 연습을 하고 북돋워 주었음에도 학생들은 쓰기와 고쳐 쓰기에 대한 더 전문적인 접근을 수행하는 데 어려움을 갖고 있었다.

버레인터와 스카다말리아는 작문을 위한 이런 더 복잡한 전략을 학습하는 데 중요한 장애가 되는 것은 학교 교육과정에서 쓰기 요구가 아무런 도전거리를 제공하지 않는 것이라고 주장하였다. 버레잍터와 스카다말리아(1985)에 따르면 활성화되지 않은 지식이 유발되도록 하는 방법은 다음을 포함한다.

- 내용 생성을 위한 욕구가 없을 경우에는 미리 쓰기 활동
- 주제를 중심으로 한 표현 구절의 확대 사용
- 과제에서 요구하지 않더라도 '자신이 아는 것 말하기' 전략의 수용
- 학생이 자신의 글에 있는 약점을 인정하지만 개선을 위해 거의 노력을 하지 않는 경우에도 내용과 구조에서 인지된 약점을 교사가 기꺼이 참을 수 있음
- 쓰기에서 수사적인 문제를 피하기 위해 관습적인 전략의 활용(스카다말리아 와 버레잍터 1986도 참조)

더 최근에 버레잍터와 스카다말리아는 학교 기반의 일반화된 학습 기술 특히 (지식-변용) 쓰기의 계발이 '배우고자 하는' 학생들의 능력을 촉진함으로써 가능하다고 주장하였다(버레잍터와 스카다말리아 1989). 학교 중심의 학습에 대한 이런 관점은 학생들이 학교 활동과 요구 사항을 다뤄나가는 과정에서 '상황 단원체(버레잍터 1990)(contextual module)'를 만든다는 것이다.

상황 단원체는 절차 지식, 선언 지식, 목표 구조, 문제 모형, 감정, 화자 (persona), 행동 지침을 통합하고 결합하는 습득된 지식의 복합체를 이룬다. 버레 잍터(1990:613)는 다음과 같이 언급한다.

> 상황 단원체는 이와 같은 지식, 기술, 목표, 느낌의 전체 복합체를 이룬다. 그러 나 이들 구성요소들이 따로 마음 속에서 표상되는 한 서로 관련된다고 하더라도 이들을 단원체로 이야기할 근거는 거의 없다. 습득된 단원성은 시간에 걸쳐 이 별개의 구성요소들이 더 큰 유기체를 형성하기 위해 결합된다는 것을 함의한다.

버레잍터와 스카다말리아가 기술한 '학업' 단원체에서 학생들이 숙제를 어떤 과업으로 받아들이기는 하지만 학생들의 목표는 그 일이 잘 이뤄지도록 가장 효율적인 방법을 찾는 것이라고 기술한다. 이와는 대조적으로 '배우고자 하는'

단원체는 단순한 효율성 중심의 '학업' 상황 단원체에서 벗어나는 것을 가리키며 두 번째인 자기 주도적인 학습 단원체 즉 의도적인 학습-단원체를 학습한다. 두 번째 학습 단원체에서 학생들은 학습 과제 요구를 뛰어 넘어 문제-해결 활동에 따른 과정과 지식을 이해하고 학습 문제에 맞서고자 하는 자발성을 반영하는 학습 목표를 설정한다. 이들은 모두 능동적인 목표-탐색 과정으로서 학습 체계를 가리킨다.

5.2.5 전문성, 인지 전략 훈련, 잘못 자리매김된 지식의 문제

의도적인 학습이라는 개념과 관련된 접근은 전문성에 대한 인지적 연구로 제안되었다. 교육 맥락에 대한 접근으로서 그와 같은 접근 방법은 쓰기에서 목표 설정과 문제 해결의 방향으로 학생들이 전환하는 방법을 탐색하였다. 버레인터와 스카다말리아(1993)는 최근에 전문성의 본질에 대해 탐구하였는데 자신들의 연구를 끌어들이고 최근의 전문성 계발에 대한 다수의 연구를 종합하였다. 몇몇 다른 연구자들이 전문성이라는 성장하고 있는 분야를 탐구하였고 이 연구를 쓰기 향상에 적용하고 있다. 예컨대 미카엘 카터(1990)는 '전문성'에 대한 연구가 일반적인 학습 전략 대 지엽적인 지식의 중요성을 논의하였다고 지적하였다. 그가 살펴본 연구에서는 특별한 문제에 맞닥뜨렸을 때에만 전문가들은 일반적인 문제 해결 전략으로 전환하는 듯하다. 그와 같은 상황에서 전문가들은 기술을 전환할 수 있지만 일반적으로 도움이나 실습, 설명으로만 그렇게 할 수 있다. 전문성에 대한 연구 결과들은 기술과 전략들을 전환할 수 있는 가장 좋은 방법은 다양하게 비슷한 맥락에서 절차적인 지식이 되거나 자동적인 수행이 이뤄지는 지점에 이를 때까지 일관된 연습을 겪어 보는 것이라고 주장한다. 동시에 전문적인 수행에서 지엽적인 지식의 영향이 이와 비슷하게 지나치게 단순화되었음을 지적한다. 지엽적이고 특정 상황에 따른 지식의 중요성은 대학원이나 전문적인 직업 환경과 같은 구체적인 맥락에서 수행하라는 요구를 받았을 때 학습자에게 커지는 경향이 있다. 카터가 지적하고 있듯이 '전문가들은 구체적인 기술과 관련하여 오랜 기간에 걸쳐 발전된 매우 잘 짜인 개념틀을 지니고 있기 때문에 전문가가 된다.'(1990:272). 이와 달리 초보자들은 구성 능력, 내용 정보, 맥락에 대한 갈래에서 실습으로부터 오는 구체적인 지식이 부족하다.

다수의 덜 숙달된 필자들은 쓰기 과제에 지엽적인 지식이나 일반적인 전략에서 극소수의 자원을 가지고 접근하는 듯하다. 그와 같은 자원을 계발하기 위한 연구들 가운데 버레잇터와 스카다말리아(1987)는 절차 실행과 목표 구체화의 활용과 관련된 일반적인 전략 훈련 접근 방법을 탐구하였다. 그들이 추천하는 단계는 다음과 같다.

- 학생들이 통제하도록 배워야 하는 자기 조정 체계를 자리매김할 것.
- 학생들이 연습해야 하는 전문적인 처리 유형에 대한 실마리를 제공하는 방법을 설계할 것.
- 처리 과정을 겉으로 드러내고 학생들이 그것을 배우도록 하는 데서 가르침 가능한 경로를 설정할 것.

6학년 학생들에게 제시하는 것과 관련된 일련의 카드 본보기가 있는데 이 카드에는 쓰기를 위한 전략이 담겨 있다. 예컨대 학생이 어떤 구역에 이르면 다음과 같은 더 발전되고 가능한 일러두기를 제안하는 카드를 카드 더미에서 뽑게 될 것이다.

'더 좋은 착상은 ---'
'이에 대한 본보기는 ---'
'나는 주제에서 벗어났으므로 따라서 ---'
'내 목적은 ---'

(각 갈래마다) 지침을 적은 30개 정도의 카드가 있으며 일정한 순서 없이 임의로

두었다. 핵심은 자신들의 쓰기에 대해 반성적 사고를 불러일으키는 실마리를 학생들에게 제공하는 것인데 이는 지식-전달하기 흐름을 간섭하게 될 것이다. 비슷한 실습 전략이 고쳐 쓰기에서 기술을 발전시키기 위해 사용되기도 하였다. 학생들은 자신들이 쓴 글과 작문 목표를 비교하기 위한 일련의 안내지침을 검토하게 될 것이다. 예컨대 비교하기 전략에서 어떤 문제가 발견되면 문제를 해결하기 위해 수정 전략을 학생들에게 제안하는 일련의 안내 지침을 활용할 수 있다. 그 목표는 학생들로 하여금 수정 과정에 대하여 자각하도록 하고 알맞은 전략을 실습해 보도록 격려하는 데 있다. 일반적으로 여기서 나타난 결과는 학생들이 논술 쓰기에서 이런 전략들을 활용하도록 배울 수 있음을 보여준다. 한계는 이런 전략들이 실마리로 뒷받침을 해 주지 않는 다른 쓰기 과제에 쉽게 옮겨가지 않는 듯하다는 것이다.

이런 한계는 여러 전략 실습 접근에서 일반적이다(읽기 전략과 관련된 절차 연습에 대해서는 프리슬리 등 1994 참조). 학생들은

- 먼저 자신의 수행이 지니는 한계를 깨달아야 하며
- 그 다음에 자신의 수행이 한계를 지니게 된 구체적인 부분을 깨달아야 하고 (비교를 위한 몇 가지 수단)
- 그 다음으로 그들의 수행에서 문제를 해결할 수 있는 방법을 배워야 하고(몇 가지 기법으로 안내됨)
- 도와주는 실마리로 뒷받침되지 않은 과제를 수행하기 위해 더 나아진 수행으로 옮아가도록 배워야 한다.

여러 가지 전략 실습에 대한 연구는 구체적인 전략과 기법을 학생들에게 가르치는 데 성공했음을 보여 주지만, 구체적인 실습 환경을 벗어난 맥락으로 기법들이 옮겨갈 수 있다거나 실습 후 과제의 수행에 어떤 영향을 미친다는 것은 거의 보여 주지 않았다(프리슬리 등 1992).

학생들로 하여금 다른 수행 기준을 자각하도록 하며 이런 서로 다른 수행

기준을 활용하도록 배우게 하고 그 다음에 이런 기준들을 따로 다른 맥락에 전이하도록 하는 일반적인 목표는 상위 인지 전략 연구라는 이름으로 수행된 많은 연구의 목표였다. 브루너의 발판이 마련된 교수법(scaffolded instruction)이라는 개념, 비고츠키의 인접 발달 영역 개념을 따르면서 브라운(1994), 콜린스 등(1989), 뉴먼 등(1989), 팔링사르와 브라운(1984), 프리슬리 등(1991, 1992, 1994)과 같은 연구자들은 학생들로 하여금 지식을 공동으로 구성하게 하거나 더 전문적인 전략을 같이 사용하게 함으로써 새로운 전략을 독자적으로 활용할 수 있도록 자극하는 방법을 찾고 있다.

쓰기 가르침으로서 문제 해결 실습 절차들을 적용하는 데서 중요한 문제는 쓰기 그 자체가 '잘못 자리매김된 문제 해결'이라고 연구자들이 부르는 것이 되는 경향이 있다는 것이다. 말하자면 단일의 잘 규정된 해결책이 없는 상황인 것이다. 스피로 등(1987)은 '인지적 유연성'과 '인지 전이'는 쓰기와 같이 잘못 규정된 문제 중심의 과제에서 잘못 이해되고 있다고 주장한다. 인지 전략 활용에 대한 잘못 규정된 맥락에서 어떤 기술이 새로운 맥락에 전이되는가, 또는 이런 전이가 어떻게 성취되는가 하는 것이 분명하지 않다.

연구에 대한 개관을 바탕으로 스피로 등(1987)은 전이되어야 하는, 잘못 규정된 지식에 대하여 학생들은 이미 수립된 개념틀 구조에 기대기보다는 새로운 개념틀 구조를 짜맞추어야 하는 다양한 관련된 상황에 접촉할 필요가 있다고 주장한다(버레잇터와 스카다말리아 1993, 맥진레이와 티어니 McGinley and Tierney 1989). 이런 능력의 계발을 위한 가장 좋은 접근 방법은 내용 영역의 많은 다양성에 접촉하도록 하는 데 있다. 말하자면 학생들에게 서로에 대해 어떤 관련성을 지니고 있는 많은, 관련되는 사례와 맥락을 제시하는 것이다. 스피로 등은 먼저 학생들에게 중간 정도의 구조화가 덜 된 글로 된 과제 제시를 통해 먼저 내용을 소개할 때 구조화가 덜 된 글을 다루는 방법을 가장 잘 배울 수 있다고 제안한다(예컨대 어떤 상황은 하나 이상의 훌륭한 해결책을 제시할 수 있지만 각 해결책은 상당히 효과적인 것으로 증명될 수 있다).

5.2.6 과정과 형식의 균형 맞추기

스피로 등(1987)에서 제안된 것처럼 전략 연구에서 반복적으로 나타나는 중요 문제 가운데 하나는 학생들이 수행하도록 요구받은 쓰기의 갈래에 대한 자각을 하도록 할 필요가 있다는 것이다. 버레인터와 스카다말리아(1987)는 서사적인 쓰기와 설명글 쓰기에서 서로 다른 요구 사항을 지적하고 학생들에게 문제 해결 기술을 향상시키기 위하여 서로 다른 목적으로 써보게 할 필요가 있음을 지적하였다. 카터(1990)는 쓰기 전문성에 대한 논의에서 서로 다른 전략 사용을 요구하는 다양한 쓰기 과제에 대한 포괄적인 연습의 중요성을 지적한다. 비슷하게 스웨일즈(1990)는 학생들이 학업에서 성공하고자 한다면 학생들의 쓰기에 대한 지식의 중요한 부분으로서 갈래에 대한 지식의 필요성을 지적하였다. 다음 작은 절에서 쓰기 향상에 적용되는 것으로서 갈래의 개념을 탐구한다. 갈래들은 일군의 필자들이 일반적인 기대치에 얽매여 있는 쓰기의 문제를 해결할 수 있는 방법을 드러낸다. 이 갈래는 필자와 독자 둘 다의 의사소통을 도와주고, 서로 다른 갈래의 지식과 독자에게 서로 다르게 언급하는 방식에 대하여 의사소통에 적합한 틀을 학생들에게 제공해 준다.

갈래에 대한 새로운 강조는 또한 이전에 모든 쓰기 과제를 위한 단순한 절차들의 묶음으로서 과정의 강조에 대한 수정된 반응을 보여준다. 애플비(1986), 버레인터와 스카다말리아(1985), 크리스티(1985), 마틴(1989)은 모두 쓰기 과정 접근을 지나치게 단순하게 적용하는 것과 관련된 난점들을 언급하였다. 상당히 설득력 있는 주장에도 불구하고 때때로 실망스러운 결과로 이어지는 접근 방법이라는 것이다(애플비 등 1994 참조). 쓰기의 형식적인 측면과 쓰기의 서로 다른 갈래에 따라 요구되는 문제 해결하기에 대한 무시는 심각하게 학생들의 쓰기 능력을 제한하였다고 모두 주장한다. 그에 대해 이들은 학생들의 인지 능력을 넓히게 될 폭넓은 과제 선정에 대한 인식의 필요성을 주장한다.

오스트레일리아에서 응용 언어학과 교육적인 조사연구는 갈래와 쓰기 목적을 반영하는 것으로서 언어 형식이 쓰기 능력 향상에 중요한 구성성분이라는 인식에 대한 논의로 확대하였다. 이는 쓰기 가르침과 기술 가르침 사이의 잘못 된 이분법에서 무시되었던 논의였다(코우프와 캘런치스 1993, 코우 1994도 참 조). 이런 연구자들은 쓰기 과정이 쓰기 연구와 가르침에 하는 중요한 역할을 낮춰 보는 것이 아니라 쓰기 과정이라는 개념을 현재 가르침 맥락에서 해석할 때 매우 제한된 관점으로 보는 것이다(크리스티 1985, 맥클린 Maclean 1989). 대신에 그들은 형식의 통합을 통해 쓰기 향상에 대한 기능적인 접근에서 형식과 과정 사이의 균형으로 이어져야 한다고 제안한다. 언어 사용의 기능에 대한 강 조를 통하여 목표는 갈래 형식을 통하여 실현되는 쓰기에 대한 사회적 영향과 인지적 영향을 설명하는 것이다. 다음 절에서 이런 관점을 살피고 핼리데이의 기능에 따른 의미에서 갈래 지식의 발전이 지식 전달 단계를 넘어서 학생들의 쓰기 능력 향상에 중요한 역할을 한다는 것을 논의할 것이다. 쓰기 향상에 대해 오스트리아에서 형성된 관점은 쓰기를 통하여 학생들의 능력 향상을 꾀하기 위 한 논의로서 특히 중요하다. 이런 생각은 오스트레일리아 바깥에서는 신중하게 고려되지 않았다.

5.3 쓰기 향상에 대한 갈래 중심의 접근

5.3.1 기능으로서 언어에 대한 핼리데이의 관점

쓰기 향상에 대한 어떤 이해에서든 언어에 대한 중요한 관점은 핼리데이의 언어에 대한 기능 이론으로부터 나왔다. 언어에 대한 이런 접근에서 문법은 기 능에 따른 목적 달성을 위해 상호작용하기 위한 화자와 필자의 욕구로부터 발전 하였다. 말하자면 언어 발달은 어린이의 '의미를 나타내기 위한 배움'으로부터 발전한다는 것이다(크리스티 1989). 이런 관점에서 언어는 맥락이나 내용으로부터 떼어낼 수 없으며 내용과 맥락에 따라 일관되게 다양해지며 그리고 의미가 실현되는 매체이다. 교육적인 맥락에서 의미 있는 언어 사용에 대한 핼리데이의 강조는 미국에서 전체 언어 이론가들에 의해 수용된 관점이다. 그러나 어떤 맥락에서 의미 있는 언어 사용으로 방향을 잡은 것은 언어 형식이 의미 있는 의사소통에 구조를 부여하는 방식까지 포함하도록 더 확장된다. 크리스티가 언급하고 있듯이 '내용 영역의 통달에서 성공은 실제로 그런 내용을 다루는 데 필수적인 언어 자원의 통달과 관련된다. 이는 어떤 사람의 담화가 구조화되는 방법을 안다는 것을 함의한다(1989:167).'

언어 형식을 언어 사용과 독립되어 있는 것으로 보는 미국의 생성 문법학자들의 가정과는 달리 핼리데이는 언어 형식과 의미 형성을 통합된 체계로 간주한다. 핼리데이의 경우 언어 형식은 본질적으로 기능을 따르며 이는 기능에 따른 목적에 이바지함을 의미한다. 페인터(Painter 1989:21)는 다음과 같이 지적한다.

> 언어는 언어체계가 전체적으로 그렇게 하도록 되어 있는 것으로 간주될 수 있다는 점에서 기능을 지닌 자원이다. 그렇게 하도록 되어 있는 것은 그렇게 하도록 요구를 받았기 때문이다. 언어 학습자의 욕구가 언어 체계 그 자체의 모습을 만든다.

어린이의 모국어 능력은 처음에는 부모와, 그 다음에는 인간 접촉이 확대되는 세계와 의사소통을 하고자 하는 욕구의 증가로부터 발달한다. 언어를 통해 어린이들이 상호작용하고 주변 세계를 다루도록 배워감에 따라 언어는 새로운 기능에 따른 욕구를 만족시킬 수 있도록 그 형식이 확대된다. 이런 식으로 어린이들은 의미를 형성하는 데 관여하고 의미를 형성할 수 있는 어린이의 능력에 이바지하는 언어 형식을 통해서 그렇게 해 나간다.

입말과 글말로 상호작용하는 것을 배우는 학생들은 언어 형식과 일반적인 덩잇글 구조가 어떻게 정보를 제시하고 다른 사람과 상호작용하기 위한 자원을 제공하는지 이해할 필요가 있다. 그들은 자신들이 만들려고 하는 의미에 적절한 언어 유형을 선택하도록 배운다. 그렇다면 학교교육의 목표는 그러한 언어 유형을 인식하고 사용하도록 학생들을 도와주는 것이다. 크리스티(1989:198)는 다음과 같이 적고 있다.

> 지식은 담화의 형태로 만들어진다. 그리고 '지식 본령'의 성공적인 습득은 추리, 심사숙고, 탐구라는 다양한 정신 기술의 관련된 발달과 마찬가지로 전적으로 지식이 존재하는 데 필요한 언어 자원의 통달에 달려 있다. 널리 퍼져 있는 믿음과는 달리 훌륭한 가르침이 언제나 학생들이 사용하도록 배워야 하는 언어의 본질에 명백하고 명시적인 관심을 지녀야 하는 것은 이와 같은 이유에서이다.

의미를 형성한다는 것은 담화의 산출과 덩잇글의 산출이다. 이런 관점을 확대하면 학생들이 학교 상황에서 담화의 활용과 덩잇글 구성을 통하여 역시 의미를 형성하고 배운다는 것이다. 그와 같은 관점에서 쓰기와 형식에 주의를 기울이는 것은 내용 탐구의 부분으로서 학습에 핵심적이라고 주장할 수 있다. 이런 관점은 핼리데이(1993b)와 마틴(1989)에 의해 강하게 옹호되었으며 이것이 다음 작은 절의 주제가 될 것이다.

5.3.2 갈래 지식으로 언어를 확대하기

초등학교 글말 능력 발달에서 성공과 실패의 원인을 살핀 마틴(1989)에서는 사실적인 글쓰기 특히 설명문 쓰기 즉 세계가 어떻게 돌아가는가를 탐구하는 쓰기를 포괄하는 가르침을 옹호한다. 그는 이런 관점을 자기 표현적인 쓰기와 서사적인 쓰기 즉 세계가 어떻게 보이는가를 묘사하는 쓰기에 전적으로 초점을 모으는 쓰기 가르침과 직접적으로 대조를 한다(버레인터와 스카다말리아 1987도 참조). 이 논의에서 자기 표현적인 쓰기와 서사적인 쓰기를 학생들이 입말에서 글말 사용으로 옮아갈 때 발판을 제공하는 방법으로서 그 중요성을 무시하지는 않는다. 실제로 쓰기를 배우기 위해 낯익은 갈래의 활용은 잘 알려져 있다.

오히려 문제는 이른 시기의 학교 교육과정에서 학생들이 일정한 갈래 형식을 쓰기에서 연습하여야 한다는 인식을 하는지 여부이다.

헬리데이의 논의를 따라 언어에 대한 기능적 관점을 가정하면서 마틴은 학교와 교사들은 언어 사용과 사회적 목적 사이의 연관을 무시함으로써 그리고 쓰기를 통해서나 말하기를 통해서 정보를 다뤄 나가려는 학생들의 노력으로부터 비롯되는 언어 형식의 구체적인 분석을 무시함으로써 성공과 실패를 강화한다고 논의하였다. 세계를 이해하기 위해 쓰기를 어떻게 활용할 것인가를 배우는 것은 학생들의 변화 가능성과 학생들의 성공 가능성을 (보장하지는 못하지만) 제공한다.

마틴(1989)은 내용 학습을 통한 사실적인 쓰기 기술의 학습을 학생들이 자신들의 학습에 통제력을 부여하는 방법으로 본다. 부분적으로 학생들이 사회화를 가능하도록 하는 더 넓은 범위의 사회화 과정을 겪었기 때문에 정보를 다스릴 필요성을 끌어낼 수 있는 학생들은 성공할 것이다. 그러나 기대되는 갈래와 그 기능에 따른 목적에 덜 친숙한 학생들은 학교에서 계속해서 실패할 것이다. 이에 따라 학교교육의 목표는 많은 학생들이 간접적으로 끌어낼 수 없는 언어 형식에 대한 명시적인 가르침도 싸안아야 할 것이다. 언어, 내용, 맥락의 통합으로 문제를 해결함으로써 그리고 통합을 요구하지 않은 갈래들을 연습함으로써가 아니라 이런 통합을 요구하는 쓰기 갈래를 연습함으로써 학생들은 학교에서 제시하는 정보를 다스릴 수 있도록 배운다.

사실적인 쓰기의 개념과 학생들의 쓰기 향상을 위한 갈래의 중요성을 설명하기 위하여 마틴은 사실적인 쓰기를 위한 얼개를 발전시켰다. 이 얼개에서 쓰기 갈래들은 지식 제시의 기능에 따른 목적과 관련하여 확인된다(단젤로 D'Angelo 1987, 보그란데 1984:100). 마틴의 입장에서 초등학교 학생들이 몰두하여야 하는 사실적인 쓰기의 갈래에는 다음이 포함된다.

자세하게 설명하기(구체적인 사건 관련 제시)

과정(일반적인 사건 관련 제시)

묘사(구체적인 대상 관련 제시)

보고(일반적인 대상 관련 제시

설명(논제, 사건, 대상에 대한 구체적인 논의)

규명(exposition) (여러 겹의 설명으로 이뤄진 복잡한 연쇄)

교과과정에 통합되어야 하는 사실적인 갈래에 대한 이와 비슷한 분류를 약간 다른 선택내용 묶음으로 드레위안카(Derewianka 1990)가 제시하였다.

자세하게 설명하기(무엇을 하였는가?/무엇이 일어났는가?)

일러두기(무엇을 어떻게 하였는가?)

서사적(다른 방법으로 자세하기 설명하기)

정보 보고(전체 학급에서 사물이 어떻게 보이는가?)

설명(왜 그런가? / 어떻게 작동하는가?)

논쟁(자신의 입장 말하기)

이 두 얼개에서 어린 학생들의 학습에 대한 강조점은 글쓴이의 목적에 가장 적합한 방식으로 내용을 제시하기 위해 어떻게 언어가 작용을 하는가 하는 것이 다. 어떤 얼개에서도 의미 있는 교육과정 내용으로부터 벗어날 수 있는 문법 연습이나 문체 연습의 문제를 언급하고 있지 않다(콜러슨 Collerson 1990). 오히 려 *내용 탐구의 과정에서* 학생들은 효과적인 언어 사용과 갈래 형식을 통해 내용을 어떻게 제시할 것인가를 배운다. 중요한 점은 교사로부터 비롯되는 학생 뒷받침이라는 개념은 언어 사숙(콜린스 Collins 등 1989)이나 디딤판 제공(브루 너 등 1983)이든, 상호 가르침의 실습(브라운과 팔링사르 Brown and Palincsar 1989)이든 덩잇글로서 언어 형식의 기능에 따른 역할을 포함하도록 확장되어야 한다(크리스티 1989).

5.3.3 갈래의 중요성

언어에 대한 초점이 임의 형식에 대한 주의집중의 문제가 아니라 어떻게 의미 형성에 핵심인가 하는 것을 이해하기 위해서 위의 5.3.1에서 제시된 논의를 알아 볼 필요가 있다. 그 논의는 언어와 내용은 의미를 형성하고자 하는 필자의 욕구에 이바지한다는 의미에서 통합된다는 것이었다. 크레스(1989)는 모든 언어 사용이 담화를 구성한다는 것에 주목함으로써 언어 사용에서 근본적인 인자로서 갈래의 중요한 역할을 발전시켰다. 담화 구성은 화자와 청자, 필자와 독자 사이의 차이에 달려 있다. 어떤 담화가 집단의 사회적 기능에 깊숙이 끼어듦에 따라 이런 담화들은 관례화된다. 이들은 의사소통에서 기능에 따른 목적에 이바지하는 갈래로 받아들이게 된다.

학교 맥락에서 학생들은 어떻게 그런 갈래들이 기능에 따른 목적에 이바지하는가를 알아낸 정도까지 그리고 갈래 구조들이 학생들에게 명확해지는 정도까지 정보를 학습하기 위해 갈래를 활용할 것으로 기대된다. 헬리데이의 입장에서 그러하듯이 언어 사용과 학습 목적 사이의 밀접한 관계를 가정할 때 학생들은 학습 과제와 정보 내용에 적합한 언어 매체로 효과적으로 공부할 수 있도록 가르칠 필요가 있다. 크레스(1989)와 마틴(1990)에서 가정하듯이 이런 일들이 일어나지 않을 때 학교에 기반한 기대치를 반영하는 사회화의 혜택을 입지 못하는 학생들에게 학습 목적이 흐려질 것이다(히쓰 1986b, 페인터 1989도 참조).

학생들에게 갈래를 가르치는 것이 임의 모형을 가르치는 것으로, 그리고 학생들의 학업 목적과 거의 관련을 갖지 못하는 것으로 나빠질 것이라는 논의가 때때로 있었다(프리드먼 1993, 실바 1990). 이를테면 세 단락이나 다섯 단락 모형을 가르치는 과정에서 이런 일이 실제로 있을 수 있지만 여기서 제시하는 논의는 아니다. 갈래는 가르침을 위한 목적으로 제시되는 것은 아니고 의미 있는 내용을 이해하는 수단으로 제시된다. 갈래들은 정보 내용과 학습 맥락을 학업에 제시하는 잠재 형태로 가르치고 이해되고 비판되어야 한다. 갈래는 또한 문화에 대한 이념을 반영하므로 갈래에 대한 연구는 부가적으로 특정의 목적으로 구체적인 갈래를 사용하는 집단의 가정에 대한 자각을 할 수 있도록 하며 그들이 배운 지식의 갈래뿐만 아니라 지식에 가치가 부여되는 방법과 숨어 있는 가정이 반영되는 방식에 대해 비판할 수 있도록 해 준다.

그렇다면 성공하기 위해서 학생들은 학교에서 가치 부여된 갈래를 통해 내용을 담아내도록 언어가 작용하는 방식을 배워야 한다. 어떤 의미에서 서로 다른 갈래의 지식을 조직하는 개념틀을 배워야 할 뿐만 아니라 서로 다른 갈래의 정보를 제시하기 위해서 개념틀을 배워야 한다(코우프와 캘런치스 1993, 모헌 Mohan 1986). 이런 일들은 쓰기 과제의 서로 다른 유형으로 일관된 연습을 하는 맥락에서 그리고 의미를 형성하는 다른 방법들에 초점을 모으기 위해 서로 다른 갈래에서 언어 구조화를 지적할 수 있는 상황에서 일어날 수 있는 일이다. 스피로 등(1987)은 이런 유형의 연습이 비교적 잘못 자리매김된 문제 해결과제를 다루는 데서 충분한 연습을 제공하게 될 것이라고 주장한다. 약간 다른 관점은 확장적인 연습의 필요성에 동의하는 오스트레일리아의 다양한 학자들에 의해 제안되었는데 이들은 명시적인 가르침이 언어가 어느 정도로 의미 있는 의사소통에 이바지하는가를 보여주기 위해 필요하다고 주장하였다.

5.3.4 학업 맥락에서 갈래 활용의 확대

쓰기 능력 향상의 띠 반대쪽 끝을 살피면서 스웨일즈(1990)는 고급 수준의 쓰기 발달에서 기능에 따른 목적을 지닌 것으로 갈래의 중요성을 옹호한다. 그는 학생들에게 학습에 주도권을 갖게 하는 중요한 수단으로서 갈래에 대한 지식을 지적한다. 갈래가 의미 있는 목적에 이바지하며 다양한 학업 지식의 개념틀 기반에 얼개를 제공한다는 생각을 출발점으로 받아들이면서 갈래 구조를 효과적으로 사용할 수 있는 능력이 학업 맥락에서 학생들의 학업 능력과 역할을 성공적으로 바꿀 것이라고 강력히 주장한다. 마틴과 로써리(Martin and

Rothery)(마틴 1985도 참조)를 언급하면서 스웨일즈는 사회적으로 인정된 갈래에서 정보를 다스리는 방법을 갈래가 제공한다고 지적한다(이를테면 후회하는 편지 갈래는 어떤 사람을 잔치에 부르는 데 좋은 갈래가 아니다). 이런 갈래 형식들은 문화와 담화 공동체에 밀접하게 묶여 있다. 스웨일즈가 언급하듯이 '갈래는 언어적인 수단으로 사회적 목적을 달성하기 위한 체계를 구성한다(1990:41).' 특정의 지식에 대한 주도권을 쥔 학생들에게 그리고 어떤 담화 공동체에서 인정을 받은 학생들에게 갈래 형식을 효과적으로 사용할 수 있는 능력은 중요하다(코우 1994도 참조).

갈래에 대한 이런 논의를 통해 모든 수준의 쓰기 발달과 가르침의 연결을 인식하는 것이 중요하다. 또한 쓰기에 대한 인지 심리학적 연구, 인지 전략 발달 연구와 글말능력 발달에서 학생들의 어려움에 대한 연구들의 관계를 아는 것도 중요하다. 만약 갈래가 지엽적인 문화적 가정이 머무는 곳이고 언어 구조, 필자의 목적, 정보 내용, 말투식이 담겨 있는 곳이라면 쓰기 능력 향상에 그리고 쓰기를 통한 학습에 핵심 개념이라는 것이 분명하다. 갈래를 통제하는 것을 학생들이 배워 나감에 따라 부수적으로 언어 표현, 쓰기 목적, 내용, 맥락을 다스리도록 배울 수 있다.

5.3.5 수사학으로부터 나온 일반화된 갈래 지식

자연스러운 흐름은 다양하고 있을 수 있는 갈래들에 대한 상위 범주를 찾아 보는 것이다. 이런 흐름은 수사학 영역에서 검증된 것으로 깊은 역사적 근거를 지니고 있다. 20세기에 그와 같은 흐름은 서사, 설명, 논증, 묘사와 같은 범주에 대한 일반적이고 교육적인 인식으로 이어졌다. 이런 수사적 관점은 체계적이고 형식적인 특징을 지닌 서로 다른 담화 유형, 생각을 조직하는 방법을 반영하는 담화 유형이 있다고 가정한다.[34] 담화를 안내하고 배열의 유형을 가르치기 위해

---

34) 대다수의 동시대 수사학자들은 이런 가정에 반대한다는 점에 주의하여야 한다.

구성 원리의 활용은 아리스토텔레스 이래 있어 왔다. 더 최근에 18세기와 19세기에 이런 원리들은 수사적 구성의 기본적인 목적을 대표하는 것으로 제시되었고 베인(Bain)의 널리 알려진 분류가 주도하였는데 묘사, 서사, 설명, 논증이 있었다(버얼린 1984, 크롤리 1990, 안젤로 1987).

담화 배열에 대한 최근에 논의된 이론들 가운데 브릿튼 등(1975), 안젤로 (1975, 1987), 킨너비(Kinneavy 1971, 1983), 모펫트(1968)가 가장 두드러진다. 종합을 하는 데 어려울 정도로 이론들 사이에 구분이 있지만 모두 담화의 종류에 대한 개념적인 이론과 담화 배열의 기능을 제안한다(안젤로 1987, 킨너비 1983 참조). 그러나 모든 경우에서 (기능에 따른 동기를 갖지 않는 베인의 전통적인 갈래 분류에 맞서) 쓰기가 필자, 독자, 덩잇글, 세계의 기능 역할에 따라 영향을 받는 것으로 간주한다. 예를 들면 킨너비는 이런 역할들을 표현적, 설득적, 문학적, 지시적이라는 네 개의 기본적인 글말 담화 유형으로 바꾼다. 이들 기본 유형들은 묘사, 서사, 분류, 평가라는 글말 담화 모형에 의해 뒷받침된다.

담화 유형에 대한 이런 이론들은 담화의 형식적 특징에 관련된 논제들의 연구와 쓰기 가르침에 대한 논제들의 연구에 강력한 영향을 미쳤다. 미국에서 (초등학교 언어 표현 교재에서 고등교육 수준의 쓰기 교재에 이르기까지) 대부분의 쓰기 교재들은 모국어와 외국어 맥락에서 일련의 담화 유형에 대한 이들의 설계를 바탕에 깔고 있다(그 결과로 나타난 교육방법은 흔히 '현재적 방법-전통적인 방법'으로 다소 깔보는 듯한 느낌으로 언급되고 있다[버얼린 1987, 실바 1990]). 이들 수사 이론의 구체적인 적합성은 담화를 형성하는 데 목적, 독자, 태도, 주제의 중요성을 지나치게 단순화하거나 무시하는 경우에도 직관적으로 호소력이 있는 형식적인 구성 유형에 대한 보편적인 분류학적 진단법을 제공한다는 것이다.

갈래에 대한 더 추상인 분류(이를테면 상위 갈래)를 위한 몇 가지 증거들이 있다. 예컨대 설명문, 논증문, 서사문인데 이런 용어들은 적용되는 맥락에 달려 있다. 교육적 맥락에서 이뤄진 상당할 정도의 연구들은 매우 다른 방식으로 이

런 분류와 구별되게 자리매김되는 덩잇글을 활용하고 있음을 되풀이해서 증명
하고 있다(예를 들면 크로우허스트 1987, 1990, 메이어 1987, 리슈겔 등 Richgel
1987, 스피로와 테일러 Spiro and Taylor 1987). 이와 같은 상위 갈래에 대한 신중
한 언어학적 분석이 언어학적 자질이 동시에 나타나는 방식과 이런 갈래들을
규정하는 방식에서 의미심장하고 일관된 차이를 드러낸다는 것을 증명하고 있
다. 그와 같은 일반적인 분류가 마틴이나 드레위안카의 기능적 갈래 개념틀이나
바티아(Bhatia 1993), 스웨일즈(1990)와 다른 연구자들에 의해 언급된 고급 수준
의 학업 갈래들만큼이나 쓸모가 있는가 하는 것은 미해결의 문제이다.

5.4 영어를 외국어로 하는 쓰기에 대한 조사연구

세계의 영어 사용 나라에서 학생들이 교육 제도에서 외국어 학습자로서 자신
들에게 폭넓은 뒷받침을 하고 있지 않다는 것을 점점 발견하고 있다. 예컨대
미국의 교육제도에서 2000년까지 영어를 외국어로 학습하게 될 학생이 5만 명
이상이 될 것이다(베른하르트 Bernhardt 1994). 그럼에도 가르침 목적에서 이런
학생들을 영어를 모국어로 배우는 학생들과 구별하려는 혹은 서로 다른 학생들
의 필요성을 인식하려는 아무런 노력도 하지 않는다(레키 1992, 실바 1993). 그
러나 그렇게 많은 학생들이 영어를 외국어로 하는 필자가 될 것이기 때문에
그들의 상황과 그들의 욕구를 특별하게 고려를 하는 것을 빼놓을 수 없다. 이
절에서는 영어를 외국어로 하는 학생들을 대상으로 탐구했던 조사연구 논제들
을 고려하기로 한다.

5.4.1 모국어 조사연구로부터 지원과 모국어 조사연구를 위한 지원

이 장의 많은 부분(그리고 다른 곳에서)을 통하여 외국어로서 영어로 쓰기를

배우는 것에 특별하게 초점을 모으지 못하였다. 중심 목표는 일반적인 쓰기의 본질을 밝히려는 다양한 흐름을 끌어 모으는 것이었다. 여기서 이뤄지는 논의의 다양한 부분에서 모국어로서 영어 연구의 발견 사실들을 뒷받침하거나 협력하는 외국어로서 영어 연구가 인용될 것이다. 그러나 다음 사항을 언급하는 것이 중요하다.

- 외국어 맥락이 독특한 관심을 불러일으키는 방식
- 이런 관심사들의 가능한 형식들
- 이런 관심사를 언급하였던 조사연구

매우 최근에 이르기 전까지, 쓰기에 대한 외국어로서 영어 연구는 모국어로서 영어 연구에 밀접하게 의존되어 있었다. 아마도 대조 수사학, 구체적인 목적을 위한 영어, 쓰기 평가 세 영역에서만 외국어로서 영어 조사연구의 독자적인 길을 걷고 있는 듯하다(처음 두 개는 6장과 7장에 언급되어 있다. 쓰기 평가는 13장에서 논의될 것이다([햄프-라이온스 Hamp-Lyons 1990, 1991d도 참조]). 외국어로서 쓰기에 대한 조사연구의 갑작스러운 출현에서 중요한 기폭제는 외국 학생과 소수 민족 언어 사용 학생들이 영어를 사용하는 고등 교육 기관에 들어오는 수가 불어났다는 것이다. 아마도 미국 단과 대학과 대학에서 신입생 작문에 대한 널리 퍼져 있는 요구 때문에 외국어로서 쓰기 조사연구는 그런 나라에서 매우 두드러졌다. 또한 미국과 오스트레일리아에서 소수 민족 언어 사용 학생들이 맞닥뜨린 어려움에 대한 부차적인 강조가 더 분명해졌다. 조사연구를 위한 두 맥락은 외국어로서 조사연구의 상당한 분야를 만들어냈고 당연하게도 대부분의 조사연구는 외국어 학습자와 모국어 학습자들 사이의 있을 수 있는 차이보다는 유사성을 강조하였다.

작은 동아리의 필자들에 대한 사례 연구에 주로 기대면서 작문 과정과 고쳐 쓰기 전략에 대한 연구는 모국어 조사연구에서 기술된 것처럼 외국어 학생들이 덜 숙달된 모국어 화자와 같은 행태를 보인다는 것을 보여 주었다. 작문 과정에

대한 연구에서는 외국어 화자들이 같은 묶음의 작문 과정을 활용하는 듯하지만
다양한 이유에서 많은 외국어 화자들이 모국어 화자들이 보여주는 능력보다 덜
유능하게 작문 과정을 적용한다(레임즈 1985, 자멜 1983, 1985). 레임즈(1985)는
외국어로서 영어를 사용하는 학생들의 경우 쓰기 어려움들은 대부분 언어 표현
기술보다는 작문 기술에서 겪는 어려움의 결과라고 논의한다. 두 번째 유사성은
레임즈(1985)에서 지적하였는데 외국어 학생들이 내용 생성 욕구에 이끌릴 수
있고 쓰기를 시작할 때 그 내용을 써 나간다는 사실에 있다(버레인터와 스카다
말리아 1987 참조). 에델스키(1986), 개스킬(Gaskill 1986), 존스와 테트뢰(Jones
and Tetroe 1987)는 또한 모국어 쓰기 과정이 외국어 쓰기에 전이됨을 논의하였
다. 게다가 과정 중심의 가르침은 모국어나 외국어로 쓰든 비슷한 정도의 향상
으로 이어지며 이는 특히 초등학교 단계에서 그러하였다(허들슨 1989b, 우르주
아 Urzua 1987). 대부분 모국어 학생과 외국어 학생들 사이의 밀접한 유사성을
옹호하는 주장은 작문 과정에 대한 조사연구에 집중되어 있다(개관은 크레이플
스(Krapels 1990) 참조). 이런 연구 방향은 중요한 유사성을 드러낼 수 있다. 그리
고 이런 탐구 노선은 외국어 쓰기가 쓰기 과정 연구에서 제안했던 것보다 훨씬
더 모국어 쓰기와 다를 수 있음을 입증할 수 있다.

5.4.2 쓰기 차이들: 모국어 대 외국어

대조 수사학과 특별한 목적을 위한 영어 연구, 평가 연구에 의해 외국어 쓰기
에서 드러난 분명한 차이들과는 별개로 최근의 연구로부터 구체적인 다수의 발
견 사실들은 외국어 쓰기가 유사성보다는 차이가 아마도 더 많을 수 있음을
보여 준다.

먼저 상당한 분량으로 쓰거나 자주 쓰는 외국어 학생들이 일반적으로 더 잘
쓴다는 것이 분명하지 않다는 것이다. 모국어 학생들과는 다르게 잘못 쓰는 학
생들도 더 많이 쓴다는 주장을 하는 증거들이 있다(레픈 Reppen 1995, 레픈과

그레이브 1993). 이는 더 연구가 필요한 주제인데 쓰기 양과 쓰기 품질 사이의 연결이 어떤 조사연구에서는 종종 가정되기 때문이다(칼리슬 Carlisle 1989, 페리스 Ferris 1994).

두 번째로 모국어 학생들이 자신의 모국어에서 수사적 계획, 조직화 논리, 갈래 형식에 대한 암묵적인 지식을 지니고 있지만 대조 수사학에서 지적된 것처럼 외국어와 관련하여 그와 같은 암묵적인 지식을 지니고 있다는 것은 결코 분명하지 않다. 이런 차이는 쓰기가 자연스럽게 학생들로부터 우러나오고 직접적으로 가르칠 수 없다고 가정하는 연구에서는 실제로 더 클 수 있다(존스 1985, 크라센 1984). 대조적으로 핼리데이의 관점에서 다수의 모국어 학생들이 덩잇글다운 구조화 지식이 불충분하며 외국어 학생들에게 필요한 글말 담화 형식에 대해서도 같은 갈래의 직접적인 가르침이 필요하다는 점에서 모국어 학생과 외국어 학생이 다르지 않을 수 있다고 주장할 수도 있다.

외국어 학생과 모국어 학생 사이의 세 번째 차이점은 고쳐 쓰기에 대한 연구에도 나타난다. 대부분의 모국어 조사연구에서는 대부분의 고쳐 쓰기가 쓰기 능력 향상에 거의 영향을 미치지 않으며 다양한 갈래의 되짚어 주기가 어떤 외국어 학생들의 논술 향상에 유용한 듯하다고 주장한다(패쓰먼과 웨일리 Fathman and Whalley 1990). 내용과 구성에 대한 교사의 일반적인 지적이 외국어 학습자들에게 유용하다는 것도 발견하였다. 비슷하게 레임즈(1985)는 외국어 학생들이 교사의 짜깁기와 되짚어 주기로 방해를 덜 받는다는 것을 발견하였다. 실제로 외국어 학습자들은 더 많은 간섭을 받아들이고 기대하고 있는 듯하며 그들이 그와 같은 되짚어 주기를 받게 될 때 더 많은 향상을 하였다(래더키와 스웨일즈 Radecki and Swales 1988). 고쳐 쓰기 전략과 되짚어 주기의 영향에서 모국어 학습자와 외국어 학습자 사이의 있을 수 있는 차이들을 탐구하는 외국어 조사연구가 충분하지 않기 때문에 추가적으로 신중한 논의가 필요한 분야이다(코헌과 카발칸티 Cohen and Cavalcanti 1990, 패쓰먼과 웨일리 1990, 페리스 1995, 레키 1990).

모국어 학생과 외국어 학생들 사이의 네 번째 차이는 외국어 쓰기에서 모국어의 영향에 있다. 분명히 이는 모국어 쓰기에서 나타나지 않는, 외국어 쓰기에서 추가되는 인자이다. 모국어로부터 전이되는 과정과 전략의 있을 수 있는 긍정적인 영향과는 별개로 외국어 학습자들은 또한 외국어에서 있을 수 있는 제한된 언어 능력으로부터 파생되어 나오는 제약들에 직면하고 있다. 어휘, 언어 구조, 내용에 관련된 제한된 지식이 외국어 학생들의 수행을 제약한다. 외국어에서 쓰기에 관련된 언어 유창성의 수준이 미치는 영향에 대한 전체적인 물음들이 신중하고 자세하게 검토되어야 한다(카슨 등 1990, 실바 1993 참조). 갈래에 바탕을 둔 교육과정에 대한 오스트레일리아의 옹호자들이 한 것처럼 샤니와 칼슨(Charney and Carlson 1995), 힐록스(1986), 스마고린스키(1992)는 모두 모국어 쓰기 가르침에서 모형화와 모형의 활용을 강력히 주장하였다. 외국어 학습자의 제한된 언어 능력 때문에 쓰기 모형이 특히 외국어 학습자들에게 긍정적인 영향을 미칠 수 있다는 발견 사실을 설명할지 모른다.

5.4.3 외국어 쓰기 모형을 향하여

지금까지 외국어 쓰기 조사연구의 결과는 다음을 주장한다.

- 많은 모순되는 발견 사실들이 있다.
- 조사연구에 대한 다수의 결과들과 해석은 모국어 조사연구 결과로부터 예측된 발견사실들을 반영하고 모국어 조사연구 결과와 비슷하다.
- 외국어 조사연구는 신중하게 전개된 연구들과 조사연구 설계를 통해 그리고 더 신중하게 통제된 조사연구 상황에서 더 완전하게 전개되어야 한다.

실바(1992, 1993)는 외국어 쓰기 맥락에 대해 구체적으로 관련되는 더 통제된 조사연구에 대한 강한 주장을 하였다. 특히 모국어 쓰기 이론이 외국어 쓰기에서 고급 수준을 위해서는 충분하지 않을 것이라고 주장한다. 게다가 현재 외국어 조사연구는 주로 실험적이며 참여자들의 수가 제한되어 있고 품질에서 같지 않으며 외국어 맥락에 영향을 미치는 모든 범위의 인자들을 설명하고 있지 않다. 조사연구에서 이런 한계는 외국어 쓰기 이론의 제한된 관점으로 비칠 것이다. 외국어 쓰기 이론을 발전시키기 위해서는 모국어 이론이 적합하다고 할 때 모국어 연구를 활용할 수는 있지만 외국어 쓰기의 독특한 성질을 아우르는 것은 아니다.

실바(1990:19)는 외국어 쓰기의 모형이 다음과 같다고 하였다.

> 최소한으로 쓰기를 상호작용 활동으로 간주하는 ... 모형이다. 알맞은 정도로 포괄적이며 내적으로 일관되어 있는 모형이다. 이 분야에서 역사적 발전에 대한 이해를 반영하는 모형이다. 해당 학문에서 현재 이뤄지고 있는 연구로부터 정보를 받는 모형이다. 그리고 개인과 사회의 문화적, 언어학적, 경험적 차이에 민감한 모형이다.

실바(1990:19)는 외국어 쓰기 모형이 다음의 다섯 구성요소를 통합해야 한다고 주장한다.

(i) 외국어 쓰기 이론
(ii) 외국어 쓰기의 본질에 대한 연구
(iii) 외국어 쓰기 가르침에 대한 연구
(iv) 외국어 쓰기 가르침 이론(접근 방법)
(v) 외국어 쓰기 실천 사례

다섯 개의 구성요소를 각각 뒷받침할 수 있는 연구의 갈래가 그러한 것처럼 이들 구성요소들 사이의 상호작용 정도는 아직 해결되지 않은 문제이다. 외국어 쓰기 이론을 발전시키는 두 번째 방법은 8장에서 기술되는 민족지학 방법을 다시 고려하는 것이고 민족지학에서 나온 정보가 외국어 쓰기와 모국어 쓰기의 차이를 탐구하는 데 쓰인 방법뿐만 아니라 그런 민족지학 정보가 검증 가능한 가설을 만들어내는 정도에 있다.

'쓰기에 대한 민족지학' 접근에 바탕을 둔 외국어 쓰기 모형은 쓰기 상황의 다양한 중요 구성요성들에 대해 알려진 것이 무엇인가를 묻게 될 것이다.

필자 , 쓰기
독자, 덩잇글의 내용과 형식
목적, 필자의 기저에 있는 의도
자리, 쓰기의 과정

그와 같은 수행에서 얻을 수 있는 수확은 외국어 쓰기가 너무나 다양하고 상황에 따라 구별되어 외국어 쓰기에 대한 이론이 적어도 현재의 지식으로는 가능하지 않다는 주장이다(코헌과 카발칸티 1990). 외국어 쓰기의 기술적인 이론이 모국어 쓰기의 기술적인 이론과 정확하게 어떻게 다른가 하는 것은 비록 이런 갈래의 노력이 외국어 쓰기 이론을 만들어가는 단계라고 생각하지만 이 책의 연구 범위를 벗어나는 문제이다.

5.5 인지에서 맥락으로 옮겨가기

이 장은 쓰기 과정에 대한 인지적 접근을 바라보는 현재적 관점들을 더 많이 모으고자 하였으며 동시에 쓰기 연구에서 일반적으로 많이 다루지 않은 두 방향으로 현재의 연구를 확대하고자 하였다. 덩잇글 형식 그 자체가 쓰기 연구에서 중요한 구성요소로 다시 부각되었다는 생각은 전문성[전문가의 특성]에 대한 인지적 연구뿐만 아니라 지식 변용에 필요한 자원을 연구한 버레잇터와 스카다말리아의 연구로부터 비롯되었다. 세계 여러 곳에서 서로 다른 맥락에서 쓰기를 배우는 많은 학생들이 외국어 학생들이라는 것을 인식하는 것도 중요하다.35)

현재 모국어 쓰기 연구에서는 이런 학생들에 최소한의 관심을 보이지만 고려해야 할 중요한 연구 논제들이 있으며 그 가운데서 중요한 것은 외국어 학생들이 서로 다른 기예와 자원, 필요성, 기댓값으로 쓰기를 배우고 있는가 하는 것이다 (특히 카치루 1992, 슈리다 Sridhar 1994 참조). 외국어 학생에 대한 연구는 현재의 모국어 연구 문헌에서 이뤄진 주장들의 일반성을 평가하는 데 필요하다. 게다가 외국어 학생들이 모국어 학생들과 차이를 보이는 정도까지 연구에서는 이런 차이들을 탐구하여야 하며 외국어와 모국어 가르침을 위해 지니는 함의를 탐구하여야 한다.

모국어 쓰기에 대한 인지 연구의 영역에서 쓰기 발달의 이해에 서로 다른 맥락 변수들이 중요하다는 인식이 늘어나고 있다. 특히 플라워(1989, 1994)의 최근 연구는 쓰기에서 필자의 인지적 노력과 함께 작용하는 사회적 맥락을 고려하려는 강한 움직임이 있음을 보이고 있다. 이런 흐름은 플라워와 헤이즈의 이른 시기 모형을 의미 있게 수정한다. 쓰기에 대한 어떤 적절한 기술 이론이든 다양한 방식으로 쓰기에 영향을 미치는 많은 사회적 맥락을 설명해야 할 것이다. 이런 흐름은 또한 코우프와 캘런치스(1993), 다이슨(1993), 크레스(1994), 위트(1992)에 의한 쓰기 이론 논의에서 최근에 눈에 띈다.

외국어 쓰기 분야와 응용 언어학에는 일반적으로 모국어 쓰기 논의에서 취급을 받지 않던 두 개의 부가적인 맥락이 있다. 그것들은 특별한 목적을 위한 영어(ESP)와 대조 수사학이다. 두 경우 모두에서 응용 언어학의 관심사는 명백하고 아마도 모국어 쓰기에 대한 상대적인 무관심도 이해 가능할 것이다. 모국어 조사연구와 분명한 유사점은 고급 수준의 학업 맥락과 학업이 아닌 맥락에서 관심이 늘어난다는 것이다. 현재 연구는 이런 맥락들이 쓰기에 대한 욕구를

---

35) 즉 그들은 자신의 모국어가 아니라 어떤 (국가적인/공식적인) 언어로 쓰기를 배우고 있다. 이를테면 필리핀에 있는 세부아노 토박이 화자들과 일로카노(Ilocano) 토박이 화자들은 필립피노어로 쓰기를 배운다. 혹은 인도에서 타밀어 토박이 화자나 구가라티 토박이 화자는 힌두어로 쓰기를 배운다. 외국어는 영어일 필요가 없으며 문제는 그와 같은 가르침이 실제로 수행되는 방법에 대해 혹은 학습이 성취되는 방식에 대해 알려진 것이 거의 없다는 것이다.

어떻게 바꾸는가, 사용 유형을 어떻게 변화시키는가를 탐구하는 것이며 쓰기 가르침을 위한 서로 다른 선택내용을 제안한다. 다음 두 장에서 특별한 목적을 위한 맥락에서 쓰기와 대조 수사학이라는 이들 영역들을 자세하게 탐구할 것이며 쓰기에 대한 이해를 가져올 부가적인 기준들에 대해 이런 맥락들을 검토할 것이다.

06 | 전문 직업을 위한 쓰기
Writing for Professional purposes

6.1 도입

앞 장의 논의로부터 쓰기는 오직 학교에서만 일어나거나 학업을 목적으로 사용된다는 인상을 받기 쉬울 것이다. 그러나 지난 15년 동안, 쓰기와 글말 능력에 관심을 가져 왔던 연구자들은 이제 쓰기의 활용이 교육적인 맥락을 훨씬 넘어선 상황과 이어져 있다는 인식을 하고 있다. 쓰기는 이제 많은 직업 맥락과 전문 기술 맥락뿐만 아니라 일터에서도 연구되고 있다. 그와 같은 연구의 일반적인 목표는 학교 밖의 맥락에서 실제로 사용되는 쓰기 갈래를 이해하는 것이며 학교 맥락과 다른 맥락 사이의 연결을 검토하고 학교에서 쓰기와 다른 맥락에서 쓰기 사이의 관계가 생산적인지를 결정하는 것이다. 말하자면 학교를 떠난 뒤 다른 맥락에서 효과적으로 쓸 수 있도록 쓰기 연습을 하고 있는가 하는 것이다.

이 장은 쓰기 전문화의 네 영역에서 세부 내용들을 점검함으로써 이런 질문들을 살필 것이다.

- 중등 학교 이후 과정에서 가르치는 전문적인 쓰기
- 학교가 아닌 맥락에서 실제로 수행되는 쓰기와 학교 맥락에서 쓰기 비교
- 특별한 목적을 위한 영어(ESP; English for Special Purpose)에서 쓰기 접근 방법
- 전문 직업 맥락에서 쓰기에 대한 사회 구성주의적 관점

이런 논제들은 전 세계의 전문적인 의사소통에서 영어의 역할과 같은 중요한 관심을 불러일으키고 가르침 접근에서 중요한 독자, 주제, 목적의 다양성을 통합할 필요성을 제기한다.

6.2 전문적인 쓰기 가르침

미국의 고등교육에서 전문적인 쓰기는 전문적인 분야나 전문 직업에 들어가기 전 분야를 연구하도록 가르친다. 이런 과정들은 전문적인 쓰기 전문가들에 의해 영어과에서 때로 가르치고 때로는 전문 학문/직업에 따른 학문/ 사업상의 학문의 갈래 규범과 형식에 학생들이 친숙해지도록 하기 위해 각 학과에서 가르치기도 한다. 각각의 경우에 기본적인 가정은 학생들이 일반적인 쓰기 강좌에서 가르치지 않는 쓰기를 위한 전문적인 방법(이를테면 편지, 메모 적기, 보고서)을 배워야 할 필요가 있다는 것이다. 어떻게 분명하고, 객관적이며 정확하게 할 것인지를 모르는 교사들에 의해 주입된 중등 교육이나 고등 교육의 나쁜 쓰기 습관을 끊도록 학생들이 배워야 한다고 주장하기도 한다. 쓰기 가르침에서 그럴 듯한 편견을 이해하기 위해 전문적인 쓰기 가르침에 주도적인 가정들을 살펴볼 필요가 있다.

먼저 몇 가지 구별을 소개하는 것이 중요하다. 이들 가운데 먼저 전문 기술로서 쓰기와 과학적이고 전문 기술적인 목적을 위한 쓰기 사이의 구별이 있다. 쓰기가 틀(template)의 속성 즉 일련의 기법이라거나 올바른 표현이나 객관적인

표현을 보장해 주는 일련의 간단한 단계를 밟아가는 절차의 속성을 지닌다는 가정을 발견하게 된다(이를테면 도브린 Dobrin 1989, 윈저 Winsor 1990). 전문 기술로서 쓰기 개념은 1장에 나오는 고급 수준이라는 개념과 같지 않다. 인간의 유전 체계를 통해 물려받아 생물학적으로 갖춰진 기술이 아니라 학습된 기술이라는 의미에서 쓰기를 전문 기술로 서술하였다. 이 장에서 논의되고 도입된 전문 기술로서 언어 표현은 일련의 안내지침과 '객관적인' 줄글을 쓰기 위한 일반적인 '발견 절차'를 지니고 있는 것을 가리킨다.

관심을 기울여야 하는 두 번째 구별은 과학과 전문 기술 분야에서 쓰기 활용과 강의나 편지, 안내서, 다른 설명 자료에 사용되기 위한 문서의 준비에 관련된다. 앞의 경우 정해진 경로를 따르는 비율이 낮고 설계와 협동으로 고쳐 쓰기, 입말 상호작용, 공개 발표의 기회가 더 많다. 뒤의 경우 전문적인 쓰기는 어떤 양식의 활용과 관련되고 전문적인 쓰기 교재만큼이나 효과적이거나 그렇지 않은 사용 규칙이 이끌어 줄 것이라고 믿는다. 전문적인 쓰기에 대한 뒤의 입장은 다음과 같은 관습적인 쓰기 활용을 포함한다.

- 사업 목적을 위한 메모
- 사업 보고서
- 표제와 표, 다른 시각 자료의 활용에 대한 안내 지침
- 인사말, 서식, 맺음말과 같은 전문적인 편지 쓰기 관례
- 효과적인 문법 활용 규칙들

사실 대다수의 전문적인 쓰기는 미국에서 가르치고 있는 것처럼 학술적이지 않은 다양한 갈래에 대한 틀을 학생들에게 제공하는 일련의 가르침과 관계가 있다. 본질적인 면에서 이런 강좌는 문서 도안과 사무적인 용법에 대한 실습으로 이뤄져 있고 과학자와 전문 연구자들이 전문 직업 환경에서 연구를 할 때 채택하는 쓰기의 실제적인 사용은 거의 강조를 두지 않는다. 구체적인 환경에서 독자에게 친숙한 것으로 인식된 표준 형식으로 맞추는 것이 중요하지만 전문적인

덩잇글의 다양한 유형에 따른 형식보다는 내용에 중심을 두는 수사적인 문제를 해결할 필요가 있다(맥키넌 MacKinnon 1993). 여러 학문에 관련된 쓰기 가르침의 더 형식적인 접근은 이루어지지 않았고 실제로 가능할 것 같지 않은 비교적 단순한 형식-기능 등식을 가정한다.

일반적으로 실험 보고서, 과학적인 방법을 밝힌 논문과 보조금 신청서를 구별하는 것과 같이 과학적인 쓰기와 전문 기술적인 쓰기에 대한 어느 정도 *형식적인* 논의가 있지만 전문적인 과학자와 전문 기술 연구자들이 글을 쓸 때 하는 것에 대한 연구에는 비교적 거의 시간을 할애하지 않았다. 상업 분야에서 쓰기에 대한 연구에 충분한 고려가 없었다(레이더 1993, 레이놀즈 등 Reinolds 1995, 스피카 Spika 1993a). 이 장에서는 이와는 달리 학교를 벗어난 전문직업 맥락에서 실제로 이뤄지고 있는 쓰기에 더 많은 관심을 가질 것이고 보고서 도안과 사무 문서 생산의 제약에 대해서는 근본적으로 무시할 것이다.

세 번째 구별은 조사와 출판 목적의 쓰기 대 다른 전문 직업 맥락에서 쓰기에 있다. 이런 논의를 위해서 연구 정보의 보급을 위한 창조적인 글쓰기가 더 실용적이거나 사업상의 메모, 거절 편지, 보험 청구, 경찰 체포 영장 등등과 같은 형식의 일상적인 사용을 반영하는 쓰기 활용보다 더 중시된다(메탈린 Metalene 1995).

응용 언어학에서 중요한 논제인 정보 접속과 정보 변용의 문제는 비학업 맥락에서 쓰기의 실용적인 갈래에서보다 조사연구 보고서, 증서, 전문 직업적인 출판에 더 집중되어 있다. 특히 조사연구 발견사실들을 더 폭넓게 퍼뜨리기 위한 공개 보고에 대한 초점은 일반적으로 일터나 학교 맥락에서 일어나는 쓰기의 갈래와는 다른 지위를 지닌다. 전문적인 조사연구에서 쓰기가 객관적인 보고를 위한 어떤 관습에 얽매일 것이라고 가정하고 연구 결과를 보고하기 위한 논문이 일반적인 일련의 쓰기 절차에 얽매이는 듯이 보이지만 일련의 기계적인 절차를 단순히 따르지는 않는다고 주장할 것이다. 오히려 과학적인 쓰기는 다른 형식의 쓰기만큼이나 주관적이고 수사적인 것으로 인식된다. 그리고 많은 상황에서 수사적으로 더 민감하다(게이슬러 Geisler 1994, 카플란과 그레이브 1991). 동시에 비학업 맥락에서 쓰기 전체에 대해 이뤄진 연구는 가르침을 위한 중요한 통찰을 제공한다. 이 문제는 다음 절에서 논의될 것이다.

앞에서 살핀 세 가지 방향 각각은 고등 교육과정에서 쓰기 가르침에 대한 비판에 영향을 미친다. 고등 교육과정에서 전문적인 쓰기 가르침은 일반적으로 전문 기술적이고 과학적인 목적을 위한 쓰기 활용을 중점적으로 다루려고 한다. 그런 과정들은 기본적인 형식을 가르치고 전문적인 주제 영역과 갈래에서 쓰기를 대표하는 것으로 널리 인식된 쓰기 관습을 가르친다. 그 과정은 용어에 대한 신중한 뜻매김을 강조하고 애매한 용어를 피하고 (글쓴이의 태도와 관련하여 '중립적인') 개인감정을 섞지 않은/객관적인 문체를 강조한다. 비록 최근의 연구는 전문적인 방향으로 나아가는 쓰기가 이런 일반화에서 암시하는 것보다 훨씬 더 복잡하기는 하지만 비교적 추상적인 수준에서 그와 같은 기준은 알맞은 목표인 듯하다(스필카 Spilka 1993b). 대다수의 전문적인 쓰기 가르침은 다음을 가정한다.

- 정보는 글쓴이로부터 독자에게 '전달될' 수 있다(새로운 상품이 재배자로부터 소비자에게 전달된다는 의미에서인데 이 상황에서 '다루는 방식'은 최소화되고 꾸러미 묶기가 중요하다).
- 독자는 정보가 작은 단위로 나뉘고 단계에 따라 점진적으로 설명될 때 만약 그것이 자연스러운 방식으로 '계획되어 짜인다면' 더 잘 이해할 수 있다.
- 정보는 글쓴이나 읽는이와 떨어져 '저기 있으며' 해석을 위한 배경지식과 독립되어 있다.
- 쓰기는 개요를 따라야 한다.
- 단락은 구조적인 모양을 갖추고 있어서 변함없이 주제 문장으로 시작된다.

이런 관점에 대한 비판에서 도브린(1989)은 전문적인 쓰기 가르침을 안내하는 기본적인 가정들을 검토하였으며 이런 가정들 대부분이 일터에서 실제로 전문 기술적인 쓰기가 이뤄지는 방법에 대해 설명하지 않는다고 결론을 내렸다. 혹은 전문 기술 분야에서 쓰기가 이런 가르침 노선을 따름에도 불구하고 왜 나쁘게 되는지를 설명하지 않는다고 결론을 내렸다(레이놀즈 등 1995). 도브린은 학교 에서 익히는 전문 기술 분야에서 쓰기 접근법을 플라워와 헤이즈를 따르는 것과 같은 인지적 모형으로 소급될 수 있는 쓰기에 대한 가정 특히 쓰기가 문제-해결 활동이라는 가정을 하는 것으로 간주한다. 4장에서 언급된 것처럼 그와 같은 가정은 어떤 갈래의 쓰기이든 쓰기가 일어나는 사회적 맥락 대부분을 무시할 수 있다. 이런 이유로 도브린은 기술이나 기법으로서 전문적인 쓰기라는 개념이 잘못이라고 주장한다. 더 나아가 순수하게 객관적인 쓰기, 분명한 용어, 명확한 뜻매김이라는 개념이 필자의 상황에 따른 의도와 독자가 누구인가에 대한 설명 을 위한 가정으로 연결되지 않으면 불가능하다고 한다. 도브린은 또한 전문 기 술 분야의 쓰기 과정에 적용될 때 정보 전달자라는 개념이 쓰기를 기계적인 번역 과정으로 자리를 좁힐 수 있음을 암시하기 때문에 부적절하다고 주장한다. 일터에서 쓰기에 대한 조사연구는 그와는 달리 (1) 글쓴이의 배경지식, (2) 메시 지의 의도, (3) 나타난 어휘-통사적 선택으로 상당한 '잡음'이 있다는 것을 증명 하였다.

이런 그의 관점으로부터 전문 기술 분야 쓰기가 일반적인 갈래의 쓰기와 구 별되지만 전문 기술적인 쓰기의 어떤 특징들을 갈래나 주제를 결정하는 중요한 신호로 기계적으로 떼어낼 수 없다고 주장한다. 오히려 전문 기술적인 분야에서 쓰기는 다른 쓰기 갈래만큼이나 이해하고 가르치기 어렵다. 그 이해와 산출 기 술은 지식과 경험으로부터 나오며, 꾸준한 연습으로부터 나오고 종종 실패에서 시작한다. 전문 기술적인 쓰기 가르침을 다른 쓰기 교사와 조사연구자들로부터 어떻게든 벗어난 일종의 만병통치약으로 보아서는 안 된다(앤더슨 1985, 도헤니 -페어리나 Doheny-Farina 1986, 맥키넌 1993, 오델 Odell 1985).

비교육적 맥락에서 쓰기에 대한 더 나은 이해는 실제적인 쓰기를 살피는 것이고 가능하다면 이런 맥락들에서 필자들이 사용한 쓰기 과정을 연구하는 것이다.

6.3 비교육적 맥락에서 쓰기

1980년대에 몇몇 쓰기 연구자들은 얼마나 잘 혹은 얼마나 잘못되게 미국에서 고등교육을 받는 학생들이 졸업 후에 전문직업/사업에서 해야 될 쓰기에 준비되었는가를 이해할 필요성을 인식하였다. 일반적인 고등교육 수준의 작문 강좌가 충분히 준비되지 않았고 전문적인 쓰기 수업이 충분히 이에 대응하지 못한다는 것을 널리 인식하고 있었다. 고등교육 수준의 가르침에 도입된 한 가지 접근법은 '교육과정에 걸친 쓰기' 제안이었는데 이는 모든 고등교육 수준의 강좌와 학과에는 전문 내용과는 상관없이 학생들의 쓰기 능력에 책임을 지고 있다는 생각이었다(애커먼 Ackerman 1993, 카우퍼와 영 Kaufer and Young 1993, 킨너비 1987). 그와 같은 입장은 상당한 분량의 쓰기 연습, 학생들의 중심 연구 분야와 관련된 더 전문화된 과제, 쓰기 향상이 고등교육 수준의 기관에 있는 모든 교직원들의 책임이라는 자각을 보장해 줄 것이라고 논의되었다(4장). 두 번째 접근은 쓰기 과제, 태도, 직업에서 사람들의 기댓값을 연구하는 것인데 비학업 환경에서 고등교육 졸업자들에 어떤 쓰기 요구가 실제로 일어나고 있는지를 정하기 위해서였다. 뒤의 연구 입장은 전문 직업 맥락과 사업 맥락 둘 다에서 쓰기는 매우 가치가 있으며 복잡하다는 것을 보여 주었다(코우처와 라이머 Couture and Rymer 1993, 오델과 고스워미 Odell and Goswami 1985, 레이놀즈 등 Reynolds 1995).

일터에서 쓰기에 대한 다른 설문 조사연구를 살피고 포괄적으로 연구한 앤더슨(1985)에서 도리슨(1989, 맥키넌 1993도 참조)이 비판하였던 전문적인 쓰기 강좌로 다룰 수 없는 쓰기 필요성을 제시하였다. 그는 전문 직업 맥락에서 쓰기는 단순한 교육적인 해결책으로 줄일 수 없는 많은 인자들이 개입되어 있다는 것을 발견하였다. 앤더슨(1985)은 대학 졸업생들(일곱 개의 서로 다른 연구 분야, 841명의 응답자)에게 다음의 질문에 답하도록 하고 설문 조사하였다.

1. 일터에서 쓰기가 얼마나 중요합니까?
2. 어떤 갈래의 쓰기를 실제로 합니까?
3. 일반적으로 얼마나 자주, 누구에 의해서 하게 됩니까?
4. 어떤 사람에게 가장 많이 쓰고 있습니까?
5. 왜 씁니까? 다른 말로 하면 쓰기의 목적은 무엇입니까?
6. 임용 기간이 쓰기의 양을 변화시킵니까?

일터에서 쓰기는 매우 중요한 것으로 드러났다. 그의 설문 조사에서 응답자의 93%가 어느 정도 중요하다고 하였고 57%는 쓰기가 매우/절대적으로 중요하다고 하였다. 일반적으로 쓰기는 대부분의 전문 직업 채용에 빠뜨릴 수 없는 부분으로 간주하였다. 몇몇 설문 조사에서 어떤 직업 범주에서는 쓰기를 덜 필요로 한다고 지적하였지만(이를테면 소매업이나 도매업, 노동자의 공장에서 일), 대부분의 직업 범주에서 쓰기가 대부분의 채용에서 기본적이라는 발견 사실과 모순이 없다는 것을 발견하였다.

직업에서 쓰기는 다양한 변수에 걸쳐 상당할 정도로 다양하다. 독자, 목적, 주제 모두가 쓰기를 구체화한다. 몇몇의 쓰기 양식이 주도를 하는데 편지, 메모, 양식, 설명서들이 종종 일터에서 반복적으로 나타나는 갈래들이다. 중요함에도 불구하고 일반성이 덜하지만 내부 보고서, 진척 보고서, 의견 제안과 같은 갈래들이 포함된다. 고용되어 있는 사람의 소수만이 논문을 출판하도록 청탁을 받는다(비록 이들 소수에게는 그와 같은 활동이 매우 중요하지만). 이런 발견 사실 가운데 한 가지 결론은 학교에서 전문적인 쓰기가 유용한 것으로 인식된다는 것이다. 편지나 메모, 설명서와 같은 표준적인 갈래에 대한 실습을 하도록 지원하고 있다. 이런 갈래들의 표준 양식들이 일터에서 중요한 것으로 간주되는 이유는 정보 변용을 위해 이들이 빠르고 분명한 인지 얼개를 제공하고 따라서 효과적이고 효율36)적인 의사소통을 위한 기능에서 유용하기 때문이다. 독자의

---

36) (뒤친이) 효과/효율은 유의어 분포를 보이는데 이는 우리말에서 찾을 수 있는 '결과:과정'의 대립쌍들이다. 이런 낱말 대립쌍을 고려하면 '효과'는 어떤 일의 결과 상태를 나타내고 '효율'은

중요성은 모든 설문 조사에서 강조되었다. 일터에서 부하, 동료. 상사, 고객, 회
사 외부의 공무원에게 읽힐 것인지 여부가 달려 있는데 글쓴이들은 독자 선택이
자신들의 쓰기에 강한 영향을 미친다고 언제나 강조한다.

앤더슨(1985)의 설문 연구 응답자 대부분이 일터에서 많은 시간을 쓰기를 하
면서 보낸다고 응답하였다.

60%는 10% 이상의 시간에 쓰기를 한다.
38%는 20% 이상의 시간에 쓰기를 한다.
15%는 40% 이상의 시간에 쓰기를 한다.

따라서 거의 40%가 어떤 종류의 글쓰기든 일주일에 일하는 시간 가운데 하루
종일에 맞먹는 시간을 쓰기를 하면서 보낸다고 이야기한다. 이런 발견 사실들은
다른 뒤따르는 연구에 의해 충분히 뒷받침된다.

일터에서 필자들은 일터의 바깥에 있는 사람보다 조직 안의 사람에게 더 많
이 쓴다는 사실도 발견되었다. 패러디스 등(1985)은 내부적인 글말 의사소통은
일터에서 분명히 가장 중요한 쓰기 활용이며 특히 전문 직업적인 연구 맥락에서
그들은 쓰기가 다른 많은 기능에 이바지한다는 것을 발견하였다. 다른 설문 조
사연구에서는 상사, 동료, 부하 직원에게 보내는 쓰기의 백분율을 나누었다. 끌
어낼 수 있는 일반적인 결론은 의도한 독자에 폭넓은 다양성이 있다는 것이다.
쓰기의 목적은 다음과 같다.

- 정보를 나누어 주기 위해서
- 지침을 내리거나 명령하기 위해서
- 메모나 편지에 응답하기 위해서
- 기록을 보관하도록 양식을 완성하기 위해서

어떤 일을 하는 과정의 상태를 나타내는 말인데 원문에는 effective와 efficient로 되어 있다. 문맥
에 따라 effective는 과정을 나타내기도 하고 결과를 나타내기도 하기 때문에 우리말로 뒤칠
때에는 맥락을 잘 고려해야 하는 영어 낱말이다.

■ 새로운 대안이나 선택내용을 제안하기 위해서

이런 쓰기의 대부분은 편지, 메모, 양식과 같은 주요 갈래 서식을 통해서 이뤄진다. 이런 문제에 대한 민족지학적 연구는 전문 직업 맥락에서 쓰기의 기능으로 비록 일터에서 나타나는 역할이 핵심적이긴 하지만 일반적으로 나타나지 않는 다른 쓰기 목적을 제시하였다(페이글리 1985, 스필카 1993b). 패러디스 등(1985)는 일터의 사회적 맥락을 자리매김하고 그 역할에 다음을 포함한다고 언급하였다.

■ 협력 연구 연결망의 수립
■ 일의 진행 정도 확인
■ 자기 홍보 허용
■ 발상 자극
■ 동료 교육

일반적으로 직업에서 비록 일터에서 쓰기 기술이 전체적으로 불량하지만 필자들은 자신들의 쓰기 기술이 훌륭하다고 느낀다. 새로 고용된 사람들은 자신의 쓰기 기술을 오래된 사람들보다 과대평가하는 경향이 있었다. 대부분의 일꾼들은 대학에서 쓰기 강좌가 중요한데 특히 전문 기술 분야의 쓰기와 사업상의 의사소통이 중요하다고 생각하였다.

오델(1985)은 사무실 맥락에서 쓰기에 대한 민족지학 연구를 하였는데 고려해야 할 만한 두 개의 인자를 지적하였다. 대부분의 쓰기에는 협력에 관련되어 있고 사실에 대한 동료와의 점검에 관련되는데 적절한 배경 정보, 문서에 대해 있을 수 있는 부가적인 독자의 확인 등등을 지적하였다. 더 나아가 독자 개념은 누가 그 서류를 읽을 것인가를 구체적으로 아는 것으로 결정될 수 없다. 오히려 독자 개념은 쓰기와 관련된 과거의 경험과 관리자로부터 받는 되짚어 주기에 따라 발전된다. 따라서 협력과 매우 구체적인 맥락에 따른 앞선 경험이 일터의 쓰기에서 중요한 역할을 한다(레이놀즈 등 1995 참조).

일터에서 쓰기에 대한 연구에서는 쓰기 가르침을 위한 논제 몇 가지를 지적한다. 앤더슨(1985)는 다음 네 개의 일반적인 제안을 포함하였다.

- 이런 맥락들에서 쓰기의 중요성 설명하기
- 분명하고 정확하며 잘 짜인 줄글을 쓰기 위한 일반적인 기술에 주의하기
- 다양한 독자들을 다루어 보기
- 다양한 쓰기 과제와 유형을 연습하기

오델(1985)은 더 나아가서 글을 구성하기 위한 일반적인 얼개는 일터 환경의 유형에 대한 매우 구체적인 배경 지식과 사회 맥락 정보와 관련된 과제보다 덜 유용할 것이라고 주장하였다.

6.4 특별한 목적을 위한 영어와 고급 수준의 쓰기 가르침

외국어로서 영어(EFL/ESL) 맥락에 대한 첫 번째 관심사는 명시적이며 아주 자세하게 그리고 대규모로 가르칠 필요가 있을 정도로 학생들에게 중요한가 하는 것이다. 많은 외국어 맥락에서 대부분의 학생들(특히 중등학교를 마치기 위한 기본적인 영어 기술을 배우고 있거나 국가적인 시험을 치르거나 더 나은 고용 기회를 찾으려는 사람들)은 포괄적인 쓰기 가르침을 필요로 하지 않는 듯하다. 영어로 매우 자세하게 쓰기를 연습하도록 요구를 받는 정도는 극히 제한되어 있다. 대신에 외국어 맥락에서 쓰기 가르침의 초점은 업무와 관련된 목적이거나 과학적인 연구를 위한 목적, 전문 직업/학업을 위한 의견교환 목적에 따라 영어 사용 전문가와 상호작용할 가능성이 높은 숙달된 전문 직업인의 훈련에 적절하게 배분하는 것에 초점을 두고 있다. 최근에 이르기까지 그와 같은 높은 수준의 쓰기를 요구하는 외국어 교육과정이 드물었다.

영어가 과학과 기술 분야에서 중요한 세계 언어라는 것은 잘 알려져 있다. 다수의 연구자들이 이런 사실에 대한 일관된 증거들을 제공하고 있다. 라지(1983)는 과학 출판물의 언어 분포를 검토함으로써 논의를 제공한 첫 번째 연구자였다. 출판물에 사용된 언어와 다수의 찾아보기와 요약 자료 인용에 쓰인 언어를 살펴본 뒤에 그는 과학 관련 출판물과 기술 관련 출판물에서 영어 사용이 젤 수 없이 많으며 늘어나고 있다고 결론을 내렸다(생물학 요약문의 77%[1965], 87%[1977], 88%[1988], 의학 요약문의 51% [1965], 76%[1978], 물리학 요약문의 73%[1965], 87%[1977]). 다른 출처로부터 나온 비슷한 결과들은 이런 흐름을 확신하게 해준다(발다우프 Baldauf 1986, 발다우프와 제르너드 Baldauf and Jernudd 1983, 1987, 그레이브 1988b, 카플란 1993, 라폰세 Laponce 1987, 메이허 Maher 1987, 메지예스와 카플란 Medgyes and Kaplan 1992). 이런 분야에서 주도적인 역할은 영어가 일반적으로 사용되거나/학습되는 언어가 아닌 곳에서 정보 접속과 회상에 심각하게 있을 수 있는 문제를 불러일으킨다. 이런 상황은 비교적 짧은 기간 동안 일어났던 역사적인 현상의 결과로 나타났다.

첫째, 과학적인 조사연구의 본질이 어떤 방향으로 변하였다. 현세기는 종종 기술의 시대로 묘사된다. 그러나 지금의 세기 이전의 모든 시대는 인간이 언제나 기술과 관련을 맺고 있기 때문에 역시 기술의 시대였다. 실제로 기술의 출현은 인간이라는 종을 자리매김하는 특징이다. 현재에서 다른 점은 정보의 관리와 정보의 접속에서 기술의 변화라는 특징이라기보다는 변화의 속도이다.

둘째, 이차 세계 대전의 결과 미국이 교육적인 토대와 기술적인 토대가 제대로 갖춰진 유일한 공업 국가였다. 전쟁이 일어남에 따라 미국의 과학 영향력이 더 커졌고 미국은 과학 정보의 저장고로 막대한 기여를 하였고 그와 같은 정보의 최대 사용자가 되었다. 결과적으로 미국은 이런 정보를 계속하여 통제하였다(그레이브와 카플란 1986, 카플란 1992, 반 내어슨과 카플란 van Naerssent and Kaplan 1987). 그리고 체계의 통제는 체계가 조직되는 범주를 통한 자리매김의 통제를 의미한다. 따라서 이제 기저에 있는 토대 구조는 영어에 기반을 둔 지식 사회에 기대고 있다.

셋째, 지난 반세기 동안 점진적으로 발전된 대단위 자동화된 정보 저장 방식과 인출 연결망은 정보의 막대한 양을 다룰 수 있는 컴퓨터의 용량에 바탕을 두고 있다. 정보 연결망의 시작이 이차 세계 대전의 끝과 일치하기 때문에 동맹국들은 이런 체계들이 어떻게 조직될 수 있는가를 결정하는 데 중요한 역할을 하였고 실제로 거대 연결망에 들어가는 모든 정보는 영어, 불어, 독일어, 러시아어로 쓰이거나 요약되었다. 더 나아가 서구의 과학자들에게 다른 언어에 고군분투하도록 요구하지 않았으며, 체계 관리자들도 로만 계열의 언어가 아닌 언어로 원고를 다룰 수 있는 능력 계발을 재촉하는 압력이 거의 없었다(라지 1983).

이 세 가지 인자들의 일치는 영어나 정보 체계에 접속하지 않는 국가들은 정보를 읽힐 수 없거나 정보를 지역에 맞춰 유용하도록 수정할 수 없음으로 인해 제약을 받았다. 정보의 전달과 수용이 기술 내용의 문제일 뿐만 아니라 언어와 언어의 다양성, 문화적 경향, 문화들 사이의 이해의 문제이다(슈흐만 Schman 1981). 이런 의미에서 개발 도상국들은 선진국의 정보 저장고와 접속 정교화에 기대고 있다. 그 결과로 영어는 과학과 기술의 언어가 되었으며 이 언어를 가르치는 것은 전세계적인 활동이 되었다(필립슨 Phillipson 1992).

이런 각본을 가정한다면 대부분의 개발 도상국가에서는 과학 정보와 기술 정보에 접속할 수 있도록 하기 위해 영어를 유창하게 충분한 수준으로 뒤치는 사람과 연구하는 사람을 훈련시킬 필요가 있음을 발견하였다. 대부분의 경우 고급 수준의 언어 기술은 전문적인 훈련과 결합되어 있어서 학생들을 미국이나 영국 대학에 전문적인 연구와 학업을 위해 보냄으로써 그런 전략이 달성되었다.

제2언어/외국어로서 영어학과 기술에 맞춘 초점에 두 가지 반응이 있었다. 제2언어로서 영어 맥락에서 나타난 중요한 반응은 학생들을 고등교육 기관에서 요구하는 모든 학술 언어 기술에 준비를 하도록 하는 것이었다(학업 목적의 영어[EAP; English for Academic Purpose]). 고등교육 수준에서 학업 이전의 과목으로 규정된 많은 경우에서 이런 훈련은 학생들로 하여금 여기저기 널려 있는

작문 강좌 요구 적어도 미국의 대부분의 고등 교육 수준 기관에서 요구하는
것에 준비하도록 하는 것이다. 학업 목적의 영어 교육과정 순서는 모국어 영어
학생들이 맞닥뜨린 쓰기 문제와 쓰기 가르침을 통하여 여러 나라에서 온 대부분
의 학생들을 이끌어준다. 외국어로서 영어 맥락에서 응용 언어학자의 입장은
특별한 목적을 위한 영어([EST; English for Science and Technology]) 특히 과학
과 기술을 위한 영어 강좌 교육거리의 다양한 갈래들을 제공하는 것이다. 다듬
어진 영어 기술에서 고급 수준의 학생들을 훈련시키기 위한 상황에 적용될 때
특별한 목적을 위한 영어는 (단기간의 직업 훈련과는 대조적으로) 상당한 논쟁
거리의 원천이 되어 왔다.

　주로 영국 중심의 특별한 목적을 위한 영어의 역사에서 특별한 목적을 위한
영어는 어떤 영어 기술 주로 읽기 기술을 필요로 하는 학생들을 위한 가르침
접근 방법이었는데 그 학생들은 다른 학업 요구 가운데 영어를 배우는 데 오직
시간의 제약을 받았다. 이런 역사를 간단히 살펴보는 것은 특별한 목적을 위한
영어에서 갈라져 나온 연구 방향에 대한 이해뿐만 아니라 (쓰기를 포함하여)
고급 수준의 언어 학습에 대한 접근법의 궁극적인 한계를 지적하고 비판하기
위해 본질적이다.

　1980년대까지 특별한 목적을 위한 영어의 발전을 추적한 두 개의 중요한 자
료들에서 로빈슨(1992)과 스웨일즈(1985)는 다음을 검토하였다.

- 교육거리의 기원
- 말투식 분석에 대한 이른 시기의 강조점과 형태 통사적인 빈도 연구
- 과학 덩잇글에서 수사적 구조 연구를 위한 담화 분석의 활용
- 가르침을 위한 의사소통 언어에 대한 강조점

(존스와 더들리-에반스 Johns and Dudley-Evans 1991, 내어슨과 카플란 1987도
참조).

　이런 흐름들은 1980년대와 1990년대 초반까지 계속되었는데 더 일반적인 학

업 중심의 가르침(이를테면 학업 목적을 위한 영어)과 구별되는 독립된 부분으로서 특별한 목적을 위한 영어의 효율성에 대해 제기된 문제들을 더하였다.

1960년대에 전문 기술 맥락에서 영어를 학생들에게 훈련시킬 필요성에 대한 화용적인 질문은 다른 갈래의 쓰기와 전문 과학에서 쓰기, 기술 분야에서 쓰기를 구별하는 형식적인 특징들을 응용 언어학자로 하여금 찾도록 하였다. 이런 접근 방법은 말투식 변이, 담화 분석, 더 최근에는 갈래 분석에 대한 다수의 통찰을 제공하였다. 과학에서 쓰기에 대한 첫 번째 연구인 바버(스웨일즈 1985에 인용된 1962)는 이런 말투식의 형식적 특징 몇몇을 확인하였는데 이들 가운데 다수는 잣대가 되는 지식으로 받아들인다.

> 긴 문장 길이(낱말들/문장), 복합 명사구와 형용사구가 많음, 비한정적인 종속 구절이 많음, 한정절이 많음, (모든 활용형에서) be 동사의 사용이 많음, 조건절 구문이 많음, 수동 구문의 사용이 비교적 많음, 관계절 사용이 비교적 많음, 단순 현재 시제 동사의 사용 비율이 상대적으로 높음, 과거 분사의 사용이 상대적으로 많음, 진행형 시제의 사용이 적음, 과거 시제 동사의 사용이 적음, 의문과 축약형의 사용이 적음.

말투식 분석의 형식적 자질에 대하여 뒤에 나온 연구들은 다른 특징들을 더하였다(이를테면 어휘 반복이 대단히 많이 사용되고, 대명사의 사용이 적으며, 전치사 구절의 사용이 많음). 그리고 기능적인 해석과 결합된 이런 특징들은 *왜* 어떤 자질을 지닌 덩잇글이 나타날 것이며 덩잇글 전체 구조에서 *언제* 이들이 나타날 것인가를 설명해 준다(시제 전환에 대해서는 랙스톰 등 Lackstorm 1973, 수동태 사용에 대해서는 타론 등 Tarone 1981).

1970년대에 과학 덩잇글의 연구는 구체적인 형식 자질들에서 전체 담화의 조직에 대한 연구로 바뀌었다. 담화에서 덩잇글의 수사적 분석과 논증의 유형 적용에 대한 수사적 분석은 중요한 조사연구의 초점이 되었다(이를테면 트림블 Trimble 1985). 이런 연구 흐름은 갈래 분석과 덩잇글 유형 변이에 대한 연구 특히 기능/체계/핼리데이식 문법에서 지금까지 계속되고 있다(바티아 Bhatia 1993, 더들리-에반스 Dudley-Evans 1989, 핼리데이와 마틴 Halliday and Martin 1993, 호이 Hoey 1983, 1994, 마틴 1985, 1992, 마틴과 로써리 Martin and Rothery 1986, 스웨일즈 1981, 1991).

특별한 목적을 지닌 영어의 중요성에 대한 논의는 과학적인 언어 표현과 전문 기술적인 언어 표현이 더 일반적인 학업 언어 표현과 충분히 구별 가능하여 따로 가르치는 것이 장점이 있는가 하는 것이다. 허친슨과 워터즈(1987)와 위도우슨(Widdowson 1983)은 학업을 목적으로 하는 더 일반적인 영어의 연습을 위해 강한 분리를 요구하지 않는 접근으로서 특별한 목적을 위한 영어 접근 방법을 옹호하였다. 위도우슨은 과학 분야의 줄글과 전문 기술 분야의 산출물이 변별적인 갈래 유형으로 확인 가능하다는 강한 주장을 하였지만 더 일반적인 언어 학습을 위한 전략과 기술들 다수가 전문적인 정보의 학습에 직접적으로 전이된다고 주장하였다. 따라서 언어에 대한 더 넓은 범위의 학업 목적을 위한 영어로 방향을 잡은 것은 전문 기술 분야의 학업에서 학생들을 위한 훌륭한 근거를 제공하였다. 이런 입장은 이제 널리 퍼져 있는데, 특히 이른 시기의 특별한 목적을 위한 영어 교과과정의 전망으로 인해 환상에서 벗어난 응용 언어학자들에게서 더욱 그러하다. 허친슨과 워터즈는 과학 분야의 줄글과 전문 기술 분야의 줄글이 다른 줄글 덩잇글 갈래와 실제로 다르지 않다는 약간은 더 극단적인 입장을 취한다(현재의 덩잇글 유형과 갈래 변이형태에 대한 조사 연구 대부분을 고려한다면 다소 의심쩍은 관점이다). 그렇다면 그들에게는 일반적인 교과과정을 채택하든, 전문 기술 자료를 포함하는 교과과정이든 언어 가르침에는 별다른 차이가 없다는 것이 된다.

어떤 입장이 더 올바른가 하는 것은, 학업/전문 직업을 목적으로 하는 고급 수준의 언어 가르침이 이제 영어를 모국어로 하는 맥락에 집중되어 있는 학업을 위한 가르침 혹은 쓰기 가르침에 대한 논의와 더 밀접하게 관련된 것으로 볼 수 있는가라는 일반적인 관찰 사실에서 문제가 되는 것은 아니다. 둘 다 학업 맥락에서 미국과 영국에서 주로 고등 교육 수준에서 학생들을 성공적으로 쓰기를 하도록 하는 일반적인 준비와 관련되어 있다.

스웨일즈(1990)는 위의 논의가 어떤 점에서 특별한 목적을 위한 영어 가르침의 중요한 논제를 놓치고 있다고 주장한다. 쟁점은 아마도 학생들이 특별한 목적을 위해서 일반적인 학업 영어에 대한 연습을 해야 하는가 하는 것이 아니라 언제 학생들이 일반적인 학업을 위한 영어 연습을 해야 하는지 그리고 언제 특정 학문에 관련되는 영어 표현 연습을 전문적으로 해야 하는지 하는 것일 수 있다. 스웨일즈의 경우 적어도 학업 기관에서 특별한 목적을 위한 영어 가르침은 고급 수준에서 실습의 한 측면으로 제시되어야 하며 특히 전문화된 쓰기 가르침과 관련된다는 것이다. 논의거리는 특정 학문에 맞춘 정교한 쓰기 가르침이 시간을 낭비하며 학생들이 고급 수준의 쓰기로 나아가는 데 본질적인가 하는 것이다. 그렇다면 고급 수준의 학습 맥락에서 해당 학문에서 가치 있다고 평가를 받은 갈래를 대상으로 실습을 할 필요가 있다. 그런 경우 이런 실습을 하는 데 투입된 상당한 시간은 노력의 값어치가 있을 것이다. 물론 많은 토박이 영어 화자인 학생들이 제안서, 연구비 청구 편지, 문의하는 편지, 지원서, 자연 과학 연구 논문 등과 같은 구체적인 갈래를 전문적으로 실습해야 하는 것도 이것이다.

따라서 특별한 목적을 위한 영어의 역사는 고급 수준의 언어 학습자들의 경우 빙빙 돌아 제자리로 돌아온 셈이다. 이런 학생들에 대한 실습의 중요 장소는 쓸 수 있는 능력이 중요한 기술이 되는 학부 과정과 대학원 즉 고급 수준의 교육 기관이다. 이런 쓰기 기술은 고급 수준의 전문 직업 맥락과 학업 맥락에서 다양한 언어 구조와 담화 전략들을 아는 문제 이상인 듯하다. 문제는 과학자와 전문 기술자들이 다양한 전문 직업 공동체에 뿌리를 두고 있는 자신들의 연결망 안에서 의사소통을 한다는 것이다(4장에 있는 담화 공동체에 대한 논의 참조).

물리적 현상은 다양한 배경지식으로부터 비슷한 기본적인 결과를 얻은 많은 과학자들에 의해 연구될 수 있다. 그러나 개별 과학자 그리고 개별 학문은 그런 문제에 상당히 다르게 접근할 수 있다. 이런 결과들은 다양한 사고방식의 결과일 것인데 이런 사고방식은 교육 체계, 수사 체계, 정치와 철학 체계를 포함하는 문화적 현상에 의해 형성된다. '영국 물리학'과 구별되는 '중국 물리학'이 없는 것이 분명하듯이 세계 어디에서 수행되든 물리학이 물리학인 것은 의문의 여지가 없지만 물리학의 적용은 시간마다 장소마다 잴 수 없이 다르다는 사실은 남아 있다. 이런 변이형태에 대한 분명한 사례는 문화권에 걸쳐 있지만 같은 문화권에서도 시간에 걸쳐 변이형이 나타난다(아트킨슨 1993 참조). 그리고 심지어는 전문 직업 담화 공동체 안에서도 나타난다. 이런 변이형태는 의식적이거나 무의식적으로 무엇이 온당한 지식이며 원리를 어떻게 수립할 것인가를 결정하는 개인들로 이뤄진 집단의 산물이다. 과학과 과학 지식에 대한 그와 같은 관점은 사회 구성으로 알려져 있으며 그런 관점은 이제 지식 이론과 쓰기 이론에 중요한 역할을 한다.

6.5 전문 직업 맥락과 연구 맥락에서 쓰기

그렇다면 과학 정보의 사회적 구성은 과학 출판과 전문기술 출판을 위한 전문화된 쓰기 영역에 대한 조사연구의 마지막 분야이다. 이런 연구 방향은 특별히 몇 가지 이유에서 중요해졌다. 이런 관점은 먼저 과학 덩잇글의 덩잇글 구성 특징에 대한 매우 다른 관점을 제공한다. 두 번째로 이런 연구 방향은 쓰기의 사회적 맥락과 수사적 맥락에 대한 쓰기 연구의 중요성을 확실하게 하였다. 그리고 셋째로 실제 세계 맥락에서 쓰기 연구에 수사학자와 응용 언어학자들이 수렴되는 공간을 만들어 주었다. 과학적인 글쓰기의 본질에 관련된 핵심적인 논제는 구체적 맥락 특히 연구 실험실 맥락에서 발생하는 것으로 과학적인 덩잇글 쓰기에 관련된다.

완성된 덩잇글을 통해서 볼 때 과학 분야의 쓰기는 글의 과학적 '문체'라고 부를 수 있는 잘 알려진 어떤 일반화에 묶여 있는 듯하다. 이런 문체와 관련하여 기저에 있는 가정은 실험실에서 일어나는 실험 과정을 정확하고 충실하게 반영한다는 것이다. 실제로 과학 사회학에서 조사연구는 실험실에서 실험 방법과 보고되는 덩잇글 사이의 관계가 직접적임을 보여준다. 필자에 의한 글말 덩잇글의 형성은 어떤 자료들이 제시되어야 하고, 그런 자료들이 어떻게 짜여 있으며, 반드시 가장 객관적으로 분명할 필요는 없지만 가장 잘 받아들여질 수 있도록 그들을 제시할 수 있을 것인가에 대한 깊이 파묻혀 있는 문화적 가정과 수사적 가정을 반영한다. 그렇다면 그와 같은 쓰기는 사회적 행위를 구성할 뿐만 아니라 전체 사회 구조 안에 드는 구성 행위로 볼 수 있다(바제르만 1988, 1993, 게이슬러 1994). 다소 다른 식으로 말하면 쓰기는 맥락에 제약을 받고 제약을 설정한다. 쓰기는 표현해야 할 필요가 있는 어떤 것에 대한 반응이며, 동시에 전형적인 지식의 일부로 구성될 수 있는 그리고 '쓸 만한 것'으로 구성될 수 있는 개념들에 이바지하고, 개념들을 강화하고 다시 자리매김한다.

상당히 타당할 정도로 과학은 누적된다고 종종 주장한다. 말하자면 해당 과학의 발견은 적지 않은 정도로 이전 과학자의 발견에 기대고 있으며 새로운 발견 사실은 그 다음에 과학자의 발명을 보장해 줄 수 있는 과학적인 규범의 일부가 된다. 실제로 이런 상황은 아마도 더 복잡할 것이다(바제르만 1983, 1988). 출판을 하고자 하거나 우호적으로 검토하여 줄 승인 요청을 하고자 하는 과학자들은 제약을 받는데 지식의 규범으로 규정된 이전 과학의 간접적인 힘뿐만 아니라 주도적인 모범사례와 현재 출판되거나/지원금을 받고 있는 가장 인정되는 과학자의 관점을 포함하는 우위에 있는 '지식 기반(matrix)'에 의해 영향을 받기 때문이다.

우위에 있는 지식 기반은 과학으로 규정될 수 있는 것들에 강한 영향을 미친다.

- 무엇을 관찰할 수 있으며
- 어떻게 보고될 수 있으며

- 무엇이 증거로 간주될 수 있고
- 어떻게 증거를 배열하고
- 과학 공동체에 수용될 수 있기 위해 학문적인 논의가 어떻게 이뤄졌는가?

순수하게 객관적인 보고하기로서 과학에서 쓰기라는 개념은 과학 공동체에 의해 공표된 신화이다. (바제르만(1983, 1991)이 과거로부터 도출된 논쟁의 여지가 없는 일련의 사실에 대해 수동적인 저항이라고 부른 것을 제외한다면) 객관적인 사실은 주도적인 집단이 그렇다고 말한 것일 뿐이다. 객관적인 지식의 보고는 신화가 유지되는 수단이 되었다.

　과학적인 쓰기는 또한 되풀이 가능성이라는 개념을 통해 성립된다. 원칙적으로 과학 문헌에 보고된 실험은 다른 과학자들에 의해 되풀이될 수 있다. 그리고 이런 되풀이를 통해 검증된다. 실제로 실험에 대한 기술이 적으면 출판된 연구서로 나타날 때 독립적인 되풀이가 허용될 수 있도록 충분한 정보를 제공한다. 따라서 기술로부터 나온 되풀이 기준은 마찬가지로 신화가 된다(콜린스 1985, 길버트와 멀케이 Gilbert and Mulkay 1984, 멀케이 1979).

　과학 분야의 쓰기에서 실제로 어떤 글에 대해서든 검토는 일반적으로 세 층위에서 일어나야 한다.

- 표면 구조 층위
- 수사적 층위
- 가설의 층위인데 이 경우 과학적인 가설, 있을 수 있는 변화가능성

과거에는 많은 조사연구가 표면 구조 층위에서 나타났다. (비록 많지는 않지만) 어떤 연구는 수사적(혹은 기능) 층위에서 나타났다(바티아 1993, 바이버 1988, 그레이브 1987, 카플란 1987, 스웨일즈 1990, 스웨일즈와 네이자 Swales and Najjar 1987, 트림블 1985). 비록 지난 10년 동안 이 수준에 상당할 만한 결과가 나타났지만 (진정한 의미에서 수사적 층위로 간주할 수 있는) 과학 사회학적

층위에서는 아마도 거의 연구가 나타나지 않았을 것이다.

과학적인 쓰기의 갈래가 어떻게 산출되는지 이해하기 위해서 이들의 구성(혹은 조직화)에 대해 세 층위를 모두 고려할 필요가 있다. 층위의 어떤 부분이든 무시된다면, 과학 갈래의 쓰기에 대한 이해는 뒤틀릴 것이다. 그렇다면 다양한 갈래들 사이의 차이는 표면 구조 형태, 덩잇글의 기능과 조직화 논리, (목적을 포함하여) 덩잇글을 전체적으로 규정하는 수사적인 특징들을 통하여 살필 수 있을 것이다.

과학 덩잇글에 대한 세 번째 층위 즉 가설과 목적의 층위는 쓰기(특히 덩잇글 구성)에 적용될 때 과학 사회학의 기본적인 논의가 어느 정도 필요하다. 그러나 이 맥락에서 과학 갈래에 대한 논의를 하기 전에 잠깐 동안 수사 이론과 작문 이론을 다루는 것이 적절할 듯하다. 과학 분야의 쓰기에서 과학 사회학 이론이 해석되고 이해될 수 있는 것은 그와 같은 이론을 통해서이다. 작문의 과정에 대한 이론을 살피면서 페이글리(1986)는 현재의 쓰기 이론은 쓰기 맥락을 고려하는 쪽으로 계속해서 바뀌고 있으며 특정 학문의 가설이 덩잇글의 읽기와 쓰기에 어떻게 영향을 미치고 있는가를 보이기 위해 과학 공동체에서 쓰기에 대한 최근의 연구를 끌어들이고 있다고 주장하였다. 그의 관점에서 핵심은 권력의 구조 안에서 쓰기가 일어난다면 그 결과에 따라 어떤 쓰기 분석에서든 권력의 구조가 고려되어야 한다는 것이 중심 생각이다.

이와 비슷하게 사회 구성에 대한 연구와 지식 사회학에 대한 연구는 브랍피(Bruffee 1986)에 의해 수사학과 작문 연구의 맥락에 도입되었다. 그는 이와 같은 고려가 어떻게 중심 주제, 예상되는 독자, 덩잇글의 수사적 구조를 결정하는지 보여준다. 바흐찐(Bakhtin 1981), 거츠(Geertz 1973, 1983), 쿤(Kuhn 1970), 로어티(Rorty 1979)의 중요 연구를 끌어들이면서 브랍피는 '동지라는 공동체에 의해 생성되는 것으로 실재성, 지식, 사고, 덩잇글, 자아 등등'의 창출을 사회 구성으로 자리매김한다(1986:774). 이런 개념화는 과학자들과 일반인들 사이에서 유지되는 지식과 언어에 대한 인지적 관점과 대조를 이룬다. 대신에 사회 구성주의자 관점은 조사 연구자들로 이뤄진 공동체 안에서 사회적 관계를 통해 실체가 구성되는 것으로 인식한다. 이렇게 공동으로 구성된 실체는 연구 공동체(아마도 덜하겠지만 잘 정립된 물리적 사실을 통해서도)의 권력구조와 일관성을 유지한다. 브랍피에 따르면 이런 이론적 관점에서 주관과 객관 사이에는 아무런 긴장이 없다. 모든 것은 주관적인 것이다. 요약하자면 개인은 쓰기(그리고 더 일반적으로는 언어)를 (a) 공동체의 구성원이 되는 데 도움을 받고 (b) 공동체와의 관계를 굳게 하고, (c) 자신들이 누구인지 그리고 동지들로 이뤄진 담화 공동체 안에서 믿는 것이 무엇인지를 결정하기 위해 활용한다.

비젤(Bizzell 1982, 1986a, 1986b, 1993)은 담화 공동체가 권력의 중심 소재지이며 해당 학문에 기여하는 학자로서 역할을 하도록 필자를 인정하는 원천이라는 이런 관점에 동의한다. 이와 마찬가지로 아트킨슨(1993)은 1965년부터 1975년까지 왕립 연구소의 《철학 회보》의 수사적 전개에 대한 연구에서 과학 논문에서 선호되는 구조가 과학에 대한 관점 변화와 과학자들 집단 구성원의 변화라는 압력으로 변화되는 방식을 보여준다(바제르만 1993, 버켄코터와 허킨 Berkenkotter and Huckin 1993, 올슨 1993, 래포스 1990도 참조).

작문에서 계속 유지되는 힘으로서 사회 구성의 중요성은 사회 구성/과학 사회학의 관점에서 과학 담화를 분석한 사회학자들과 수사학자들의 연구로 강화된다. 쿤(표준이 된 분석 1970)으로 시작되는데 연구자들은 과학 지식이 어떻게 구성되는가에 대해 신중한 참여자 분석을 통해 보여 주었다. 브랍피가 주장하는 것처럼 과학 지식은 사회적 구성물이며 '그것에서 벗어나는 어떤' 발견이 아니다(1986:779). 이런 개념화의 타당성을 보여주는 가장 분명한 표시는 지식이 지식이기를 멈추었을 때 나타난다. 이런 현상은 이를테면 미국 구조주의 언어학이나 뒤에 나타난 생성 의미론의 경우에서처럼 과학 공동체가 해체되는 경우나 그 구성원이 단순히 죽어 없어지는 경우에 나타난다. 이 두 언어학 이론들은 1960년대와 1970년대에 각각 사라졌다(랭가커 Langacker 1995).

바제르만(1988, 1993), 콜린스(1985), 길버트와 멀케이(1984), 라투어(Latour

1987), 라투어와 울가(Latour and Woolgar 1979), 린취(Lynch 1985), 마이어 (Myers 1985, 1990)는 모두 잡지에 출판하기 위해(혹은 연구자금 신청을 위해) 실험에서 기술에 이르는 진척 과정을 추적하면서 작업하고 있는 과학자들을 관찰하고 분석하였다. 이 연구는 모두 출판을 위한(/연구자금 신청을 위한) 쓰기에서 객관적으로 발견 사실들을 보고하는 것이 문제되지 않음을 매우 분명하게 보여 주었다. 오히려 정보의 해석과 수정, 적절하게 '권위 있는 문헌'을 인용, 수용되기 위해 알맞은 모형의 모방이 중요하며 그 다음에 권위 있는 세력과 연구 문헌의 일부가 되도록 하는 것이 중요하다는 것이다. 길버트와 멀케이가 지적하였듯이, 과학 잡지에 기고하는 글을 쓸 때 가장 심각하게 어려운 부분은 핵심 질문들이 제기되는 과정이 동료 공동체에 수용될 수 있도록 수사적으로 다듬는 것이다. 이런 논제들은 바제르만에서 포괄적으로 논의되었다. 아마도 과학 공동체에서 과학 사회학의 관점으로부터 쓰기에 대한 연구 가운데 가장 생산적인 수사적 연구일 것이다(1988, 1993). 그의 논증들은 이 장 전체에 걸친 논의와 매우 밀접하기 때문에 여기서 자세하게 논의하였다. 이른 시기의 논의(1983)에서 바제르만은 과학적인 글쓰기에 관련된 어려움에 대해 논평하였다.

1. 과학에서 출판된 논문들은 실험실에서 실제로 일어난 일을 반영하지 않는다. 잘못된 출발, 주제에서 벗어남, 실패한 절차들을 반영하지 않는 것이다. 애초에 문제 선택의 기저에 있는 인자들뿐만 아니라 그 문제를 탐구하기 위해 사용된 연구 설계에 동기를 부여하였던 인자들도 생략한다.
2. 출판된 보고서들은 다른 연구자들이 실험을 되풀이할 수 있도록 하는 충분한 정보를 거의 제공하지 않는다.
3. 과학 논문의 독자들 사이에서 연구물을 읽는 독자는 과학 논문에서 한 주장들의 수용이 논문 그 자체에서 실제로 제공된 것보다 다른 인자에 달려 있다고 주장한다.

이런 관찰에 근거를 두고 바제르만(1983:158)은 중요한 문제를 제기한다.

만약 과학 논문이 과학자들의 관찰과 행위를 완전하게 설명하지 않는다면, 주장에 대해 엄격하게 추론된 증거가 없다면 그리고 공정하고 즉각적으로 평가되기 위해 문제가 되지 않는 전달 장치가 없다면 과학 논문에서 무엇이 의사소통되고, 누구에게 소통되는가?

바제르만은 이런 질문에 대해 과학 논문이 현재 수용되고 있는 이론으로부터 도출된(그리고 자리매김된) 연구거리에 자신들의 노력을 자리 잡게 하려는 노력의 결과라고 답하였다.

개별 과학 기고문은 앞서 있었던 연구거리의 배경, 연구거리가 제기하고 있는 문제들에 맞서고 있으며 새로운 발견 사실에 응하여 연구거리의 발전으로 이해된다. 결과적으로 새로운 연구의 핵심과 가치를 소통하기 위하여 과학자들은 적절한 연구거리 문제들의 연속체 안에 자신의 기고문이 어떻게 하면 들어맞을 것인지를 이해하도록 잘 교육을 받았을 것이다.
좀 더 구체적으로 필자의 관점에서 보면 필자는 해당 분야의 문젯거리를 알고, 그 분야의 이상과 윤리, 수용되는 정당한 논증, 지식이 의사소통되는 기관의 구조, 혁신적인 연구가 평가되는 적절성의 기준을 알고 있어야 한다.
(바제르만 1983: 160-1)

과학적인 글이 앞선 연구자들의 연구에 기반을 둔다는 것은 분명히 진실이다. 과학적인 연구는 누적 과정인 것이다. 그러나 이런 흐름은 과학의 객관적이고 보편적인 발전 이상을 함의한다. 어떤 연구자는 주류에서 받아들이는 관점을 무시하고 인쇄되었을 때 무시되는 위험을 무릅쓰면서 부적절한 근거들을 공격하거나 아예 출판을 하지 않을 수도 있다. 이런 압력으로부터 벗어나는 것은 어려우며 거의 이룩되기 어렵다. 이론적으로 가능한 조사연구 질문과 허용되는 연구 설계인 모범사례(paradigm)에서 주요한 변천은 단일의 보고서의 결과가 아니다. 오히려 그런 변천은 수용된 접근이 곤란하거나 불만이 점점 쌓여감에 따라 나타난다. 두 개의 구별되는 연구 기반이 수용되기 위해 다투고 있을 때 과학적 글쓰기의 방침이 더 설득력이 있도록 바뀌며 매력과 논증이 그것에 기반을 둔 개별 논문의 가치를 재평가하기 위해 다듬어진다.[37]

이 모든 것은 과학 연구의 사회적인 본성이 변덕스럽다고 주장하는 것이 아니다. 바제르만이 지적하고 있듯이 몹시 사나운 시절에도 서로 다투고 있는 입장은 '간접적인 제약'으로 부르는 것에 대한 설명에서 고려해야 한다(길버트와 멀케이 1984도 참조). 그렇다면 이는 사회적 맥락 안에서 사회적 행위로서 과학 쓰기에 대한 논의의 배경이 된다. 과학의 실체에 대한 사회적 구성인 것이다.

바제르만(1983, 1988)은 과학의 사회적 공동 구성을 함께 보여주는 네 개의 주요 영역이 있음을 제안한다.

- 쓰기 과정
- 덩잇글 형식
- 전파 과정
- 독자들의 반응

쓰기 과정과 조사연구 활동이 공존하고 있다는 것을 주목하는 것이 중요하다. 쓰기 전 단계는 조사연구 활동의 시작과 일치하고 일반적으로 상당한 기간에 걸쳐 있다. 이와 달리 그 결과를 실제로 쓰는 것은 종종 매우 짧은 기간에 일어난다. 늘어난 쓰기 전 기간 동안에 과학 논문은 그 모양새를 갖춘다. 실험 연구는 일반적으로 땜질과 관련이 있다. 연구가 진행됨에 따라 순간순간에 다시 생각하고 맞추어야 한다. 특정의 문제와 가능한 분석이 결정되는 시점까지 이어지는데 이런 과정은 반복적이며 연구 국면 전체에 걸쳐 계속된다. 실험실 연구에서 언급되어야 하는 문제나 질문거리의 선택은 선택적이다. 말하자면 연구자는 어떤 질문으로 안내를 받으며 주도적인 연구 기반 안에서 부과된 제약에 의해 다른 논제들로부터 격리된다. 어느 정도 연구를 위한 질문거리는 이용 가능한

---

37) (뒤친이) 이에 대한 전반적인 논의는 토마스 쿤의 《과학혁명의 구조》(김명자 뒤침(2005), 까치글방)를 참조할 수 있을 것이다.

기계사용에 의해 제약을 받는다. 말하자면 어떤 모범사례는 그것을 평가하는데 필요한 기계를 자리매김하는 것이다. 어느 정도 연구를 위한 질문거리는 경제적인 제약도 받는다. 이용 가능한 경제적 자원, 승인을 받을 가능성, 재정 지원의 제약을 받는 실험 자원의 상태 등의 제약을 받는 것이다. 결과적으로 자연과학 연구의 발전은 사회적이고 전략적인 결정의 범위에 달려 있다.

덩잇글 형식과 관련하여, 수사적 차원은 표면구조 차원보다 덩잇글을 형성하는 역할이 크다. 수용 가능성을 얻으려면 과학적인 글은 어떤 특정 실험실에 한정되기보다는 더 보편적으로 수용 가능하도록 되어야 할 듯하다. 결과적으로 설득의 유의미한 정도는 연구를 평가하기 위한 새로운 기준을 세워야 하며 (적절한 인용을 현명하게 사용하는 것을 포함하여) 보고되는 결과에 신뢰성을 제공하여야 한다. 출판되는 보고서는 특정의 시장 안에서 연구자가 제시하는 착상 (그리고 연구자의 인격)의 가치를 높이려는 목적을 지닌 설득적인 문서이다. 바제르만(1983:169)은 다음과 같이 지적한다.

> 논문은 먼저 시장을 재구성하여야 한다. 시장의 요구를 자리매김하고 그런 요구를 만족시키기 위한 올바른 수단으로서 보고되는 연구를 확인하여야 한다. 그 다음에 논문은 시장의 요구에 대한 해결책이 사실상 실험실에서 이뤄졌음을 보임으로써 구성하라는 요구사항을 수행하여야 한다.

간단히 말해 과학 논문의 덩잇글 형식은 우리가 일반적으로 가정하는 것보다 덜 객관적이며 더 설득적이다.

연구 논문과 관련하여 전달에 대한 두 모형 즉 격식적인 모형과 비격식적인 모형을 찾아볼 수 있다. 비격식적인 모형은 '입으로 한 언어표현'이라는 이름을 붙일 수 있는 의사소통을 나타내는데 회의에서 제시하거나 초고를 돌려 보는 것이다. 이 모형은 안정된 연구 영역을 유지하고 실험 결과의 반복을 위한 가장 훌륭한 수단을 제공한다(길버트와 멀케이 1984).

격식적인 모형은 전문 잡지에 논문 발표를 통해 이뤄지는데 심의 제도에 의

지한다. 전문 잡지는 논문이 도달하고자 의도했던 더 넓은 독자의 대표로서 심사위원들의 관심사를 반영한다. 연구 영역이 중요한 연구 논제를 구성하는 것이 무엇인가에 대한 지시내용에 일치를 높여 감에 따라 심사위원들의 기대치에 드는 논문의 수용 가능성도 커진다. 같은 맥락에서 그런 기대치에 분명하게 제한을 받지 않았던 논문의 수용 가능성은 사라진다. 따라서 과학적인 쓰기는 쓰기가 다른 사람들의 누적된 쓰기에 반응하는 사회적 맥락 안에서 일어난다. 그리고 '간접적인 제약'이라는 기존의 한계 안에서 저자가 덩잇글에 실제로 나타난 것들을 다룰 수 있을 때 쓰기가 이뤄진다(바제르만 1983). 증거와 논의의 장기적인 축적은 어떤 특정 연구거리나 이론이 범위를 벗어날 때 그것을 고치는 수단으로서 조사연구 수행에서 연속체를 이룬다. 따라서 잘못된 발견이나 오해가 수정된다.

과학에서 사회적 공동 구성에는 과학적인 글쓰기의 본질적인 특징으로서 설득력이 필요하다(추바로프 Czubaroff 1989, 프렐리 Prelly 1989). 만약 다른 과학자들을 설득할 수 있고 흥미를 자아낼 수 있다면 같은 문제를 연구하는 과학자들의 수와 같은 특성에 대한 발견을 보고하는 수가 늘어날 것이다(바제르만 1985). 바제르만이 했던 것처럼 구체적으로 생물학자 두 명의 연구물을 검토하면서 마이어(1985)는 생물학자들은 동료 독자들의 관심사를 설명해야 하고, 인정된 규범[지식]을 구성하는 지식의 영역, 열린 시장에 산출물을 팔아야할 필요성, 자신들의 쓰기가 갖는 수사적 중요성을 설명해야 할 필요가 있음을 발견하였다. 구체적으로 연구기금 신청 쓰기를 살피면서 마이어(1985: 220)는 다음과 같이 주장한다.

대부분의 연구자들은 [연구기금을] 신청하는 글쓰기가 다루기 어려운 독자를 설득하기 위한 전략을 찾아야 하는 수사 활동이라는 것을 인정할 것이다. 여기에 역설이 있는데 바탕에 깔린 목표와 예산에 대한 일반적인 질문을 담은 신청 양식과 수동태와 냉정함을 담고 있는 과학 보고서 문체가 수사적인 호소의 어떤 유형도 허용하지 않기 때문이다. 즉 설득하는 것 같지 않지만 설득해야 하는 것이다.

그럼에도 대부분의 문장은 수사적 중요성의 부담을 지고 있다. 고전적인 수사학 용어에서 제안을 하기 위해 호소하는 양식은 윤리적이고 감정에 호소할 뿐만 아니라 논리적이다. 그 일을 할 수 있으며 그 일은 잠재적으로 다른 연구자들인 독자에 흥미가 있을 뿐만 아니라 정당하다는 것을 보여 주어야 하는 것이다.

마이어는 과학적인 쓰기에서 이와 같은 요구는 과학적 탐구의 건전성을 위해서 본질적이라는 관점을 취한다. 비록 형식적인 쓰기 행위 그 자체가 필수적인 합의 형성의 작은 부분에 이바지할 뿐일지라도 과학 지식의 계속적인 발견에 필요한 의견일치 과정을 강화해 주기 때문이다. 따라서 과학 지식은 사회적으로 구성되는 신념 체계이며 역사적이며 사회적인 권력의 관계에 따라 설명 가능하다. 과학의 객관적인 측면은 연구 보고서의 표면적인 형식에 부과된 제약 안에서 수사적으로 치밀하게 다루어야 하는 탈을 쓰고 있는 것이다. 결국 실험에서 얻은 사실들이 언제나 이기는 것은 아니다. 오히려 가장 설득력 있는 즉 호소력 있는 논증을 하는 필자가 종종 이긴다(마이어 1986). 따라서 현재의 실수나 오해에 대한 개선 장치로 마이어와 바제르만이 언급한 일종의 합의 형성이 필요하다.

마이어의 관점에서 특별히 관심을 끄는 것은 과학 사회학과 쓰기 연구, 쓰기 가르침과 관련지으려는 노력이다. 사회 구성을 통하여 쓰기가 가능하다는 입장은 쓰기 행위에 대한 밑바탕에 깔린 가정을 형성하는 사회적 힘으로 비롯된다는 하향식 분석(top-down analysis)을 가능하게 한다. 이는 과학적인 글에 대하여 상향식 구조임을 드러내며 특정 덩잇글 갈래의 제약을 결정하기 위해 지엽적인 표면 형식들을 검토하는, 언어학에 더 치우친 분석과 날카롭게 대조를 이룬다. 마이어는 어떤 입장도 그 자체로 충분하지 않다고 주장한다. 그는 덩잇글의 구조와 목적을 해명하기 위해 담화 공동체를 연구자들이 이해하는 것이 근본적이라고 믿고 있다.

쓰기 연구자들에게 중요한 교훈은 글말 덩잇글에만 연구를 한정할 수 없다는
것이거나 인지 연구자들에 의해 발전된 개인에 대한 통제된 관찰로 연구를 제한
할 수 없다는 것이다. 우리는 그 분야에서 빠져나와 언어와 일의 흐름으로 들어
가야 한다. 몇 번이고 되풀이해서 저자는 단순한 덩잇글을 고려할 때에도 여러
차례의 고쳐 쓰기를 거듭한 원고에서조차 (아마도 필수적일지도 모르는) 어떤
제약을 만들고 있다는 것을 실감하고 있다.

(마이어 1986: 606)

과학 덩잇글 갈래에 대한 이해, 산출에서 제약, 산출물을 구체화하는 힘, 겉으로
보기에 객관적인 형식 안에 감추어진 설득 의도가 모두 과학 덩잇글에 대한
전통적인 응용 언어학 연구 접근법을 배제하지는 않지만 그것을 뛰어넘을 수
있는 접근법을 필요로 한다. 정확하게 같은 방식으로 서로 다른 언어 체계에서
덩잇글들 사이의 차이점을 꿰뚫어 보기는 어려우며 같은 언어학 체계 안에서
다른 갈래의 덩잇글과 과학 덩잇글 사이의 차이점을 꿰뚫어 보기 어렵다(허친슨
과 워터즈 1987 참조). 뒤에 있는 어려움은 과학 덩잇글이 특정의 언어 체계에
딸려 있다기보다는 과학 덩잇글에만 특이하게 국제적이고 다학문적인 공동체
에 속한다는 사실로부터 비롯된다(메톤 Merton 1973).

이런 어려움의 원인이 무엇이든, 과학 갈래의 구성에 대하여 그리고 그와 같
은 기술을 누군가에게 가르칠 자원에 대하여 제기되는 핵심적인 질문이 있다.
특히 영어와 다른 언어 체계에서 온 초보적인 참여자 그리고 글말 문화가 최근
의 일이고, 세밀하지 못한 공동체에서 일제히 참가한 사람들에게 과학적인 쓰기
기술을 가르치는 어렵다. 그런 학생들이 과학 덩잇글을 쓰기 위해 전통적인 언
어교육거리에 참여할 때거나 그들이 특별한 목적을 위한 언어 가르침에 들어
왔을 때 실제로 그들에게는 목표 언어의 어휘, 통사, 수사 체계뿐만 아니라 과학
글쓰기의 기저에 있는 가정과 과학적인 출판물에 함축되어 있는 요구사항에 대
한 이해도 요구하게 될 것이다.

요약하자면 과학 분야의 글쓰기는 가치가 부여된 수사적 활동이다. 과학 글

쓰기에서(일반적으로 과학과 전문 기술에서 국제 언어로 인정되는) 영어로 쓰는 사람들 그 가운데 특히 영어가 자신들의 모국어가 아닌 사람들은 언어학 용어로 부분적으로 자리매김할 수밖에 없는 일련의 복잡한 기술을 지닐 필요가 있다. 그들에게는 다음이 필요하다.

- 연구의 적절한 분야, 적절한 연구 질문, 수용 가능한 연구 설계에 대해 매우 세밀한 감각을 지녀야 하고
- 다른 사람들이 그 주제에 대해 언급하였던 것과 그런 자료들을 자신의 덩잇 글에 통합하는 감각인 상호텍스트성에 대한 인식을 지녀야 하며
- 특정 분야의 지도부에서 자신들의 연구를 인정해줄 수 있도록 자신들의 연구를 그 분야에서 인정된 지도부와 맞출 수 있어야 한다.
- 독자에 대한 매우 정교한 감각을 지녀야 한다. 말하자면 무엇이 동료 검토자와 그 학문에서 일반적인 독자층에 영향을 미칠지 알아야 한다.
- 격식적이고 객관적인 양식이라는 제약 안에서 적절한 설득 기제를 통해 수사적으로 논쟁이 일어날 수 있는 정보를 담을 수 있어야 한다.

이 필수적인 기술 목록들은 대부분의 언어 가르침에서 나타날 수 있는 문제를 보여준다.

첫째로, 문법 가르침에서 담화 가르침으로 대체해야 한다는 계속되는 주장, 혹은 이들을 같은 것으로 보는 주장은 문제가 되므로 주의를 기울이려는 노력을 막아왔다.

둘째로, 외부의 실체가 객관적으로 표상될 수 있다는 완고한 관점은 과학 덩잇글의 산출에서 창조적인 수사 형식을 평가 절하할 것이다. 이런 흐름은 수사학 가르침의 중요성을 인식하였던 교육거리에서조차도 강하다.

셋째로, 담화 가르침에서 생태학적 관점에 대한 관심의 부재가 그와 같은 강좌에서 부차적 논제로 초점을 모으도록 한다. 말하자면 강좌에서는 과학적 쓰기가 오로지 현재의 과학 사회에 의해 이해되며 이미 있었던 과학 덩잇글 전체에

의해서만 이해될 수 있다는 사실을 무시한다. 더 나아가 학습자가 이런 고려 사항의 바깥에 있는 담화 공동체의 구성원일 경우 문제는 잴 수 없이 커진다. 다양한 언어들에서 덩잇글 사이의 의미 심장한 차이가 없다고 혹은 어떤 차이가 존재한다면 그것은 오직 표층 구조에서만 일어난다고 주장하는 보편주의자의 성향에 의해 부분적으로 복잡해진다.

이런 어려움이 교육거리에 있다는 것은 결코 놀라운 일이 아닌데 왜냐하면 같은 논제들이 담화 분석에 따라 다니기 때문이다. 과학 담화에서 연구자들은 출판된 보고서나 연구 기금 신청서이든, 과학에 대한 개론 수준의 덩잇글이든, 대중적인 과학 논문이든 과학 덩잇글의 수사학을 이해하기 위해 무엇을 알아야 하는지 아직 모른다(바제르만 1993, 바티아 1993, 럼케 Lemke 1995, 스웨일즈 1990).

대조 수사학은 담화의 관점에서 과학 덩잇글에 대한 유익한 접근법을 제공할 수 있다. 비록 특정 언어에서 덩잇글 분석이 유용하기 위해서는 과학 사회학 방향을 채택해야 하지만 대조 수사학은 덩잇글 분석을 위한 동기부여와 기제를 제공한다. 그러나 마지막 분석에서 언어 학습자가 덩잇글에 있는 제약 체계의 복잡한 그물 모양에 대하여 자각할 수 있도록 교육적 기반을 넓히는 것이 훨씬 더 중요하다.

작문을 가르치기 위한 수정되지 않은 '과정 중심의 접근'이 충분한 것으로 판명되지 않을 가능성이 남아 있다. 특정 언어의 어휘, 통사, 수사적 체계에 대한 철저한 이해에 더하여 글쓴이가 과학적인 글쓰기에서 지니고 있으리라 예상되는 지식의 갈래는 더 일반적인 갈래의 일지를 쓰거나 서사적인 덩잇글 혹은 묘사적인 덩잇글을 써 본 경험을 통해 습득될 것 같지는 않다. 언어 체계에서 일반적으로 가정되는 것이 덩잇글 쓰기에 있다는 인식을 다시 해보게 된다는 점에서 쓰기 가르침을 다시 생각해 보는 것이 필요하다. 전통적인 언어학 지식 은 필요하지만 그것으로 충분하지는 않다. 과학 덩잇글이 과학에 대한 것인 한 생태적 논제들이 언급되어야 한다. 실제로 어떤 덩잇글이 언어적이고 수사적인 구조를 통해 내용이 전달되는 정도까지 생태-논리적인 질문들이 언급될 필요가 있다.

과학적인 쓰기에 얹혀진 제약이 특별하다고 할 수 있다. 그러나 같은 갈래의 제약들이 어느 정도 그리고 대부분의 일반 독자를 위한 의도를 갖고 있는 모든 쓰기에 적용될 가능성도 있다. 예컨대 앞선 논의가 과학 덩잇글과 전문 기술 덩잇글에 초점을 맞추었지만 같은 문제들이 법학에서 쓰기의 가르침에 연관된다. 법률 덩잇글은 과학적인 덩잇글만큼이나 세밀함이 필요하지 않다. 반면에 법률 학교에서는 법학에서 쓰기에 대한 특별한 강좌를 제공한다. 그와 같은 강좌는 모든 전문 기술적인/전문가 쓰기 가르침에서 실제로 일어나는 관례와 같은 관심사로 고민할 것이다. 그러나 과학과 어느 정도 다르다는 의미에서 법률은 언어적 구성물이라는 것이 분명하기 때문에 법률에 대한 쓰기에서 적용되는 형식 논리의 제시에 더 많은 주의력이 놓인다(콘리와 오바르 Conley and O'Barr 1990, 오바르 1982, 패러디스 1991, 슈이 Shuy 1987, 1991, 스티걸 Stygall 1991).

6.6 전문화된 쓰기 맥락과 쓰기 가르침

이 책의 앞 절들에서 쓰기 연구를 위한 전문화된 맥락이 어느 정도 다른 관점을 제공하긴 하였지만 제시되었다. 전문적인 쓰기 관점에서 비판을 받기는 하였지만 그럼에도 불구하고 학생들이 고등 교육에서 떠나 일터와 전문 직업 환경에 들어갈 때 학생들의 필요에 맞춘 일반적인 흐름을 보여 준다. 전문적인 쓰기 과정은 편지, 메모, 보고서와 같은 일반적인 양식의 활용에서 포괄적인 연습을 제공한다. 또한 양식에 맞춤과 명확성, 정확성, 논리적 구성의 필요성을 강조한다. 이런 기본적인 기술들은 연구자가 실제로 비학술 기관에서 쓰기를 살폈을 때 비학업 맥락에 있는 필자들에서도 중요하다고 인식되었다.

전문적인 쓰기 기술은 미국이든 영국이든 캐나다, 오스트레일리아든 혹은 자기 나라에서든 모국어가 영어가 아닌 학생들에게 중요하다. 위에서 논의된 것처럼 쓰기를 포함하여 다듬어진 영어 표현 기술들은 인구의 몇 퍼센트를 이루는, 학업에 종사하거나 전문 직업에 종사하는 사람들에게 중요한 기술이 된다. 이런 필요성은 특별한 목적을 위한 영어 특히 과학 강좌와 전문 기술 강좌에서 영어 가 부각되고 있음을 설명해 준다.

전문화된 맥락에서 쓰기에 대한 연구의 마지막 확장은 과학 사회학자와 수사 학자들의 연구를 따른다. 이런 입장에서 연구자들은 고급 수준의 연구 맥락에서 주로 학술적인 실험 환경에서 쓰기의 활용을 검토하였는데 다소 놀랄 만한 통찰 을 보여 주었다.

1. 이런 연구는 객관적이고 사심이 없으며 사실적이라고 간주되는 과학적인 글 쓰기가 본질적으로 대부분이 고도로 수사적이며 가치가 부여되어 있다고 주 장한다.
2. 모든 지식이 '세계 어디 다른 곳에' 존재한다기보다는 담화 공동체의 산물로 이해된다는 지식의 사회구성 이론을 뒷받침한다.
3. 이런 연구는 독자에 대한 인식, 주제의 상호텍스트성 수립, 설득하지 않은 듯 하면서 설득하기의 중요성을 보여 주었다.

바탕이 되는 지식으로부터 '객관적인' 근거의 제거가 지식이 덜 중요하며 지식 이 협상되는 어떤 것일 뿐임을 의미하지 않는다는 것을 강조할 필요가 있다. 학생들은 그와 같은 협상의 본질을 이해하고 그와 같은 협상에 참여하는 규칙을 이해하고 의미 타개하기로 나온 규칙들을 글말 담화로 옮기는 것이다. 따라서 모든 갈래의 쓰기에 대한 정보를 제공하는 기본적인 원리로서 수사학은 쓰기 가르침으로 돌아가야 하며 과학적인 쓰기는 수사 원리의 영향력이 탐구될 수 있는 많은 영역 가운데 하나일 뿐이다. 수사적 원리의 이런 확장 가운데 하나가 대조 수사학 연구와 관련된다. 이런 분야의 연구는 30여년 동안 발전하여 왔으 며 이제 쓰기 산출과 쓰기 과정 둘 다에 대해 유용한 통찰을 바치고 있다. 그러 나 이는 다음 장의 주제이다.

07 | 쓰기의 문화 : 대조 수사학
Writing across culture: contrastive rhetoric

7.1 도입

　역사적으로 언어의 본질을 바라보는 두 가지 매우 다른 방법이 있었다. 그리고 이들 각각은 서로 다른 이론적인 태도로 이어졌다. 한편으로 '일반' 언어학(또한 '형식' 혹은 '자율' 언어학)으로 부르는 입장에서 탐구의 대상은 전통적으로 통일되고 변하지 않는 구조 규칙과 의미 규칙으로 이뤄진 것으로 간주되는 독립적인 언어 체계였다. 현대 언어학적인 사고에서 이 체계는 인간에 내재하는 것으로 일반적인 구조물로 등재되어 있는 종 특징적인 현상을 보인다는 것이다. 개체 발생에 대한 생물학적인 설명을 가정한다면 언어를 독립된 개체로 간주하는 것이 논리적으로 흠이 없다. 왜냐 하면 인간의 산출이나 사용과 아무런 관계 없이 독립된 존재이기 때문이다. 그 체계와 탐구자 사이의 관계는 주체-대상의 관계로 곧바로 드러나고 아무런 문제가 되지 않는다. 형식적인 탐구의 목표는 가치가 담긴 일상 언어와 매우 동떨어진 '중립적이고' 과학적인 언어로 체계를 기술하는 것이다. 그와 같은 기술은 체계의 내적인 작동 방식과 미래의 방향과 발전에 대한 이치에 맞는 예측으로 이어질 것으로 생각된다.

이런 관점은 논리 실증주의와 과학적 사실주의로부터 나왔으며 철저하고 고정 불변의 기술을 보장한다. 이런 생각은 몇몇 언어학자들의 상상력을 사로잡았고 이제는 인공지능 연구로 확장되었다. 분명히 이런 모험으로 고정 불변인 듯한 것으로 보이는 인지 언어학 구조물을 발견하였으며 쓸모 있는 정보를 산출하였다. 그러나 다른 관점을 지닌 학자들로부터 걷잡을 수 없이 많은 공격을 받았다.

이런 다른 관점들은 비록 공통의 기본적인 가정을 지니고 있었지만 단일의 강력한 이론적인 신념으로 생각하지는 않는다. 여기서는 언어가 독립된 어떤 체계가 아니라 인간의 산출물이며 사회적 도구로 간주한다. 이런 관점에서 인식은 물리학이 인간의 영역 밖에 있는 죽어 있는 대상을 다루는 반면 언어는 인간 정신의 산물이며 따라서 그런 정신으로부터 분리가 불가능하고 그 참여자들의 주관성, 가치 지향, 감정과 떼어놓을 수 없다는 것이다. 연구자는 탐구의 주체이자 대상이다. 언어에 대한 연구는 인간 존재에 대한 연구인 것이다. 그리고 그 관계는 주체-주체인 것이다. 논리적 근거에서 이와 같은 입장은 언어의 존재와 객관화에 대한 생각뿐만 아니라 불변의 추상적인 모형을 만들어낼 가능성에 도전하였다.

언어의 복잡성을 가정한다면, 그리고 언어가 시간에 걸쳐 변하고 언어가 다양한 문화 체계 안에 존재한다는 사실을 가정한다면 물리학에서와 같은 고정 불변의 법칙을 발견한다는 것이 불가능하다. 따라서 언어에 대한 연구는 어떤 수준에서 예측하고, 설명하기보다는 기술을 할 수밖에 없다. 게다가 맥락에서 자유롭게 그리고 중립적이고 과학적인 언어로 기술하는 것도 불가능하다. 왜냐하면 절대적인 시작 지점과 끝 지점이 없이 부분과 전체 사이에 계속적인 움직임이 있기 때문이다.

일반적으로 담화 연구는 이런 관점의 일부를 이룬다. 담화 분석은 (아마도 물리적일 수 있는) 사회적 맥락의 중요성을 인정하며 더 중요하게 의미 구성에서 앞선 덩잇글을 중시한다. 그리고 '근거가 있는' 연구를 고집하였다. 맥락과 앞선 덩잇글에 대한 강조는 해석적인 입장과 실험적인 입장 사이의 긴장을 높였다. 그 긴장은 담화 분석에서 만족스럽게 다루지 못하였고 질적 연구와 양적 연구 사이의 틈을 더 벌여놓는 긴장으로 남아 있다. 양적 연구자들은 언어의 몇몇 양상들을 독립적인 존재로 유지하고 때로 구체화하였다. (실험적인 연구가 수행될 수 있는 근거로) 어떤 구조적인 구성요소와 규칙성을 강조하고 적절하게만 자리매김한다면 그런 체계가 양으로 나타내거나 추상적인 모형을 수립하는 데 채택될 수 있는 예측 가능한 구조적 속성을 지녔다는 것을 보여준다(바이버 1988, 바이버와 피네건 1989, 그레이브 1987).

동시에 양적 연구에서는 언어의 역동성을 설명할 수 있는 어떤 언어학적인 대상에 대한 어떤 이론 그리고 구체적인 말뭉치의 특징과 맥락, 앞선 덩잇글 사이의 어떤 통합으로 보강될 필요가 있다는 깨달음이 늘어나고 있다. 따라서 구조적인 기술과 양적인 기술을 시도하기에 앞서 언어 체계에 대한 이해가 필요하다. 그리고 그와 같은 이해가 여러 학문에 걸친 접근으로 이뤄질 수 있을 것이라고 인정할 필요가 있다.

양적인 접근과 관련하여 한 가지 구체적인 문제는 '현상의 사라짐'이라고 부르는 것으로 알려져 있다. 과학적 사실주의에서 실험 연구의 객관성은 모형과 관찰된 현상 사이에 일어나는 가설 대응 성질에 대한 되풀이되는 검증을 통하여 고정된 객관적 실체를 붙드는 것이다(그러나 다른 모형에서 발견되었다면 그와 같이 반복되고 일관된 검증이 매우 어려워지는데 알려진 방법이 일관된 반복을 제약하는 경향이 있기 때문이다). 후설의 개념으로부터 갈라져 나온 다른 대안 관점에서 가설-검사-검증이라는 개념이 해당 현상에 대한 일관성이라는 개념에 바탕을 두고 있기 때문에 경험에서 얻은 자료가 게일리언 체계로 소급되어 추적 가능한 실수로 간주된다. 이런 가정은 일관된 측정 체계를 수립하는 데서 혹은 그러할 것이라고 가정되는 것을 실험하는 실험, 혹은 보조원들로 꾸려진 단체를 이용한 설문에 내재되어 있는 실제적인 문제를 무시한다. 그것은 건전한 방법론에 대한 문제가 아니라 실제적인 구성에 대한 문제이며 그 결과는 현상이 잠재적으로 사라진다는 것이다. 객관성, 여러 연구자들에 걸친 일관성 등등에 대한 요구는 방법론에 따른 인공물(이를테면 자료 실행, 변수, 통계적으로 도출된 인자 등등)로 현상을 자리바꿈하는 것으로 이어진다.

이런 문제점을 피하고 현상에 대한 분석에 서로 다른 해석과 경험주의가 발전할 수 있도록 덩잇글에 대한 자세한 분석으로 이어졌지만, 방법으로서 덩잇글을 인공물로 대체하는 문제는 완전히 해결되지 않았다. 이 문제와 관련된 관심사는 두 가지 다른 전략들로 이어졌다. 하나는 삭스와 그의 동료들의 연구로부터 나왔으며 점차 전체 민족지학 연구서로 확대되고 있다(쉬피린 1991, 1994). 다른 방법은 글말 덩잇글 분석에서 채택되고 있는 다양한 기법이 나타나도록 하였다(쿠퍼와 그린바움 Cooper and Greenbaum 1986, 컬트하드 1994, 퍼브스 1988, 반데이크 1985).

또 다른 문제는 분석자와 분석 대상 사이의 관계에 관련되는 주체-대상과 주체-주체 개념이 역사와 무관한 것으로 인식되는 사실에 있다. 덩잇글 분석 맥락에서 역사에 대한 관심은 매우 최근의 현상이다. 인간 행위와 독립된 고정된 구조물로서 언어라는 개념을 포기하였을 때 그것이 가능하였다. 그러나 언어가 종의 특징으로 필요조건이며 인간 주체와 독립된 것으로 인식되는 한 역사는 부적절하다. 언어가 인간 정신의 산물로 간주되고 도구로 간주되자마자 시간에 걸쳐 계속 지속되는 존재가 역사적 관점으로만 접근할 수 있는 이론적인 문제를 만들어내었다. 그러나 이런 상반되는 관점들이 또한 구조와 행위(기능) 사이의 해묵은 이원주의에 대한 집중으로 이어졌고 개인의 행위에 미치는 더 큰 사회 구조의 영향에 관련되는 문제를 만들어냈다(크레스 1991). 그 다음에 개인의 행위에 관련되는 문제는 학습(사회제도에 대한 순응과 사회화)의 문제와 학습 행태의 모형화에 대한 어려움이라는 문제를 제기하였다.

대조 수사학은 언어 구조, 학습, 사용이라는 그렇게 자율성이 강하지 않는 개념들에 그 기원을 두고 있으며 그 목표는 글말 덩잇글이 더 큰 문화적 맥락에서 작용하는 방식을 기술하는 것이다. 그리고 언어가 작용하는 방식과 글말언어가 입말 언어로부터 갈라지는 방식에 대하여 어느 정도 이해하고자 하였다. 다

양한 갈래의 기술에 관련되는 문제에 관심을 가졌는데 다양한 언어들에서 이런
갈래들이 나타나는지 여부, 다양한 갈래들에서 증거를 구성하는 것이 무엇이며
서로 다른 언어에서 나타날 때 다양한 갈래에서 나타는 증거를 어떻게 하는
것이 가장 잘 정돈하는 것인지에 관련되는 문제들이 나타났다. 전부는 아니지만
워프/사피어 가설이 약화된 형태에서 그런 흐름이 생겨났으며 프랑스의 구조주
의자와 후기 구조주의자에 의해 언어학과 문학 연구에서 다시 도입되었다(베르
만과 슬로빈 Berman and Slobin 1994, 헌트와 애그놀리 Hunt and Agnoli 1991,
루시 1992, 슬로빈 1990).

7.2 갈래에 관련된 문제

이 책의 어디에서든 같은 언어에서 갈래들 사이에 차이뿐만 아니라 서로 다
른 언어에서 비슷한 갈래들 사이에서도 중요한 차이가 존재한다는 것을 지적하
였다(버켄코터와 허킨 Berkenktter and Huckin 1993, 바이버 1988, 카치루 1987,
퍼브스 1988, 스웨일즈 1991). 어떤 과학 갈래와 전문 기술 갈래가 전세계적이며
여러 언어에 걸치는 특징을 지니고 있지만 중요한 차이들이 여전히 증거의 본질
에 남아 있으며 증거를 조직화하는 수단으로 남아 있으며 심지어 발화에 대립되
는 것으로서 쓰기에서 논의될 수 있는 문젯거리로 남아 있다(테일러와 전 Taylor
and Chen 1991). 그와 같은 차이가 여러 언어에 걸쳐 있는 다양한 표면적인 특징
들을 드러낼 뿐만 아니라 바탕에 깔려 있는 문화적 차이와 역사적 차이에 의해
유발된다는 것이 때때로 분명해졌는데 이는 대조 수사학이 계속해서 이해하고
자 하는 것이다.

7.3 입말과 글말

1장에서는 글말이라는 개념이 입말과 달리 최근에 덧붙여진 기술이라는 것을 글말 문화라는 맥락에서 논의하였다. 여기서 간단히 되풀이하면 입말이 적어도 10만 년 동안 인간 종에 붙은 수하물의 일부로 보인다면 글말은 종의 역사에 비춰 볼 때 생물 진화 후에 매우 짧은 기간에 걸쳐 뚜렷하게 일어난 변화임을 보여준다.

현재에는 입말과 글말의 겹침이 흐릿하게 남아 있지만 글말에 의해 제공되는 많은 기능들이 입말의 기능을 본뜨지는 않는다. 그런 겹침은 입말 형식과 글말 형식에 양다리를 걸치고 있는 갈래들의 존재 이를테면 글말로 썼지만 입말로 전달되는 설교문, 학술 강의, 밤에 방송되는 텔레비전 뉴스와 같은 갈래에 바탕을 두고 있다.

입말과 글말이 따로 발전되었음을 보여주는 증거가 있다. 글말은 글말을 지니고 있는 사람들 사이에서 다르게 발전되었다. 인간이라는 종에 보편적으로 퍼지지도 않았으며 글말을 지니고 있는 사회에서조차 보편적으로 퍼지지도 않았다. 글말은 단순히 입말을 전사한 것이 아니라 오히려 글말은 입말과 공유하지 않는 다수의 독특한 성질을 띠게 되었다(올슨 1994).

7.4 여러 문화에 걸친 글말

글말이 보편적으로 퍼져 있지도 않고 다르게 전개되었기 때문에 서로 다른 언어에서 다소 다른 목적에 이바지하게 되었다. 최소한도로 이런 차이들은 서로 구별되는 언어들 사이에서 표면적인 변이형태를 반영하게 될 것이다.

예를 들면 *지식*은 영어에서나 일본어에서와 마찬가지로 셀 수 없다. 이런 차이들은 개념이 담화 구조에서 다르게 관련될 것임을 암시한다. 그러나 수식어가 명사의 앞이나 뒤에 놓이는 것과 같은 분명히 드러나는 요소들은 서로 다른 담화 표현으로 이어질 것이다. 동사 체계가 구체화되는 방식(이를테면 시제, 상, 양상 등등이 동사 체계에서 있고 없음, 이런 요소들이 불러일으키는 구별의 상대적인 풍부함 정도)은 서로 다른 담화 처리를 하게 할 것이다. 마찬가지로 다른 표면구조 특징(이를테면 영어와 중국어에서 수동태의 형식과 사용)들이 어느 정도 다른 담화 처리를 하게 할 가능성이 높다. 언어 체계에 포함되어 있는 문제들로서 더 근본적인 문제들이 의미론적 논제와 논리적인 문제를 다룬다. 이른 시기에 제기된 문제들은 다음과 같다.

- (입말에 대조되는 것으로 그리고 전혀 논의할 수 없는 것과 대조되는 것으로) 무엇이 글말에 등재될 수 있는가?
- 증거란 무엇인가?
- 가장 효과적이고 설득적이며 매력적인 덩잇글을 산출하게 위해 어떻게 증거를 배열하는가?

이들은 대조 수사학이 그 목적에 이바지하기 위해 언급되어야 하는 핵심 질문들이다(코너 1995 참조).

대조 수사학이 단순히 언어 구조에서 차이나 사용 빈도에서 차이를 반영하지 않는다는 것보다는 문화적으로 사용 선호도를 반영한다고 지적하는 것이 중요하다. 언어와 문화 영향력이 중국의 과학자가 영어로 쓸 때 수사적으로는 중국어 접근법을 사용하는 경우에서처럼 어떤 상황에서는 밀접한 관련이 없지만 그와 같은 선택에 대한 설명은 그럼에도 불구하고 문화적 선호도와 언어적 선호도를 반영할 것이다(테일러와 전 1991).

7.5 대조 수사학의 역사적 전개

대조 수사학38)이라는 개념은 근본적으로 교육적인 동기로부터 1960년대 중반에 나왔다. 청취 언어학 방법이 다른 언어권에서 온 영어 화자를 가르치기 위해 널리 사용되던 시대인 1950년대와 1960년대에 걸쳐 10년 동안 미국 고등 교육 기관에 국제 교류 학생들이 늘어남에 따라 그리고 지금까지 사용된 접근법이 그런 학생들에게 연관성이 있는 쓰기 가르침을 위한 수단을 제공하지 못함에 따라 쓰기 가르침에 대한 더 나은 접근을 바라는 요구가 있다는 것이 분명해졌다. 이른 시기에 조사 보고된 보고서에서 카플란(1966, 1972, 1988)은 다수의 국제 교류 학생들의 작문을 손으로 점검하고 그런 시험에서 나타나는 몇 가지 유형을 살펴보았다. 아라비아어, 중국어, 불어, 일본어, 러시아어 등등을 모국어로 하는 학생들의 영어 쓰기가 영어를 모국어로 하는 비교 대상 학생들의 쓰기와 체계적으로 다르다는 것이 분명한 듯하였다. 그 조사연구의 목적은 그런 차이들을 이해하려고 하였으며 이런 차이에 다리를 놓는 데 도움을 줄 교육적인 전략을 제안하는 것이었다.

대조 수사학은 수식어구의 기본적인 위치나 기본적인 어순, 시제, 상, 서법에서 나타나는 피상적인 차이와 같은 문제에 관심을 갖지 않았다. 오히려 주제화와 관련된 문제, 통사결속을 이루는 다양한 방법에 관련된 문제(이를테면 핼리데이와 핫산 1989의 논의), 확인 가능한 담화 기능을 반영하는 표면적인 언어 표현 특징의 결합에 관련된 문제, 의미연결이 이뤄지도록 하는 기제에 관련되는 문제에 관심을 가졌다.

예컨대 영어에서 다음의 구문은 무의미한 문장인 듯하다.

---

38) 카플란은 '이론'이란 용어보다 '개념'이란 용어를 더 선호한다. 대조 수사학은 아직은 이런 분야의 연구를 자리매김하는 방법과 원리들을 분명하게 포괄하지는 않는다.

지난 주말에 형과 나는 고기를 잡으러 갔다. 우리는 아무 것도 잡지 않았다. 가장 큰 것이 고작 1피트였다.

한편으로 아무 고기도 잡지 못했다는 것과 다른 한편으로 길이가 1피트를 넘지 않는 고기가 잡혔다는 의미를 담고 있다. 겉으로 드러난 것을 보면 이는 모순이다. 고기를 하나도 잡지 않고 (크기에 상관없이) 어떤 고기를 잡았다는 것은 불가능하다. 그러나 어떤 맥락에 이 발화를 배치해 볼 필요가 있다. 화자가 돛새치를 잡는 어부였다면 그 발화에는 아무런 모순이 없다. 말하자면 비교적 적은 잡동사니 고기를 잡기는 했더라도 아무런 고기를 잡지 못했다는 속뜻이 있다. 따라서 따로 떼어내면 의미연결이 되지 않은 발화일지라도 구체적인 맥락 안에서는 의미연결을 이룰 수 있는 것이다.

물론 흥미로운 문제는 영어에서가 아니라 다른 언어에서 그와 같은 의미연결 맥락이 작용하는가 하는 것이다. 예컨대 표준 중국어 맥락에서 비교할 만한 발화를 제공할 수 있는가, 혹은 표준 중국어에 대한 담화 제약이 그 발화에 담긴 속뜻을 등재하는 다른 방법을 요구하는가? 그렇다면 흥미로운 문제는 발화 그 자체의 통사 구조(중국어에서 다를 것이 틀림없는데 과거 시제가 다른 방식으로 표시되기 때문이다)에 있는 것이 아니라 통사결속을 이루고 있는 덩잇글에 속뜻이 담기는 방법에 있다.

다음의 두 발화를 고려해 보자.

1. *두 남자가 플랫폼 위에서 이야기하고 있었다.*
   The two men were talking on the platform.
2. *플랫폼 위에서 두 남자가 이야기하고 있었다.*
   On the platform, the two men were talking.

발화1은 정상적인 영어 어순을 따르고 있다. 즉 처소를 나타내는 전치사구가 발화의 끝에 있다. 발화2는 처소를 나타내는 전치사구가 발화의 처음으로 벗어나 있다. 순수하게 통사적으로 보면 두 발화 사이에 의미심장한 차이가 없다. 유일한 차이는 한 경우에서 부가적으로 이동 규칙이 적용되었다는 것이다. 그러나 담화 차원에서 보면 그 차이는 자별하다. 이 두 발화가 각각 있다고 가정해 보자. 덩잇글의 시작에서 발화1을 따르는 덩잇글은 두 사람에 대한 것일 것이고, 아마도 대화의 주제로 플랫폼에서 일어나는 사건에 대해서는 아닐 것이다. 반면에 발화2를 따르는 덩잇글은 플랫폼 위에서 일어난 사건일 가능성이 높은데 아마도 두 사람이나 대화의 주제에 대해서는 아닐 것이다(이를테면 허구적인 서사의 배경이거나 범죄 장면에서 경찰이 하는 회상일 수 있다).

물론 이런 담화 규칙은 상당히 유연하여 계속되는 담화의 맥락에 대해 범주에 따른 진술을 하는 것은 불가능하다. 예를 들어 보이기 위해 아래에 있는 덩잇글은 발화1을 따르리라고 일반적으로 예상되는 의미연결의 한 갈래를 보여준다.

두 남자가 플랫폼 위에서 이야기를 하고 있었다. 그들은 매일 통근하는 길에 거기에서 만난다. 매일 자신들의 삶에 대해 돌이켜 보고, 혼인 생활, 어린이와 아내의 건강과 일들을 돌이켜 본다. 그들은 친구이며 대화의 일상성은 오로지 소시민으로서 그들 사이의 우정의 끈을 강화시키는 데 이바지한다.

두 번째 덩잇글은 발화2를 따르는 덩잇글에서 일반적으로 예상되는 의미연결의 갈래를 보여준다.

플랫폼 위에는 두 남자가 이야기를 하고 있었다. 비가 부드럽게 내리고 희미한 빛이 스며들고 있었다. 시에서 오는 마지막 기차가 도착을 하고 플랫폼은 조용하다. 매일 매일의 통근자들로 황량해졌다. 침묵으로 가라앉은 것은 보통 고립과 쇠락을 연상하게 한다. 아침에는 통근자들이 돌아옴과 함께 플랫폼은 새로운 삶의 활기로 넘쳐날 것이고 계절의 순환, 죽음과 부활의 순환이 일상적인 사슬에서 되풀이될 것이다.

영어에서 주제화는 덩잇글을 이루는 문장의 요소가 적어도 어떤 맥락에서 문장의 왼쪽 처음으로 이동함으로써 이뤄질 수 있다. 상당히 흥미로운 질문이 이와 비슷한 이탈이 다른 언어에서 주제화에 이바지하는 정도와 관련된다.

차이들이 비록 표면적인 차원에서 반드시 드러나는 것은 아닐지라도 다른 언어들에서 수사구조 사이의 주목할 만한 차이들이 존재한다는 사실은 여전히 남아 있다.

7.6 대조 수사학에 대한 조사연구의 외재적 근거

대조 수사학을 뒷받침하는 근거는 지난 십 년 동안 여러 언어에 걸친 언어 발달에 대한 조사연구가 포함되는 다른 학문에 바탕을 둔 연구에서이다(버만과 슬로빈 1994, 최와 바우어먼 1991, 슬로빈 1990, 슬로빈과 보카즈 Slobin and Bocaz 1988). 이런 연구 흐름에서 슬로빈과 다른 사람들은 어린이가 다른 언어를 어떻게 습득하는가 하는 것이 때때로 언어 구조의 서로 다른 갈래에 대한 선호도를 보여준다는 것에 주목하였다(이를테면 이른 시기의 스페인어 화자들은 영어 화자들보다 시제와 상 구별을 대단히 많이 활용한다). 서사를 위한 배경 제시에서 전치사 구절의 사용에 차이가 있음을 주목한 슬로빈과 보카즈 (1988:21)는 다음과 같이 언급하였다.

> 스페인어 어린이들은 … 마치 궤적을 따로 구체화시키는 것이 어렵다고 느끼는 양 서사 덩잇글에서 어떤 장면의 사물과 참여자들의 고정된 장소를 설정하기 위하여 더 많은 노력을 기울이는 경향이 있다. 이와 달리 영어를 사용하는 어린이들은 정적인 묘사에 주의를 덜 기울이고 궤적을 다듬는 데 더 많은 주의를 기울인다. 그리고 사물이나 참여자들의 배열은 추론될 수 있도록 남겨 둔다.
> 상태와 과정에 대한 등재의 언어 특징적인 이 모든 차이들은 이 두 유형의 언어에서 서사 담화에서 사건 구성 결과인 듯하다.

밝혀진 구조적 차이들은 워프 가설의 강한 형태를 옹호하지 않지만 언어의 가능한 선택내용 가운데 어떤 선택내용의 활용을 높게 만드는 문화에 따른 선호도 인식은 인정한다.

사회 언어학 연구와 글말 능력에 대한 연구는 사회문화적 맥락에 의해서만 이해될 수 있는 담화에서 변이형태에 대한 증거를 제공하였다. 기(Gee 1990), 히쓰(1983, 1986a, 1986b), 스콜론과 스콜론(1981), 스트릿(1984, 1993)의 글말 문화 연구는 이런 흐름의 논의를 뒷받침하는 광범위한 증거를 제공하였다.

글말 문화의 구체적인 맥락을 벗어나서 언어 사회화에 대한 사회언어학적인 탐구와 언어 사용의 영향력에 대한 탐구는 대조 수사학 관점을 뒷받침한다(클랜시 Clancy 1986, 옥스 Ochs 1988, 필립스 1983, 쉬페린과 옥스 Schieffelin and Ochs 1986, 스핀들러와 스핀들러 1987b). 서로 다른 문화는 서로 다른 언어 사용법을 지니고 있다. 이런 서로 다른 사용은 문화적으로/사회적으로 형성되며 담화에서 선호되는 구성을 반영한다. 따라서 입말 담화에서 사회적인 맥락에 따른 사용 선호도는 똑같이 글말 담화에 영향을 미칠 것이라고 주장하는 것이 자연스럽다.

바제르만(1988, 1991), 브랍피(1986), 카플란과 그레이브(1991), 마이어(1986, 1990)에서 논의된 사회 구성이론의 발전과 수사학에 대한 그 영향력은 대조 수사학적 관점에 대한 또다른 증거의 원천을 제공한다. 특히 지난 세기 동안 과학 담화에 대한 연구는 가장 '객관적이고' 보편적인 담화 갈래일지라도 실제로는 어떤 방법으로 수사적인 사회화의 결과이며 과학 공동체에서 수용되는 선호되는 관례의 산물일 수 있는가를 증명하였다(6장 참조). 예컨대 과학자가 객관적이고 가치 중립적인 논문을 쓰지 않는 것이 아니라 (이 장에서 하고 있는 것처럼) 오히려 이론 수립과 보고서 작성에서 현재의 흐름에 맞추어 응하고 있는 것이다. 언어학에서 이와 같은 수사적 형상화에 대한 특별히 흥미 있는 분석은 《언어》(1989)에서 스키너를 서평한 촘스키에 대한 추바로프(1989)의 연구이다.

대조 수사학이라는 개념을 뒷받침하는 마지막 분야는 후기-구조주의적인 접근의 출현으로 나타는 덩잇글에 대한 비판적 연구에서 발견되는데 쓰기와 어떤 텍스트 읽기를 구체화하는 사회-역사적 영향력에 대한 강조에서 발견할 수 있다(크로울리 1989, 니일 1988, 사피로 Shapiro 1987). 이런 논의 흐름을 따르면 어떤 덩잇글은 여러 힘의 결과이며 그 힘은 모두 어느 정도 맥락에 의한 것이다. 어떤 덩잇글이 객관적일 수 있고 맥락에 따른 구체화의 결과에서 벗어날 수 있다는 생각은 논리적으로 타당한 것처럼 보이지 않는다.

대조 수사학의 일반적인 개념을 뒷받침하는 다양한 증거들이 있다는 점을 고려한다면 대조 수사학의 이론적 호소력을 인정하는 것이 온당한 듯하다(레키 1991도 참조). 동시에 여러 언어에 걸친 대조 수사학의 직접적인 연구로부터 구체적으로 나타난 일련의 증거를 고려하는 것도 중요하다. 이런 연구 흐름으로부터 상당한 증거들이 있었는데 이는 다른 분야의 연구를 한곳에 모아놓은 다음 절에서 논의된다.39)

7.7 덩잇글 기반 연구로부터 나온 증거

대조 수사학 연구에 대한 일반적인 비판은 두 언어 사이에서 쓰기 비교나 제2언어에서 학습자들의 산출글 비교에 들어가는 뒤섞여 있는 많은 변인들을 충분하게 통제할 수 없다는 것이다. 뒤섞여 있는 많은 변수들을 대조 수사학 연구에서 통제할 수 있는 능력이 문젯거리였으며 앞으로의 연구에서 계속해서 난점이 될 것은 분명하다. 그러나 제2 언어 학습의 모든 영역에서 똑 같이 극복해야 할 문제를 지니고 있으며 대조 수사학에서 최근 연구는 과거에서 했던 것보다 이런 문제를 훨씬 효과적으로 고려할 수 있도록 하고 있다. 모든 응용 언어학에서 연구 방법의 전반적인 완성도뿐만 아니라 대조 수사학 탐구에서 난

---

39) 라보프(1971)는 한곳으로 수렴되는 증거가 갖고 있는 힘을 강하게 옹호하였다.

점은 더 정교한 연구와 더 창조적인 담화 접근으로 이어졌다(코너 1995).

이런 발전은 처음에 서로 다른 두 언어에서 작문에 대한 강조가 늘어남으로써 나타났다(비크너와 페야산티옹 Bickner and Peyasantiwong 1988, 클라인 1983, 1991, 에긴턴 Egginton 1987, 힌즈 Hinds 1987, 1990, 인드라수트라 Indrasutra 1988, Y.카치루 1983, 1988, 럭스와 그레이브 Lux and Grabe 1991, 몬타뇨-하르먼 Montaño-Harmon 1991, 벤톨라와 모라넌 Ventola and Mauranen 1991). 이런 최근의 연구에서, 담화 특질들에 대한 직접적인 비교 초점은 두 언어 사이의 덩잇글이다. 두 번째로 담화 기반 연구의 연구가 늘어남에 따라 담화의 구조화에 핵심적인 통사적인/덩잇글다운 특징들에 대한 연구로 이어졌다(이를테면 바이버 1988, 1995, 인트라수트라 1988, 레이드 1988, 레픈과 그레이브 Reppen and Grabe). 이런 발견들은 대조 수사학에서 더 최근의 연구로 통합되었다.

셋째로 담화 분석에 대한 최근의 연구는 덩잇글 구성의 더 큰 분할을 가정하는 분석들을 포함하는 연구로 확장되었다. 이른 시기의 노력에는 카플란(1972)의 담화 구역 얼개(오스틀러 1987도 참조)가 포함된다. 더 최근의 연구는 설득 담화의 단위(코너와 라우어 1988), 이야기도표(storygraph) 분석(소터 Soter 1988), 주제 구조 분석(세르니글리아 등 1990, 코너와 파머 Connor and Farmer 1990, 라우타머티 1987), 내용 구조 분석(코너와 맥캐그 Connor and McCagg 1987)를 포함한다. 마지막으로 담화 연구는 덩잇글에서 동시에 나타나는 언어 자질들을 검토하는 덩잇글다움 분석에 초점을 모으기 시작하였다(베스니어 Besnier 1988, 바이버 1995, 그레이브 1987, 럭스와 그레이브 1991). 대조 수사학에서 더 중요하고 두드러진 연구 가운데 몇몇은 이런 발전 모습을 재검토하게 될 것이며 대조 수사학의 개념을 직접적으로 뒷받침하는 조사연구 증거들의 정돈을 주장하게 될 것이다(추가적인 연구에 대해서는 코너 1995 참조).

7.7.1 독일어

독일어, 영어 사이의 차이에 대한 일련의 연구에서 클라인(1983, 1985, 1987, 1991)은 글말 담화의 구성에서 분명하게 서로 다른 차이가 있다고 주장하였다. 특히 그(1985)는 독일어의 '학업' 줄글에서 통사 구조가 비격식적인 줄글과 구별에 중요한 역할을 하는데 비해 영어의 경우 말투가 학업 줄글과 비격식적인 줄글의 구별에 중요하다고 주장하였다. 클라인은 또한 교육제도에서 논술 쓰기가 독일어 맥락에서보다 영어 맥락에서 더 널리 퍼져 있다는 것을 주목하였다. 독일어 맥락에서 내용은 격식적인 문제와 구성보다 더 중요한 역할을 하였다. 그는 다음과 같이 주장한다.

> 나란히 늘어놓은(linear) 구조에서 벗어나는 것을 독일어가 사용되는 나라에서는 반복에서와 마찬가지로 관대하다. 독일어 (학술) 담화에서 덜 나란하고 덜 격식을 갖춘 구조도 또한 언어학과 사회학과 같은 분야의 논문이나 책에서 분명히 드러난다(클라인 1981). 일탈을 발견할 수 있는데 이는 요약하는 것이고 주장의 중심 흐름을 강조하기 위해 반복하는 것이라는 함의를 지닌다(클라인 1985:116).

이런 주장에 대한 근거의 중요한 원천은 독일어 학술 연구들을 그것에 매우 가깝게 뒤친 글에서 영어 독자들이 맞이하게 될 어려움에 있다. 클라인(1981)은 독일어 학술 줄글에서 전형적으로 비선조적인 구조를 보이는 문체가 있음을 발견하였다. 특히 노르베르트 디트마르(Norbert Dittmart)의 《사회언어학》인데 이 책은 미국인들에게 구성이 함부로 되어 있고 심지어는 혼란스럽다고 묘사되었다. 어떤 독일인이나 유럽 대륙의 서평자도 그 책에 대해 그와 같은 비판적인 진술을 하지 않았다.

클라인(1991)은 이른 시기 자신의 발견 사실들을 되풀이하였고 덩잇글 균형, 덩잇글 위계 구조, 논증 지속성, 자료 통합, 규정 제시, 발전된 구성 체계 (organizer), 울타리친 표현(hedge)과 양상 동사 사용에 따라 글말 덩잇글의 차이

에 대한 더 발전된 증거를 제공한다. 그는 또한 독일어 학자들의 영어로 쓰기에
서 비슷한 독일어 쓰기 유형 다수를 발견하기도 하였다. 이런 구별에서 나온
중요한 결과는 독일어 학자들은 영어 학술 글들을 피상적인 것으로 바라본다는
것이다. 이와 달리 영어권 학자들은 독일어 학술 논문들을 우쭐대며 구성이 형
편없는 것으로 본다.

7.7.2 일본어

대조 수사학의 유익한 증거 가운데 하나는 영어와 대조되는 중요한 아시아
언어들에 대한 연구에 있었다. 최근의 연구에서는 일본어, 한국어, 중국어, 태국
어, 베트남어는 모두 미국 영어와는 대조되는 담화 실천 사례를 제공한다고 주
장하였다. 힌즈(1983a, 1987, 1990)는 영어 덩잇글과 대조하여 일본어 덩잇글의
담화 구성에 대한 연구에 상당한 시간을 바쳤다. 특히 힌즈는 일본어 쓰기에서
중요한 다른 수사 유형이 기-승-전-결 얼개에 따른 덩잇글 구성이라고 주장하
였는데 이 얼개는 고전적인 중국 시에 기원을 두었다는 것이다. 영어로 된 글에
서 기대와 뚜렷한 대조를 보이는 것은 그 전개의 세 번째 구성인 전인데 여기서
는 영어에서 주제에 벗어난 것으로 간주될 수 있는 방식으로 세부 주제를 전개
한다. 힌즈(1983b:188)에서 주장하는 것처럼 '끼어들지 않으면 사고의 정상적인
전개인 곳에 기대하지 않은 요소가 끼어든다.' 마지막 요소인 결은 결론을 나타
내는데, 그 이름은 영어 쓰기에서 예상에 비춰볼 때 오해하기 쉽다. 이 일본어
쓰기 양식에서 결론은 질문을 할 뿐이거나 의문을 나타내거나 결정되지 않은
종점에 이를 수 있다. 영어 기준으로 보면 그와 같은 결론은 대부분 결속성이
모자란다.

7.7.3 한국어

에긴턴(1987)은 한국어 쓰기에서 다른 수사적 유형에 대해 비슷한 논의를 하였다. 한국어 쓰기 유형은 일본어 쓰기 얼개와 같은 원천으로부터 갈라져 나온 듯하다. 한국어 수사 구조는 기-승-전-결인데 (1) 도입과 느슨한 전개, (2) 중심 생각에 대한 진술, (3) 논의와 간접적으로 연결된 생각, (4) 중심 주제에 대한 결론의 유형을 따른다. 에긴턴은 영어와 한국어에서 이중 언어 사용자가 아니거나 영어 줄글에 지나치게 접촉하지 않은 경우 이런 유형을 더 좋아한다고 주장하였다.

7.7.4 중국어

중국어 수사 구조가 앞에서 살핀 한국어나 일본어의 네 부분 유형과 비슷하게 네 부분 유형으로 되어 있음을 주장하는 정(1985)에 의해 비슷한 유형이 중국어에서도 발견되었다. 여기서도 이 유형은 역사적으로 중국의 시에서 기원을 갖고 있다고 믿었다. 그와 같은 원천은 중국어 글에서 발견되는 인용의 광범위한 사용과 역사적인 참조도 설명해 준다(차오 Tsao 1983). 네 부분으로 이뤄진 유형40)은 유교의 팔고문41)과 역사적인 관련성이 있다(스콜론 1991). 팔고문이라는 개념이 중국어-영어 대조 수사학에서 논쟁거리이긴 하지만 스콜론(1991:7-8)은 그 영향력에 대한 뒷받침으로 다음과 같은 논의를 하였다.

> 카플란(1966)은 … '팔고문'이 영어권에서 현대의 중국어 쓰기를 이해하는 데
> 구조적으로 중요하다는 생각을 끌어들였다. 다른 사람들은 비교를 위해 이런 글

---

40) (뒤친이) 일반적으로 이 구성 유형은 4단 구성으로 알려져 있다.
41) (뒤친이) 중국에서 과거 제도에서 실시된 논술의 갈래 가운데 하나이다. 일반적으로 도입, 설명, 논증, 결론의 구성으로 되어 있는데 한자어로 읽으면 팔고문이 된다. 낱말이나 숫자의 수가 엄격이 정해져 있었다고 한다.

의 활용에 예외로 간주하였으며 ... [그리고] ... 대부분의 현대 중국인들은 '팔고
문'에 대해 거의 혹은 아무런 지식이 없고 따라서 그 구조에 영향을 받지 않았다
고 주장하였다. 이런 논의는 대부분의 미국 사람들이 아리스토텔레스를 거의 읽
지 않았고 따라서 아리스토텔레스의 수사학 연구가 서구의 작문 실천 사례 연구
에 아무런 암시를 줄 수 없다는 주장과 비교할 만하다.

이런 논제들이 여전히 계속해서 논의될 것이지만 중국어-영어의 대조 수사학은
대조 수사학과 더 일반적으로 제2언어 쓰기에 대한 연구의 중요한 영역으로
남아 있다.

7.7.5 유사-귀납적인 문체와 독자의 책임

더 최근의 연구에서 힌즈(1990)는 위의 아시아 지역 수사 얼개가 쓰기에서
'*유사-귀납*'이라는 용어를 사용한 일반적인 구성 전략의 모든 변이형태들이라고
주장한다. 그의 논의에서 중요한 전제는 영어권 필자들(그리고 독자들)은 엄격한
귀납과 연역 얼개에 낯이 익지만 유사 귀납 얼개에는 그렇지 않다는 것이다.
이런 식으로 일본어의 경우를 살피면서 힌즈는 논제 진술이 단락 안에 종종
묻혀 있다고 주장한다. 일본어 독자들은 출발에서부터 논제가 설명되기를 기대
하지 않는다. 대신에 일본어 독자들은 영어 독자들보다 어떤 덩잇글을 맥락을
통해 이해하기를 잘 한다. 에긴턴을 인용하면서 이런 비슷한 선호도를 한국어에
서도 발견한다. 한국어에서는 종종 논제 진술이 제시되지 않는다. 대신에 언급
되지 않은 주제 주변을 빙빙도는 몇 개의 요점들이 나열된다. 중국어도 역시
유사-귀납 구성을 활용한다고 힌즈는 주장한다. 일반적으로 동양적인 문체에는
(유일한 것은 아니지만) 목적을 끌어들이는 것이 늦춰진다고 주장한다.
주제가 언급되지 않고 함의되며 세부 주제가 전개되는 유사-귀납 문체에 대
한 논의는 일본어가 독자가 책임지는 언어라는 주장으로 분명해진다. 말하자면
독자는 정보를 채워 넣고 변용하는 일을 하도록 기대되며 독자를 위해 모든

일을 하는 필자를 높게 평가하지 않는다는 것이다. 이와는 달리 필자가 책임을 지는 언어에서는 덩잇글 갈래에 따른 관례 안에서 관계를 형성하고, 목적과 중심 전달내용을 가능한 한 또렷하게 하여야 하는 짐이 필자에게 부과된다. 레이드(1988)는 중국어에서 독자가 책임지는 문체를 선호하는 것이 중국어 학생들이 영어로 된 글에서 짧은 길이의 문장이 발견된다는 것을 설명해 준다고 주장한다. 이런 특징은 중국어 쓰기에서 간결성과 '행간을 읽기'를 반영한다. 비슷한 논의들이 마탈린(Matalene 1985)과 오스틀러(1987)에 의해 이뤄졌다.

젠킨스와 힌즈(Jenkins and Hinds 1987)는 또한 불어, 영어, 일본어에서 업무상 편지쓰기를 비교하는 중요한 기준으로 독자나 필자의 책임감이라는 문제를 탐구하였다. 편지 쓰기에서 불어는 필자의 책임이 강하다는 것을 발견하였다. 그리고 필자는 독자의 관점을 고려하지 않았다. 영어 편지에서는 독자에게 많은 책임을 지우는 듯하였다. 즉 필자는 독자의 관점에서 수사적 상황을 보아야 한다. 일본어 편지에서는 편지의 형식이 독자나 필자의 관점보다 우선한다는 점에서 독자와 필자 사이의 거리에 맞추고 있는 듯하다. 일본어로 쓴 업무 편지에서 필자들은 종종 활용하기 위해 표현 묶음을 찾기 위한 책들을 찾아볼 것이다.

7.7.6 타이어

영어와 타이어 사이의 수사적 대조 분석은 다소 다른 관점으로부터 비롯되는데 비크너와 페야산티옹(1988)은 같은 과제를 제시하고 일군의 학생들을 살폈다. 태국 학생들은 더 많은 반복을 사용하였고 논쟁의 범위를 폭넓게 하였다. 그리고 종종 결론이 없었다. 그들은 또한 태국 학생들이 더 사적인 감정을 드러내지 않았는데 아마도 의견의 제시가 없거나 방향을 설정한 결론이 없기 때문일 것이다. 이는 부분적으로 사실이 아닌 진술이 타이어 글에 없기 때문일 것이다(카플란 1987 참조).

비슷한 연구에서 인드라수트라(1988)는 영어와 타이어 학생들의 서사적인 글

쓰기를 검토하였다. 미국 학생들은 영어로 쓰고 태국 학생들은 영어와 타이어 둘 다를 썼다. 구조와 통사결속 측정에서는 중요한 차이가 나타나지 않았지만 서사적인 글에서 선호하는 구조에서 분명한 차이가 있었다. 인드라수트라에 따르면 타이어로 쓴 서삿글은 묘사를 위해 유추를 즐겨 쓰고 은유, 직유, 의인과 같은 비유적 언어의 사용이 많았다. 이런 구별이 태국 문화에서 서삿글이 다른 역할을 하기 때문일 것이라고 주장하였다. 미국의 교육 맥락과 다른 실천 관행이 있는 것이다. 태국 학생들은 즐기거나 흥미를 자아내기 위해 이야기를 만들지 않는다. 오히려 이야기는 실제 삶으로부터 나오며 설명하거나 교훈을 주기 위한 의도를 지니고 있었다. 영어로 쓴 태국 학생들의 글과 관련하여 인드라수트라(1988:221)는 다음과 같이 지적한다.

'변용'은 태국 학생들이 일정한 모형이나 유형으로 된 태국어 글을 영어로 전달할 때 나타난다. 격식성 정도에 따라 대명사 대신 명사를 사용하는 것은 태국의 관습화된 문체를 영어 쓰기로 전이하였음을 보여 준다. 게다가 관례화된 담화 구조의 변용은 태국 학생들이 타이어로 쓸 때와 같은 방식으로 썼음을 보여준다. 어쨌든 태국 학생들의 영어 작문은 영어 작문보다는 태국어 작문에 더 비슷하다.

7.7.7 베트남어

아시아 학생들의 구별되는 수사 유형에 대한 다른 증거는 소터(1988)에서 논의되었다. 오스트레일리아에서 베트남 학생들의 영어 서삿글 쓰기를 검토하면서 소터는 베트남 학생들이 플롯의 전개에 초점을 맞추려는 노력을 거의 하지 않으면서 인물들의 특징에 노력을 기울인다는 것을 주목하였다. 소터(1988:198-9)는 다음과 같이 지적하였다.

연구에 끌어들인 다양한 월남어 서삿글은 … 월남어 이야기가 목표 지향성이 덜하며 전형적인 영어 이야기보다 플롯에 초점을 맞추지 않는다는 것이 드러났다. ... 이야기 상황 전달에서 참여자들 사이의 관계를 매우 강조하였으며 이야기 안에서 인물들의 심리 상태에 강조점을 두었다. 특히 월남 학생들은 이야기에서 대화에 심하게 쏠렸으며 그 대화는 이야기의 앞으로 있는 행위에 대한 정보를 포함하기보다는 성질상 되살피거나 성격에 관련되어 있었다.

7.7.8 북인도어

문화적으로 구별된 수사 선호도에 대한 증거는 북부 인도어와 관련하여 카치루(1983, 1987, 1988)에 의한 일련의 연구에서 논의되었다. 인도어와 영어 덩잇글 분석에서 그녀는 담화의 조직에서 구별되는 수사적 선호도의 결과 통사적 특징과 통사결속에서 두 언어가 다르다고 지적하였다. 설명문에 대한 연구(1983)에서 인도어 설명문 짜임이 일직선으로 늘어놓기보다는 나선형을 보이는데 이는 전통적인 인도 문화와 종교에서 짜임의 순환 유형을 반영한 것이라고 주장하였다. 그녀는 더 나아가 전통적인 구성 유형이 인도학생이 쓴 영어에서도 발견된다고 주장한다. 비슷한 주장은 또다른 인도이란어인 마라티어에 대하여 이뤄졌다(팬드하리팬드 Pandharipande 1983).

더 최근의 연구에서 카치루(1988)는 인도어의 어떤 설명문은 나란히 늘어놓는 구성을 보이면서 단락 단위의 구성, 주제 진술, 주장을 뒤따르는 뒷받침 논증에 대한 영어 관례를 따르지만 다른 설명문에서는 이런 관례를 무시한다고 주장하였다. 그녀가 모든 설명문이 반드시 위의 관례를 따른다고 주장하는 것이 아니라 이들이 영어에서 관례적으로 독자의 기대를 나타낸다는 것을 주장한다고 알아차리는 것이 중요하다.

7.7.9 아랍어

아랍어와 영어 사이의 차이에 대한 연구는 대조 수사학의 역사를 통해 흥미 있는 논쟁의 원천이 되어 왔다. 대조 수사학에 대한 카플란(1966)의 이른 시기 연구에서 영어로 글을 쓰는 아랍 학생들이 나란히 늘어놓는 구성보다는 반복과 정교한 병치라는 특징을 지닌 유형을 보였다.[42] 카플란이 제시한 일반화를 더 신중하게 탐구하려는 노력으로 오스틀러(1987)는 아랍에서 제2 언어로서 영어를 쓰는 사람들이 언어 사용에서 입말 전통을 많이 반영한 고전 아랍어에 영향을 매우 많이 받았다는 것을 주장하였다. 그 결과 이들 학생들의 쓰기 유형은 종속 접속과 절 안과 여러 절에 걸친 대구법과 대칭보다는 대등접속과 병치 구문을 더 많이 사용한다고 주장하였다. 그녀가 사용한 말뭉치가 크지 않고 비교에 문제가 있지만 그 연구는 아랍어-영어 사이의 대조 관계를 탐구하기 위한 실험적인 접근을 보여주고 있다.

이 연구는 특히 아랍 학생들의 아랍어 작문을 살피지 않았기 때문에 그리고 덩잇글 분석에서 몇몇 다른 가능한 해석의 무시하였기 때문에 비판을 받았다. 오스틀러의 결과에 직접적으로 맞서지는 않았지만 사아데딘(Sa'Adedin 1989)은 비록 일반적으로 선호되는 선택내용이긴 하지만 글말 아랍어에서 수사적 선택 내용 표상으로서 덩잇글에 나타난 입말 특징을 재해석하였다. 쓰기에서 입말 양식이 선호되는데 공유된 문화적 신념과 결속감을 나타내기 때문이다. 그 두드러진 특징에는 구성에서 산만하고, 지나치게 강조하고 특정의 통사 구조를 되풀이하며 첨가와 누적에 의해 전개하는 특징들이 포함된다. 이와는 달리 쓰기에서 글말 양식도 아랍어에서 찾을 수 있지만 거리감이 있고, 상호작용을 염두에 두지 않았다. 그 두드러진 특징에는 나란히 늘어놓기, 문장과 단락 다듬기, 정교한 주제 중심 구조, 분명하게 확정짓는 결론내리기 등이 포함된다. 입말 양식에 대한 특징이 오스틀러의 분석과 비슷하지만 사아데딘은 아랍 필자들이 영어 필자들이 하는 것처럼 글말 양식으로 쓸 수 있는 선택내용을 지니고 있지만 문화적으로 선호되는 것은 아니라는 중요한 지적을 하였다(히브리어와 영어 사이에

---

42) 병행 구조와 나란히 늘어놓는 구조 사이의 구별이 지나치게 단순화되긴 하였지만 유용한 논의가 이뤄지도록 하는 데 이바지하였다.

이와 비슷한 비교를 한 젤러메이어 Zellermeyer 1988도 참조).

핫팀(1991)은 아랍어 필자들이 역사적으로 상대방의 관점을 제시하는, 균형 잡힌 반대 논증에 따라 논의를 전개하는 선택내용을 지니고 있음을 지적하였다. 그러나 현대 아랍어 쓰기에서 이런 선택내용이 선호되지 않고 대신에 상대방의 관점에 대하여 아무런 참고도 하지 않거나 명시적인 양보를 나타내는 접속사(이를테면 비록 ...지만)를 통해 한쪽으로 치우친 논의를 제시하는 논쟁에서 선호도를 보여 준다. 핫팀과 사아데딘의 논의로부터 독자와 독자와 상호작용하려는 태도와 관련된 논제가 아랍어와 영어의 수사적 선호도 사이의 언어학적으로 관찰 가능한 차이를 논의하는 데 주도적인 역할을 할 것으로 보인다. 오직 제2외국어로서 영어에서 쓰기를 검토하고 있을 뿐이라는 오스틀러의 연구에 대한 일반적인 비판이 사아데딘과 핫팀의 연구에서 문제가 되지 않는다는 점은 주목할 만한 가치가 있다. 이 두 사람의 연구는 오스틀러의 연구에서 발견된 차이를 뒷받침하는 것이다. 연구의 선택내용에서 중요한 차이는 언어에서 나타난 이런 차이들이 무엇을 드러내는가에 대한 해석과 관련된다.

7.7.10 스페인어

아마도 가장 일반적인 대조 수사학에 따른 비교는 스페인어와 영어 사이의 비교일 것이다. 1970년대 초반에 몇몇의 학위 논문에서 영어-스페인어에 대하여 수사학적으로 대조되는 측면에 대한 살핌이 있었다. 1980년대에 추가적으로 언어적 차이와 수사적 차이를 검토하였다. 특히 네 편의 연구가 스페인어 화자가 쓰기에서 더 '정교한' 문체를 선호한다는 생각을 이끌었다. 말하자면 스페인어 필자는 영어로 쓰든 스페인어로 쓰든 일반적으로 절 구성에서 대등 접속과 종속 접속을 상당히 많이 활용한다는 것이다.

1. 레이드(1988)는 스페인의 제2 언어로서 영어 화자가 더 긴 문장을 쓰고 더

많은 대등절을 사용하며 영어 모국어 화자와 같은 종속 접속을 사용한다는 것을 처음으로 지적하였다. 동시에 그녀는 이런 결과들이 오스틀러(1987)에서 지적한 것처럼 '느슨한 대등 접속' 유형을 보일 것이라고 주장하였다.

2. 몬타뇨와 하르몬(1988, 1991)은 멕시코에서 스페인어를 쓰는 중등학생과 미국에서 영어를 모국어로 쓰는 중등학생을 비교하였다. 그리고 스페인어 화자들이 대등 접속을 더 많이 사용한다는 것을 발견하였다. 이 경우에 비교는 자신의 모국어로 쓰기를 하는 두 집단에 걸쳐 이뤄졌다.

3. 럭스(1991, 럭스와 그레이브 1991)에 의한 세 번째 연구는 에쿠아도르에서 스페인어를 사용하는 대학 수준의 학생과 미국에서 영어를 모국어로 사용하는 대학생들을 비교하였다. 다시 한 번 그 결과는 스페인어 학생들이 더 긴 문장을 쓰는 것으로 나타났다. 그들은 또한 종속절의 사용이 더 많았지만, 대등절의 사용에서는 아무런 차이가 없었다.

4. 레픈과 그레이브(1993)는 제2외국어로서 영어를 사용하는 스페인어 초등학생과 영어를 모국어로 사용하는 사회-경제적 지위가 낮은 학생들을 비교하였다. 여기서도 스페인어 화자들은 더 긴 문장을 사용하였고(종결 단위), 더 많은 대등절과 종속절의 사용이 나타났다. 대등접속이 영어 유창성이 낮음을 반영한 것이라고 할 수 있지만, 그와 같은 논의는 몬타뇨-하르몬이나 럭스의 결과와 들어맞지 않는다.

이들을 함께 고려해 볼 때, 네 연구의 결과들은 스페인어 학생들이 더 정교한 문체를 선호한다는 주장을 옹호한다. 이 일관된 유형들은 제2외국어로서 영어를 사용하는 쓰기와 스페인어 쓰기에 그리고 서로 구별되는 문화 맥락에, 어린이, 청소년, 성인에 걸쳐 적용된다.

7.7.11 덩잇글의 복합적인 매개인자들을 활용한 연구

대조 수사학에서 또 다른 중요한 탐구 영역은 언어 특징 분석으로부터 나온 덩잇글의 복합적인 매개인자들의 사용과 관련되어 있다. 글말 영어 평가(TWE)의 자료에서 나온 자료들로 연구를 한 칼슨(Carlson 1988)은 전체 점수의 예측 지표가 대규모 집단에서 다양함을 발견하였다. 이는 부분적으로 영어에서 전체적인 언어 능력의 차이 때문이지만 언어 배경 그 자체가 전체 점수를 해석하는 예측 지표에서 차이 때문이라고 주장하였다.

포르투갈어를 쓰는 브라질 사람과 영어를 쓰는 미국인들의 사설 쓰기를 구체적으로 살피면서 댄터스 휘트니와 그레이브(Dantas Whitney and Grabe 1989)는 덩잇글 구조의 기능적인 기준을 반영하는 언어적인 특징을 알아보기 위해 덩잇글을 살펴보았다(바이버 1988, 그레이브 1987 참조). 예컨대 일인칭 대명사와 이인칭 대명사, 부정사, 종속절, 울타리친 표현과 같은 언어 자질을 폭넓게 사용한 덩잇글은 이런 자질들을 덜 사용하고 반복을 많이 사용한 덩잇글에 비해 더 *상호작용*을 지향하는 듯이 보일 수 있다. 이 연구에서 댄터스-휘트니와 그레이브는 정보의 *추상적/격식적* 제시와 *상황 중심적/비격식적* 제시에 따라 두 본보기들 사이에 의미심장한 차이가 있다는 것을 발견하였다. 이 기준은 문장마다 낱말, 명사화, 전치사가 많이 사용된 추상적/격식적 문체와 이런 자질들의 사용이 적고 삼인칭 대명사와 처소를 나타내는 부사의 사용이 많은 상황중심적/비격식적 문체의 대비로 나타났다. 또한 포르투칼어 사설이 영어 사설보다 더 *상호작용 성향*이 높은 경향도 나타났는데 이는 통계적으로 유의하지는 않지만 *정보*지향적인 경향이 있음을 보여준다.

여러 겹의 기능 기준을 검토하는 두 번째 분석에서 럭스(1991, 럭스와 그레이브 1991)는 에쿠아도르와 미국에서 고등교육 수준에 있는 학생들의 쓰기를 연구하였다. 여기서 스페인어 화자는 모국어로 쓰든 외국어로 쓰든 영어 화자보다 더 '정교한' 줄글을 쓴다고 주장하였다. 22개의 언어 자질들에 대한 다중 변인 분석에 바탕을 두고 럭스는 쓰기 집단 사이의 비교 결과를 해석하는 데 유용한 네 개의 인자를 제안하였다. 이 논의의 목적을 위해 가장 중요한 기준은 위에서 제시한 '정교한 문체'와 관련된 인자였다.

여러 겹의 기준을 사용하여 대조 수사학에 접근한 세 번째는 위의 방법과는 어느 정도 다르기는 하지만 퍼브스와 그의 동료들이 국제 교육 평가(IEA)에서 연구를 따른 작문 연구였다(고먼 Gorman 등 1988, 퍼브스와 타칼라 Purves and Takala 1992, 바하파시 Vahapassi 1988). 이 연구에서 열네 나라에서 온 학생들을 나이에 따라 세 층으로 나누고 8개의 서로 다른 쓰기 길라잡이에 따라 쓰게 하였다(퍼브스와 하위셔 Purves and Hawisher 1990, 퍼브스와 퍼브스 1986). 그 결과 그 연구거리에서는 서로 다른 나이 층, 국가, 과제와 덩잇글 유형들에 걸쳐 비교를 할 수 있었다. 퍼브스와 하위셔(1990)는 각 나라에서 온 100개의 논술을 일정한 기능 기준에 따라 등급을 매긴 연구를 기술하였다.

(1) 사적 - 사적이지 않은
(2) 수식이 많은 - 단순한
(3) 추상적 - 구체적
(4) 단일의 - 여럿의
(5) 명제 중심의(propositional) - 늘어놓는(appositional)

이 기준들은 각각 필자의 사고와의 관계와 관련되는데 은유, 심상들, 비유적 언어와 관계, 구체적인 정보 양과의 관계, 관점의 좁음과 주제의 통일성과의 관계, 사용된 접속어의 수와 유형과의 관계와 관련이 있다. 이들의 연구 결과 서로 다른 나라에서 온 필자들이 여러 겹 기준의 종단면에 배치할 수 있다는 것을 제안하였다. 예컨대 이탈리아에서 온 학생은 모든 다섯 가지 범주에서 높게 나타났다. 이를테면 매우 개인적이고 수식이 많으며 추상적이고, 하나에 초점을 모으고, 명제 중심적이었다. 이와 달리 핀란드에서 온 학생은 다섯 가지 모든 기준에서 낮게 나타났다. 이런 방법으로 14개의 서로 다른 나라 출신 학생들의 등급을 매겼다. 이런 접근 방법이 복잡하기는 하지만 구체적인 어떤 결과가 얻어질 것이고 쓰기 가르침을 위해 어떤 함의를 지니게 될 것이다.

이런 여러 겹 기준으로 한 연구들은 가능할 수 있는 연구의 선택 내용을 암시한다. 앞으로 대조 수사학은 덩잇글의 기능 기능/덩잇글다움 기준에 언어적인 문제와 담화 구조적인 문제들을 관련짓는 다양한 연구들이 필요하게 될 것이다.

이런 식으로 많은 개인 연구들이 담화의 기능 구조 관점에서 합쳐지고 설명될 수 있을 것이다. 불행하게도 넓은 범위에서 행해지는 그와 같은 연구는 상당한 시간과 자원을 필요로 한다.

대조 수사학 연구의 요약에 대한 살핌에서 서로 다른 사회가 글말 덩잇글에 대한 서로 다른 구성 선호도를 지니고 있다는 상당한 증거들이 있었다. 대조 수사학 연구가 복잡한 일이지만 더 자세하게 살핀다면 제2언어를 배우는 학생들의 쓰기에서 대조 수사학 연구에서 드러난 선호도조차 서로 구별되는 문화와 언어에서 글말 덩잇글을 형성하게 할 뿐만 아니라 일관되게 그것들을 드러내는 경향이 있음을 보여주는 충분한 증거들이 이제는 있다. 담화 변이형태에 대한 증거들을 다른 학문이나 논증과 결합한다면 대조 수사학이 성과가 있는 영역인가를 묻기보다는 대조 수사학에서 드러난 차이를 이해하는 데 집중하게 될 것이다.

7.8 대조 수사학의 활용

이른 시기의 대조 수사학에서 *첫 번째 문제*는 덩잇글이 산출되는 방식에 충분히 주의를 기울이지 않고 최종 산출물에만 집중한다는 사실에 있었다. 대조 수사학과 관련하여 계속해서 제기되는 기본적인 문제가 최종 산출물을 배제하고서는 답을 할 수 없다는 것이 최근에 분명해졌다. 이른 시기의 대조 수사학에서 *두 번째 문제*는 단순한 덩잇글 갈래들을 비교하는 데서 실패하였고 그에 따라 학생 덩잇글을 전문적인 작가 혹은 숙달된 필자의 글과 비교하려고 반복적으로 시도하였다는 것이다. 이 분야에서 연구하는 연구자들은 갈래들을 실제적으로 비교 가능하도록 실험을 통제하는 것을 배웠다.

이른 시기의 대조 수사학에 나타난 *세 번째 난점*은 연구되고 있는 필자가 자신의 모국어에서 효과적인 줄글을 산출할 수 있는가 여부를 결정하는 데 실패하였다는 것이다. 자신의 모국어에서 제한된 능력을 지닌 개인이 제2언어에서 그 제약을 뛰어 넘을 수 없다. 이른 시기의 대조 수사학에서 *네 번째 난점*은 모국어 담화의 검토로부터 나온 것이 아니라 영어 규범만으로 벗어남을 점검한 결과를 바탕으로 추론이 이뤄졌다는 사실에 있다. 이 마지막 난점은 구체적인 언어를 참조하고 있는, 위에서 인용한 조사연구를 통해 극복될 수 있다. 적어도 몇몇 언어들에서 수사 구조에 대한 많은 것들이 이제는 알려졌으며 이 분야에서 연구가 계속되고 있다. 그러나 *가장 심각한 문제*는 대조를 위한 보편적인 이론 모형이 없다는 사실에 있다. 결과들이 종종 다른 연구 범례와 다른 실험 기반으로부터 나오기 때문에 다양한 학자들의 발견 사실들을 쉽게 비교할 수 없다는 것은 유감이다(이것은 단지 대조 수사학에만 해당되는 문제는 아니며 연구의 한 분야로서 담화 분석 전체의 경우에도 그러하다. 카플란 1991과 바이버 1995 참조).

　이런 문제들은 연구 기반으로서 그리고 교육에 대한 결정이 이뤄지는 기반으로서 대조 수사학의 유용성을 제약한다. 분명한 것은 다양한 언어에서 수사적인 차이가 있다는 것이다. 그리고 그런 차이가 필자가 모국어 화자와 같은 방식으로(혹은 목표 언어의 모국어 화자가 더 잘 받아들일 수 있는 방법으로) 쓰기 위해서 해야 되는 것이 무엇인가에 대한 이해가 시작되기 전에 의식하고 있어야 한다. 글말이 내구성(어떤 장소에서 유지될 수 있고 검토될 수 있음)과 영속성(저장되고 다른 시간과 장소로 이동될 수 있음)을 지니고 있다는 바로 그 이유 때문에 독자들은 입말에서는 갖추지 않아도 기꺼이 넘어갈 수 있는 정확성과 명료성을 글말에서 기대한다. 말하자면 청자들은 발음, 통사, 어휘, 상위수준 구조의 잘못도 입말에서는 참아낼 수 있지만 글말에서는 참을 수 없는 것이다(사아데딘 1989 참조). 입말에서 의사소통 가능성이 중요하지만 글말에서는 덩잇글 정확성이 더 중요해진다.

　대조 수사학이 교육 환경에서 도움을 줄 수 있는 것은 기교에만 있지 않다. 어떤 언어로 작문할 수 있는 능력이 다른 언어로 작문할 수 있는 능력을 보장해 주지 않는다는 것을 깨달을 필요가 있다. 만약 학생들이 '단순한' 얼개에 접속해 보지 않았다면 갑자기 '간단한'(이를테면 다섯 단락으로 된 논술) 얼개를 제2 언어에서 만들어내기는 쉽지 않다. 구성 모형을 가르치는 것이 현재로는 인기 있는 가르침 전략은 아니지만(스마고린스키 1992, 스톨라렉 1994) 창조성과 관련된 다른 가르침 영역에서는 잘 알려진 접근 방법이다. 회화와 음악에서 학생들이 독창적인 방식으로 다루고 기본 형식에서 벗어날 수 있는 얼개를 지니도록 학생들에게 가르친다(이 논의는 현재의 전통적인 쓰기 가르침 접근 방법에 대한 논의가 아님을 주목해야 한다. 오로지 제2외국어 학생들이 글말 덩잇글의 조직에 관련된 측면들에 대한 필요성을 지적할 뿐이다).

이와 마찬가지로 특정의 갈래에 숙달될 수 있도록 구체적인 갈래들에 대해 연습할 필요가 있다(버레인터와 스카다말리아 1987, 마틴 1989). 큰 책의 덩잇글 구성에서 더 넓은 범위의 구성에 대한 절대적인 제약은 있을 수 없지만 많은 갈래에서 정보가 조직되어야 하는 방법에 대하여 더 선호하는 기대치가 있는 것이다(아트킨슨 1991, 스웨일즈 1991). 더 좋아하는 기대치는 영어 줄글에서 검토해 볼 수 있다. 토박이 화자가 아닌 학생들에게는 그런 선호도를 알아차릴 수 있게 할 수 있고 여러 활동을 통해 선호되는 구성 유형으로 공부하게 할 수 있다(이를테면 상위인지 기술 연습, 요약하기, 부연하기, 단락 경계를 나타내는 표현 삽입하기, 덩잇글 구역 뒤섞기, 요약에 세부내용과 예를 배치하기, 덩잇글을 이루도록 문장을 검토하고 조직하여 쓰기, 상위구조 표지를 찾아보기가 있다. 에벤슨 Evenson 1990, 해리스 Harris 1990, 프레슬리 Pressley 등 1989).

7.9 대조 수사학과 쓰기 이론의 발전

이론적인 논의에서 가르침을 위한 함의로 넘어가는 일은 언제나 위험스럽다. 이론이 가르침에 대한 함의로 직접적으로 이어지지 않아서라기보다는 이론적

통찰에서는 학생들이 개념이나 일련의 생각들을 이해할 필요가 있다고 제안을
하지만 교육적인 답을 제시하는 구체적인 방법을 제안하고 있지 않은 경우가
더 많다. 이런 관계는 대조 수사학의 개념들에서도 마찬가지이다. 대조 수사학
이 학생들이 알아야 할 필요성이 있는 것에 대한 어느 정도 함의를 제공하는
것은 분명하다. 그러나 학생들을 위해 이런 이해를 어떻게 실용화할 것인가에
대해 정확한 해답을 제공하지는 않는다. '중요한 개념'을 어떻게 가르칠 것인가
하는 문제는 접어두고 일반적인 의미에서 대조 수사학을 통해 나타난 교육적
함의를 고려해 보는 것이 중요할 것이다.

대조 수사학은 쓰기 가르침에서 일곱 개 유형의 지식이 중요하다는 데 초점
을 모았다고 할 수 있다.

1. 배열의 수사적 유형에 대한 지식과 다양한 유형의 상대적 빈도(이를테면 설명/
   논증: 분류와 뜻매김 등등)
2. 덩잇글 산출을 위해 필요한 전략들과 작문 관례에 대한 지식(미리 쓰기, 자료
   수집, 고쳐 쓰기 등등)
3. 목표 언어의 형태 통사론적 지식 특히 문장들 상호간의 수준에 적용될 때의
   그와 같은 지식
4. 목표 언어에서 의미연결을 이루도록 하는 기제에 대한 지식
5. 덩잇글 모습과 유형의 분포와 빈도에 대한 것으로서 목표 언어의 쓰기 관례에
   대한 지식
6. 목표 언어의 문화에서 독자들의 특징과 기대치에 대한 지식
7. 목표 언어의 문화에서 '누구나 알고 있는' 지식과 전문 지식을 포함하여 논의
   할 주제에 대한 지식

분명히 이 목록들은 산출과 관련하여 기본적인 것이고 전체적인 것은 아니다.
그러나 결코 현재적 전통에 따른 쓰기 접근에 위배되지 않을 것이다(버얼린
1987, 실바 1990). 작문이 이뤄지는 정신적 과정보다는 덩잇글에 대해 강조하
고 있지만 정신적인 과정들은 무시되지도 않았고 무시할 수도 없다. 쓰기 가르

침에 대한 대조 수사학의 실제적인 함의에 대한 확장된 논의가 그레이브와 카플랜(1989)에서 언급되었다. 10장에서 12장에 걸친 구체적인 추천 내용들 다수가 대조 수사학으로부터 나온 통찰이 가르침의 실천사례가 될 수 있음을 뒷받침한다.

이 장의 논의에서 대조 수사학으로부터 나온 통찰이 작문에 대한 연구에 적용 가능하며 외국어 맥락에서 쓰기 가르침에 끌어들일 수 있는 다수의 교육적 함의도 있다는 것이 분명하게 되었을 것이다. 작문에 대한 이론의 수립을 위하여 대조 수사학이 다른 이론과 어떻게 결합되는가 하는 것은 다음 장의 목표이다.

쓰기 이론을 위하여

Towards a theory of writing

만약 우리가 다른 질문들에 다리를 놓고 다른 형식의 증거를 이어주기 위한 목적
으로 사건들을 해석하고 구성하기 위한 장치를 지닌 기계로 이론을 생각한다면 쓰
기가 세계뿐만 아니라 우리 자신에 대한 이해에 어떻게 이바지하는가에 대한 이론
을 열망하는 것은 완전히 사리에 맞는 일이다. (올슨 1994: xvii)

8.1 도입

처음의 일곱 장에서 쓰기 연구에서 중요한 흐름과 쓰기와 쓰기 가르침을 대
상으로 하여 다른 맥락을 논의하였다. 이와 함께 이들 일곱 장은 쓰기의 본질에
대해 고려하기 위한 배경을 제공하였는데 덩잇글 구조, 인지 과정, 사회적 맥락
을 포괄하였다. 이 장에서 우리는 한 걸음 물러나서 '쓰기란 무엇인가?' 하는
기본적인 물음을 다시 한 번 고려하기로 한다. 이는 먼저 쓰기의 민족지학을
통해 탐구될 것이다. 그 다음에 민족지학에서 제기된 다양한 논제들이 쓰기 기
술과 맥락에 따른 분류를 통해 다시 고려된다. 마지막으로 의사소통을 위한 언
어 처리 기술 모형이 쓰기 이론의 인지 영역, 사회 영역, 덩잇글 영역을 통합하
기 위한 수단으로 제안될 것이다.

이 장에서 제안된 모형과 비슷한 논의를 가르침 맥락에서도 발견할 수 있을
것이다. 예컨대 독자, 필자, 주제 문제, 덩잇글의 결합으로서 쓰기를 다루는 '수
사의 삼각형'이 있다. 이와는 달리 얼마나 많은 쓰기 연구가 그와 같은 넓은
얼개 안에서 상황 맥락에 들어맞지 않는가를 살피는 것도 흥미로운 일이다. 예

컨대 쿠퍼와 마쭈하시(Cooper and Matsuhashi 1983)는 덩잇글 관련 문제를 강조하고, 보그란데(1984)와 버레인터와 스카다말리아는 과정에 관련된 문제를 강조하며 더 최근에 플라워(1994)는 인지 맥락과 사회적 맥락의 결합을 강조한다.

일반적인 이론 논의에서 위트(1992)는 쓰기 이론이 인지, 사회, 덩잇글(언어) 인자들을 통합해야 할 필요성을 주장한 드문 연구자들 가운데 한 사람이다. 우리의 입장에서는 쓰기 조사연구에서 일반적으로 논의되고 있는 주요 영역들을 통합하는 종합 이론을 주장하고 싶지만 거의 통합이 이뤄지지는 않았다. 이런 영역들이 통합되어 감에 따라 쓸 수 있다는 것이 무엇을 의미하는가에 대한 균형 잡힌 해석에 이르고자 하는 목표가 이뤄질 것이다.

8.2 쓰기에 대한 민족지학[43] 연구

쓰기에 관련된 전체적인 관심사를 고려하는 가장 좋은 애초의 방법은 아마도 쓰기에 대한 현재의 이해에 대한 민족지학 연구를 적용해 보는 것일 것이다. 입말 언어에 적용된 이 접근법은 말하기와 담화 분석에 대한 민족지학 연구의 사회언어학적 연구로 이어졌다(푸울 1991, 쉬피린 1991). 그와 같은 노력이 쓰기에는 적용되지 않았는데 부분적으로는 사회언어학자 다수를 포함하여 많은 언어학자들이 입말로부터 갈라져 나온 것이라고 확신하고 있었기 때문이다(바소 1974, 바이버 1988, 올슨 1994). 그러나 1장에서 논의된 것처럼 입말과 글말 사이

---

43) (뒤친이) ethnography을 뒤친 용어이다. 원래는 민족학 연구와 관련된 자료를 수집·기록하는 학문으로서 주로 미개한 민족의 생활 양상을 조사하여 인류 문화를 구명하는 자료로 이용한다. 그러나 학문영역마다 끌어쓰면서 그 방법론은 조금씩 다르며, 목적 또한 다르다고 할 수 있다. 민족학 연구를 위해서 소규모 집단에 대한 질적인 분석을 하였던 방법이 원래의 취지였다면 쓰기에서 민족지학이란 이름을 붙인 연구와 다르다고 하겠다. 이 책 전체를 통해 민족지학이란 용어가 널리 쓰이고 있지만 목적과 방법론에 비춰보면 '작은 크기의 동아리나 모둠에 대한 개별 사례 연구'이며 주로 질적인 분석(질적인 분석을 위한 자료 수집 등)에 기댄 방법론이라고 할 수 있다.

의 관계를 다시 고려할 충분한 근거가 있으며 입말에 대해 신중하게 주의를 기울이듯이 글말에 대해서도 주의를 기울여야 한다.

쓰기에 대한 민족지학 연구에 접근하는 가장 좋은 방법은 기본적인 질문을 해 보는 것이다(이를테면 쿠퍼 1979).

누가 무엇에 대하여 누구를 위하여 어떤 목적으로 왜, 언제, 그리고 어떻게 쓰는가?

이 물음에 대하여 분류가 된 답을 제공함으로써 쓰기에 대한 민족지학의 출발지점에 가까이 갈 수 있을 것이다.

8.2.1 누가 쓰는가

민족지학 연구에서 첫 번째로 요구되는 것은 글쓴이들의 분류이다. 개인이 초보 필자인가 아니면 숙달된 필자인가? 개인적으로 폭넓은 쓰기를 경험하였는가, 아니면 오로지 좁은 범위에서 쓰기를 경험하였는가? 학업에 따라 평가되기를 기대하는 학생이 필자인가, 아니면 쓰기로서 생계를 이어가야 하는 잡지 기자가 대상인가? 이들과 다른 많은 관련된 물음들이 분류체계가 결과를 얻을 수 있도록 만족스럽게 되기 위해 복잡한 행렬을 이룬다.

필자가 누구인가(아마도 남자인가 여성인가보다는 필자의 특성들이 될 것이다)를 아는 것은 연구하고 있는 쓰기의 본질에 중요성을 지닐 수 있다. 예컨대 청소년이 폭넓은 쓰기 경험을 하지는 않고 외국어로 보고서를 써야 할 경우 쓰기 과제에서 경험이 풍부하고 모국어로 쓰고 있는 숙달된 성인 필자와는 상당히 다르게 쓰기를 할 것이다. 필자의 특성에서 이와 같은 차이는 쓰기 상황에 영향을 미치는 다른 요소들과 상당히 독립되어 있을 것이다. 그리고 이는 단순히 일반적인 유창성의 문제가 아니다.

8.2.2 쓰는 일

'쓴다'라는 용어는 일반적으로 어떤 행위나 과정을 암시한다. 그러나 과정에 관련된 문제는 아래에서 논의하기로 하고(8.2.8의 '어떻게' 쓰는가 참조) 여기서 는 쓰기와 덩잇글의 언어적인 특징을 살피기 위해 사용하기로 한다.

쓰기 상황에 대한 요구는 덩잇글 자체에 대한 이론 즉 덩잇글 구성에 대한 이론을 필요로 한다. 언어적으로 어떤 부분들이 있으며 그 부분이 어떻게 결합 하는가? 언어적인 자원은 무엇인가? 어느 정도로 언어적인 특징이 쓰기에서 기 능에 따른 목적을 반영하는가? 더 큰 덩잇글을 이루기 위해 문장들이 어떻게 연결되는가(정말로 문장들이 관련되기는 한가)? 의미연결이라는 개념을 어떻게 이해하여야 하는가? 그리고 이 개념의 어떤 부분이 덩잇글 안에 있는가?

이들과 다른 많은 논제들이 어느 정도 깊게 2장과 3장에서 탐구되었다. 덩잇 글은 그 자체로 전체적인 쓰기 상황에서 중요한 별개의 구성요소이다. 덩잇글 의 분석을 통해서만이 연구자들은 특정의 언어 구조물, 전환 장치, 어휘 선택뿐 만 아니라 전체 덩잇글의 맥락에서 기능적인 역할이 어떤 역할을 하도록 활용 되는 모습을 검토할 수 있다. 덩잇글에 대한 연구를 통해 시작하는 진술, 외부 [내용] 지시 표현, 정보들이 이어지는 단계(아트킨슨 1991), 정보의 수사적 배열 (브루시옥스 Bruthiaux 1993)들이 드러났다. 또한 '이전의-새로운' 정보의 순서 화, '주제-평언'의 배열 등을 통해 정보 구조화의 유형이 밝혀지기도 하였다. 덩잇글 구성에 대한 이론은 필자가 이용 가능한 다양한 언어 도구의 얼개뿐만 아니라 정보의 흐름과 의미연결이라는 개념을 만들어낼 수 있도록 하는 결합에 관련되는 선택 장치를 제공하였다는 점에서 쓰기 상황에 독자적인 기여를 하였 다. 덩잇글 구성에서 언어 요소는 또한 독자에 대한 고려, 필자의 목적, 쓰기 맥락, 과제에 요구되는 갈래와 같은 쓰기 상황에 있는 다른 요소들의 해석에도 도움을 주었다.

8.2.3 무엇을 쓰는가

*무엇을 쓰는가*에 대한 기본적인 뜻매김은 어떤 전달내용이며 어떤 갈래의 내용인가 하는 것이다. 우리의 목적에 맞춰 쓰기의 *무엇*은 내용, 갈래, 말투식에 따라 논의될 것이다. 이런 개념들은 쓰기에 대해 몇 가지 질문을 제기한다. 필자들이 새롭게 쓰면서 일반적으로 몰두하게 되는 갈래는 무엇인가? 필자들이 필요로 하는 일반적인 배경 정보는 어떤 종류인가? 쓰기를 위해 자리에 맞춘 말투식은 어느 정도 필요한가? 어떻게 갈래 이론을 자리매김할 수 있는가? 이들과 이와 관련된 물음들을 언급하기 위하여 쓰기에 대한 이론은 현상학적 세계(세계 지식에 대한 이론), 갈래에 대한 이론과 말투식에 대하여 어느 정도 구체화가 필요하다.

일반적으로 내용은 이를테면 개념틀 이론에서와 같이 배경 지식으로 생각해 볼 수 있다. 일반적인 배경 지식에 더하여 개념틀 이론은 통합 단위로서 저장된 지식들이 회상(혹은 재구조화)을 위해 접속 가능하고 내용 지식의 산출과 이해에 사용된다고 주장한다. 또한 개념틀은 서로 다른 맥락에서 적절한 말투식에 대한 우리의 지식에 틀을 제공한다. 그리고 구체적인 목적을 위해 담화를 조직하는 방법으로 갈래에 대한 우리의 지식에 틀을 제공한다(스웨일즈 1990). 쓰기에 대한 개념틀 이론(혹은 지식의 정신적 구조화에 대한 비슷한 이론)의 근본적인 영향은 학생들이 그들에게 낯익은 정보에 대해 글을 쓸 때 학생들이 더 많은 글을 쓴다는 연구에서 분명하게 나타난다(외국어의 경우는 프리들랜더 Freidlander 1990 참조). 배경 지식은 쓰기를 위해 내용과 갈래 구조를 바탕으로 쓸 수 있는 근거를 제공한다.

적어도 어느 정도까지는 배경 지식은 문화로부터 갈라져 나온다는 것을 알아야 한다. 문화적으로 형성된 배경지식은 오해로 이어질 수 있는데 왜냐 하면 이 지식은 일반적으로 문화에 따라 다양한 것으로 인식되지 않기 때문이다. 그 결과 우리가 지니고 있는 논리와 결론을 이끄는 전제나 가정을 알아차리지 못한다. 더욱이 우리가 알고 있는 방식을 상식이라고 생각하기도 한다. 그러나 두 문화가 만나 접촉을 할 때 무엇이 상식이고, 말할 필요조차 없는 것이 무엇인가는 같지 않다. 해당 문화 안에서조차 차이가 세대에 걸쳐, 사회 집단에 걸쳐, 성별에 걸쳐 있을 수 있다(아트킨슨 1993, 렘케 Kemke 1995). 따라서 배경 지식을 뚜렷하게 드러내는 어떤 얼개들은 덩잇글 구성 연구에서 결정적이다.

*갈래*는 확인 가능한 형식적인 속성, 확인 가능한 목적, 완결된 구조(이를테면 들머리, 본론, 마무리)를 지닌 유형들로 기술할 수 있다. 비록 우리의 목적에 맞춰 그 핵심 논제는 글말에서 갈래의 발생이지만 갈래는 입말과 글말 둘 다에 적용될 수 있는 개념이다. 설명문, 설득문, 이야기와 같은 범위가 넓은 큰 갈래를 논의하는 것이 가능하지만, 갈래들은 일반적으로 더 좁은 맥락과 더 구체적인 형식 자질들에 따라 자리매김된다. 다음은 글말 갈래에서 고려될 수 있는 몇몇의 담화 유형을 제공한다(마틴 1985, 로써리 Rothery 1989, 스웨일즈 1990).

허구적인 소설들	연구기금 신청서	진척 보고서
협박 편지	강의 강좌 요목	개관 논문44)

최근에 이르기 전까지 쓰기 가르침과 텍스트 언어학, 심리적 연구에서는 널리 쓰이고 있었지만 갈래라는 개념은 쓰기 이론에서 부차적인 자리로 물러나 있었다. 그러나 지난 10년 간 갈래라는 개념은 쓰기 상황에서 통합적인 요소이며 독자적으로 쓰기 상황에 기여하고 있다고 점점 인정하게 되었다(버켄코터와 허킨 1993, 1995, 바티아 1993, 프리드먼과 메드웨이 Freedman and Medway 1994, 렘케 1995). 예를 들면, 허구적인 서사 덩잇글은 어떤 면에서 다른 허구적인 서

---

44) 다른 가능한 갈래에는 과장된 이야기(talltales), 연구 논문, 사설, 사회란 특별기고, 지역 신문 보도, 농담, 기념논문(festschrift), 신임장(위임장), 조문편지, 전기문, 여행 안내서, 사업 보고서, 소송 의뢰서, 우화, 연구 보고서, 메모, 사적인 편지, 전설, 편의제공 안내서, 단편소설, 시, 교재, 연구 논문, 영수증, 일기, 교훈집(advice book), 살 물건 목록, 소환장, 대학 안내서, 연감, 재발행 요구서, 학회 배포 인쇄물, 생산품 광고, 시화, 요약문, 연구 의뢰서, 업종별 광고문, 설교, 종교 관련 작은 책, 무뚝뚝한 응답, 낙서, 취업 지원서 양식 들이 있다.

사 덩잇글과 일치하며 작가, 독자, 쓰기 과정, 쓰기 맥락, 주제, 필자의 목적에
대한 정보로부터 구체적이거나 완전히 예측될 수 없다는 점에서 서사적이지 않
은 덩잇글과 다르다. 따라서 허구적인 서삿글에서 독자들은 배경 묘사를 기대하
게 될 것이지만 (맨 처음이 아니라면) 편지나 신문의 사설에서 그와 같은 배경
늘어놓기를 기대하지는 않을 것이다.

갈래 고려와는 별개로 *말투식*은 쓰기의 주제와 매체, 개인 사이의 역할(tenor)
에 따라 자리매김된다(핼리데이 1978, 핼리데이와 핫산 1989, 마틴 1992). 이런
식으로 본다면 말투식은 쓰기에 중요한 영향을 미치는 것으로 볼 수 있다. 휴가
에 대한 쓰기와 여행에 대한 쓰기는 경제, 인류학, 물리학, 의학, 법학에 대한
쓰기와 다를 것이고 필자로 하여금 서로 다른 언어 자원을 쓰도록 할 것이다.
어떤 주제에서는 필자로 하여금 특정의 갈래를 고르도록 할 것이다. 음악과 사
진을 다루는 연구 논문, 대중적인 기사, 교재의 도입 부분은 물리학과 생물학을
다루는 똑같은 갈래와 다를 것이다(그레이브 1987). 개인 사이의 관계에 관련된
말투식의 양상은 독자에 대해 논의하면서 아래에서 자세히 다룰 것이다. 전체적
으로 보면, 내용 지식, 갈래, 말투식은 쓰기에 강력한 영향을 미치는 사회적 자
원, 주제 관련 자원, 문화에 관련된 자원을 아우른다.

8.2.4 누구에게 쓰는가

쓰기를 위한 얼개에서 또다른 중요한 논제는 독자에 대한 이론을 발전시키는
것이다. 독자는 덩잇글의 산출과 의미의 생성에 본질적이다. 독자의 입장에서
다음과 같은, 이와 관련된 많은 문제들이 제기될 수 있다.

쓰기에서 누가 의도한 독자인가? 독자가 추상적인가? 읽기에 끌어들인 독자
는 언급된(의도한) 독자와 같은가? 독자는 알고 있는 개인인가? 독자를 알고
있다면 얼마나 가깝거나 거리가 있는 독자인가? 독자와 필자 사이에 얼마나 많
은 지식을 나누어 가지고 있는가? 독자와 필자 사이에 특정의 주제에 대해 구체

적인 지식을 얼마나 많이 공유하고 있는가?45)

글을 읽으리라고 예상되는 사람(들)에 대한 몇 가지 규정이 글말 덩잇글의 담화에 중요한 영향을 미친다. 독자 혹은 청중46)이라는 일반 개념 안에 필자의 결정을 제약하는 인자들이 여럿 있다(커쉬와 로엔 Kirsch and Roen 1990). 더 충분한 설명을 위해 구체적인 특징을 제시하기보다는 '독자가 미치는 영향력의 매개인자'를 고려해 보는 것이 더 좋을 듯하다. 덩잇글 변이에서 중요한 역할을 할 듯한 매개인자들이 적어도 다섯은 있어 보인다.

1. 독자의 영향력에 관련된 첫 번째 매개인자는 덩잇글을 읽으리라고 예상되는 사람들의 수이다. 자신을 위해서, 단 한 사람을 위해서, 작은 모둠의 사람들을 위해서, 큰 동아리의 사람들을 위해서, 혹은 일반적인 사람들을 위한 의도로 쓴 덩잇글은 덩잇글 구조에 영향을 미칠 것이다. 관련되는 문제는 필자에 의해서 규정되는 '실제' 독자보다는 수사적인 목적으로 독자를 끌어들인 정도이다(롱 Long 1990, 윌리 Willey 1990). 말하자면 필자는 읽는 동안에 독자가 취해야 하는 (끌어들인) 인물을 나타내는 단서를 제공한다. 관련되어 있는 또 다른 문제는 어떤 덩잇글을 읽는 구체적인 독자가 어느 정도 의도한 독자인가 하는 것이다. 일기는 글쓴이가 활용하려는 의도로 쓸 수 있지만 사무엘 페피의 일기가 출판된 이후 어떤 일기는 자신을 위한 것이 아니라 후세를 위한 것이 되었다.

2. 독자 다양성의 두 번째 매개인자는 독자들이 어느 정도 알려져 있는가 하는 것이다. 알고 있는 사람에게, 덜 친숙한 동료에게 혹은 낯선 사람에게 쓰기는 덩잇글을 바꿀 것이다. 이는 입말에서 울프슨(Woolfson 1988)의 '우세 이론 (theory of bulge)'으로 잘 알려져 있다.47) 말하자면 낯익은 사람과 낯선 사람

---

45) 위도우슨은 필자들이 때때로 세밀한 지식을 지니고 있는 사람들에게 창피를 주지 않으려고 직접적인 독자의 세밀한 지식을 가정하는 경우가 있다는 점을 지적하였다(스웨일즈 1990:63-4).
46) (뒤친이) 원문에 reader와 audience로 각각 나와 있는데 audience가 reader보다 뜻넓이가 넓다. 일반적인 경우 영어 원서들에는 쓰기/읽기와 관련되는 글에도 audience로 나와 있는데 문맥에 따라 독자/청중으로 뒤칠 수 있다. 이 책이 전체적으로 쓰기에 관련되기 때문에 우리말 관례를 좇아 독자로 뒤치기로 하는데 다만 뜻넓이가 넓을 때에만 청중으로 뒤치기로 한다.
47) (뒤친이) 울프슨의 전체 논문은 외국어로서 영어 교육을 위해 특정의 발화 공동체에서 나타나는

사이의 가운데 있는 사람으로 인식되는 경우 더 공을 들인 응답이 요구되고 일반적으로 더 울타리친 표현이 필요하다는 것이다. 따라서 독자와의 친밀도 정도는 쓰기에서 나타날 수 있는 상호작용과 연관성 특징들의 정도를 결정할 가능성이 높다(바이버 1988, 타넨 1987, 1989).

3. 세 번째 매개인자는 지위와 관련되는데 쓰기는 독자가 필자보다 높은 지위에 있는가, 동등한가, 아니면 낮은 지위에 있는가에 따라 달라질 것이다. 입말 맥락에서 울프슨(1989)은 지위가 또한 담화 변이를 유발하는데 높은 지위에 있거나 낮은 지위에 있는 독자들은 상호작용을 통한 제안을 덜 받는다는 것을 보여 주었다. 비록 이런 문제를 구체적으로 언급한 연구는 없지만 지위와 관련된 어느 정도 다른 맥락에서 어떤 특정의 사람(이를테면 잘 알려진 학자)이 독자가 될 것이라는 지식은 쓰기에 영향을 미칠 것이다.

4. 네 번째 매개인자로서 공유되는 지식의 정도는 상당할 정도로 쓰기에 영향을 미칠 것이다. 말하자면 상당할 정도로 공유되는 배경지식을 많이 가진 독자는 특별한 방식으로 쓰기에 영향을 미칠 것이다. 특정의 문화적 맥락에서 현재 일어나고 있는 사건에 낯익은 독자를 위한 쓰기에서는 독자의 입장에서 필자는 일반적인 지식을 예상하게 할 것이다. 그리고 알고 있는 사람과 그렇지 않은 사람을 구별하는 지식의 유형도 암시를 받게 될 것이다(이를테면 신문 사설, 전문적인 학술지의 논문).

5. 마지막 매개인자로서 독자와 공유하는 특정 주제 관련 지식의 정도인데 필자는 쓰기에 영향을 미칠 것이다. 세부 내용의 정도와 선택, 떠오르는 생각을 다듬기와 가정의 필요성, 일반적인 용어의 선택과 전문적인 용어 선택은 쓰기에 영향을 미칠 것이다(렘케 1995). 이런 매개인자에 의해 일어나는 어려운 점들은 검토 위원회의 오직 한 두 사람(20퍼센트나 30퍼센트)만이 비슷한 정도의 전문 지식을 지니고 있는 연구기금 신청서 쓰기에서 분명히 드러난다.

발화 행태를 이해할 필요가 있다는 데서 출발한다. 이를 위해 미국 중산층을 대상으로 동아리 안에서 친소관계, 계층 등을 달리해서 양적 조사를 해본 결과 특정의 발화 행태가 빈도가 높게 나타난다는 것을 바탕으로 세운 이론이다.

http://maxpages.com/thena/ladiscussion4 참조

8.2.5 어떤 목적으로 쓰는가

이 분석에서는 목적을 기능 범주로 고려할 것이다. 목적은 다음과 같은 쓰기에서 중요한 문제를 제기한다.

- 쓰기 과제에서 목적을 자리매김하는 것이 어느 정도로 가능한가?
- 모든 쓰기 과제에서 여러 겹의 목적이 있는가?
- 목적이 갈래와 독자와 어떻게 상호작용하는가?

그리고 더 많은 것들이 있다.

일반적인 의미에서 쓰기의 목적은 독자와 의사소통하려는 의도를 드러낸다고 말할 수 있을 것이다. 수사학을 쓰기 가르침과 연관시킨 대부분의 논의들은 이런 관계를 가정한다.[48] 개인적인 메모와는 달리 대부분의 알려져 있는 쓰기 형식들은 필자 자신보다는 다른 독자를 위한 것이다. 실제로 일기나 연구 메모와 같은 '개인적' 목록들도 다른 독자를 위한 것일 수도 있다. 필자들은 자신이 의도한 목적을 고려하면서 구체적인 의도나 전달하고자 하는 정보 내용을 인식한다. 독자는 필자의 입장에서 이런 목적들을 가정하기 때문에 독자와 필자는 언어적이며 심리적이고 사회 언어학적으로 인정된 원리들로부터 목적을 해석하고 이해하게 될 것이다.

1. 그라이스의 규범 - 정보 전달적이며 사실에 비춰 정확하며, 적합하고 분명해야 한다. 그리고 어긋날 때에는 체계적으로 해석 가능해야 한다.
2. 화행 - 쓰기에서 필자에 의해 화행이 알려지는 구체적인 자질들, 타개 가능한

---

48) 잘 알려진 예로는 의사소통 삼각형인데 버크의 5인자(pentad), 야콥스의 '의사소통 기능', 모펫의 '담화의 세계' 키너비의 '담화의 목적'이 포함된다(린드만 1987 참조).
(뒤친이 덧붙임) 버크의 5인자는 기사를 쓸 때 육하 원칙과 비슷한데 5개의 핵심용어를 중심으로 내용을 생성하는 쓰기 방법이라고 할 수 있다. 그 다섯 개의 인자는 행위, 행위주, 행위요인, 목적, 장면이 있다. http://cafe.naver.com/maljjang2.cafe?iframe_url=/ArticleRead.nhn% 3Farticleid=32977 참조

정도.

3. 지위, 권력, 상황, 의도, 태도를 전달하는 관례들(이와 같은 지표들은 갈래를
   나타내는 특징들과 반드시 같을 필요는 없다).
4. 구성의 더 큰 유형을 예상하고 관련지을 수 있는 인지 구조의 예측 가능성으
   로 개념틀, 각본, 얼개, 인용 유형, 목표, 설득을 위한 수사에서 윤리와 감정,
   담화의 목적 등등이 있다.

위에 있는 것들은 모두 필자의 목적과 쓰기의 목적을 가려낼 수 있는 독자의
능력에 담겨 있다.

그라이스의 규범을 쓰기에 적용하는 것은 듣는 이가 말하는 이의 목적을 추
론하는 것과 같은 방식으로 필자의 목적을 추론하도록 하는 수단을 제공한다.
쓰기에서 그라이스의 규범을 필자가 자각하고 적용하는 것은 갈래 형식으로 알
려주는 것을 넘어서 자신의 목적을 전달할 수 있도록 해준다. 따라서 양의 규범
이나 적합성의 규범을 어기고 추천하는 편지를 쓰는 사람은 갈래 그 자체에
의해 전달되는 메시지와는 상당히 다른 메시지를 보내는 것이다. 그러나 편지의
양, 정확성, 적합성, 명료성으로부터 나올 수 있는 구체적인 추론은 많은 부가적
인 정보를 전달한다.

위에 있는 다른 세 가지 원리로부터 같은 논의가 충분히 가능하다. 예컨대
구체적인 화행은 갈래와는 독립적으로 목적을 드러내 보일 수 있다. 글쓴이나
읽는이의 지위를 나타내는 표지, 인사말의 선택, 지시사의 사용 횟수 등등은
모두 갈래 선택과는 별개로 필자의 목적을 나타낸다. 구성에서 수사 유형, 설득
의 유형, 인용된 참고문헌의 유형 선택 등이 모두 갈래와는 별개로 저자의 목적
을 나타낸다. 전제나 문화에 따른 상투적인 표현의 경우도 역시 마찬가지이다
(슈뢰더 Schröder 1991).

그렇다면 쓰기의 목적은 적어도 두 층위로 언급되어야 한다. 일반적인 층위
에서 분명한 목적은 갈래라는 개념과 관련된다. '목적'은 덩잇글 구조 그 자체
에, 적절한 갈래 선택내용의 선택에 영향을 미친다는 것이다. 여기서 사용된

것과 같은 '목적'이라는 매개변수는 인정된 글말 갈래와는 별개의 기능 관련 문제와 관련된다. 이를테면 사람들은 사과하고, 초대하고, 알려주고, 칭찬하며, 위협하고, 불평하고, 명령하고, 설명하고, 거절하기 등등을 위해 글을 쓴다. 일관되게 어떤 구체적 갈래에 기대지 않더라도 그에 대한 발화 행위가 있을 수 있다. '목적'이라는 이 매개변수는 쓰기의 독립적인 변수이며 아마도 갈래와 독자로부터 따로 떼어낼 수 있을 것이다. 왜냐 하면 사람들은 똑같은 독자에 대해 똑같은 갈래로 두 개의 덩잇글을 쓸 수 있지만 각 덩잇글은 각각 다른 기능에 따른 목적을 지닐 수 있고(이를테면 사과하고, 비난하고, 권유하기) 그라이스의 규범을 적용하는 정도에 따라 매우 다른 메시지를 전달할 수 있다. 이 기능에 따른 범주는 글말 담화에서 화행이론을 설명할 뿐만 아니라 글말 맥락에 그라이스 규범의 적용을 설명해 줄 수 있을 듯하다.

쓰기 맥락에서 여러 문화에 걸친 *빈틈*의 문제를 고려하는 것도 중요하다. 말하자면 어떤 갈래/목적은 다른 문화와 비교되는 것으로서 단순히 하나의 문화권에만 있는 것은 아니다.[49] 빈틈은 어떤 갈래, 독자, 목적 등등이 빠짐으로써 담화 층위에서 나타난다.

8.2.6 왜 쓰는가

사람들이 왜 쓰는가라는 생각은 기능에 따른 목적으로 드러나거나 드러나지 않을 수 있는, *바닥에 깔려 있는 의도나 동기*를 가리킨다. 어떤 상황에서 필자는 전적으로 의사소통을 원하지 않는가? 쓰기에서 전달하기 어려운 태도나 개념들

---

49) 이와 같은 빈틈의 문제는 통사적인 층위에서 가장 쉽게 예를 들 수 있다. 이를테면 불어, 독일어, 스페인어의 대명사 체계에서는 이인칭을 언급하는 격식적인 방법과 비격식적인 방법에 구별이 일어날 가능성이 있다(불어에서 tu/vous, 독일어에서 sie/du), 그러나 영어에서는 이런 구별이 없다. 이런 특정 자질들은 일반적으로 심각한 문제를 불러일으키지는 않는다. 전달에서 다른 방식이 심각한 문제를 불러일으킬 수 있다. 예컨대 성과 이름, 직함 등은 서로 다른 문화에서 다른 언어딸림 속성들이 다른 함의를 지니듯이 다른 속뜻을 지닌다.

이 있는가? 어떤 상황에서 모둠의 어떤 독자들이 쓰기의 목적을 알아차릴 수 없는가?

필자의 의도가 명료의 연속 변이를 따라 나타난다고 보는 것이 가장 알맞을 것이다. *갈래들*(8.2.3절 참조)은 의도를 가장 분명하게 나타낸다. 그리고 개념틀의 사례를 손쉽게 활용하는 데 이바지한다. 그 자체만으로 의도는 주제와 독자에 의해 강하게 제약을 받는 방식으로 어떤 층위를 이룬다. *쓰기를 위한 목적*이라는 매개변수(8.2.5 참조)는 해당 갈래와 일대일 대응 관계에 있지 않은 많은 목적들이 있을 것이라는 의미에서 갈래(혹은 *무엇을* 쓰는가라는 질문)와 독립되어 있다. 즉 쓰기에서 알려지는 갈래와 목적은 따로 존재하는 것이다. 이런 목적들은 의사소통 의도와 관련이 있을 것이라고 가정되고 있고, 따라서 비교적 투명하다. 추천서의 경우에서와 같이 어떤 필자가 그라이스의 규범을 어겼을 경우조차도 그것을 알 수 있는 독자에 의해 이해되는 방식으로 쓸 수 있는 것이다. 독자들은 쉽게 필자의 의도를 추론할 수 있다. 필자의 의도에 관련된 세 번째 층위는 (이 절의 초점인) *바탕에 깔려 있는 의도나 동기*인데 필자가 내용에 주의를 기울이도록 독자를 다루고자 하는 정도에 따라 나타날 것이다. 그리고 필자는 다른 고려사항보다 독자를 위한 명료성에 가치를 부여하지 않을 수도 있다. 또 필자는 독자를 위해 더 이상 분명하게 쓸 수 없을 때까지 내용과 고군분투할 가능성도 있다.

현재 다루고 있는 매개인자(*왜 쓰는가*)가 덩잇글에 미치는 영향의 정도는 두 가지 제약에 달려 있다. 하나는 숨겨진 메시지를 인식하도록 필자가 원하는 정도이다. 밑바탕에 숨겨진 메시지가 많을수록 독자는 덩잇글의 기능에 따른 목적만을 인식할 가능성이 높다(이를테면 렘케(1995)의 기술관료들의 담화). 두 번째 상황은 복잡하거나 정확한 내용이 독자와의 친숙도에 앞서는 경우이다(이를테면 법률 문서, 전문적인 설계 명세서, 갱들의 표시 낙서 등). 상황은 또한 필자가 너무 단순하게 일련의 논증을 제시하기를 원하지 않고 그에 따라 주된 독자일 수 있는 식견 있는 동료들에게 모욕을 주는 경우에도 일어난다(스웨일즈

1990:64). 전문가 집단의 담화 공동체는 이런 식으로 다른 독자들에게 접속 가능성이 떨어지도록 하는 행위를 한다.

이를 구체적으로 붙들어 놓은 논의 가운데 하나는 스타이너(1978)가 제시한 네 가지 어려움이다. 가변적인 어려움에 대한 이 체계는 독자, 덩잇글, 환경이 독자의 이해 능력에 영향을 미치는 경우로부터 나왔다. 첫 번째 유형은 *우발적으로 나타나는 어려움*으로 불가해한 참조나 전문기술적인 참조로부터 나타나는데 이는 어떤 시기에 어떤 방법으로 확인되기도 한다. 두 번째 유형은 *방법에 따른 어려움*으로 인간의 조건에 대한 생소한 해석이나 접속 불가능한 접속으로 나타난다. 세 번째는 *전략에 따른 어려움*으로 필자가 오직 어느 지점까지만 이해되기를 바라는 바람으로부터 나온다. 마지막은 언어 자체에 의해 부과되는 제약으로부터 나타나는 *존재론적인 어려움*이다(215쪽에 나와 있는 그림 8.1 참조).

8.2.7 언제 그리고 어디서 쓰는가

사람들이 언제 그리고 어디서 쓰는가 하는 것이 어느 정도로 쓰기에 대한 민족지학 연구에서 일반적인 분류에 중요한가 하는 것은 분명하지 않다. 실제로 이런 문제들이 상대적으로 중요하지 않다는 것은 쓰기의 민족지학과 말하기의 민족지학 사이의 핵심적인 구분을 보여준다. 말하기에서 언어 사용의 직접적인 상황은 말하기 목적을 결정하고 구체적인 언어 사용을 해석하는 데 결정적으로 중요하다. '여기 그리고 지금'이라는 맥락은 쓰기 이론에서는 덜 중요한 듯하다. 이것은 '언제' 그리고 '어디서' 어떤 사람이 쓰는가로부터 나오는 영향력을 무시할 수 있다거나 영향력이 없다고 말하는 것은 아니다. 오히려 이런 매개인자들은 글말 담화에 개별적으로 기여하는 요소로서 역할이 적고 덜 일관되어 있다는 것이다. 그런 이유는 어떤 작가가 밤 늦게 어떤 물질의 영향을 받으며 혹은 매우 곤란한 상황에서 쓸 수 있는 반면에(이를테면 포우, 콜러리지) 어떤 필자는 편안한 사무실에서 현재의 발전 상태에 있는 장비를 사용하여 쓸 수 있지만 독자는 그런 것을 알 것 같지 않기 때문이다. 그와 같은 정보는 전기적 연구에서 밝혀진 사실들이 있고난 뒤 오래되어서야 이용가능하고 작가가 어느 정도 명성을 얻은 뒤에야 가능하다.

손으로 쓴 메시지(이를테면 식료품 가게에서 살 물건 목록)에서 날짜의 근사치를 아는 것은 그것을 읽는 사람에게 중요할 수 있다. 마찬가지로, 언제 편지가 쓰였는지 아는 것은 편지에 포함되어 있는 상황중심 지시표현을 적절하게 해석하는 데 중요하다. 또한 어떤 조사연구 논문이 언제 쓰였는지 아는 것은 이루어진 주장의 중요성을 해석하기 위해 중요하다. 그러나 이것은 필자의 쓰기에 영향을 미치는 문제라기보다는 알고 있는 독자들이 해석을 하는 데 더 관련되어 있다. 같은 문제가 다양한 갈래의 편지뿐만 아니라 낙서에서도 영향을 미친다. 일반적으로 글의 날짜를 아는 것은 독자의 적절한 해석을 위해 필요한(혹은 이용 가능한) 것일 뿐, 쓰기의 과정이나 다른 방식으로 영향을 받을 수 있는 쓰기의 형식에 필요한 것은 아니다.

8.2.8 어떻게 쓰는가

쓰기에 대한 민족지학 연구에서 마지막 매개변수로서 *어떻게* 글말이 산출되는가를 이해하는 것이 실시간 산출에 대한 이론 혹은 더 단순하게 표현하면 쓰기 과정에 대한 이론의 핵심을 이룬다. 매개 수단(의사소통의 물리적 수단)은 입말에서보다 글말에서 중요성이 덜할 수 있다는 것을 주목할 필요가 있다. 필자가 펜으로, 타자기로 혹은 문서 작성기로 덩잇글을 쓰는가 하는 것은 덩잇글의 구조에 제한된 함의를 지닌 듯하다. 비록 이런 인식이 연구가 별로 없었다는 사실로부터 나온 것이긴 하지만. 몇몇 시험적인 연구에서는 문서 작성기에서 짜깁기 하는 능력이 적어도 쓰기 가르침 상황에서는 고쳐 쓰기와 길이에 영향을 미칠 수 있음을 보여주었다(뱅거트-드라운스 1993, 코슈란-스미드 1991).

산출을 위한 인지적 기제가 쓰기 이론의 핵심에 놓여 있다. 인지적 기제는 글말 덩잇글에 대한 연구를 보완하고 과정의 관점으로부터 나온 독자, 내용, 필자의 의도와 같은 개념을 설명하는 수단을 제공하는 실험적인 조사연구의 방법을 제공한다. 중요한 문제로 떠오른 것들은 다음과 같다.

- 조사연구가 쓰기 과정에서 중요한 문제에 대해서 어느 정도 알려줄 것인가?
- 쓰기 과정 모형이 얼마나 유용한가?
- 쓰기 과정이 문화마다 다양한가?
- 하나 이상의 쓰기 과정이 있는가, 그리고 많은 과정 모형이 있다면 이런 다양성이 쓰기 이론을 위해 갖는 함의는 무엇인가?

두 집단에서 지난 15년 동안 쓰기 과정에 대한 연구를 주도하였고 이들이 쓰기가 어떻게 이루어지는가 하는 것에 대한 현재의 이해를 형성하였다. 플라워와 헤이즈(4장과 5장)의 연구는 쓰기 과정에 대한 연구를 열었고 너무 모호한 것으로 때때로 비판을 받기도 하였지만, 쓰기 연구가 수행되는 방법에 잴 수 없는 영향을 미친 이론을 제시하였다. 일련의 연구에서 버레인터와 스카다말리아는 하나 이상의 쓰기 과정이 있으며, 숙달된 학업 쓰기에서 사용된 쓰기 과정은 더 일반적인 쓰기 과정으로부터 발전된 것이며 대학생들을 포함하여 모든 사람이 다 통달할 수 있는 것은 아니라고 주장하였다.

쓰기 과정에 대한 현재의 연구로부터 나타난 것은 기본적인 많은 발견사실들이 이제 널리 받아들이게 되었으며 가르침에 영향을 미친다는 것이다(존슨과 로엔 1989, 크레이플스 1990, 레임즈 1987, 1990, 자멜 1987). 동시에 쓰기 과정 연구에서 앞으로 언급되어야 할 필요가 있는 나타난 홈이 여전히 남아 있다. 이를테면 몇몇 연구자들(페르페티와 맥커친 Perfetti and McCutchen 1987)이 언어 기술을 핵심적인 관심사로 보고 있지만 그들은 그와 같은 언어학적인 관심을 갈래의 형식적 자질에 대한 영향이나 필자의 어떤 수사적 의도에 따라 부과된 요구조건으로 확대하지 못하였다. 더 일반적으로 볼 때 인지 과정 연구는 주제, 갈래, 혹은 필자의 의도로부터 나오는 쓰기에 미치는 영향력보다는 독자/필자의 약속에 우선권을 주고 있다. 스웨일즈(1990:63)는 다음과 같이 지적하고 있다.

> 플라워(1979)와 그의 동료들이 미숙한 필자가 '필자를 중심으로 한 줄글'을
> 산출하며 숙달된 필자가 '독자를 중심으로 한 줄글'을 산출한다는 이론이 일반
> 적으로 올바르다면 어떤 갈래에서는 숙달된 필자도 '필자를 중심으로 한 글'을
> [적절하게] 산출할 것이라는 것도 마찬가지로 분명한 듯하다.

8.2.9 쓰기의 민족지학에 대한 요약

민족지학을 발전시키려는 시도는 시험적이다. 그와 같은 민족지학의 마지막
형태가 어떻게 발전할 것인가 하는 것과는 상관없이 그 목적은 적어도 이 장의
출발에서 제시하였던 문제 즉 '쓰기란 무엇인가?'에 대한 기술적인 설명을 제공
하리라는 것은 분명할 것이다. 민족지학은 또한 쓰기에 대한 더 너른 이론을
위해 근거를 제공한다. 그와 같은 이론을 이용할 가능성은 더 큰 해석을 위한
얼개 안에서 쓰기의 어떤 매개인자로부터 나온 것이든 결과들을 자리매김하는
데 유용할 것이다.

입말 상호작용을 연구하는 사회언어학은 말하기 얼개의 어떤 민족지학의 범
위를 벗어나서 결과들을 해석하려고 하지 않을 것이지만 글말 담화에 대한 연구
는 더 넓은 맥락에서 이와 비슷하게 억지로 연구 틀을 끌어들이려고 하지 않는
다(크레스 1991, 렘케 1991, 반데이크 1988, 워닥 Wodak 1989, 1990). 이는 부분
적으로 글말 담화에 대한 확대된 연구가 인지 심리학자들에 의해 이루어졌기
때문인데 인지 심리학자들 다수가 쓰기를 자신의 설명의 일부분으로서 사회적
으로 자리매김할 필요성을 발견하지 않은 사람들이었다. 그리고 심지어는 다른
갈래의 쓰기에 대한 인식의 필요성을 발견하지 않은 사람들이었다. 여기서 대략
적으로 제시한 민족지학이 모든 연구자들을 위해 '쓰는 일'에 대해 한결같이
적절하게 해석하지는 않았지만 쓰기를 위한 맥락 얼개를 마련할 필요는 있다.
그 일은 의사소통 기능을 오직 일반적인 방식으로만 쓰기와 관련을 짓는 단순한

의사소통 개념틀을 넘어선다.

쓰기에 대한 이런 민족지학 연구에서 다양한 매개인자들을 구성하는 방법 한 가지는 쓰기에 대한 의사소통 방향의 일반적인 순서를 그대로 유지하지만 영향을 고려하여 더 너른 범위의 구조로 통합하는 것이다. 그러한 일을 하고자 시도한 기본적인 작업(카플란 1991)이 있었는데 <그림 8.1>에 다시 나와 있다.

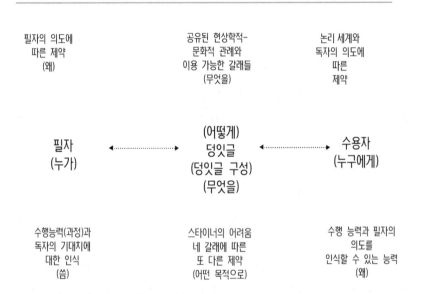

〈그림8.1〉 쓰기에 관련된 매개인자들에 대한 모형

이 모형에서 현상학적 세계는 다양한 담화 공동체 이해에 부과되는 제약들을 포함한다고 말할 수 있다. 그리고 서로 다른 갈래의 기능과 분포와 같은 변수들을 포함하여 해당 사례에 참여하고 있는 사람들에 의해 이해되는 제약의 정도를 포함한다고 할 수 있다.

8.3 쓰기 기술, 지식 기반, 과정에 대한 분류

위의 민족지학에 관련되어 있는 모든 범위의 정보와 매개인자에 대한 단순 모형을 구성하는 두 번째 방법은 쓰기 기술과 맥락에 대한 상세한 분류를 통해서 가능하다. 쓰기의 목록에 대한 전개가 민족지학의 기술에 대한 대안이 아니라 그것을 수립하는 방법으로 보아야 한다. 그 분류 목록은 쉽게 접속할 수 있고 틈들을 발견하고 새로운 탐구를 수립하는 데 쉽게 접근할 수 있는 형태로 정보의 전 영역을 얽어 짠다.

8.3.1 분류를 위한 배경

여기서 제공된 분류 목록은 두 개의 이론적 기반을 반영한다. 하나는 커네일과 스웨인(Canale and Swain 1980, 커네일 1983, 할리 등 Harley 1990, 바크먼 Bachman 1990, 셀스-머시아 Celce-Murcia 등 1994, 체이펄 Chapelle 등 1993)에 의해 처음으로 발전된 것으로 언어에서 의사소통 능력에 대한 접근이다. 두 번째는 이 장의 처음에 얼개를 잡은 쓰기에 대한 민족지학이다. 분류 목록의 전개는 배경, 과제, 덩잇글, 주제에 따라 필자(특히 특정의 학생들)에게 존재하는 상황에 대한 질문으로 시작한다. 이런 상황에 따른 매개인자들은 그 다음에 필자의 목적에 따라 어떤 방식으로 반영되고, 필자의 구체적인 목표, 같은 과제에 대한 과거의 성공과 실패로부터 나온 과제 속성, 감정 상태 등과 결합한다. 더 나아가 쓰기에는 구체적인 언어 기술뿐만 아니라 담화와 사회언어학적인 기술의 다스림도 필요하다. 앞선 장들에서 언어 지식을 쓰기 능력의 중요한 구성요소이며 덩잇글 구성의 기초로 고려하는 것을 옹호하는 논의를 하였다. 사회-인지적 관점의 통합에서 쓰기에 일정한 역할을 하고 있는 사회언어학적인 기술도 고려를 해야 한다(이를테면 독자에 대한 고려). 쓰기 과정에서는 또한 쓰기 가르침의 하위 성분이 되는 기술과 전략들을 제안하였다.

아래에 제시되는 분류 목록들은 필자에 의해 사용되는 기술, 지식, 과정, 쓰기 상황을 구성하려는 이런 노력을 반영한다. 분류 목록은 쓰기 상황에 관련되는 모든 측면들에 대한 한정적인 표상을 하려고 하지는 않았다. 지식의 현재 상태로는 폭넓게 싸안을 수 있는 분류 체계의 계발이 가능하지 않으며 분류를 하려는 어떤 노력도 편집자의 성향을 반영할 수밖에 없다. 실제로 쓰기에 대한 지식이 계속해서 변하고 발전하고 있기 때문에 이와 같은 분류 체계를 사용할 때에 의미심장한 교체가 필요한 부분이라고 예상할 수 있다. 그런 틈들이 분명해지는 정도만큼 이런 깨달음 그 자체가 분류 목록을 생성하고자 하는 목적을 타당하게 해 줄 것이다.

8.3.2 학업을 위한 쓰기 기술, 지식 기반과 과정에 대한 분류 목록

I. 쓰기를 위한 교육적인 환경
  가. 교실
  나. 사무실
  다. 가정
  라. 도서관
  마. 쓰기를 중심으로 하는 곳/쓰기 실험실/쓰기를 위한 공간
  바. 컴퓨터를 중심으로 하는 곳
  사. 기숙사 휴게실

II. 교육 환경에서 쓰기 과제
  가. 공책에 적고 메모하기
  나. 강의 내용 적기
  다. 편지
    1. 개인적
    2. 초대
    3. 제안 받아들임

    4. 거절

    5. 불평

      (a) 강함

      (b) 부드러움

    6. 추천

      (a) 긍정적

      (b) 중립적

      (c) 부정적

    7. 사업상

    8. 사과

    9. 요청

   10. 확인

라. 일지/일기

마. 자유롭게 쓴 글

바. 자세한 설명글(forecount)

사. 이야기 전달

  1. 허구적(소설/단편소설)

  2. 사실적

아. 영수증

자. 보고서/(설명문) 논술

  1. 묘사

  2. 뜻매김

  3. 예시

  4. 분류

  5. 비교/대조

  6. 원인/결과

  7. 문제/해결

  8. 분석/종합

차. 전단지 / 도표

카. 면담/조사/설문

타. 논증 논술

  1. 논리적인 태도

  2. 윤리적인 호소력

  3. 감정적인 호소력

  4. 경험적인 입장

  5. 권위에 호소

  6. 반증

파. 시간이 정해진 논술 쓰기

  1. 교실 수업에서

  2. 집으로 가져가서

  3. 표준화 검사의 일부로(상업적이거나 학술적인)

하. 신문 기사 보도하기/신문란

  1. 표제/국제와 국내 뉴스

  2. 지역 뉴스

  3. 스포츠 뉴스

  4. 서평/영화평

  5. 사회란/정치란/문화란

  6. 사설

  7. 광고

  8. 만평/풍자만화

거. 시

너. 연극

더. 실험 보고서

러. 도표/그림/지도/삽화

머. 요약

버. 조사연구 논문

서. 연구기금 신청/지원서

어. 졸업논문/학위논문

Ⅲ. 교육적으로 활용되거나 산출된 덩잇글(Ⅱ에 있는 대부분의 항목이 여기에
   적용됨)
   가. 교재
   나. 소설
   다. 단편소설
   라. 시
   마. 극
   사. 일지/일기
   아. 신문
   자. 잡지/산업정보 잡지(trade journal)
   차. 수필(이야기, 설명, 논술)
   카. 도표/그림/지도/삽화
   타. 학습장
   파. 사전/백과사전/문법과 용법 교재
   하. 학회지 논문
   거. 전문직업 교재/책/규정집

Ⅳ. 학업 쓰기를 위한 주제
   가. 개인적인 감정 표현
   나. 상상한 이야기
   다. 자기 소개
   라. 전기
   마. 서지 목록 만들기
   바. 가족, 공동체, 지역, 국가에서 삶으로부터 나온 주제
   사. 사회적, 정치적, 문화적, 경제적 문제로부터 나온 주제
   아. 인문과학 영역으로부터 나온 주제
   자. 사회과학 영역으로부터 나온 주제
   차. 자연과학 영역으로부터 나온 주제
   타. 전문 직업 분야로부터 나온 주제

V. 필자의 의도, 목표, 특성, 태도

  가. 과제에 대한 필자의 재해석

  나. 과제의 복잡성에 대한 깨달음

  다. 이해시키고자 하는 자발성(아마도 어느 수준까지이겠지만)

  라. 과제 유형과 주제에 대한 이전의 성공에 대한 인식

  마. 과제 유형과 주제에 대한 태도

  바. 과제와 주제를 실험하고 다듬으려는 자발성

  사. 수행할 수 있는 동기

    1. 성적

    2. 수준 높은 실력

    3. 새로운 정보를 배움

    4. 미래의 직업/전망

    5. 교사/다른 학생에게 영향을 미침

  아. 예정된 창조성의 수준

  자. 교사, 다른 학생, 기관에 대한 태도

  차. 배우고자 하는 자발성

  카. 상위인지 전략에 대한 자각

  타. 언어와 문화에 걸친 차이에 대한 자각

  파. 서로 다른 언어에서 필자 자신의 의도, 특성, 태도의 차이에 대한 인식

VI. 언어 지식

  가. 글말 부호에 대한 지식

    1. 정서법

    2. 철자법

    3. 발음

    4. 양식의 관례(여백, 단락나누기, 행간 등등)

  나. 음성과 형태에 관한 지식

    1. 음성/글자 대응관계

    2. 음절

      (a) 기부(onset)

    (b) 운(rhyme)/음율(rhythm)

    (c) 결부(coda)[50]

  3. 형태 구조(낱말-부분 지식)

다. 어휘

  1. 사람들 사이에 쓰이는 낱말과 구절들

  2. 학업과 가르치는 목적으로 쓰이는 낱말과 구절들

  3. 형식적이고 전문적인 목적으로 쓰이는 낱말과 구절들

  4. 주제-구체어와 구절들

  5. 비축자적이고 은유적인 표현들

라. 통사적/구조적 지식

  1. 기본적인 통사 유형들

  2. 선호되는 쓰기 구문들(알맞은 문체)

  3. 비유적 표현들

  4. 은유/직유

마. 언어들 사이의 차이점에 대한 인식

바. 서로 다른 언어와 말투식에서 상대적인 유창성 인식

VII. 담화 지식

가. 문장들과 문장들, 문장들 내부에서 표지(통사결속과 통사적 병치 등)하는
    장치에 대한 지식

나. 정보 구조에 대한 지식(주제/논평, 새로운/이전의, 인접쌍)

다. 여러 절들에 걸친 의미 관계에 대한 지식

라. 중심 주제를 인식할 수 있는 지식

마. 갈래 구조와 갈래 제약에 대한 지식

바. 개념틀(상위 수준 담화 구조)을 구성할 수 있는 지식

사. 추론에 대한 지식(교량 추론, 정교화 추론)

아. 여러 언어와 문화에 걸쳐 담화 구성 특징들의 차이 인식하기

---

50) (뒤친이) 이들에 대한 마땅한 대응용어를 찾기는 쉽지 않다. onset은 일반적으로 어떤 일의 시작을
가리키므로 개시로 뒤칠 수 있지만 《훈민정음》의 용례를 참고하면 초성에 해당한다고 할 수
있다. coda도 어떤 작품의 마지막 부분을 가리키는데 앞에서와 마찬가지로 《훈민정음》의 용례를
참고하면 음절의 경우 종성에 해당한다고 할 수 있다.

　　자. 서로 다른 언어에서 담화 기술의 유창성 수준차에 대해 인식하기

Ⅷ. 사회언어학적인 지식

　가. 글말 언어의 기능에 따른 사용

　　1. 용서

　　2. 부인

　　3. 불평

　　4. 위협

　　5. 초대

　　6. 동의

　　7. 축하

　　8. 요청

　　9. 명령

　　10. 칭찬

　나. 그라이스 규범의 적용과 해석 가능할 정도로 어김

　다. 말투식과 상황 매개인자

　　1. 필자의 나이

　　2. 필자가 사용하는 언어(모국어, 외국어...)

　　3. 사용된 언어에서 유창성

　　4. 독자에 대한 고려

　　5. 상호작용하는 사람들 사이의 상대적 지위(권위/공손함)

　　6. 격식성의 정도(존경/연대감)

　　7. 거리(이탈/연루)

　　8. 상호작용의 주제

　　9. 쓰기의 수단(펜/연필, 컴퓨터, 받아적기, 속기)

　　10. 제출 수단(한 쪽 글/책/소리내어 읽어주기/인쇄물)

　라. 여러 문화와 언어에 걸친 사회 언어학적인 차이 인식

　마. 상황 매개인자와 말투식의 역할에 대한 자각

IX. 독자 고려에서 더 나아가기
　가. 독자의 실체(실제로 인식된 독자와 글 속에서 환기된 독자)
　나. 독자의 수
　다. 독자와 친밀한 정도(구체적으로 알고 있는지 여부)
　라. 필자와 관련하여 독자의 지위(동료/고용주)
　마. 독자의 문화적, 사회적, 세계 관련 지식의 정도
　바. 독자의 전문적인 지식/주제 관련 지식의 정도

X. 세계에 대한 지식
　가. 서술적(의미론적 지식, 화제 관련 지식)
　나. 일화적(사건, 개인 감정, 상호작용적)
　다. 절차적(과정, 경로, 관례)

XI. 쓰기 과정 기술(실시간 처리 기술, 순차적이지 않음)
　가. 목표 설계 경로들
　나. 어휘 활성화와 구조 활성화(내용 생성하기)
　다. 명제 통합
　라. 덩잇글 모형 산출
　마. 정신 모형 해석
　　1. 추론하기
　　2. 목표에 처리 맞추기
　　3. 필자의 의도에 맞추기(다시 해석된 과제)
　바. 빠른 산출 경로
　사. 고쳐 쓰기 경로

XII. 쓰기 과정 전략(배타적인 통제나 상위인지적인 전략)
　가. 덩잇글 산출 조정하기
　나. 부가적인 내용 생성하기
　다. 과제 문제 고려하기
　　1. 독자 고려하기

　　2. 목적 고려하기

　　3. 수사적인 고려(담화 지식)

　　4. 부가적인 내용으로 야기된 문제들

　　5. 문제를 고려하기 위해 선호되는 언어표현

　　6. 언어 표현, 담화, 사회언어학적 지식에서 약점을 보완하기 전략

라. 창의적인 전략, 일반적인 원리, 난상제안, 자유롭게 쓰기 전략 활용하기

마. 다른 해결책 고려하기

바. 이미 만들어진 덩잇글 다시 읽기

사. 읽기 자료 활용하기(덩잇글, 사전, 자료 등등)

아. 내용/수사 정보/대안들을 버리기

자. 저장된 지식/수사 정보 유지하기

차. 요약하기/부연하기/정보 재배열하기

카. 목표에 부합하기 위해 앞으로 올 수 있는 결과 예측하기

타. 기록/개요/그림/다른 사람의 산출물 활용하기

파. 도움 받기

하. 재평가하기/목표 바꾸기

거. 처리되는 목표, 저자의 의도와 맞지 않은 점 인식하기

너. 덩잇글 짜깁기

더. 내용/수사전략 다시 평가하기

러. 내용/수사적인 고쳐 쓰기 재평가하기

머. 다른 사람에게 되짚어 보게 하기

버. 개인적인 문체와 관련하여 살피기(표현)

위의 분류 체계는 학업에 따른 쓰기 혹은 전문 직업에서 쓰기의 본질을 기술할 때, 연구를 수행할 때, 이론에서 실제로 이어짐을 해석할 때, 쓰기 교육과정을 마련할 때 고려할 필요가 있는 다수의 변수들을 설명하고자 하는 시도이다. 너무나 자주, 연구에서는 연구의 결과에 영향을 줄 수 있는 다른 많은 변수에 충분한 주의를 하지 않고 수행된다. 또한 연구자들은 때때로 주장을 약하게 할 수도 있는 다수의 인자들에 대한 충분한 고려 없이 연구의 결과를 부풀려 평가하고자

한다. 이 분류 목록은 이런 경우에 유용한 것을 떠오르도록 하는 것으로 바쳐질 수 있다. 또한 부가적인 논제들을 통합하는 다른 연구를 설계할 수 있도록 할 수 있다. 더 나아가 이 분류 목록은 연구자들로 하여금 연구 문제들을 다시 고려할 수 있게 하고 연구 가설을 조정할 수 있도록 해준다. 마지막으로 아마도 가장 중요한 것으로, 이 분류 목록은 쓰기에 대한 우리의 이해에 영향을 줄 수 있는 많은 변수들에 대한 어떤 질서를 부여할 것이다.

더 실제적인 차원에서 분류 목록은 교과과정을 살피기 위한 얼개를 제공한다. 분명히 진지하게 쓰기 교육과정을 마련하려는 노력은 비록 비형식적인 얼개를 잡을지라도 쓰기 기술의 어떤 분류체계 작성으로 이어질 것이다. 위에 있는 분류 체계의 목적은 쓰기 교육과정의 있을 수 있는 모든 특징들을 점검하는 것이 아니라 무엇을 강조해야 하는지를 결정하고 다른 많은 관심사들에 비추어 그리고 교육과정 설정에 따르는 제약에 비추어 목표들의 차례를 정하기 위한 것이다.

8.4 쓰기의 모형을 위하여

앞의 두 절(민족지학과 분류 목록)에서 목표는 쓰기 이론에서 중요한 일련의 논제들을 수립하기 위한 생성 기제를 활용하는 것이다. 각각의 경우에서 쓰기 영역 안에서 일련의 정보를 순서화하기 위한 수단을 제공한다. 어떤 접근법도 어떻게 다양한 인자들이 어떻게든 쓰기에 적절한 무엇인가를 생성하는 방식으로 함께 작용할 것이라고 제안하지는 않는다. 이 절에서 우리는 우선적으로 쓰기를 의사소통 활동으로 보는 쓰기 능력 모형을 개략적으로 그려 볼 것이다. 그리고 쓰기 과정 동안 사용된 것으로서 기술들, 지식 기반, 처리 과정에 대한 설명을 하려고 할 것이다. 이 모형은 뒷받침하는 일련의 구체적인 자료에 바탕을 두고 있지는 않다. 사실 우리의 관점에서 보면 비교적 포괄적인 모형이 어떤 구체적인 자료들에 바탕을 두고 수립될 것 같지는 않다. 오히려 그 목표는 쓰기의 다양한 영역에서 연구의 결과들을 설명하는 것이고 그 다음에 쓰기의 본질에 대해 더 발전된 가설을 생성할 수 있는 얼개 안으로 이런 정보들을 통합하는 것이다.

8.4.1 쓰기에 대한 의사소통 접근

1장과 2장에서 거의 모든 맥락에서 쓰기의 핵심적인 목적은 의사소통이라고 주장하였다. 대부분의 쓰기는 일반적으로 하나 또는 그 이상의 독자와 정보에 따른 다양한 목적으로 의사소통하기 위해 이루어진다. 자기 자신을 위한 쓰기에 서조차도 그 쓰기가 뒤의 어느 시점에서 다른 사람과 의사소통을 하기 위해 사용될 수 있다. 예상되는 독자가 아무도 없을 경우 그리고 글이 진정으로 사적이고 개인적인 경우에도 읽을거리로 제공되는 것이고 따라서 쓰기는 의사소통 행위로 남아 있다고 주장할 수 있다.

쓰기가 의사소통 행위라는 입장으로부터 출발하면 의사소통을 위한 언어 사용 이론이나 의사소통 능력 이론은 쓰기의 발전 모형에 대한 중요한 근거를 제공한다. 최근에 일군의 다른 의사소통 개념화가 글말 언어의 발달 모형을 위해 제안되었다. 플라워(1994)는 맥락의 영향을 필자의 인지 처리로 통합하는 사회-인지 모형으로 발전시켰지만 플라워 모형의 한계는 덩잇글 인자들의 최소 통합이라는 점에서 발견된다. 마틴(1992)은 핼리데이식의 기능적 관점으로부터 나왔는데 특히 쓰기에 적용 가능한 담화 모형을 제안하였다. 마틴의 모형은 덩잇글 문제와 사회적인 문제를 설명해 주지만, 인지 처리 인자들을 무시한다. 위트(1992)는 사회 기호학적 관점을 최근에 제안하였는데 이는 사회적 구성요소, 인지적 구성요소와 덩잇글 구성요소의 통합 필요성을 논의하였다.

응용 언어학의 관점에서 바크먼(1990), 커네일과 스웨인(1980), 하임즈(1972)에 의해 발전된 모형은 여기서 기술된 쓰기 모형의 토대를 제공하였다. 하임즈의 초기 논의를 끌어들이면서 커네일(1983)은 의사소통 능력이 문법적(언어적) 능력, 사회언어학적인 능력, 담화 능력, 전략을 구사할 수 있는 능력에 따라 논의될 수 있다고 제안하였다. 의사소통의 이 네 가지 구성요소는 다음과 같은 방식으로 개인의 언어 능력을 설명할 것이다. (1) 음운 지식/정서법 지식, 형태론적 지식, 통사적 지식, 의미론적 지식, (2) 적절한 언어 사용에 대한 사회언어학적 자각과 규칙들, (3) 담화가 순서에 따라 짜이는 방식에 대한 지식과 효과적으로 담화를 구성할 수 있는 능력, (4) 의사소통의 품질을 드높이거나 잘못된 의사소통을 고칠 수 있는 전략과 기술들에 대한 지식이다. 의사소통에 따른 언어 사용에 대한 이와 같은 관점은 지난 10년 동안 응용 언어학적 논의에서 핵심이었다 (바크먼 1990, 셀스-머시아 등 1994, 하알리 1990). 최근에 체이펄 등(1993, 그레이브와 체이펄 1995)은 이 장에서 제시된 통합으로 수렴되는 학업 목적을 위한 의사소통에 따른 언어 사용 모형을 제안하였다. 이 모형을 수정한 내용을 간단하게 요약하고 쓰기 상황으로의 적용에 대해 논의하기로 한다.

8.4.2 쓰기에 적용된 의사소통 능력 모형

체이펄 등(1993)은 네 영역 모두(듣기, 말하기, 쓰기, 읽기)에서 학업을 위한 언어 수행을 설명하기 위해 의사소통에 따른 언어사용 모형을 계발하였다. 그 모형은 쓰기 수행에 구체적으로 적용될 것이며 이 장의 앞 부분에서 제시한 논의를 고려하여 어느 정도 고칠 것이다. 전체적으로 그 모형은 언어 사용을 위한 *맥락*과 언어 사용자의 언어 표현을 위한 작업 기억 표상으로 구성된 것으로 의사소통을 위한 언어 사용의 특성을 밝혀 놓았다(그림 8.2 참조). '맥락'에 포함되는 것은 *상황*을 통합하는 부분과 언어 *수행* 출력이다. '상황' 그 자체는 *참여자, 환경, 과제, 덩잇글, 주제*로 이뤄져 있다. '수행'은 언어 표현을 위한 작업 기억(verbal working memory)에서 처리된 결과로 산출된 실제적인 '덩잇글 출력'을 설명한다. '덩잇글 출력'은 언어 표현을 위한 작업 기억에 추가적으로 영향을 미치는데 '맥락'에서 살피기 위해 이용 가능하기 때문이다. 맥락 변수들은 모두 쓰기 상황의 외부적인 사회적 맥락을 이룬다.

　‘상황’에서 ‘덩잇글’ 구성요소는 예상되는 말투식 제약, 갈래 제약, 의사소통 목적(화행), 언어 사용의 규범과 관례, 의사소통 수단에 대한 제약을 설명하고 따라서 상황의 일부로서 덩잇글 자원들을 통합한다. 상황의 다른 구성요소(참여자, 배경, 과제, 주제)는 ‘덩잇글’과 함께 앞의 분류 목록에서 상세하게 구체화하였다(Ⅰ,Ⅱ, Ⅲ, Ⅳ,Ⅷ, Ⅸ의 제목 아래). 이런 구성요소들에 대한 더 상세한 해석은 쓰기의 분류 목록으로부터 나올 수 있으며 앞서 제시한 글말 의사소통의 민족지학으로부터 나오게 될 것이다.

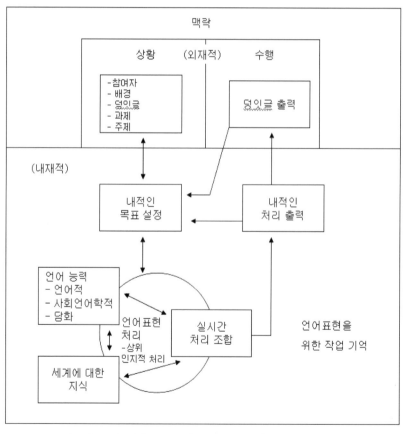

〈그림 8.2〉 의사소통을 위한 언어 사용으로서 쓰기 모형

그 모형에서 두 번째 중요한 구성요소는 (이를테면 시각 기억과 대조를 이루는 것으로) 언어표현을 위한 작업 기억에서 언어 과제를 수행하는 도중에 일어나는 언어 사용자의 처리 활동이다.[51] 일반적으로 말해서 모든 언어 표현 활동은 개인의 작업 기억에서 일어난다고 가정한다(바살로우 Barsalou 1992, 저스트와 카펜터 Just and Carpenter 1992). '언어 표현을 위한 작업 기억' 구성요소는 *내재적인 목표 설정, 언어 표현 처리, 내재적인 처리 출력*이라는 세 개의 하위 부분으로 되었다.

'내재적인 목표 설정'은 언어 사용자로 하여금 맥락에 따른 상황, 내재적인 동기, 수행 속성(과거에 이와 비슷한 노력이 어떻게 평가되었는가에 대한 믿음), 관심 등등에 바탕을 둔 쓰기의 목표와 목적을 설정하도록 해준다. 내재적인 목표 설정은 또한 만들어진 목표와 애초의 과제 표상에 일관성을 부여해 준다. 이런 과제 표상(이를테면 한 쪽 분량의 요약, 양식 채워 넣기)은 '언어 표현 처리'에서 연산 주기를 활성화한다. 내재적 목표 설정과 언어 표현 처리 사이의 화살표는 언어 표현을 위한 작업 기억에 '맥락'이 미치는 영향이 언제나 내재적인 목표 설정을 거친다는 것을 나타낸다. 상위 인지적인 자각과 조정하기는 이 하위 구성성분의 중요한 측면이다. 상위 인지적인 자각과 통제 능력은 실시간 처리를 제외한다면 작업 기억 공간의 모든 부분을 통하여 가능할 수 있을 듯하다. '내재적인 목표 설정'은 또한 외부 맥락 특히 수행되어야 하는 쓰기 과제에 대한 개인의 인식을 바꾸고 특징을 띠게 하는 다양한 영향력 있는 인자들을 위한 중요한 자리라는 것도 주목을 해야 한다. 따라서 '내재적인 목표 설정'은 필자가 외부적인 '맥락'을 내재적인 자원과 들어맞도록 하려는 수단이 되는 렌즈를 만들어준다.

'입말 표현 처리'는 그 자체로 *언어 능력, 세계에 대한 지식, 실시간 처리 조합*이라는 세 부분으로 이뤄져 있다. '언어 능력'과 '세계에 대한 지식'은 장기 기억

---

51) '언어표현' 처리는 언어 처리에 대하여 일반적인 인지 심리학 용어이다. 그 용어는 전통적인 네 개의 기술이 어디에서든 일어나는 모든 언어처리에 적용하기 위한 의도를 담고 있다.

과 언어 표현을 위한 작업 기억의 부분들이고 장기 기억 부분은 처리를 위해 활성화된다.52) 이런 해석은 작업 기억과, 작업 기억과 장기 기억 사이의 관계에 대한 현재의 입장을 따른다(바살로우 1992, 저스트와 카펜터 1992). 그러나 이 모형의 목적에 맞춰 <그림 8.2>는 오직 이런 부분들이 작업 기억에 활성화되는 것으로만 표상하였다.

그림에서 언어표현 처리의 하위 구성요소들 각각은 부분적으로는 '언어표현 처리' 원의 안에, 부분적으로는 원의 바깥에 있는 것으로 묘사된다. 이런 배치는 각각의 하위 구성요소들이 '맥락'과 '내재된 목표 설정'과 관련하여 일련의 정보와 자원들을 '활성화'하고 있음을 나타내기 위한 것이다. 그러나 해당 처리 주기에서 사용되는 각각의 세부요소들만 원 안에 있다. 각 하위 구성요소에서 다른 자원들은 여전히 활성화될 수 있지만 직접적인 처리 과제를 위해 사용되지는 않는다.

'언어 능력' 구성요소는 의사소통 능력에 대한 훨씬 이전의 모형에서 논의된 언어(문법) 능력, 담화 능력, 사회언어학적인 능력이라는 세 개의 능력으로 이뤄져 있다.53)이들은 앞에서 제시한 분류 목록에서 상세하게 구체적으로 제시하였다(VI-IX. 또한 바크먼 1990, 셀스-머시아 등 1994도 참조). 언어 능력에서 이들 세 부분은 내재적인 목표 설정과 맥락에 따른 상황으로부터 나온 단서에 바탕을 둔 적절한 언어 자원들을 활성화한다. 따라서 여러 가지 면에서 '맥락'에서 구체화된 정보는 '언어 표현을 위한 작업 기억'에서 특히 언어 능력의 담화 하위 구성요소와 사회 언어학적인 하위 구성요소에서 이와 대등한 언어 자원들을 활

---

52) 이 시점에서 '실시간 처리 조합'이 역시 장기 기억의 직접적인 부분인지 아닌지를 논의하는 것은 가능하지 않다. 많은 유형의 처리 경로들이 장기 기억의 일부이고 해당 처리 과제를 위해서 필요한 부분만이 언어표현을 위한 작업 기억에 활성화되기 시작한다. 분산된 처리라는 문제 대 안정된 표상이라는 문제는 이 부분에서 특히 문제가 되며 이 논의를 훨씬 넘어설 것이고 제안된 모형의 목적에서도 벗어난다.

53) 전략을 구사할 수 있는 능력이라는 이전의 개념은 다른 언어 능력과 대응 관계에 있지 않고 이 모형에서 직접적으로 표상되지 않았다. 대신에 '언어표현을 위한 작업 기억'을 통한 상위인지 처리에 의해 주로 설명된다.

성화하게 될 것이다. 예컨대 어떤 맥락에서 '덩잇글'(서사 갈래)과 '참여자'(동등한 지위, 거리가 있는 독자) 구성요소들은 그 다음에 언어 능력의 담화 단위체와 사회언어학적 단위체로부터 비슷한 정보를 활성화할 것이다.

언어 표현 처리의 두 번째 중요 구성성분은 '세계에 대한 지식'이다. 이 구성성분이 개념틀, 얼개(바살로우 1993), 이중 부호화 이론(파이비오 1986) 혹은 지식 자원의 다른 표상에 따라 구체화되든 핵심적인 논제는 세계에 대한 지식이 초기에 활성화되는 것은 맥락에 있는 주제와 내재된 목표 설정에 의해서이며 언어 능력 구성요소(아마도 어휘부와 공유할 것이다)와 강하게 상호작용한다는 것이 중요하다. '언어 능력'과 '세계에 대한 지식' 구성요소는 상호작용에 따라 또 다른 정보를 생성하며, 문제 해결(지식-변용의 잠재적 가능성)에 되풀이해서 관여한다. 내재적인 목표 설정과 함께 이 두 구성성분은 동시에 '실시간 처리 조합'을 활성화한다.

실시간 처리 조합은 '언어 능력'과 '세계에 대한 지식'에서 생성된 정보 자원들을 통합하는 구성성분이다. 실시간 처리는 비교적 자동화되어 있고 절차에 따른 다양한 처리 기술들을 가리킨다. 이런 기술들에는 어휘 접속, 애초의 분석 구조, 덩잇글 모형으로 문제가 되지 않는 명제 통합, 예측 가능한 교량 추론, 쓰기 산출 인자 들이 포함된다. 실시간 처리 조합은 '내재적인 처리 출력'으로 내부적으로 이용 가능하며 덩잇글 표상에 대한 내적으로 '관찰 가능한' 단위들을 제공한다.

언어 표현 처리 단위의 중요한 기능은 전체적으로 실시간 조합 처리를 뒷받침하게 될 '상위 인지적 처리'를 수행한다는 것이다. 그리고 그것이 효과적으로 작동하지 않을 때 '내재적인 목표 설정'과 '내재적인 출력' 구성성분을 바꾼다는 것이다. 그렇다면 이 세 구성성분 모두는 서로서로 고쳐 쓰기 전략에 관련될 수 있다. '상위 인지적 처리'라는 용어는 분명히 직접적으로 주의집중하게 될 자원을 필요로 하는 모든 처리 활동을 단순화하여 나타내지만 그 자체로부터 실시간 처리를 구별하고 많은 쓰기 과제의 문제-해결 성질을 설명하는 데 이바지한다.

언어 표현 처리 단위에서 상위 인지 처리는 (목표 설정과 함께) 버레인터와 스카다말리아가 '지식 변용'이라고 부른 처리 유형을 활성화하기 위한 장소이다. 예컨대 언어 능력과 세계 지식 구성요소로부터 언어 표현 처리에서 자원을 활용하게 되면 목표 설정은 조정될 필요가 있으며 언어와 세계 지식 정보를 조정하기 위해 새로운 계획이 만들어진다. 몇몇 경우에서 목표들은 부적절한 초기 목표 설정이 너무 많은 정보로 압도되지 않도록 단순화될 필요가 있다.

내적인 처리의 마지막 구성요소는 *내재적인 처리 출력*이다. 처리가 수행됨에 따라 출력은 목표 설정과 처리 출력을 부합하도록 하기 위해 초기 목표 설정과 비교된다. 이런 과정에서 이들이 서로 들어맞으면 그 다음에 또 다른 처리로 이어질 것이고 받아들일 있는 부합으로 이어져 처리 주기의 끝에까지 이어질 것이다. 혹은 부합의 정도가 빈약해서 받아들일 수 없다면 처리 주기에서 단절로 이어질 것이다. '내재적인 처리 출력' 단위체와 '내재적인 목표 설정' 단위체들은 상위인지 처리 전략에 강한 영향을 받는다.

비록 인지 심리학 연구로부터 다양한 모형들이 구체화의 방향을 제안하기는 하였지만 그와 같은 모형이 어느 정도로 구체화될 수 있는가 하는 것은 이 장의 범위를 벗어난다. 이 얼개의 목적은 그와 같은 모형 혹은 이와 어느 정도 비슷한 모형이 쓰기 이론을 위해 필자의 인지 처리, 쓰기 과제를 뒷받침하는 덩잇글 자원과 언어 자원들, 쓰기의 본질을 구체화하는 맥락 요소들이라는 세 개의 중요 관심 영역을 통합할 수 있는 방법을 제공한다고 주장하는 것이다. 처리 과정의 연쇄로서 플라워와 헤이즈 모형 혹은 버레인터와 스카다말리아의 접근법과 그렇게 다르지는 않다. 이런 다른 모형들과 구별하게 하는 것은 덩잇글 영향, 맥락의 명시적인 상세화를 통합하고 목표 설정 구성요소와 처리 자원/처리 출력(언어 표현 처리, 내재적인 처리 출력, 덩잇글 출력)을 비교하는 기제를 수립한 것이다. 다음 절에서 이 모형을 요약하고 그와 같은 모형이 어떻게 해당 쓰기 활동과 맥락을 설명할 수 있는지 개략적으로 선보일 것이다.

8.4.3 모형 적용하기

앞에서 얼개를 잡은 모형은 원래 학업 환경에서 이뤄지는 모든 언어 수행(듣기, 말하기, 읽기, 쓰기)을 포괄하고자 하였다. 쓰기의 경우 처리 흐름은 비록 개시의 두 원천이 그렇게 쉽게 분리가능하지는 않지만 '내재적인 목표 설정'에서 개별 필자들의 내재적 동기로부터 나오거나 맥락으로부터 나온 동기부여/활동의 개시로부터 시작한다. 필자로부터 개시되는 동기부여의 사례는 일기, 편지, 중요한 학업 덩잇글의 요약이 될 수 있을 것이다. 상황으로부터 개시되는 활동은 논술 과제, 메모, 어떤 논술 고쳐 쓰기 등이 될 수 있을 것이다.

필자로부터 비롯되는 것이든 상황으로부터 비롯되는 것이든 첫 번째 단계는 쓰기를 위한 목표 설정을 활성화하는 것일 터이다. 이런 목표 설정은 맥락에 대한 평가, 쓰기 결과에 대한 애초의 표상, 과제 수행에 따르는 있을 수 있는 어려움에 대한 평가, 과제의 일부를 이루는 관례적인 형식과 갈래 특징들, 구성 계획에 대한 애초의 활성화와 관련될 것이다. 목표 설정 구성요소에서 이런 초기화 과정은 그 다음에 언어표현 처리 단위에 있는 세 개의 구성요소를 활성화하게 될 것이다. 언어 능력 구성요소는 독자, 주제, 배경, 말투식 구성 등등을 포함하여 과제 환경 요구조건의 필요에 응하여 언어 정보를 생성하게 될 것이다. 세계에 대한 지식 구성요소는 더 많은 언어 자원을 생성하게 될 적절한 정보를 활성화할 것이다.

언어 표현 처리 단위는 이 시점에 이르러 필요한 상위 인지 처리를 활용하고 실시간 처리 조합을 위해 일련의 세계 지식과 언어 지식을 조합하고 있을 것이다. 이 실시간 처리 조합은 덩잇글 표상을 내재적인 처리 출력으로 보낸다. 그 다음에 내재적인 처리 출력은 언어 표현 출력을 목표 설정과 계속해서 합치시키려고 할 것이다. 문제가 인식되면 상위인지 처리는 목표와 과제 해석, 구성 설계, 활용된 세계에 대한 지식, 활용된 언어 지식, 그리고/혹은 이런 자원과 계획 사이의 상호작용을 재평가한다. 처리의 어떤 시점에서 목표 설정에 대한 재평가는 전개되고 있는 덩잇글에 달려 있는데 이제는 (수행에서 덩잇글 출력으로) 맥락에서도 가능하게 된다. 말하자면 덩잇글이 산출되는 순간, '덩잇글 산출'에 있는 많은 덩잇글 관련 변수들이 맥락 인자들과 인지 처리 인자들과 상호작용을 하기 시작할 것이다. 물론 이미 써놓은 덩잇글은 쓰기 과정과 상호작용하는 읽기 과정을 필요로 한다. 여기서 논의된 모형의 장점은 읽기 맥락, 목표, 과정, 결과에 대한 설명을 가능하게 할 뿐만 아니라 그와 같은 과정이 어떤 쓰기 모형에서 중요한 부분이라는 것을 설명하게 한다는 것이다.

처리 산출물이 애초의 설정된 목표와 맥락에 따라 수립된 과제 요구조건에 근접할 정도로 충분히 만족하게 되면 내재되어 있는 언어표현을 위한 작업 기억은 과제 요구조건을 만족시키기 위한 정보 생성을 멈출 것이다. 그 시점에서 덩잇글은 언어 표현을 위한 작업 기억에서 (어떤 갈래의) 표상이며 동시에 맥락에서 수행된 완전한 부분이 될 것이다.

구체적인 쓰기 과제와 관련하여 더 확대된 사례는 이 모형이 이른 시기 쓰기에 대한 민족지학과 쓰기 기술에 대한 분류 목록으로부터 제기된 많은 고려 사항들을 어떻게 설명하고 있는지를 보여줄 것이다. 이 사례에서 교사에 의해 주어지는 쓰기 과제는 열두 쪽 분량의 읽을거리를 한 쪽으로 요약하는 것이었다. *참여자*들은 필자로서 학생들과 실제적인 평가를 하는 교사였다. 독자의 지위는 필자보다 더 우위에 있으며 쓰기를 통하여 일체감을 표현하는 정도는 최소한일 것이다. 쓰기를 위한 *환경*은 집이거나 학교 도서관, 교실일 수 있다. *과제*는 한 쪽 분량의 요약을 하는 것이다. 갈래와 구성 관례가 몇 개의 중심 생각과 그 문장을 뒷받침하는 쓰기로 제약을 가할 것이다. 덩잇글 제약은 다음을 포함할 것이다. 쓰기는 읽을 덩잇글에 대한 비판이 아니며 세부내용, 예들, 목록, 과정이 단일한 상위의 서술 방침으로 녹아들게 하는 것이다. 언어는 격식적으로 학업 목적에 맞추게 될 것이다. 그 덩잇글 역시 어떤 유형을 따른다. 주제는 열대다우림의 생태이다.

학생들은 내재적인 목표 설정에 몰두하고 한 쪽 분량의 쓰기에 대한 실제적인 목표를 설정하려고 할 것이다. 요약 갈래와 요약 형식은 필자들에게 낯익은 것으로 가정할 수 있고 따라서 성공할 것이라고 예상된다. 게다가 읽을거리는 흥미가 있어서 필자들은 주제에 의해 동기부여가 되었을 것이다. 필자들은 또한 좋은 등급을 받기를 원하므로 많은 시간을 이 과제를 하면서 보낼 것이다. 기능에 따른 목표는 덩잇글을 요약하는 것이다. 핵심을 찾고 그것을 보고하여야 하는 것이다. 요약글의 구성은 아마도 덩잇글의 구성을 따르게 될 것이다. 필자들은 읽을 덩잇글에 있는 정보에 낯이 익기 때문에 부가적으로 세계에 대한 지식 자원을 생성할 필요가 거의 없을 것이다. (덩잇글을 읽음에 따라 강화되는) 주제뿐만 아니라 내재적인 목표가 글의 핵심을 기술하는 데 적절한 언어 자원과 세계 지식을 생성하게 될 것이다. 더 강한 구성 계획을 세우기 위해 중심 생각에 주목하거나 난상제안을 통해 글을 산출하기 시작할 것이다. 이런 쓰기 전 단계는 더 발전된 계획하기/초고 쓰기 순서로 이어지도록 할 것이다. 쓰기 전 활동과 초고 쓰기를 위해 생성된 정보와 언어 자원은 실시간 처리 조합으로 통합될 것이다. 처리 출력이 시작됨에 따라 학생들은 종이(혹은 컴퓨터 화면)에 덩잇글을 산출하기 시작한다.

수행에서 덩잇글 출력으로서 나타나는 요약된 글은 내재적인 목표 설정과 덩잇글 구성에 대한 예상(이를테면 덩잇글 의미연결이나 언어 유창성)과 같은 과제에 대한 다른 학생들이 일반적으로 산출한 요약에 비춰 평가될 수 있다. 덩잇글로서 수행 결과는 필자에 의해 (그리고 협력 학습 환경에서는 다른 사람에 의해서) 평가될 수 있다. 의미연결과 덩잇글 구성에 대한 고려사항도 평가를 위해 이용가능하다. 계속 이어지는 산출물은 내재적인 목표 설정 과정에서 변화를 유발할 수 있고 *언어 표현 처리 단위*로부터 언어 자원과 세계 지식에 대한 새로운 요구로 이어질 수 있다. 덩잇글 산출의 되풀이되는 순서뿐만 아니라 언어표현 처리와 언어 표현을 위한 작업 기억에서 목표 설정에 대한 재평가는 결국 산출된 덩잇글이 설정된 목표와 적절하게 들어맞고 맥락에 대한 예상과 제약에 부합할 경우 끝나게 된다.

이 사례로부터 모형에 대한 일련의 동적인 측면이 조명되었다. 맥락의 다양한 매개인자들과 언어 표현을 위한 작업 기억에서 자원들이 바뀜에 따라 모형의 동적인 측면과 덩잇글 산출이 바뀌게 될 것이다. 서로 다른 쓰기를 위한 각본에 무한정의 선택내용들이 실제로 있기 때문에 쓰기 모형은 서로 다른 각본에 맞춰 충분히 유연하여야 할 필요가 있다. 이 모형이 시험적이고 완결되지는 않았지만 일반적으로 일어나는 쓰기 활동 대부분을 설명할 잠재력을 지니고 있다고 믿는다.

8.4.4 쓰기 이론의 활용과 한계

체이펄 등(1993)에 의해 제안된 일반적인 모형으로부터 나온 이 쓰기 모형은 쓰기 연구와 가르침에서 계속해서 일어나는 다수의 문제를 설명하려면 다른 모형이 그러한 것처럼 더 다듬을 필요가 있다. 예컨대 고쳐 쓰기 과정(5장)에 대한 헤이즈 등(1987)의 논의와 같은 것들을 탐구할 필요가 있다. 어떻게 언어 능력의 다양한 하위 구성성분들끼리 상호작용이 일어나며 세계 지식과 처리 기제들과 상호작용하는지를 어느 정도 자세하게 탐구할 필요가 있을 것이다. 내재적인 목표 설정의 구성성분에 속하는 전체 인자들을 자세히 밝힐 필요가 있을 것이다. 이런 상세화는 목표와 계획의 유형을 목록으로 작성하는 것을 넘어설 수 있도록 해줄 것이며 목표와 계획에 영향을 미치는 일련의 부가적인 인자들(이를테면 동기부여, 관심, 앞선 경험, 감정에 따른 태도 등등)을 고려할 수 있도록 해줄 것이다. 이 모형에서는 (사회적 상호작용이 아니라) 사회적 구성물로서 쓰기라는 개념을 설명할 필요가 있으며 '발화 시점에서 형성하기'와 같은 개념들을 어떻게 다룰 수 있는지를 기술할 필요가 있다. 더 나아가서 필자의 언어 유창성(그리고 언어 능력의 서로 다른 하위 구성요소들)의 서로 다른 수준이 어떻게 다른 구성요소와 상호작용하는가를 설명할 필요가 있고 쓰기 산출물의 서로 다른 유형을 설명할 필요가 있다. 이 모형은 가설 생성에 적합하게 맞출 필요가 있으며 서로 다른 맥락(그리고 문화)에서 쓰기 가르침을 위해 적절한 함의를 만들어내어 할 필요뿐만 아니라 쓰기 교과과정을 위한 가능성도 제안할 필요가 있다.

이 모형이 결국 설명할 필요가 있는 많은 논제들과는 별개로 추적 가능성이 떨어지는 질문에도 흥미로운 방식으로 반응하여야 한다. 그 중에서 가장 두드러진 것은 모형의 다양한 구성요소들이 서로 다른 값을 갖거나 어떤 값이 두드러질 경우 쓰기 모형이 어떻게 바뀌는가 하는 일반적인 문제이다. 이를테면 협력으로 쓰거나 시간 압력을 받고 있을 경우 쓰기의 동적인 측면이 어떻게 바뀌는가? 언어에서 낮은 수준의 유창성을 지니고 있거나 동기 부여가 낮을 경우 모형의 동적인 측면에 어떤 영향을 미치는가? 주제 관련 지식의 서로 다른 수준은 어떻게 모형의 동적인 측면에 영향을 미치는가? 더 많이 있지만 이런 문제들은 쓰기에 대한 연구가 여기서 제시된 유형의 쓰기 모형에 자리잡기 위해 시도해 볼 수 있는 흥미 있는 논의거리가 될 것이다.

이 모형의 한계는 다른 많은 모형들에서 지적되었던 한계와 비슷하다. 치밀한 상세화에서 다소 모호하다는 것, 상호작용의 완전한 묶음이나 산출물이 분명하지 않다는 것, 가르침을 위한 직접적인 함의가 분명하지 않다는 것이다. 동시에 이 모형은 다른 쓰기 모형에서 일반적으로 고려하지 않았던 세 개의 논제를 다루려고 시도하였다.

첫째로, 사회적인 맥락과 관련된 논제, 인지 처리에 관련된 문제, 덩잇글 산출에 관련된 문제를 통합하였다. 이 삼차원 통합은 대부분의 쓰기 모형과 구별된다. 두 번째로 의사소통 능력이라는 개념을 수립하였기 때문에 다른 쓰기 모형에서 일반적으로 고려되는 것보다 더 강하게 언어 구성요소를 통합하는 것이 가능하다. 언어 구성요소를 더 강조함으로써 서로 다른 집단의 필자들에 의해 나타나는 변이 유형을 포착할 수 있는 선택내용이 가능해졌다. 세 번째로 특히 '상황'에 대한 상세화로 쓰기에 대한 이른 시기의 민족지학과 쓰기 기술 분류 목록에서 서술된 정보를 통합할 수 있다. 이런 유연성은 작문 연구자들과 비교해 볼 때 응용 언어자학들이 논의한 폭넓은 관심사에도 잘 적용될 수 있음을 암시한다. 예컨대 영어로 쓰기를 배우려는 외국어 학생이 세계적으로 모국어 학생보다 많을 것이다. 그럼에도 불구하고, 응용 언어학의 논의를 벗어나면 외국어 쓰기 맥락에 드는 학생들의 서로 다른 집단에 대해서 혹은 쓰기 이론이 이런 학생들을 어떻게 설명할 것인가에 대해 상대적으로 거의 관심을 가지지 않았다.

기술 모형을 만드는 목표는 쓰기의 본질을 더 잘 이해하고, 중요한 연구와 쓰기 실천 사례들을 설명하고, 서로 다른 많은 상황에서 쓰기에 관련된 것이 무엇인가를 다시 생각해 보기 위함이다. 그러나 어떤 한 모형이 우리가 알 필요가 있는 것 대부분을 이야기해 줄 가능성은 거의 없다. 모형을 제안하는 목표 가운데 하나는 그 다음에 쓰기에 대한 우리의 지식이 발전할 수 있도록 하는 비판을 받기 위해서이다. 이 장에서 기술된 모형은 쓰기에 대하여 제대로 자리 매김된 설명을 베풀었다기보다는 이런 정신으로 제안되었다. 이 모형은 현시점에 이르기까지의 연구를 종합한 정점일 뿐만 아니라 새로운 측면에서 쓰기를 살피기 위한 출발점이다. 연구로부터 나온 유용한 통찰을 고려해 볼 수 있고 다루어야 될 필요가 있는 단점도 고려해 볼 수 있다.

8.5 이론에서 실제로

이 장에서 우리는 어떤 주제에 대한 세 가지 변이형태를 언급하였다. 그 주제에 대해서는 처음에 '쓰기란 무엇인가?'라는 질문으로 시작하였다. 첫 번째 접근법으로 쓰기에 대한 초기의 민족지학 연구는 어떤 쓰기 이론이든 설명해야 하며 동시에 쓰기에 대한 함의를 고려할 때 언급해야 하는 매개인자들의 자리를 정하는 수단을 제공하였다. 쓰기 기술, 기반이 되는 지식, 처리 과정에 대한 분류 목록은 다양한 쓰기에 영향을 미치고 기여하는 많은 인자들을 얽어 짜고 순서를 매기는 수단을 제공하였다. 분류를 통한 재순서화를 통해 쓰기에 관련된 많은 문제들에 대해 더 쉬운 재평가를 할 수 있으며, 쓰기 관련 논제들이 구체화되어야 하는 방법과 포함되거나 배제되어야 하는 대안들을 다시 짚어 볼 수 있게 되었다. 이 모형에서는 쓰기에 대해 축적된 정보들이 다양한 연구 접근에서 일반적으로 논의되고 있는 인지적 요소, 덩잇글 관련 요소, 사회적 요소들의 결합으로 쓰기가 이해될 수 있도록 통합되어야 함을 제안한다. 누구나 원하는 정도로 기본적인 질문에 답을 하지 못한다면 다른 사람들이 그 일을 하고 적절한 연구를 종합하려는 우리의 시도를 발전시켜 주도록 남겨 두었다.

쓰기 이론을 따르는 교육적 함의의 중심에 자리 잡아야 하는 두 번째 중요한 문제는 '쓰기 이론으로부터 쓰기 가르침을 어떻게 발전시켜 나갈 것인가?'하는 것이다. 가장 현실적인 답은 이론으로부터 실천으로 이행이 반드시 직접적일 필요도 없으며 간단하지도 않다는 것이다. 사람들은 단순히 어떤 이론을 '적용' 하지 않으며 그에 따라 가르침의 방법을 만들지도 않는다. 동시에 이 장에서 이론에 대한 논의는 쓰기 교육과정 설계에 대해서도 강한 암시를 주고 있다. 이런 함의들은 다음 장에서 이론에서 적용으로 논의가 옮겨감에 따라 탐구될 것이다.

09 이론에서 실천으로

From theory to practice

9.1 도입

앞 장에서 개관한 쓰기에 대한 연구는 모국어나 외국어에서 쓰기를 배우는 문제를 포괄한다. 쓰기 능력의 발달에 관련되는 모든 분야의 연구 활동에 대한 포괄적인 개관을 한 책에서 제공할 것이라고 바랄 수는 없지만, 앞 장을 통해 가르침을 위한 설계에 영향을 미치게 될 연구 분야를 강조할 수 있게 되었다. 이 장의 목적은 가르침과 실천을 제약하고 안내하는 설계 기준을 탐구하는 것이다. 그 다음에 10장과 11장, 12장은 다양한 맥락에서 쓰기 가르침을 위한 실천 기법들을 언급할 것이다.

이론에서 실천으로의 변화는 쓰기에 대한 중요 연구 발견 사실들에 바탕을 둘 뿐만 아니라 쓰기 가르침의 사회적 맥락에 대한 분석을 통해서도 기반을 마련할 수 있다. 연구 결과는 쓰기 교육과정이 설계되어야 하는 방법에 영향을 미치고 효과적인 가르침의 실천을 제안한다. 사회적 맥락에 대한 분석은 체계적 이고 합리적으로 이론에서 실천으로 옮겨 갈 수 있도록 보장해 준다. 여기에는 적어도 다음과 같은 논제들이 고려되어야 한다.

- 쓰기 이론과 쓰기 조사연구로부터 나온 통찰
- 필자로서 학생
- 쓰기를 가르치는 교사
- 교육 기관
- 가르침 자료의 역할
- 교육적 접근

9.2 쓰기 이론과 쓰기 조사연구로부터 나온 통찰

여기 개관에서는 쓰기 교육과정 설계를 위해 통합되어야 하는 연구에서 발견된 사실들에 초점을 모은다. 대부분의 경우 작은 절들은 모국어 쓰기 교육과 직접 비교를 가능하게 하는 외국어로서 영어 조사연구의 발견 사실들에 초점을 모은다. 다수의 외국어 조사연구에서 발견 사실들은 모국어 쓰기 연구에서 발견된 사실들과 다른 듯하고, 외국어를 배우는 학생들을 다른 관점에서 고려해야 하는 듯하다. 이 관점에서 반복되는 주제들을 어떻게든 자리매김할 수 있다면 외국어 필자들은 의심할 바 없이 비슷한 점을 지니고 있지만 모국어에서 '초급 수준의 필자'와 동일시될 수 없는 듯하다는 것이다.

9.2.1 덩잇글 산출

조사연구로부터 나온 첫 번째 일련의 통찰에서 글말 산출물, 그리고 쓰기의 형식적 측면들을 무시할 수 없다고 논의한다(레키 Leki 1992, 레임즈 Raimes 1991). 외국어 필자에게 언어 유창성(자리매김되지는 않았지만)이 커질수록, 어느 지점까지는 이들은 더 나은 쓰기 품질로 이끌 것이다. 사회-인지적 관점으로부터 나온 최근의 연구는 쓰기 모형의 필요성을 지적하고, 낱말, 구문, 갈래 형식들이 목적 지향의 의사소통에 이바지할 수 있는 방법과 관련하여 학생들의 자각을 끌어올릴 필요성을 지적한다(버켄코터와 허킨 Berkenkotter and Huckin 1995, 카즈덴과 그레이 Cazden and Gray 1992). 이런 관점에서 다섯 단락으로 된 논술이나 단락 쓰기가 비록 이런 개념들이 '전통적인 가르침'의 일부로 논의된 적은 없지만 어떤 맥락에서는 유용할 수 있다(스마고린스키 Smagorinsky 1992). 게다가 파스맨과 웨일리(Fathman and Whalley 1990)는 비록 형식이나 내용 어느 하나에만 초점을 맞춘 것이 고치기에서 커다란 향상에 이바지하지는 않은 듯하지만 되짚어 보는 과정에서 글의 형식에 대한 초점 모으기가 외국어 학생에게 내용에 초점을 맞추는 만큼이나 효과적이라고 논의한다(롭 외 Robb 1986, 자멜 Zamel 1985 참조). 이와 비슷하게 문장 결합하기의 활용이 더 복잡하고 다양한 문장을 쓸 수 있는 능력을 향상시킨다는 것을 보여 준다. 그러나 문장 결합하기가 유용한 효과가 있도록 하기 위해서는 이를 기계적으로 다루어서는 안 된다.

담화가 어떻게 구성되는가에 대한 고려를 통해 쓰기에서 담화 특징의 중요성을 강조하는 다수의 발견을 하였다. 반드 코플(Vande Kopple 1986, 1990)과 위트(Witte 1983b)는 '이전'의 내용을 '새로운' 정보 앞에 둔다는 원칙은 더 나은 쓰기에서 일관되게 더 잘 지켜지며 중심 생각은 전형적으로 주제 연쇄로 표지된다는 것을 보여 준다. 결속 조화(cohesive harmony)에 대한 연구는 더 높은 품질을 지닌 쓰기는 더 많은 결속 조화 지수를 지닌다는 것을 보여 준다. 타넨(Tannen 1989)에 의해 이뤄진 '연루(involvement)'에 대한 최근의 연구는 독자를 끌어들이고 의미연결을 수립하는 덩잇글 속성을 지적한다. 더 넓은 범위에서 갈래 구조에 대한 연구는 효과적인 쓰기에서 목적을 담고 있으며 독자의 해석을 도와주는 갈래 구조의 역할이 중요하다고 지적하였다.

대조 수사학에 대한 연구는 서로 다른 모국어 배경을 지닌 학생들 즉 문화 특징적인 교육과 사회화 이력을 가진 학생들은 특정의 구체적인 쓰기 맥락에서 다른 덩잇글 형식보다 특정의 덩잇글 조직을 선호할 것이라는 것을 증명하였다. 일군의 외국어 연구자들(레키 1992, 레임즈 1991)이 지적한 것처럼 학생들로 하여금 이런 변별적인 선호도를 자각하도록 하는 것이 외국어 학생들의 작문 과정에 의미 있는 영향을 미칠 수 있다고 주장하였다.

모국어 학생과 외국어 학생들을 비교하는 연구를 하였던 실바(Silva 1992, 1993)는 덩잇글에 기반을 둔 많은 연구들이 외국어 쓰기 가르침에 언급되어야 하는 두드러진 논제들을 지적하였다고 하였다. (모국어 학생과 비교하였을 때) 그가 주목한 외국어 학생들의 차이점 가운데 몇몇은 다음과 같다.

- 조직 방법 선호에서 차이
- 논증 구조에서 서로 다른 접근에서 나타난 차이
- 덩잇글로부터 쓰기로 자료 통합 접근에서 차이(이를테면 부연, 인용, 문체)
- 독자 성향, 주의-끌기(attention-getting), 독자 지식에 대한 평가에서 관점의 차이
- 결속 표지 사용에서 차이, 특히 덜 사용되는 표지들에서 그러하고 어휘 결속이 거의 이뤄지지 않음
- 덩잇글의 명백한 언어 자질들이 사용되는 방법에서 차이(종속절의 사용이 적음, 접속어를 많이 씀, 수동 구문의 사용이 적음, 자유로운 수식어구(free subordination)의 사용이 적음, 명사 수식의 사용이 적음, 구체어의 사용이 적음, 단순한 문체 사용, 어휘 다양성이 적음, 통사 구문의 취지가 예측 가능한 변화를 보임)

따라서, 모국어 연구의 발견 사실들이 자동으로 외국어 맥락에 적용될 것이라고 가정할 수 없다(레키 1992, 실바 1992, 1993).

9.2.2 쓰기 과정

쓰기가 설계나 산출에서 엄격한 선조적인 과정을 따르지 않는다는 생각은 가르침에서 중요하다. 쓰기는 목표 지향 활동이기 때문이다. 쓰기 과정에 대한 연구에서는 훌륭한 필자는 다음과 같다고 지적한다.

- 오랜 동안 계획하고

- 더 정교한 계획을 갖고 있으며
- 쓰기에서 수사적인 문제에 대한 해결책을 더 많이 고려하고
- 쓰기와 계획하기에서 독자의 관심을 고려하고
- 원고 쓰기에서 다양한 관점을 아우르고
- 단순히 지엽적인 조각들을 짜깁기보다는 전체적인 목표에 대응하게 고치고
- 일정한 토대를 바탕으로 계획을 재검토하고 재평가하며
- 떠올릴 수 있는 폭넓은 쓰기전략과 고치기 전략들을 지니고 있다.

영어를 제1외국어로 사용하는 학생과 모국어로 사용하는 학생들의 작문 과정을 비교한 연구에서는 쓰기를 위한 모국어와 외국어 맥락에 걸쳐 작문 과정이 비슷하다고 논의되어 왔다(존스 1985, 크레이플즈 Kraples 1990, 리차즈 Richards 1990, 자멜 1992, 1983). 그러나 최근의 연구는 이 두 집단 사이의 차이점을 어느정도 지적한다(개관을 위해서는 레키 1992 참조). 레임즈(1985, 1987, 1991)는 외국어 학생들은 그들이 쓰고자 하는 것을 연습하는 데 많은 시간을 보내며 쓰기에서 지엽적인 맥락이나 사소한 실수에 얽매이지 않으며, 수정하거나 편집하는 교사의 노력에 얽매이지 않는다는 것을 발견하였다. 외국어 학생들은 모국어 필자로 혹은 '초급 수준의 필자'로 간주할 필요가 없음을 제안한다. 캠벨(Campbell 1990)은 쓰기를 위한 기초로 읽기 덩잇글 사용이 글 산출에서 덩잇글에 외국어 학생들이 더 얽매이도록 한다는 것을 발견하였다. 실바(1992)는 외국어로 영어를 사용하는 학생들의 경우 모국어 화자가 '충분히' 올바른지를 알아보기 위해 덩잇글을 다시 읽는 것과 같은 직관에 따른 편집 방법을 활용하지 않는다는 것을 발견하였다.

외국어 화자들의 수행이 언제나 언어 유창성을 반영하지는 않는다. 이런 학생들은 이전에 모국어에서 발달된 정교한 작문 능력을 드러내기도 한다. 이와 달리 모국어 학생들은 언어적 유창성을 지니고 있지만 충분한 작문 기술을 지니지 않을 수도 있다. 따라서 언어 유창성과 작문 능력은 외국어 화자의 수행을 평가하는 데서 고려해야 한다.

다른 쓰기 과정 연구는 유창성과 작문 기술 사이의 구별을 받아들이고 모국어 학생들은 외국어 작문에 긍정적인 영향을 미친다는 것인데, 이는 모국어가 방해의 유일한 원천이라는 일반적으로 간주되는 관점과는 대조된다(케이플즈 1990을 참조). 모국어는 학습자가 이미 쓰기에 대하여 알고 있을 것을 반영하는 자원을 의미한다(에델스키 Edelsky 1990, 레이 Lay 1982). 모국어는 내용이나 구성, 세부 내용의 전개를 도와 준다(프리드랜더 Friedlander 1990, 레이 1992). 모국어는 글쓴이로 하여금 알맞은 어휘 항목과 구절들에 접속하게 하며 언어들에 걸친 이상적인 관계를 결합할 수 있도록 해준다(커밍 Cumming 1990a). 그리고 쓰기 주제에 대해 더 정교한 사고를 하게 해 준다(커밍 1989, 레키 1992). 모국어가 쓰기 시간이나 쓰기 품질을 제약하지 않는다(프리드랜더 1990). 비록 모국어 쓰기에서 반드시 같은 과정을 나타낸다고 볼 수는 없겠지만 이런 증거에 대한 재검토를 통해 쓰기의 많은 과정들이 긍정적으로 전이된다는 암시를 받을 수 있다(외국어 학생들은 두 언어로부터 나온 자원들을 결합하는 것 외에는 다른 이유가 없다).

쓰기 과정에 대한 연구는 숙달된 필자들이 수행하는 방법과 쓰기를 배우는 일이 향상될 수 있는 방법에 대한 중요한 통찰을 제공한다.

9.2.3 사회적 맥락

세 번째 일반적인 통찰은 사회적 맥락 즉 교실 수업이나 다른 학생들, 맥락, 교사와 학생들 사이의 상호작용, 교실 바깥의 더 넓은 세상이 쓰기 능력의 향상에 헤아릴 수 없는 영향을 미친다는 것이다(히쓰 1993, 존스 1990, 레임즈 1991).

또한 최근 연구로부터 숙달된 필자와 그렇지 않은 필자 사이의 차이가 쓰기의 사회-인지적 측면에 강한 영향을 받는 듯하다. 예컨대 콜린스와 윌리엄슨 (Collins and Williamson 1984)은 더 나은 필자들은 특정의 독자와 갈래 제약들에 맞춰 자신들의 쓰기를 다양하게 한다는 것을 보여준다. 그들은 빈약한 독자들은 독자의 해석을 위해 명시적인 구조 정보를 덜 제공할 수도 있다는 것도 보여 주었다. 말하자면 덜 숙련된 필자들은 독자를 덜 고려하는데 이는 아마도 독자를 덜 의식하기 때문일 것이다(힐록스 Hillocks 1985). 몇몇 연구자들은 독자에 대한 정보의 활용 가능성에서 비롯되는 계획하기의 부가적인 복잡성을 다룰 수 있기 전까지 독자에 대한 정보를 지나치게 부담시키지 말아야 한다고 논의하였다. 다른 연구자들은 빈약한 필자일지라도 과제의 다른 측면들을 관리할 수 있도록 한다면 독자의 관심사를 다룰 수 있다고 하였다(봉크 Bonk 1990, 콜린스와 윌리엄슨 1984).

쓰기 목적과 과제 다양화와 관련된 강조는 쓰기 발달에서 갈래의 개념을 다시 고려하도록 한다. 다수의 전통적인 접근법에서 쓰기 가르침은 조직의 구체적인 갈래 특징을 보여주는 모형 덩잇글에 의해 주도되지만 지금은 쓰기 목적과 과제에서 갈래에 대한 평가는 갈래의 형식적인 역할과 관련을 짓는다. 쓰기에서 구체적인 목적과 과제를 언급하는 일관되고 관례화된 방법으로 갈래 형식들이 발전하였다고 인식한다. 따라서 갈래는 의미하는 것을 달성하기 위한 관례화된 방법 즉 수사적 문제를 해결하는 방법이고 학생들은 쓰기에서 자신의 목적에 들어맞는 갈래 구조에 따라 다양하게 할 수 있다. 이런 노선을 따르는 연구에서는 학업 맥락에서 유용한 다양한 갈래와 과제를 자유로운 모형이 아니라 학업의 목표와 목적을 달성하는 수단으로서 강도 있게 연습할 필요가 있다고 주장한다(아트킨슨 Atkinson 1991, 크리스티 Christie 1992, 크로우허스트 Crowhurst 1990, 스웨일즈 Swales 1990).

쓰기에서 갈래의 영향은 여러 관점에서 검토하였다. 실험적인 연구들은 갈래가 글말 덩잇글을 형성하는 데 결정적인 인자라고 지적하였다. 서로 다른 과제와 목적으로 쓰도록 과제를 부여받은 학생들은 예상되는 갈래 제약을 따르기 위해 체계적으로 자신의 문법, 어휘, 조직 선택을 다르게 한다는 것이다. 게다가 숙달된 필자들은 덜 숙달된 필자보다 이런 면에서 더 민감한 듯하다(버레잇터와 스카다말리아 1987, 크로우허스트 1987, 1990). 핼리데이의 언어 사용에 대한 기능 이론에 영향을 받은 오스트리아에서 이뤄진 쓰기 발달 접근법은 내용 중심 가르침에서 갈래의 영향을 살피고 갈래 구조에 주의 집중하는 것이 학생들이 자각해야 하는 중요하고 실습해야 할 필요가 있는 구성성분이라고 결론을 내렸다(크리스티 1992, 그레이 1990, 마틴 1989).

쓰기 발달에 대한 또다른 사회-인지적 접근은 비코츠키의 언어 이론과 글말 능력 향상 이론으로 발전하였다. 이런 관점에서는 학생들은 구체적인 목적 지향적인 행위를 수행하는 데 필요한 지식과 기법에 대해서 더 많은 식견을 가진 사람과 함께 일종의 도제 관계를 통해 쓰기를 배운다는 것이다. 이런 관점에 따르면 쓰기 발달은 전문가의 안내를 받으면서 상당한 연습이 필요한 도제 관계와 관련된다. 게다가 학생들은 쓰기에서 쓰기 활동과 쓰기에 대한 되짚어 보기 과정에서 교사의 목표와 목적뿐만 아니라 알맞은 언어 형식에 맞춰 나감에 따라 쓰기를 배운다. 그런 적응은 비고츠키가 '인접발달 영역(ZDP)'[54]이라고 부르는 것에서 일어난다. 이는 일반적인 학생의 수행과 전문가 도움으로 학생이 도달할 수 있는 지식 사이의 수준을 의미한다. 버레인터와 스카다말리아에 의해 이뤄진 연구에서 학생들은 그들의 일반적인 쓰기 산출물을 넘어서 쓰기를 수행할 수 있다는 지적을 하였다.

과제와 목적, 갈래, 주제에 걸쳐 학습된 쓰기 기법의 일반적인 전이에 대해 작문 연구자들 사이에 일반적으로 가정되는 개념은 비고츠키식의 쓰기에 대한 접근으로 도출되지 않는다. 오히려 학생들은 폭넓은 실습과 안내를 받은 것에서 쓰기 과제와 목적을 스스로 조정하고 내면화하는 것을 배운다. 이런 접근법은

---

54) (뒤친이) 레프 비고츠키의 인접발달 영역이라는 개념은 독립적인 문제-해결에 의해 결정되는 현재의 수준이나 실제 발달 수준과 학습자의 잠재적인 발달 수준 사이의 간극을 가리킨다. 비고츠키는 종종 인접발달 영역을 다음과 같이 뜻매김한다.

"독립적인 문제 해결에 의해 결정되는 것으로서 실제적인 발달과 성인의 가르침이나 더 능력있는 동료들과 협력하는 가운데 문제를 해결하는 과정을 통해 결정되는 잠재적인 발달 수준 사이의 거리(비고츠키 1978:86)"라는 것이다. 이 개념이 함의하는 것은 어린 학생의 발달은 사회적 상호작용과 협력적인 문제-해결에 의해 결정된다는 것이다. 비고츠키는 발달을 여러 가지 문화적 매제(낱말, 신호, 상징 등등)를 통해 중재되는 과정으로 이해한다.

- 전문가와 동료들의 상호작용을 받아들이며
- 목적 지향적인 과제를 강조하며
- 특정의 과제를 완수하는 데서 언어 기술들의 상호작용을 강조하고
- 쓰기 기술이 목적, 과제, 주제, 갈래에 걸쳐 일반적으로 전이된다고 가정하기 보다는 학생들이 배울 필요가 있는 쓰기 과제와 목표에 대한 실습의 중요성 을 강조한다(뉴먼 Newman 등 1989, 로고프 Rogoff 1990, 쌰프와 갈리모어 Tharp and Gallimore 1988).

9.2.4 가르침 기법에 대한 연구

현장조사연구로부터 나온 네 번째 통찰은 다양한 가르침 기법의 효율성 검증 연구로부터 나온다. 이런 기법들은 직접 교수법 특히 상위인지 전략 훈련, 교사 와 학생들의 모둠 상호작용 갈래, 원고 쓰기를 안내하는 기법, 고쳐 쓰기 전략, 쓰기에서 효과적인 되짚어 보기 기법을 포함한다. 가르침에 대한 중요한 함의를 지닌 조사연구는 버레잇터와 스카다말리아, 플라워와 헤이즈의 구체적인 연습 하기에 대한 실험도 포함한다. 플라워와 헤이즈는 초기 연구에서 여러 벌의 원 고 쓰기, 계획하기 시간, 계획하기, 원고 쓰기, 고쳐 쓰기 사이의 반복이 하는 역할, 쓰기의 문제-해결 본질이 지니는 중요성을 지적한다. 최근의 연구에서 이들은 고쳐 쓰기 과정으로 연구를 확장하였는데 쓰기에서 어렵기는 하지만 전 체적인 고쳐 쓰기의 중요성을 지적한다. 가장 최근의 연구에서 플라워는 필자의 인지 처리와 쓰기 상황의 사회적 맥락 사이의 상호작용 영향을 살핀다.

플라워의 최근 연구(플라워 1990, 플라워 등 1990)에서 다음을 보여 주었다.

- 숙달된 필자는 직접 수사적 문제와 관련하여 더 많은 관점을 지니며 그 문제 를 표상하는 데 능숙하다.
- 과제 표상이 쓰기에 헤아릴 수 없는 영향을 미친다.
- 쓰기 목표를 알맞게 충족하기 위하여 전략에 대한 자각을 발전시킬 필요가 있다.

- 학생들은 한 맥락에서 다른 맥락으로 자신의 쓰기 지식을 전이하는 데 어려움이 있다.

또한 버레잇터와 스카다말리아(1987)는 다음을 보여 준다.

- 주제에 대한 높은 친숙도가 언제나 훌륭한 쓰기로 이끄는 것은 아니다(리차즈 1990).
- 긴 길이의 수필은 쓰기 품질과 능숙도에 대응하는 지표이다(외국어에서 반례들은 레키 1992 참조)
- 쓰기 활동을 어떻게 수행할 것인가에 대한 일반적인 지식이 그 과제를 학생들이 수행할 수 있음을 보장하지는 않는다.
- 많은 쓰기 과제들에 대한 산출물이 빈약한데 그 과정이 지나친 부담을 주기 때문이 아니라 그 과정에 싫증이 나기 때문이다.
- 교사가 제시하는 모형과 고치기를 위한 뒷받침은 전략적으로 학생들의 고쳐쓰기 능력을 향상시킨다.
- 쓰기 가르침의 목표는 학생들이 스스로 조정하고 평가하고 진단하고 되짚어보기가 관련된 문제해결 활동으로 쓰기를 보게 하는 것이다(외국어에서 비슷한 관점은 커밍 1990a 참조)

핵심적인 기술들을 발전시키기 위한 중요한 제안은 교사가 모형을 제시하고 쓰기가 이뤄지는 동안에 생각을 큰소리로 내는 것이다(브릿슨과 스카다말리아 1991). 쓰기 향상을 위한 그와 같은 전략들은 또한 외국어 맥락에서도 제안되었다(레임즈 1995, 코헌 1990).

버레잇터와 스카다말리아는 또한 쓰기에서 지식 전이 능력을 향상시키는 데 도움을 주기 위해 다수의 제안을 한다.

- 학생들에게 필요한 복잡한 전략을 단순화하여 제시하고 이런 전략들을 학생들에게 점진적으로 맞춰야 한다.
- 학생들에게 고급 수준의 기법을 새로운 영역에 전이하도록 점진적으로 도움

을 주는 쓰기 과제가 계발되어야 한다.
- 학생들은 문제-해결 작문과정에 대해 교사가 제시하는 모형을 간직할 필요가 있다.
- 학생들은 쓰기 목표를 자각할 필요가 있으며 학생들에게 도전적인 과제를 부여할 필요가 있다.
- 다른 사람에 도움을 주고 뒷받침을 해 주는 방법을 학생들에게 제공해 주어야 한다.

전문적인 기법과 잘 규정되지 않은 과제에 대한 이와 관련된 연구에서 숙달된 필자는 쓰기를 문제-해결 활동으로 받아들여 쓸 수 있음을 보여 준다. 일반적으로 쓰기에서 전문가가 되도록 이끄는 것이 무엇인지는 잘 알 수 없는데 쓰기가 복잡하며 지엽적인 것에 의존되어 있고 비교적 잘못 규정되어 있기 때문이다. 그것은 필자, 인식된 독자, 의도한 설명의 깊이와 주제의 복잡성, 덩잇글 요구 조건(이를테면 갈래, 제약, 길이, 목적)에 복잡하게 기대고 있는 것일 수 있다. 스카다말리아와 버레잇터(1991)는 쓰기 전문 소양을 필자의 영역 지식과 구체적인 과제 사이의 변증법적인 과정에 따라 점진적으로 수립되는 것으로 자리매김하였다. 대부분의 초보 필자들에게 도전적인 쓰기 과제는 영역에 관련된 부가적인 지식의 발견으로 이끌고, 이는 그 다음에 쓰기 과제에 대한 효과적인 실행으로 이끈다. 스카다말리아와 버레잇터가 지적하듯이 '전문가는 자신의 능력 안에 드는 것을 함으로써가 아니라 자신들의 지식과 능력을 확장하도록 하는 실제 문제를 해결해 나감으로써 광범위한 지식 자원을 습득한다.'(1991:174)
　이런 흐름의 연구에서 가르침은 관련된 일련의 맥락에서 이전의 과제 해결을 바탕으로 설정된 도전 과제를 사용하여 실행하는 힘을 드높이도록 장려하여야 한다고 주장한다(카터 M Carter 1990, 스피로 Spiro 등 1987). 버레잇터와 스카다말리아는 설명 과제는 쓰기에서 문제 해결 과제를 전개하는 가장 좋은 맥락과 자신의 지식으로 해나갈 수 있는 기회를 학생들에게 제공한다고 주장한다. 설명 과제는 학생들에게 의미를 분명하게 하고, 속뜻을 발견하며, 관계를 수립하고,

설정된 목표를 위해 문제를 형식화하고, 의사결정을 평가하도록 한다. 주로 자기 표현을 위한 쓰기와 서사적으로 자세히 풀어쓰기에 의존하는 접근법은 일반적으로 지식의 변용을 그렇게 많이 요구하지 않거나 그런 기회를 많이 제공하지 않는다.

교실수업 환경에서 쓰기 과제에 대한 연구는 어떤 쓰기 전 활동이 학생들에게 매우 유용하다는 것을 보여준다. 또한 쓰기 '창의력'(invention)에 대한 전통적인 진단법은 더 향상된 쓰기를 위해 유용한 듯하다(휴이 Hughey 등 1983, 리차즈 1990, 영 등 1970, 버레잇터와 스카다말리아(1989)에서는 쓰기 사전 활동이 때로 쓰기 과제를 너무 단순하게 한다는 염려를 하였는데 이것도 참조). 설계와 목표 지향적인 착상을 위한 그와 같은 장치들은 버레잇터와 스카가말리아가 '절차적 용이성'(procedural facilitation)이라고 부른 가르침을 위한 중재와 비슷하다. 그러나 학생들이 쓰기 전보다는 쓰는 도중에 절차를 쉽게 부려쓸 수 있는 실마리를 활용한다는 점에서 다르다(브릿슨과 스카다말리아 1991).

교실수업 맥락으로부터 얻을 수 있는 다른 통찰은 되짚어 주기와 고쳐 쓰기 가르침에 대한 연구이다. 고쳐 쓰기와 되짚어 주기 절차의 효율성에 대한 다수의 질문이 있지만 레키(1992)는 학생들이 어떻게 효과적으로 고쳐 쓰기를 하는지는 학습자가 국제 교류 학생이든 이민자이든 혹은 영어를 외국어로 배우는 소수 민족 학생이든 배울 필요가 있다고 지적하였다.

9.2.5 연구 설계와 교과과정 설계

이 절에서 개관한 연구들은 교과과정 설계에서 고려되어야 하는 관심사와 논제들을 일정 범위에서 지적하였다. 어떤 이론적 관점이나 연구 발견사실들의 묶음이 교육과정 설계에 일대일로 대응할 것이라고 해석되어서는 안 된다. 오히려 목표는 일반적으로 언어 교실수업과 동일한 맥락에서 연구가 이뤄지지 않았다는 것을 인식하는 것이다. 교실수업의 유형을 대표하지 않는 자원/기회/제약을 만들어낸다는 것이다. 이론에서 실천으로 전환이 이뤄지도록 하는 데서 목표는 교과과정과 가르침에 정보를 전달할 수 있는 실현 가능성과 조사연구가 제공하는 통찰의 적합성을 인식하는 것이다.

9.3 필자로서 학생

교과과정 설계의 첫 번째 과제는 누구를 가르침의 대상으로 할 것인가, 학습자의 요구와 필요성이 무엇이며 학습자가 할 수 있는 것이 무엇인가, 해당 집단 안에서 개별 학습자의 다양성에 어떤 요소들이 영향을 미칠 것인가, 이런 논의 대상의 묶음과 상호작용하는 교육과정 제약은 어떤 것들이 있는가를 설정하는 것이다. 쓰기 가르침에서 학습자에게 있을 수 있는 다양성은 헤아릴 수 없이 많다.

이런 다양성을 언급하는 데서 응용 언어학적 관점을 가정하고 외국어로서 다양한 맥락뿐만 아니라 모국어 문맥도 고려할 필요가 있다. (어떤 맥락에서든 학습 불가능 학생에 대한 고려가 없었다는 점을 제외한다면) 논의를 위하여 어떤 집단이나 쓰기 맥락에 대해 특별하게 취급하려는 어떤 시도도 이뤄지지 않았다. 어떤 점에서 그와 같은 접근법은 이 절에서 밝히게 되듯이 분명히 문제가 있다. 동시에 쓰기에 대한 이런 논의에서 [차이가 있다고] 밝혀진 학생들을 엄격하게 제외하는 것은 흥미로운 쓰기 실천사례뿐만 아니라 가르침에 관련된 문제들과 조사연구의 중요한 발견사실들에 대한 고려에서 제외하는 것이다. 그렇다면 이 절의 목적은 이질적인 학생 집단에 들어 있는 서로 다른 제약의 갈래에 비춰 그런 차이를 체계적으로 파악할 수 있는 정도까지 밝히는 것이다. 언어, 문화, 선호하는 학습 유형, 교육을 통한 실습, 나이, 개인차에서 비롯되는 학생들의 배경에서 다양성은 모두 이론과 관련된 실천에서 고려되어야 한다.

9.3.1 필자로서 모국어 학생과 외국어 학생

모국어 영역에서 글말 능력의 향상은 학습자들의 나이, 사회-문화적인 집단 정체성, 교육적으로 가치가 있는 글말 실천 관례에 접속할 수 있는 정도, 교육적으로 의미가 있는 방법으로부터 학습자의 개인 언어/방언이 멀어진 정도, 학습 유형과 전략에 의한 개인차의 범위에 나타나는 변수에 있다(1장 참조).

외국어로서 영어 학습자의 갈래는 더 복잡한데 이런 학습자들은 말 그대로 수천의 모국어 배경으로부터 올 수 있기 때문이다. 이들은 모국어 학습자에 대한 모든 갈래에 해당할 뿐만 아니라 외국어 사용 맥락과 학습하는 목적, 필요성에서 상당히 다양할 것이다.

쓰기 가르침의 설계에서 학생들의 다양성을 기술하려는 시도로부터 나타나는 것은 가장 복잡하다. 외국어 맥락에서 고려해야 할 사항은 다음과 같다.

- 모국어 글말 능력 정도
- 모국어 글말 능력에서 사회적 실천 관례와 기대치
- 모국어의 교육적 배경
- 영어 화자와 이전 그리고 현재 접촉 정도
- 교육적으로 가치 있고 주류가 되는 영어 화자 집단학생과의 사회적인 거리와 문화적인 거리
- 영어권 환경에서 머물고자 하는 기간

(이와 같은 어떤 조건도 가르침이 일어나는 조건에서 하나로 나타나지 않는다.)

제2외국어(EFL: English as a Foreign Language) 맥락은 더 복잡해질 수 있다. 다음을 고려해야 한다.

- 출생 국가
- 앞서 영어를 배운 기간
- 영어에 접속하는 정도

- 모국어와 영어 사이의 언어 유형학적 거리
- 영어와 영어 화자에 대한 일반적인 사회·정치적 태도
- 영어 교사의 연수와 전문 지식/기능
- 모국어에서 실습을 한 정도
- 모국어에서 사회적인 관례와 기대치
- 학교에서 연구 분야와 교육을 받은 경로
- 경제적인 기회에 참여할 가능성
- 학습에 대한 문화적인 기대치

전체적인 모습은 위압적이지만 사실은 대부분의 교사들과 기관, 자료 계발자들이 학생 변수들 전체를 다루려고 하지 않는다는 것이다. 일정한 범위의 변수에 대한 분류에서 목적은 서로 다른 맥락에서 쓰기 교사들의 관심사에 대하여 독자들이 민감해지도록 하는 것이다. 어떤 사례가 이런 맥락 민감성의 중요성을 보여주고 모국어 쓰기 학생과 외국어 쓰기 학생들 사이에 있는 차이의 중요성을 지적해 줄 것이다. 여기서는 영어를 외국어로 쓰는 국제교환 학생과 영어를 상용하는 학생들 사이의 차이가 고등 교육 수준의 강좌 맥락에서 논의된다.

9.3.2 국제교환 학생

영어를 사용하는 나라에서 고등교육 기관 쓰기 강좌에 있는 영어를 외국어로 쓰는 국제교환 학생들은 같은 수준에서 공부를 하는 다른 학생들보다 서로 다른 일련의 제약 안에서 공부를 한다. 레키(1992)는 국제 교환 학생들과 영어 사용이 기본인 학생들 사이의 많은 차이들을 조심스럽게 살폈는데 두 집단이 미국에서 고등교육 기관의 같은 강좌에 참석하고 경우에 따라 같은 배경과 필요성을 지니고 있다고 가정되기도 한다.

레키(1992)에 따르면 국제 교환 학생들은 영어 사용이 기본인 학생들과 구별되는 언어 경험, 문화/정의적 경험, 학업 경험을 지니고 있다. 국제 교환 학생들

의 언어적인 문제를 다룰 때 교사들은 그들이 작문 문제를 지니고 있다고 간주한다. 국제 교환 학생들은 일반적으로 영어의 격식적인 말투식('책에 있는 영어')으로 연습을 하는데 이것은 학업 맥락에서는 유리하다. 그러나 비격식적인 말투식을 사용함으로써 언어 표현을 간단하게 하고자 하는 교사들의 노력이 이런 학생들의 경우 이해를 더 어렵게 한다. 국제 교환 학생들은

- 학급 상호작용, 교사의 발언, 입말로 주어지는 과제를 오해할 가능성이 높으며
- 학급에서 입말로 참여하는 데 어려움이 있으며
- 정의적인 갈등을 유발하는 비언어적인 실마리들을 잘못 읽어내며
- 언어를 사용할 때 토박이 화자의 직관에 기댈 수 없고 따라서 소리 내어 읽기 방법은 적절한 가르침 기법이 아닐 수 있고
- 공부를 끝내고 고국으로 돌아가기를 희망하면서 영어를 자신들의 앞으로의 경력에 중요한 것으로 보지 않을 수 있다.

정의적이고 문화적인 차이가 국제 교환 학생과 영어 상용 학생들 사이의 중요한 구별로 이어진다. 대부분의 기본적인 쓰기 강좌에서 국제 교환 학생들은 같은 학급에 배치된 것에 원망하는 영어를 나날이 쓰는 학생들 사이에 어려 있는 적대감을 인식한다(국제 교환 학생들의 언어적 한계가 어리석음의 신호로 잘못 해석될 수 있는 것이다). 그런 상황에 담겨 있는 함의는 토박이 화자들은 국제교환 학생들의 언어를 모른다는 것이다. 국제 교환 학생들은 자신들이 사용하는 형식과 문화적인 동질성을 느끼지 못하기 때문에 그들은 학업에서 '정확한' 언어 표현을 사용하려는 노력을 쉽게 포기할 수도 있다. 대다수의 국제 교환 학생들은 경제적으로 우위에 있는 배경을 지니고 있기 때문(유학은 본래 비쌀 수밖에 없다)에 따로 떨어져 있고 매우 치밀하게 세계를 내다본다(그들이 자국에서 지닌 부/지위는 높은 품질의 교육 등등에 접촉할 수 있게 하였다).

학업상으로 이런 학생들은 다른 학생들과 구별되는 측면을 지니고 있으며 교실수업에서 자신들에 대한 적개심에 그리고 교사와 학생들에 의해 나타나는

비격식성에 놀라기도 한다.

국제 교환 학생들은 또한 교사들이 언제나 인식하는 것은 아닌 여러 가지 불리함을 (특히 미국에서) 경험한다.

- 그들은 머물고 있는 나라 문화 전체에 대한 경험을 하지 못한다(이를테면 TV, 스포츠, 휴가, 정치 제도, 경제 제도(이를테면 신용카드) 등등).
- 머물고 있는 나라와 미묘한 정치적 관계에 있는 나라로부터 올 수도 있으며 그곳 사람들과 상황에 대해 단순한 고정관념에 잡혀 있다.
- 머물고 있는 나라의 사람들이 자신들의 문화에 대해 거의 조금 알고 있거나, 알고 싶어 하지 않는다는 것을 뼈저리게 떠올릴 것이다.
- 그들은 어느 정도 문화적인 충격 즉 방향 상실을 경험할 것이고 구두를 사거나 음식을 사는 것과 같은 단순한 일들에 압도당할 수 있다.
- 그들은 (특히 미국에서) 특별하게 학업에 관련된 문제를 경험할 수 있고 머물고 있는 나라의 고등교육 기관의 요구 즉 정상적인 출석과 과제, 정기적인 시험에 당황할 수도 있다.
- 어떤 이론이든 상대적이며 교사의 비판을 받을 수 있고 다른 경쟁적인 관점과 비교될 수 있다는 생각에 익숙하지 않다.
- 그들은 종종 과제 제출 마감 기한의 엄격함과 표절의 법률적인 문제에 낯설어 하기도 한다.
- 간섭하기와 같은 기법이 문제가 있는 것으로 생각할 수 있는데 교사의 모든 제안에 동의하는 압박을 느끼고 그것을 따르지 않을 경우 공손함으로부터 벗어난다고 느끼기 때문이다.
- 자신의 모국어로 충분히 표현할 수 있다고 알고 있는 복잡한 학업 관련 생각들을 표현할 수 없다는 것을 알아차렸을 때 좌절을 경험할 수 있다.

집단 사이의 많은 세부적인 차이들이 미국의 중등학교에서 토박이 미국인과 흑인 학생, 백인 중산층 동료들 사이, 초등학교에서 스페인어를 사용하는 소수민족 학생들과 영어를 말하는 영국계 미국인 학생들, 자기 나라에서 외국어로서 영어를 배우는 고등 교육 기관에 있는 학생과 미국에서 영어를 배우는 국제 교환 학생들 등등에서 이와 비슷한 차이를 끌어낼 수 있다는 것을 알게 되었을 때, 학생들에 대한 고려가 어떤 쓰기 교육과정 계획에도 들어가야 한다는 것이 분명하게 될 것이다.

9.3.3 학생의 역할

학생들의 경험에 대한 이해와 변화의 범위에 대한 이해의 표면적인 측면은 좋은 학습자가 되는 데 중요한 태도와 기술을 인식하게 된다는 것이다. 휴이(Hughey 등 1983)는 배움에서 능동적인 학생들을 좋은 학습자로 기술하였다. 이런 학생들은 목표를 설정하고 자신들의 배움에 책임을 진다. 능동적인 학습자가 되기 위해 필요한 것이 무엇인가를 설명하기 위해 휴이 등(1983:50-4)과 레키(1992)는 좋은 학습자를 규정할 만한 영역들 몇몇을 언급하였다.

먼저 학습자들은 긍정적인 입장을 취할 필요가 있다고 지적한다. 학습자들은 언제든지 그렇게 하는 것이 적절하다면 그들이 사용하고 쓰려고 하게 될 언어에 대하여 어느 정도 감정이입할 필요가 있다. 그들은 다음과 같은 것을 할 필요가 있다.

- 쓰기 능력 향상에 그들이 성공할 것이라고 믿어야 한다.
- 학업 환경과 수행하도록 요구를 받게 될 쓰기 과제의 갈래들에 열린 태도를 지녀야 한다.
- 논제를 자발적으로 탐구하려 하며 그들이 필요로 하게 될 지식을 이미 전부 가지고 있다고 생각하지 말아야 한다.
- 쓰기를 연습하고 고치는 데 자발적이고 쓰기 향상이 고된 학습을 많이 필요로 하는 점진적 과정임을 인식하여야 한다.

두 번째로 학습자들은 쓰기 과제를 수행하기 위한 *적절한 기술*이 필요하다. 언어를 합당한 정도까지 통제할 필요가 있으며 다양한 필요성에 응해 언어를 다룰 수 있는 능력이 필요하다. 어휘와 수사 구조를 통제할 수 있는 적절한 수준에 이를 필요가 있다. 글을 다른 방식으로 보고, 관점을 대조하며 정보의 다른 자원과 자기가 쓴 글을 읽어내기 위해 충분한 읽기 기술도 필요하다.

세 번째로 학습자들은 쓰기 맥락에 적용할 수 있는 일련의 *활용 가능한 학습 전략들*이 어느 정도 필요하다. 그들에게는 설계하고 적절한 목표를 설정하기 위해, 어휘와 언어 구조를 활용하기 위해, 정보와 논의를 발전시키기 위해, 과제의 수사적 제약에 주의하기 위해, 덩잇글을 다시 읽고 효과적으로 고치기 위해, 자신의 글을 평가하고 다른 사람의 글과 비교하기 위해 전략들이 필요하다.

네 번째로 시간과 열정을 투자할 수 있도록 경제적인 기회를 위한 것으로부터, 더 나은 등급을 얻는 것으로부터, 혹은 더 나은 의사소통 기술을 향상시키기 위한 바람으로부터 나온 어떤 것이든 동기부여가 될 필요가 있다. 어느 정도 외부로부터 부여되는 동기가 일반적으로 잘 설계된 과제, 적절한 주제, 흥미로운 읽을거리 등이 사용되었지만 학생들이 능동적인 학습자가 되려고 한다면 내적인 동기도 계발되어야 한다.

학습자의 역할은 교육과정 설계에 기여할 수 있는 논제들의 행렬의 한 측면을 보여 준다. 설계 과정에서 중요한 또 다른 구성요소는 가르침의 본질과 관련된다. 누가 교사이며 쓰기 가르침에서 효율적인 교사가 어떤 역할을 하는가 하는 것 말이다.

9.4 쓰기 교사

9.4.1 교사 연수

쓰기 교육과정은 교사가 가르침에 임하는 강도와 연수에 대해 고려해야 한다. 역시 중요한 함의를 지니도록 기본적인 구별 기준에 따라 교사들을 구분을 하는 경향이 있다. 기본적인 고려 사항 가운데 하나는 교사가 영어 토박이(혹은 거의 토박이에 가까운) 화자인가 아닌가 하는 것이다. 또 다른 고려사항은 쓰기 가르침에 이들이 명시적인 연수를 받았는지 여부와 경험이 있는지 여부이다. 세 번째 논제는 얼마나 숙달된 혹은 잘 연수를 받은 교사인가 하는 것이다. 어떤 교육 거리이든 모든 교사들이 훌륭하다고 가정하고 싶겠지만 쓰기 가르침에서 잘 연수를 받은(그리고 영어 토박이 화자인) 교사는 그렇게 많지 않고 교육과정은 교사의 약점과 강점을 현실적으로 평가하여 마련되어야 한다.

토박이 영어 화자가 아닌 경우와 관련하여 상황은 더욱 복잡하다. 영어가 외국어인 어떤 나라들에서 교육 제도에서 특별한 강조 없이 쓰기 교사가 되기 위해 필요한 쓰기 능력과 쓰기 연습의 정도는 실제로 최소한일 뿐이고 교사들 자신들의 쓰기 기술이 어느 정도 취약하기도 하다. 이런 상황에서 교사들은 너무나 당연하게 쓰기 가르침에 대한 어떤 접근에 관심을 갖지 않는다(이를테면 쓰기에 대한 과정 중심의 접근이 있는데 이 접근법을 통해 교사의 영어 실력의 한계가 드러날 수 있다). 교육 제도에서 영어가 주요 언어인 외국어로서 영어 상황(이를테면 필리핀)에서 비토박이 영어 교사는 구별되는 선호도를 지닐 수 있다. 그와 같은 교사들은 교실 수업의 통제권을 학생들에게 넘기는 것을 좋아하지 않을 수 있는데 그렇게 하는 것이 영어 지식이나 쓰기 기술에서 약점으로 해석될 수 있기 때문이다. 마찬가지로 쓰기를 위해 주제를 학생들이 선택하도록 허용하는 것이 혹은 실수를 성실하게 고치도록 하지 않는 것이 언어적인 약점의 신호로 비칠 수 있다. 핵심은 가르침의 지엽적인 맥락이 가르침 접근 방법의 효율성을 결정한다는 것이다. 때때로 영어를 사용하는 나라의 맥락에서 적절한 어떤 접근 방법이 학생들의 잘못된 인식으로부터 갈라져 나온 이유 때문에 다른 맥락에서 덜 효과적일 수 있다.

교사가 지니고 있는 언어 지식과 쓰기 지식에 포함된 다른 문제들이 있다. 이런 문제들 가운데 언어 표현과 쓰기에 관련된 창조성과 혁신의 정도, 가르치는 언어에 대한 화용론적 지식, 쓰기를 연구하고 검토하는 것에 대한 흥미, 쓰기 습관과 실천 사례, 쓰기를 위한 동기부여와 관련되는 문제들이 있다. 쓰기 교육과정을 위해 중요한 말투식과 구체적인 갈래에 대한 경험이 교사에게 필요하다.

위의 논제들이 전부가 아니면 아무 것도 없는 그런 명제들이 아님은 분명하다. 토박이이든 그렇지 않든 교사들은 전부 영어 기술, 가르침 기술, 쓰기 기술의 연속선을 따라 나타낼 수 있을 것이다. 어떤 면에서 현직 연수는 가르침 기술 특히 쓰기 가르침에 관련된 기술의 향상에 이바지하지만 비토박이 영어 쓰기 교사의 연수 필요성을 평가하거나 다루기는 어느 정도 더 어렵다.

특정의 교사가 지니고 있는 여러 특성들도 쓰기 가르침을 설계하는 데 고려해야 한다. 이런 특성들은 언제나 분명한 것은 아니지만 쓰기 교육과정의 성공에 중요한 영향을 미친다. 다음에 나오는 목록은 여러 집단의 교사들 사이에서 나타날 수 있는 개인적인 변수들을 보여 준다. 개인적으로 교사들의 특성은 다음에 따라 달라질 것이다.

- 나이
- 일반적인 교육 배경과 사회적 배경
- 문화적인 기대치
- 교사 연수를 받고 난 뒤에 흐른 시간
- 전문직업적인 애착
- 가르친 경력
- 학업에 관련된 주제 지식/관심사
- 교수-학습에 대한 철학적인 관점
- 교실 수업에서 형식적인 통제권을 넘겨주려는 자발성
- 교실수업 구조화에 대한 선호도
- 교육과정/자료들을 고수하는 정도
- 성별(그리고 성별에 따른 고정관념)
- 외국어와 모국어에서 언어 능력

앞에서 살핀 논제들에 대한 다양한 서로 다른 관점들은 어떤 교사가 쓰기 가르침에 접근하는 방법에 영향을 미칠 것이다.

9.4.2 쓰기 교사의 역할

일군의 집단 안에서 나타나는 차이들과 집단들 사이에서 나타나는 변이를 검토하는 것과는 별도로 쓰기 가르침의 과정에서 교사가 수행해야 하는 과제의 유형과 대부분의 교사들이 교실수업에서 지니고 있어야 하는 지도력을 인식하는 것 역시 중요하다. 교육과정을 설계하는 데서 교사들은 다양한 순간에 동기 부여자, 과제의 해석자, 의미 있는 과제의 설계자, 구성하는 사람, 자료의 원천, 지원해 주는 사람, 평가자, 정보를 읽어주는 사람이 되어야 한다. 더 구체적으로 이야기한다면 교사들은 교육과정 안에 있는 학업을 학생들이 할 수 있다고 믿는 긍정적인 태도를 보여줄 필요가 있다. 그리고 학생들이 어떤 과제로 고군분투하고 있다면 교사는 이런 과제들에 성공할 수 있도록 적절한 기회를 보장하는 유연성이 필요하다. 교사들은 쓰기를 위한 기회를 폭넓게 제공할 필요가 있으며 그런 기회들은 학생들에게 흥미가 있고 중요한 발달 목표에 이바지하여야 한다. 교사들은 또한 쓰기가 협력과 협조를 통한 노력이 될 수 있도록 학생들 사이에 공동체 의식을 계발할 필요가 있다.

훌륭한 교사의 마지막 조건은 쓰기와 쓰기 과정에 대해 창조적인 통찰력을 지니는 것이다. 쓰기에서 다음의 문제들을 인식하여 하며 이런 통찰을 학생들에게 전달하여야 한다.

1. 쓰기는 향상되는 데 시간이 걸리며 가르침은 그에 맞춰 짜여야 한다.
2. 학생들이 의미 있는 의사소통을 하는 매체로서 언어 형식의 역할뿐만 아니라 서로 다른 갈래와 쓰기 목적에 반영되는 언어표현 제약을 깨닫도록 하여야 한다.
3. 쓰기 향상에는 폭넓은 연습이 필요하다.
4. 쓰기가 때로는 어렵고 좌절감을 줄 수 있으며 학생들에게 긍정적인 되짚어

주기가 필요하고 공부를 하기 위하여 자발성을 유지하기에 충분할 만큼의 성
공이 필요하다.
5. 학생들은 경우에 따라 수행에서 다양할 것이고 이런 다양한 변화가 일어날
것임을 학생들이 깨닫도록 해야 할 것이다.
6. 학생들이 위험을 무릅쓰도록, 혁신이 일어나도록, 더 복잡한 방식으로 과제를
다시 생각하도록 격려할 필요가 있다.

교사의 역할은 매우 복잡하다. 교사는 교실에서 서로 다른 학생들에 대해 다시
생각하여야 할 다양한 교육적 통찰에 균형을 맞추어야 한다.

9.5 교육기관

지금까지 가르침에 대한 강조가 분명히 교사에 있었다. 그러나 교실 수업에
서 일어나는 것에 대한 책임은 교사들이 기능을 하는 영역인 기관과 그런 기관
이 포함되어 있는 제도와 함께 나누어 져야 한다. 이 절의 목적이 어떤 교사가
있을 수 있는 모든 교육 맥락에 준비를 해야 한다는 것을 주장하는 것은 아니지
만 쓰기 교육과정이 많은 다양한 기관에 따른 목적과 함께 서로 다른 장소에서
나타난다는 것이다.

기관에서는 일반적으로 학습 목표를 결정한다.

- 일반적으로 국가, 종교, 혹은 이와 관련된 다른 단체들에 대한 기관 규범에
  맞추어 교육과정을 설계하고 운영한다.
- 장학관의 요구에 대해 대응한다.
- 기관에서는 쓰기 가르침과 이를 뒷받침 하는 체제에 어느 정도의 시간을 할
  당할 것인지 결정한다.
- 쓰기 가르침과 지원 장비를 위해 얼마나 많은 돈을 할당할 것인지 결정한다.
- 기관에서는 교사 연수 과정을 결정하며, 쓰기 가르침 과정을 위해 연수를 받

은 교사가 얼마나 많이 필요한지 결정한다.

- 교사에게 얼마를 지불할지 결정하고, 어떤 수업에서 얼마나 많은 학생을 가르 쳐야 하는지를 결정하며 해당 기간 동안에 어떤 교사가 얼마나 많은 수업을 해야 하는지를 결정한다.
- 얼마나 많은 학생들의 서로 다른 요구가 있으며 어떤 목적이 있는지를 결정 한다.
- 다른 연수를 통해 교사를 뒷받침할지 여부를 결정한다.
- 교육과정의 다른 구성요소와 관련하여 쓰기의 상대적 중요도를 결정한다.
- 교육과정의 다른 구성요소들과 어떻게 통합할지를 결정한다(특별한 목적을 위한 영어 등등).

기관의 결정사항은 교육과정 얼개짜기에 중요한 역할을 한다. 이런 영향력의 한 가지 사례로 미국에서 많은 초등학교는 언어 표현 기술 교육과정들을 다른 언어활동과 통합하기 위하여 다시 짜고 있으며 동시에 내용 영역에서 쓰기를 고려하는 방향으로 나아가고 있다. 따라서 내용 중심의 접근과 기술 통합 접근이 쓰기를 그 자체로 구별되는 독립된 기술과 교육과정에서 고립된 영역으로 유지하기보다는 주제 중심 가르침과 연결하고 있다.

9.6 가르침 자료들의 역할

쓰기 가르침은 폭넓은 정보와 자원들을 활용한다. 이런 자원들 몇몇은 쓰기 맥락에 따라 직접적이기도 한데 다른 자원들은 덜 분명하지만 둘 다 효과적이다. 쓰기를 위한 자원들은 덩잇글, 장서/매체, 실물교재, 학생들이 만든 자료들, 활동, 토론으로 구분된다. 뒤에 있는 네 갈래 자원들은 10장, 11장, 12장에서 자세하게 논의된다.

쓰기 가르침과 함께 공부하는 덩잇글은 (학업 맥락을 위한) 수사학 교재/쓰기 교재, (낮은 등급의 학생들을 위한) 언어표현 기술 교재, 쓰기를 위한 읽기 선집, 학습장과 용법/문법 안내서, 사전, 백과사전, 전기 자료들, 도해서, 소설과 단편 소설, 잡지와 학술지에 있는 논문, 신문, 사실 기록물, 주제 영역과 관련되는 교재들이 포함된다. 이런 자료들 가운데 몇몇은 분명하게 쓰기 가르침을 위해 마련되었고 가르침에 대한 특정 입장을 반영하는 경향이 있다. 다른 자료들은 사고, 정보수집, 논쟁을 위한 자원들을 제공한다.

물론 쓰기 교재들은 객관적이고 과학적인 연구서는 아니다. 오히려 필자나 출판업자 그리고 시장의 성향을 드러내 보여 준다. 출판업자들은 돈을 벌기 위해 특정 부서 책임자의 요구를 받는다는 것은 유감스러운 현실이다. 아마도 그들은 이윤을 중시하는 단체일 것이다. 따라서 가르침을 고려하는 것이 아니라 시장을 고려하여 결정을 할 것이다. 요약하자면 팔릴 만한 교재들이 출판될 것이고 이런 이유로 교사들은 액면 그대로 받아들여서는 안 되고 가르침을 위해 채택한 방법과 일치하는지, 의도하는 교육 대상에 적절한지, 교육을 제공하는 문화적 매개변수들에 비추어 합당한지 여부를 결정하기 위해 신중하게 살펴보아야 한다.

자료에서 또 다른 분명한 자료들의 원천은 학교나 공동체에 있는 도서관이다. 도서관 방문은 학생들로 하여금 책들을 주제에 비춰 두루두루 살필 수 있도록 해주고 집단이나 개인에게 완전히 새로울 수 있는 가능한 주제의 범위를 검토할 수 있도록 해준다.

자료들과 원천의 문제는 또 다른 중요한 분야이다. 종종 학급에서 교육과정의 품질을 드높일 수 있는 자원들이나 자료들을 제공할 수 없다는 이야기를 듣는다. 자료의 원천은 서로 다른 가르침 상황에서 셀 수 없이 다양하지만, 대부분의 최신 자료들을 구할 수 없다면 쓰기 과제나 주제를 자극할 수 있는 일정한 범위의 활동이나 자료들을 학급에서 스스로 만들어 볼 수 있다. 어떤 점에서 학생들이 만든 자료들의 창의적인 사용이 개인적이거나 학업에 따른 논제나 주제, 둘 다를 시작할 수 있는 최상의 방법을 제공하기도 한다.

9.7 가르침 접근법

가르침에 대한 접근법의 논의 갈래를 구분해 볼 수 있는 독자적인 세 영역이 있다. 일반적인 '학교 수업' 영역, 고등 수준 영역, 외국어로서 혹은 제2언어로서 영어 영역이 있다. 첫 번째 맥락은 일반적인 '학교수업' 수준에 관련되지만 특히 초등학교 등급 수준에 관련되어 있는 접근법이다. 논의는 주로 전체 언어 접근 대 더 전통적인 언어 표현기술 접근법에 집중된다(또한 내용 중심 접근법과 갈래 중심 접근법). 두 번째 맥락은 학생들이 영어를 모국어로 하는 학생들인가 아니면 영어 사용 학업 맥락에 참여한 외국어로서 영어를 배우는 학생들인가 하는 일반적인 일련의 논의 주제들은 고등 수준과 고등 수준 이전의 환경에 대한 논의에서 모인 주제들이다(이를테면 강도 높은 학업 목적을 위한 영어 교육거리). 세 번째 영역에서는 외국어로서 영어를 배우는 학생들이나 모국어 학생 집단의 현장체험 학습이 가장 대표적이다. 이들은 일반적으로 처음 두 부류에 들지 않는다. 사실 이 세 번째 부류에서 대부분의 논의는 분명히 이론에서 벗어나 있다. 쓰기 가르침은 일반적인 외국어로서 영어 교육과정의 지시를 그대로 따르는 것처럼 간주되거나 항공 공학, 의료기술, 미사일 축전지 작동 등등과 같은 전공 학생들/전문화된 교육 기관의 지시를 따르는 것으로 간주되기도 한다. 비록 일반적인 쓰기 문헌과 전문 학술지에 거의 소개되지는 않지만 물론 있을 수 있는 집단들이 더 있다(이를테면 성인 교육에서 쓰기, 농아 학생들 쓰기, '학습 불능' 학생들의 쓰기 등등).

9.7.1 초등학교 맥락

초등학교 맥락에서는 쓰기 접근과 관련하여 구별이 가능한 세 가지 입장이 있다.

1. 전통적인 언어 표현 기술 입장(몇 가지 과정 쓰기가 포함됨)
2. 전체 언어적인 접근
3. 갈래 중심 접근

실제로 이런 입장들 사이에 상당할 정도의 겹침이 있을 수 있고 쓰기 가르침과 배움에 대해 근본적으로 서로 다른 교육과정과 기법에 대한 논의보다는 철학적인 논제들의 논의에 집중되어 있다.

9.7.1.1 전통적인 언어 표현 기술 접근

전통적인 언어표현 기술 교육과정은 일반적으로 교재를 중심으로 하고 반드시 그럴 필요는 없지만 언어 표현 기술 교재와 기초 수준의 읽을거리를 결합한다. 그와 같은 입장은 덩잇글에서 나온 문장 중심의 자기 표현, 이야기 전달, 때에 맞춘 보고서/기술문이 관련된 간단한 과제를 활용한다. 이런 접근에서는 문법, 철자법, 어휘에 대한 선택내용도 포함한다. 이런 유형의 덩잇글 대부분은 이제 과정 쓰기 접근을 강조하는데 그와 같은 덩잇글에서 어느 정도로 교사가 추천하는 것을 따를지는 분명하지 않다(애플비 1986, 레이 Ley 등 1994).

9.7.1.2 전체 언어 접근

대부분의 전체 언어 변이형태는 쓰기에 대한 전통적인 언어 표현 기술의 실패에 대해 강한 반발을 보였다(에델스키 등 1991). 그런 움직임은 또한 일반적으로 학교나 학군의 계획에 가르침에 대한 지시를 받기보다는 학생들과 교사들을 교육과정의 중심에 세우려는 노력을 보여 주었다.

전체 언어 실천가들이 옹호한 중요한 원리나 가르침 실천 사례들이 많이 있다. 이런 원리들과 실천 사례들은 미국과 캐나다에서 쓰기 가르침에 상당히 중요한 영향을 현재에도 미치고 있다. 그리고 뉴질랜드, 오스트레일리아, 영국에서도 어느 정도 영향을 미치고 있다. 전체 언어 실천가들이 자신들의 입장을 강하게 주장하였기 때문에 이 접근법의 한계 몇몇을 검토하는 것도 중요하다. 먼저 전체 언어를 위한 이론적 얼개가 본질적으로 변화무쌍하다는 것이다. 헬리데이와 비고츠키에 대한 참조도 포함되는데 이들은 대조를 보인다.

- 헬리데이는 사회적 상호작용과 목적 중심의 의사소통을 위한 매체로서 언어 구조의 중요한 역할을 강조하지만
- 비고츠키는 글말이 사회-문화적 중재와 뒷받침이 필요하다는 의미에서 입말과 글말의 구별을 강조하였다. 더 나아가 비고츠키 식의 접근은 사회적 도제 관계와 다른 사람들의 목표에 대한 점진적인 이해와 평가를 통해 학습되는 기술들에 주의를 기울이도록 강조하며 직접적인 가르침을 통한 언어 사용을 강조하였다.

전체 언어의 변화무쌍한 특성은 또한 이 접근법과 다른 접근법 사이의 비교를 막았는데 평가 수단과 실험적인 방향 설정이 다른 접근법으로부터 생겨났고 전체 언어를 평가하기 위한 도구로서 부적절한 것으로 보이기 때문이다.

학습자 중심인 전체 언어 수업이 더 조직화된 환경을 필요로 하는 많은 다른 학생들을 위한 지원을 하지 않는다는 실질적인 비판이 있다. 그런 학생들에게는 교사의 본보기와 뒷받침이 필요할 것이며 전체 언어 교실 수업에서 초점을 모으는 과제/주기에 대하여 창조적이거나 탐구적이지 않을 수도 있다. 교육과정이 학생들의 관심과 선택으로부터 비롯된다는 생각은 몇몇 사람들에 의해 더 많이 알고 있는 사람, 평가자, 교사로서 교사의 역할을 떠넘기는 것으로 인식되기도 하였다. 온당한 맥락에서 이런 교사의 역할 모두는 학생들의 효과적인 학습을 위해 필요하다(제너시 Genesee 1994). 예컨대 쓰기 과정을 가르치는 것은 교사가 학생들의 쓰기 과정을 능동적으로 이끌어주는 것을 피해야 한다는 것을 의미하지는 않는다. 보편적인 학습 과정과 기량에 대한 가정은 교사들의 감각을 빼앗았으며 매우 다른 사회적, 문화적, 언어적 배경으로부터 교실 수업 맥락에서 언어 사용에 대해 서로 다른 기대치를 지니고 학생들이 왔을 수도 있다는 것을

보지 못하도록 하였다.

초등학교 언어 발달과 전체 언어 활동에 대한 다소 덜 이상적인 관점은 잉라이트와 맥클로스키(1988)에서 발견된다. 그들은 기초 수준에 있는 학생들의 언어 발달에 대한 관점을 제시하였다. 그들의 관점은 전체 언어의 많은 방법들을 통합하였고 언어 기예들을 통합하고 목적 중심의 언어 사용을 강조하고, 언어 학습을 내용 영역 학습과 결합하였다. 더 유연해진 이 모형에서 내용은 강력한 역할을 하고 언어 활동과 내용을 기존의 교육과정 얼개 안에서 관련지을 수 있는 기회를 만들어냈다.

9.7.1.3 갈래 중심 접근

갈래 중심의 접근은 현재 오스트레일리아에서 실천되고 있다(크리스티 1992, 크리스티 등 1991, 코프와 캘런치스 1993, 핫산과 마틴 1989, 마틴 1989, 1993). 이 접근법은 언어에 대한 핼리데이의 기능 체계 이론과 그의 언어 발달에 대한 사회 기호 이론에 바탕을 두고 있으며(5장, 5.3절), 언어 학습의 사회적 특성을 강조하였지만 또한 의미 있는 의사소통에서 언어가 하는 중재 역할을 강조하였다(핼리데이 1993b). 근본에서 이 입장은 언어 학습에서 언어 형식의 역할을 끌어들이고 이것과 쓰기 과정, 언어 기술의 통합, 의미 있는 의사소통, 또래 협력이라는 개념을 결합하였다. 그리고 많은 경우들에서 내용 중심의 가르침과 결합하기도 하였다(콜러슨 1990, 드레위안카 Derewianka 1990). 이 접근법에서 중요한 주제는 학생들이 쓰기에서 갈래의 형성 역할에 대한 감각을 발달시키고 어떻게 언어 구조와 갈래 형식이 언어가 정보를 소통하는 방법을 다스리는가에 대한 감각을 발달시킨다는 것이다.

9.7.2 가르침 접근법의 영향

쓰기 가르침에서 서로 다른 가르침 접근법의 역할은 많은 영향을 미쳐왔다.

종종 교사들은 이러저런 입장에 바탕을 둔 일반적인 쓰기 철학을 접촉하였고 그 접근법에서 주장하는 다양한 통찰력을 뒷받침하는 강력한 증거들을 확신하였다. 많은 경우에서 가르침 접근법을 위하여 제시되는 근거들은 그 자체를 증거로 내세웠으며 뒤에 그 접근법을 뒷받침하는 연구로 인용되었다. 접근법을 기술하는 그런 자료로부터 실험적이고 관찰 가능한 증거들에 대한 논의를 분류하는 것이 중요하다. 그리고 그런 접근법뿐만 아니라 이른 시기의 비슷한 논문에 대한 호소력과 권위에 대한 호소력에 대하여 논리적/직관적인 근거를 제공하는 것이 중요하다. 이렇게 하여 연구 발견 사실들에 비추어 가르침 접근법으로부터 나온 통찰을 고려해 보는 것이 가능하다. 이것과 관련하여 쓰기 교육과정 원칙의 밑바탕에 있을 수 있는, 일반화가 가능한 생각을 찾아내는 것도 가능할 것이다.

9.8 쓰기 교과과정에 대한 일반화된 접근

앞선 논의는 연구로부터 얻을 수 있는 증거의 범위를 결정하려고 하였으며 연구가 어떻게 범주화되며 어떻게 다른 지식들과 관련이 있는 고려해 보려고 하였다(8장도 참조). 학생과 교사의 역할과 영향, 영향력 있는 자료들을 모두 고려하였다. 쓰기에 대한 다양한 가르침 접근법의 영향도 역시 논의하였다. 가르침 접근법을 독자적으로 살펴보는 것이 필요한데 비록 증거에 의해 뒷받침되기는 하지만 많은 관점들이 가르침 접근에서 증거를 분명하게 하지 않으면서 제안되었고 제시되었기 때문이다. 다른 관점들은 가르침 경험이나 수사학, 심리학, 교육학, 언어학, 언어 학습으로부터 나온 논리적/이론적 논의에 대한 호소력에 기대고 있는 것이다. 그렇다면 이런 접근법을 비교하고 밑바탕에 있는 철학에서 어느 정도 겹치고, 교육 방법과 조화를 이루며, 연구로부터 이론적인 근거들이 어떻게 뒷받침되고 있는지를 결정하는 것이 중요하다. 이 장의 마지막 목표는 여러 자원의 토대 위에서 훌륭한 가르침에 포함시켜야 하는 유용하고 일반화된 개념들의 고갱이를 뽑아내는 것이다.

9.8.1 이상적인 쓰기 교육과정

이상적인 쓰기 교육과정은 쓰기 산출물, 과정, 사회적 맥락, 주제 관련 내용으로부터 나온 측면들을 결합한다(레임즈 1991).

1. 교육과정은 내용 중심이어야 하며 학생들에게 동기를 부여하고 몰두할 수 있는 쓰기 과제와 중심 논제를 제시하게 될 것이다. 동시에 학습을 위한 기회를 제공하고 도전의식을 불러일으키는 것이 될 것이다. 학생들은 일관된 내용 중심 개념 얼개 안에서 공부를 하게 될 것이며 중심 논제의 복잡성을 탐구함으로써 더 도전적인 쓰기 과제와 새로운 내용에 대한 학습, 교사가 이미 알고 있는 것에 맞서는 것으로서 지식의 전문화로 이어질 것이다(바로솔로매와 피트로스키 1990).

2. 교육과정에서는 쓰기를 교사가 다음의 활동을 하는, 도제 관계에 바탕을 둔 연습으로 간주하게 될 것이다.
   (i) 효과적인 쓰기 실천 사례의 본보기가 될 수 있는 식견 있는 전문가로서 활동하기
   (ii) 적절한 전략들에 대한 학생들의 자각을 드높이기
   (iii) 문제-해결 계획하기에 학생들을 몰두하게 하기
   (iv) 형식에 따른 언어표현 선택을 통해 학생들이 가려 쓰도록 도와주기
   (v) 교사의 도움 없이도 학생들이 비슷하게 수행할 수 있도록 하는 기술과 전략들을 계발하도록 안내하기
   (vi) 이런 기술들을 다른 (관련된) 맥락으로 점진적으로 전이시킬 수 있는 활동 계발하기

   가르침 안내하기에 대한 이와 같은 관점은 상위 인지 전략에 대한 연구, 전문성 발달에 대한 연구, 글말 학습에 대한 비고츠키의 관점을 많이 끌어들였다.

3. 필자들이 계속해서 계획하고, 쓰고, 고쳐 쓰고, 다듬는 반복적인 과정이라는

인식을 하면서 교육과정에서는 쓰기 과정에 학생들을 몰두하게 한다. 따라서 교육과정에서는 여러 번의 원고 쓰기, 학생들의 과제 선택, 여러 번의 되짚어 주기, 쓰기 과제와 관련된 논제나 사고의 탐색을 위한 자유로운 쓰기와 비평 (response) 쓰기[55]를 활용한다. 어떻게 계획을 세우고, 정보를 불러내며, 어떻게 선택내용과 주제에 따라 계획을 구성하고, 어떻게 유창하게 쓰며, 어떻게 최종 산출을 고려하지 않고 원고를 쓰며, 어떻게 고쳐 쓸 것인가를 배워야 한다. 어떻게 내부 독자를 발전시키며 다듬고 정교하게 할 것인가를 배워야 한다.

4. 교육과정은 쓰기 기술과 전략의 품질을 드높여 줄 동료들의 되짚어 주기, 사고의 탐색, 상호작용을 위해 협력 학습 활동을 통합하게 될 것이다. 그리고 정보에 대한 다른 해석과 쓰기 과제 그 자체에 대한 다른 해석을 알게 됨으로써 학습을 향상시킬 수 있는 기회를 제공하기 위한 협력 학습 활동을 통합하게 될 것이다. 학생들은 서로에게서 여러 방법으로 배우는데 앞서 이뤄졌던 성공적인 학습에 대한 접속(개선된 능력), 긍정적인 태도(동기부여), 더 넓어진 범위의 접속 가능한 내용, 과제에 임하는 다른 밑바탕에 깔린 일련의 가정들이 포함된다. 모둠 학습은 부분적으로 직접적일 수 있는데 학업 기록지나 입말 지시로 학생들이 효과적인 되짚어 주기와 훌륭한 독자가 될 때까지 구체적인 과제가 안내를 받을 수 있도록 하기 위해서이다(스딸 1994).

5. 교육과정은 언어 기술의 통합을 필요로 하게 될 것이다. 학생들은 폭넓게 읽게 될 것이고 자신들의 읽기에 대해 쓰고 읽은 내용을 쓰기 과제와 관련을 짓는데 많은 시간을 보내게 될 것이다. 그리고 읽은 내용과 자신들이 쓴 것을 토론하는 데 많은 시간을 보낼 것이다. 자신들의 토론에 바탕을 두고 더 많이 쓰게 될 것이며 그런 토론이 더 많은 읽을거리로 이어지고 그 다음에 다시 더 많은 쓰기로 이어질 것이다. 그와 같은 관점은 프레이리와 비고츠키의 관점을 읽기와 쓰기가 서로에게 영향을 미치는 혜택에 대한 연구와 결합한다. 그런 연구에서는 이런 상호작용이 더 나은 배움으로 이어지고 더 많은 관심과 참여를 촉진하게 될 것이라고 주장한다.

6. 교육과정은 쓰기 목적과 독자의 기대에 부응하는 갈래의 역할, 담화 정보의 흐름에 이바지하는 형식적인 언어 제약에 주의를 기울일 것이다. 교육과정의

---

55) (뒤친이) 비평 쓰기는 읽거나 본 자료(책이나 필름, 교수의 강의)에 대한 자신의 주관적인 견해를 적는 방식이라고 볼 수 있다.

이런 측면들은 덩잇글에 대한 집단 분석, 쓰기에 대한 교사의 모형화, 언어로 표현된 목표 설계와 문제 해결, 자연스럽게 나타나는 형식적인 언어 제약의 설명을 위하여 초점을 맞출 것이다. 이는 학생들에게 이런 논제들을 직접적이고 명시적으로 논의할 수 있는 적절한 상위언어를 제공할 것이다. 그와 같은 강조는 학생들로 하여금 특정의 어휘로 복잡한 담화와 조직에 관련되는 문제들을 다룰 수 있도록 해줄 것이다. 상위 언어를 통해 언어 표현에 대한 진정한 통제권을 부여하는 것이다. 동료에 의한 것이든 교사에 의한 것이든 덩잇글 고쳐 쓰기에는 원고 쓰기의 마지막 단계에서뿐만 아니라 덩잇글의 형식적인 측면에 대한 분석이 포함된다. 낮은 수준의 필자들은 작문 모형, 안내된 작문, 특히 외국어 맥락에서 중요한 문장 결합과 다른 활동들이 제시될 것인데 이들은 학생들에게 애초부터 압도당하지 않고 형식적인 측면들에 주의를 기울이도록 할 것이다. 이런 활동들이 다른 쓰기 활동을 대신하거나 다른 쓰기 활동에 우선적으로 요구되는 것을 대신해서는 안 된다는 것에 유의해야 한다.

7. 교육과정에는 쓰기 과제에서 독자에 대한 고려뿐만 아니라 사회적 맥락에 대하여 신중하게 고려해야 한다. 교사들이 소리 내어 작문을 하거나 다른 독자에 의해 잘못된 이해를 통하여 학생들은 독자를 고려할 때 그라이스의 규범이나 권력과 공손함 관계에 의한 것이든 또는 말투식 매개인자와 기대치에 의한 것이든 어떻게 그것에 신중하게 주의를 기울일 것인가를 깨달을 것이다. 다른 사람에게 보내는 편지의 형식이든, 쓰기 경시에서든, 화면에 그림을 제시하거나 전단지, 시각화 자료 혹은 다른 독자들에 보내는 보고서, 쓰기 산출물의 출판에서든 일정한 범위의 독자 정보를 통합할 수 있는 방법을 찾아야 한다.

8. 교육과정은 또한 이른 시기의 쓰기 활동에 끌어들이고 조잡한 평가 없이 시험 삼아 써보도록 격려하는 방법을 제공해야 한다. 표준적인 형식으로 두 층위의 언어56)를 사용하게 되고 학교에서 가치를 인정받는 교육적인 갈래들에 접근하게 되는 수단으로서 계발되고 사용되어야 하지만 영어의 다양한 층위들이 존중되어야 할 것이다. 쓰기 발달이 개인적인 것에서 학업에 관련되는 것으로, 학생들이 지니고 있는 정보에 접속해야 하는 과제와 정보 제시의 복잡한

---

56) (뒤친이) 원문에는 bidialect로 되어 있는데 결국 학업에 따른 쓰기를 고려하면 문학에서 사용되는 언어를 제외할 때 일상적인 언어 활동과 학업에 따른 쓰기 활동의 두 층위를 가리킨다고 할 수 있을 것이다.

전개가 필요하고 정보를 탐색할 필요가 있는 과제로 학생들의 쓰기가 옮겨갈 것이다.

9. 학생들은 일정한 범위의 쓰기 과제를 연습하고 다양한 갈래와 수사적인 거리들로 써 나가는 것을 배우게 될 것이다. 학생들은 또한 더 폭넓게 쓰게 되고, 비록 쓰기 양 그 자체가 쓰기 향상을 위해 충분하지 않을 경우에도 쓰기를 유창하게 하기 위해서는 지속적인 연습이 필요하다는 생각을 지니게 될 것이다. 학생들과 교사들은 학급에서 과제의 전체 묶음 가운데 몇몇을 절충하게 될 것이다. 가장 일반적으로 학생들은 더 폭넓은 교육과정에 나와 있는 주제 범위 안에서 흥미 있는 구체적인 과제들을 고를 것이다.

10. 교과과정에는 다양한 되짚어 주기 선택내용을 제공할 것인데 어떤 되짚어 주기는 평가를 할 것이고, 어떤 되짚어 주기에서는 평가를 하지 않을 것이다. 쓰기 발달에 대한 평가는 다양한 방법으로 수행될 것이다. 교실 수업 쓰기를 통해, 교실 밖에서의 쓰기를 통해, 일지, 모임, 자유로운 쓰기, 자기 성찰적인 쓰기, 수행내용철, 논술이나 교육거리의 최종 원고를 놓고서 평가가 이뤄질 수 있다. 학생들이 되짚어 주기와 내용 자원의 계발, 상호작용과 토론에 참여함으로써 평가에 능동적인 역할을 떠맡을 수도 있다.

9.8.2 교육과정 설계의 실제

위에서 기술한 이상적인 교육과정은 아마도 어떤 단일의 실제 맥락에서 완전히 적용 가능한 것은 아닐 것이다. 이 장의 다른 작은 절들에서 지적한 것처럼 쓰기 가르침을 위한 맥락들은 서로 다른 학생들, 교사들, 기관들, 자원들, 시간 배당, 정보에 대한 접속, 서로 다른 개인 능력, 기댓값, 사회/문화적 배경, 언어적 배경이라는 일련의 독특한 묶음으로 이뤄질 것이다. 동시에 이상적인 교육과정은 쓰기를 개선하는 듯이 보이는 실천 사례와 조사연구를 종합한다. 이런 점에서 이런 특징들은 그렇게 하는 것이 가능할 정도까지 쓰기 교육과정에 통합되어야 한다. 최소한도로 이들은 교육과정의 설계, 실행, 쓰기 교육과정의 평가를 위한 지배적 개념들이다(힐거스와 마셀라 Hilgers and Marsella 1992 참조).

이런 지배적인 원리들을 가정한다면 쓰기 실천 교사들이 주로 관심을 갖고 있는 일련의 논제들로 방향을 돌려 보는 것이 사리에 맞을 듯하다.

- 쓰기의 가르침에서 어떤 구체적인 기법이 사용될 수 있는가?
- 서로 다른 맥락에 이들을 어떻게 적용할 수 있는가?
- 앞에서 살펴본 것과 같은 근거 안에서 어떻게 이들을 맞출 것인가?

10장, 11장, 12장은 초급, 중급, 고급 수준의 학업 단계에서 쓰기 가르침을 위한 구체적인 가르침 기법을 탐구한다. 사실은 이런 장들은 '부분'들을 제시할 것이지만 쓰기 기술은 해당 교육과정 설계와 관련된 이론적 동기를 고려해야 한다. 해당 교육과정의 목표와 가정에 따라 동기부여된 그런 기법들만이 채택되어야 한다. 그렇다면 다음에 나오는 기법들은 다음 주에 시험 삼아 하게 될 일련의 활동이 아니라 채택된 교육과정의 일반적인 목표와 가르침을 위해 선호되는 접근법에 이바지하는 정도만큼만 사용에서 고려되어야 하는 일련의 선택 내용이다.

10 | 초보 수준에서 쓰기 가르침

Teaching writing at beginning levels

읽고 쓰기 위해 무엇을 배우는가? 그것은 기본적으로 언어의 잠재적인 기능의 확장
이다. 읽고 쓰기를 배우지 않는 어린이들은 대체로 이해할 수 없고, 이런 매체들이
제공하는 기능적 확장이 분명하지 않거나 어떤 언어 작용에 대한 기대치를 연결하지
못한다. 인간의 역사에서와 마찬가지로 기본적으로 읽기와 쓰기는 언어 기능의 확장
이다. … 이것이 모든 어린이들이 똑같이 해야만 하는 것이다. (핼리데이 1978:57)

10.1 도입

이 책을 통하여 강조한 것처럼 우리는 쓰기가 최우선적이고 최상위의 의사소
통 활동이라고 믿는다. 두 번째로 쓰기는 일반적으로 내재적인 동기가 부여된
활동이다. 말하자면 학교 바깥 세계에서 사람들은 무엇인가 말하고자 하는 것이
있다고 믿기 때문에 쓴다. 학교에서 쓰기 가르침은 그 자리매김으로 보면 이들
두 가지 제약을 어긴다. 즉, 교사는 쓰기 과제를 부여해야 하는데 그 과제는
내재적인 동기부여가 되지 않았다. 쓰기를 가르치려는 다양한 교수 방법에서
이런 인위적인 조작을 가만히 참아내려고 하지 않겠지만 가르칠 필요성은 다른
고려사항보다 더 값어치가 있다고 인식한다. 동시에 교사들은 가장 일상적인
쓰기 과제들에 대해서조차 의사소통의 올바른 방향을 잡도록 많은 일을 할 것이
라고 믿는다.

이 장과 다음 두 장에서 우리는 쓰기에 적절하고 가르침의 기법과 착상들을
암시하는 75개의 가르침 주제(pp.539-541 참조)의 얼개를 잡을 것이다. 그 주제

와 기법들은 8장과 9장에서 얼개를 잡은 이론적인 입장에 가깝다. 따라서 쓰기 과정의 어떤 측면에 대한 강조를 가정하는데 특히 난상제안(brainstorming), 여러 번의 원고 쓰기(multiple drafting), 동료들의 지원, 여러 겹의 독자들, 더 넓은 무대에서 형식에 대해 주의 기울이기 등이 그것이다. 의미 있는 쓰기라는 개념이 극단으로 치달아서는 안 되겠지만 가능한 한 많이 의미가 있는 목적을 위해 써야 한다는 생각들도 전제로 한다. 교실 바깥에서는 어떤 목적을 지니지 않는 즐겁고 흥미 있는 쓰기 활동들이 있지만 쓰기 기술의 향상을 위해 유용한 활동들이 있다.

이 장에서는 다양한 가르침 주제들을 통해 쓰기 실천을 할 수 있는 다양한 본보기 활동들을 제시한다. 쓰기를 위해 서로 다른 기회들을 필요로 한다는 것이 초급 수준의 쓰기가 갖고 있는 본질의 일부인데 그런 기회들이 이러저런 이유로 교육과정에 있는 더 큰 목표들에 주의를 기울이지 않아 연결되지 않을 것이다. 그럼에도 불구하고 구체적인 많은 활동들이 학생들로 하여금 쓰기에 몰두하게 하는 선택내용의 일정한 배열을 암시할 수도 있다. 다수의 구체적인 활동 때문에 이 장에서 제시한 어떤 주제들과 기법들은 따로 떨어져 있는 실천사례나 기법으로 간주될 수 있을 것이다. 우리는 쓰기 가르침에 대한 다양한 생각들을 내용 중심의 가르침이나 전체 학급이나 모둠에서 몰두하고 있는 더 큰 교육거리를 뒷받침하도록 사용할 수 있는 자원으로 간주하기를 더 좋아한다.

이 장에서 제시하는 주제나 기법들은 초급 수준의 학생들에게 적합한 쓰기 활동임을 강조한다. 우리는 그와 같은 이름 붙이기가 편의를 위한 허구임을 인식하고 있다. 그와 같이 초급수준의 필자로 이름을 붙일 수 있는 학생 집단은 없다. 그러나 영어로 쓰기를 배우는 초보자의 특징에 걸맞은 학생 집단은 있다.

분명히 영어를 말하는 사회에서 초등학교에 있는 어린이들은 초보적인 필자의 특징에 걸맞다. 영어를 모국어로 하든 제1외국어로 하든, 그 이상의 외국어로서 지위를 지니게 하든 쓰기 기술을 배우는 학생들의 경우에는 맞다. 일반적인 분류를 위해 초등학교에서 쓰기를 배우는 학생들을 포함할 것이다. 비록 영어를

외국어로 사용하는 이민자들의 경우 모국어의 글말 능력에 상관없이 영어에서
는 초보자가 될 것이지만 대부분의 중등 학생들은 초보적인 필자의 부류에 들지
는 않을 것이다. 그러나 분명히 모국어에서 어떻게 쓸 것인지를 배운 학생과
그렇지 않은 학생들 사이에는 차이가 있다. 마지막으로 영어를 사용하지 않은
나라에서 온 성인 이민자도 있다. 이들은 다시 자신의 모국어에서 쓰기에 유창
한 사람과 그렇지 않은 사람으로 나눌 수 있다. 성인 과정이 때때로 글말 능력이
없는 성인들을 포함하거나 그들에 관련되어 있을 수 있다.

이런 구별이 중요한 정도는 다양한 주제와 기법들을 논의하는 과정에서 언급
될 것이다. '주제'와 '기법' 설계는 엄격한 계층 구조에 따른 층위 나누기로 마련
되지 않으며, 몇 가지 논제의 설계에서 기법보다는 주제일 것이라고 덧붙이는
강한 주장도 없다는 점을 주목해야 한다. 일반적으로 주제들은 구체적인 과제나
해결거리라기보다는 가르침을 위한 안내/논제라는 특징을 띤다.

10.2 초보적인 필자를 위한 주제들

초보적인 필자를 위해서 이 장에서 논의되는 주제들은 쓰기를 더 창조적인
경험이 되게 할 수 있는 다양한 논제들과 관련된다. 몇몇 유창한 성인 필자들은
쓰기를 어려운 과정으로 생각하는 반면, 어린이들은 처음에는 그와 같은 태도를
보이지 않으며, 교사는 쓰기가 실망을 주거나 보람이 없는 기술이 아님을 확신
시키려고 노력한다. 오히려 학생들은 쓰기가 자기를 표현하고, 소통하며, 정보
를 모으는 효과적이고 중요한 수단이라는 것을 느끼도록 격려하여야 한다. (전
부를 싸안는 것은 아니지만) 초보적인 글쓰기 가르침에서 중요한 관심사를 강조
하기 위해 여기서는 논의하는 주제들을 묶어 놓았다.

그 주제들은 다섯 개의 중요한 원칙들로 짜여 있다.

1. 쓰기를 위해 학생들을 준비시키기
2. 쓰기를 안내하고 뒷받침하기
3. 함께 쓰기
4. 다른 목적을 위해 쓰기(갈래들)
5. 쓰기 교과과정 넓히기

다섯 가지 원칙과 그에 대응하는 주제들은 쓰기 가르침의 다양한 측면들을 탐구하는 방법을 제공한다.

쓰기를 시작할 때 학생들은 그들이 요청받은 것들을 할 수 있다는 자신감을 가질 필요가 있다. '쓰기를 위해 학생들을 준비시키기'는 이런 목적을 달성하는 다섯 개의 주제를 제공한다. 두 번째로, 해당 쓰기 과제를 수행하는 동안 안내가 학생들에게 필요하다. '안내하고 뒷받침하기'는 학생들의 쓰기 향상을 뒷받침하는 방법을 강조한다. 세 번째로 학생들은 다양한 주제와 방법을 포괄하는 폭넓은 쓰기 활동에 몰두할 필요가 있다. '쓰기 활동하기'에서는 쓰기 가르침에 적용할 수 있는 생각들을 제시한다. 이 모든 주제들은 내용 중심(content-based) 가르침이나 큰 쓸거리 중심(project-oriented)의 가르침에 쉽게 통합될 수 있다. 네 번째로 학생들은 초기 단계라고 할지라도 다양한 갈래의 쓰기를 해볼 필요가 있다. 다른 목적을 언급하는 주제들은 다양한 덩잇글 유형과 갈래들로 쓰기를 할 수 있는 선택내용을 제공한다. 마지막으로 쓰기 사용을 넓힐 필요가 있는데 여기에는 쓰기를 스스로 할 수 있는 기회를 제공하고 개인적인 관심이 있는 주제를 탐구할 기회 제공이 필요하다.

이 장과 다음 두 장에서 논의되는 활동들과 기법들은 쓰기에 대한 다수의 자료들로 기술된다. 몇몇 경우에 훌륭한 생각들이 여러 겹의 자료에 나타난다. 각 기법이나 접근 방법에 대한 인용을 하기보다는 관심이 있는 독자들이 적절하며 특별히 유용하다고 생각하는, 기본적인 자료들을 언급하는 것이 더 간단할 것이다. 10장에서 12장에 걸쳐 언급하고 있는 쓰기 가르침 자료들로 가장 실제적이고 통찰력 있는 자료들은 다음에 나온다. 프랭크(1979), 뉴커크(1993), 페레고이와 보일(1993), 레임즈(1983c, 1992), 레이드(1993), 톰프킨스(1990), 화이트와 아른트(1991).

10.3 쓰기를 위해 학생들을 준비시키기(주제 1-5)

다섯 개의 주제는 학생들을 쓰기에 준비시키고 쓰기가 의사소통의 수단이라는 인식을 하도록 초점을 모은다. 이들 주제를 교실수업 가르침으로 통합하는 것은 쓰기 기술을 향상시키도록 할 뿐만 아니라 쓰기에 대해 긍정적으로 생각하도록 한다. 이 주제에는 (1) 교실수업에서 인쇄물 활용하기 (2) 매일 쓰기 (3) 쓰기에 앞서 토론 장려하기 (4) 학생들의 관심사 녹음하기 (5) 쓰기에 대한 근거 제공하기가 포함된다. 이들 주제는 학생들의 의식을 끌어올리고, 관심거리를 생성하며, 쓰기 주제를 생성하고, 학생들로 하여금 [쓰기를] 시작하게 하려는 의도로 마련되었다.

10.3.1 교실수업에서 인쇄물 활용하기(1)

교사와 학생들은 교실 환경에서 가능한 한 많이 인쇄물의 사용 사례를 찾아야 한다. 학급이 하루 종일 같은 학생들로 구성되어 있기 때문에 교실에서 전시되는 인쇄물에는 다양한 선택의 여지가 있다. 교실의 벽 공간은 주 단위 그리고 월 단위 활동을 위해 활용될 수 있다. 주제나 착상의 생성 목록을 위해서, 학급 명렬을 붙이기 위해서, 이야기를 보여 주기 위해서, 교실 안에서 기록이나 교실 밖에서 전달 사항이나 보고서 등등을 보여 주기 위해서 사용될 수 있다.

교실에서 이와 같은 인쇄물 사용 대부분은 학년을 통해 단원들을 수업함에 따라 점진적으로 발전해 나갈 수 있다. 이를테면 기사 제목, 이름, 이야기, 편지, 보고서 등은 월 단위로 변할 수 있다. 학생들은 개인적으로나 모둠으로 다른 사람에게 보이거나 도와 주기 위해 인쇄물을 만들 수 있다. 교실 수업에서 인쇄물을 늘어놓을 가능성은 끝이 없다.

이런 실천 사례에 놓여 있는 원칙은 중요하다. 학생들은 다양한 맥락에서 인쇄물이 사용된다는 것을 알 필요가 있으며, 인쇄물을 통해 정보를 전달하고, 초대하고, 의도를 드러내고, 학습의 성과를 끌어올리는 방법들을 탐구할 필요가 있다.

10.3.2 매일 쓰기(2)

만약 쓰기가 정보를 익히고, 세계를 탐구하며 다른 사람과 상호작용하는 기본적인 수단으로 볼 수 있다면 일상적인 것이 틀림없다. 쓰기는 교실에서 매일 실행되어야 한다. 위에 제시한 주제1을 따른다면 쓰기는 수필이나 서사적인 쓰기를 넘어서 다양한 목적으로 쓰는 것이 가능하다. 어떤 쓰기 과제는 짧을 수 있고, 다른 쓰기 과제는 더 복잡한 쓰기 목적을 위한 새로운 출발점이 될 수 있다.

최근의 연구는 학생들이 학교에 들어간 첫 해에 [쓰기를] 시작해야 한다는 것을 보여 준다. 그리기와 창의적인 철자 쓰기(creative spelling)를 포함하여 이른 시기의 쓰기는 다음의 쓰기 향상에 긍정적인 영향을 미치는 듯하다. 이른 시기의 쓰기 활동은 의사소통을 위한 쓰기의 중요성을 확고하게 하고, 쓰기의 활용에 대한 학생들의 의식을 끌어올린다. 이른 시기의 쓰기는 또한 읽기 능력 향상에도 긍정적인 영향을 미치는 듯하다(아담스 1989, 자멜 1992). 그리고 언어 경험 접근(LEA)[57]을 통하여 쉽게 수용될 것이다(10.4.1과 10.5.1 참조).

---

57) (뒤친이) 이 접근법은 공유된 경험에 대하여 말하고, 읽고, 쓰도록 하는 접근법이다. 어린이의 경험과 언어에 바탕을 두고 있다. 특히 읽기와 쓰기에 능동적인 참여를 강화하고 읽기와 쓰기가 연결된다는 생각을 가정하고 있다.

10.3.3 쓰기에 앞서 토론 장려하기(3)

학생들이 각자가 쓰기에 가져올 자원들과 가지고 있지만 접근하는 방법을 모르는 정보를 인식하도록 장려할 필요가 있다. 학급 토론을 통해 학생들은 쓰기를 위한 부가적인 지식을 만들고 발견한다. 토론을 위한 시간은 또한 학생들의 사고를 형성하고 넓힐 수 있는 기회를 교사들에게 제공하며 학생들에게 쓰기에 활용할 수 있는 부가적인 자료를 제공할 수 있다. 학생들은 또한 다른 사람을 지지하도록 모둠 토론에서 일원으로 활동하는 방법을 배울 기회를 갖게 된다. 학급 활동으로 시작되는 토론은 종종 학급으로 돌아와 보고해야 하는 부가적인 생각들을 생성하는 단순 모둠 과제일 수 있다. 이런 방식으로 쓰기에 앞선 학급 토론은 모둠 협력 학습의 출발로 이어질 수 있다.

학급 토론으로부터 대상에 대한 다양한 유형의 목록과 분류 표시는 초보 학습자들을 위한 중요한 자원을 제공해 준다. 목록의 생성은 또한 학생들 각자에게 어휘 자원을 모으도록 한다. 더 나아가 칠판에 있는 목록이나 표, 지도, 밑그림, 대상 분류 표시를 기록하고 그것을 뽑아 쓰는 것은 교사와 학생들에게 정보가 재조직될 수 있는 다양한 방법을 탐색할 수 있도록 한다.

10.3.4 학생들의 관심사 녹음하기(4)

목록을 생성하고 일련의 정보를 생성하는 것에 더하여 토론은 학생들의 흥미를 끄는 주제나 과제에 초점을 모을 수 있고 그들이 쓰고 싶어 하는 것에 초점을 모을 수 있다. 학생들은 쓰기를 위한 동기부여로 과제나 주제의 선택에 이바지할 기회를 가질 필요가 있다. 이는 주제 선택권을 학생들에게 물려준다는 것이 아니라 교사와 교육과정 요구와 학생들의 창의력과 참여를 사리에 맞게 균형을 맞춘다는 것을 의미한다.

학생들은 종종 쓰기 활동의 범위와 자신들에게 열려 있는 주제의 범위를 모른다. 또한 어떤 구체적인 주제나 과제가 다른 넓은 범위의 활동을 위해 자원으로 채택될 수 있는 다양한 방법에 대해 알지 못한다. 전체 학급과 모둠에서 난상 제안은 자신들에게 열려 있는 선택 내용을 인식하고 일정한 범위의 구체적인 쓰기 활동을 위해 필요로 하는 정보의 유형을 탐색할 수 있다.

10.3.5 쓰기를 위한 근거 제공하기(5)

학생들은 어떤 목적에 이바지하는 쓰기 과제를 수행하도록 장려하여야 한다. 모든 과제와 활동이 목적에 이바지하거나 교실 밖의 독자에 기여하는 것은 아니다. 실제로 많은 유용한 활동들은 가치를 발견하고 사회학과 같은 내용 영역으로부터 중요한 정보를 보강하는 것과 관련이 있다. 이런 활동들이 독자에게 호소하거나 교실 밖을 넘어서 쓰기로 활용되지는 않지만 학교에서 계속 이어지는 학습의 기본적인 부분인 실제적인 활용을 대표한다. 그것만으로도 이들은 실제적이고 실생활과 관련된 속성을 지닌 쓰기 활동들로 간주되어야 한다.

많은 쓰기 과제들은 일상적인 쓰기 과제를 넘어서 확장되도록 고안될 수 있다. 예컨대 쓰기는 같은 수준에 있는 다른 학급을 관련지을 수도 있고 서로 다른 수준을 관련지을 수도 있다. 이런 활동들은 다른 학년의 학생이나 교직원, 부모, 시청 공무원 등등에게 쓰는 편지를 포함할 수 있다. 쓸거리나 보고서는 다른 학급을 위해서나 전시회에 전시될 수 있다. 수필, 이야기, 보고서는 주제별 게시판(thematic bulletin board)에 전시될 수 있다. 쓰기는 연극, 토론, 발표회, 시 읽기 등등으로 사용될 수 있다. 쓰기 교육과정으로 통합될 수 있는 다양한 쓰기 활동 방법이 있다. 다음에 나오는 다양한 주제들에서 몇몇은 교사보다는 독자에 초점을 모으고 직접적인 교실 수업에서 벗어나는 주제들이다.

10.4 쓰기를 안내하고 뒷받침하기(6-10)

두 번째 주제 묶음은 교실수업에서 쓰기 과제를 수행할 때 학생들을 도와주는 것에 집중되어 있다. 학생들을 쓰기에 준비하도록 하는 것에 더하여 학생들이 쓰고 있는 동안 뒷받침하고 쓰기를 구성하고 정보를 추가하기 위한 착상을 도와주며 교사로서뿐만 아니라 독자로서 반응을 보이는 것이 중요하다. 그 주제들은 (1) 보호장치가 있는 교수법(sheltered instruction), (2) 글말 능력 뒷받침하기(literacy scaffolding), (3) 어휘 발달 배려하기, (4) 반응을 보이고 되짚어 주기, (5) 시작을 할 수 없는 학생들을 도와주기에 초점을 모은다. 이런 주제들에서 교사들은 학생들이 위험을 무릅쓰도록 자신감을 갖고 동기를 갖도록 도와주고 뒷받침해야 한다.

10.4.1 보호 장치가 있는 교수법(6)

초보 학습자들의 경우 지속적인 뒷받침을 하고 쓰기에서 기본적인 능력을 끌어올리도록 배울 때 학생들을 위해 보호해 주는 것이 중요하다. 교사는

- 학생들이 정보를 회상하고, 생각을 구성하며 계획하기를 위한 전략을 사용할 수 있도록 언어적이거나 비언어적인 단서를 학생들에게 제공해야 한다.
- 학생들이 쓰기에 앞서 이뤄진 난상제안이나 토론을 회상하게 하거나 그림을 보여주며, 어떤 개념이나 정의를 시범으로 보여주고 충분한 설명을 제공해야 한다.
- 가능하다면 쓰기의 잠재적인 활용뿐만 아니라 쓰기를 위한 목적을 검토하고 보강해 주어야 한다.
- 잠재적인 또래 독자들을 대상으로 하여 접속 가능하고 더 호소력 있는 쓰기를 학생들이 하도록 도와주고 이해를 조정해 주어야 한다.
- 학생에게 덩잇글의 변경을 고집하지 말고 새로운 어휘나 정보 제시 방법을

제안할 수 있는 기회를 잘 활용하여야 한다.

동기부여와 격려는 보호 장치가 있는 교수법에서 또한 중요한 국면이다. 교사는 학생들이 동기를 유지하며 과제를 지속할 수 있도록 할 필요가 있다. 동기를 끌어올리는 방법에는 쓰는 기간을 줄이기, 좋은 시작을 위해 '겨루기', 기록물 공유하기, 학생과 함께 쓰기, 좋은 시작과 훌륭한 짜임을 지적하기, 가장 마무리가 잘된 글에 대해 시상하기 등이 포함될 수 있다. 보호 장치가 있는 가르침은 다양한 유형의 모둠 학습을 할 기회를 제공한다. 학생들에게 서로 좋은 본보기를 찾기와 학급에서 생성한 목록으로부터 어휘 정보를 회상하기, 삽화에 대해 논평하기, 공동으로 이야기를 쓰거나 보고서를 쓰는 데 도움을 요청할 수 있다. 핵심 개념은 교사들이 학생들의 책임감을 빼앗지 않으면서 그들이 쓰는 동안 적극적으로 도와 줄 필요가 있다는 것이다. 동시에 교사는 학생들의 좋은 쓰기 감각을 길러 주어야 한다. 모든 것을 등급화할 필요는 없다. 교사는 또한 학생들의 노력에 해석을 주는 일을 피해야 한다. 만약 덩잇글의 의미가 흐릿하다면, 덩잇글이 말하고자 한 것이 무엇인지를 학생에게 묻는 것이 온전히 타당한 전략이다.

특히 보호 장치가 있는 가르침을 제공하는 효과적인 방법은 언어 경험 접근58) 활동이다. 이런 활동들은 주로 교사에게 학생들이 이야기를 불러주기(교실수업에서 지원자나 더 높은 수준에 있는 학생이 불러주기)를 토대로 마련된다. 혹은 학생들이 쓴 이야기를 교사가 다시 들려줄 수도 있다. 이런 방식으로 학생들은 그들의 일반적인 능력을 넘어서 읽기와 쓰기에서 성공을 경험한다. 이 접근 방법은 흥미를 높여 주고 이야기에서 언어 사용을 체계적으로 추적할 수 있도록 해 준다. 학생들은 그들에게 의미 있는 낱말들에 밑줄을 그을 수도 있고, 낱말 카드에 쓰기도 하고, 낱말 창고를 만들 수도 있다. 학생들은 이야기를

---

58) (뒤친이) 본문에는 Learning Experience Approach 활동으로 나와 있는데 첫 단어는 Language로 보아야 할 듯하다. 찾아보기에도 learning으로 시작되는 낱말은 나와 있지 않다.

자를 수도 있고 다시 늘어놓을 수도 있다. 어떤 면에서는 언어 경험 접근은 학생들이 중요하다고 발견한 어떤 정보를 반영할 수 있는 학생들로부터 주제와 낱말들이 나오기 때문에 주제와 낱말 생성에 대한 프레이어의 접근법과 비슷하다. 교사는 또한 학생들에게 이야기를 다시 읽게 하거나, 이야기를 설명하게 하거나 다른 사람에게 이야기를 읽어 주게 하거나, 이야기 고치기, 어려운 낱말에 밑줄 긋기, 알고 있는 낱말에 표시하기, 이야기 받아쓰기를 하게 할 수 있다(딕슨과 너셀 1983, 페레고이와 보일 1993).

10.4.2 글말 능력 뒷받침하기(7)

쓰기에서 학생들을 도와줄 때에는 반복적이며 쉽게 이해 가능한 언어 표현을 사용하는 것이 중요하다. 교사들은 중요한 어휘를 반복해야 하며 부가적인 정보와 사례들로 다듬어야 한다. 학생들의 쓰기를 뒷받침하는 판에 박힌 담화는 학생들이 교사의 기대와 과제에 대한 기댓값에 익숙할 수 있도록 반복되어야 한다.

교사들은 또한 학생들이 자신의 쓰기에 대해 이야기할 수 있도록 기본적인 상위 언어 어휘와 판에 박힌 관례들을 제공해야 한다. 이른 시기에서도 학생들은 알맞은 단어를 찾는 데 어려움을 이야기할 수 있으며 구성하기와 덜 분명한 예들 등등에 대해 이야기할 수 있다. 학생들은 이와 같은 일을 교사로부터 어떻게 하는지를 배우지 않고는 할 수 있으리라고 기대할 수 없다. 쓰기를 어떻게 보아야 하며, 어떻게 약점과 강점을 평가하고 더 나은 대안을 찾으며, 어떻게 특정의 갈래와 과제에 들어맞는 어휘와 표현구조를 인식할 수 있는가에 대한 본보기와 모형을 많이 제시해야 한다. 이런 통찰력과 판에 박힌 관례들은 쓰기를 하는 동안 계속 이어지는 학생 상호작용으로 점차 통합되어야 하고 그에 따라 시간에 걸친 능동적인 쓰기의 일부가 되어야 한다.

10.4.3 어휘 발달 배려하기(8)

쓰기는 더 향상된 읽기 능력과 어떤 중요한 낱말에 대하여 더 다듬어진 지식을 갖도록 하지만 쓰기 향상에는 어휘가 지속적으로 늘어나게 할 필요가 있다. 쓰기를 준비하는 것과 관련된 다양한 활동(이를테면 난상제안이나 토론과 같은 쓰기 전 활동)에서나 혹은 계속 이어지는 쓰기 과제를 뒷받침하는 데서 상황으로부터 자연스럽게 발생하는 쓸모 있는 어휘를 부려 쓰도록 하는 것이 중요하다. 학생들이 쓰기를 위한 착상과 어휘 목록을 생성하였기 때문에 어떤 단어들은 새로운 토론의 자원이거나, 쓰기 활동의 자원일 수 있다. 예를 들면, 새로운 단어의 도입은 다음의 쓰기 활동으로 이어질 수도 있다.

중요한 어휘, 흥미로운 어휘, 개인적인 어휘는 학생들의 쓰기로부터 생성될 수 있다. 이를테면 학생들은 공책의 뒷면에 유용한 낱말 목록을 적어 놓은 것과 같은 개인적인 어휘 창고를 지니고 있을 수 있으며, 새로운 활동에서 사용할 필요가 있을 경우 어떤 단어들은 공유될 수 있다. 어휘에 주의를 기울이는 것은 쓰기를 위한 자원 목록을 넓히는 기본적인 부분이다. 또한 협력 학습의 근거를 제공한다. 학생들은 쓰기에서 다른 학생에게 어떤 낱말에 대해 설명해 달라고 요구할 수 있거나 어떤 낱말을 모둠 쓰기 활동의 일부로 활용할 수 있다. 어휘 발달은 읽기와 쓰기를 뒷받침할 뿐만 아니라, 통사적 유창성을 촉진하고 더 발전된 학습을 위한 주춧돌이 된다. 어휘 발달과 활용에 대한 한 걸음 나아간 생각은 여러 주제로 제시되어 있다(10.5.1, 10.5.2, 10.5.5를 참조할 것).

10.4.4 비평하고 되짚어 주기(9)

쓰기 발달의 초보 수준에서 반응을 보이고 되짚어 주는 목적은 학생들의 노력을 뒷받침하려는 것이다. 교사는 학생들이 계속하도록 격려하고, 쓰기에 대해 좋은 느낌을 가지며 마무리하는 활동을 수행하도록 할 필요가 있다. 이런 점에

서 프랭크(1979)는 초보 학습자와 함께 공부하는 데 유용한 안내지침 묶음을
제공한다.

1. 협조적인 분위기를 마련하고 적절한 비평을 위해 지침을 제시하라(이를테면
   재미 있는 문장을 발견거나 훌륭한 단어 둘을 찾거나 시작에서 좋은 점을
   발견하거나 분명하지 않은 문장을 발견하거나 무엇인가 더해야 하는 것을
   생각하라).
2. 비평을 위하여 교실 바깥에 있는 누군가의 작품으로 시작하라. 그리고 비평
   의 과정에 조심스럽게 참여시켜라.
3. 긍정적인 측면에 초점을 모아라.
4. 편집하기와 고쳐 쓰기를 구별하라.
5. 공동으로 초고 쓰기를 하라.
6. 종종 짧은 글로 쓰기를 하라.
7. 구체적인 비평을 하라. 이를테면 의미가 통하지 않은 문장, 좋은 시작과 그
   렇지 않은 시작, 더 기술되어야 하는 낱말, 지나치게 반복되는 어휘를 지적
   하라.
8. 어떤 기술을 다듬어야 하는지 결정하라.
9. 편집하기 경험을 다음 쓰기 활동에서 되풀이하라.
10. 거짓 칭찬을 피하라.
11. 활동에서 학생이 거부한다면 고집하지 마라.

10.4.5 시작할 수 없는 학생 도와주기(10)

초보 단계라 할지라도 어떤 학생들은 시작하기에 어려움이 있을 것이다. 때
때로 과제가 문제를 일으킬 수 있다. 때때로 어떤 학생들은 일진이 좋지 않을
수도 있으며 때때로 어떤 학생은 과제를 넘어서 확대되는 상황에 압도당할 수도
있다. 프랭크(1979)는 이런 상황을 위해 유용한 충고를 하였다.

1. 생각을 모으고 생성하는 데 더 많은 시간을 보내라.
2. 쓰기 활동에서 벗어날 수 있는 시간을 어느 정도 주라.
3. 너무 조급하게 글을 발표하게 하지 말라.
4. 다른 표현 형식(이를테면 기술)을 장려하라.
5. 낱말 목록이나 낱말로 되돌아가라.
6. 대략적인 초고 쓰기를 위해 입말하기로 돌아가라.
7. 짧게 쓰는 것이 좋다고 강조하라.
8. 잠시 동안 관심이 높은 다른 주제를 선택하라.
9. 익명으로 학생들이 쓰도록 하자.
10. 잠시 동안 다시 쓰기를 멈춰라.
11. 많은 도움을 주면서 수업 시간에 쓰게 하라.
12. 짝을 지어 주라.
13. 특정 과제에 엄격한 제약을 가했다는 점을 의식하라.
14. 더 많은 지침을 제공하라.
15. 생각을 본뜨거나 정보를 베끼도록 시도해 보라.

이런 제안들은 한 걸음 물러나서 쓰기가 덜 위협적이고 쓰기를 더 흥미롭게 하는 방법을 고려하는 데 도움을 줄 것이다. 교사의 역할은 학생들이 고군분투하도록 상황을 따져보고 학생들에게 과제가 유용할 수 있는 최선의 길을 찾고 다음 쓰기 활동에 더 좋은 동기를 부여할 수 있는 성취감을 심어 주는 것이다.

10.5 함께 쓰기

세 번째 주제 묶음은 초보 필자와 함께 하는 기본적인 쓰기 활동을 제안한다. 이 활동들은 덩잇글을 학생들이 생성하도록 방법을 제공한다. 이들은 또한 성취하기가 쉬운 활동 묶음들을 보여주고 학생들에게 만족감과 계속하게 하는 동기를 부여한다. 활동들은 쓰기에 대하여 이른 단계에서 학생들의 긍정적인 태도를 활용하고 쓰기에 대하여 불충분한 동기를 지니거나 동기가 부여되지 않은 학생들을 지원하게 될 것이다. 이런 기본적인 활동을 제시하는 주제에는 (1) 큰 책과 언어 경험 활동을 활용하기, (2) 낱말 목록 만들기, (3) 구절과 문장 활용하기, (4) 베껴 쓰기와 받아쓰기, (5) 시로 활동하기, (6) 그림으로 활동하기가 포함된다.

10.5.1 큰 책과 언어 경험 활동을 활용하기(11)

이른 시기 쓰기 교육거리에서 중요한 목표는 학생들을 책과 친하게 하고 책들을 학생들의 쓰기 실천과 연결하는 것이다. 그런 다음에야 학생들은 책을 쓰기를 위한 자원이나 수단으로, 발판으로 받아들일 것이다. 큰 책59)의 활용은 초보 쓰기에서 도입할 수 있는 효과적인 방법이다. 교사는 학습에 큰 책을 제공하거나 학급에서 큰 책을 만들 수 있다. 큰 책을 활용할 때 교사는 모둠이나 학급에 읽어줄 수 있다. 이런 책들은 다시 읽거나 교사가 어려운 어휘를 지적할 수 있고 글자-음성 대응시키기를 도와주거나 의미를 점검하고 학생들에게 흥미로운 낱말이나 구절을 선택하게 할 수 있다. 이런 책들은 예측 가능한 유형을 지니고 있으며 학생들에게 낱말 목록으로 도와주거나 문장 만들기 활동을 도와줄 수 있다. 공유하고 있는 책을 활용하는 더 발전된 활동은 이야기 선을 그림으로 그리는 것이다. 이 활동을 통해 덩잇글 짜임새뿐만 아니라 이해와 어휘를 가르칠 수 있다. 학생들은 큰 책에 다양한 방식으로 반응할 수 있다. 그들은 모둠으로 응답지를 채울 수도 있고, 장면의 디오라마(dioramas)60)를 구성할 수

---

59) (뒤친이) 마땅한 우리말이 없어서 그대로 뒤쳤다. 그림이 많고 글자가 드문 책으로 어머니가 어린 시기에 아이들과 함께 보는 큰 책들을 가리킨다.

60) (뒤친이) 파노라마와 유사하지만, 파노라마가 실제 환경에 가깝도록 무대 곳곳에 실물이나 모형을 배치해 전체와 부분의 관계를 분명히 하는 데 비해, 주위 환경이나 배경을 그림으로 하고, 모형 역시 축소 모형으로 배치한다는 점이 다르다. 근대 이후 귀족들이 테이블 위에 인형들을 올려놓고 역사적인 전투 장면 등을 재현해 놓았다는 데서 유래하였다. 여러 모형을 배경과 함께 설치하여 특정 장면의 한 장면을 구성하되, 설치 기술이 발달하면서 인형뿐만 아니라 공룡·전차

있거나, 시간 흐름을 이어서 전개할 수 있으며, 인물의 성격을 확장하거나 이야기에 맞게 찢어 붙이기(collage)를 할 수도 있다.

큰 책의 다른 형태로 낱말이 없는 그림책의 활용이다. 그림책에는 이야기처럼 혼자서든 모둠으로든 입말로 제시할 수 있는 그림들의 연쇄로 이뤄져 있다. 이런 이야기들은 적어 둘 수 있고 복사된 그림과 결합될 수 있다. 이런 일들은 학생들로 하여금 자신만의 그림 연쇄를 선택하게 함으로써 이뤄질 수 있다. 짝을 지어 하고나서 학생들은 다른 학생들과 자신들의 이야기를 함께 나눌 수 있게 된다. 이런 그림책들은 쓰기, 말하자면 언어 경험 접근 활동을 위한 출발점이 될 수 있다.

다른 활동은 개념 중심 책(concept book)을 만드는 활동과 관련된다. 학생들은 크다, 작다, 좋다, 행복하다, 녹색, 자모 철자(ABC) 등등 간단한 개념을 고르는 것으로 시작한다. 학생들은 그 다음에 그림들을 모으고 개념을 중심으로 하여 예가 되는 그림을 덧붙여 볼 수도 있다. 더 발전된 형태의 보기로는 숫자가 없는 세상이 어떻게 될 것인가를 기술하는 숫자가 없는 작은 책이 있다. 노선 번호가 없는 버스, 수학이 없음, 0이 없고, 수표가 없고, 돈이 없고, 번지가 없고, 전화번호가 없고, 컴퓨터가 없고, 달력이 없고, 생일이 없는 등등과 같은 생각들의 목록으로 시작한다. 학생들은 숫자의 사용에 관련되거나 혹은 숫자가 없는 삶을 묘사하는 그림이나 삽화를 모은다. 묘사나 설명을 뒷받침하는 책에 이들이 결합된다. 그런 쓰기는 문장이나 구절에 제한될 수 있거나 묘사하는 단락이나 설명을 하는 단락으로 확대될 수 있다(이와 같은 착상은 다양한 숫자에 바탕을 둔 체계적인 방법을 활용하여 가르치는 데 이용될 수 있다. 이를테면 24시간, 60분, 7일, 52주 등등).

학생들은 또한 학급 규범을 기술하는 학급별 안내서를 만들 수 있다. 학급

비행기·자동차 등 그 종류도 매우 다양해졌다. 뿐만 아니라 조명기술의 발달로 인해 특수조명과 초대형 투명그림을 이용해 환상적인 효과로 경치를 재현해 내는 등 과거에 비해 배열 역시 훨씬 짜임새 있게 바뀌었다. 현재는 박물관·미술관·과학관 등에서 이 기법을 많이 사용하고 있다.

규범을 기술하고 학급을 대상으로 하여 최종으로 결정하면 학생들은 그것을 학급별 안내서에 집어넣는다. 편집부원으로 임명된 여러 모둠 학생들은 규범을 바꾸고 학생들이 만든 규범들을 추가할 수 있다. 이는 훌륭한 언어 경험 접근법이다. 이어서 학생들은 역사적으로 중요한 일련의 규범들을 살피고 토론할 수 있다(이를테면 미국에서는 권리장전).

10.5.2 낱말 목록 만들기(12)

대다수의 초보 필자들은 생각을 생성하고 어느 정도 언어 표현을 시작할 수 있도록 할 필요가 있다. 그렇게 하는 방법은 쓰기의 자원이 되는 낱말 목록을 만드는 것이다. 학생들은 이런 활동으로 인해 위협받지 않으면서 끌어낼 수 있는 것으로부터 많은 개인적인 착상을 갖고 있다는 것을 깨닫도록 할 수 있다. 이 활동은 또한 중요한 어휘를 강화하고 새로운 낱말과 알고 있는 낱말의 관계를 탐구할 수 있도록 한다. 마지막으로 낱말 무리와 낱말 목록의 생성은 일관되게 실행된다면 쓰기를 시작하는 독립적인 전략을 학생들에게 제공한다.

낱말과 낱말 목록으로 하는 쓰기는 가장 기본적인 형태에서 학급 환경으로부터 낱말들을 교사와 학생들이 모으는 것과 관련이 있다. 학생들에게 이야기, 시, 논술, 다양한 언어 경험 접근 활동을 위한 자료가 될 수 있는 서로 다른 유형의 낱말들을 모으라고 요구할 수 있다. 학생들은 분주함을 나타내는 낱말, 행복을 나타내는 낱말, 확신을 나타내는 낱말 등등을 모을 수 있다. 낱말 모으기와 관련된 간단한 활동에는 다음과 같은 것이 있다.

1. *맛에 대한 낱말(word tasting).* 어떤 낱말 예컨대 우유를 선택하고, 어떻게 느끼며, 맛을 보며, 냄새를 맡고, 보고, 소리 나는지에 관련되는 낱말을 생성한다. 학생들은 입에서는 어떤 느낌이 들며 삼켰을 때 어떤 느낌이 나는지 그리고 뒷맛이 어떠한지를 기술하는 낱말을 더해 놓을 수 있다. 이런 단어들은 문장이나 구절로 조직되거나 시와 비슷한 유형으로 늘어놓을 수 있다. 뒤따르는

활동으로 학생들은 우유를 좋아하는 사람의 유형에 관련되는 낱말을 더할 수 있다.

2. *우스개 이야기(silly story)를 위한 전치사.* 학생들이 좋아하는 전치사를 고르게 한 뒤, 쉬운 읽기 책에서 그것을 찾게 한다. 그 다음에 이 전치사가 가능한 한 많이 나타날 수 있도록 전치사를 사용하여 우스개 이야기를 말하게 할 수 있다.

3. *다섯 개의 핵심 낱말.* 학생들에게 덩잇글로부터 읽기 단락을 선택하게 한다. 그 다음에 모든 것을 제거하더라도 덩잇글에 보존되어야 하는 중요한 낱말 다섯 개(혹은 *x*개)를 고른다. 학생들은 그것을 남겨 놓은 이유를 모둠 안의 학생들과 나누기 위해 입말로 혹은 써서 설명한다. 학생들은 이런 낱말로 이야기를 전달할 수도 있고, 다른 사람의 '언어표현'으로 시를 쓸 수도 있다. 가장 흥미로운 낱말들은 개인 단어 창고에 넣어둘 수도 있다.

4. *깃털에 관련된 낱말.* 새에 대한 토론이나 떨어지는 물체에 대해 실험을 하고 난 뒤 학생들은 가볍거나 '깃털다움' 낱말들의 목록을 함께 모을 수 있다(이를 테면 떠다님, 부드러움, 가벼움, 공기같음, 날씬함, 빙빙 돎, 자유로움). 낱말로부터 학생들은 '시'를 쓰거나 한 단락 분량의 글을 쓸 수 있다. 혹은 학생들은 낱말을 비교하거나 모둠으로 덩잇글을 쓸 수 있다.

5. *색깔 연상(colour association).* 학생들은 색깔을 고르고 낱말들의 목록을 조합하고 색깔과 관련된 구절을 쓸 수 있다. 이런 낱말들은 일련의 흥미로운 문장과 구절을 만드는 데 사용될 수 있다. 또한 다른 색깔에도 쓸 수 있다. 학생들은 이런 낱말로 이야기를 전달하려 하거나 다른 학생들의 언어 표현과 비교할 수도 있다. 그들은 그 다음에 진술이나 낱말 선택이 어떤 색깔에 일반화될 수 있을지 고려할 수 있다.

6. *동물처럼 생각하기.* 학생들이 동물을 고르고 그 동물에 어울리는 낱말 목록을 만들 수 있다. 이를테면 만약 사자를 골랐다면 학생들은 그 동물을 설명하는 낱말 목록을 만들 수 있다. 이를테면 사자가 어떻게 먹고, 잠을 자며, 걷는가 등등을 묘사하는 낱말들, 학생들은 '사자다움' 낱말들을 찾아볼 수 있고, 사자 이야기를 전달하거나 사자의 삶에 대해 설명할 수 있다.

7. *감각에 접근하기.* 학생들에게 행복이나 화, 슬픔, 흥분과 같은 감정에 대해 생각해 보게 한다. 학생들에게 맛, 느낌, 냄새, 모습, 소리와 같은 오감을 사용

하여 (입말이나 글말로) 이들을 묘사하게 한다. 비슷한 감정을 선택한 다른 학생들과 모둠으로 학생들을 만나게 한다. 그들은 자신이 선택한 낱말을 결합하거나 낱말 지도로 그릴 수 있다. 이 지도는 오감이나 은유적인 의미에 대한 단위체를 구성할 수도 있다.

8. *음식 선택하기*. 학생들은 그들이 좋아하거나 싫어하는 음식을 기술하는 열 개의 낱말을 쓴다. 학생들은 이 목록을 비교하고 어떤 음식을 각자 좋아하는지 그리고 어떤 음식이 인기가 없는지를 결정한다. 두 부류의 음식은 학생들이 생성한 목록의 결합을 통하여 기술될 수 있다.

학생들이 생성한 낱말 목록의 변이 형태는 그들 주변에 있는 인쇄물 환경에서 적절한 낱말을 학생들이 찾도록 하는 것이다. 그들 스스로 낱말을 쓰는 대신에 학생들은 신문이나 잡지에서 오려낼 수도 있다. 이들 단어를 이야기를 전달하거나 개념을 설명하기 위해 함께 붙여볼 수 있다. 또한 낱말들은 모둠활동으로 더 큰 이야기나 보고서를 쓰기 위해 결합할 수도 있다. 그 다음에 학생들은 그들의 산출물을 그림으로 보이기 위해 그림을 덧붙일 수도 있다. 최종 산출물은 습득물 게시판에 전시될 수도 있다. 교사는 그와 같은 낱말이나 구절들을 다음에 이어지는 쓰기 활동의 선택 가능한 내용으로 흥미로운 그림으로 가득 찬 상자 옆에 넣어 보관할 수 있다.

어휘 발달을 강화하고 쓰기로부터 착상을 보강하는 더 조직적이고 발전된 활동은 의미 자질 분석과 낱말 무리지우기(clustering)이다. 의미 자질 분석은 다양한 방식으로 수행될 수 있다. 예컨대 학급에서 현재 다루고 있는 주제에 바탕을 두고, 학생들은 자신의 낱말 창고에서 낱말을 선택할 수 있으며 주제에 걸맞은 어떤 다른 곳에서 낱말을 선택할 수 있다. 교사는 낱말로 이뤄진 네모 틀[격자: grid]을 만들고 낱말들을 면을 따라 적을 수 있도록 할 수 있다. 학생들은 낱말들의 하위 갈래 몇몇에 알맞은 특징들을 선택하고 낱말들이 지니고 있는 자질에 맞춰 네모 틀을 채워 나갈 수 있다. 학생들은 또한 낱말 무리를 설명하는 문장을 쓸 수도 있다. 이 활동은 낱말 의미를 분명히 세울 뿐만 아니라 중요한 착상에 대한 개념 행렬을 만들 수 있다.

분류 활동에서 학생들은 쓰기를 위한 주제에 맞게 낱말을 지명할 수도 있다. 많은 낱말들이 지명되고 나면 학생으로 이뤄진 모둠에서는 낱말들을 서로 모으고, 다른 모둠의 분류와 비교할 수 있다. 그리고 적절하게 수행된다면 연결시킬 수도 있다. 학생들은 자신들이 하게 될 쓰기에 가장 중요한 낱말 떼가 무엇인지를 결정하고 그 주제에 대한 단락이나 문장을 쓰기 위해 이런 낱말 떼를 활용할 수 있다.

10.5.3 구절과 문장 활용하기(13)

초보 학습자를 위한 활동의 또 다른 묶음은 흥미로운 문장과 구절을 만드는 일과 관련되어 있다. 이들은 다른 활동을 위한 출발점을 제공한다. 새로운 문장 유형으로 활동하거나 더 복잡한 문장을 학생들이 쓰도록 하는 가장 간단한 방법은 유형화된 문장을 통해서이다. 단순한 개념이나 문장 유형을 선택한 뒤 학생들은 유형화된 짜임새로 시도를 할 수 있다. 유형화된 본보기에는 다음이 포함된다(여기서는 유형을 보이기 위해 되풀이 함).

> 예전에 나는 ... 그러나 지금은 ...
> 예전에 나는 ...였지만, 지금은 ...이다.
> 나는 ....을 알 수 있다.
> 나는 ...처럼 보이지만, 나는 실제로는 ...이다.
> 나는 ...을 잘하지만, 나는 ...을 그렇게 잘 하지는 못해.
> 나는 ...을 좋아하고, 그것을 ...처럼 느끼고, 그것은 ... 맛이 나.
> 나는 ...을 좋아하는 사람이고, 나는 ...을 받은 사람이고,
> 나는 ...을 지니고 있는 사람이며, 나는 ... 놀이를 하는 사람이다.
> 만약 ... 만약 ... 만약 ...라면 그렇다면 *주어와 동사*
> ...할 때, ...할 때, ... 할 때, 그때 *주어와 동사*

학생들이 대여섯 번 되풀이하게 되는 이런 유형들은 간단한 시-갈래 배열이 되도록 사용될 수 있다. 디딤판 역할을 하는 이런 유형들은 학생들이 생각과 어휘를 주고받을 수 있도록 해 주고 묘사, 개념, 특정의 구문에 대해 시험 삼아 해 볼 수 있도록 해 준다.

학생들은 다른 방식으로 특히 착상과 정보를 조직하는 문장 만들기의 일부로 새로운 문장 구조를 학습할 수 있다. 예를 들면 학생들은 경고, 문제, 사건, 변화를 생각할 수 있다. 그들은 각 행이 '만약에'로 시작하는 문장 목록을 만들 수 있다. 그들은 사람들이 일상적으로 지니고 있는 습관이나 그들이 하는 활동의 목록을 만들 수 있다. 그 다음에 그들은 각각의 착상에 대하여 한 개의 문장으로 쓸 수 있다. 다른 선택내용에는 일반적으로 일어나지 않는 사건들의 목록 만들기가 포함된다. 혹은 일 년 동안 규칙적으로 일어나는 사건인데 이에 대한 각각의 문제는 '...할 때에는'으로 시작한다.

문장 만들기 활동의 두 번째 유형은 좋은/나쁜 소식을 제시하는 것이다. 학생들은 어떤 사람이나 상황을 선택하고 다섯 (혹은 x)개의 좋은 일과 그와 똑같은 수의 나쁜 일을 떠올린다. 그 다음에 좋은/나쁜 일을 이어서 쓴다. 다행스러운 A, 좋지 않은 B, 다행스러운 C, 좋지 않은 D 등등으로. 학생들은 좋은 소식이 있는 날과 그렇지 않은 날에 대한 개인적인 경험을 돌이켜 생각할 수 있다. 그들은 또한 유명한 사람들의 좋은 소식과 그렇지 않은 소식을 쓸 수 있다.

세 번째 활동으로 학생들은 같은 소리(혹은 같은 글자)로 시작하는 일련의 문장을 쓸 수 있다. 다섯 (혹은 x) 문장을 쓰고 난 뒤, 어느 하나가 어떤 이야기의 자료가 될 수 있는지를 결정할 수 있다. 학생들은 같은 소리(혹은 같은 글자)를 지닌 문장들을 비교할 수 있고, 재미있게 문장 묶음을 모둠에서 결합할 수도 있다. 비슷하게 학생들은 다섯(혹은 x)개의 음식을 선택할 수 있고 각각에 대하여 문장을 쓰고, 불쾌한 소리가 나거나 기분이 좋은 소리가 난다는 식으로 음식을 기술할 수 있다.

네 번째 활동으로, 학생들은 모둠으로 어떤 덩잇글로부터 혹은 학생들이 이

전에 썼던 덩잇글에서 어떤 문장을 선택할 수 있다. 모둠원들은 그 문장에 어떤 낱말을 쓴다. 이는 또한 모둠으로 학생들이 최근에 썼던 수필에서 선택된 어떤 문장들로 할 수 있다. 이런 방식으로 학생들은 문장의 묘사 혹은 설명력을 높일 수 있는 낱말의 유형에 초점을 모을 수 있다. 학생들은 또한 개인 낱말 창고에 특히 흥미로운 낱말들을 기록할 수 있다.

문장이나 구절로 할 수 있는 또다른 유용한 접근 방법은 정보 간극이 있는 활동으로 하는 것이다. 정보 간극을 메울 수 있는 모든 활동은 짝이나 모둠에 관련된다. 어떤 모둠이나 사람들은 다른 사람이 필요로 하는 정보를 지니고 있고, 그 반대의 경우도 마찬가지다. 많은 활동들은 정보 간극을 메우는 활동으로 설정될 수 있다. 예를 들면, 학생들은 그림이나 광고문, 전단지를 끌어들일 수 있고, 이런 시각 자료들을 짝을 이룬 학생들에게 그림 조각들을 지니게 한다. 그 다음에 개인별로 (혹은 모둠별로) 다른 짝들에게 기술할 수 있다. 그 다음에 짝들은 쓴 묘사문을 되돌려 준다. 두 가지 활동은 글말 묘사문의 최종본을 만들기 위한 것이다. 학생들은 그 묘사문이 얼마나 잘못되고 있는지 그리고 묘사문을 정확하게 만들기 위해 필요한 것이 무엇인지 살필 수 있다. 이런 활동들은 더 넓은 쓰기 공부거리에서 학생들이 배경을 기술하도록 배우는 동안 할 수 있다.

문장에 초점을 모으는 더 발전된 활동들의 묶음은 문장 조각들의 사용과 관련된다. 이런 활동들에서 교사는 더 큰 주제-단위나 쓸거리에 적절한 단락을 선택하고 조각이나 낱말들, 구절들을 잘라낸다. 학생들은 원래 덩잇글을 재구성하게 될 것이다. 더 복잡한 문장 묶음들에 대해 같은 접근법이 학생들을 도와주는 사례로 활용될 수 있다. 덧붙여서 학생들은 학생들 이야기에서 낱말이나 구절들을 뒤섞어 볼 수 있고, 학생들에게 이야기를 재구성하게 해 볼 수 있다. 재구성된 내용은 원본과 비교될 수 있다. 학생들은 재구성에서 새로운 문장을 더할 수도 있고 원래 덩잇글과 확장된 덩잇글을 비교할 수도 있다.

마지막으로 구절과 문장으로 이뤄지는 활동은 다양한 목적을 위한 목록의 산출에 초점을 모을 수도 있다. 일반적인 길라잡이는 학생들에게 흥미가 있는 목록을 생성하고 더 집중된 쓰기 과제에서 그것을 따르게 하는 것이다. 목록 만들기 활동의 본보기는 다음이 포함된다.

1. *열(혹은 x)개의 하고 싶은 일.* 학생들은 하고 싶어하는 열(혹은 x)개의 일에 대한 목록을 작성하고 그런 선택을 하게 된 이유를 토론한다. 학생들은 혼자서 혹은 모둠으로 중요도 순서에 따라 목록에 순위를 매긴다(얼마나 많은 일들을 최근에 했는가?). 모둠 학생들은 자신들의 목록을 다른 모둠과 비교하고 학급에서 상위 10개의 목록을 모아 놓는다. 그 다음에 학생들은 '가장 하고 싶은 일'로 이뤄진 전단지를 만들고 이들 가운데 얼마나 많은 활동을 최근에 하였는지 토론한다.

2. *가장 나쁜 날.* 학생들은 최악의 날에 일어났던 열(혹은 x)개의 일을 목록으로 만들어 볼 수 있다. 이런 활동으로부터 가장 나쁜 날에 대한 이야기를 전달할 수 있다. 학급에서는 어떤 나쁜 날이 되려면 언급되어야 하는 것들을 토론할 수 있고 말해야 하는 것에 대한 간단한 목록을 만들어 볼 수 있다. 또한 학생들은 매우 좋은 날에 일어남직한 열(혹은 x)개의 일의 목록을 만들 수 있다.

3. *예.* 학생들은 '예'라고 답할 수 있는 열(혹은 x)개의 목록을 만든다. 학생들은 모둠에서 기분이 좋은 낱말들을 생각하는 것으로 시작할 수 있다. 학급에서는 다양한 범주로 이런 것들을 조직할 수 있고 그 다음에 각 모둠에서 표제(heading)를 생각해 볼 수 있다. 학생들은 그 표제의 가치와 착상을 토론할 수 있고 그 착상들 가운데 하나에 대하여 간단하게 설명하거나 묘사하는 글을 써 볼 수 있다.

4. *열(혹은 x)개의 해야 될 일.* 학생들은 어머니에게 전달해야 하거나 마지막으로 해야 되거나 배워야 하거나 빠르게 해야 하거나 먼저 해야 되거나 천천히 해야 되거나 스스로 해야 되거나 잊어야 하거나, 기억해야 하는 등등의 열(혹은 x)개를 생각하는 것으로 시작한다.

5. *용서 구하기.* 학생들은 쓰레기를 버리지 않았다거나 숙제를 하지 않았다거나 늦잠을 잔 것 등등 용서를 구해야 하는 열(혹은 x)개의 목록을 만들 수 있다.

6. *다섯(혹은 x) 가지 이유.* 학생들은 토마토를 기르는 일이나 좋은 성적을 받아야 하는 일, 학교 가는 일, 텔레비전을 보는 일, 애완 동물을 기르는 일, 친구를

가지거나, 먹거나 영화를 보는 일, 글을 쓰는 (혹은 쓰지 않는) 등등에 대하여
다섯 가지 이유 목록을 만들어 볼 수 있다.

10.5.4 베껴 쓰기와 받아쓰기(14)

시작하는 데 어려움이 있는 학생이나 쓰기 기제를 통하여 유창성을 획득할
필요가 있는 학생의 경우 낱말, 문장, 덩잇글 베껴 쓰기가 훌륭한 출발이 될
수 있다. 몇몇 학생들은 자유로운 쓰기와 창의적인 철자법(creative spelling)에
제약을 받지 않지만 어떤 학생들 특히 나이를 먹은 학생들은 쓰기를 하려는
이른 단계의 시도에서 안정한 장치를 더 많이 원할지 모른다. 베껴 쓰기와 받아
쓰기는 정확하고 적절한 쓰기를 위한 최상위 수준의 수단을 제공한다.

가장 간단한 수준에서 학생들은 칠판에서 낱말들과 일상적인 문장과 (안내,
학급 정보, 칠판에 있는 의미지도와 같은) 즉각적인 중요성을 지닌 정보를 베껴
써 볼 수 있다. 학급에서 발행되는 잡지의 일부를 베끼거나 새로운 낱말을 단어
장에 옮겨 적을 수 있다. 베껴 쓰기는 또한 낱말 생성 활동이나 구절과 문장으로
하는 활동으로 이어질 수 있다.

받아쓰기는 쓰기 기제와 낱말 재인, 음성-문자 대응에서 부가적인 활동을 학
생들에게 제공한다. 이들은 또한 유창성을 드높일 뿐만 아니라 기억하기와 공책
에 적기와 같은 관련 기술을 향상시킨다. 진짜로 초보 학습자라면 교사는 학생
들이 듣는 동안에 선택한 낱말만 채울 필요가 있는 빈칸 메우기 받아쓰기를
할 수 있다.

10.5.5 시로 활동하기(15)

학생들에게 '시' 쓰기 활동을 도입하는 데에는 여러 방법이 있다. 학생들은
운을 지닌 낱말이나 운율을 지닌 문장들을 발견하는 데 즐거움을 느낀다. 좋은

시와 간단하게 시와 비슷하게 쓰기는 구별하는 것이 중요하지만, 학생들은 문장과 낱말들을 재미를 불러일으키고 즐길 수 있도록 늘어놓을 수 있다. 교사가 시 쓰기에서 복잡한 측면들을 포괄할 수 있도록 하는 정도는 개인적인 선택사항이다. 이런 활동들은 말놀이와 구문의 다양성에 몰두할 수 있도록 하는 이상적인 방법을 제공한다. 시로 하는 많은 활동들은 다른 쓰기 활동(이를테면 낱말목록과 문장 유형)의 연장일 수 있다. 시로 하는 활동에 포함되는 몇몇 선택내용들은 다음과 같다.

1. *덩잇글에서 시로* 학생들은 새로운 문장을 형성하기 위해 간단한 신문 기사, 광고, 그림 표제, 이야기, 문장 재배열하기나 구절을 옮기는 것으로 시작해 볼 수 있다. 또한 재미있는 낱말을 선택하고 이들을 시에 배치할 수 있다. 낱말들은 비슷한 의미를 지니거나 비슷한 모양을 지니거나 비슷한 소리를 지닌 것에 따라 묶을 수 있으며 행으로 옮길 수도 있고 운에 따른 묶음으로 배열할 수 있으며 행에서 삭제할 수도 있다.

2. *수학 시.* 학생들은 열(혹은 *x*)개의 수학 관련 낱말을 생성해 볼 수 있다. 이 낱말들과 추가될 수 있는 수학 용어를 사용하여 시를 쓸 수도 있다. 그 다음에 학생들은 모둠을 이루어 자신의 시를 비교하고 수정할 수 있다.

3. *자모로 된 시.* 학생들은 어떤 자모를 선택하고 그 자모로 시작하는 흥미로운 낱말들의 목록을 만들 수 있다(이 활동을 위해 사전이나 백과사전을 활용하도록 할 수 있다). 다음에 자신들이 선택한 자모를 보여주는 시로 낱말들을 배열할 수 있다.

   K is king of the Kentucky kneepads,

   K has kennels, keys, kerosene, kites,

   K knocks, kneds, knows, keeps, kicks, kids,

   K is always on kettles, kilts, kinfolk,

   K is a kindly kinetic, kilts, kinfolk,

   K is a kindly kinetic keeper with a kit of ketchup.

4. *쓰레기.* 학생들은 종종 '메스꺼운' 주제들을 탐구하고 싶어 한다. 한 가지 사례로 '쓰레기'가 있다. GARBAGE라는 단어의 각 글자에 대하여 학생들은 쓰레

기를 묘사하는 낱말들과 구절들을 쓸 수 있다. 그 다음에 이를 시로 배열할 수 있다. 가장 흥미로운 묘사는 교실 벽에 전시할 수 있고 재활용 깡통에 오려서 붙여 놓을 수 있다.

5. *잡동사니(junk)*. 학생들은 쓰레기의 종류를 부르는 낱말들의 목록을 만들어 볼 수 있다. 이런 낱말을 사용하면서 학생들은 잡동사니의 일부나 여러 조각을 포함하는 문장을 쓸 수 있다. 이런 문장들은 그 다음에 시를 쓰기 위해 다시 배열할 수 있다.

6. *깡통(cans)*. 학생들은 깡통에 담기는 물건들의 목록을 생성해 볼 수 있다. 그리고 깡통에 담기는 항목들에 대한 시를 쓰기 위해 이런 단어들로부터 문장이나 구절을 만들 수 있다.

7. *다이아몬드 시*. 시각적인 표시로 낱말들을 결합해 볼 수 있다. 이런 활동에서 학생들은 시각 표시에서 낱말들을 한 쪽 끝에서 다른 쪽 끝으로 낱말들을 배치하고 다이아몬드 모양으로 된 시를 쓸 수 있다.

10.5.6 그림으로 활동하기(16)

실제로 쓰기 가르침에 대한 거의 모든 책들이 그림에 관련된 활동을 포함한다. 그리고 쓰기 활동을 활성화하기 위해 그림을 활용할 가능성에는 제한이 없다. 그림에 바탕을 둔 많은 활동을 하기 전에 먼저 해볼 수 있는 좋은 활동은

잡지에서 다수의 흥미로운 그림들을 모으고 상자에 넣어서 학생들이 사용하도
록 보관하는 것이다. 학생들이 자신들의 쓰기 모음철에 그림을 모으고 그것을
보관하도록 장려할 필요가 있다. 다음은 쓰기 활동으로 시도할 수 있는 선택내
용 몇 가지이다. 교사들은 또한 주제 중심 교과과정 단위나 교육거리에 쓰기
활동에 초점을 둔 많은 그림을 포함할 수 있다는 것을 염두에 둘 수 있을 것이다.

1. *사진으로 수필 쓰기.* 학생들과 교사는 어떤 그림이나 사진을 모아 볼 수 있고
   이야기를 전달하기 위해 그것들을 늘어놓을 수 있다. 학생들은 이야기 선의
   빠진 부분에 그림들을 채워 넣어 볼 수도 있다. 그림과 사진들의 순서를 정하
   고 그림 아래 줄글로 이야기를 써서 작은 책을 만들 수도 있다. 이런 작은
   책은 다른 학생들이 읽을 수 있도록 교실에 붙여 놓을 수 있다. 그림 묶음들
   은 취미, 자동차, 운동, 가족, 이웃 등등에 초점을 모을 수 있다.
2. *그림 묶음으로 쓰기.* 학생들은 교사가 나누어 준 그림 묶음에 바탕을 두고
   (10.5.1 참조) 이야기를 전달해 볼 수 있다. 학생마다 이야기를 쓰고 그것을
   자신의 모둠에 차례대로 이야기한다. 다른 방법으로 모둠에서 그림 묶음을
   받고, 이야기를 전달하고, 그 이야기를 함께 써 나갈 수 있다. 더 간단한 내용
   으로는, 초보 학습자들은 그림 묶음에 있는 개별 그림들을 묘사해 볼 수 있
   고, 그 다음에 모둠으로 함께 이야기를 만들 수 있다. 모둠 학생들은 서로
   다른 이야기를 하기 위해 그림 묶음을 다시 늘어놓을 수도 있다. 그림 묶음들
   은 정보 간격을 메우는 활동에도 사용할 수 있다. 그림 묶음으로 모둠의 절반
   학생들이 처음 두 개나 세 개의 그림을 가지고 있고 나머지 학생들은 남아
   있는 둘이나 세 그림을 지닌다. 이렇게 나누어진 모둠들은 그림에서 이야기
   를 전달하고 만나서 완전한 이야기를 만든다. 이런 활동 뒤에 학생마다 같은
   그림 묶음에서 자신들의 이야기를 만들어 볼 수 있다.
3. *동물 선택하기.* 그림 묶음이나 책에서 어떤 동물을 고르고 난 뒤, 학생들은
   학급 문고에서 그 동물에 관련된 정보를 찾아보거나 교사가 모은 책에서 그
   동물에 관한 책을 찾아 볼 수 있다. 각자 한 두 단락으로 된 짤막한 보고서를
   쓰고 모둠에 있는 모든 학생들은 관심이 있는 동물에 대하여 학급에서 만든
   책에 보고서 묶음을 엮어낼 수 있다.

4. *먹거리 그림들.* 학생들은 흥미롭다고 생각하는 몇몇 먹거리에 대한 그림을 책에서 찾아낼 수 있을 것이다. 그 다음에 그 그림에 대하여 열 (혹은 *x*) 개의 낱말들을 쓴다. 이 낱말들을 사용하여 학생들은 그 음식을 먹게 될 사람에 대하여 묘사해 볼 수 있다.

5. *행운을 나타내는 그림.* 학생들은 먼저 행운이라고 말할 수 있는 구절이나 낱말 목록을 만들어 볼 수 있다. 그 다음에 유별난 사람의 그림을 고르고 그 사람의 행운에 대해서 쓰거나 말할 수 있다.

6. *일어난 일 눈으로 보이게 만들기.* 학생들에게 유별나거나 흥미로운 그림을 골라 보게 할 수 있다. 그림에 나타나기 전에 무슨 일이 일어났는지 그리고 그림에 나타난 뒤에 무슨 일이 일어날 것인지 써 보게 할 수 있다.

7. *방 묘사.* 묘사를 위해 교사는 학생들에게 서로 다른 두 방을 그린 그림을 제공할 수 있다. 짝을 이룬 학생들은 각자 그들 방 가운데 하나를 묘사하는 글을 쓰고 서로 묘사한 글을 바꾸어 본다. 짝을 이룬 학생들은 관점이나 조직 방법에 대해 비교하고 토론한다. 즉 그들은 어떤 방을 묘사하는 서로 다른 방식을 고려해 볼 수 있는데, 포함된 세부 사항의 수나 갈래, 뒤따라 나타나야 하는 묘사의 유형을 고려해 볼 수 있다.

8. *사람과 동물.* 교사와 학생은 인쇄된 면에서 사람과 동물의 비율이 같은 크기로 된 그림을 골라 볼 수 있다. 학생들은 사람과 동물을 나누어 잘라내고 사람에 동물들 그림을 다시 합쳐 본다. 그 다음에 새롭게 생긴 산출물을 가지고 무엇처럼 보이는지, 무엇을 하고 있는지, 어디서 살고 있는가와 같은 질문을 함으로써 그림을 묘사해 볼 수 있다. 학생들은 이 활동을 새로운 산출물에 대하여 이야기하는 활동과 함께 해 볼 수 있다.

9. *시와 그림.* 느낌, 계절, 휴일, 운동, 소리, 영화배우, 음악, 자연과 같은 흥밋거리 주제에 따라 그림과 시들을 모아볼 수 있다. 이런 그림들을 공책에 붙이거나 복사하고 시를 더하거나 책에 나오는 그림을 대상으로 하여 자신이 시를 쓰게 할 수 있다. 그 다음에 학생들은 책을 비교해 보고 다른 학생들에게 더 많은 그림들/시를 찾을 수 있도록 도움을 요청할 수가 있다.

10. *제목 붙이기.* 학생과 교사는 풍자만화와 연재만화를 모아 볼 수 있다. 학생들은 쓴 부분을 잘라내고 (혹은 지우고) 자신이 쓴 각본을 더해 볼 수 있다. 학생들은 그 만화의 그림을 바꾸거나 그대로 유지할 수 있다. 교사는 또한

쓰기 부분에서 더 큰 만화 묶음을 전개시켜 나갈 수 있다. 학생들은 완성된 만화를 다른 학생과 바꾸어 보면서 충고를 하거나 다른 내용본을 만들 수 있다.

11. *광고* 학생들은 자신이 좋아하거나 효과적이라고 생각하는 광고를 가져 올 수 있다. 학생들은 쓰기를 중심으로 하는 공간에 광고 묶음을 상자에 넣어 보관할 수도 있다. 학급에서는 어떤 광고들이 효과적이고 다른 광고는 효과가 덜한 이유에 대해 토론할 수 있다. 그 다음에 학생들은 x에 대하여 광고를 써 볼 수 있다. 광고에서 학생들은 x의 가치에 대해 사람들을 설득시킬 수가 있다. 더하여 학생들은 광고라는 주제로 더 큰 책을 설계하여 볼 수 있다. 유명한 사람들의 보증 선전도 포함할 수 있고 그 유명한 사람이 했을 법한 말을 적어 넣을 수도 있다.

10.6 다른 목적으로 쓰기(주제 17-20)

주제의 네 번째 묶음은 잘 알려진 덩잇글 네 갈래들에 초점을 모은다. 초보 학습자들이 어떻게 이야기를 전달하며, 어떻게 간단한 편지를 쓰고, 어떻게 사건에 대한 묘사를 하거나 사건에 진행 순서를 제공하고, 기록들을 보관하며, 간단하게 보고서를 쓰는 방법들을 배울 것이라고 기대하는 것은 당연하다. 그들이 쓰기를 시작할 때, 대부분의 학생들은 이야기를 전달하는 원리나 사건을 관련짓는 원리들을 이미 알고 있기 때문에 유창성을 확립하고 부려 쓰는 방법을 활용하기 위해 (자유롭게 쓰기, 낱말 생성하기, 베껴 쓰기, 받아 적기, 일기에 더하여) 이런 갈래는 좋은 덩잇글 유형이 된다. 그들은 또한 이른 단계에서 특히 내용 중심 교육과정이나 교육거리 중심의 교육과정에서 편지 쓰기, 묘사하기, 과정 서술하기, 보고서 쓰기에 끼어들 기회가 많다. 네 가지 주제는 이런 기본적인 덩잇글 유형을 다룬다. (1) 이야기 전달하기, (2) 편지 쓰기, (3) 묘사하기, 지시하기, 과정 기술하기, (4) 기록 보관하고 보고서 쓰기 등이 그것이다.

10.6.1 이야기 전달하기(17)

학생들이 간단한 이야기를 생성하도록 북돋워주는 방법은 많이 있다. 실제로 앞서 기술되었던 낱말 생성이나 문장을 생성하도록 한다는 생각은 짧은 이야기를 쓰기 활동에 포함할 수 있다. 학생들에게 이야기 쓰기 과제를 하게 할 때 교사는 훌륭한 이야기를 쓸 때의 중요한 측면 즉 묘사가 강하게 나타나는 시작, 살아 있는 듯한 배경, 흥미롭게 인물 윤곽 잡기, 갈등의 핵심, 절정의 사건, 적절한 결말 등등을 지적할 수 있는 기회를 활용해 볼 수 있다. 이런 이야기들은 교사들에게 언어 특징의 구체적인 유형에 초점을 모을 수 있도록 해준다. 행위 동사와 강한 이미지를 지닌 묘사 형용사들, 인물의 성격을 상세하게 나타내는 구체어들, 순서에 따라 사건 연쇄를 유지하도록 하는 시간 중심의 변천을 나타내는 낱말들, 인물들의 태도와 감정을 전달하는 부사들이 지니고 있는 언어 특징들은 뛰어난 이야기 전달에 이바지한다. 많은 이야기들이 읽기 활동과 구체적인 내용 중심의 활동을 따라 계획되지만 다음 내용들은 이야기 쓰기 활동으로 이끌 수 있는 부가적인 착상이다.

1. *옷걸이에 매달기.* 교사는 옷걸이에 종이쪽지를 매달고 학생들이 있는 책상으로 옷걸이를 전달한다. 학생들은 종이쪽지에 짧은 이야기를 써 나간다. 학생들이 흥미로운 부분에 도달했을 때 멈춘다. 그 다음에 다른 옷걸이로 이동하고 이야기를 끝낸다. 교사는 다른 학생들이 읽을 수 있도록 종이쪽지를 옷걸이에 매단다. 다른 변이형태로 교사나 학생들은 옷걸이에 그림이나 사진을 매단다. 종이쪽지에 학생들은 그림을 묘사하는 낱말이나 구절을 더하고 옷걸이에 매달 수 있도록 실로 매어둔다. 그 다음에 학생들은 옷걸이를 보고 다른 학생들이 제시한 낱말로 문장을 쓴다. 모둠에서는 이들을 모으고 이야기를 써 나간다.

2. *전보.* 교사는 먼저 전보가 보내고 받는 상황에 대해 이야기할 수 있는 기회를 제공하기 위해 몇몇의 실제 전보를 보여 주어야 한다. 학생들은 전보에 쓰일 수 있는 15(혹은 x)개의 낱말을 생성하고 이 낱말들을 사용하여 긴급하게 전달

할 내용을 작성한다. 전보에서 학생들은 일어났던 일에 대해 (혹은 방금 읽었던 이야기에서) 중요한 몇 가지를 언급해야 한다. 그 다음에 학생들은 전보를 바꾸고 긴급 전달 내용을 받고 난 뒤에 일어날 수 있는 이야기를 전달한다.

3. *이야기 전달하기*. 어떤 주제에 대해 난상토론이 있고 난 뒤, 교사는 어떤 지점에서 이야기를 시작하고 멈출 수 있다. 학생들은 개인적으로 그 이야기를 계속할 수 있다. 이와는 다르게 학생들은 난상토제안 활동으로 생성된 낱말들에서 이야기를 시작해 볼 수도 있다(위험한, 조용한, 비가 오는, 폭발, 시끄러운, 불 등).

10.6.2 편지 쓰기(18)

편지 쓰기는 여러 갈래의 흥미로운 방법으로 확장될 수 있는 자연스럽고 쉬운 활동이다. 학생들은 많은 다른 사람들에게 편지를 쓸 수 있으며, 다양한 목적을 위해 구성하여 쓸 수 있다. 이런 가능성은 학생들을 위해 실제 독자가 제시되는데 학생들이 다른 갈래의 편지를 써 나감에 따라 변하는 독자의 기대치에 대해 토론할 수 있도록 해 준다. 독자와 목적에서 차이는 독자층과 필자의 목적에 따라 계속해서 변하는 언어 특징들을 지적할 수 있는 기회를 제공한다. 이런 방식으로 편지 쓰기는 교사들에게 쓰기의 관습 즉 선언의 특징을 드러내기 위해 내림 어조(down-toning)로 하기, 강한 묘사를 나타내는 부사(descriptive adverb)와 형용사를 더하기, 논쟁을 하는 데서 이유나 입장을 뚜렷이 드러내기, 올바른 태도나 감정을 전달하기 위해 알맞은 서법 사용하기를 토론할 수 있도록 해 준다. 다음은 쓰기 수업에서 편지 쓰기의 사용으로 할 수 있는 많은 것 가운데 몇몇이다. 편지 쓰기의 많은 기회들은 또한 내용 중심의 가르침과 교육거리를 따르게 될 것이다.

1. *다른 사람에게 편지 쓰기*. 편지는 다양한 사람들에게 쓸 수 있다. 학생들은 다른 학급이나 다른 학교에 있는 학생들에게 편지를 써 볼 수 있다. 혹은 학교에

서 일어나야 할 변화에 대해 교장에게 제안하는 편지를 쓸 수 있다. 혹은 시에서 가장 중대한 당면 문제를 기술하거나 시에서 해야 되는 것에 대해 지역 행정 담당자에게 편지를 쓸 수 있다. 축하하고, 초대하고, 사과하며, 지시하는 편지를 쓸 수도 있고 교사가 편지 친구(pen pal)를 주선하기 위해 편지함을 만들어 줄 수도 있다(편지 친구는 전자편지를 통해 접속할 수 있다. 10.7.5 참조).

2. *항의하기.* 학생들은 어떤 회사의 제품에 대해 항의하는 편지를 써 볼 수 있다. 학생과 교사는 먼저 항의 편지에서 중요한 낱말이나 구절에 대해 이야기한다. 그 다음에 그들이 쓸 수 있는 회사를 결정한다. 학생들은 또한 학교의 어떤 규칙에 대해 항의하는 편지를 쓸 수 있고, 학교에 영향을 미치는 어떤 문제에 대해 시 당국에 항의하는 편지를 써 볼 수도 있다.

3. *안부편지 쓰기.* 교사와 학생들은 달력, 신문, 텔레비전, 라디오에서 유명한 사람들을 위한 생일축하 인사말을 모아 볼 수 있다. 학생들은 자신들의 생일 혹은 생일 가까이에 태어난 유명한 현존 인물을 선택한다. 그 다음에 생일축하 카드를 만들고 선택한 사람에게 그것을 보낸다. 이어서 학생들은 왜 그들이 카드를 보냈는지 설명해 볼 수 있다.

10.6.3 묘사하고 지시하고 과정 기술하기(19)

초급 수준의 쓰기에서 학생들로 하여금 다양한 쓰기 목적과 과제를 접해 보게 하는 것이 중요하다. 이야기, 편지, 자기를 표현하는 쓰기에 더하여 학생들은 내용 중심의 정보 자료와 과제로 관여할 수 있는 쓰기 유형을 실습해 볼 수 있다. 이런 유형의 쓰기는 교사가 더 어렵다고 할지라도 여러 이유로 규칙적으로 실습할 필요가 있다.

먼저 이들이 실제로 어렵다고 한다면 덜 연습하기보다는 더 많은 연습으로 덕을 볼 수 있다. 두 번째로 쓰기에서 정보 [전달] 갈래들은 내용 중심 교육과정과 너른 범위 교육거리의 자연스러운 확장이다. 그리고 이른 단계에서도 내용 영역의 정보를 모으고 학습하는 중요한 수단이 된다. 세 번째로 이런 갈래의 쓰기는 이야기 전달이나 자기를 표현하는 쓰기의 자연스러운 확장이다. 종종 학생들은 이야기 전달에서 그 일부로 묘사나 과정 기술을 하며 자기를 표현하는 너른 범위 교육거리에서 학생들이 부가적인 자료들을 탐구해야 하는 묘사나 과정을 기술하도록 하는 과제에 뒤이어 해볼 수 있다. 네 번째로 어떤 학생들은 집에서 정보 전달적인 쓰기를 접해 볼 기회가 거의 없다. 이런 학생들이 혜택을 받은 학생들에게 쓰기 발달에 뒤지지 않도록 하기 위해서라면 정보 [전달] 갈래를 일찍 접해 볼 수 있도록 할 필요가 있다. 다섯 번째로 당연하게 학생들은 세계에 대해 흥미를 갖고 있다. 정보 [전달] 갈래는 세계를 탐구할 수 있는 또 다른 수단을 제공해 주며 학생들로 하여금 다른 목적을 위해 이런 정보를 구성할 수 있도록 해 준다. 이 장에서 많은 활동들이 개인적인 자원으로부터 정보 생성을 위한 것으로 시작하지만 학생들은 자신에 대하여 지속적으로 써나가기보다는 자신들을 둘러싼 세계에 대한 쓰기로 이끌게 될 주제들을 탐구할 수 있도록 격려해야 한다.

교사는 묘사와 안내와 과정 기술에서 일관되게 나타나는 구성 원리와 언어 특징들에 주의 집중하도록 초점을 모을 필요가 있다. 학생들은 또한 쓰기에서 의도한 짜임새를 분명하게 알려주는 낱말과 구절들에 대해 의식할 필요가 있다.

낱말 목록과 관련된 이른 시기의 활동에서 구절 쓰기와 문장 쓰기, 시 쓰기는 묘사, 지시하기, 과정 기술하기로 쉽게 확장될 수 있다. 다음은 있을 수 있는 많은 부가적인 활동 가운데 몇몇이다.

1. *좋아하는 음식.* 학급에서 좋아하는 음식을 확인하고 학급의 좋아하는 목록을 만든다. 영수증은 학급 영수증 책에서 모을 수 있다.
2. *특별한 장소.* 교사는 특별한 장소를 기술할 수 있고 왜 그것이 특별한지를 설명한다. 학생들은 자신들에게 특별한 장소를 생각해 보고 그것을 눈으로 볼 수 있도록 하며 몇 개의 문장으로 그것을 기술할 수 있다.
3. *구두로 알아보는 성격.* 학생들은 이 활동을 구두 그림을 모으는 것으로 시작해 볼 수 있다. 구두를 묘사하고 그것을 신은 사람들의 성격을 기술해 볼 수 있다.

4. *지시하기.* 학생들은 사람들이 충고를 하거나 특별한 지시를 내려야 하는 상황을 생각해 보아야 한다. 학급에서는 그러한 지시를 내려야 하는 상황을 낱말이나 구절을 사용하여 난상제안으로 목록으로 만들고 선택한 상황에 대하여 지시를 내려 볼 수 있다. 이를테면 젓가락으로 먹기, 종이로 공예품 만들기, 이빨 닦기, 칠면조 요리하기, 햄버거 만들기, 샌드위치 만들기, 식물에 물주기, 애완 동물에게 먹이 주기, 영수증 쓰기 등등 무엇인가를 하도록 누군가에게 말할 수 있다.

5. *좋아하는 운동.* 모둠을 만들고 자신들이 좋아하는 운동의 이름을 정한다. 그다음에 그 운동을 묘사하며 다른 행성에서 온 누군가에게 규칙을 말해 보게할 수 있다.

10.6.4 기록 유지하고 보고서 쓰기(20)

학생들은 보고서 쓰기에 익숙해질 필요가 있다. 어떤 주제에 대한 정보를 모으고 기록하며 정보를 분류하고 그것으로부터 일반화해 보아야 한다. 또한 분명하게 짜이고 논리적인 제시 방법으로 정보에 대한 쓰기를 연습해야 한다. 이는 기가 꺾이는 과제로 보일지 모르지만 그와 같은 쓰기에 체계적으로 이어지는 활동 그리고 다른 교실수업 활동을 자연스럽게 따르는 활동들이 계발될 수 있다. 특히 공부거리 중심의 가르침과 내용 영역 가르침에서 학생들은 급우이든, 학급에 있는 다른 친구이든, 부모이든 혹은 다른 누구이든 다른 사람에게 실제로 전달될 수 있는 정보 묶음으로 공부하는 연습을 할 필요가 있다.

교사는 또한 보고서 쓰기의 형식적인 특징들을 지적할 수 있다. 이는 보고서에 사용되는 언어적인 측면과 효율적일 수 있는 구성 얼개에 초점을 모을 수 있는 기회를 보여준다. 예컨대 학생들은 구체적인 사례들로부터 일반화하고 정보를 더 큰 부류로 분류하고 절대적인 진술보다는 양화사 표현을 활용할 필요에 초점을 모아 볼 수 있다. 학생들은 또한 전환 장치들을 통해 자신이 쓴 덩잇글의 짜임을 알려주는 방법을 더 잘 깨닫게 될 수도 있다.

초급 학생이 보고서를 쓸 가능한 방법들이 많이 있다. 생각을 붙드는 방법으로 난상제안을 함으로써 시작할 수 있고 낱말이나 구절을 생성하게 하며 관심이 있는 구체적인 주제에 초점을 모으거나 사건이나 대상을 관찰하거나 단순한 상세 설명, 묘사, 지시, 일지 항목 쓰기 등으로 시작할 수 있다. 교사나 학급 문고에서 더 많은 정보를 발견하게 할 수 있다. 이런 일련의 활동은 시간을 두고 단순보고서 쓰기에 자연스럽게 이어지도록 해야 한다. 다음에 나오는 사례들은 보고서 쓰기에 이어질 수 있는 활동들의 유형이다.

1. *만져보고 조각 모음책(scrapbook)에 적기*. 학생들은 만져 보고 싶은 항목들을 모은다(은박지, 플라스틱, 종이, 마분지, 사포, 무명 직물, 코르덴, 풀, 삼베, 거품, 가죽, 비단, 나일론, 잎, 톱날, 플러시천, 나무토막, 세멘트 조각 등등). 조각 모음책에 이들을 붙이고 각 조각에 대한 몇몇 낱말들(모양, 느낌, 재료 등등)을 적어 둔다. 항목들은 부류로 짜일 수 있고 적절하게 이름을 붙이며 모아진 조각 모음책들은 우리 주변에 있는 재료들의 유형과 어떻게 보이고 어떤 느낌이 나는지, 어디서 발견되는지, 어떻게 이용되는지에 대한 단순한 보고서가 될 수 있다.

2. *애완동물 먹이고 씻겨 주기*. 이 쓸거리에서 학생들은 애완동물을 돌보고 먹이기 위한 계획을 적어낸다. 애완동물은 학교에 있을 수도 집에 있을 수도 있다. 기록에는 먹는 습관, 먹는 시간, 좋아하는 음식 등등을 적는다. 이 공책은 먹이는 일과 애완동물의 먹는 습관에 대한 단순한 보고서를 위한 자원이 될 수 있다.

3. *주요 자료를 적은 종이(data sheet)*. 학생들은 계속되는 실험에 대한 매일의 기록을 보관할 수 있다. 그와 같은 실험에는 씨앗 뿌리기, 개미 기르기, 물고기의 행동, 습도 기록 등등이 포함될 수 있다. 일정한 시간이 흐른 뒤, 학생들은 자신들의 관찰에 대하여 최종 요약본을 써 볼 수 있고 그런 관찰 사실들이 일반화될 수 있는지 여부를 결정할 수 있다.

4. *설문지 만들기*. 학생들은 어떤 주제에서 학생들의 관심사를 점검하기 위한 학급이나 모둠으로 쓸 거리를 계획해 볼 수 있다. 칠판에 늘어놓은 묶음에서 관심 있는 주제를 지정하고 학급 친구들로부터 정보를 모을 수 있는 단순한

질문을 만들어 볼 수 있다. 필요하다면 모인 정보로부터 할 수 있는 일반화에
대한 결정을 할 필요가 있다.

5. *공책에 적기.* 중요한 구절과 핵심 낱말에 대한 감각을 드높이기 위하여 간단
한 과제와 활동을 통해 공책에 적는 연습을 해 볼 수 있다. 그와 같은 활동
가운데 하나는 짧은 읽을거리, 간단한 강의, 비디오로 보여주기, 초대 강사의
촌평을 적어 보는 것과 관련이 있다. 모둠으로 공책을 비교해 보고 자신들의
공책을 교사의 공책과 비교해 볼 수 있다. 다양한 공책들을 유용한 낱말들이
나 구절들로 채워 넣기 위해 사용할 수 있고 자신들의 공책에 적기에 정확도
를 끌어올리기 활용할 수 있다. 그 다음에 학생들은 간단하게 요약하거나 반
응을 보이고, 도표를 채워 넣을 수도 있다. 이런 유형의 활동은 단순해야 하며
자주 되풀이해야 한다. 또한 다른 목적을 위해 학생들이 필요로 하는 정보에
대해서도 이뤄져야 한다.

10.7 쓰기 교육과정 넓히기(주제 21-25)

마지막 주제 묶음은 쓰기 환경을 좋게 하고 쓰기 과제를 수행하는 데 학생들
을 도와주는 것이다. 이런 주제들은 쓰기 발달을 위해 필요하고 자연스러운 확
장을 의미한다. 그리고 쓰기에 대한 긍정적인 태도로 이어지고 쓰기를 연습할
기회를 폭넓게 끌어들인다. 이런 목적을 위해 (1) 대화 일지 활용하기, (2) 완결
된 글 출판하기, (3) 쓰기를 위한 공간 마련하기, (4) 폭넓은 읽기 포함하기, (5)
문서 편집기에 이른 시기에 접속하기라는 다섯 개의 적절한 주제가 포함된다.

10.7.1 대화 일지 활용하기(21)

쓰기 기회를 확대하고 의사소통을 위한 쓰기를 활용하는 좋은 방법은 대화
일지를 통한 방법이다. 매우 잘 짜인 접근법에서 대화일지는 매일 쓸 필요가

있다. 일지는 학생들의 내용에 대해서 비평하는 교사가 정기적으로 모으도록 한다. 비평은 쓰기에 대한 평가나 쓰기를 위한 제안을 의미하는 것이 아니라 글말 매체를 통해 학생과 교사가 비격식적으로 의사소통할 기회를 제공한다는 의미를 지닌다. 교사는 학생들의 생각에 응답하고 학생들이 선택한 어떤 주제에 대해서든 대화에 참여하는 것이다. 물론 다른 대화 참여자들이 그러하듯이 교사는 다른 관심 있는 주제를 자유롭게 지정할 수 있다(페이튼 Peyton 1990).

대화일지는 판에 박힌 일상적인 일일 필요는 없지만 표현과 소통을 위한 참된 수단으로 간주할 수 있다면 지속되어야 한다. 쓰기는 교실수업 정규 활동의 일부로 보이기에 충분할 정도로 자주 이뤄져야 한다. 다른 활동들 사이에서 혹은 일과의 마지막 이전에 급박하게 쥐어짜내는 것이 아님을 확신시키기 위해 일지 쓰기에 충분한 시간을 주어야 한다.

일지를 활용하는 데 따르는 혜택이 여럿 있다. 쓰기와 더 많은 연습에 대한 추가적인 근거를 제공해 주고 학생과 교사로 하여금 쓰기 활동과 쓸거리의 원천이 될 수 있는 관심 주제를 지정할 수 있도록 해 준다. 일지는 또한 학생들이 학교 교육활동과 부여받은 과제에 대한 자신의 감정과 태도를 드러내는 연모가 된다. 일지는 동료들이 무엇에 대해 쓰는지 알도록 하기 위해 때때로 다른 학생들과 공유하도록 해 볼 수 있다. 이와 마찬가지로 일지는 학급에서 토론의 원천이 될 수 있으며 난상제안의 원천이 될 수 있다(스테이튼 Staton 등 1988).

10.7.2 완결된 글 출판하기(22)

초급 수준의 학생들의 쓰기를 위한 두 번째 의미 있는 확장은 어떤 글을 출판하는 것이다. 이 과정은 비교적 비격식적인데 주간 출판을 위해서는 게시판의 공간을 활용할 수 있다. 표지와 삽화의 제작이 관련될 수 있는데 이들은 쓰기와 결합되고 읽기를 위한 공간이나 학급 문고에 두고 학급의 다른 학생들을 위한 책으로 함께 묶일 수 있다. 또한 글을 더 다듬어서 출판하는 것과 관련을 지을 수도 있다. 많은 학급에서 출판을 위해 어떤 쓰기 과제를 문서 편집기를 활용하여 끝낼 수 있다. 쓰기 그 자체가 짜깁기 과정을 거치며 그 다음에 출판되는 것이다.

출판하기의 활용은 학생들에게 강한 동기를 부여할 수 있다. 학생들은 자신들의 성취에 자부심을 가질 수 있는데 출판된 글이 종종 훌륭해 보이기 때문이다. 그럼에도 불구하고 출판하기의 활용에서는 절제와 안배가 필요하다. 출판하기가 모든 쓰기에 대해 사용되어서는 안 된다. 오히려 특별한 교육거리, 더 오래 걸리고 깊이 관련된 과제와 어느 정도 특별한 가치를 지니는 모둠별 쓸거리를 위해 아껴 두어야 한다. 예컨대 좋아하는 시나 이야기를 담은 학급 책은 출판한 가치가 있는 쓸거리이다. 출판은 또한 좋은 글들을 미리 준비해 두어야 한다. 학생과 교사 둘 다 각별한 노력을 반영한다고 인식하는 쓰기 과제가 있다. 이런 글들이 출판을 위한 좋은 후보작이다. 출판이 특별하기 때문에 출판하지 않으면 가치를 잃어버릴 특별한 글만을 위해서 활용되어야 한다. 그리고 그렇지 않으면 학생들은 상당한 노력이 필요한 중요 산출물로서(그리고 커다란 만족을 주는 것으로) 책을 보지 않을 것이다.

작은 신문을 만드는 것도 학생들의 쓰기를 위한 중요하고 실질적인 표현수단이다. 한 달에 두 쪽으로 된 신문은 집에 있는 부모에게 전달될 수 있고 학급 알림, 학생들의 글, 앞으로 다가 올 교육거리에 대한 계획을 포함할 수 있다.

10.7.3 쓰기를 위한 공간 마련(23)

쓰기 활동은 쓰기를 위한 공간으로 확대될 수 있는데 그곳은 쓰기 과제의 일부로서 혹은 개인 활동을 위한 자원으로서 쓰기를 촉진하도록 마련된 교실의 어떤 공간이다. 많은 경우에서 쓰기를 위한 공간은 학생들과 학생 모둠들이 흥미 있는 쓰기 과제에 대한 선택내용을 찾아보기 위해 가는 곳이다. 학생들의 수행내용철을 활용하는 학급에서(11장과 11.7.2, 13장 참조) 쓰기를 위한 공간은 그것을 보관하는 곳이며 학생들은 그곳에서 이전의 쓰기를 되돌아보고 그것이 완성할 것인지 고쳐 쓸 것인지를 결정한다. 다양한 신문 사설과 학생용 사전, 자료집, 백과사전, 편집 지침 등등과 같은 참고 자료들이 출판되기 전에 쓴 글을 점검하기 위해서 쓰기를 위한 공간에 보관되어 있다.

쓰기를 위한 공간은 또한 학생들의 쓰기에 동기부여를 할 수 있도록 많은 자료 모음집이 보관되어 있다. 쓰기를 위한 공간에는 이야기를 시작하게 해 주는 깡통과 가방들이 포함되어 있다. 거기에는 이야기 전개를 위한 제목, 첫 줄, 첫 번째 단락이 포함되어 있을 수 있다. 학생들은 어떤 가방에서 하나를 선택하여 이야기를 끝낼 수 있다. 다른 가방에는 학생들이 여러 낱말이 적힌 종이가 있을 수 있는데 이것으로 시를 쓰거나 이야기를 만들어야 한다. 다른 가방에는 신문의 표제가 있을 수 있는데 학생들은 새로운 이야기를 덧붙여서 써야 한다. 상자에는 시나 소설을 위한 출발점으로서 묘사하거나 활용할 수 있는 그림이 포함될 수도 있다. 어떤 가방에는 학생들이 편지를 쓸 수 있는 사람들의 주소가 포함되어 있을 수도 있다(이를테면 학교, 시청이나 정부 기관, 회사, 정보 지원 주소 등등). 큰 쇠로 된 깡통에는 모둠 쓰기 활동이 담겨 있을 수 있는데 이는 모둠에서 쓰기 과제나 쓸거리를 시작하도록 하는 데 활용될 수 있다. 이들과 다른 방식으로 시작하게 하는 요소들은 쓰기를 위한 공간의 구성요소가 될 수 있고, 서로 다른 과제와 주제, 서로 다른 목적에 대한 글들을 탐색할 수 있도록 학생들을 독려하여야 하는 것들이다.

10.7.4 폭넓은 읽기 포함하기(24)

쓰기를 위해 중요한 확장은 포괄적인 읽기를 교실에서 포함하는 것이다. 읽기와 쓰기는 상보적인 활동이다. 읽기 활동의 결과는 쓰기를 위한 입력으로 제공되며 쓰기는 더 발전된 읽기 자원으로 이끌어 줄 수 있다. 폭넓은 읽기를 포함하는 좋은 방법은 지속적인 묵독(sustained silent reading; SSR)이다. 지속적인 묵독에서 학생과 교사는 묵독하기 위해 다른 활동을 멈춘다. 교사도 폭넓은 읽기의 모범이 되기 위해 읽어야 한다. 이는 규칙적으로 이뤄져야 하고(일주일에 3-5회), 실행시기마다 10-15분 동안 지속되어야 한다. 학생들이 묵독에 익숙해짐에 따라 시간은 뒤에 더 늘어날 수 있다. 학생들이 자신의 읽기 자료를 가져올 수도 있거나 혹은 학급 문고에서 자료를 선택할 수 있다.

많은 쓰기 활동으로 이어질 수 있는 폭넓은 읽기를 촉진하는 또 다른 방법은 매우 관심도가 높은 읽기 묶음을 활용하는 것이다. 규칙적인 읽기에서 읽기 시간은 무시하고 같은 책을 모두 묵독한다. 15-20분이 지난 뒤 학생들은 멈추고 자신의 진척 정도를 기록한다. 학생들은 그날 읽은 것에 대하여 한 줄이나 두 줄로 자신의 반응을 적어둘 수 있다. 학급 읽을거리는 모둠 활동거리나 책으로부터 극으로 만들거나 연극을 할 수 있는 기회를 제공하는데 추가로 책에 있는 인물에 대하여 창조적인 쓰기를 하거나 책이 시작되기 전에 장면을 설정하는 읽기 전 활동 혹은 그 책을 끝까지 읽고 난 뒤 무엇이 일어났는지 말하는 활동으로 계속될 수 있다. 이들과 다른 많은 선택내용들이 학급 문고의 사용으로 가능하게 될 것이다.

10.7.5 문서 편집기에 이른 시기에 접속하기(25)

컴퓨터에 접속할 수 있는 학생들의 수가 불어나고 있다. 그 결과 교육적인 달성기준에서 학생들이 이런 방식으로 쓰기에 익숙해지기를 바라고 있다. 많은 학교에서 컴퓨터 실습실이나 교실에 몇 대의 컴퓨터가 있다. 이런 자원들은 학생들의 기술 활용성을 드높이기 위해 사용되어야 한다. 그리고 더 중요한 것은 더 강력한 자원으로 쓰기 연습을 하도록 하는 것이다. 컴퓨터는 학생들에게 더 긴 글을 쓰고 쉽게 고쳐 쓸 기회를 제공하며 다른 형식으로 쓰고 지난 글을 담은 파일을 보관하도록 해준다. 컴퓨터는 모둠 학습을 위한 새로운 기준을 제공하는데 학생들이 해당 과제를 같이 하거나 다른 시기에 할 수 있고 그 덩잇글은 깔끔하게 남아 있기 때문이다. 마지막으로 그림 선택내용과 깔끔한 출력은 학생들로 하여금 더 긴 시간 동안 쓸 수 있는 동기를 부여한다.

컴퓨터의 더 나은 장점은 쓰기 과제가 다른 장소로 옮겨질 수 있다는 것이다. 학생들은 디스켓에 담긴 파일을 쓸거리를 완성하기 위해 다른 학급과 맞바꿀 수 있고 편지로 전달할 수 있다. 더 나아가 다른 학급에 전자편지를 통해 쓸 수 있다. 편지 친구를 통한 교환뿐만 아니라 문화, 휴일, 중요 인물, 교실수업 활동에 대한 정보를 교환하는 정보 교환활동에 참여하게 할 수 있다. 컴퓨터는 쓰기를 위해 점점 더 무시할 수 없는 중요한 선택내용들을 제공한다. 쓰기 그 자체와 마찬가지로 컴퓨터는 의사소통 매체로서 그리고 학생들이 자신들의 발달을 위한 강력한 자원으로 볼 수 있게 할 필요가 있다.

10.8 주제들을 성인 초보 학습자들에게 적용하기

앞의 논의에서 상당수가 쓰기를 시작하는 어린이 초보 학습자를 위해 마련되었고 학생들이 초등학교 수준에 있는 것으로 가정하였다. 그러나 제시된 논제의 다수가 성인 초보 학습자들에게 적용된다. 성인 초보 학습자들에게는 폭넓은 격려와 지원이 필요하다. 성공할 수 있는 기회를 많이 줄 필요가 있으며 그들이 이룩한 발전이 중요하며 쓸모 있다고 느낄 필요가 있다. 이런 점에서 위에 대략적으로 소개한 주제들은 어른들의 맥락에 쉽게 적용될 수 있다. 성인 학습자들은 무엇에 대해 쓰게 될 것인지 논의할 수 있어야 하며 주제에 대해 난상제안을 할 필요가 있다.

- 자신들의 복잡한 생각의 표현을 위해 창조적인 쓰기 어휘를 확립할 필요가 있다.
- 그들은 다양한 목적을 위해 매일 규칙적으로 쓸 필요가 있다. 논술은 초급

성인 학습자를 위해 선호되는 목표는 아니며 그것보다는 서로 다른 실제적인
목적을 위해 짧은 글을 자주 쓰는 것이다.
- 의식적으로 폭넓게 주변의 인쇄물들에 초점을 모으고 그런 인쇄물의 양식과
목적에 초점을 모을 필요가 있다.

너무 흔하게 성인 학습자들이 산출할 수 없다고 느끼는 쓰기의 어려운 형식에만
초점을 모은다.

글쓰기 뒷받침과 안내의 입장에서 성인들은 보호망이 있는 가르침과 글말
능력 발판에 의해 지원을 받을 필요가 있다. 더 많은 모형들이 필요하며 그들이
성취할 수 있는 과제, 모의 활동과 의미 있는 활동이 필요하다. 게다가 자신의
쓰기와 다른 사람의 쓰기를 토론할 수 있고 생산적으로 주고받는 되짚어 주기에
참여할 수 있도록 쓰기를 위한 논의의 상위 언어를 배울 필요가 있다. 특히 되짚
어 주기는 특별히 발전시키기 어려운 기술인데 성인 학습자들이 일반적으로 다
른 사람으로부터 받은 비판에 상처를 입기 쉽기 때문이다.

쓰기 실천 사례를 다양한 방식으로 넓혀야 하는 필요성은 아마도 성인 초급
학습자들에게 더 중요할 것이다. 어른들은 몇 년 동안 학교에 있게 될 어린 학생
들보다 필요한 기술을 향상시키는 데 필요한 시간이 없기 때문에 어른 학습자들
은 알맞은 과제의 서로 다른 유형을 연습할 필요가 있고 비교적 짧은 기간 안에
많은 갈래들을 아우르고 다스릴 수 있어야 한다. 대화 일지는 특히 자신들의
쓰기 형식에 대한 비판 없이 쓰기에서 글말로 표현된 정보의 진지한 주고받음에
참여하도록 하는 유용한 방식이다. 교사와 대화 일지를 교환함으로써 자신들이
살고 있는 실제 세계로부터 나온 생각과 문제에 대해 의사소통을 하고 있다는
느낌이 들도록 해줄 것이기 때문이다. 그러나 교사들은 대화 일지에서 쓰기 실
수들을 고치고 있는 것은 아님을 강조할 필요가 있다. 다른 한편으로 학생들은
교사가 읽고 아무런 언급을 하지 않는 것이 올바르다고 가정할 수 있다.

쓰기를 위한 공간이 있는 학급에서는 개인이나 모둠으로 흥미로운 활동에
참여할 수 있도록 어른 학습자들에게 동기부여를 할 수 있을 것이다. 출판을

할 수 있는 기회에 대해서도 사정은 마찬가지인데 아마도 다양한 사람이나 집단에 보내는 가장 잘 쓴 편지나 소식지의 형태가 있을 법하다. 마찬가지로 컴퓨터에 접속하는 것은 문서 편집기가 잘 지원되고 틀이 잘 갖춰져 있다면 학생들에게 동기를 부여할 수 있다. 쓰기를 읽기와 통합할 필요성은 어린 학습자보다 성인 학습자에게 더 중요한 문제이다. 성인들은 다양한 갈래의 인쇄된 덩잇글을 볼 필요가 있으며 더 폭넓은 일련의 정보와 주제 관련 어휘를 배울 필요가 있다. 그들은 또한 어린 학습자들보다 더 성공과 성취에 대한 감각을 느낄 필요가 있는데 불운한 과거 경험의 영향에서 돌이킬 시간이 거의 없고 기회가 거의 없기 때문이다.

진짜 문맹인 상태로 학급에 참석한 그런 어른들이 참여하는 도전거리를 추가할 수 있다. 이런 경우들에서 학생 활동과 교사의 역할은 매우 다르게 될 것이다. 단순히 쓸 수 없는 학생들과 맞닥뜨릴 뿐만 아니라, 음성과 문자 사이의 관련성을 이해하지 못하고 자모 낱자들에 대해서 아무 것도 모르며 쓰기 목적에 따른 양식에 맞게 어떻게 써야 될지 아무런 감각이 없는 학생들과 마주칠 것이다. 또한 그들은 적어도 애초 상태는 아닐지라도 쓰기 양식에 접속할 수 있는 방식으로 읽을 수 없다. 이런 경우 자모의 원리를 강조하는 기본적인 글자 해득 교육거리, 기본 낱말 집단에서 눈으로 보면 알 수 있는 어휘(sight vocabulary)를 연습할 필요성, 쓰기의 기술에 대한 통제가 중요한 목표가 된다. 그와 같은 맥락에서 학생들은 베껴 쓰기를 시작할 수 있으며 자신이 생성한 낱말 목록이나 자신들의 필요에 비춰 중요한 어휘들이 포함된 낱말 목록으로 시작할 수 있다. 쓰기의 기술을 통제할 수 있게 된 다음에야 그리고 교사의 간단한 도움을 받으면서 성공적인 경험을 한 다음에야(이를테면 언어 경험 접근 활동) 그들에게 자기를 표현할 수 있는 더 넓은 범위의 기회를 제공해야 한다. 어린 학생들보다 성인 학습자들은 적절하게 쓰지 않는다는 것을 더 잘 알고 있으며 불성실한 격려와 좌절감을 주는 쓰기 활동으로 인해 성인의 민감한 자존심에 상처를 입도록 해서는 안 된다. 어느 정도 쓰기에 익숙해 졌다고 가정되는 초급 수준으로 단계로 옮아가는 것은 교사와 학생들 사이의 협의로 나오는 결정에 따른다.

10.9 결론

이 장에서 소개한 쓰기 주제들은 초급 수준의 학생들로 쓰기를 하기 위해 이용 가능한 선택내용에 대한 인식을 드높이기 위한 것이다. 그러나 주제 목록들은 다음 날에 무엇인가를 하기 위한 착상으로 간주되기를 바라는 것이 아니다. 오히려 주제 목록을 통해 논의된 구체적인 기법들은 교실 수업에서 더 넓은 교육거리와 내용 단위 안에서 사용될 수 있는 활동으로 의도된 것이다. 주제들은 더 큰 교육과정 단위의 계발로 통합되는 것을 도와주는 간단한 지침을 제공한다.

많은 주제들을 가로지르는 어떤 교육적 개념들이 있어야 한다는 것은 분명하다. 첫째로 학생들의 수준에서 과제를 설정하는 것이 중요하다. 초급 수준의 필자라도 우선 과제가 간단하다면 이것이 가능하다(간단하다는 것은 단순함을 의미하는 것은 아니다). 종종 출발점은 소품들과 관련된 낱말과 구절의 생성이다. 다른 경우에 목록이나 그림, 문장의 활용도 학생들이 때때로 필요로 하면서 더 넓고 복잡한 활동의 시작이 될 수 있는 일종의 피난처를 제공해 준다. 둘째, 다른 학생들이 활동을 어떻게 수행하는지 알고 공격적이지 않은 환경에서 다른 학생들의 글과 자신의 글을 비교해 볼 수 있도록 정기적으로 모둠을 이루어 글을 쓸 필요가 있다. 그러나 교사는 때를 놓치지 않고 되짚어 주기를 제공하기 위해 모둠을 활용해야 하는데 언제나 학생들을 개인적으로 뽑아내어야 하는 것은 아니다. 셋째로 다양한 방식으로 학생들은 생각과 정보를 찾아낼 수 있도록 북돋워 주어야 한다. 이 장에서 자기 표현적인 주제나 이야기 전달 주제를 많이 강조하였지만 학생들의 세계를 탐구하기 위해 활용할 수 있는 다른 많은 활동들이 있다. 넷째로, 이런 활동을 통해 학생들은 언어 형식과 언어 사용의 많은 측면들을 탐구하여야 한다. 이런 유형의 활동은 과제로부터 나타나는 언어적인 측면에 초점을 모을 수 있는 기회를 교사들에게 제공한다. 그와 같은 기회는 언어에 대한 학생들의 자각을 끌어올리고 효과적인 언어 사용을 지적해 줄 수 있는 중요한 방법을 보여 주고, 학생들에게 다양한 쓰기 상황을 탐색하며 그에 따르는 언어 제약을 찾아 볼 수 있는 기회를 제공한다.

다음 뒤따르는 두 장에서 주제와 활동들과 함께 부가적인 원칙들이 정신적으로 앞서 있는 학생들을 대상으로 제시될 것이다. 이런 활동들 가운데 많은 활동들이 이 장에서 제시된 단순한 활동에 바탕을 두고 만들어졌다. 이 장에서 제시된 주제와 활동들이 초보 수준의 학습자에게만 적용될 수 있는 것이 아니라는 것을 염두에 두어야 한다. 많은 착상들이 더 복잡해지는 과제에 적용될 수 있고 중급 수준이나 고급 수준의 학생들에게도 알맞을 수 있다.

11 | 중급 수준에서 쓰기 가르침
Teaching writing at intermediate levels

11.1 도입

학생들이 영어로 쓰기에 대한 경험이 많을수록 더 많은 학습 과제를 지닌 교육 환경으로 이동함에 따라 쓰기 가르침은 새로운 특징을 지닌다. 학생들은 더 복잡한 정보 묶음들을 인식할 수 있어야 하며 더 넓은 갈래와 글말 담화의 형식적인 구조에 능수능란함을 끌어올릴 수 있어야 한다. 앞 장에서 논의된 것처럼 기본적인 유창성이나 능력이 쓰기 가르침의 중요한 구성요소로 남아 있긴 하지만 촉발되어야 하는 쓰기 자원들과 향상시켜야 하는 부가적인 능력들이 있다.

중급 수준의 학생들[61]은 기본적인 수준에서 쓰기를 할 수 있는 학생들이고 이제 학업에 따른 폭넓은 범위의 정보를 학습하기 위해 쓰기를 활용해야 한다. 그들은 역사, 과학, 문학, 사회학, 수학, 예술, 외국어에 대해 배우기 위해 쓰기를 사용하는 사람들이다. 이 수준에 있는 학생들은 여러 겹의 자원으로부터 어떻게

---

61) 중급 수준의 쓰기 능력에 대해 FSI나 SCTFL 수준과 같이 임의로 수준을 설정하는 것이 가능하다. 그러나 쓰기에 대한 논의에서 그리고 우리가 고려하고 있는 범위의 학생들에 대해서 그것은 너무 폭이 넓어서 초급 수준과 중급 수준 사이의 차이를 드러내는 구체적인 기준을 제공할 수 없다.

읽을 것인가를 배워야 하며 이런 자원들로부터 써 나가야 한다. 이런 학생들은 종종 특정 갈래의 분석, 종합, 비판적인 평가를 필요로 하는 더 긴 학습거리에 참여하게 될 것이다. 동시에 중급 수준의 학생들은 계속해서 추가로 학습되는 어휘를 부려 쓸 수 있고 문체가 완숙되고 쓰기에서 독자와 목적에 대한 감각을 반영하게 됨에 따라 상당할 정도로 더 복잡한 구문을 다스릴 수 있게 된다. 쓰기 기대치에서 이런 모든 변화들은 정보에 바탕을 둔 쓰기와 다양한 갈래, 제약들에 대한 강조가 더 많아짐을 반영한다.

학업 목적을 위해 쓰기를 개선시킬 필요가 있는 중급 수준의 학생들은 크게 두 부류가 있다. 공교육 제도 맥락에서 중급 수준의 학생은 중등학교 학생들로 대략 6-11학년(나이로는 12-17)이다. 이들 학생들은 간단한 메시지를 작문할 수 있는 기본적인 기술과 쓰기의 기제를 통달하였을 것이다. 그들은 일반적으로 서사적인 글과 자기 표현 과제 쓰기에서 상당한 경험을 하였을 것이다. 중등학교 학생들의 더 작은 하위 갈래에 속하는 학생들은 다양한 설명문과 논증 과제 쓰기를 어느 정도 이미 경험하였을 것이다. 이들 학생 가운데 다수는 글말 능력과 쓰기에 초점을 맞추면서 주제 관련 교육거리와 내용 영역의 통합된 정보로 쓰기를 하였다.

불행하게도 대다수의 학생들에 대해서 설명문과 논설문 쓰기에 대한 강조가 교육과정과 일치하는 분야가 아니라는 것을 보여 주었다. 그렇다면 대다수의 학생들에 대해서 중등학교 경력에서 더 강한 형태의 쓰기에 대한 접속을 하도록 하는 것은 강제적인 것이 된다. 설명문과 논설문 쓰기 형식이 다양한 맥락에서 더 많은 연습을 필요로 한다는 것은 잘 알려져 있다. 따라서 학생들에게는 이런 과제 유형으로 글을 쓰기 위해서는 많은 기회가 필요하다. 그와 같은 폭넓은 연습이 없이는 학생들은 비록 이런 학생들이 스스로 고등 교육기관 환경에 있다는 것을 알고 스스로 고등교육 기관의 공부에 준비가 되어 있다고 믿더라도 고급 수준의 쓰기로 옮아갈 수 없다. 이 부류에는 모국어 학생들과 외국어 학생들이 포함된다. 일반적으로 외국어 학생과 모국어 학생의 욕구를 구별하는 것이

이 장의 목적에 비춰 중요하기는 하지만 중등학교 환경에서 비슷한 배경은 그들을 같이 다룰 수 있는 강력한 근거를 제공한다(다른 목적으로 아마도 이들은 구별되어야 할 것이다. 레키 1992, 실바 1993).

잘 자리매김되어 있는 두 번째 부류는 영어를 사용하는 고등교육 수준의 기관에 들어오고자 하지만 영어 기술에서는 중급 수준에 있는 국제 교환 학생들이다. 이런 학생들은 일반적으로 영어로 쓰는 기제는 통달하였고 연습을 통해 기본적인 유창성이 발달되어 있다. 그들은 고등교육 공부를 준비하기 전에 자기 나라에서나 영어를 사용하는 나라에 도착하자마자 학업 목적에 따른 준비 강의를 받았을 것이다.

세 번째 부류는 교실 학습에서 기본적인 글말 능력을 넘어설 수 없는 성인 학생 집단이 있을 수 있다. 이런 이유로 중급 수준의 쓰기 가르침을 필요로 하는 중요 집단을 대표하지 않는다. 성인으로 글말을 배우려는 학생들은 중급 수준의 쓰기 발달의 논의에서 명시적으로 나타나야 한다고 논의될 수 있지만 개인의 지위에 관계되는 현실은 그렇지 않으며 실제로 위의 두 집단과 비교하여 큰 집단을 형성하지는 않는다.

11.2 중급 수준의 쓰기 가르침을 위한 주제들

이 장에서는 기본적인 수준을 넘어서는 쓰기 능력 발달에 중요한 25개의 주제 묶음들에 초점을 모을 것이다. 앞선 장에서 다루었던 활동들과 주제에 바탕을 두고 수립되었으며 중급 수준의 가르침 맥락으로 기본적인 쓰기 활동을 아우르고 더 넓혔다. 다시 한 번 이 장에서 제시하는 주제들은 더 넓은 쓰기 교육과정에 맞지 않는 고립된 논제들이거나 독자적인 기법들을 제시하는 것이 아니라는 것을 지적해야겠다. 오히려 이런 주제들은 교육과정 설계를 위해 중요한 논제와 과제를 위한 선택내용들을 강조하려는 것이며 전체적인 가르침 얼개, 더 바람직하게는 내용 중심의 가르침 얼개 안에 통합되어야 한다.

이 장에서 제시하는 쓰기 가르침 주제들은 다섯 가지 일반적인 원칙에 따라 구성되었다.

1. 학생들에게 쓰기를 준비시키기
2. 쓰기를 안내하고 도와주기
3. 쓰기를 중심으로 활동하기
4. 서로 다른 목적(갈래)을 위해 쓰기
5. 쓰기 교육과정 넓히기

처음의 주제 묶음들은 쓰기 전과 관련되어 있는데 다음에 계속해서 이어지는 쓰기 활동들을 뒷받침하는 일반적인 문제들이 제시된다. 두 번째 주제 묶음들은 쓰는 도중에 특히 일정한 기간에 걸쳐 있는 더 큰 쓸거리의 경우에 중요한 문제들에 초점을 모은다. 이런 주제들은 여러 번의 원고 쓰기 과정과 더 넓은 활동으로 이어지기 위해 쓰기를 향상시키는 방법들을 다룬다. 세 번째 주제 묶음은 다양한 쓰기 활동 유형에 주로 초점을 모은다. 네 번째 주제 묶음은 더 많은 갈래들을 연습하고 끌어들일 필요성에 대해 언급한다. 마지막 다섯 번째 주제 묶음은 구체적인 쓰기 과제의 얼개 밖에 있을 수 있는 문제들을 다룬다. 이런 '확장된' 주제들에서는 부가적인 지식이나 능력(이를테면 문장 결합하기)을 고려한다. 이들이 가장 유용하고 적절할 때 교육과정 속으로 통합될 수 있다.

11.3 쓰기 준비하기(주제 1-5)

이 절에 있는 다섯 개의 주제들은 쓰기 교육과정을 수립하기 위한 중요한 접근 방법과 학생들이 쓰기를 준비하도록 하는 방법에 초점을 모은다. 여기에는 (1) 협력 학습과 모둠 활동, (2) 쓰기 향상을 위한 얼개로서 내용 중심의 가르침,

(3) 독자에 대한 자각, (4) 자유롭게 쓰기와 난상제안, (5) 의미 지도 만들기와 그림으로 구성 나타내기가 있다. 동시에 다섯 주제들은 쓰기를 위하여 준비하는 방법과 많은 적절한 착상을 생성하는 기회를 제공한다.

11.3.1 협력 학습과 모둠 활동(1)

모둠 활동은 쓰기 가르침의 중요한 구성요소로 일반적으로 논의된다. 그러나 쓰기 가르침에 대한 효과적인 접근법으로서 모둠 학습의 일반적인 개념을 뒷받 침하는 지속적인 연구가 거의 없었다(스피어 Spear 1988). 오히려 쓰기의 향상을 포함하여 여러 갈래의 학습에 효과를 보이는 듯한 모둠 활동의 몇 갈래가 있었 다. 더 효과적인 접근 방법 가운데 가장 두드러진 것은 협력 학습과 그 다양한 변이형태들인데 대부분은 일련의 강력한 연구들에 의해 뒷받침된다(패쓰먼과 케슬러 Fathman and Kessler 1993, 슬래빈 Slavin 1990, 13장 참조).

(비록 모든 모둠 학습이 협력 학습인 것은 아니지만) 협력 학습은 모둠 활동 의 한 갈래이다. 협력 학습의 목표는 학생들이 탐구에 함께 참여하고 어떤 공동 의 목표를 향한 학습을 위해 상호작용하는 것이다.[62] 모둠에서 얻은 결과에 모 든 학습자들이 책임을 지도록 하는 것은 신중하게 잘 짜인 접근이다. 각 모둠에 서 학생들은 모둠을 이끌어 나가고, 상호작용을 촉진하며, 진행 과정을 기록하 고, 바깥 세계에 보고하는 일 등의 서로 구별되는 역할을 맡는다. 학생들은 함께 문제를 해결하고 서로를 뒷받침하는 데 참여하게 한다. 교사의 목표[63]는 전략을 가지고 써나가는 모범을 보이고 모둠의 상호작용을 살아나게 하며, 진척 정도를

---

62) (제안서나 연구 보고서 등등을 포함하여) 많은 과학적인 글쓰기와 전문 기술적인 쓰기가 실제로 공동의 노력이라는 충분한 증거가 있다. 학생들은 적어도 이런 실제 세계 활동에 대한 감각을 얻을 필요가 있고, 따라서 여기서 동기는 두 겹이다. 가르침 전략으로서 협력 학습의 장점을 활용한다는 것과 교실을 넘어 실제 세계에서 협력적인 쓰기 환경에 준비하도록 한다는 것이다.
63) (뒤친이) 이 문장은 교사의 목표(the goal of teacher)가 주어로 나와 있는데 의미상으로 the role of teacher가 되어야 할 듯하다.

조정하고 문제를 분명하게 하며 해결 수단을 분명하게 하는 것이다.

협력 학습 접근법은 공통점이 어느 정도 있다. 먼저 이 접근법에서는 학생들을 모둠으로 묶는데 다양한 선택내용을 허용한다. 둘째로 사회적인 기술과 상호작용 기법을 명시적으로 가르친다. 셋째로 모둠 구성원들 사이의 결속감을 두텁게 한다. 넷째로 모둠 안에서 지도력을 나누어 갖는다. 다섯째로 모둠 구성원들의 다양한 시각을 강조한다. 여섯째로 협력과 학습을 촉진하는 잘 짜인 과제를 활용한다. 많은 접근법에서는 또한 과제를 성취하는 데 따르는 모둠과 개인의 책임감을 강조한다.[64]

협력 학습의 다섯 가지 중요한 유형들이 일반적으로 인용된다. 모둠 탐구 방법, 함께 학습하기 방법, 과제중심 협동학습(jigsaw), 구조적인 접근법, 학생 모둠 학습(STL)이 그것이다. 이들 접근법 각각은 쓰기 가르침특히 내용 중심 쓰기 교육과정이나, 주제 중심 교육과정에 쉽게 적용될 수 있다(패쓰먼과 케슬러 1993, 스딸 1994). 모둠 탐구 방법(세어런과 세어런 Sharan and Sharan 1992)은 각각의 세부 모둠에서 큰 주제의 작은 부분을 탐구하는 규모가 큰 쓸거리를 제안한다. 각 세부 모둠은 계획하기, 연구 수행하기, 학급에 돌아와 보고하기에 대한 책임을 진다. 함께 학습하기 방법(존슨과 존슨 Johnson and Johnson 1994)은 모둠 형성 활동(teambuilding), 토론, 교사의 지원을 통해 공동 학습의 주요성을 강조한다. 과제중심 협동학습(아론슨 Aronson 1978)은 모둠 협력과 모둠끼리의 상호작용을 장려한다. 모둠 구성원 각자는 일련의 다른 정보를 받고 학생들은 비슷한 정보를 받은 학생들과 협력학습하기 위해 모둠을 떠나야 한다. 모둠원들은 다시 만나고 더 상위의 과제를 이루어내기 위하여 정보들을 결합하여야 한다. 구조적 접근(카간 Kagan 1992)에서는 학생들에게 구성하는 다양한 방법과 정보를 다른 사람에게 제시하는 방법을 가르친다. 이런 구조들은 더 큰 활동을 위한 구역이 되며 다른 갈래의 협력을 격려한다. 마지막으로 학생 모둠 학습(슬

---

64) 이 논의에서는 '서구적인' 입장을 가정한다. 기계적인 암기 학습 접근에 대한 의존도가 높은 교육제도에서는 그와 같은 접근법은 비생산적일 수 있다.

래빈 1990)은 내용 영역의 학습을 위해 특별히 마련된 접근법이다. 이 접근법에서는 개인의 책무성, 모둠별 보상, 성공을 위한 여러 겹의 기회를 강조한다.

협력 학습에 대한 다양한 접근법은 더 복잡한 쓰기 과제와 쓸거리에 모두 잘 들어맞으며 쓰기가 구체적인 일련의 정보로 학습하고 연구하기 하기 위해 활용될 때 특별히 효과적이다. 협력 학습 접근법을 활용하는 학생들은 읽기와 쓰기 능력의 유의미한 습득뿐만 아니라 상위의 내용 중심 자료를 이용한 학습에서도 소득이 있음을 보여 주었다(패쓰먼과 케슬러 1991). 쓰기 교사들 사이에서 '모둠 학습'이 일반적으로 선호되고 있지만 조사연구 결과와 들어맞는 방법들은 거의 없고 진정한 협력 학습으로 보일 수 있는 실력 향상이 거의 드러나지 않았다. 이런 이유로, 쓰기 교사들은 협력 학습의 방법을 자각할 필요가 있으며 다양한 쓰기 가르침 맥락에 이들이 적용될 수 있을지를 고려해야 한다.

11.3.2 내용 중심의 가르침(2)

내용 중심의 가르침 활용은 더 이상 새로운 생각이 아니지만 내용 학습과 언어 학습에 특히 쓰기 향상을 위해 상당히 효과적인 방법이다(바르쏠로매와 피트로스키 1986, 크랜덜 1993, 잉라이트와 맥클로스키 1988, 모헌 1986, 리던스 Readnce 등 1989, 산타와 앨버만 Santa and Alverman 1991, 추디와 휴에르타 Tchudi and Huerta 1983, 웜슬레이 Walmsley 1994).

내용 중심의 가르침은 효과적인데 학생들이 내용과 언어를 배우기 위해 동기 부여되기 때문이다. 언어의 다양한 사용은 인위적으로 나아지지 않고 탐구의 더 일반적인 과정의 일부로 나아진다. 이런 접근법은 또한 학생들이 연구하도록 요구한 정보가 실제로 더 복잡해질 수 있도록 해준다. 학생들은 그들이 참조하거나 읽은 자원들로부터 어느 정도 독특한 지식을 전개해 나갈 것이다. 모둠으로 함께 해 나갈 때 그들은 서로 구별되는 일련의 지식과 기여할 수 있는 통찰력을 실제로 지니게 된다(외국어로서 영어를 배우는 덩잇글에서 많은 정보 간극 메우기 활동). 더 나아가 쓰기 과제 그 자체가 더 단순한 과제의 성과로부터 더 복잡한 과제가 이뤄질 수 있도록 즉 모든 과제들이 중요 과제의 성취가 자연스럽게 이뤄질 수 있도록 차례대로 늘어놓을 수 있다는 것이다.

교사가 내용 중심의 가르침을 발전시키는 좋은 방법은 학급에서 탐구할 만한 유용한 주제들을 지정하고 정보를 모으는 것이다. 여기에는 탐험가들, 공룡, 괴물과 신화, 나무, 1950년대, 화산, 해저 탐험, 영웅, 우주 등등이 포함된다. 이런 주제들 각각은 그 다음에 다수의 더 구체적인 주제의 원천이 될 수 있다. 예를 들면 탐험가 주제는 지리적 탐험가(지구나 우주)에 초점을 모을 수 있지만 또한 과학적인 발명가들, 조사연구를 위해 로봇의 사용, 최초의 비행기, 인간 정신의 탐구 등을 포함할 수 있다. 주제에는 탐험의 지리학, 탐험에서 필요한 기록의 보관, 탐험의 재정적 측면들, 탐험의 사회학, 탐험의 정치학 등이 포함될 수 있다. 주제들은 쉬운 과제의 성과를 기초로 하여 더 복잡하고 어려운 과제가 성립되는 것과 같은 방식으로 구성되어야 한다. 더 나아가 대상 내용들과 주제들은 다양한 쓰기의 자원으로서 일련의 지식이 지속적으로 증가함으로써 전체 교육과정이 제 기능을 하도록 일관되게 구성되어야 한다(추가적인 논의를 위해서 11.5. 2 참조).

내용 중심의 가르침은 또한 협력학습, 전략 가르침, 그림으로 덩잇글 구성 보여주기(덩잇글 구조와 담화 구성에 대한 시각적인 제시)의 활용과 언어 경험 활동(LEA)[65]에 대한 자연스러운 얼개를 제공한다. 앞에서 논의된 것처럼 협력학습을 위한 과제와 활동을 발전시키는 구체적인 방법들 여러 가지는 내용 중심의 가르침에 특별히 잘 들어맞는다. 학생들은 학습 일지를 보관하고 이어지는 과제들에 대한 진척 일지를 적어 나간다. 잘 계획된 정보 간극 메우기 활동은 또한 적절한데 광범위한 내용을 지니고 있는 학생들은 정보를 서로 다르게 기억하고 종합할 것이기 때문이다. 따라서 그들은 자연스럽게 토론과 쓰기 활동을 통해 정보 간격을 메운다. 게다가 학생들은 인위적으로 구성된 과제를 필요로

---

65) (뒤친이) 1장에는 언어 경험 접근법으로 나와 있다.

하지 않고도 정보에 바탕을 둔 질문에 응답하고 질문을 할 수 있을 것이다. 내용 중심의 가르침은 또한 쓰기 과제에 대한 토론에 도움을 줄 것이고 구체적인 주제에 대한 폭넓은 정보의 생성에 도움을 줄 것이다.

11.3.3 독자에 대한 자각(3)

중급 수준의 학생들은 독자에 대한 고려에 더 많은 관심의 초점을 둘 필요가 있다. 초급 수준의 필자들에게도 그와 같은 관심은 끌어올릴 수 있지만, 독자가 누구인지, 독자가 어떻게 필자에게 영향을 미치는지, 필자가 독자에게 어떻게 영향을 미치는가에 대해 그들은 진지하게 고려하지 않는다. 필자들은 독자들도 역시 기대, 태도, 관심, 목적들을 지니고 있음을 인식할 필요가 있다. 독자들은 덩잇글이 어떤 방식으로 구성되어 있으리라 가정하고 필자의 의도를 알려주는 어떤 신호를 글에서 찾을 수 있을 것이라고 가정한다. 독자들은 또한 덩잇글의 내용에 대하여 이를테면 내용이 유용한지 여부, 즐거운지 여부, 공감할 만한 것인지 여부 등등 특정의 태도를 취한다. 게다가 독자들은 또한 자신의 고유한 관심사를 갖고 있으며 덩잇글은 독자의 관심사를 고려하여 이뤄져야 한다. 마지막으로 독자들은 철저한 설명, 완결된 이야기, 흥미로운 관점, 올바른 해석, 도전할 만한 과제를 덩잇글이 제공해 주기를 바란다는 의미에서 목적을 갖고 있다.

독자 요인에는 다음의 여부에 따라 다수의 변수에 대한 고려사항이 포함된다.

- 독자를 알고 있는지 여부
- 독자가 집단인지 개인인지 여부
- 독자가 평가를 할 것인지 여부
- 일반적인 지식에서 대체로 비슷한 수준을 지니고 있는지 여부
- 글의 구체적인 주제에 대해 많이 알고 있는지 여부
- 독자가 공감할지 여부
- 독자가 서로 다른 지위를 지니고 있는지 여부

학생들이 논증을 제시하려는 시도, 그리고 취한 입장에 대한 근거를 제시하려는 시도에서 여기서 제시한 다양한 독자 요인들에 따라 어느 정도 이뤄져야 할 것이다.

독자에 대한 자각을 끌어올리는 활동에는 반대의 관점에서 논증 덩잇글 다시 쓰기, 다른 인물의 관점에서 같은 이야기를 말하기, 더 어린 독자를 위해 다시 쓰기, 지역 신문에 보내는 편지 형식으로 다시 쓰기, 불평이나 관심사를 친구에게 설명하는 편지처럼 불평이나 항의를 담은 편지로 다시 쓰기, 공개적으로 보여주기 위하여 덩잇글 정보를 전단지로 재구성하기가 포함된다. 이런 각각의 경우에 어떻게 서로 다른 독자가 학생들이 쓰게 되는 방법에 영향을 미칠지 살피는 것도 포함이 가능하다(슈리버 Schriver 1992).

11.3.4 자유롭게 쓰기와 난상제안(4)

자유롭게 쓰기와 난상제안은 둘 다 학생들의 쓰기에 부가적인 자원을 제공한다. 어떤 선택한 주제에 대하여 짧은 시간 동안 써보도록 하는 자유롭게 쓰기는 흥미로운 주제를 학생들이 발견하고 잘 의식하지 못하고 있는 주제의 구성이나 쓰기 활동을 위해 가능한 주제들을 정하게 하는 유용한 방법이다. 자유롭게 쓰기의 더 직접적인 형태는 교사가 일반적인 생각을 제안하고 학생들이 그 일반적인 생각에 어울리는 무엇을 써보게 할 때 나타난다. 이와 비슷하게 학생들은 흥미 있거나 어떤 종류의 비평할 만한 값어치가 있는 생각을 찾기 위한 토론이 끝난 뒤에도 자유롭게 써 볼 수 있다. 가장 통제된 형태의 자유롭게 쓰기는 교사가 제기한 구체적인 질문에 응하여 나타나는 경우이다. 종종 학생들이 자유롭게 쓰는 데서 구체적으로 드러난 측면은 더 구체적으로 자유롭게 쓰기 위한 새로운 자원으로 지정될 수 있다는 것이다. 이렇게 이어진 활동은 일반적으로 교과서에서 선택내용으로 그리고 쓰기 교사들 사이에서 선택내용으로 제안되기도 한다.

자유롭게 쓰기는 학생들의 쓰기에서 몇몇 장점이 있다.

1. 자유롭게 쓰기는 평가를 받지 않으며 학생들은 주제나 중심 생각에 대하여 원하는 것을 말하는 데서 자유롭다고 느낀다.
2. 필자가 맞닥뜨릴 수 있는 장애물을 학생들이 극복하도록 해주며 쓰기에서 상당할 정도로 유창성을 드높일 수 있다.
3. 뒤에 있을 쓰기 평가나 앞으로의 교실수업 활동을 위해 활용될 수 있는 착상의 좋은 원천이다.
4. 자신의 목소리 즉 외부의 제약에 구애받지 않고 어떻게 그들이 쓰는지(어떤 목소리를 내는지)를 살피거나 깨닫게 되는 기회를 제공한다.

다른 난상제안 활동에서 학생들은 사건, 개념, 쟁점들을 깊이 생각하고 이를 학급 전체에서 토론할 수 있다. 어떤 사건에 대해 개인적인 반응을 쓸 수 있고 이런 반응을 그 주제를 토론하기 위해 사용할 수 있다. 다른 가능한 방법은 토론 도중에 공책에 적어서 나타나는 생각들을 구성하고 모으는 방법이다. 그 다음에 모둠 활동으로 내용을 재구성할 수 있다. 목록 만들기, 낱말 연상하기, 의미 지도 만들기(11.3.5 참조)는 더 발전된 난상제안 활동이다. 그림, 도표, 사진과 같은 시각 표현이나 짧은 글을 읽고 비평하기도 쓰기에서 생각을 끌어들일 수 있다.

11.3.5 의미 지도와 그림으로 구성 나타내기(5)

일련의 정보들 사이의 관계를 뽑아내고 담화의 수준과 정보 구조를 인식하는 것은 난상제안의 중요한 갈래이지만 그와 같은 활동은 덩잇글 전체와 관련되거나 정보의 조직화와 관련하여 난상제안의 범위를 넘어선다. 의미지도 만들기와 그림으로 구성을 나타내기를 통하여 학생들과 교사들은 덩잇글의 구성 얼개와 구성 정보를 검토하는 방법을 찾아볼 수 있다.

의미지도 만들기(혹은 거미줄 짜기)는 정보 생성하기, 개념들을 연결하기, 정보를 조직하는 방법 발견하기, 효과적인 글말 덩잇글을 전개하도록 정보를 활용하기 위한 기법으로 잘 알려져 있다. 일반적으로 의미지도 만들기는 주제나 중심 생각과 연관되어 있는 학생들의 낱말 생성하기로 시작한다. 이런 낱말들을 칠판에 적고 함께 할 수 있을 법한 낱말들의 무리로 묶는다. 이런 낱말들의 재구성은 개인적으로 혹은 모둠으로, 학급 전체에서 이뤄질 수 있다. 이런 낱말들의 묶음에 동의가 이뤄지면 학생들은 항목들의 작은 묶음들에 대하여 주제를 담을 표제를 정해볼 수 있다. 그 다음에 학급 토론에서는 개념들의 어느 묶음이 어느 정도 중요한지를 결정한다. 학급에서는 또한 개념의 각 묶음에 대하여 중심 생각에 중요한 정보로 이바지할 수 있을지 여부를 결정한다. 그리고 쓰기 과제가 의미지도에 있는 중심 생각에 초점을 모아야 할지 아니면 더 초점을 모으는 활동으로 한두 개의 세부 개념에 초점을 모아야할지 결정한다. 그리고 정보를 조직하거나 더하는 또 다른 방법이 있는지를 결정한다. 이런 활동의 결과는 어휘 습득, 읽기 이해, 정보 학습, 쓰기 과제를 위한 중요한 자원을 제공할 것이다. 의미 지도는 또한 쓰기 활동을 도와주는 직접적이고 비격식적인 얼개로 바꿀 수 있다. 어쨌든 의미지도 만들기는 내용 학습과 언어 발달을 좋게 하는 효과적인 기법으로 인식되고 있다(하임리히와 피텔먼 Heimlich and Pittelman 1986, 네이지 1988).

그림으로 구성을 나타내기는 주로 일련의 개념들 사이의 개념 관계를 표상하기 위한 의도를 담고 있다. 이 용어는 정보를 구성하고 읽기 이해와 쓰기를 위한 계획하기를 안내하는 시각적 구조화를 가리킨다. 그림으로 구성을 나타내는 다양한 유형들이 있고 그것들 활용하는 많은 방법들이 있다. 정보는 흐름도, 위계를 나타내는 나무 그림, 분류 층위를 나타내는 그림, 도표, 표, 도안, 막대그래프, 그림, 행렬, 지도, 개요표로 조직할 수 있다(암브루스터 Armbruster 1991, 모헌 1986, 1990, 티어니 등 1990). 이런 표시 방법은 교사와 학생들에 의해 만들어질 수 있다. 이들은 학생들에게 안내를 할 것이고 부분적으로 완성되어 학생들이 채워야 하는 틈을 남겨둘 것이다. 혹은 학생들이 채워넣어야 하는 빈 틀로 제시될 수 있다. 그림으로 구성 나타내기는 개인적으로 혹은 모둠으로 할 수 있으며 협력 학습 활동을 위해 좋은 과제로 제공될 수 있다. 그림으로 구성 나타내기는 쓰기 전 활동으로 그리고 쓰고 난 뒤 활동으로 활용될 수 있다. 이상적으로는 일관된 토대 위에서 그림으로 구성 나타내기의 활용은 개념 관계를 혼자서 살피고 정보 짜임을 검토하기 위해 학생들이 활용하는 것으로 이어져야 한다. 많은 연구들에서 이런 접근법이 내용 가르침과 언어 가르침에 효과적임을 보여 주었다(암브루스터 등 1991, 모현 1990, 피어슨과 필딩 Pearson and Fielding 1991, 프레슬리 등 1989, 탕 Tang 1992).

11.4 쓰기를 안내하고 도와주기(주제 6-10)

이런 원칙에 따라 다루어지는 다섯 개의 주제들은 중급 수준의 필자들뿐만 아니라 쓰기 행위와 쓰기 향상에 영향을 미치는 복잡한 요소들의 묶음에 얹힌 도전거리를 반영한다. 이런 주제들은 (1) 전략 가르침, (2) 또래 비평 모둠(peer response group), (3) 쓰기 과정, (4) 통제된 쓰기에서 자유롭게 쓰기로 옮아감, (5) 언어와 갈래별 구조에 대한 자각이 포함된다. 이런 주제들은 효과적인 쓰기에 덧잇글과 더불어 쓰는 과정과 필자의 생각과 의도를 전달하는 출력물에 대한 주의가 필요하다는 생각을 넓혀 준다. 이와 함께 이런 주제들은 학생들이 쓰는 동안에 그들이 지니고 있는 선택내용을 더 깨닫도록 해 줄 것이다.

11.4.1 전략 가르침(6)

쓰기에 대한 준비에서 그리고 쓰기 과정의 다양한 시간대에서 쓰기 전략(마음속으로 요약하기, 계획을 고치기, 예들을 제공하기)에 대해 초점을 모으는 것은 학생들이 자율적으로 전략을 사용하도록 준비하게 하는 데 효과적인 방법이다. 전략 가르침은 전체 학급이나 작은 모둠 활동의 일부로 제시될 수 있다. 어떤 경우에서든 쓰기 전략을 제시하는 가장 효율적인 수단은 명시적인 모형화와 그에 뒤따르는 토론을 통해서이다. 교사는 칠판이나 천장에 매달린 투영기기로 작문을 하는 동안에 소리 내어 말함으로써 쓰기 과제를 수행하는 본보기를 보여줄 수 있다. 학생들은 흥미롭거나 중요한 선택사항들에 주의를 하고, 작문 활동 뒤에 토론을 하며 작문의 다양한 측면들에 대해 교사에게 묻는다. 동시에 교사는 자신이 사용한 몇몇의 의식하고 있는 계획하기와 쓰기 전략들(이를테면 독자에 대한 자각, 추가된 정보)을 지적해 줄 수 있다. 이런 식으로 몇몇의 중요한 작문 전략들이 의식의 층위에 있게 되고 이런 전략들에 대한 일관된 주의집중이 쓰기 전략 가르침의 중요한 구성요소가 된다.

전략 가르침의 추가적인 목표는 학생들로 하여금 중요한 전략들을 의식적으로 자기 스스로 시도해 보게 하는 데 있다. 자율적인 전략 사용을 향상시키는 방법은 서로 가르치고 학습자들의 공동체를 통하는 것이다(브라운 1984, 브라운과 캠피온 Brown and Campione 1994, 브라운과 팰링사르 Brown and Palincsar 1989, 팰링사르와 클렝크 Palincsar and Klenk 1991). 이 접근법에서 교사는 학생 모둠의 일원으로 역할을 하며, 소리 내어 작문하기의 차례를 맡는다. 학생들은 소리 내어 작문을 하면서 그들이 사용한 전략을 설명한다. 학생들은 또한 계획하기 전략, 고쳐 쓰기 전략, 다듬기 전략, 평가하기 전략들에 초점을 모을 수 있다. 교사와 모둠의 다른 학생들로부터 나온 되짚어 주기는 사용되거나 사용되지 않은 추가적인 전략들에 초점을 모을 수 있다. 학생들이 교사의 역할을 맡으면서 지속되는 연습은 결국 일정한 범위의 쓰기 전략들을 자율적으로 통제하도록 이끌 것이다. 이런 접근을 통하여 교사는 결속 관계, 정보 구조화, 덩잇글 구성, 수사적 목표와 같은 쓰기 목표를 뒷받침하는 담화 구조의 구체적인 측면에 초점을 모을 수 있을 것이다.

쓰기 전략을 향상시키는 두 번째 전략은 절차의 활성화이다(버레잇터와 스카다말리아 1987, 프레슬리 1992, 1994). 일련의 연구에서 버레잇터와 스카다말리아는 쓰는 도중에 단서 카드를 사용하도록 학생들이 연습하도록 하였다. 카드 각각에는 다음에 무엇을 할 것인지 확신할 수 없을 때 전략적인 쓰기 활동을 알려 주기 위해 뒷면에 전략을 적어 놓았다. 단서 주기는 이야기 전달거리와 설명거리에 대해서 마련되었고 단서는 계획하기(새로운 생각을 떠올리거나 계획을 좋게 고치고, 중심 목표를 상기시키기 등등), 평가하기, 문제점 진단하기를 위해 계발되었다. 예컨대 평가를 위한 단서는 다음과 같은 진술을 포함하였다.

1. 사람들은 왜 이것이 중요한지 알지 못할 거야.
2. 사람들은 내가 여기서 전달하는 것이 무슨 의미인지 이해하지 못할 거야.
3. 이 문장은 쓸모가 있어.
4. 나는 지금 핵심에서 벗어나고 있어.
5. 예를 드는 게 좋겠어.
6. 이 부분을 빼버리는 게 좋겠어.   (버레잍터와 스카다말리아 1987:270-1)

이런 단서에 학생들이 점점 익숙하게 되었을 때, 그들은 더 자유롭게 참고를 하였다. 이 연구 결과 표면적으로 이런 접근법이 일정 기간 동안 사용되었을 때 적절한 전략 사용과 쓰기에서 유의미한 향상이 있었음을 보여주고 있다.

11.4.2 또래 비평 모둠(7)

쓰기 가르침에서 또래 비평 모둠의 활용은 널리 퍼져 있고, 초급에서 고급 수준에 이르는 모든 수준의 학생들에게 권장할 만하다. 이론적으로 동료들끼리 고쳐 쓰는 배움에 대한 비고츠키의 관점과 모순되지 않는다는 점에서 잘 뒷받침되고 있다. 협력 학습 연구문헌으로부터 나온 연구와 교육에 대한 안목을 끌어들일 수 있었다. 그리고 쓰기에 대한 대화를 자리 잡게 하고, 적절한 정보의 설정, 실제 독자로부터 도움을 얻는 중요한 방법으로서 사회 구성주의 이론으로부터 지원을 받았다(니스트랜드 1986, 니스트랜드와 브랜트 Nystrand and Brandt 1989, 스피어 1988, 주 Zhu 1994).

동료 비평 모둠은 그러나 단일의 기법이나 방법을 함의하지는 않는다. 오히려 그 접근법은 서로 다른 많은 방법으로 수행될 수 있다. 그 선택은 교사의 관점, 학생들과 가르침 상황의 유형들, 시간과 가르침을 위한 이용 가능한 자원에 달려 있다. 예컨대 8학년인 중급 수준의 학생들은 동료들의 작품에 효과적으로 논평하는 방법을 이해하는 데 어려움이 있을 수 있다. 이런 학생들은 단순히 자기 자신이 가진 자원으로 지니고 있는 채로 그대로 놓아 둘 수 없고 도움이 되는 비판을 하고자 한다면 안내를 받을 필요가 있다. 쥬(1994)는 동료 비평 접근법에 작은 모둠 대 큰 모둠, 학생 선택 모둠 대 교사 지정 모둠, 교사 주도 모둠 대 학생 주도 모둠, 역할 구체적인 모둠 대 구체적인 역할을 맡지 않은 모둠, 글말 비평 모둠 대 입말 비평 모둠이라는 다섯 개의 매개변수를 분류하였다. 이들 구별 가운데 다수가 교사가 개입하는 정도를 중심으로 하고 있다.

효과적으로 적용되기 위해서는 또래 비평 모둠이 학생들을 위해 맞춰질 필요가 있다. 교사들은 학생들이 효율적인 독자와 반응을 보이는 사람이 되도록 하기 위해 여러 주기를 통해 학생들을 안내할 필요가 있다. 게다가 교사와 학생들은 모든 학생들이 서로를 도와주기 위해 함께 하는 긍정적인 상호작용 환경을 수립하도록 할 필요가 있다. 스피어(1988)는 효과적인 동료 비평 모둠은 과제 중심적이라고 주장한다. 즉 말하자면 과제에 머물러 있어야 한다는 것이다. 그들은 학생들의 쓰기에 관련되는 전체적인 측면에 초점을 모으고 정확하고 구체적인 되짚어 주기를 하고, 교사와 학생의 대리인으로 상호작용하기보다는 동료로서 상호작용하고 학생들이 믿을 수 있도록 하며, 쓰기를 위한 노력을 뒷받침해야 하는 것이다.

학생들이 더 효과적이고, 민감하며, 통찰력 있는 독자가 되도록 도와주는 방법은 많이 있다. 스피어(1988)는 뒷받침해 주는 되짚어 주기, 도전적인 되짚어 주기, 편집하는 되짚어 주기라는 세 가지 갈래에 따라 되짚어 주기를 논의한다. 첫 번째는 신뢰를 수립하고 지원해 주며 두 번째는 개념과 덩잇글의 구조를 다시 생각하게 하는 방법을 제공하며, 세 번째는 일반적으로 독자에 의해 예상되는 글의 형식적인 측면에 주의를 기울이게 한다. 이 분류 목록은 학생들에게 유용할 수 있는 되짚어 주기의 서로 다른 갈래를 강조한다. 스피어는 또한 독자의 자유로운 쓰기, 공책에 적기, 읽을거리의 자세한 구조 분석을 통하여 비평하기를 위한 효과적인 안내지침을 계발할 수 있다고 주장하였다. 동시에 쓰기 안내서에 나와 있는 범주(이를테면 말투, 단락 구조, 문장 구조, [형식적인] 기제들)들을 반영하는 것으로 매우 제약된 과제 중심의 고쳐 쓰기 점검 목록의 활용에는 반대하였다. 뒤에 있는 이런 안내지침은 보통 부정적으로 언급되었고 논의 중인 덩잇글을 놓고 타개하기보다는 교사-학생 역할을 대리하는 것으로 모둠 구성원들을 머물러 있게 할 뿐이다. 그와 같은 점검 목록은 덩잇글에 대한 실제적인 토론을 차단한다. 효과적인 동료 비평에 대한 유용한 안내는 엘보우(1981), 레이드(1993)에서 제안되었다(13장도 참조).

11.4.3 쓰기 과정(8)

지난 15년 동안 쓰기 과정 접근은 널리 퍼진 가르침 접근법이 되었고 쓰기 가르침의 전통적인 방법을 누르는 중요한 개선 방법으로 간주되었다. 쓰기 가르침에 대한 전통적인 방법보다 의미 있는 개선책으로 간주되기도 한다. 많은 사례 연구와 관찰에 바탕을 둔 설명들은 쓰기 과정 접근을 뒷받침한다(캘킨스 1986, 그레이브스 1984). 그러나 쓰기 과정 그 자체가 유의미하게 더 나은 쓰기로 이어진다거나 쓰기 과정을 중심으로 한다는 이름을 붙인 수업에서 효과적으로 수행되고 있다는, 실험에 바탕을 둔 증거들은 비교적 적다(애플비 등 1994). 그러나 이것이 쓰기 과정을 구성하기 위한 어떤 방법이 쓰기 가르침에서 마주치는 많은 어려움을 극복하리라 기대할 수 없다고 주의를 기울여야 한 만큼 과정 가르침에 대한 반대논리를 펴는 것은 아니다. 그리고 이 접근법은 자동적으로 훌륭한 필자를 만드는 기법들의 기계적인 이어짐으로 볼 수도 없다.

일반적으로 쓰기 과정은 원고 쓰기, 고쳐 쓰기, 짜깁기, 펴내기라는 다섯 단계의 과정으로 기술된다. 처음의 세 단계는 일반적으로 필요한 만큼 되풀이된다.

쓰기 과정과 관련된 활동들에는 난상제안, 의미지도 만들기, 자유롭게 쓰기, 일지 쓰기, 읽기, 학급과 모둠 토론, 동료 비평, 교사의 개입, 언어적인 측면에 대한 간단한 수업, 학생들의 글에 바탕을 둔 고쳐 쓰기와 짜깁기, 고쳐 쓰기와 짜깁기를 위한 교사의 되짚어 주기 등이 포함된다. 교사는 주제 선택을 활성화하고 학생들이 쓰기 활동에 초점을 모을 수 있도록 도와준다. 교사는 또한 더 나은 정보를 찾을 수 있도록 도와주고, 형식에 맞춰 짜깁기에 관심을 갖기 전에 개념들을 발전시킬 수 있도록 북돋워준다.

프랭크(1979)는 이에 더하여 어린 학생들의 경우 학생들은 일상적인 토대로 글을 쓰고 서로 다른 과제에 대하여 다양할 수 있는 과정은 학생들의 흥미로운 정도와 품이 드는 수준에 달려 있으며 과정의 모든 국면들이 모든 활동에 관련되어 있을 필요도 없다고 주장하였다. 예컨대 학생들은 때때로 모든 단계를 통하여 어려운 과제를 받아들이는 데 집중하지 않는다는 것을 주목하였다. 프랭크는 또한 교사들은 쓰기 과정을 즐거운 것으로 만들며, 쉽게 하고, 작은 단계를 밟아나가며, 지나친 평가를 피하고 완성되지 않은 글들을 보관하며, 쓰지 않는 학생들을 주의 깊게 살피는 관찰자가 되게 하며, 각 과제에 대하여 모든 학생들의 진행 정도에 대해 걱정하지 않는다는 것을 주장하였다. 어린 학생들의 경우, 느슨한 분위기는 결국 끊임없이 요구하는 분위기보다 훨씬 더 [글을 쓰고자 하는] 동기를 심어줄 수 있다.

11.4.4 통제를 받는 쓰기, 안내를 받는 쓰기, 비슷하게 쓰기, 자유롭게 쓰기(9)

초급 수준에서 중급 수준으로 옮아가는 학생들은 서로 다른 목적을 위해 더 효과적으로 쓰기 위한 수단에 접속할 필요가 있으며 어떻게 이렇게 할 수 있는가를 명시적으로 보여 줄 필요가 있다. 쓰기에 대해서 이야기할 수 있는 언어 표현과 방법이 필요할 뿐만 아니라 쓰기를 위한 구체적인 목적을 위해 덩잇글 형식과 언어 표현이 결속되어 있는지를 꼬집어 줄 수 있는 구체적인 모형도 필요하다. 어떤 담화 관심사가 분명하고 간단한 사례에서 사용되었는지를 알아 둘 필요가 있다(스마고린스키 1992).

*통제를 받는 쓰기*는 어떤 단락을 일인칭에서 3인칭으로 바꾸기, 십자 퍼즐 채워 넣기, 마지막 문장 추가하기, 단순 문장 결합하기, 대응하는 덩잇글 개요에 살붙이기만큼이나 간단하다. 이들과 다른 많은 활동들은 상업적으로 출판된 자료들(카플란과 소우 Kaplan and Shaw 1983)뿐만 아니라 이전의 공동으로 쓰기나 모둠 쓰기로부터 나온 교사와 학생들이 산출한 덩잇글로 할 수 있다. 따라서 더 너른 교육과정 주제나 쓸거리와 무관한 것으로 통제받는 쓰기 활동을 다룰 필요는 없다. 쓰기에서 변화나 쓰기 구조에 대한 분석의 필요와 관련된 가장 단순한 활동조차도 학생들이 생성하거나 교사가 다른 목적으로 생성한 자료들로부터 나올 수 있다. 그 다음에 이런 활동들은 목적에 맞는 글의 형식을 검토하고 언어 형식과 덩잇글 기능 사이의 관계를 탐구할 수 있는 방법을 제공한다. 이런 통제받는 활동들은 학생들로 하여금 쓰기에서 유창성을 얻게 해 주며, 적절한 쓰기 모형을 알게 하고 그들이 한 변화들은 과제들이 학생들을 압도하지 않았기 때문에 단순한 추측이 아니라 알맞을 가능성이 높다는 것을 알게 된다.

통제받는 쓰기에서 자유로운 쓰기로 점전적인 이동은 실수 없이 쓰기를 하도록 요구하는 것이 아니라 학생들의 쓰기를 위해 뒷받침이 이뤄졌다는 것을 의미한다. 통제받는 쓰기에서 다양한 활동을 연습하면서 또한 제시된 정보로부터 논술의 한 단락을 산출하거나 개요를 채워 넣기 혹은 문장 결합을 통해 논술을 전개하는 *안내받은 쓰기* 과제에 참여할 수 있다. *비슷하게 쓰기*에서 학생들은 모범이 되는 간단한 한두 단락을 읽어 보고 비슷한 주제에 대해 학생들이 쓰도록 되어 있는 개요를 채워 넣고 그 다음에 한 단락이나 두 단락을 쓴다. *자유롭게 쓰기*에서는 모범이 되는 덩잇글을 읽고나서 비슷한 덩잇글을 쓰거나 어떤 비평을 쓴다. 이 마지막 단계에서 학생들은 덩잇글 그 자체를 통해 직접적으로 안내를 받거나 지지를 받지 않는다. 이런 순서에 대한 기술에서 학생들이 교사

가 허용하는 만큼 완전히 정확하게 하지 않고도 진행하거나 자유롭게 창의력을
발휘할 수 있다는 것은 되풀이할 만한 가치가 있다는 것이다. 여러 가지 방법으
로 통제받는 쓰기 활동에서 자유롭게 쓰기 활동으로 나아가는 것은 언어 경험
접근법을 중급 수준의 쓰기 맥락으로 확장하는 것으로 볼 수 있다(알렌 Allen
1976, 캔토니 Cantoni 1987, 티어니 등 1990). 학생들의 쓰기 향상은 기법 그 자체
에 의해서가 아니라 기법을 사용하는 교사의 선택에 의해 제한을 받거나 도움을
받는다.

11.4.5 언어에 대한 자각과 갈래 구조(10)

쓰기 가르침에서 중요한 구성요소는 쓰기의 형식적인 측면과 쓰기 과정을
통합하는 것이다. 언어의 형식적 측면이 쓰기를 위한 자원으로 고려된다고 하는
것은 전통적인 의미에서 문법 가르침에 대한 강조를 함의하지 않는다. 형식적인
문법 가르침에 대한 연구를 조심스럽게 살핀 힐록스(1986)는 학교 교과목으로
가르쳤을 경우 형식적인 문법 가르침이 별로 긍정적인 결과를 가져오지 않는다
는 것을 자신 있게 주장하였다. 그러나 많은 연구자들과 실천가들은 학생들이
고쳐 쓰기와 짜깁기를 할 때 자신들이 쓴 글의 형식적인 측면에 주의할 필요가
있다고 인식한다. 게다가 많은 쓰기 활동들이 그 자체로 언어 구조의 형식적인
측면들이 쓰기에 적용되고 있으므로 그것들을 점검하기에 적절하다. 이런 가능
성들은 언어가 더 나은 쓰기를 위한 자원으로 어떻게 작용하는가를 강조하기
위해 사용될 수 있다.

글말 갈래에서 언어 구조와 쓰기 가르침 사이의 관련성에서 중요한 결점 한
가지는 (어떤 갈래의 연수를 받는다면) 대부분의 교사들이 현대 문법 연수를
받는다는 데 있다. 북미의 생성 문법이 쓰기 가르침에 대한 기여는 거의 없다.
일반적으로 미국에서 가르치고 있듯이 오히려 현대 문법에서 순수하게 이론적
인 강조는 다양한 말투식과 쓰기 갈래에서 의미를 형성하는 자원으로서 언어

구조의 사용에 대해 아무런 설명을 제공하지 않는다. 이와 달리 체계 언어학66)
에서 나온 다양한 연구자들은 오스트레일리아에서 두드러지는데 언어 형식에
서 다양성과 특정 갈래의 쓰기에서 형성된 언어 자원에 대한 구체적인 요구
사이에 강한 관련성을 지적하였다(크리스티 1992, 코우프와 캘런치스 1993, 마
틴 1989).

이런 언어에 대한 기능 이론적 관점은 언어 구조에 대한 이론, 언어 사용에
대한 사회적 이론, 그리고 이들의 글말 능력 향상에 대한 함의들 사이의 관계를
강조한다. 예컨대, 체계 언어학에 바탕을 둔 연구에서는 정보 전달적인 글쓰기
에서 복합 명사군과 동사와 형용사의 명사화 형태를 상당히 많이 활용한다고
지적하였다. 또한 논쟁적인 필자들은 수사적인 설득력을 제공하기 위하여 양상
체계에 의지하는 방법을 구체적인 예를 통해 보여 주었다. 이들과 많은 다른
글말 덩잇글들은 다양한 목적에 이바지하는 서로 다른 언어 자원을 학생들이
자각하게 됨에 따라 학생들을 대상으로 직접적으로 살필 수 있다(크리스티
1990, 크리스티 등 1989, 콜러슨 1990, 드레위안카 Derewianka 1990, 핫산과 마틴
1989). 물론 교사들도 이런 방식으로 학생들을 도와주고자 한다면 필자의 목적
에 이바지하는 언어 변이형태의 유형에 대해 알고 있어야 한다. 간단히 말해
언어 형식과 구조가 유용한지 여부가 아니라, 학생들이 언어 구조와 적절한 의
미를 전달하기 위해 하는 역할 사이의 관계를 인식하는지 여부이다. 자원으로서
언어에 대한 그와 같은 자각은 마틴(1989)이 주변 세계를 구성하고 영향을 미치
는 쓰기 방법 즉 권력의 담화라고 부른 것에 학생들이 접속할 수 있도록 해준다.

교사들은 구조와 정보 조직, 정보 흐름에 대한 자각을 끌어올리게 될 과제의
계발에 학생들의 글을 활용할 수 있다. 간단한 활동은 통사적으로 결속되어 있
는 단락으로 재구성되어야 하는 문장 조각들의 활용과 관련되어 있다. 이와 비
슷한 간단한 활동은 읽을거리나 더 긴 논술로부터 나온 단락들로 해 볼 수 있다.
두 번째 활동은 완결되지 않은 단락을 제공하고 그에 맞추어 학생들로 하여금

---

66) (뒤친이) 이 언어학은 뒤에 지적하고 있듯이 핼리데이의 기능문법 체계와 같다.

완성하게 하는 것이다. 학생들은 또한 단락들을 확인하고, 채워 넣어 봄으로써 결속 끈들을 살피거나 서로 다른 결속 끈들이 덩잇글을 어떻게 바꿀 수 있으며, 덜 효과적이게 바꿀 수 있는지 살펴볼 수 있다.

자각을 끌어올리는 다른 유형의 활동은 문장 배열과 정보 제시 순서를 살피는 것이다. 학생들은 학생들이 쓴 덩잇글에서 새로운 정보와 제시된 정보 사이의 관계나 정보가 어떻게 제시되고 있는지를 살펴 볼 수 있다. 준비된 단락을 통해서 학생들에게 해당 지점에 가장 잘 이어질 수 있는 문장을 채워 넣도록 할 수 있으며, 무엇 때문에 그 문장이 적합한지 토의해 볼 수 있다. 또한 학생들에게 단락의 처음이나 마지막 문장에 초점을 모으게 하고 처음 문장이나 마지막 문장 혹은 부가적으로 문장을 채워 넣게 할 수 있다. 이런 경우들에서 새로운 단락이나 새로운 주제로 이동하는 데 가장 적절한 문장에 초점을 모으게 할 수 있다. 새로운 단락의 처음에 가장 적합한 전환 문장을 제안해 보게 할 수 있다.

학생들은 주제를 강조하고 덩잇글 구조를 알려주는 구조 관련 문장에 초점을 모아 볼 수 있다. 학생들은 어떤 문장 유형이 구조에 관련되는 유용한 정보를 제공하며 왜 그런지 토의해 볼 수 있는 것이다. 학생들은 또한 낱말 선택을 살펴 보고 낱말이 어떻게 쓰기에 영향을 미치는지 탐구해 볼 수 있다. 특히 학생들은 동사들을 명사화된 낱말이나 구절로 바꾸었을 때 효과를 살펴볼 수 있고 절 정보를 전치사구, 분사절, 관계절과 형용사, 동사로 요약할 때의 효과(그리고 형용사와 부사가 어떻게 명사화될 수 있는지)를 점검해 볼 수 있다. 학생들은 지나치게 명사화되어 있는 단락을 행위와 상태로서 언어적인 처리가 유지되고 있는 단락과 비교해 볼 수 있다. 학생들은 덩잇글에서 그와 같은 변화가 만들어내는 차이들을 인식할 필요가 있고, 어떤 문체 유형이 더 적합하게 되는 환경을 깨달을 필요가 있다.

11.5 쓰기를 중심으로 활동하기(주제 11-15)

다양한 과제와 쓸거리로 공부를 해 나감에 따라 학생들이 자신들의 쓰기를 위해 연습하고 활용할 수 있는 기술들과 뒷받침 활동들이 있게 된다. 이 절에서는 이런 목적으로 제시되는 다섯 가지 주제와 뒷받침 활동이 제시된다. (1) 정보를 모으기, (2) 내용 중심의 자료로 쓰기, (3) 요약하고 비평하는 쓰기, (4) 언어 사용에 대한 자각, (5) 덩잇글을 효과적으로 편집하기가 그것이다. 이 모든 주제들은 학생들이 더 복잡하고 통제된 글쓰기를 발전시킬 수 있는 정보와 자원들을 제공한다.

11.5.1 쓰기를 위해 뒷받침하는 정보 모으기(11)

쓰기를 위해 정보를 모으는 가장 분명한 방법은 토론과 책을 통해서이다. 책은 집, 학급 문고, 쓸거리를 위해 교사가 특별히 모은 것에서 비롯된다. 정보를 모으는 다른 방법들이 역시 있다. 인기 있는 선택내용으로는 학생들이 간단한 현장조사를 위해 질문을 만들고 다른 학생들, 다른 학급 학생들, 다섯(혹은 x)명의 학생들, 혹은 부모나 친척들에게 그 설문지를 건네주는 것이다. 현장조사와 면담은 또한 학교에서 일하는 사람들을 대상으로 할 수 있다.

특히 간단한 현장 조사에서 설문지는 학생들이 할 수 있는 유용한 방법을 제공한다. 여기에서는 유용한 정보를 모으기에 대해서 학생들에게 어느 정도 책임을 얹어둔다(아래 11.6.2 참조). 간단한 변이형태는 전문가를 교실에 초대하는 것이다. 초대된 사람은 어떤 과정이나 일을 설명할 수 있으며, 기술이나 과정을 시범으로 보여 줄 수 있다. 이런 경우 공책에 적어두는 것도 부가적으로 강조할 수 있는데 왜냐 하면 정보는 설문조사나 현장조사 양식에만 국한되지 않기 때문이다.

편지를 쓰거나 소책자들을 모으는 것은 어떤 주제에 대한 일정한 범위의 정보를 모으는 손쉬운 방법이다. 질병과 공중 보건에 대한 조사는 지역 보건 당국에 편지를 보내는 것인데 특히 미국에서는 질병 통제국과 같은 기관에 편지를 보내는 것이다. 학교 보건 정책에 대해 교장에게 질문하는 편지도 포함될 수 있다. 학생들은 또한 건강과 안전 정책에 관련되는 곳에서 학생 부모가 일하고 있다면 무엇을 하며, 어떤 목적에 봉사하고 있는지 물을 수 있다. 소책자 모으기는 정보를 모으는 또 다른 유용한 방법이다. 소책자는 학교 교육이나 고용, 휴가에 대한 앞으로의 계획에 관한 것일 수 있고, 지역 관광 정보에 대한 것일 수도 있다. 학생들은 또한 소책자와 광고전단을 누가 정보를 퍼뜨리기 위해 사용하며 어떤 정보가 포함되어 있고, 예상되는 독자가 누구이며, 얼마나 효율적으로 정보가 제시되었는가를 알아 볼 수 있다. 그런 쓸거리들은 편지뿐만 아니라 면담, 현장 조사와 결합될 수 있다.

관찰은 종종 간과되기는 하지만 정보 수집에 중요한 또 다른 도구이다. 학생들은 규칙적으로 만나는 사람들 무리를 관찰하거나 공적인 맥락에 있는 사람을 관찰할 수 있다(이를테면 교감, 우체부). 그리고 이런 사람들이 하는 일을 가능한 한 자세히 적어둔다. 관찰할 사람이나 집단을 선택할 수 있고 그들이 좋은 일을 하고 있는 생각해 볼 수 있다. 그리고 학생이 책임자가 되었을 때 그들이 한 일들에 즐거워 할 수 있겠는가? 등등.

11.5.2 내용 중심의 가르침 계발하기(12)[67]

학생들이 몰두하고 적절한 쓰기 활동을 제공할 수 있는 주제나 내용중심 단원을 만드는 선택내용에는 아무런 제한이 없다. 대부분의 경우 교사들은 더 나은 탐구를 위해 교사와 학생이 지정할 수 있는 일련의 주제나 쓸거리 안에서 일반적인 내용 단원들을 마련해 볼 수 있다. 그런 내용 단원들과 주제들은 개인

---

67) (뒤친이) 이 작은 주제는 글의 내용 전개에 어긋난다. 나머지 주제들이 주로 학생들의 활동에 초점을 모은다면 이 부분은 교사의 활동이 중심 내용이 될 것이라는 암시를 주는 제목인 것이다.

적인 가치, 활동과 소일거리, 세계적인 관심사나 국가 차원의 관심사, 과학적인 발견이나 기술, 유명한 사람이나 중요한 인물, 사람이나 공동체, 식품, 의약품 등등을 탐구할 수 있다. 교사들은 중심 내용 단원을 선택하고 학급 문고에서 자료들을 모으면서 시작할 수 있다. 이런 자원들은 학생들의 자료와 학급 자료 들로 보완될 수 있다. 학생들과 교사는 교육과정 요구사항, 학생들의 관심사, 가치 명료화 연습, 학급에서 이용 가능한 자원들(흥미로운 영상자료, 비상한 재능을 지닌 사람, 중요한 시사문제 등등)을 고려함으로써 가능한 주제와 쓸거리를 찾아볼 수 있다.

내용 중심 단원들은 일정한 범위의 문제나 주제들을 포괄할 수 있으며 일정한 쓸거리나 쓰기 과제의 자원으로 활용될 수 있다. 대부분의 경우에 이런 내용 단원들은 다른 수업 시간으로부터 정보를 가져오기 위해 활용되고 그런 정보를 쓰기와 정보-수집 활동으로 통합하기 위해 사용된다. 더 나아가 언어/언어 표현 기술 수업을 넘어서 다른 교사들(이를테면 사회과 교사들)이 협력하고자 한다면 다른 수업 시간으로 확장될 수 있다.

여러 주제와 활동을 생성하는 내용 중심 단원의 좋은 본보기는 잉라이트와 맥클로스키(1988)에 제시되어 있다. 그들이 예로 든 '영웅'에 대한 단원에서 학급에서 내용-주제에 대해 난상제안 활동을 하고 난 뒤 선택된 12개의 활동과 쓸거리를 계발하였다. 이와 비슷하게 추디와 후레르타(1983)는 '나이 먹음'이라는 내용 중심 단원을 활용하여 서로 다른 학업 영역에서 주제를 확장할 수 있는 20개의 주제 목록을 만들었다. 그들은 과학, 수학, 예술, 음악, 사회과학, 역사, 사회, 직업 교육, 미학 영역에서 '나이 먹음'이라는 주제를 제안하였고, 이 주제에 관련된 구체적인 활동과 쓸거리의 목록 33개를 제안하였다(마인바크 등 Meinbach 1995, 윔슬레이 1994도 참조).

11.5.3 요약과 비평(13)

　정보의 생성에 초점을 모은 앞의 두 주제와는 달리 이 주제는 뒤에 있을 사용을 위해 정보를 구성하고 조직하기 위한 방법들을 제안한다. 글 요약과 정보에 대한 비평은 비교적 중등 교육에서 널리 받아들이고 있는 실천 사례들이고 더 높은 수준에서 학업을 위한 중요한 단계를 이룬다. 요약문 쓰기는 통제를 받거나 안내를 받은 활동으로 시작할 수 있다. 시작하는 연습으로 좋은 사례는 오직 한 문장이나 두 문장이 필요한 요약문을 학생들로 하여금 완성하게 하는 것이다. 다른 방법으로 해당 구문의 문장 결합과 관련된 요약문을 써 볼 수 있다. 또한 본보기 요약문과 비슷하게 요약문을 써 보거나 이미 제시된 요약의 처음이나 마지막 문장을 써 볼 수 있다. 모둠에서 요약문을 바꾸어 보고 차이를 지적할 수 있다. 요약문 쓰기에서 한 선택에 대한 감각을 학생들이 얻어감에 따라 읽기를 끝낸 읽을거리의 개요로부터 짧은 요약문을 써 볼 수 있다. 방금 읽은 더 긴 덩잇글로부터 요약문을 쓰기 시작할 수도 있다.

　요약문 쓰기는 학생들이 그러리라고 가정하는 어렵고 도전적인 과제일 필요는 없다. 만약 요약문 쓰기가 쓰기 교육과정에서 이른 시기의 목표라면, 위협적이지 않은 방식으로서 일정하게 포함시킬 수 있다. 월초에 학생들에게 읽을거리의 중심 생각을 한 문장으로 써 보게 하고 그 다음에 이 한 문장짜리 요약을 비교해 보게 하면서 어떤 요소가 좋은 요약문장으로 만드는지 판단해 보게 할 수 있다. 수주일 뒤에 학생들은 한 문장짜리 요약을 하고 어떤 설명 정보를 더하기 위하여 두 번째 문장을 써 보게 하거나 요약에서 두 번째로 핵심적인 내용을 써 보게 한다. 두세 달 동안 학생들은 세 문장으로 된 요약문을 쓸 수 있을 것이다. 다섯 달쯤 되어서 핵심적인 내용을 담고 있으면서 일관된 대여섯 문장짜리 요약문을 쓸 수 있을 것이다.

　요약문을 제시하는 또 다른 기본적인 방법은 교사들이 읽을거리를 활용하여 하찮은 정보를 줄을 그어 지우면서 중심 문장을 찾아내고 목록이나 예들을 압축

하거나 삭제하도록 하는 방법이다.68) 이런 방식으로, 학생들은 (1) 사례들을 제거하고, (2) 날짜를 제거하며, (3) 묘사적인 세부 내용과 설명을 제거하고, (4) 끝맺는 말(conclude comment)을 삭제하며, (5) 단일의 일반적인 진술로 핵심들을 결합하고, (6) 주제 문장을 찾거나 없으면 만들어낸다는 요약문 쓰기의 간단한 규칙 몇몇을 배운다. 일정 기간에 걸쳐 연습한다면 이런 규칙들은 학생들이 비교적 다루기 쉽게 될 것이다.

기본적인 요약하기 활동의 변이형태로 학생들은 사례를 덧붙이거나 세부 내용 묘사, 설명들을 덧붙여서 기존의 덩잇글에 대한 교사의 요약을 놓고서 늘여써 보게 할 수 있다. 학생들은 그 다음에 이 늘여 쓴 덩잇글과 교사가 요약한 원래 덩잇글을 비교해 볼 수 있다. 기본 원리는 저본이 되는 덩잇글은 성공적인 요약으로부터 어느 정도까지는 복원이 가능하다는 것이다. 그와 같은 활동은 또한 요약글 형성에 사용된 다양한 원리들에 대한 자각을 드높여 줄 것이다.

요약하여 쓰기에 더하여 학생들은 또한 다른 활동을 통해 생성된 생각들에 비판할 수 있어야 한다. 어떤 주제에 대하여 어떤 입장을 학생들이 취하도록 요구하는 활동은 요약하기 능력뿐만 아니라 정보를 비판할 뿐만 아니라 관점을 제시하는 것과 관련되어 있다. 비판은 그들이 생각하거나 느끼는 것을 토론이나 정보 자원을 통해 쓰도록 하는 단순한 과제로부터 시작할 수 있다. 학생들이 요약하여 쓰기에 익숙해짐에 따라 요약된 글에 이어 요약된 정보에 대한 비판, 요약된 내용을 뒷받침하는 논평, 요약에서 언급된 입장에 대한 논의를 담은 서너 개의 문장으로 된 평가 단락을 덧붙일 수 있다. 비판하여 쓰기는 더 복잡한 설득 글이나 논쟁적인 글을 쓰는 방법을 제공한다. 여기에는 논쟁에 대한 복잡한 해결책이나 반대 논증을 요구하지 않는다. 왜냐 하면 비판이 주로 요약의 계속이기 때문이다.

요약하여 쓰기와 비판하여 쓰기는 둘 다 이들이 목적 지향의 쓰기 활동이며

---

68) (뒤친이) 덩잇글 이해의 과정을 정보 더하기와 정보 삭제하기로 논의한 글로 킨취(1998) 《Comprehension: A Paradigm for Cognition》, Cambridge University이 있다.

기술로 인식되도록 의미 있는 맥락에서 연습될 필요가 있다. 학생들이 더 복잡한 쓰기 과제에 관여하게 됨에 따라 그리고 내용 정보가 학년에 따라 늘어나게 되므로 학생들은 중요한 정보를 놓치지 않고 더 복잡한 논제에 대하여 자신들의 관점을 평가하기 위하여 요약하여 쓰기와 평가하여 쓰기를 활용할 필요가 있을 것이다. 이런 쓰기 활동들은 교과목의 내용이나 비판적인 글쓰기로 이뤄지는 활동의 자연스러운 연장으로서 쓰기 교과과정에 통합되어야 한다.

11.5.4 언어 사용에 대한 의식 끌어올리기(14)

학년 수준에 따라 학생들이 발달해 감에 따라 학업 목적에 적합한 인쇄물의 사용에 대해 인식할 필요가 있다. 교실수업 맥락과 가정에서 인쇄물을 통한 학습은 학생들의 자각을 끌어올릴 수 있는 유용한 활동이다. 실제로 인쇄물의 활용과 목적에는 여러 가지가 있으며 이들은 학생들의 주목을 끌어야 한다. 학업을 위한 인쇄물의 활용(과 목적)에는 일지, 전기, 이야기, 편지, 회고록, 역사서, 사설, 실록, 신문, 사례 연구, 전단지 등등이 포함된다(추디와 후레르타 1983, 프랭크 1979).

학생들은 또한 다양한 덜 표준적인 환경에서 언어의 역할에 대해 자각하여야 한다. 그 과정에서 학생들은 자신들의 전문성을 활용하는 활동에 관여할 수 있으며 인지적인 도제 관계를 통해 연습할 기회를 제공받을 것이다. 일련의 최근 연구에서 히쓰(1993, 히쓰와 만지올라 1991)는 학생들이 언어를 의식하도록 하고 언어 가르침과 언어에 기반을 둔 쓸거리에 전문가가 되도록 함으로써 언어 사용을 안으로 살필 수 있는 방법을 찾아보았다. 히쓰(1993)는 지역 공동체에서 입말과 글말 발달의 중요한 원천으로서 극과 희곡의 활용에 대해 보고하였다. 학생들이 스스로 대본을 쓰고 실제 청중을 대상으로 그것들을 공연하였다. 그 과정에서 학생들은 상당한 시간 동안 문학 활동에 전념하였으며 학교 수업 중심 글말 활동의 수행으로는 반영될 수 없는 기술들을 보여 주었다.

이런 활동들은 학생들로 하여금 (관례에 따른 편집하기를 포함하여) 입말 사용과 문학적인 사용을 곰곰이 생각해 보도록 하였으며 그 과정에서 학생들이 자신의 수업시간에서보다 더 강도 높게 입말로 공부하도록 하였다. 히쓰와 만지올라(1991)는 학생들을 글말 소양을 지닌 전문가가 되도록 하는 세 가지 다른 연구거리도 보고하였다. (1) 어린 학생들의 발달 과정에 대한 기록하기와 보고하기를 하도록 하면서 여러 학년에 걸친 가르침과 (2) 여러 학년에 걸친 가르침과 관련하여 어린 학생들의 부모에게 학생들이 책을 쓰게 하였는데 이런 책은 어린 학생들을 글말 능력 필요성을 살펴볼 수 있게 하였다. (3) 학생들이 속한 공동체와 가족에서 입말과 글말의 관찰 사실들을 분석하고 언어 사용에 대한 민족지학적 분석을 전개하는 데 사용하도록 하였다(쿠츠 등 Kutz 1993도 참조). 극, 대본 쓰기, 학령에 걸친 가르침, 입말과 글말에 대한 민족지학적 연구들은 모두 적절한 언어 사용에 대한 의식을 끌어올리는 방법을 제공한다.

11.5.5 편집하기(15)

쓰기 가르침의 어떤 시점에서 그리고 쓰기 과정에서 편집하기에 대해 어느 정도 강조할 필요가 있는데 쓰기는 관습과 양식에 적절하게 맞추어야 한다는 것을 확실하게 해 두어야 한다. 고쳐 쓰면서 되짚어 주는 것과는 달리 편집하기는 쓰기의 마지막 단계에서 일어나야 한다. 그것은 중요한 독자들에게 글을 수용 가능하도록 만드는 노력의 하나이다. 편집하기는 덩잇글의 표면적인 측면들을 광범위하게 점검하는 것과 관련이 있는데 구두점, 대문자화, 가운데 줄 지르기, 쪽 형식 맞추기, 제목과 부제, 철자법, 적절한 낱말 선택, 문법적인 문장 구조, 정보의 일관된 흐름 등을 살펴야 하는 것이다.

편집하기는 학생들이 편집하기에 최소한의 관심만으로 무사안일하게 된 뒤에 갑자기 나타나는 활동이어서는 안 된다. 상당히 이른 시기에도 교육적인 맥락에서 교사들은 학생들에게 기본적인 쓰기 관습을 점진적으로 보여줄 필요가 있다. 학생들은 결국 모든 덩잇글이 지켜야 하는 관습이 있다는 것을 모두 잘 인식한다. 부모들도 또한 철자법, 구두점, 손으로 쓰는 기술들과 같은 어떤 관습의 중요성을 학생들에게 종종 상기시켜 준다. 쓰기 관습에 주의를 하도록 하기 위해 시작하는 가장 좋은 방법은 내용 중심 단원을 위해 사용되는 잘 손질된 덩잇글의 모습들을 살펴보게 하는 것이다. 학생들이 활용한 덩잇글로부터 바꾼 내용을 학생들에게 제시할 수 있는데 이 글은 전체적으로 편집에서 실수를 담고 있는 글이다. 그 다음에 원래 덩잇글과 바뀐 덩잇글 사이의 '차이 20개(혹은 x)개 찾기' 놀이를 할 수 있다. 이런 활동은 그해 동안 기록된 점수로 꾸준하게 할 수 있다. 시간이 흐르면서 학생들은 손질된 글의 수용 가능한 관례들을 인식하게 될 것이다.

편집하기는 또한 학급에서 산출한 덩잇글에 대하여 교사의 사고과정 소리 내어 말하기를 통해 규칙적으로 시범을 보일 수 있다. 이전의 사고과정 소리 내어 말하기 시범과는 달리 교사는 명시적인 다양한 편집하기 전략들을 사용한다. 따라서 교사는 일반적으로 소리 내지 않고 적용하는 편집 기술을 언어로 표현하여 보여 줄 수 있다. 다르게 규칙적으로 실천해 볼 수 있는 방법은 매일 두 문장을 칠판에 적어두는 것이다. 각 문장에는 (반드시 문법적일 필요는 없는) 한 개의 편집 실수가 있도록 하고, 학생들은 그 문장을 확인하고 고쳐야 한다. 이는 시간이 거의 걸리지 않는다. 연습 문장은 학생들이 쓴 글이나 현재 가르치고 있는 내용 단원과 관련된 것일 수 있다. 학생들은 중요한 유형들을 인식하게 될 것이다.

다른 활동들도 또한 편집하기 기술을 드높일 수 있다. 철자법 맞추기 시합은 철자와 정확한 철자법에 주의를 기울이게 하는 좋은 방법이다. 단락에서 편집 실수를 발견하게 하는 것으로 모둠에서 시합은 편집 기술을 자리 잡게 하는 또 다른 방법이다. 많은 안내서들에는 덩잇글을 편집하고 문법과 어휘 문제에 주의를 기울이도록 하는 포괄적인 연습 문제들을 싣고 있다. 대부분의 경우 그런 생각은 올바르지만 맥락이 잘못되어 있다. 학생들에게 의미 있는 덩잇글로 연습하게 하는 것이 중요하다. 예를 들면 다른 학급에서 마련한 논술, 어린 학생들을 위한 쓰기 책, 출판하기 위한 책, 신문에 쓴 글, 바깥에 있는 독자를 위해 쓴 편지가 있는데 이들은 모두 관례에 적합하게 산출되어야 한다는 책임감을 부여하며 이들은 편집하기 기술의 필요성을 납득할 수 있어야 한다.

11.6 다른 쓰기 갈래로 공부하기(주제 16-20)

10장에서 쓰기 가르침의 부분으로 덩잇글의 네 갈래를 고려하였다(이야기 전달, 편지 쓰기, 묘사하고 지시하며 과정 기술하기, 정보를 기록하고 보고하기). 이 절에서는 (1) 자서전과 전기, (2) 현장조사와 설문지, (3) 신문 쓰기, (4) 정보에 바탕을 둔 보고서, (5) 개인적으로 써보기라는 다섯 갈래를 고려한다. 각각의 경우 이런 쓰기 확장 유형들은 중급 수준의 학생들이 하고 있으며, 이 장에서 제시된 다른 다양한 주제들을 뒷받침한다.

11.6.1 자서전과 전기(16)

학생들의 쓰기에서 유창성을 발전시키는 효과적인 한 가지 방법은 자신과 관련된 문제나 자신의 이력을 살피고 이런 탐구를 다른 사람에게로 넓히는 것이다.

한 가지 간단한 방법은 학생들에게 자신의 생애에서 중요한 사건들에 대해 논의하고 기술하도록 하는 것이다. 그런 사건들은 자신들의 생애에서 중요한 사건으로 모둠의 쓸거리로 보여 줄 수 있으며 각각의 사건은 세 문장으로 된 짧은 자서전에 첨가될 수 있다. 학생들은 그들이 누구이며, 어디 출신이고, 현재 무엇을 하고 있으며(이를테면 8학년에 있는 학생), 관심사와 취미가 무엇인지를 기술하는 자서전을 써 볼 수 있다. 자서전에 나타나게 될 다른 활동들에는 자신의 생애에서 중요한 업적에 대해 써 보는 것이다.

자서전 쓰기 활동들은 오랜 기간의 자서전 쓰기 계획으로 이어질 수 있다. 업적이나, 어려운 시기, 휴가, 학교 수업, 친구나 가족들과의 관계 등등 학생들은 자신의 생애에서 만난 사람들과 사건들을 '모아 볼' 수 있다. 학생들은 부모들에게 사진을 요구하거나 사건을 구체적으로 설명해 볼 수 있다. 그 다음에 가장 적합한 정보를 널리 알리는 게시판에 시간의 순서에 따라 도표로 모아 볼 수 있다. 학생들은 그 다음에 게시판에 묶여 있는 순서에 따라 일련의 서로 다른 단락을 종이에 쓰면서 시간 흐름에 따라 적절한 위치에 그것들을 늘어놓을 수 있다.

위에 소개한 쓰기 계획에 대한 대안으로서 학생들은 한 사람 혹은 다른 두 사람의 전기에 대한 연구를 바탕으로 전기를 써 볼 수 있다. 학생들은 내용 중심 단원에서 어떤 사람을 선택하고 그 사람에 대해 간단하게 묘사하는 짧은 글을 써 볼 수 있다. 이 활동은 주요 인물이나 학생들이 칭찬하는 인물이거나 유명한 인물이거나(이를테면 텔레비전 배우), 학생들이 만나고 싶어 하는 역사 속의 인물일 수 있다. 모둠에서 학생들은 전기를 구성하는 방법을 결정할 수 있다. 예를 들면 어떤 정보가 필요하며 왜 그 사람의 삶이 중요하거나 학생들에게 적합한지를 토론한다. 학생들은 그 다음에 어떤 사건, 정보, 구성 목표가 이와 비슷한 방식으로 전기를 쓸 때 필요할 것인지를 고려할 때에 활용할 수 있다.

11.6.2 현장조사와 설문조사(17)

현장조사와 설문조사는 정보를 모으고 다른 많은 쓰기 활동을 위해 유용한 자원들을 제공하는 중요한 방법이다. 이들은 사람들과 그 사람들에 관련된 사건, 법률, 정치, 사회, 학교 수업에 대한 의견 관련 정보를 모으는 방법으로 활용될 수 있다. 이런 일련의 정보들은 학생들로 하여금 비교하고 결론을 끌어낼 수 있도록 한다. 더 신중한 분석을 위해서 특정의 개인들이나 사건들에 대한 정보를 모으기 위해 이용되기도 한다. 따라서 학생들은 일거리 묘사, 전기, 과정과 기술(technique)에 대한 쓰기를 위해 이런 정보를 활용할 수 있다.

그러나 현장조사와 설문조사를 잘 활용하고자 한다면 신중하게 계획되고 작성되어야 한다. 계획하기는 정보를 모으기 위한 구체적인 목적에 대한 학급 토론으로부터 시작되어야 한다. 교사와 학생들은 그 다음에 분명하게 이해되고 쉽고 답할 수 있도록 질문을 마련하여야 한다. 설문조사에서는 감당할 수 있도록 질문이나 조사 항목들의 수에 주의를 기울여야 한다. 현장조사와 설문조사는 학생들이 그것들을 활용하는 데서 길을 잃어버리거나 학생들이 부가적인 정보를 기록하기 위한 충분한 공간이 없다는 것을 발견하지 않도록 틀을 잡아야 한다.

설문조사와 현장조사의 결과들은 또한 효율적으로 구성되어야 하며 수집된 정보가 유용하게 되려면 신중하게 검토되어야 한다. 교사들은 기록 용지를 끼워 넣거나 기록 용지를 정보를 분류하기 위해 열별로 나누고자 할 수 있다. 만약 특정의 항목으로부터 수치들을 다루어야 한다면 기록용지는 쉽게 더하거나 평균을 낼 수 있도록 마련되어야 한다. 현장조사와 설문조사의 결과들은 학급과 모둠 토론을 통해 분석될 필요가 있다. 학생들은 설문조사와 현장조사의 목적을 고려하여야 하는데 모아진 정보 가운데 어떤 것이 목표를 보완하는지, 정보를 어떻게 보여줄 수 있을지, 어떤 결론을 이끌어낼 수 있는지, 그리고 어떻게 설문조사와 현장조사가 다른 방식으로 이뤄질 수 있을지를 고려할 필요가 있다. 학생들은 결론을 요약하고 모인 정보와 다른 쓸거리 목적을 위해 있을 수 있는 중요성을 기술하는 보고서를 쓴다.

11.6.3 신문과 매체(18)

학생들이 생성한 매체에 대한 쓰기는 쓰기 실천을 위한 또 다른 자원을 보여준다. 가장 일반적인 선택 내용은 학급 신문이나 학급 회보를 위해 규칙적으로 쓰는 것이다. 학교 신문이나 공동체 신문은 또한 실천 가능한 선택 내용을 제공한다. 신문, 극, TV 연속극, 상업적인 광고물, 학급 문집을 위해 쓰기는 모두 쓰기를 다른 덩잇글 갈래로 넓혀 준다.

신문 양식은 실질적으로 다수의 덩잇글 유형을 아우르고 있다. 자신들이 좋아하는 학교 팀이나 프로 팀을 위해 스포츠란을 써 볼 수 있다. 또한 월간 신문 학급을 위해 유명한 운동선수들의 인물 단평을 써 볼 수 있다. 다른 학생들은 사설과 편집자에게 보내는 편지란을 책임질 수 있다. 학생들은 교육과정 내용 단위, 학교에서 있었던 일, 교칙, 규정, 구내식당의 음식, 학교에서 안전 문제, 학교 예산의 배분 방식 등에 초점을 모아 볼 수 있다.

다른 학생들은 특집 기사에 중점을 둘 수도 있다. 학생들은 교수 방법, 도서관이나 컴퓨터 실습실의 상태, 학교 급식 계획, 교재 선택, 학교 동아리 등등에 대한 일련의 보고서를 써 볼 수 있다. 특집란은 학교에서 잘 알려지지 않은 인물을 포함하여 특정 인물에 초점을 모을 수 있다. 관리실 직원이나 구내 매점 종사자, 교장실의 비서, 심지어는 교장과 면담을 수행할 수 있다. 학생들은 또한 교사의 배경과 관심사에 관련되는 인물 소개를 쓰기 위해 매달 서로 다른 교사들을 면담할 수 있다. 또는 최근에 학교에 전학온 학생들을 대상으로 할 수 있다. 마지막으로 학생들은 제 1면에 적합한 기자로 임명될 수도 있다. 이들은 학급, 특정 학생, 학교, 교사, 학교에 대한 공동체의 결정 등등에 대한 가장 최신의 기삿거리를 찾아볼 수 있다. 신문과 거기에 실리는 다양한 갈래의 덩잇글은 특정의 내용 중심 단원과 묶일 수 있는데 특히 사설, 특집란, 특별 기고 쓰기에 묶일 수 있다.

다른 매체 갈래들도 학생들에게 많은 유용한 쓰기 활동을 제공해 줄 수 있다. 학생들은 다른 학교 교육과정의 부분들에서 공부하고 있는 사건이나 인물과 관련하여 극을 쓰기 위해 내용단원으로부터 나온 정보를 활용할 수 있다. 그 대본에는 인물, 성격과 다른 정보를 살피기 위해 독창적인 선택 내용을 더할 수 있다. 설득력은 신문, 잡지, (캠코더를 활용한) 텔레비전 광고 쓰기 활동을 통해 계발될 수 있다. 신문 광고문은 다달이 출판될 수 있으며 텔레비전 광고는 비디오테입에 저장되어 학급에서 텔레비전 광고 경연대회를 열 수 있으며 모든 광고물들을 다른 학급에 보여 줄 수도 있다. 학생들은 또한 텔레비전 뉴스 쇼를 계획해 볼 수 있는데 여기서 모든 기사, 날씨, 운동, 논평들이 각본으로 짜이고 뒤에 '방송되기' 위해 비디오 카메라로 전달된다.

매체를 활용한 쓰기의 모든 경우에서 학생들로 하여금 대본을 쓰게 하고 서로 비평하도록 하는 것이 중요하다. 이런 덩잇글 양식들은 학생들에게 책임감을 부여하고 동료 청중들 앞에서 수용 가능한 수행을 하도록 요구한다. 이런 덩잇글 유형들은 창의력을 보여줄 필요성과 정확하게 보도할 필요성을 결합한다. 대부분의 청중들이 보도되고 있는 기사와 인물들을 알고 있을 것이기 때문에 '온당하게 전달하도록' 하는 제약들이 필자와 대본 집필자에게 자연스럽게 부과된다. 이런 매체 선택 내용들 모두는 또한 교육과정 단원과 기획에 통합될 수 있다. 특집 기사는 학생들의 중심 공부거리에 초점을 모을 수 있으며 사설에서는 그런 공부거리를 비판할 수 있다. 특집란은 공부거리의 목표와 정보를 발견하기 위해 사용한 방법을 설명할 수 있으며, 면담에서는 실제적인 인물이나 허구적인 인물을 보여줄 수 있다. 텔레비전 쇼와 광고물은 공부거리의 결과와 앞으로 있을 일에 대해 알려주는 것에 초점을 모을 수 있다. 일면 기사에서는 공부거리에서 최근에 일어난 발전이나 공부거리 실행 도중에 나타난 예상 밖의 발견 사실을 알려 줄 수도 있다.

11.6.4 정보에 바탕을 둔 보고서(19)

학업 목적으로 글을 쓸 필요가 있는 중등학교 학생들은 정보에 바탕을 둔 쓰기에 대해 폭넓게 연습할 필요가 있다. 이런 갈래의 쓰기는 용인 가능한 양식에 따라 정보를 제시하도록 학생들에게 요구한다. 여기에는 예를 들면 다음이 포함된다. (1) 서로 다른 사건, 논제, 결과, 산출물, 과정의 비교하기와 대조하기

(2) 정보를 모으는 과정에서 밝혀진 것으로 실제적으로 나타나거나 제기된 문제들에 대해 기술하고 문제-해결 구성 방식에 따라 설명하기 (3) 복잡하고 정의, 묘사, 사례들을 필요로 하는 개념, 대상, 과정에 대해 쓰기이다. 정보에 바탕을 둔 보고서의 핵심은 독자가 예상하고 이해하는 배열 방식으로 정보들을 구성하는 것이다. 학생들은 정보를 알려 주고 종합하면서 자신들이 이용 가능성과 선택 내용들을 인식하고 있어야 한다. 기본적인 배열 방식에는 뜻매김(정의), 분류, 원인과 결과, 비교와 대조, 문제-해결, 분석이 포함된다.

뜻매김을 바탕으로 하는 쓰기에서는 어떤 대상이나 과정, 개념의 범위를 정하는 수단에 초점을 모은다. 이를테면 어떤 개념을 다른 개념과 관련을 짓는 데 필요한 정보를 제공하며 동시에 그 개념을 다른 개념들과 구별할 수 있는 정보를 제공한다. 뜻매김에는 일반적으로 'x는 z를 하는 y이다.'와 같이 화제 중심의 문장 얼개가 포함된다. 이런 형식은 관련짓기와 구별하기, 사례 제시하기, 행동이나 물리적 특성 제공하기, 기능이나 용법 기술하기 등등의 다양한 전략들이 뒤따른다. 분류에 따른 배열은 뜻매김이라는 개념을 일련의 대상, 개념이나 논제들을 포함하도록 확장하는데 이 유형에서 으뜸이 되는 목표는 집단들 사이의 관계와 차이를 강조하는 것이다. 분류 유형은 정보를 기술하기 위해 필요한 기준들의 수효를 완전히 드러내지는 않는데 새로운 유형이 만들어지기도 하고, 새로운 잣대가 덧붙기도 하기 때문이다. 뜻매김하기와 분류하기는 서로 뒤바뀔 수 있는 과정이다. 정의하기는 개체를 집단에 자리매김하고 분류하기는 개체를 구별하기 위해 무리들을 나눈다.

원인/결과와 비교/대조 유형은 논리적으로는 구별되지만 때때로 겹칠 수 있는 논리적 구성의 두 유형을 대표한다. 원인과 결과 유형은 원인과 그에 뒤따르는 결과를 구분한다. 이 유형은 인과 관계를 자리매김하고 강한 주장을 만든다. 비교와 대조 유형은 어떤 원인을 반드시 언급할 필요 없이 관계를 자리매김한다. 이 유형은 또한 논증, 문제-해결, 변증법적 종합이 나타난 덩잇글을 쓰기 위한 유력한 원천의 대표적인 사례이다.

구성에서 분석 유형은 설득하기, 비판하기, 문제-해결하기를 위한 또 다른 유력한 연모이다. 이 구성 유형의 힘은 분석이 모든 그리고 오직 중요한 변수들을 설명한다는 가정으로부터 나온다. 시계가 어떻게 작동하는가에 대한 분석은 시계의 어떤 중요한 부분도 배제하지 않으며 시계에 어울리지 않는 어떤 부분에 대하여 논의하지 않는다. 분석적인 구성은 중요한 부분 모두가 포함된다고 가정한다. 제시된 부분들은 연구되고 있는 더 큰 개념을 설명해 주는 것이다. 사설에 나타남직한 정치적 논쟁에 대한 분석은 모든 중요한 문제들에 대한 지식을 주장할 수 있는 권위와 정치적 사건의 본질을 인식할 수 있는 능력을 가정한다. 이런 방식으로 설명한다면 학생들이 권위와 전문성을 가정하는 배열 유형을 어려워하는 이유를 쉽게 알 수 있다. 그럼에도 불구하고, 힘을 싣는 유형은 학생들이 배움에서 수동적인 참여를 넘어서 나아가고자 한다면 중요하다.

정보를 바탕으로 보고서 작성을 위해 배열 유형을 사용하도록 하는 데서 핵심은 그런 것들을 따로 소개하지 않거나 맥락에서 벗어나는 활동으로 소개하지 않도록 하는 것이다. 오히려 내용 중심 단원과 교육거리를 통해 나온 정보를 바탕으로 쓰는 학생들은 어느 정도 폭넓은 정보를 지니고 있을 것이며 학생들에게서 있을 법한 중요한 어려움은 정보를 정확하고 효과적으로 제시하는 방법에 관련될 것이다. 이런 맥락에서 교사들은 어떻게 이런 일을 하는지 보여 줄 필요가 있다. 교사는 정보 배열의 과정뿐만 아니라 관련되어 있는 의사결정 과정을 통하여 시범을 보일 수 있다.69) 학생들이 작성한 어떤 덩잇글에서 사용된 배열 방식이 어떻게 적합한지를 학생들에게 지적하여 줄 수 있다. 그리고 교사는 학생들이 수집한 자료에 적합한 배열 방식의 사용을 모둠으로 실습해 보도록 안내할 수 있다. 배열 유형은 쓰기의 목표라기보다는 쓰기의 원천으로 볼 필요가 있다. 그리고 학생들은 자신들이 쓰고 있는 정보를 바탕으로 한 덩잇글에서 이런 유형들을 알아차리도록 그리고 그와 같은 유형이 효과적인 의사소통 방법을

---

69) (뒤친이) 이 문장은 잘못 인쇄된 듯하다. 'The teacher can model thought process --'로 되어 있는데 'The teacher can model through process --'로 되어야 될 성싶다.

보여준다는 것을 인식하도록 폭넓은 연습을 할 필요가 있다.

11.6.5 개인적으로 써보기(20)

개인적인 쓰기는 정보를 알려주리라는 기대로 인해 제약을 받지는 않지만 학생 개인의 관점, 감정, 독창적인 자원이 관련되어 있다. 여기에는 가상의 이야기, 이야기 전달이 관련될 수도 있고 텔레비전 광고나 극에 관련될 수 있다. 그리고 단순히 개인적인 관점을 해명하는 것과 관련이 있을 수 있다. 개인적인 글을 독특하게 하는 것은 전문가로 보이고자 하는 필자가 취하는 권위이다. 전문성은 이런 갈래의 쓰기에서 인식되어야 하는 개인적인 해석에 있다. 물론 전문성 인식은 어떤 글이 훌륭하다는 것을 의미하는 것이 아니라 글의 밑바탕에 있는 생각이나 개념이 부적절하다고 공격을 받지 않아야 한다는 것일 뿐이다. 결국 개인적으로 쓰는 글의 목적은 학생들의 창조력을 인식하는 것이다.

학생들이 실습할 수 있는 개인적인 글쓰기의 가장 직접적인 형식은 일지, 잡지, 학습 일지이다. 잡지와 일지의 경우 그런 글들은 평가보다는 수용에 초점이 모인다. 일기는 학급의 방침이 그러하다면 비밀스런 목록으로 남겨 둘 수도 있다. 개인적인 쓰기의 이런 형식들은 다른 유형의 개인적인 쓰기뿐만 아니라 주제 관련 단원과 더 큰 쓸거리를 위해 관심사를 찾아보는 자원으로서 주제나 생각을 생성하기에 매우 쓸모가 있을 것이다. 다른 형태의 개인적인 쓰기는 이 장의 다른 주제들에서 몇몇을 강조하였다. 극본, 자서전, 개인정보 모으기, 자유롭게 쓰기는 모두 개인적인 쓰기를 위해 가능한 영역들을 제공한다. 내용 중심 단원이나 공부거리에 참여하고 있는 학생들은 또한 그 단원을 전개하는 데 가장 중요하고, 흥미롭거나 성가신 것이 무엇인지를 결정하기 위해 개인적인 쓰기를 활용할 수 있다. 읽기 숙제나 모둠 학습에 대한 비평문 쓰기에서 학생들은 가장 두드러진 정보를 살펴볼 수 있다.

개인적인 쓰기에 초점을 모을 수 있는 여러 가지 방법이 더 있다. 학생들은 쓰기를 위한 공간에서 쓰기 과제로부터 개인적으로 써 볼 수 있고 혹은 다음에 제시하는 활동으로 학급 전체나 모둠 과제를 해 볼 수 있다.

1. 학생들은 자신들을 시간 여행자로 생각해 볼 수 있다. 어디로 갈 것이며 왜 가는가? 무엇을 보게 될 것인가? 무엇을 하게 될 것인가? 언제 돌아올 것인가? 무엇을 가지고 올 것인가?

2. 다음 날에 백만 달러가 주어진다면 그것으로 무엇을 하게 될 것인지 정해 볼 수 있다.

3. 그들이 칭찬하는 어떤 사람을 선택하고 그 사람에게 끌리게 된 성품이나 특징을 기술해 볼 수 있다.

4. 당황스런 순간을 이야기해 볼 수 있다. 무엇이 일어났는가? 왜 그것이 그렇게 당황스러웠는가? 그 경험으로부터 학생들이 무엇을 배웠는가?

5. 어떤 대상이나 사건, 사람, 생각 등등에 대하여 학생들이 지니고 있는 강렬한 느낌이나 감정, 태도에 대해 토론해 볼 수 있다.

6. 일 분 정도의 준비를 하고 나서 학생들에게 자연스럽게 말하기를 해보도록 할 수 있다. 일 분 동안 그들을 도와 줄 구절이나 생각을 적어 둔다.

7. 학생들은 어떤 책이나, 이야기, 기사, 덩잇글에서 시작하는 문장을 가져와서 그들이 바라는 대로 자신의 표현으로 이어 나간다. 시작하는 문장 묶음은 쓰기를 위한 공간에 모아 둘 수도 있다.

8. 학생들에게 오늘날의 이야기를 해보게 할 수 있다. 잘 알려진 요정 이야기, 우화, 신화, 속담을 가지고 그 이야기를 오늘날 내용으로 이야기하게 한다. 또한 오늘날의 관점에 맞게 결과를 바꾸어 볼 수도 있다.

11.7 쓰기를 넓히기(주제 21-25)

이 절에서는 쓰기 실습을 위해 쓸모 있는 확장을 보여주는 다섯 가지 주제들이 논의된다. 각각의 주제들은 내용 중심 단원이나 과제 중심 교육과정을 뒷받침하기 위해 사용될 수 있다. 다섯 가지 주제는 다음과 같다. (1) 문장 결합하기, (2) 수행내용철, (3) 가치 분명하게 하기 활동, (4) 복식 기입장, (5) 학생들의 발표가 그것이다. 이 주제들은 학생들의 자원을 넓히고 자신들의 쓰기 내용과 형식들을 탐색할 수 있는 방법을 제공한다.

11.7.1 문장 결합하기(21)

학생들은 구조를 다양하게 하고 생각들을 결합하며 일련의 다른 정보를 배경으로 하거나 강조할 수 있는 가능성을 깨달을 필요가 있다. 쓰기에서 이런 선택 내용을 학생들에게 인식하도록 하는 것은 결코 간단한 일이 아닌데 문장 결합하기는 그와 같은 목표를 달성하기 위해 알려진 몇몇 방법 가운데 하나다. 게다가 문장 결합하기 활동은 쓰기에서 유창성을 확립하고 구조에 대한 암묵적인 지식을 더 낫게 하며, 유연성을 기르고, 더 복잡한 쓰기를 할 수 있도록 해준다. 문장 결합하기를 문법적인 문제로 다루어서는 안 되고 더 큰 덩잇글 구조 안에서 산출물의 결합 기능을 인식하도록 하는 담화 맥락에서 보아야 한다. 옹호자들이 강한 주장을 하였음에도 불구하고 문장 결합하기가 그 자체로 짧은 기간 동안에 쓰기 품질을 낫게 한다고 보장하지는 않지만 쓰기 기술과 쓰기 가르침에 중요한 구성요소를 더해 놓는다. 문장 결합하기 교재들은 쓰기 학급에서 사용되기 위해 일반적으로 이용 가능하지만 쓰기 교육과정의 다른 모든 측면에서와 마찬가지로 학생들의 글뿐만 아니라 내용 단원과 교육과정에 나와 있는 공부거리로부터 가장 잘 생성된다. 유의미한 교육 맥락 안에서 이런 접근법을 사용하는 것은 학생들에게 동기를 부여하고 유창성 향상으로 이어지며 학생들의 글에서 복잡성으로 이어질 가능성이 높다.

쓰기 교육거리에서 문장 결합을 사용하는 방법이 어느 정도 있다. 문장 결합하기에 대한 가장 기본적인 접근법은 매우 중복이 심하게 일어나 단일의 복합 문장으로 만들기 위해 서너 문장들의 결합을 필요로 하는 문장들의 목록을 만드는 것이다. 이런 방식으로 결합된 문장들의 목록은 적절하게 복잡한 단락을 형성하게 될 것이다. 문장 결합하기에서 상당히 일반적인 또 다른 방법은 연결의 실마리가 되는 단어들을 각 문장의 뜻에 포함하도록 하는 것이다. 이 단서는 어떤 문장이 다음의 문장들과 어떻게 결합되어야 하는가를 나타낸다. 학생들에게 문장 결합을 소개하는 것은 두 문장이나 세 문장을 하나의 문장으로 결합하여 보게 하는 간단한 연습으로부터 시작할 수 있다(린던과 윔베이 Linden and Whimbey 1990).

문장 결합하기를 학급 맥락에서 통합하기는 적절한 덩잇글로부터 그리고 학생들이 쓴 단락에서 나온 자료들을 사용함으로써 가능하다. 학생들은 학급 전체에서 읽어나가는 교재로부터 나온 덩잇글 조각에서 우선적으로 단순 문장을 찾아볼 수 있다. 손을 본 다섯 문장으로 된 덩잇글에서 학생들이 찾을 수 있는 모든 가능한 형태의 단순 문장을 찾아보고 다른 방식으로 재결합하도록 해 볼 수 있다. 학생들은 자신의 글에서 그와 같은 방식으로 찾아볼 수도 있다. 자신들의 덩잇글에 부가적인 단순 문장을 더해 놓을 수 있는데 이는 최종적인 재결합을 통해 원래 덩잇글보다 복잡한 덩잇글을 만들 수 있도록 해 준다.

11.7.2 수행내용철(22)

수행내용철은 쓰기 조사연구와 실천에서 논의의 핵심 주제가 되어 왔다(13장 참조). 더 많은 조사연구에서 서로 다른 방법으로 서로 다른 맥락에서 활용되는 수행내용철의 단점과 장점을 정확하게 평가할 필요가 있다는 것을 인식하는 것이 중요하다. 한꺼번에 많고 강한 주장들이 수행내용철의 장점을 옹호하였다. 이들 주장 가운데 몇몇은 앞으로 누그러질 필요가 있다는 것으로 인정되기도 하였지만 *쓰기 가르침을 위한 수행내용철*의 잠재력은 여전히 흥미롭다. 수행내용철은 학생들로부터 나온 창의적인 입력물을 포함하여 모든 쓰기 활동들을 보관하는 공간으로 볼 수 있다. 이런 수행내용철은 거기에 이미 있는 어떤 글을 쓰지 않아도 되는 학생들이 정기적으로 찾아 볼 수 있다. 어떤 학생은 다른 학생과 몇몇 글들을 공유할 수 있으며 비평을 요청할 수도 있다. 수행내용철에 대해서 동료들 사이의 되짚어 주기와 뒤에 이루어질 재평가 사이에서 학생들은 자신들의 글에 대해 더 비판적인 태도를 지니도록 배우며 어느 정도 흥미 있는 글을 구별해 내기 시작할 것이다.

*수행내용철 평가*에서는 교사에게 평가받기 위해 최종 작품을 제출하는 것이 필요하다. 이 경우에 학생들은 자신들의 글 가운데 최고를 제출하며 최종적으로 수정할 필요가 있음을 인식한다. 이런 유형의 쓰기 평가는 소수 민족 언어 학생들과 위험 부담을 안고 있는 학생들에 쓰기 시험이라는 시간 압박이나 한 편의 글에 바탕을 두고 점수를 매기는 짓누름 없이 자신들의 최고 작품을 제출할 기회를 준다.

11.7.3 가치를 분명하게 하기(23)

학생들이 더 복잡한 주제와 논제를 다루어 나가기 시작함에 따라 이런 주제들 다수가 쓰기 경험의 일부로서 신중하게 검토할 필요가 있는 딜레마와 어려운 문제들을 포함하게 될 것이다. 처음에는 그와 같은 문제들이 구체적인 활동을 통해 교사가 제안할 수 있다. 그러나 목표는 학생들로 하여금 인식하게 하는 것이고 더 복잡한 정보로 글을 써 나감에 따라 혼자서 문제가 되는 논제를 제기하도록 하는 것이다. 기본적인 수준에서 여러 유형의 활동들이 문제 제기와 가능한 해결 방법을 만들어내도록 활용될 수 있다. 이런 목적을 위해 곧바로 이용할 수 있는 주제에는 어떤 환경에서 어떤 물건이나 화학물질, 활동, 습관적인 행동을 금지하는 이유와 집에서 이뤄지는 일들을 살펴보고 그것을 재분배할 때 일어날 수 있는 일, 가정이나 학교에서 사용되는 물과 같은 자원들의 보존 방법 찾기, 이러지도 저러지도 못하는 제시된 문제를 해결하기, 다른 사람의 입장에서 어떤 상황을 보려고 시도해 보기 등이 주제가 될 수 있다.

그와 같은 활동에 접근하는 한 가지 방법은 어려운 결정이 어느 정도 필요한 문제를 설정하고 학생들에게 그 결정을 설명하도록 하는 것이다. 예를 들면 구체적인 대본에 다음과 같은 것들이 포함될 수 있다. (1) 열 (혹은 x)명의 사람에 대한 간략한 묘사가 있고, 만약 질병이 발생하였고 오직 네 (혹은 y)명을 위한 백신밖에 없을 경우에 학생들은 그들 중에 누구를 구할지 결정해야 한다. (2) 열 개의 일자리에 대한 묘사로 시작하는데 만약 열 개의 일자리 가운데 돈을 절약하기 위해 세 개의 자리를 없앤다면 누가 일자리를 지켜야 하는지 학생들이 결정해야 한다. (3) 안정적인 물을 공급받아야 하는 여섯 개의 지역 공동체와 업무에 대한 기술로 시작한다. 학생들은 10퍼센트의 물 공급을 줄여야 하는 두 단체를 결정하고 왜 그런가를 설명한다. (4) 현대식 정부 출자 병원을 세우기 위한 여섯 곳으로 시작한다. 학생들은 폭넓은 범위의 환자와 지역 공동체를 위해 가장 적합한 한 곳을 선택해야 한다. (항목 (4)에 대해 답을 할 수 있기 위해서 지역의 일반적인 지리 묘사, 각 지역에 있는 장애물과 자원에 대한 간단한 설명, 경제적 영향에 대한 간단한 설명이 필요하다. 학생들은 그 다음에 그 자료에 바탕을 두고 합리적인 결정을 할 수 있을 것이다).

가치를 분명하게 하는 두 번째 일반적인 방법은 학생들에게 가장 중요한 활동, 가장 소중한 친구, 가장 흥미 있는 TV 쇼, 가장 자주 하는 일과 하기 싫은 일, 좋아하는 음식, 가장 싫어하는 음식 등등을 적은 목록으로부터 시작하는 것이다. 이런 목록으로부터 학생들은 다음과 같은 질문을 고려해 볼 수 있다. 어떤 관심사가 동료들과 공통될까? 이런 공동의 관심사가 밑바탕에 깔린 가치에 대해 무엇을 나타내는가? 어디서 그런 가치가 비롯되었을까? 일반적인 관심사나 가치의 어떤 것이 문제의 잠재적인 원천인가? 바꿀 만한 가치가 있을까? 장려하고 더 발전시켜야 할 만한 가치가 있는가?

세 번째 접근법으로, 학생들은 다른 사람들의 가치관을 살피고 다른 사람들의 관심사, 선호도, 목표, 소일거리, 무관심한 일 등등을 알아 볼 수 있는 면담이나 현장조사를 전개해 볼 수 있다. 학생들은 일반적인 태도나 가치를 탐구하기 위해 그 결과를 활용할 수 있고 자신의 관점으로 집단의 결과를 비교해 볼 수 있다.

11.7.4 복식 기입장(24)

학생들이 학급에서 일지를 활용할 때, 한 가지 선택내용은 학생들이 공책의 오른쪽에만 쓰도록 하는 것이다. 왼쪽은 내용을 읽고 다른 학생(혹은 교사)이 촌평을 쓸 수 있도록 남겨 둔다. 이 복식 기입장 접근법은 일지, 받아 적기, 교사와 상호작용 일지 쓰기를 배우는 데 활용될 수 있으며 다른 학생들에게 보여주기 위한 일지 쓰기를 배우는 데도 활용될 수 있다. 나머지 공간은 원래 항목의 시작 부분의 정반대 쪽에 온전한 비평을 적을 수 있는 충분한 공간이 된다.

복식 기입장 개념은 다른 쓰기 양식에도 쉽게 확장될 수 있다. 다듬어지지 않은 초고는 오직 면의 한쪽에만 쓸 수 있다. 그 다음에 다른 사람들은 곧바로 접속할 수 있는 방법으로 촌평과 제안사항을 덧붙일 수 있다. 학생들은 또한 자신의 글에 대해 답변할 수 있는데 추가로 생겨난 정보, 고쳐 쓰기, 중요한 논평에 대해 응답할 수 있는 충분한 공간을 확보하게 될 것이다. 이런 방법으로 학생들은 자신의 글에 답변하기를 배울 수 있으며 생각을 고치는 습관이 생겨나게 될 것이다. 어떤 의미에서 학생들은 시간이 지나고 나면 자신과의 대화를 유지하는 데 몰두할 수 있을 것이다.

11.7.5 덩잇글 발표하기(25)

학생들이 자신의 쓰기 과제를 마무리하고 다른 부가적인 목적과 다른 독자를 대상으로 덩잇글을 활용할 필요가 있을 때 일반적으로 좋은 접근 방법은 다른 사람에게 글을 발표하도록 하는 것이다. 덩잇글 발표하기는 다양할 수 있다. 모둠이나 학급에 소리내어 읽어 줄 수 있고, 대본을 실연하며, 비디오를 만들거나 광고를 녹화하거나 염가 판매 광고를 해 보거나, 책을 출판하고 그것을 읽어 주며 토론에 붙이기도 하고, 학생들이 각자 다른 사람에게 전단지를 설명해야 하는 광고 전단지 수업을 제공할 수 있다.

학생들의 쓰기에 의미를 부여하는 데 중요한 구성요소는 쓰기를 위해 실제적인 적용이 되도록 하는 것이다. 이런 선택 내용들 가운데 몇몇을 이전 주제를 다루면서 어느 정도 자세하게 살폈다. 매체를 이용해 발표할 경우 글을 발표하는 기회는 중요한 경험이다. 이를테면 책을 출판하는 것은 학생들에게 마지막 단계가 되어서는 안 된다. 그것을 자신의 학급이나 (아마도 낮은 수준일 듯한) 다른 학급에 읽어 주어야 한다. 또한 낮은 학년의 학생들에게 책으로 출판하기 위해 쓰기에서 편집에 이르기까지 했던 일들을 설명해 줄 수도 있다.

모둠이나 학급 전체의 다른 사람에게 자신의 글을 크게 읽어 주는 것은 자신들의 생각을 발표하는 중요한 방법이다. 소리 내어 읽어 주는 습관이 붙으면 적절한 뒷받침이 제공될 경우 자신의 글의 매우 다르게 편집할 것이다. 자주 나타나는 구절을 잘못 읽어 보는 경험을 한 두 번 하게 되면, 잘못된 단어 때문에 머뭇거리게 되면 그리고 뒤얽힌 문장에서 절들을 놓쳐 버린다면 이것이 학생들로 하여금 고쳐 쓰기와 편집하기 기술을 개선하도록 동기부여를 하게 될 것이다. 학급에 소리 내어 덩잇글을 읽어주는 규칙적인 연습은 학급 친구로부터 되짚어 주기를 받을 기회를 제공한다. 청중 속에 있는 학생들은 실연에 대한 가중된 압박감을 인식하고 일반적으로 연기를 하고 있는 학생들을 도와 주려고 할 것이다. 이런 도움은 학생들로 하여금 읽고 있는 덩잇글에 대하여 적극적으로 비평을 하도록 이끌 것이다. 이런 접근법이 쓰기 활동의 정규 내용이 되면 학생들은 유용한 되짚어 주기를 제공하는 일을 진지하게 받아들이게 된다. 왜냐 하면 자신들도 도움을 받아야 할 처지에 있게 될 것임을 모두 알고 있기 때문이다.

11.8 결론

이 장에서는 쓰기 가르침을 위해 중급 수준의 학생들을 염두에 두고 다섯 개의 포괄적인 원칙과 이에 대응하는 25개의 주제를 고려하였다. 물론 이런 주제들 가운데 다수는 기초 수준이나 고급 수준의 학생들에게도 적용될 수 있다. 다양하게 쓰기 발표를 위한 준비에 관련된 주제들은 초급 수준의 학생들에게 유창성을 자리 잡게 하고 자신감을 수립하도록 격려하는 주제들의 자연스러운 확장이다. 마찬가지로 쓰기에 대한 지원과 쓰기 연습은 10장에서 나온 논의를 확대하지 않으면 안 된다.

물론 이 장에서는 또한 더 향상된 쓰기 유창성으로 나아감에 따라 학생들에게 부과된 요구가 늘어났음도 논의하였다. 이런 변화를 반영하는 것은 쓰기 갈래를 더 강조하고 동시에 쓰기의 형식적이고 조직적인 측면에 대해 주의집중력의 강조이다. 간단히 말해, 이 장은 10장에서 시작된 논의를 자리 잡게 하고 확장하였지만 쓰기 가르침에 대한 새로운 기준들을 더하였다. 이는 학생들이 쓰기를 복잡한 학업 맥락에서 사용하도록 나아감에 따라 적절할 뿐이다. 더 커진 학업에 따른 요구와 더 복잡한 활용으로 나아가는 흐름은 다음 장에서 계속되는데 거기에서는 고급 수준의 학생들을 위한 쓰기 가르침을 탐구한다.

12 | 고급 수준에서 쓰기 가르침

Teaching writing at advanced levels

12.1 도입

고급 수준에 있는 학생들은 의사소통과 새로운 정보의 학습이라는 기본적인 목표를 넘어서는 쓰기를 필요로 한다. 중등과정을 마친 학생들이나 중등학교 졸업자 과정, 혹은 졸업 후 과정에 있는 학생들의 경우 쓰기의 활용은 새로운 기준을 택하여야 할 정도로 발전한다. 쓰기에서 개인적인 표현이나 학교 활동에 기반을 둔 정보 제시가 여전히 중요한 문제로 남아 있기는 하지만 더 이상 그것을 중심으로 볼 수 없다. 오히려 고급 수준에 있는 학생들은 정보를 비판적으로 해석하고 분석하는 것에 관심을 갖고 있으며, 따로 떨어져 있는 정보를 통합하고, 정보를 생성하며 선택적인 관점을 쟁점으로 다룰 수 있고, 조사연구를 제시하거나 진척시키는 데 관심을 갖는다. 쓰기의 이런 활용에는 10장과 11장에서 논의한 여러 기술들이 필요하지만 더 전문화된 학술적인 기법들이 고급 수준의 쓰기에 필요하다.

이 장에서 주제는 쓰기 가르침의 초점을 확장하고 축약한다. 주제의 확장은 논의된 갈래에 추가를 한다는 것으로 볼 수 있으며 깊이에서 더 전문화된 쓰기 과제를 배치하기 위한 덩잇글 유형 탐구를 한다고 볼 수 있다. 초점을 좁힌다는 것은 쓰기를 위한 더 전문화된 맥락에 대한 논의로 볼 수 있다. 필자로서 더 복잡한 쓰기 과제를 부여받게 되고, 관련된 과정이나 목적과 독자에 대한 전문화의 증가를 반영하는 이런 과제들은 더 독자층을 좁히고 더 전문화된 쓰기 형식과 관습을 필요로 한다. 이렇기 때문에 고급 수준의 쓰기는 복잡하게 일반화된 과정의 무한한 확장 묶음으로 보아서는 안 된다. 대신에 고급 수준의 쓰기는 구체적인 흐름이나 갈래로 분리되기 시작하여야 한다. 갈래는 더 전문화되고 학문 공동체마다 서로 다른 기댓값을 얹어 줄 것이다.

이 장의 목적을 위하여 '고급 수준에 있는 학생'이라는 용어는 고등학교 재학생 수준과 영어권 국가에서 중학교 마지막 학년에 있으면서 더 학업을 하기 위해 준비하는 학생들로 학업에 필요한 영어에 유창한 학생들을 포함한다. 이런 학생들이 학업에 성공하려고 한다면 더 복잡한 쓰기 기술이 필요하다. 졸업 후에는 고급 수준의 쓰기 기술이 더욱 더 중요한데 이 쓰기 기술이 의미를 형성하고 정보를 제시하기 위해 가장 중요한 언어 표현 방식이기 때문이다. 이 장에서 주제는 중학교 수준에서 더 전문적인 자질이 요구될 것이라고 예상되는 단계로 옮아감에 따라 이런 학생들의 요구 변화를 다룬다는 데 있다.

12.2 고급 수준의 쓰기를 위한 주제들

이 장에서 주제는 고급 수준의 쓰기에 관련된 목표와 필요성의 변화를 반영한다는 점에서 원칙은 다르겠지만 앞의 두 장에서와 비슷한 형식을 따른다. 다섯 가지 구성 원칙은 다음과 같다.

1. 쓰기 위해 계획하기
2. 정보를 조직하고 관례에 주의하기

3. 쓰기를 뒷받침하고 안내하기
4. 서로 다른 갈래에 따라 쓰기
5. 쓰기 교과과정 넓히기

첫 번째 주제 묶음은 쓰기를 위한 계획을 지원하고 쓰기를 위한 정보를 제공하는 문제들을 고려한다. 특히 고급 수준에서 비판적 읽기의 중요성을 강조할 필요가 있으며 정보와 논점이 제시되는 방법을 강조해야 한다. 두 번째 주제 묶음은 더 복잡한 쓰기 과제로 쓰는 동안 정보의 조직과 관련된 문제로 확대한다. 또한 쓰기 기술을 향상시키고 유지할 수 있는 활동의 지원에 대해 언급한다. 이들은 과제에 들어 있는 복잡성을 더 다룰 수 있도록 해 준다. 세 번째 주제 묶음은 쓰기를 안내하고 지원해 주는 교실수업 활동에 초점을 모은다. 그리고 고급 수준의 쓰기 과제에서 요구되는 더 큰 복잡성에 응답할 수 있도록 안내하고 뒷받침해 준다. 네 번째 주제 묶음은 이전의 장들에 제시된 범위를 넓힌 추가적인 쓰기 갈래를 고려한다. 그리고 고급 수준의 학업을 하는 학생들에게 중요한 쓰기 갈래를 제시한다. 마지막 주제 묶음은 쓰기 사용을 더 넓히는 문제를 고려하고 쓰기를 위한 구체적인 맥락을 언급하며 관례와 갈래 제약, 쓰기 문체에 초점을 모은다.

12.3 쓰기를 위해 계획하기(주제 1-5)

이 절에서 다룬 다섯 개의 쓰기 주제들은 학생들의 쓰기 계획을 도와주려는 것인데 다음이 포함된다. (1) 쓰기를 위한 분위기 조성하기, (2) 여러 층위의 자료들로 쓰기, (3) 비판적으로 읽기, (4) 토론을 안내하기, (5) 쓰기 탐구와 쓰기 실행이 포함된다. 가장 기본적인 수준에서 고급 수준의 쓰기는 일련의 복잡한 자료에 접속하는 것뿐만 아니라 적절한 수업 분위기도 필요하다. 이 정보는 다양한 자료로부터 모이고 특히 토론과 비판적인 읽기를 통해 모인다. 제약을 덜 주는 방법으로 때때로 학생들이 성찰할 수 있도록 하는 실천과 활동들을 무시하지 않는 것도 중요하다.

12.3.1 쓰기를 위한 분위기 조성하기(1)

쓰기를 위해 긍정적인 분위기를 조성할 필요는 초보자 교실에서 그러한 것만큼이나 고급 수준의 학급에서도 마찬가지이다. 교사들은 쓰기 교과과정과 학생들의 노력에 관심과 열정을 보여줄 필요가 있다. 게다가 교사들은 학생들에게 쓸 시간을 제공하고 때때로 쓸 수 있도록 격려하고 평가하고 등급을 매기려는 일상적인 관심을 보이지 않으면서 다수의 착상을 탐구할 기회를 제공할 필요가 있다. 동시에 교사가 혁신적인 착상이나 위험 부담이 높은 착상을 격려하는 것도 중요하다. 이런 모든 점에서 교사에게는 전문가, 안내자, 자료 제공자, 조력자의 역할이 몸에 배이도록 하는 것이 중요하다. 평가자로서 교사의 역할은 쓰기 교실에서 중요한 측면이며 학업 맥락에서도 마찬가지이다.

교사들은 과정과 산출물 두 측면에서 전문가 수행의 모형으로서 교실수업에서 쓰기 활동에 참여할 필요가 있다. 이는 교사들이 학생들에게 부여된 과제를 해야 된다는 것을 의미하지는 않는다. 대신에 교사는 학급에서 함께 할 뿐만 아니라 학급에 맞춰 쓰고 난상제안을 할 기회를 찾아야 한다. 교사들은 학급의 과제에 대한 작문 과정 즉 개요를 전개하거나 쓰기 과제를 시각적으로 보여주며 소리내기(사고 구술)를 이끄는 역할을 해야 한다. 이는 학생들로 하여금 계획하기와 더 성숙한 쓰기에서 일어나는 의사결정을 볼 수 있게 한다. 학생들은 쓰는 동안에 학급에 맞춰 이뤄진 전략과 선택에 대하여 교사에게 질문할 수 있으며 교사는 구체적인 선택사항과 개념들을 효과적인 세부 내용과 사례를 통해 지적할 수 있다.

평소에는 교사는 쓰는 도중에 실물 환등기를 사용하면서 쓰는 과정 소리내기로 시작할 수 있으며 학생들에게 도움을 구할 수 있다. 활동이 전개됨에 따라 학생들은 쓰는 사람으로서 더 많은 책임을 맡게 되며 교사는 할 수 있는 다른 선택 내용에 대해 언급할 수 있다. 학급 작문과 가능한 다른 방법은 독자의 기대, 글의 조직, 정보 초점, 글쓴이 관점의 다양성에 따라 논의될 수 있다. 이런 가르침-쓰기 활동을 통하여 중요한 것은 학생들이 관찰하고, 논평하고 작문에 대해 어느 정도 책임감을 갖도록 한다는 것이다.

더 넓은 관점으로부터 교사는 교과과정에서 기대치와 설정된 기준을 어떻게 수행할 것인가에 대한 생각들을 제시함으로써 긍정적인 분위기를 유지해야 할 뿐만 아니라 생각의 자유로운 주고받음을 장려하고, 서로 도와줌으로써 자발성을 끌어올릴 시간을 찾아내는 것이다.

12.3.2 여러 층위의 자료들로 쓰기(2)

자료들을 통한 쓰기는 개인적이고 쓰기에 쉽게 접속할 수 있는 정보를 가지고 쓰는 것에서부터 여러 층위에서 모은 복잡한 정보 묶음으로 쓰는 것에 이르는 중요한 전환이 관련되어 있다. 이는 더 발전된 학업 맥락에서 성공하려고 한다면 학생들에게 필요한 중요한 전환이다. 정보의 중요한 원천으로서 개인적인 경험이나 인상에 기대는 초급 수준이나 중급 수준과는 달리 고급 수준의 학업 맥락에서는 저장고에서 개인적인 지식과 인상에 따른 해석을 생각해낼 여지가 거의 없다. 대신에 고급 수준의 학업 맥락에서는 다른 자료로부터 온 정보가 필요하며 고급 수준의 복잡한 쓰기 활동의 목표는 다양한 자료들로부터 정보를 분석하고, 종합하고 해석하는 것이다.

읽기의 보편화는 고급 수준의 쓰기 상황에서 가장 창조적인 원천이 된다. 서로 다른 대부분의 학문에서 학업 글쓰기가 읽기와 함께 하는 일이기 때문에 학생들이 읽기로부터, 읽기와 함께 쓰기를 가능한 한 많이 실습하는 것이 중요하다. 직접적인 조언과 안내와 지원으로 이뤄지는 쓰기 과정은 일반적으로 이런 복잡한 기술들을 통달할 수 있는 중요한 기회이다.

고급 수준에 있는 학생들의 작문을 위한 두 번째 자원은 도서관의 활용이다. 학생들에게 도서관 자료에 대해 적응 훈련을 할 필요가 있으며, 쓰기에서 이런 자원들을 활용하도록 기대할 필요가 있다. 이런 과정은 (1) 도서관에서 특정의 자료를 찾고 활용하기, (2) 쓰기에서 자신이 선택한 자료들을 포함하게 하기, (3) 같은 과제 안에 두 개의 서로 다른 자료들을 언급하게 하는 일련의 간단한 활동을 통해 점진적으로 발전시켜 나갈 수 있다. 학생들에게 자신들이 학업 목적으로 글을 쓸 때 도서관이 그런 자료를 제공할 가능성을 인식하도록 할 필요가 있다.

정독과 도서관 자료의 활용뿐만 아니라 쓰기 활동을 뒷받침하기 위해 자신의 자료 수집과 조사연구를 수행해 볼 수 있다. 이는 관찰의 기간을 연장하고 적어가는 사례 연구를 통해 이뤄질 수 있다. 학생들은 선택한 주제에 대하여 [주제에] 어울리는 집단과 면담을 하거나 개인적인 노력을 하기로 결정할 수 있다. 학생들은 또한 대규모 집단의 사람들에게 퍼질 수 있는 조사연구를 전개해 볼 수 있다. 조사연구에서 표 작성은 어떤 입장이나 주장을 위한 유용한 독자적인 증거를 제공할 수 있다. 학생들은 자신들이 탐구하고 있는 주제에 대하여 정보를 요구하며 다양한 기관에 전화를 해 볼 수 있다. 이를테면 미국에서 다양한 정부 당국에서 일련의 원천 정보를 제공할 수 있다. 그런 선택 내용은 다양한 인구 집단에 대한 통계청 인구조사 정보에서부터 산책로, 산악 지도, 국유지에서 벌목 정책 등에 대하여 산림청에서 제공하는 정보에 이르기까지 확장될 수 있다.

12.3.3 비판적으로 읽기(3)

학생들에게 자신들의 필요에 들어맞는 덩잇글을 읽으라고 (혹은 발견하라고) 요구한다. 그러나 여러 가지 이유로 학생들은 덩잇글 자원의 완전한 가능성을 찾아내지 못하는 듯하다. 많은 사례에서 덩잇글을 이끄는 기저의 가정을 인식하지 못하거나 덩잇글에서 드러나는 상호텍스트적인 관련성을 좇지 못한다. 학술적인 쓰기에서 중요한 목표는 복잡한 논쟁의 논리에 따라 덩잇글에 참되게 접속하도록 하는 것이거나 덩잇글에 들어 있는 서로 다른 하위 덩잇글에 기대어 덩잇글에 참되게 접속하도록 하는 것이다. 덩잇글 해석에서 이 수준은 기본적인 읽기 이해의 문제가 아니라 성공적인 학업 수행을 위한 기댓값이다. 게다가 통찰력 있는 학술 쓰기의 중요한 목적은 정교하고 덜 명시적인 방식으로 덩잇글을 활용하는 것이며 어떤 덩잇글의 층위 껍질들을 벗겨내는 방식으로 덩잇글을 활용하는 것이다. 이는 특히 학업 과정에서 어떤 덩잇글이 핵심적이거나 설명하는 글을 위한 토대로 간주될 경우 그러하다.

학생들이 비판적으로 읽는 방법을 알고 있을 것이라고 기대해서는 안 되고 어떻게 하는지 *명시적*으로 가르쳐야 한다. 학생들은 이런 활동에서 상당한 연습을 할 필요가 있는데 많은 해석 자원들을 끌어들이는 복잡한 기술이기 때문이다. 비판적 읽기에서 학생들을 도와주는 방법은 생각내용 소리 내기 절차를 통하여 교사가 학생들과 함께 읽거나 읽어 주는 방법인데 이는 학생들에게 교사의 해석을 통해 덩잇글이 환기하는 것이 무엇인지를 학생들에게 보여 준다. 교사는 중요하지만 어려운 덩잇글을 읽고 머릿속에 떠오르는 다양한 생각들 즉 예를 들면 저자가 지닌 권위, 이론적 권위를 세우기 위해 필자가 끌어들인 사람, 논점의 장단점, 일반적인 관점, 해당 덩잇글을 뒷받침하거나 그 덩잇글에 반대하는 입장에 있는 상호관련 덩잇글 등등을 토론하기 위해 몇 줄씩 읽어나가면서 멈춘다. 이런 탐구 과정은 전문 독자에 의해 직접적으로 의문을 제기한 덩잇글을 거의 '보지' 못하였기 때문에 학생들에게 확인하기 위해서 유용하다.

해당 덩잇글과 관련하여 덩잇글에서 제기될 수 있는 의문에 답하는 것으로 시작할 수도 있다. 말하자면 교사는 반대 논점과 반대 자료들이 지니는 상대적인 권위 정도를 제공하는 다른 교재들을 소개하고 설명할 수 있다. 교사는 또한 해당 교과목이나 연구 영역의 기댓값에 수렴하고 벗어나는 정도를 확인해 볼 수 있다. 또한 교사는 하위 논점들과 저자가 취하고 있는 전체적인 이론적 위상과 하위 논점들 사이의 관계를 지적할 수 있다.

그러한 해석은 상당한 전문성을 필요로 하고 학생들은 다른 사람들이 이런 방식으로 읽는다는 것을 거의 의식하지 못하지만 그렇게 하는 실습과 이런 지식으로 쓰는 것이 학생들의 쓰기 습관을 의미심장하게 바꿀 수 있는 과정으로서 자신만의 목소리를 지니도록 하며 권위를 부여한다. 교사의 비판적 읽기 과정에 대한 여러 차례의 '시범'을 보고 난 뒤, 학생들은 어느 정도 자신만의 비판적인 논평을 할 수 있도록 고무될 수 있다. 만약 학생들이 같은 주제를 다룬 여러 덩잇글을 이미 접하였다면 그리고 다른 저자들을 이끄는 다양한 이론과 동기에 대하여 토론을 하였다면, 논증의 강도와 배경 증거들의 원천, 해당 덩잇글과 다양한 다른 중요 덩잇글에 대해 논평하기를 실습하였다면 이와 같은 일을 하는 데 조금 나은 위치에 있게 될 것이다.

12.3.4 토론을 안내하기(4)

학생들이 쓰기 계획을 세우고 자신들의 덩잇글을 읽고 논평하는 방식을 바꿀 수 있는 또 다른 중요한 원천은 신중하게 안내된 토론을 통해서이다. 토론은 그 성질로 볼 때 쉽게 옆길로 빠지거나 답사에 그칠 수 있고 읽기와 쓰기에서 신중한 분석들은 구체적으로 초점을 모을 필요가 있다. 학생들이 다양한 덩잇글을 해석하는 방식에 대해 교사가 끊임없이 질문을 던진다 해도 학생들에게 덩잇글 정보에 대한 다른 관점뿐만 아니라 쓰기 활동 그 자체에 대해서도 다른 관점을 지니게 할 수 있다.

읽기에 대한 토론에서 교사가 지녀야 하는 중요한 목표는 증거 자원들을 재평가하도록 이끄는 것이며 어떤 쟁점의 논리를 더 신중하게 검토하고 이론적 입장의 일관성을 다시 고려하고 일련의 복잡한 자료/증거들로부터 끌어내어 해석한 결론에 질문하도록 이끄는 것이다. 학생들에게 (입말로 혹은 쓰기를 통해)

복잡한 논쟁을 개관하게 하고, 어디서 논점이 약하고 어디서 상당한 정도의 추론을 요구하는지 지적할 수 있도록 검토하라고 할 수도 있다. 학생들에게 읽기 자료에 대한 토론을 듣거나 어떤 다른 정보 묶음에 대한 토론(이를테면 비디오, 초대 손님, 라디오 면담 프로 등)을 들을 때 비판적인 질문을 활용하도록 배울 수 있는 간단한 목록을 제시할 수 있다.

토론의 비판적인 분석을 위해 필요한 안내는 역시 쉽지 않으며, 그 과정은 계속되는 실습을 필요로 한다. 학생들은 서로에 대해 정당성을 의심하는 방법을 배워야 하지만 개인적인 위협이 되지 않은 방식으로 그렇게 해야 한다. 학생들은 적어도 잠시 동안만이라도 더 잘 뒷받침되는 입장에 의해 기꺼이 설득되어야 한다. 대부분의 입장은 다른 증거들을 언급하거나 다른 입장을 절충함으로써 강화되거나 약화된다는 것을 인식해야 한다. 그들은 또한 쟁점이나 의견이 증거로 가장되고 있다는 점도 인식해야 한다. 쓰기 과정의 목표 그리고 교사의 목표는 이런 기술을 자리 잡게 하고 쓰기 활동과 쓰기 교과 과정에 핵심적인 내용-주제라는 맥락에서 발전시키도록 하는 것이다. 안내된 토론과 비판적 읽기는 쓰기 과정을 위해 제안된 핵심적인 주제나 맥락에서 벗어나서는 안 된다. 오히려 안내를 받는 토론뿐만 아니라 비판적인 읽기를 학업에서 성공적인 쓰기를 구성하는 탐구의 본질적인 부분으로 인식할 필요가 있다.

이런 비판적인 기술을 뒷받침하는 한 묶음의 중요한 자원들은 배분된 읽을거리와 교실수업 토론에서 일련의 비평을 통해서이다. 이런 비평은 자료를 요약하고 자료에 반응하기를 요구하는 상당히 표준적인 산문 과제의 형태가 될 수 있다. 다른 방법으로 학생들은 정보에 대한 개념틀 표상으로 쓸 수 있다. 이를테면 교사들은 부분적으로 채워진 개요를 학생들에게 제공하고 학생들은 그 얼개를 완성해 볼 수 있다. 흐름도, 표, 그림, 시간 흐름 등의 방법으로 정보를 그림처럼 나타내어 볼 수 있다. 이런 자료들은 정보의 이해 정도를 점검하기에 좋다. 이런 활동은 교사가 유용하다고 간주하는 방식으로 정보를 해석하게 이끈다. 그리고 학생들이 나누고 토론할 수 있는 자료가 되게 할 수 있으며 정보를 분석하고 평가하는 수단을 제공하고 다른 쓰기 과제를 위해 정보를 활용하는 얼개를 생성한다.

12.3.5 탐구에 바탕을 둔 쓰기와 쓰기 실습(5)

쓰기 자원에 대하여 신중하게 안내된 분석과 상대가 될 수 있는 것은 심사숙고해서 주제를 탐구할 기회를 제공하는 것이다. 쓰기 자료들에 대한 통제된 평가를 언제나 요구하기보다는 어떤 시점에서는 학생들에 분명히 덜 지지를 받는 다른 입장들을 고려해 보기를 허용하고, 쓰기에서 자신의 관점을 탐구하거나 반대 관점을 취하여 새로운 관점에서 생각을 보게 할 필요가 있다.

초보 필자들에게 쓰기를 시작하도록 하기 위해 다양한 활동을 받아들이듯이, 고급 수준의 필자들에게도 편안한 입장에서 벗어나 기본적인 연습으로 돌아갈 필요가 있다. 고급 수준의 쓰기 학생들은 몇 년 동안 취학 경험으로 제시된 관점에 끌림을 느끼기 때문에 다른 관점을 탐구하는 능력은 간단한 문제가 아니다. 다른 가능성을 보여 주는 방법은 학생들에게 주제에 관련되는 낱말 목록을 만들게 하거나, 자신이 내세운 관점과 반대되는 관점을 옹호하게 하거나 다른 학생들이 거부한 생각들을 검토하게 하는 것이다.

학생들에게 중요하지만 토론되지 않았거나 이전의 학급에서 거의 관심을 끌지 못했던 주제들에 대하여 생각에서 비롯된 논평을 써 보게 할 수 있다. 어떤 학생들은 그것이 주목해야 할 만한 가치가 있거나 무시되었던 이유를 설명하는 데 어려움이 있을지라도 쓰기 연습의 중요 목표는 심사숙고하도록 학생들을 훈련시키고 다른 관점을 채택하도록 하는 것이다. 말하자면 그 목적은 비록 그들이 학급의 중심 활동에 모두 균등한 주의를 끌지 못하더라도 부가적인 주제들을 탐구하도록 격려하고, 심사숙고할 여지를 제공하며 선택적인 입장이나 관점들이 어느 정도 있다는 것을 인식하게 하는 데 있다.

12.4 정보를 조직하고 관례에 주의하기(주제 6-10)

이 절에서 주제들은 정보 조직하기의 중요성을 지적하고 학업을 목적으로 하는 쓰기에서 독자의 기댓값에 주의를 기울이는 것이다. (1) 개요 짜기와 구조에 바탕을 둔 개관, (2) 쓰기 구성하기를 위해 진단법 활용하기, (3) 논술 조직의 유형 활용하기, (4) 단락을 나누고 덩잇글 형식 만들기, (5) 쓰기 시작과 쓰기 마무리라는 다섯 가지 주제가 포함된다. 고급 수준의 학생들은 쓰기를 구성하는 여러 방법들을 깨달을 필요가 있으며 예상되는 구성의 형식에 따라 쓰기에 얽힌 제약들을 깨달아야 한다.

12.4.1 개요 짜기와 구조에 바탕을 둔 개관(6)

고급 수준에서 쓰기는 글의 구성, 논증의 논리, 정보의 순서에 더 많은 관심을 기울일 필요가 있다. 이런 모든 관심 사항들은 개요 짜기와 구조에 바탕을 둔 개관과 같은 기제들이 쓰기를 위한 유용한 뒷받침이 된다는 것을 암시한다. 그러나 쓰기에서 개요 짜기의 활용이 반드시 쓰기 주제가 쓰기가 시작되기 전에 다듬어진 형식적인 얼개에서 완전히 나누어져야 한다는 전통적인 개요 짜기 실천 관행을 거슬러 올라가서 가리키는 것은 아니라는 점에 주의하는 것이 중요하다. 대신에 개요 짜기의 목표는 정보와 논증을 모으는 가장 적절한 논리를 결정하는 것이다. 몇몇 학생들의 경우 이는 유용한 작업 개요로서 더 조심스럽게 다시 모을 수 있는 잘 짜이지 않은 메모를 적어놓는 것을 의미할 수 있다. 다른 학생들의 경우 신중하게 짜인 개요가 쓰기에서 중요한 예비 단계이다. 만약 형식적인 과정들이 이런 학생들에게 영향을 미친다면 기를 꺾을 필요는 없다. 왜냐 하면 그것은 이런 학생들에게 너무 엄할 것이기 때문이다. 여전히 다른 학생들은 초고를 쓰고 난 뒤 신중하게 개요를 전개할 때 개요 짜기로부터 대부분을 얻을 것이다. 이런 실천 관행은 학생들로 하여금 쓰기 논리에서 문제와 정보의 구조화에 있는 약점을 알아차리게 할 것이다.

격식성을 갖추는 정도가 해당 학생들에게 효과가 있는 수준에서 개요 짜기는 한두 번으로 설명될 수 없으며 개요 짜기가 몸에 배였다고 할 수 없는 기술이다. 그것이 효과적인 버팀목이 되려면 더 큰 쓰기 과제에 개요를 짜는 어떤 활동 유형이 포함되어야 한다. 개요 짜기를 통합하는 가장 쉬운 방법은 의미 지도로부터 하게 하거나 짜임새 있는 난상토론으로부터 하는 것이다. 종종 의미 지도는 중심 주제, 많은 낱말들과 한두 단계의 깊이를 지닌 정보의 계층 구조를 제공할 것이다.

개요 짜기는 또한 동료들의 고쳐 쓰기를 위해 유용한 활동이다. 모둠의 다른 구성원들에게 제시된 글을 반영하는 개요를 짜도록 하는데 그 개요는 논술을 썼던 학생뿐만 아니라 모둠에서 협력하고 있는 학생들에게도 공개될 수 있다. 그것은 또한 동료 학생들로 하여금 글이 수정되거나 개요가 짜인 학생들에게 쉽사리 분명해지는 고쳐 쓰기를 위해 제안을 하도록 할 수가 있다.

덩잇글의 구조를 드러내기 위한 다른 선택내용도 가능하다. 언제나 같은 개요 형식으로 글을 쓰기보다는 학생들은 덩잇글의 논리적 구성을 반영하는 시각 표현 방법(그림, 도표, 다른 유형의 그림들)을 시험해 보고자 할 수 있다. 분류에 따라 쓰인 글을 놓고서 나무 그림으로 나타내기는 빈칸을 채우는 효과적인 방법이거나 정보를 통합하는 방법이 될 수 있다. 시간 흐름도(time-line)는 역사적인 원인과 결과를 대상으로 할 때 유용한 표현 방법이다. 서로 다른 지점에서 여러 가지로 뻗친 선택항을 지닌 흐름도는 개요 형식보다 상호작용하는 개념이나 과정의 복잡성을 붙드는 데 더 나은데 서로 다른 지점에서 선택내용들의 맺고 끊어짐을 더 잘 묘사하기 때문이다. 이런 형식들은 정보의 순서나 글쓰기의 논리를 드러내는 데서 자세하고 형식적인 개요보다 복잡해질 수 있다.

12.4.2 글쓰기 구성을 위한 진단법 활용하기(7)

정보를 전달하는 덩잇글과 논증을 위한 덩잇글 쓰기에서 필자를 도와 줄 수 있는 다양한 갈래의 안내를 하는 여러 단계들이 있다. 이런 안내들은 일련의 질문 형식을 띠는데 탐구해야 하는 필자에게 선택내용과 고려되어야 하는 부가적인 내용을 드러내 보여 줄 수 있다. 더 격식을 갖춰 수사학의 용어에서는 이런 안내지침들을 일반적인 규범(topics)이라고 부르며, 격식을 덜 갖춘 명명법에서는 쓰기를 구성하기 위한 틀과 쓰기 과정의 다양한 단계에서 고려하는 선택내용으로 볼 수 있다.

레임즈(1992)는 쓰기를 위한 일련의 일반적인 규범 묶음들을 제공한다. 그녀는 질문 형성을 위한 틀, 생각을 생성하기 위한 틀, 주제를 전개하는 틀, 목적을 위한 틀, 주제를 뒷받침하기 위한 틀, '시작하기' 위한 틀, 원고 작성을 위한 틀, 편집하기 위한 틀을 제공한다. 예컨대 어떤 주제에 대한 생각과 정보를 생성하기 위한 틀에서 레임즈는 '무엇이, 언제, 어디서, 누가, 왜, 어떻게'라는 일반적인 기사 형식을 언급한다. 그 다음에 그녀는 어떤 유형의 쓰기에 대해서도 적용될 수 있는 포괄적인 일련의 예시를 위한 질문을 이어서 제시한다. 설득을 위한 쓰기에서 다음의 틀을 마련해 놓았다.

당신은 ...에 대하여 무엇을 알고 있습니까?
다른 사람은 ...에 대하여 무엇을 알아 둘 필요가 있습니까?
누가 ...을 지금 믿습니까?
누가 ...에 영향을 받습니까?
어떻게 ...에 일상적인 삶이 영향을 받습니까?
사람들이 ...에 대하여 마음을 바꾼다면 일들이 어떻게 바뀌겠습니까?
...에 대한 사람들의 생각이 바뀔 수 있겠습니까?
...에 대해 조치를 하는 방법에 대해 언제 처음으로 생각하기 시작하였습니까?
언제 ...에 대한 관점이 변합니까?/변하였습니까?

누가 ...에 대하여 강한 느낌을 갖고 있습니까?

어디에서 ...에 대한 뒷받침이 발견됩니까?

어디에서 ...에 대한 반대를 발견됩니까?

왜 ...에 대하여 사람들을 확신시키는 것이 중요합니까? (레임즈 1992:41-2)

다른 일반적인 규범에 대한 묶음에서 레임즈는 초고를 검토하고 논제를 뒷받침하기 위한 안내지침을 제공한다. 다음은 필자가 논제를 뒷받침하는 방법을 제공한다.

사실과 통계 자료를 제공할 것.

사례들이나 예들(이야기를 전달)을 제공할 것

느낀 세부 내용을 제공할 것.

사건이나 장면을 기술하기 위해 시공간적인 순서를 제공할 것.

두 사람, 사물, 생각들을 비교하거나 대조할 것.

사람들, 사물들, 생각들을 분석하거나 분류할 것.

원인과 결과, 문제와 해결을 검토해 볼 것.

자리매김을 할 것.

다른 사람이 말한 것을 검토할 것.   (레임즈 1992:65)

주제 전개를 위한 이런 안내 지침들이 일반적으로 정보 전달 덩잇글의 조직을 위한 기본적이고 논리적인 유형을 반영하는 것은 우연이 아니다. 그리고 전체적으로 덩잇글을 구조화하는 얼개를 따라 주제가 전개될 필요성을 강조하는 것도 우연이 아니다.

쓰기를 위해 착상을 구성하는 중요한 다른 개념들이 어느 정도 있다. 아마도 이들 가운데 가장 잘 알려진 것으로 영 등(1970)에 의해 발전된 묶음인데 이들은 아리스토텔레스 학파의 개념 묶음과 언어학 이론을 위한 문법소 얼개에 바탕을 두고 있다.

12.4.3 논술 조직의 유형 활용하기(8)

쓰기를 위한 가장 기본적인 주제 가운데 하나로 설명문 쓰기와 논술문 쓰기의 기저에 있는 조직 유형에 초점을 모으고 있다. 11장에서 논의된 것처럼, 이런 유형들은 정보 전달용 쓰기의 논리적 전개를 위해 중요하다. 쓰기에서 이런 유형을 인식하는 것은 고급 수준의 학생들에게는 적합하지 않은데 효과적인 쓰기와 덩잇글의 독자를 도와주게 될 이런 유형들의 많은 가능한 변이형태를 다루는 솜씨를 계발해야 하기 때문이다.

조직하기의 이런 유형들은 쓰기에 대한 많은 책들에서 기술된 것처럼 다른 유형의 논제와 개념들을 언급하는 데 효과적이지만 제약된 방법을 제공하려는 의도를 갖고 있다. 만약 그 목표가 상황이나, 배경, 과정을 기술하려고 한다면 덩잇글을 조직하는 유형에서는 뜻매김하고, 기술하고, 분류하고, 배경이나 과정을 전개시켜 나갈 것이다. 기술할 때 비교/대조나 인과 관계에 따라 하려고 한다면 필자가 덩잇글에 기술 이상의 것을 하려고 하지 않는 이상 상식에 맞지 않는다. 이런 방식으로 글쓴이의 배열은 알려지고 독자의 예상은 관례적으로 정보를 얽어 짜는 유형에 바탕을 두고 활성화된다. 그 유형들은 일반적으로 (분류와 기능, 사례, 유추에 의한) 뜻매김, (공간, 시간, 과정에 따른) 기술, 분류, 비교와 대조, 문제와 해결, 원인과 결과, 분석, 종합으로 나뉜다.

구성의 이런 유형들은 쓰기의 중심 갈래들을 드러내지는 않는다. 오히려 다수의 덩잇글 유형과 갈래(이야기 전달, 논증, 보고서 쓰기, 편지, 설교, 강의)에서 정보를 조직하는 연모이다. 조직하기의 유형들은 비판적 읽기, 개요, 시각적 표현, 모형, 덩잇글, 학생 덩잇글들의 집단 분석을 통해 분명하게 할 필요가 있다. 맥락에서 벗어난 단원이나 연습보다는 읽기 자료를 찾아보고 의미 지도와 정보 생성을 활용하고 학생들의 자각을 끌어올릴 수 있는 방법으로 학생들의 덩잇글에 초점을 모으도록 해야 한다. 쓴 글에 대한 동료들의 되짚어 주기와 비평을 통해 학생들의 쓰기에서 구성 논리에 대하여 물어 볼 수 있다.

12.4.4 단락을 나누고 덩잇글 형식 만들기(9)

고급 수준의 학업에 따른 쓰기의 어떤 시점에서 관례의 준수와 구체적인 쓰기 형식의 적절한 활용은 독자를 위해 덩잇글 제시의 중요한 부분이 될 수 있다.

특별히 중요한 관습은 단락에 관련된 관례이다. 역사적으로 단락은 덩잇글의 물리적 균형을 드높이려는 시각적 단위로 인식되었지만 단락 개념은 20세기 후반에 새로운 목적을 지니게 되었다. 이제 표시나 읽기의 편이와는 별도로 단락 나누기는 덩잇글 정보의 심리적 단위를 반영한다. 정보 전달 쓰기에서 현재 사용되는 단락은 중심 주제나 뒷받침 정보와 사고의 결속을 알려주려는 신호이다. 명시적인 주제 문장이 제공되든 그렇지 않든 독자들은 정보의 의미를 전달하며 하나의 문장으로 요약될 수 있고, 전체 덩잇글의 구조에 이바지하는 어떤 단위로 단락을 예상한다. 덩잇글에 대하여 이 새로운 관점은 킨취와 반 데이크(1978, 반 데이크와 킨취 1983)가 발전시킨 언어 이해의 심리적 모형과 일치한다.

고급 수준에 있는 쓰기 학생들조차도 논리적이고 조직된 단락의 전개를 가정할 수 없다. 가르침의 요점은 끊임없이 단락 쓰기 연습에 전념하게 하는 것이 아니라 쓰기에서 단락의 역할에 대한 자각을 끌어올리는 것이며 신중한 개요 작성하기와 정보 조직화의 시각적 표현과의 관계를 토론하고 쓰기 과제와 큰 규모 쓸거리를 위해 찾아본 덩잇글 모형에서 단락나누기의 효과적인 사용을 검토해 보는 것이다. 물론 학생들이 알맞게 단락을 나누는 것에 어려움을 겪고 있다면 그런 어려움을 고급 수준에 있는 학생들이 자연스럽게 해결할 것이라고 바라기보다는 그런 어려움을 직접 언급하는 것이 중요하다. 또한 단락의 목적과 효과를 완전히 깨닫고 있다고 가정할 수 없는데 쓰기에서 이런 측면은 무시되거나 낮은 수준의 쓰기 가르침에서 단순한 방법으로 다루었기 때문이다.

12.4.5 쓰기 시작과 쓰기 마무리(10)

고급 수준에 있는 학생들을 포함하여 글 쓰는 사람들 대부분에게 중요한 문제는 시작하고 끝맺는 적절한 방법에 모여 있다. 학생들이 새로운 갈래나 새로운 유형의 학업 과제를 해나가기를 배울 때 시작하기와 끝맺기의 단순한 개념으로는 더 이상 충분하지 않다. 다시 말하면 처음에는 주제와 구성 계획을 언급한다는 인식은 학생들에 충분하지 않다는 것이다. 학생들은 다른 학업 목적을 위한 시작하기에서는 구체적인 산출물이 근거하고 있는 개념이나 이론적인 입장을 언급하고 제시되는 정보의 구체적인 유형을 제공한다는 것을 인식해야 한다.

시작하기와 끝맺기에 대한 학생들의 자각을 끌어올리는 좋은 방법은 다양한 자원 특히 효과적인 시작하기와 덜 효과적인 시작하기를 보여주는 것으로 쓰기 교실에서 사용되는 읽을거리와 학생들의 산출물에서 시작하기를 보여주는 자료를 모으는 것이다. 편집된 덩잇글로부터 나온 시작하기는 많은 시작하기에서 일관되고 공통된 자질 검토를 위해 사용될 수 있다. 이들은 또한 주제와 목적, 갈래, 독자에 따라 다양한 자질들의 검토를 위해 사용될 수 있다. 모순 없이 다양성을 보여주는 이런 특성은 그 다음에 다양한 목적을 위한 쓰기에서 학생들이 시작을 바라보는 안내지침을 짜는 데 활용할 수 있다.

쓰기 과제에서 끝맺음은 시작하기 못지않게 중요하다. 다수의 사례로 미루어 보건대 시간이 정해진 시험에서 유용한 논술 전략은 끝내는 것이 일관되지 못한 듯하더라도 거의 마감 시간에 이르러 끝내는 것이다. 그리고 가능한 한 덩잇글에 어울리는 명료한 두 문장 결론을 쓰는 것이다. 명료한 끝맺음은 그 방식을 따른다면 많은 모순을 낳을 수 있다. 그리고 결론은 독자가 읽는 마지막 정보이기 때문에 그 덩잇글은 독자에게 더 좋은 인상을 주게 될 것이다. 그러나 시험 맥락에서 벗어날 경우에도 끝맺음은 독자에게 유용한 점검을 하게 해주고 중요한 논점과 덩잇글의 목표를 다시 설정하게 해준다.

12.5 쓰기를 안내하고 도와주기(주제 11-15)

더 복잡한 과제로 글을 쓸 때 학생들은 더 많은 정보 자료와 일반적인 덩잇글 짜임 이상을 고려할 필요가 있다. 또한 논점과 입장을 어떻게 제시하며 어떻게 하는 것이 더 효과적일지 고려할 필요가 있다. 이런 점과 관련하여 두 개의 중요 한 논제가 있다. (1) 사실의 뒷받침을 받으며 [문제를] 꿰뚫어 볼 수 있는 예들, 자세한 예증을 할 수 있는 설득적인 정보와 자료를 사용하기와 (2) 학생들을 더 효율성 있는 필자로 만들어 줄 수 있도록 전문 자료로 되짚어 주기가 있다. 이 절에서 이런 관심사들을 다음 다섯 가지로 언급할 것이다. (1) 의견과 사실을 구별하기, (2) 적절하게 세부내용 전개하기, (3) 학생들의 글에 비평하기, (4) 학 급에서 고쳐 쓰기를 위해 덩잇글 제시하기, (5) 교사-학생 협의하기가 그것이다.

12.5.1 의견과 사실을 구별하기(11)

학업에 맞는 효과적인 쓰기는 일반적으로 덩잇글의 핵심과 글쓴이가 제시한 논점의 진정성을 뒷받침하는 다양한 증거를 정돈하는 것이다. 고급 수준의 학업 글쓰기에서 중요한 변화는 약한 논증이거나 위증에 대한 깨달음이나 사실성 정 보에 의해서가 아니라 의견에 의해 뒷받침되는 논증을 깨닫는 것이다. 정보에 대한 부적절한 보고는 학술적인 논쟁에서 심각한 일이지만 의견에서 사실을 구 별하는 문제는 더 폭이 넓고 더 기본적인 관심사이다.

모국어이든 외국어이든 모든 학생들은 의견과 사실 사이의 차이에 대한 분명 한 감각을 발달시킬 필요가 있다. 신념 체계에 의해 뒷받침되는 논증이나 정보, 일련의 개인적인 경험, 다른 학생들의 주장은 사실이라고 간주할 수 있는 증거 를 제공하지 않는다. 오히려 다음에 예를 든 것과 같은 사실성 정보를 사용하고 인식할 필요가 있다. (1) 신중하게 통제된 사례 연구 정보, (2) 자료를 모으는 방법에 대한 정보를 포함하고 있는 조사 자료와 설문 자료, (3) 믿을 만한 근거를 지니고 있는 양적 자료(정부 문서, 인구 조사 정보, 중요 참고 도서), (4) 채택된 방법에 대해 약간의 설명이 포함되어 있는 실증적인 실험 결과, (5) 지도, 흐름도, 일람표, 도형, 표 등등과 같은 시각적인 제시 자료, (6) 신중하게 제시되는 민족지 연구에서 참여자와 관찰자의 토론, (7) 정보 자원과 증거에 대하여 여러 층위의 자원으로 이뤄지는, 뒷받침이 결합된 이론 논쟁 등.

사실에 바탕을 둔 정보에 대한 유용한 자원들을 제안하였다면 모든 정보와 사실들은 어떤 의미에서 '구성될' 수 있음을 인정하는 것이 중요하다. 그러나 사실의 '구성'에 작용하는 통제의 차이가 (사실성 정보와 이론화에서 '수동적인 제약'에 대한 바제르만(1983, 1988)의 논의를 언급하면서) 6장에서 논의한 것처럼 분명히 있다. 그리고 모든 학업에 따른 글쓰기(전문적인 과학 논문이나 주주에게 주는 연례 사업 보고서와 같은 정보 전달용 덩잇글조차)에는 어느 정도 수사적 틀이 있다는 것도 사실이다. 그럼에도 불구하고 사실성 정보의 활용과 정보의 수사적 틀이나 일련의 논증 틀을 구별되는 대상으로 아는 것은 중요하다. 그리고 학생들을 이런 차이를 깨닫도록 할 필요가 있다.

외국어로 영어를 배우는 학생들에서 의견과 사실 사이의 구별에 심각한 어려움을 지니게 될 상황도 있다. 특히 어떤 문화권에서 온 학생들은 이런 구별을 하는 데 어려움이 있을 것인데 왜냐 하면 그들이 살았던 문화권에서 논점의 제시에서 논증을 구성하고 정보를 제공하기 위해서 가치 있는 방법이 있을 수 있기 때문이다. 그와 같은 학생들의 경우, 교사는 명시적으로 사실 대 의견에 관련된 문제를 언급하고 다양한 읽을거리에서 사실과 의견의 차이를 분석하고 논설문 쓰기와 설득하는 글쓰기의 전개에서 작문 과정을 살필 필요가 있다.

교사들은 사실 정보를 활용하는 자각을 끌어올릴 수 있고 사실을 바탕으로 더 효율적으로 학생들이 쓰는 데 도와주는 잘 알려진 기법을 어느 정도 알고 있다. 이를테면 교사와 학생들은 특정의 논제와 관련이 있는 인과, 증거, 사례, 자료, 이론들의 목록을 만들어 볼 수 있다. 이들은 사실성의 강조에 따라 조직되고 시각적 표현이나 원고 쓰기에서 개요, 글쓰기를 시작하는 자원이 될 수 있다.

두 번째 사례로 교사와 학생들은 주제 묶음으로 읽었거나 큰 쓸거리를 위해 읽었던 덩잇글을 살피고 사용된 증거의 갈래를 살펴 볼 수 있다. 이런 일련의 증거 묶음들은 경험적 사실, 이론, 추론, 의견으로 갈라 볼 수 있다. 선택에 대한 토의가 자각의 수준을 끌어올리는 데 도움을 줄 것이다.

12.5.2 적절하게 세부 내용 전개하기(12)

사실 정보의 적절한 활용과 관련하여 글쓴이는 명확한 세부 내용을 제공할 필요가 있다. 눈에 띄는 유추와 효과적인 예증이 있어야 한다는 말이다. 타넨 (1989)에서 논의하였듯이 다양한 사실 근거들과 결합되어 사용된다면 이런 세부 내용들은 독자와 필자의 관계를 수립하고, 서로 연루되어 있다는 느낌을 준다.

비유적 표현에는 직유와 은유가 포함되는데 덜 친숙한 정보를 예시와 사례를 통해 더 이해 가능하도록 만들어준다. 명확한 세부 내용은 또한 보고되고 있는 자료 원천으로부터 끌어낼 수 있다. 일반적으로 포괄적인 자료 제시와 논의가 있을 경우 정보를 다룰 수 있도록 하는 세부 내용은 놓쳐 버린다. 이와 대조적으로 훌륭한 필자는 자료의 작은 부분에 언제 초점을 모아야 하고 독자를 위해 그 적합성이나 중요성이 분명하게 드러나도록 할 것인지를 알고 있다. 따라서 세부 내용은 복잡하고 벅찬 글쓰기에서 가장 설득력이 있는 부분으로 제공될 수 있다.

학업에 따른 글쓰기에서 효과적인 세부 내용에 대한 학생들의 감각을 좋게 하는 방법들이 있다. 큰 쓸거리에서 학생들은 다양한 자료로부터 기억할 수 있는 세부 내용, 사례, 예증의 목록을 만듦으로써 시작할 수 있고, 이 목록은 그 다음에 완성 목록에 아우르기 위해 합칠 수 있다. 일주일 안에 이런 목록들은 새로운 항목이 추가될 수 있도록 두세 번 다시 살필 수 있다. 교사들은 또한 학생들에게 자신들의 읽을거리에서 세부 내용을 찾도록 하고 그것을 교실수업에서 지적해 줄 수 있다. 교사와 학생들은 또한 세부 내용, 사례 등등이 학업에 따른 글쓰기 갈래마다 다양하게 나타나는 방법들을 살펴 볼 수 있다. 다른 일반적인 활동에서와 마찬가지로 학생들은 학급에서 사용된 읽을거리를 세부 내용의 다양성을 살피기 위해 살펴볼 수 있다. 이런 활동들은 쓰기에서 사용될 수 있는 효과적인 세부 내용의 목록 작성을 위한 토대를 마련하는 데 이바지할 수 있다.

12.5.3 학생들의 글에 비평하기(13)

교사들은 글쓰기 과정의 다양한 시점에서 학생들에게 도움을 줄 수 있고 정보를 제공하는 되짚어 주기를 해야 한다. 그리고 이런 되짚어 주기 기제는 교사의 목적과 학생 개인별 향상 정도에 따라 다양하게 할 필요가 있다. 학생들은 교사로부터 격식적인 되짚어 주기와 비격식적인 되짚어 주기를 필요로 한다. 그것이 난상제안에 도움을 주는 되짚어 주기이든 학급 토론 중에 비격식적인 되짚어 보기이든 혹은 쓴 글에 대한 구체적이고 격식적인 되짚어 주기이든 필요하다.

쓰기 과제의 처음에서부터 난상제안과 조직하기, 진단 검토하기, 이용 가능한 내용 정보의 범위 탐색에서 도움을 줄 수 있다. 교사들은 또한 학급 토론이 일어나는 동안 되짚어 주기를 할 수 있는데 학생들이 수행하고 있는 주제에 대하여 자유롭게 응답한 글에서, 모둠에서 준비한 초기 개요에서, 학생들이 제기한 주제와 정보 자료 목록에서 비평을 할 수 있다. 교사는 학생들에게 정보를 조직할 때 고려해야 하는 다양한 방법을 깨닫게 할 수 있고, 더 많은 정보를 찾을 수 있는 다양한 원천을 생각하게 할 수 있다. 초기에 있는 대부분의 되짚어 주기는 비격식적이고 구체적인 평가 기제와 관련되어 있지 않다. 그러나 원고를 전개시켜 나가는 이른 시기의 노력을 평가하는 창조적인 활동을 만들어낼 수 있고 격식을 갖춰 평가를 한 결과를 바탕으로 되짚어 주기를 할 수 있다. 대부분의 학업 글쓰기에서 일반적으로 평가라는 성격이 바탕에 깔려 있으므로 학생들이 외재적인 동기에서 필요로 하지 않는다면 격식을 갖춘 평가의 압력은 최대한 늦출 수 있을 것이다.

되짚어 주기 과정은 일반적으로 내용과 조직에 대하여(사실에 바탕을 둔 정보, 제시 방법의 논리성 등) 초고를 읽는 일과 관련된다. 대부분의 학급에서 학생 동료-고쳐 쓰기는 초고와 관련하여 나타난다. 그러나 초고는 전문 필자로서 교사에게 원래의 쓰기 계획에 지나치게 말려들지 않으면서 내용과 조직에서 근본적인 문제를 생각해 보도록 학생들을 도와 줄 수 있는 좋은 기회를 제공한다. 초고에 대한 되짚어 주기를 하면서, 그리고 그에 뒤따르는 교실 토론 동안에 교사는 자신들의 쓰기에서 중요한 특징에 학생들이 주목할 수 있도록 뒷받침 논평(이를테면 정보 구조, 논리나 사실, 문법의 세부 사항 등)을 제공할 수 있다. 그 다음에 학생들은 모둠을 만들어 학급 토론을 하고 개인적으로 되짚어 준 초고에 따라 두 번째 원고를 쓰는 동안 우선 순위를 만들어야 하는 서너 개의 관심사를 확인하게 된다.

교사는 최종 원고를 위해 어떻게 하면 되짚어 주기가 효과적일지(수행내용철에 들어 가게 될지)를 결정할 필요가 있다. 교사는 가르침이나 평가를 위한 되짚어 주기의 선택내용을 지니고 있을 수 있다. 가르침에서 되짚어 주기는 논의되었지만 해당 최종 원고에 대해 충분히 언급하지 않았던 중요한 논제들을 지적할 수 있다. 교사는 또한 학생들에게 글을 쓰는 동안의 경험, 최종 원고에 대한 교사의 되짚어 주기, 다른 글이나 최종 수정본에서 학생들이 할 수 있는 변화를 돌아보는 지면을 만들도록 할 수 있다. 되짚어 주기의 다양한 선택내용들은 13장에서 자세히 검토된다.

12.5.4 학급에서 고쳐 쓰기를 위해 덩잇글 제시하기(14)

교사 되짚어 주기에서 일반적이고 가장 효과적인 기법은 학급(혹은 다른 학급)에서 학생들이 쓴 한두 개의 덩잇글을 놓고서 학급 전체가 비평하는 것이다.

그 기법은 또한 이전의 논제들을 재빨리 살필 수 있는 기회를 제공하고 교사로 하여금 학급 앞에서 고쳐 쓰기를 위한 생각들을 소리 내어 말할 수 있게 한다.

전체 학급에서 고쳐 쓰기 시간 동안 학생들의 글을 사용할 때 가장 중요한 관심사는 긍정적인 방향으로 활동을 마련하는 것이다. 학생들은 학급으로부터 받은 되짚어 주기가 모둠원들로부터 받은 되짚어 주기에 부가적인 혜택을 준다고 확인할 필요가 있다. 교사는 글쓴이의 비밀을 지킬 필요가 있으며 되도록이면 학급에 다시 활자화된 내용본을 제시하도록 한다. 덧붙여 학생들에게 이와 같은 방식으로 검토될 수 있는 글을 모두 갖고 있고 따라서 모든 학생들은 같은 경험을 하게 되고 어느 누구도 부당하게 배제되지 않을 것임을 확인하게 할 필요가 있다. 시작하는 단락과 같이 쓰기의 어떤 측면에만 강조를 하는 경우 교사는 서너 개의 도입 단락을 학급에서 쓰기를 위해 제시하도록 선택할 수 있다. 이런 방식에서는 학급의 모든 구성원들이 서너 학생이 연습에 참가하고 모든 학생들이 고쳐 쓰기를 하지 않았다는 것을 알게 된다.

교사가 주도하는 학급 고쳐 쓰기 활동은 다양한 주제나 논제에 초점을 모을 수 있다. 먼저 교사는 초고를 전개시켜 나가는 방법과 전체적인 조직하기에 초점을 모을 수 있다. 학생의 덩잇글을 교사가 끝까지 읽고, 덩잇글을 제쳐 두고 같은 정보를 사용하여 어떻게 다르게 할 수 있는지 밑그림을 그려 보일 수 있다. 이런 생각 소리내기 과정을 통해 학생들은 다른 접근 방법을 알게 되고 교사가 선택한 것에 대해 물어 볼 수 있다. 그 다음에 교사는 선택한 것에 촌평을 하고 독자, 목적, 내용, 과제에 따른 동기를 설명할 수 있다. 학생들은 교사가 생각을 소리 내어 말하는 동안 적을 수 있으며 모둠에서 만나 교사가 제안한 중요한 변화나 고려 사항 서너 개를 결정할 수 있다. 뒤따르는 학급 토론은 교사로 하여금 원고와 고쳐 쓰기에 대한 요점을 강조할 수 있게 할 것이다. 되짚어 주기는 쓰기에서뿐만 아니라 동료에 의한 고쳐 쓰기 시간에 자신들의 되짚어 보기 능력을 향상시키는 데 도움을 주어야 한다.

교사는 어떤 학생의 글에 대한 학급 토론을 이끌어 나갈 수 있다(비치 Beach

1989). 학생들은 그 글을 조용히 읽는 것으로 시작하고, 논평을 할 수 있는 자리에 적고, 논평을 할 수 있는 두 부분을 선택하게 한다. 교사는 모든 학생들이 덩잇글의 가락을 들을 수 있도록 소리 내어 그 글을 읽고 학생들이 무시할 수 있는 문제 지점을 인식하게 한다. 교사는 또한 비판을 위한 안내 지침을 제공하여 논평이 짜임새 있도록 한다. 이를테면 교사는 덩잇글에 실제로 나타나지 않더라도 모든 검토자들에게 좋은 점이나 흥미로운 착상을 말하도록 하는 것으로 시작해 볼 수 있다. 학생들은 그 다음에 덩잇글을 더 좋게 할 수 있으리라 생각하는 어떤 것을 기술한다. 목표는 짜임, 독자, 내용, 목적, 의미연결, 세부 내용, 예시 등등과 같은 더 너른 문제들에 초점을 모으는 것이다. 짜임에 대해 학생들이 논평하고자 한다면 다른 구조를 제안해야 한다. 마지막 5분은 학생들로 하여금 교사가 모아서 비평을 받은 학생에게 뒤에 돌려주게 될 복사본에 비평을 적어 넣도록 하는데 이 복사본은 고쳐 쓰기에 대한 전체 학급의 착상 묶음이 된다.

학급에서 고쳐 쓰기 기법은 학생들에게 의미 있는 덩잇글로 공부할 기회를 제공하며 동료의 글에서 짜임새 있는 비평에 몰두할 수 있는 기회를 제공한다(13장도 참조할 것).

12.5.5 교사-학생 협의하기(15)

일정 기간에 걸쳐 실시된다면 교사-학생 협의하기는 개별 글에 글말로 되짚어 주기와 학급에서 되짚어 보기에 대한 효율적인 대안이다(비치 1989, 프리드먼 1987). 그런 협의는 규칙적인 협의 시간이 예상되어 있는 쓰기 교과과정의 정례화된 특징으로 활용될 수 있으며, 한 학기에 두세 차례 수행될 수 있다.

해당 교육 맥락에서 실행 가능하다면 협의하기는 학생들에게 특별한 학습 기회를 제공해야 한다. 협력 학습에 대한 최근의 연구는 교사와의 강도 높은 상호작용이 학습을 촉진할 것이라고 주장한다(프리드먼과 케슬러 Freedman and

Kessler 1990, 슬래빈 1990). 비슷하게, 협의하기에 대한 비고츠키 학파의 해석은 협의하기가 전문가의 도움이 없다면 가능하지 않는 수준으로 쓰기를 배우는 사람들이 수행하도록 이끌 것이라고 주장한다(뉴먼 등 1989, 로고프 1990). 쓰기의 협동학습 연구에서도 쓰기 협의하기는 학생들이 학습할 수 있는 생산적인 방법이라고 제안한다(플린과 킹 Flynn and King 1993, 골럽 Golub 1988). 마지막으로 교육적 맥락에서 훈련에 관련된 연구도 강도 높은 상호작용이 복잡하고 고차원적인 기술을 배울 수 있는 강력한 수단이라고 주장한다(워식과 슬래빈 Wasik and Slabin 1993).

그러나 협의하기가 쓰기 성공에 이르는 만병통치약은 아니다. 협의하기가 효과적이기 위해서 주의를 기울여야 하는 여러 논제들이 있다. 먼저 교사는 협의회에서 권력 관계를 어떻게 배분할 것인가를 알아야 하며 지나치게 권위적이어서는 안 된다. 두 번째로 교사는 귀담아 듣고 답을 할 시간을 주어야 한다. 세 번째로 언제 특정의 정보와 도움이 가장 유용한지 알아야 한다. 네 번째로 기본 규칙이 학생들에게 분명하도록 협의회를 구성하여야 한다. 다섯 번째 교사는 학생들이 편안함을 느끼고 자신감을 갖도록 하여야 하며, 학생들이 협의회가 공부하는 시간임을 인식하도록 해야 한다. 협의회가 잘 운영되도록 하기 위하여 교사는 학생들과 협의 방법을 논의하고 기대치와 목표를 기술하며 왜 그것이 학생들의 쓰기를 향상시키는지 설명하고 모임에서 어떤 일이 일어날 수 있는지 안내하는 지침을 글로 적어둘 필요가 있다.

정상적인 토대에서 이뤄지는 협의회에서 학생들은 이 상호작용을 위해 분담된 책임감을 인식하여야 한다. 학생들은 수업 중에 과제로 준 글, 숙제로 내어준 질문지, 다른 학급에서 나온 글들을 가져 와야 하며 더 일반적으로 쓰기 수업에서 자신의 진척 사항을 기꺼이 토론할 수 있어야 한다. 쓰기 강좌에서 한 번이나 두 번 열리는 협의회의 경우 수업 진척 사항, 학급과 쓰기 과제에 대한 느낌과 태도, 학급에서 쓰기를 배우기 위한 기대치 등에 대한 토론이 협의회가 역동적으로 이뤄지는 데 포함된다.

협의회를 갖는 데에 시간이 필요하고 번거롭지만 쓰기 가르침을 위한 진지한 선택 내용이 되게끔 할 다수의 이로움이 있다. 학생들은 더 많은 질문을 자유롭게 할 수 있으며 교사가 더 자세하게 살필 수 있는 상황에서 더 자세한 되짚어보기를 주고받을 수 있다. 교사는 또한 학생들을 위해 다음과 같은 일련의 중요한 되짚어 주기를 제공할 수 있다.

1. 신중하게 쓰기 진행을 평가하고
2. 지난 쓰기 과제를 검토하며
3. 난상제안, 주제, 세부 내용 들을 제공함으로써 도와주며
4. 수행내용철의 진행 상황을 토론하고 점검하며
5. 신중하게 지도한 실천 사례를 바탕으로 더 자세한 진단 계획을 도입하고
6. 학생들이 학급 동료들의 글을 고치는 동안에 사용해야 하는 기술들을 실습하게 한다.

12.6 다른 갈래의 쓰기로 공부하기(주제 16-20)

고급 수준에서는 학생들이 추가적인 갈래로 자신의 쓰기 능력의 얼안을 넓히고 더 요구되는 학업 맥락에서 유용한 구체적인 기술들을 발전시키는 것이 중요하다. 이 절에서는 고급 수준의 쓰기 능력 향상을 위해 (1) 비평문(critical reviews), (2) 논증문-입장 취하기, (3) 사례 연구를 바탕으로 한 쓰기와 모의실험, (4) 해석에 바탕을 둔 논술(interpretive essays), (5) 조사연구 보고서(research report)와 같은 중요한 다섯 갈래들을 검토한다.

어떤 점에서 조사연구 보고서는 고급 수준의 쓰기에서 마지막 단계이다. 보고서는 수업에서 공허하고 시간을 헛되이 쓰는 연습으로 때때로 간주되지만 사실은 학업에 따른 글쓰기에서 나타나는 거의 대부분의 복잡성과 학업상의 기대치에 고군분투하게 만드는 최상의 기회를 제공한다. 이 절에서 논의한 것보다

훨씬 복잡하거나 전문화된 갈래들은 학술 담화 공동체의 능동적인 구성원으로 입문했음을 나타내는 고등학교 졸업자–교직원이나 도제관계에서만 나타날 뿐이다. 쓰기에서 더 복잡한 갈래들은 일반적으로 충분한 전문성을 나타내는 조짐이므로 '쓰기를 배우는 학생'이라는 용어는 더 이상 적합하지 않고 이런 고급 수준에 있는 갈래를 통달한다는 것은 일반적인 쓰기 기술을 더 이상 향상시킬 필요를 포함하지 않는다.

12.6.1 비평문 쓰기(16)

어떤 덩잇글을 분석하고 비평할 수 있는 능력은 대부분의 연구 분야에서 중요한 학업 과제이다. 고급 수준의 학업 맥락에서 과정에 따라 개설된 강좌가 모든 정보를 제공할 것이라 가정하지는 않지만 학생들이 배우게 될 것이라고 기대한다. 부가적인 정보의 일반적인 원천은 다른 덩잇글 자료 읽기를 통해서이다. 읽기를 통해서 얻게 되는 부가적인 내용은 죽어 있는 것이 아니라 다른 학업 내용과 통합되거나 사용되기를 기대한다. 읽기 자료를 평가하는 가장 효과적인 방법은 비평을 통해서이다. 그 활동은 정보를 요약할 뿐만 아니라 독자로 하여금 의문을 품고 질문을 던지는 방식으로 덩잇글에 접근하도록 요구한다. 대부분의 과정 특히 고등학교 졸업생 수준에서 이런 갈래를 일반적으로 사용하도록 하고 이런 연습을 해보는 것이 학생들에게 중요하다.

또한 더 긴 읽기자료와 책을 비평문을 통해 평가하도록 학생들에게 기대한다. 단순한 형태로 비평에서는 먼저 저자의 연구물을 가능한 한 중립적으로 요약한다. 이는 명시적이든 암묵적이든 글쓴이의 입장과 의도를 따른다. 그 다음에 비평은 일반적으로 덩잇글의 강점과 약점을 기술하는데 이는 대개 수용이나 거부를 표현한다. 비평은 종종 덩잇글의 가치에 대한 비평가의 해석과 다른 독자에게 적합성 판단으로 끝맺는다.

이 갈래의 기술을 향상시킬 수 있기 전까지 학생들은 중요한 논제를 제기하고 어느 정도 복잡하게 이런 논제들을 논의한 책과 더 긴 논문들을 읽어야 한다. 비평에 학생들을 끌어들이는 좋은 방법은 어떤 책을 읽게 하고 그 책에 대한 비평을 찾아보게 하는 것이다. 교사는 또한 학생들에게 나누어 준 서평에 대한 논평을 제공해 볼 수 있다. 교사는 서평의 짜임에 대한 얼개와 서평을 쓰게 된 핵심 논제에 대한 토론, 서평자의 요약뿐만 아니라 저자의 의도에 부합하도록 하기 위한 요약의 구체적인 모습에 대한 비판과 서평을 하는 사람의 수사 전략에 대한 평가가 포함되도록 한다.

학생들도 또한 그들이 읽었던 책의 서평을 찾을 수 있고 그 서평의 짜임에 대한 얼개를 잡을 수 있다. 학생들은 서평을 하는 사람이 긍정적인 평가나 부정적인 평가를 하는 곳, 서평을 이끌어나가는 논제나 그 책의 요약, 초점이 모인 논제에 따라 분석한 부분을 지적해 볼 수 있다. 그 다음에 학생들은 학급 전체에서 읽은 책의 서평을 모둠이나 학급에서 써 볼 수 있다. 난상제안 토론에서 학생들은 서평을 위한 계획의 얼개를 세우고, 그 책에서 중요한 주제의 목록을 만들고 그 책에 대한 실제 비평을 하며 그 서평에서 초점을 모으기 위해 사용한 논제를 지정해 볼 수 있다.

12.6.2 논증문 - 입장 취하기(17)

학생들이 통달하기를 바라는 기본 갈래는 논증문인데 여기서 학생들은 어떤 논제에 대하여 자신의 입장을 취한다. 논증문은 일반적으로 주제를 제안하고 그 다음에 일련의 증거(사실, 논리, 예시 등등)를 통해 그것을 뒷받침한다. 입장을 취하도록 하는 쓰기 과제에서 논쟁의 두 측면을 어떻게 고려할 것인가, 다른 입장을 어떻게 효과적으로 기술할 것인가, 두 입장의 약점과 강점을 어떻게 적을 것인가, 다른 입장보다 우위에 있는 선택에 어떻게 설득력 있는 설명을 제공할 것인가를 배워야 한다.

논증문을 학생들이 쓰도록 하기 위한 첫 번째 조건은 다른 입장이나 관점을 진지하게 수립하는 일련의 정보를 입수할 가능성이다. 내용 중심 단원이나, 큰 쓸거리, 어떤 주제에 대한 읽을거리가 있는 상황에서 그것은 하기 쉬운데 이런 형식들은 다른 관점을 허용할 수 있는 다수의 논제들을 제기하기 때문이다. 이런 대안들은 학생들이 적고 교사가 칠판에 토론의 핵심을 요약하는 모둠 토론에서 탐색되어야 한다. 학생들은 그들이 옹호하고자 하는 입장을 뒷받침할 수 있는 추가 정보를 찾아야 한다.

모인 정보는 일련의 뒷받침 논거로 다시 맞추어야 한다. 이 묶음은 학급에서 토론해야 하고 교사는 논거를 제시하는, 선택할 수 있는 얼개를 제공해야 한다. 교사는 또한 건전한 논거는 선호하는 입장의 약점에 대한 논거를 포함하지만 그에 대하여 합당한 반대 논거로 응대하는 것임을 지적할 필요가 있다.

논증문은 특정의 주제에 대한 학급 토론을 위한 자료이거나 결과일 수 있다. 어떤 경우에서든 논설을 위해 정보를 모으는 일은 토론을 위한 중요한 자료가 된다. 논증문은 또한 해당 외부 기관 이를테면 지역 당국에 보낼 수 있는 더 다듬은 보고서의 일부로 결합될 수 있다.

12.6.3 사례 연구를 바탕으로 한 쓰기와 모의하기(18)

학생들은 종종 간단한 해결책이 없는 상황이나 논제를 탐구하라는 요구를 받는다(11장의 작은 절 11.7.3 참조). 이런 상황은 일반적으로 일련의 문젯거리나 이용 가능한 자료에 터해서 내릴 수 있는 결정으로 제시된다. 이것은 다수의 학과에서 일반적인 교수-학습 접근법이며 학생들을 학과목의 목표와 방법으로 끌어들이는 강력한 수단이 될 수 있다.

사례 연구와 모의실험은 병원이나 무료 간선도로의 연결, 농약이나 비료의 사용, 용수권이나 댐 건설, 정부의 예산 지출 의결, 지역 공동체에 상가 지역 재배치에 따른 손익 등에 대한 일련의 가능한 각본(scenario)이 개입될 수 있다. 이들과 다른 각본들은 학업 과정의 내용과 관련된 논제들을 탐구하기 위해 마련될 수 있는데 내용 중심의 쓰기 과정에도 포함된다.

이와 같은 사례 연구 보고와 모의실험은 쓰기에서 구체적인 자료 묶음에 바탕을 둔 입장을 취하도록 하며 분석을 위한 구체적인 방법, 구체적인 다른 선택 내용을 받아들이도록 할 것이다. 이들은 모두 장점과 단점을 지니고 있다. 모의실험과 사례 연구 보고서 쓰기는 어떤 학문 갈래에서 선호되는 분석의 방법으로 학생들과 교사들이 이용할 수 있는 선택내용에 제약을 가한다.

12.6.4 창의와 해석에 바탕을 둔 논술(19)

중요한 쓰기 갈래 혹은 쓰기의 여러 갈래들은 여기서 창의와 해석에 바탕을 둔 쓰기라고 이름을 붙인 갈래이다. 고급 수준에 있는 학생들은 창의력을 발휘하거나 해석을 해낸다고 간주되는데 (1) 창의적인 소설과 시, (2) 창의에 바탕을 둔 허구적인 산문, (3) 해석에 바탕을 둔 비평, (4) 해석에 바탕을 둔 이론적인 종합(synthesis)이라는 네 갈래의 쓰기를 하게 될 것이다.

창의적인 허구와 시는 물론 창의적으로 쓰고자 하는 학생들의 관심사이다. 영어권에서 학위를 따고자 하는 학생들은 곧바로 생각하는 것이지만 사실은 단편이나 시, 시나리오 등등을 쓸 수 있는 능력을 계발하고자 하는 학생들이 많다. 이런 학생들은 새로운 갈래로 쓰기를 배우는 데 관심을 갖고 있다. 게다가 불우한 처지에 놓인 청소년의 예술적인 글쓰기 수행을 연구한 히쓰(1993, 히쓰와 만지올라 1991)의 연구는 창의적인 글쓰기가 학생 특히 불우한 처지에 있다고 간주되는 학생들의 [쓰기 능력을] 향상시키는 중요한 원천이 될 수 있음을 보여준다.

창의에 바탕을 둔 사실적인 산문 쓰기는 쓰기에서 또 다른 선택내용을 제공한다. 전문적인 쓰기 분야가 늘어남에 따라 창의에 바탕을 둔 사실적인 산문은 일반적으로 기행문 쓰기, 자신의 경험을 안으로 살피는 글쓰기, 여러 가지 이유로 널리 알려지지 않은 사람과의 면담 등을 가리킨다. 이들은 일반적으로 이야기를 전달하지만 허구는 아니다. 학생들은 창의에 바탕을 둔 허구를 학업 과정 (인류학이나 사회학)뿐만 아니라 쓰기 과정의 일부로 써 보도록 할 수 있다. 어 떤 의미에서 창의에 바탕을 둔 사실적인 산문은 쓰기 가르침의 이른 단계에서 했던 자기 표현적인 글쓰기가 다 자란 모습이다.

해석에 바탕을 둔 비평은 인문학에서 보편적인 갈래이다. 많은 강좌에서 학 생들이 문학이나 철학을 읽고 읽은 것들이 자신에게 어떤 의미가 있는지 통찰력 있는 해석을 하지 않으면 안 된다. 이 갈래는 일반적으로 통달하기 어려운 갈래 인데 폭넓은 배경 지식과 세련된 상호텍스트성 감각, 다양한 층위로 읽고 덩잇 글의 상징 구조를 인식할 수 있는 능력, 해석에서 비평 이론에 사용되는 방법에 대한 지식을 가정하기 때문이다. 그것이 쓰기를 배우는 학생들의 능력을 넘어서 는 것이라고 할 수 있지만 실제로는 학생들이 문학, 문화적인 글, 종교적인 글, 철학적인 글에 대한 강조가 있을 때마다 이런 갈래로 쓰기를 요구하기도 한다. 불행하게도 강도 높은 연습이나 가외의 실습이 없다면 이런 갈래를 학생들에게 가르치기는 매우 어렵다.

해석에 바탕을 둔, 이론적으로 종합하는 글은 쓰기의 다른 갈래인데 다수의 자료로부터 정보와 논의를 종합하고 그 자료들의 이론적인 근거를 추론하는 갈 래이다. 종종 이론 쓰기 갈래에서는 다수의 조사연구를 요약하고 다양한 결과를 하나로 묶는 방식을 해석한다. 이런 쓰기 갈래에서는 일련의 정보 묶음에서 일 반화와 유형을 발견하도록 하는 학술 활동에서 기본적인데 아마도 가장 기본적 으로 기저에 놓여 있는 목표일 것이다. 쓰기 교실 수업에서 읽을거리 묶음에 걸친 일반화와 유형을 찾고 결국 이론을 수립하는 것은 학생들에게 그렇게 특별 하지는 않다. 쓰기에 대해 그런 접근 방식의 토대는 바르쏠로매와 피트로스키 (1986)의 쓰기 교과과정인 *사실, 조작된 사실, 허구*의 토대이다. 그리고 그것은 일반적으로 주장되는 문화적 가정을 문제화하고자 하는 쓰기 교육과정의 기본 목표이고 쓰기 가르침에 대한 프레이리식의 접근 방식과 비슷한 것으로 간주될 수 있다.

12.6.5 조사연구 보고서(20)

보고서는 고급 수준의 쓰기에서 잘 알려진 선택 내용이다. 이 갈래는 쓰기 교육의 서로 다른 시기에 선택을 받거나 내침을 당한 갈래이기도 하다. 고급 수준의 쓰기에서 학생들은 정보 묶음으로 어떻게 쓰기를 하며 여러 겹의 자원으로부터 나온 지식을 어떻게 종합하며 적절하게 자료를 어떻게 활용하며 인용하고, 다룰 수 있는 형식으로 복잡한 논제를 설명할 것인가를 배워야 한다. 보고서 (혹은 보고거리)는 이런 목표달성을 장려하고, 학생들이 관심을 가지는 어떤 주제에 대한 탐구와 연구를 장려한다.

보고서는 이 절에서 제시된 다른 갈래들을 통합할 수 있는 쓰기의 가능한 유형을 제공한다. 동시에 보고서는 지나치게 어려울 수 있는 과제가 아니더라도 학생들이 수행할 수 있을 정도로 매우 보편적이다. 학생들은 교육과정과 관련된 관심 있는 어떤 주제를 탐구하지 않으면 안 된다. 그리고 교사들은 학생들이 주제에 초점을 모으고 정보를 모으고, 글 그 자체에 맞는 형식을 활용하도록 안내지침을 제공하고 뒷받침하여야 한다.

대부분의 경우, 보고서는 주제에 대하여 더 넓은 범위의 탐구와 외부 자원의 수집을 필요로 한다. 교사는 보고서를 쓰는 과정을 통하여 안내지침을 제공하여야 하고 다양하고 가능한 주제와 대상의 다양성에 대해 토의할 수 있다. 교사들은 도서관 자료를 활용하는 방법을 가르칠 수 있는 도서관 활동 계획을 짜야 하고 과제에서 학생들이 지켜야 하는 시간표를 제공하여야 한다. 더 간단한 쓰기 활동에서 쓸모 있는 난상제안, 원고 쓰기와 같은 쓰기 활동의 대부분은 보고서 쓰기를 위해서도 중요하다.

보고서는 다양한 형식을 취하고 관례를 따를 수 있다. 그럼에도 불구하고 학업 맥락과 고급 수준의 쓰기 교실에서 널리 인식되는 갈래이다. 또한 종합하고 정보를 알려주며 학업에 따른 모든 쓰기에서 기본적인 활동들을 학생들에게 끌어들일 수 있는 중요한 방법이다.

12.7 쓰기 드넓히기(주제 21-25)

이 절에서는 다른 학문에서 쓰기에 대해 다른 요구를 반영하는 몇 가지 논제를 제시한다. 어떻게 이런 다양한 관심사들이 쓰기 교육과정에 통합될 수 있는가 혹은 통합될 수 있는 정도는 어떠한가 하는 것이 마지막 다섯 가지 주제의 초점이다. 여기에는 (1) 내용에 바탕을 둔 쓰기와 여러 교육과정에 걸친 쓰기, (2) 담화 공동체, (3) 시각적인 표현자료로 쓰기, (4) 매체와 함께 쓰기, (5) 문체와 개인 필자가 포함된다.

12.7.1 내용에 바탕을 둔 쓰기와 여러 교육과정에 걸친 쓰기(21)

몇몇 다른 장들뿐만 아니라 앞의 세 장을 통해 쓰기에 대한 기본 방향이 내용 중심의 가르침에 따라 설정되었다. 그런 접근법이 성공적인 가르침을 보장하지 않으며 쓰기 가르침에서 논제와 문젯거리를 덜 복잡하게 하는 것은 아니다. 그러나 쓰기 교실수업에서 학업을 위한 참된 학습을 제공해 주며, 쓰기 가르침에 실제적인 내용을 제시하여 준다. 쓰기 그 자체가 내용으로 보일 수 있으며 종종 그것은 쓰기 교재에 있지만, 대부분의 학생들은 그런 합리화에 의해 설득되지 않는다. 고급 수준의 쓰기 가르침이 효과적이기 위해서는 쓰기 그 자체가 어떤 학업 맥락에서 활용되는 것과 매우 비슷한 방법으로 활용되어야 한다.

내용 중심의 쓰기 가르침을 실행하는 데에는 많은 방법들이 있다. 고급 수준에서 일반적인 선택내용 하나는 학생들이 연결할 수 있는 핵심 주제를 활용하는 것이다. 바르쏠로매와 피트로스키(1986)가 제시한 주제 중심 교육과정은 세부적인 논의와 근거를 보여준다. 사춘기에 이른 청소년을 중심으로 하여 그들이 제시한 교육과정은 학생들로 하여금 전문성을 지니며 권위를 지닐 수 있도록 해준다. 동시에 교육과정에서는 대화와 토론을 강조하고 폭넓은 읽기, 많은 쓰기 활동, 자신의 관점에서부터 다른 사춘기 학생들의 관점으로 주제 발전시키기, 개인적인 쓰기에서 학술 이론을 세우는 쓰기로 발전시키기를 강조한다. 학생들에게 어느 정도 전문성을 부여하는 다른 다수의 주제들은 이와 비슷한 방식으로 사용될 수 있는데 쓰기가 더 복잡한 학업 과제로 나아가는 순서를 따른다. 그런 주제들은 교육, 기술, 미래, 문화, 학교 문화 등등을 포함할 수 있다(쿠츠 등 Kutz 1983도 참조).

두 번째 교육과정 형식은 일련의 내용 자료 묶음과 느슨하게 관련되어 있는 세부 주제를 계발하는 것이다. 이 형식에서 교육과정은 셋이나 다섯 정도의 주제를 중심으로 하는데 이들 가운데 몇몇은 연관되어 있을 수도 있다. 모든 주제들에 걸쳐 관련되도록 될 필요가 없으며 교사가 단원을 위해 일정한 선택내용의 바탕 위에 자료들을 모아 놓았다고 가정한다면 주제들은 부분적으로 학생들의 선택일 수 있다. 각 주제에 대하여 쓰기와 읽기의 계속적인 진행을 위해 동기 부여를 할 필요성은 제처 놓더라도 교사는 여러 주제에 걸친 연관성을 강화할 수 있는 방법을 찾아야 한다. 이는 중심 주제에 대해 여러 번의 연결을 통해 가능하지만 다른 방식으로 주제들을 연결하는 것이 가능하다. 이를테면 일련의 세부 주제 묶음(중심 주제는 제외하고)은 유명한 사람이나 어떤 사건의 결과로부터 나온 중요한 결과들, 쉽게 해결될 수 없는 논제들이나 책임감, 기술 등등의 추상적인 개념일 수 있다. 여러 주제에 걸쳐 세부 논제들의 반복적인 출현은 교육과정에서 일관성을 수립하기 위해 이용될 수 있다. 그리고 일련의 관련되어 있는 묶음들은 다양한 주제의 내용을 묶어 줄 수 있다. 그러나 이 선택 내용이 작문을 위한 '읽을거리'를 위한 근거로 보아서는 안 된다. 그와 같은 작문을 위한 읽을거리는 주제 전개의 여지를 허용하지 않으며 학생들이 입력하거나 동기를 부여받는 것으로 이어지지 않는다. 많은 읽을거리들은 개념에서 고정되어 있으며 고전문학으로 방향이 설정되는 경우가 많다. 흥미로운 내용/주제 전개를 위해 필요한 자발성이나 창의성은 일반적으로 이런 덩잇글에서 빠져 있다.

주제에 따른 쓰기 교육과정을 위한 또 다른 선택 내용은 교과과정에 걸친 쓰기(Writing Across the Curriculum; WAC)라는 개념으로 논의되어 왔다. 이런 경우에 목표는 내용 수업을 쓰기 가르침에 가져오는 것이 아니라 쓰기 가르침을 내용 수업에 가져오는 것이다. WAC에 대한 훌륭한 근거들이 많이 있지만 쓰기 수업에서 가르침을 넘어서 쓰기/학습을 좋게 한다는 분명한 증거는 없다(액커먼 Ackerman 1993). 물론 학생들이 쓰는 기회를 많이 가질수록 어떤 학과목에서 필자로서 더 나아질 수는 있다. 이론에 따르면 WAC는 좋은 생각이지만 쓰기 가르침을 개선한다는 것을 보장하지는 않는다. WAC 맥락에서 내용 교육과정을 통합하지 않는 쓰기 기법, 쓰기 연습, 쓰기 활동을 끌어들이는 것으로 학업에 따른 쓰기에 어떤 의미심장한 개선으로 이어지지 않는다. 실제로 내용 영역 교사들은 쓰기 기법이 어떤 교육과정에 잘 통합되지 않을 때 그리고 그것들이 내용 영역 과정의 목표를 신중하게 고려하지 않고 좋은 뜻을 지닌 전문가가 제안을 하였을 때 쓰기 기법들이 많이 제시되는 것을 원망하기도 한다(카우퍼와 영 1993, 스팩 Spack 1988).

내용 영역 교사들이 실제로 염려하였음에도 불구하고, 일련의 과정에 걸쳐 학생들을 쓰기에 강렬하게 몰두하게 하려는 이상은 어느 곳에서 이뤄지든 쓰기가 교육거리에서 우위에 있어야 한다는 목표 때문이다. 많은 내용 영역 교사들은 자신의 교과에서 특정 갈래에 맞춘 쓰기를 잘 알고 있다. 교과의 실제 내용에 초점을 모으고 있기는 하지만 쓰기에 대한 주의집중은 학생들에게 동기를 부여하게 될 의미 있는 쓰기 활동의 기회를 제공한다. 효과적인 WAC 교육거리는 쓰기 발달에 잴 수 없는 영향을 미치겠지만 조정과 타협을 요구하고 실행하기는 어렵다(맥러드와 소븐 MeLeod and Soven 1992).

12.7.2 담화 공동체(22)

쓰기 향상을 위해 담화 공동체라는 개념의 중요성은 5장에서 논의하였다. 그럼에도 불구하고 쓰기 가르침을 위해 이 개념의 실질적인 함의를 지적하는 것은 중요하다. 학업 담화 공동체는 일반적으로 그 학문에 대한 일련의 이론적 개념,

방법론적 개념, 관례적인 개념을 공유하는 특정 학문 집단이다. 중요한 문제는 고급 수준의 학생들을 가르칠 때 학생들이 담화에 끼어들기 시작하는 것을 목표로 간주하느냐 하지 않느냐 하는 것이다. 다양한 대학 학과에서 이루어지고 있는 쓰기를 검토하고 있는 최근의 책에서 월부어드와 맥카시(Walvoord and McCarthy 1991)는 실제로 많은 교수들의 우선적인 관심사가 이것임을 발견하였다. 많은 교수들은 바깥 세계에서 전문직업인들이 수행하는 실질적인 쓰기 활동을 본뜬 쓰기 과제를 학생들이 수행하도록 동기를 부여하였다. 따라서 담화 공동체라는 개념은 고급 수준의 쓰기 가르침을 위해 중요한 개념이다.

담화 공동체는 실질적이고 실제적인 쓰기 활동을 위한 자원들을 제공한다. 특정의 담화 공동체는 학생들이 통달하는 데 중요한 관례들과 서로 다른 갈래들을 포괄적으로 활용한다. 이들 가운데 몇몇 갈래와 관례들은 전문화될 것이지만 다른 것들은 어느 정도 여러 학문들에 걸쳐 일반화될 것이다. 이를테면 여러 겹의 자원들 그리고 때로는 서로 부딪히는 자료들로부터 뒷받침이 잘 되고 일관된 논증을 구성하는 능력은 몇몇 학문들에서 높게 평가되는 기술이다. 마찬가지로 중요 덩잇글에 대해 비판적으로 살필 수 있는 능력도 널리 평가되고 있다. 몇몇 학문에서는 사례 연구 각본이나 문젯거리의 모의실험으로부터 타당한 장점을 구성할 수 있는 능력도 중요하다. 이런 점에서 서로 다른 담화 공동체에서 쓰기의 활용에 대한 연구는 쓰기 강좌의 설계와 다양한 학문 담화 공동체를 WAC와 통합하는 것에 강한 영향을 미칠 수 있다.

쓰기 전문가들은 서로 다른 학문에서 쓰기의 관례와 갈래들을 인식하여야 하며 어떤 학문에서 평가되는 활동을 수행하도록 학생들을 준비하게 하고 쓰기를 향상시킬 수 있는 쓰기 활동을 뒷받침해주는 방법을 찾아야 한다.

12.7.3 시각적인 표현자료와 함께 쓰기(23)

고급 수준의 쓰기에서 대다수의 학업 맥락에 비춰 볼 때 값어치가 있는 기술은 시각적인 표현 자료로 쓸 수 있는 능력이다(이를테면 도표로 된 자료를 산문으로 통합). 이전의 절에서 시각적인 표현이라는 개념은 논술을 쓰기 위해 활용되는 덩잇글 구성의 시각적 표상을 의미할 수 있다. 이 절에서 시각적인 표현자료라는 개념은 (1) 덩잇글에서 논의된 자료의 다른 (이를테면 시각적인) 해석이나 (2) 쓰기에서 정보를 더하는 그리고 쓰기에 수반되면서 부분적으로 설명되는 정보를 글말이 아닌 다른 것으로 표현을 의미하는 것으로 넓어진다. 두 상황은 고급 수준의 학생들의 중요한 쓰기 문제를 보여 준다.

첫 번째 선택내용은 쓰기 교실에서 학생들은 종종 시각 자료에 바탕을 둔 논술, 정보전달 보고서, 논쟁적인 글을 써보라는 요구를 받는다. 이런 쓰기 갈래는 때때로 쓰기 활동으로 이뤄지고 때때로 평가와 지식의 측정으로 이뤄진다. 덜 격식적으로 학생들은 의미지도, 시간 흐름도, 자신이 만든 그림과 도표, 정보를 구성하는 데 도움을 주는 개요도로부터 글을 쓸 때 시각 표현자료로 쓴다. 이런 쓰기 활동 유형에 대한 단순한 안내지침은 아예 없는데 다양한 시각 표현자료는 쓰기에서 구성을 위한 전체적인 선택내용을 불러내기 때문이다. 이런 유형에 대한 과제로 실천 사례를 학생들에게 제시하는 것이 중요하며 그와 같은 활동은 큰 쓸거리와 내용 중심 단원들의 요약에 통합될 수 있다. 다양한 시각 표현자료로부터 쓰기는 개요표를 관련되는 줄글로 바꿀 때 학생들이 이용 가능한 선택내용을 보여 주기 위해 사용될 수 있다.

또 다른 층위에서 학생들에게 시각 자료를 자신들의 줄글 쓰기에 통합하리라 기대할 수 있다. 시각 자료와 줄글 사이의 이런 통합 유형은 쓰기를 위해 시각 자료를 제공하도록 시각 자료를 활용하는 것과 다르다. 쓰기에 함께 나타나는 시각 표현자료는 여러 방법으로 활용될 수 있다. 시각 자료는 덩잇글에서 설명되지 않은 정보를 더 제공할 수 있다. 다른 방법으로 시각 표현자료는 덩잇글의 줄과 어울리게 짜일 수 있고 시각 자료의 선택된 측면들은 명시적으로 언급될 수 있다. 세 번째 선택 내용은 덩잇글에서 정보를 시각 자료가 요약할 때 나타난다. 이런 경우 시각 자료는 덩잇글과 완전히 겹치며 독자의 이해를 부가적으로 뒷받침해 주는 기능을 한다. 세 개의 선택 내용 모두 어떤 학문 맥락에서 배우는 학생들에게 요구되는 것일 수 있다.

학생들이 또한 자신들의 쓰기를 위해 스스로 시각적인 보조 자료를 만들 것으로 기대할 수 있다. 이것이 난상제안, 계획하기, 글 구성에서 시각적인 표현 자료를 통합해야 하는 또 다른 이유이다. 이런 계획하기와 구성하기 양식들은 그 다음에 덩잇글에 함께 나타나는 잠재적인 시각 표현 자료가 된다. 여기서도 학생들이 쓰기에서 시각 표현자료의 사용을 배우는 데 간단한 묘책은 없고 단지 연습만이 도움을 줄 뿐이다. 많은 경우에서 이런 쓰기 활동은 그런 기술들이 미래의 학업에서 가치를 지닌다는 것을 고급 수준의 학생들이 알게 될 때 이런 활동들이 통합될 수 있다. 동시에 쓰기에서 함께 나타나는 시각자료를 솜씨 있게 사용하는 것이 종종 독자에게 뚜렷한 인상을 준다는 것을 알아차리는 것이 중요하다.

12.7.4 매체로 쓰기(24)

쓰기 가르침에 대한 이전 장들에서 다수의 쓰기 가르침 기법과 활동들이 매체 자료를 활용하였고 매체를 부려쓰는 활동들을 *쓰기를 위한 추동력*으로 활용하였다(10장에서 10.5.6, 10.7.1 11장에서 11.5.4, 11.6.3, 11.7.5). 매체 활용 목적으로 쓰기 활용은 고급 수준의 쓰기에서 중요한 확장이 될 수 있다. 학생들의 쓰기 기술을 향상시키고 더 전문적인 과제를 하도록 요구를 받음에 따라 매체를 이용한 공부거리를 위해 덩잇글을 쓰도록 요구를 받을 수 있으며 여러 매체를 활용한 공부거리로서 매체 자원과 결합하여 글을 쓰도록 요구를 받을 수 있다.

고급 수준의 가장 기초적인 단계에서 학생들에게 비디오 제작 각본이나 연극의 한 막을 쓰도록 할 수 있다. 학생들은 각본을 쓰고 과거의 유명한 사람들과 면담이나 토론을 제작해 볼 수 있다. 학생들은 두 명의 '기자'는 보수적인 관점을 취하고, 두 명의 기자는 더 진보적인 입장을 취하는 대담 볼거리를 제작해 볼 수 있다. 특종 보고서는 내용 중심 단원의 뒤를 이어서 나타날 수 있으며 일관된 글에 서로 다른 정보 묶음을 끌어들일 수 있는 또 다른 교육거리이다.

더 발전된 수준에서 학생들은 또한 학교, 지역의 일, 학급과 모둠 공부거리, 학급 구성원들의 전기에 대한 정보를 담은 신문이나 회보를 만들어 볼 수 있다. 학급에서는 다른 학급이나 다른 학교에 퍼뜨릴 책이나 확장된 보고서를 제작해 볼 수 있다. 예를 들면 청소년기의 쓰기 교육과정인 바르쏠로매와 피트로스키 (1986)에서 사춘기 경험에서 일반적인 유형을 발견하기 위한 덩잇글 자료가 되는 학생들의 자서전집을 학급에서 제작해 볼 수 있다. 학생들은 또한 학교 신문에 투고할 수 있는 보도문이나 특종 기사를 써 볼 수도 있다. 고급 수준에 있기는 하지만 매체의 다른 형식과 결합된 학업에 따른 글쓰기를 통해 많은 것을 얻어야 한다는 것을 학생들이 깨닫는 것이 중요하다.

12.7.5 문체와 개인으로서 필자(25)

고급 수준의 학생들은 쓰기에서 문체에 대한 감각을 발달시킬 필요가 있을 것이다. 이런 개인적인 문체는 얼마나 강하게 주장하여야 하는가에 대한 인식, 언제 그리고 어떻게 전문가로서 말하며 권위를 자아낼 것인가에 대한 지식, 갈래와 쓰기 상황에 부합하는 쓰기에서 관례와 형식의 적절성에 대한 감각을 포함한다. 학생이 고유의 '목소리'를 발견하는 능력과 학습에 맞게 그 목소리를 발전시켜 나가는 능력은 어려운 일거리이다. 설명문과 논설문으로 매우 폭넓은 연습과 오랜 기간 동안의 몰두가 요구된다. 학업에 적절한 목소리의 계발은 또한 특정 학문에서 사사가 어느 정도로 필요할 듯하다. 많은 쓰기 교재들이 쓰기에서 학생들의 목소리 계발을 언급하고 있지만 이는 일반적으로 생각들을 입말로 관련짓는 방식과 비슷한 개인적인 표현 양식을 의미한다. 목소리 개념은 일반적으로 개인적인 학업 문체를 옮겨 적는 것이 아닐 것이다. 학업을 목적으로 하는 쓰기가 이뤄지는 동안 자신감과 권위를 드러내 보여주는 것이다.

개인적인 학업 문체의 계발에는 필자가 이용 가능한 문체적인 선택 내용에 대한 감각과 쓰기에서 가치가 있는 학업에 관련되는 관례와 형식적인 관례에 대한 분명한 감각 둘 다 필요하다. 학업에 관련되는 문체에 대한 자각을 끌어올리는 방법 한 가지는 같은 주제에 대해서 두 사람의 글을 비교해 보면서 문체적으로 두 덩잇글이 다른 방법들을 탐구해 볼 수 있다. 둘 또는 세 번 정도의 이런 연습을 통해 학생들은 동격의 삽입구절과 절대 시제절(absolutive clauses)[70]의 지나친 사용, 주장을 수식하기 위해 양상에서 다양성, 명사화의 복잡한 유형, 구두점 선택의 다양한 활용(줄표, 콜론, 세미콜론), 수동태와 비인칭 구문의 사용과 같은 쓰기에서 몇몇의 고급 수준 선택내용들을 알 수 있을 것이다. 이들 특징 가운데 몇몇은 학생들의 덩잇글로 고쳐 쓰기를 하는 과정에서 탐색될 수 있다. 학생들의 자각을 끌어올릴 수 있는 또 다른 선택 내용은 학업을 위해 쓴 글말과 입말본을 비교해 보는 것이다(크리스티 1992, 쿠츠 등 1993, 마틴 1993).

학생들은 어느 정도 식견을 갖춘 독자의 기대치와 학업에 따른 제약에 부합하는 유형들 이상이라는 것으로 쓰기의 형식적인 관례들을 알아차려야 한다. 또한 학문의 기대치 안에서 연구하고 있으며 학업에 맞는 인격을 투영하고 있다는 것을 알려야 한다. 평가 목적을 위해서 덩잇글을 신중하게 편집하고 '깔끔한' 덩잇글을 산출하여야 하지만 이런 목표들은 신중한 편집과 적절한 형식화를 위한 실제적인 추동력을 간접적으로 반영할 뿐이다. 학업을 목적으로 글을 쓰는 사람은 형식, 관례, 실수가 없는 덩잇글에 신경을 써야 하는데 신중하게 산출된 덩잇글은 다른 학자들에 대한 존중의 표시로, 그리고 싫든 좋든 간에 신중한 학자 자질을 보여주는 표지로 간주한다는 것을 알기 때문이다.

덩잇글 형식이 주는 인상은 낮은 수준의 쓰기 가르침에는 그렇게 중요하지 않지만 고급 수준의 쓰기에서는 중요하다. 실제로 만약 고급 수준에 있는 학생으로서 관례와 독자의 기대치를 잘 알고 있다면 조잡하게 편집되어 있고 문체에

---

70) (뒤친이) 대체로 앞서 언급된 사건의 완결을 재차 강조하며 이전에 일어났거나 동시에 일어난, 주절의 사건에 대한 배경정보를 제시하는데, 실제 시간에 따른 배열은 해석과 관련된다.

서 약점을 보이는 덩잇글은 독자에 대한 무시와 경멸을 어느 정도 나타낸다는 것을 알게 될 것이다. 마지막 분석에서 통찰력 있는 구성, 흥미로운 내용과 덩잇글의 형식에 대한 신중한 배려를 결합할 필요가 있다. 필자의 생각과 의도, 태도를 전달하는 것은 이런 덩잇글 자질들의 결합이다.

12.8 쓰기 가르침을 쓰기 이론에 관련짓기

이 장에서 언급된 주제들은 고급 수준에 있는 필자들에 초점을 모으기는 하였지만, 많은 경우에서 더 낮은 수준에 있는 학생들에게도 적용 가능하다. 이 장과 이전의 두 장에서는 각각, 구성 형식에 따라 쓰기를 위한 25개의 주제를 제시하였다. 그러나 다음의 예에서와 같이 많은 주제들이 모든 수준에 걸쳐 쓰기 가르침에 적용 가능하다.

- 다양한 형태로 이뤄지는 쓰기 과정
- 다양한 목적을 위해, 서로 다른 독자를 대상으로 서로 다른 갈래로 쓰기
- 정보에 바탕을 둔 쓰기, 개인적인 쓰기, 창의에 바탕을 둔 쓰기를 통합하는 다른 방법
- 쓰기의 형식적인 측면과 관례에 초점을 모을 필요성

모든 수준에서 학생들은 쓰기를 위해 상당한 정보를 생성하고 구성할 필요가 있으며 구성을 위해 적절한 유형들을 인식하고 있어야 한다. 학생들은 또한 쓰기와 읽기를 결합하여야 하며 많은 정보 자원을 활용할 수 있어야 한다.

9장에서 제안된 일련의 일반적인 교육과정 안내지침은 이 장과 이전의 두 장에서 이뤄진 논의를 위한 토대를 제공한다. 안내지침 가운데 몇몇은 위에서 지적하였다. 다양한 주제와 가르침 논의에 걸쳐 눈에 띌 수 있는 다른 것들에는 산출과 과정에 대한 동등한 강조, 학생들이 내용 생성과 정보 구성을 위해 전략

을 계발할 필요성, 여러 갈래의 되짚어 주기 필요성, 글이 제공할 수 있는 다양한 목적과 글의 활용에 대한 깨달음, 쓰기 기회를 많이 제공하려는 교사의 자발성이 포함된다. 이들 가운데 몇몇은 평가의 속성을 띠지 않는다(9장 참조).

쓰기 가르침을 다룬 이 세 장에서 쓰기 교육과정을 위한 전체적인 안내지침을 뒷받침하는 활동, 계획, 의도, 양식들이 따로 떨어져 있다는 것을 발견할 수 있다. 제시된 주제들의 기저에 있는 중요한 생각은 직접적이거나 단순한 방식은 아니지만 이론적인 관심과 조사연구에 의해 안내를 받고 있다는 것이다. 이론을 직접적으로 활동과 실습의 깔끔한 묶음으로 옮길 수는 없다. 깔끔한 해결을 위해서는 학생 필자들의 여러 겹으로 된 세계가 너무나 다르고 복잡하기 때문이다. 동시에 8장과 9장에서 제안된 일반화가 여기와 10장, 11장에 반영되어 있다는 것을 분명히 해 두어야겠다. 일반적인 교육과정 안내지침과 쓰기 실천 사례들 사이의 적합성은 비록 가르침을 위한 절차의 청사진을 기대해서는 안 되지만 이론과 가르침이 통합될 수 있음을 암시한다. 쓰기 가르침과 관련된 흥미 있는 논제와 문제가 많이 있지만 간단한 해결책은 없다.

12.9 결론

10장, 11장과 함께 이 장에서는 쓰기 가르침을 위한 폭넓은 생각들을 논의하였다. 이 책의 나머지 부분과 따로 읽힐 수도 있지만 그것은 우리의 의도는 아니다. 앞 절에서 제안하였듯이, 쓰기에 관련된 생각들 다수는 직접적으로 쓰기에 대한 이론적 관점을 따르고 있다. 게다가 9장은 이론과 가르침 사이에 다리를 놓으려는 시도를 보여 주었는데 쓰기 가르침에 대한 이 세 장의 생각들이 근거가 잘 갖춰진 교육과정 설계와 가르침에 대한 원칙을 따르는 철학 속으로 통합될 수 있도록 하였다. 특히 이 장은 중등학교의 마지막에서 대학원의 처음에 이르기까지의 가르침 맥락을 가정하고 여러 학업 맥락에 걸쳐 적용되어야 하는 고급 수준의 쓰기 가르침을 위한 많은 제안을 하였다. 고급 수준의 쓰기 가르침은 일반적인 교육과정 계획으로는 분석할 수 없고 특정의 학문 안에 포함되어 있지 않은 고등교육 수준의 쓰기에서 계속되어 끝을 알 수 없는 전문화가 시작된다는 것도 사실이다. 고등교육 수준의 쓰기 강좌는 더 학문 특징적인 분할 지점을 보여준다. 그리고 쓰기 강좌 그 자체로는 고급 수준에 있는 학생들의 요구를 충족시킬 수 없다는 점에서 교육적인 긴장감을 불러일으킨다. 또한 특정 학문 맥락과 구체적인 목적을 위해 쓰기 가르침이 움직이는 것은 아마도 쓰기 가르침의 일반화된 개념들이 마지막에 이르렀음을 보여 준다.

13 쓰기에 비평하고 평가하기

Responding to writing and writing assessment

13.1 도입

이 장에서 우리는 쓰기 비평하기와 쓰기 평가에서 조사연구와 실천 사례를 검토한다. 최근에 이 영역들은 조사연구와 실제적인 실행 두 가지 면에서 이전에 받았던 것보다 더 많은 눈길을 받고 있다. 그러나 동시에 쓰기 비평과 쓰기 평가를 둘러싼 논제들은 분명하게 답하기 어렵고 중요한 논제에 의해서라기보다는 언급되고 있는 관심사와 제기된 의문에 의해 더 많이 논의되었다.

쓰기에 비평하기와 쓰기 평가는 학생뿐만 아니라 교사들에게도 중요한 결과를 가져온다. *학생들의 쓰기에 비평하기*는 쓰기에 대한 학생들의 태도와 앞으로의 학습에 대한 동기부여에 잴 수 없는 영향을 미칠 수 있다. 학생들은 불분명하고, 막연하고, 흐릿한 비평에 혼란스러워 할 수 있으며 그것 때문에 자신들의 쓰기 과정에서 좌절하게 될 수도 있다. 이와는 달리 학생들은 지식의 많은 영역들을 탐구하는 데 긍정적으로 동기부여될 수 있고 자신들의 쓰기에 건설적인 비평을 할 수도 있다. 불행하게도 그와 같은 긍정적이고 지원이 잘 되는 경험을 모든 학생들에게 보장해 줄 보편적이고 분명한 안내지침 묶음이 없다. 쓰기 가르침의 해당 맥락에서 학생이 다르고 교사도 다르며 기관의 기댓값도 다르고 과제와 주제, 자원들이 다를 것이다. 그럼에도 불구하고 어떤 연구 결과와 실천 사례들은 중요한 통찰력을 제공해 줄 것이라고 믿는다. 이들은 학생들의 글을 놓고서 되짚어 주기를 제공할 방법을 찾고 있는 교사들에게 유력한 선택 내용과 자원들을 보여줄 것이다.

학생들에게 쓰기 평가의 영향력은 학업 맥락에 관련되어 있는 어떤 사람에게서와 마찬가지로 분명하다. 학급에서 학생들의 기량 향상을 평가하든 표준화된 유창성 평가를 하든 쓰기 평가는 학생들의 앞으로의 학업 경력에 중요한 결정적인 요소이다. 쓰기는 종종 학생들의 언어 기술뿐만 아니라 학업에서 많은 내용 영역들에서 학습을 평가하기 위해 사용된다. 이런 이유로 다른 무엇보다도 학생들, 교사들, 행정가들에게 공정하고 뒷받침 가능한 평가 접근법을 제공하는 능력은 중요한 문제이다. 많은 결정이 쓰기 평가에 달려 있을 뿐만 아니라 평가 과정이 학생들의 태도와 앞으로의 공부에서 동기부여에 막대한 영향을 미친다. 쓰기 가르침에 관련된 모든 것들이 평가 접근법에 확신을 주어야 한다. 그 접근법은 학생들로 하여금 자신의 최고 능력을 수행할 수 있도록 설계되고 결정하는 사람이나 점수 활용자가 온당하게 해석하도록 하는 것이다.

13.2 학생들의 글에 비평하기

쓰기 가르침에서 과정을 [중시하는] 움직임이 나타나기 전까지 학생들의 글을 대상으로 하는 대부분의 되짚어 주기는 종종 붉은 색으로 논술 전체에 적어 주면서 종이 위에 최종 등급을 적어주는 형태로 나타났다. 이런 실천 사례는 학생들이 지적된 실수들을 진정으로 받아들이고, 등급의 배경에 대한 근거를 추론하며 다음 쓰기 과제에서 되풀이되는 실수들에서 벗어나려는 동기 부여를 할 것이라고 가정한다. 이제는 대부분의 교사들과 조사연구자들에게 그와 같은 접근법이 학생들의 쓰기 기술에 대하여 건설적으로 공부할 수 없는 학생들에게 당황스럽고 혼란스러움을 남겨 주었다는 것이 분명해졌다. 쓰기 과정 접근의 긍정적인 영향력 한 가지는 학생들의 글에 대한 비평을 철저하게 다시 고려해 보게 하는 것이다. 여러 번의 원고 쓰기와 쓰기 전 활동의 직접적인 소득은 교사가 학생들의 글쓰기를 가장 효과적으로 도와 줄 수 있는 방법의 탐구였다. 학생들의 고쳐 쓰기와 교사의 비평은 쓰기 전, 초고, 고쳐 쓰기, 마지막 원고 쓰기라는 쓰기의 모든 단계에서 핵심이 되었다.

작문의 모든 과정에서 쓰기에 대한 비평의 역할에 대한 탐구와 더불어 조사 연구에서는 학생들에게 비평할 수 있는 많은 대안들을 검토하였다. 이런 선택 내용들은 교사-학생 협의회와 비평 일지에서부터 다양한 갈래의 동료 비평, 학생들의 글에 대한 교사들의 서로 다른 비평, 분석을 안내하는 질문과 목록 작성, 교사-학급 토론, 되짚어 보기에서 다른 독자들을 활용하기에 이르기까지 걸쳐 있다. 이런 선택 내용들은 모두 학생들의 쓰기에 효과적으로 비평하도록 촉진하는 방법을 제공하는데 서로 다른 학생들은 비평의 여러 유형에 서로 다르게 반응할 것이라는 점을 인식하고 있다.

13.2.1 또래 모둠 비평

지난 십 년 동안 영어를 모국어로 하는 맥락에서 학생 비평을 제공하는 가장 인기가 있는 수단은 또래 모둠의 상호작용을 통해서이다. 본보기로서 학생들은 초고와 두 번째 완성된 원고를 가지고 학급에 참여한다. 그 다음에 그것들을 함께 하거나 두서너 모둠으로 나누어 [활동을] 한다. 학생들은 글들을 서로 바꾸거나 건네주며 모둠에 있는 다른 학생들로부터 촌평을 받는다. 이 과정에는 40분이나 60분이 걸린다. 학생들은 결국 동료들로부터 나온 이런 촌평과 제안 사항을 다음 원고를 쓸 때 활용하게 될 것이다. 어떤 또래 모둠의 비평 주기(cycle)에는 해당 학생들의 글에 대하여 반응을 자유롭게 주고받을 수 있다. 다른 비평

주기에는 구체적인 동료 비평 안내지침으로 하도록 할 수 있으며 동료 모둠은 각 학생들이 어떤 구체적인 과제나 과제 묶음에 책임을 지도록 짜일 수 있다. 다른 방식으로 학생들은 읽어 본 각 덩잇글에 대해 글로 비평하도록 할 수 있으며 뒤의 어떤 시점에서 평가를 받도록 비평 기록지를 완성하도록 할 수 있다.

실제로 또래 모둠 비평에는 많은 변이형태가 있으며, 많은 전문적인 논의가 가장 효과가 있는 형식을 결정하는 데 초점을 모으고 있다. 이런 논의들은 그와 같은 모둠 활동을 위해 학생들을 연습하도록 하는 유형과 양에 대한 문제, (주기와 학기 마다) 동료 모둠 비평의 양, 동료 모둠 비평의 방법, 모둠마다 참여하는 학생들의 수, 교사가 간섭하는 양, 동료 모둠 비평을 위한 목표 설정, 뒤따르는 활용 절차의 유형 등등을 아우른다. 구체적인 논제들은 여럿이며, 동료 모둠 상호작용의 효율성과 역동성을 이해하는 데서 해야 되는 남아 있는 연구거리가 있다(이를테면 앤슨 Anson 1989, 카슨과 넬슨 Carson and Nelson 1994, 코너와 아젠너비지 Connor and Asenavage 1994, 디파르도와 프리드먼 DiPardo and Freedman 1988, 프리드먼 1987, 기어 Gere 1987, 골럽 1988, 로슨 등 Lawson 1989, 넬슨과 머피 Nelson and Murphy 1993, 스피어 1988, 주 1994 참조).

또래 모둠 비평을 위한 동기부여는 여러 자원으로부터 나온다. 실제적인 관점으로부터 쓰기 과정 연구자들과 교사들은 교사보다는 독자들의 필요성과 학생들의 쓰기에 대한 다른 방식의 되짚어 주기 필요성을 인식한다. 동료들의 글에 대한 비평하기에는 또한 다른 학생들의 글에 학생들을 참여하게 한다. 그 과정에서 덩잇글을 비평하는 언어와 활용을 배울 수 있다. 이런 경험으로부터 학생들은 자신들의 글에서 그와 비슷한 문제와 약점을 발견하기 시작할 뿐만 아니라 그들이 드러낸 창조적이고 혁신적인 생각들을 활용할 수 있다. 학생들은 또한 합리적인 학생 독자의 비평을 수용할 수 있도록 배울 필요가 있으며 고쳐 쓰기에서 건설적으로 그것들을 활용할 수 있어야 한다. 다수의 논의가 동료 모둠 되짚어 주기의 실천을 지원하기 위해 바쳐졌다.

수사학, 문학 비평, 사회 구성주의 이론에서 이론적인 연구는 지식 그 자체가 공동체의 협의를 통해 구성된다는 논의로 모이고 있다. 지식은 학자들의 공동체 바깥에 살고 있는 것이 아니며 공동체가 그 자체를 재구성함에 따라 바뀔 수 있다. 이 논의는 쓰기에서 또래로 이뤄진 모둠 활동을 장려하기 위해 사용된다. 학생들은 다른 덩잇글과 자신의 덩잇글을 읽는 새로운 방법을 발견한다는 것이다. 이런 관점은 최근의 독자 반응 이론과 덩잇글의 의미연결은 만들어지며 덩잇글 안에 있기보다는 독자에 의해 재창조된다는 후기 구조주의자들의 덩잇글 분석과 해석에 대한 접근과 조화를 이룬다. 세 분야는 함께 덩잇글을 읽고 의미 있는 되짚어 주기를 받는 효과적인 방법에 대한 강력한 논의를 제공한다(버피 Burffee 1986, 로슨 등 1989).

또래 모둠 비평을 옹호하는 두 번째 이론 논의는 사회 언어학과 인지 심리학의 결합으로부터 나온다. 배움에 대한 사회-인지적 접근에서는 지식은 협의가 이뤄지는 상호작용을 통해 가장 잘 습득된다고 주장한다. (사회 구성주의자들의 주장에서처럼) 지식이 이런 방식으로 만들어지는 것이 아니라 지식이 협의가 이뤄지는 상호작용을 통해 가장 잘 습득되고 사용된다는 것이다(플라워 1994, 랭거 1987, 니스트랜드 1990). 이런 관점에 따르면, 학생들은 자신의 덩잇글과 다른 사람들의 덩잇글 교류에 참여함으로써 더 효과적인 필자로서의 발전을 보인다. 덩잇글의 교류는 실제 독자의 기대와 의사소통을 하려는 실제적인 의도 사이의 협의인 것이다.

또래 모둠 비평을 뒷받침하는 또 다른 흐름은 교사와 작문 연구자들 사이에 최근에 이르러서야 주목을 받는 입장이 있다. 이런 논의 흐름은 대학의 쓰기 강좌보다는 12학년 교육 맥락에 적용되는 협력 학습에 대한 연구를 따른다(패쓰먼과 케슬러 1993, 카간 1992, 슬래빈 1990). 가르침에 대한 협력 학습 접근에서 모둠들은 학급과 일반적으로 확대된 쓰기를 장려하는 과제를 놓고서 다양한 방법으로 협력하기 위해 이용된다.

또래 모둠 접근법에서는 일반적으로 어느 정도 서로 구별되게 수행된다. 많은 경우에서 학생들은 각자의 글을 읽고 촌평하도록 하는 것을 제외하면 명시적인 지시내용이 거의 없다. 다른 경우에는 교사는 효과적인 모둠 활동에 어떻게 참여할 것인가에 대하여 수시로 연습 주기를 마련한다. 모둠 활동 주기에 학생들은 자신들의 글을 가져오고 두루 돌려 볼 수 있거나 다른 학생들이 묵독하면서 촌평을 쓸 수 있도록 모둠의 다른 구성원이 쓴 글의 복사본을 가져 올 수 있다. 어떤 경우에는 학생들은 다른 사람이 듣는 동안에 자신의 글을 읽어 주기도 한다. 다른 경우에는 모둠의 어떤 구성원이 다른 학생들의 글을 소리 내어 읽어주기도 한다. 비평을 하는 학생들은 읽고 난 뒤에 촌평을 입말로 이야기할 수 있거나 그 글을 쓴 학생에게 글말로 촌평을 써 줄 수도 있다.

더 짜여 있는 다른 방법은 분석적인 되짚어 주기를 위한 기록용지나 되짚어 주기의 선택 내용을 담은 안내 지침을 모둠 구성원들에게 제공하는 것이다. 앞의 경우에 학생들은 기록용지로 되짚어 주기를 하고 일반적으로 구조, 문법, 낱말 선택뿐만 아니라 중심 논점의 의미연결에 초점을 모은다. 되짚어 주기를 위한 선택 내용을 담은 안내지침에는 모둠 구성원 누구든 다른 구성원들에게 물어 볼 수 있는 질문들의 묶음을 포함할 수 있다. 이런 질문들은 구성하기, 계획하기, 중심 생각의 흩퍼짐과 잦기, 사용된 사례, 글의 좋은 점, 글에서 알아차린 약점, 도입, 결론 등등을 아우른다. 학생들의 비평을 기록하기 위한 구체적인 용지들은 교사에 의해 마련될 수 있으며 모둠 활동 중에 학생들이 제공하는 질문이나 촌평에 바탕을 두고서 되짚어 주기 내용을 스스로 적어낼 수 있다. 학생들은 보통 자신들의 고쳐 쓰기에 이 기록지를 활용하고 교사에게 제출할 다음 원고의 뒤에 동료 모둠 구성원들로부터 받은 되짚어 주기를 붙여 둔다. 그 다음에 교사는 학생들의 산출물을 보고 다른 모둠 구성원들이 제공한 되짚어 주기의 양이나 품질을 살핀다.

동료 고쳐 쓰기에서 명시적인 안내지침의 활용을 반대하는 작문 교사들과 연구자들이 어느 정도 있다. 그들은 학생들이 이런 안내지침을 의미 있는 지원을 하기보다는 기계적인 항목 점검으로 활용한다고 논의한다. 학생들이 논평자로서 자신들의 역할을 가장 작게 하기 위해서 단순한 점검표로서 안내지침을 활용하고자 하는 유혹을 받을 수 있다는 것은 분명히 맞다. 안내지침은 또한 효과적인 비평자가 되려는 방법에 대한 교사나 강사를 대체하도록 작용하지 않는다. 동시에 지도와 비평 안내지침이 없는 모둠 활동이 안내지침을 지니고 있는 모둠보다 심지어는 지원을 받은 모둠보다 더 잘 수행하고 있다는 증거는 거의 없다. 교사와 학생들은 안내 지침의 활용과 한계를 인식하여야 하지만 교사에 의해 효과적으로 활용된 많은 안내지침들은 동료 비평을 위해 유용한 선택 내용들을 제공한다.

동료 비평에서 되짚어 주기를 위한 안내지침에는 코플랜드와 로맥스 (Copeland and Lomax 1988), 엘보우(1981), 프랭크(1979), 레키(1992), 레임즈 (1993) 레이드(1993), 스피어(1988), 톰킨스(Tompkins 1990)과 같은 연구에서 나온 본보기 형식들 가운데 하나와 관련되어 있을 수 있다.

1. 쓰기 모둠 비평[71]

1 독자의 칭찬

① ... 부분을 좋아합니다.

② ...에 대해 더 알고 싶습니다.

③ 내 생각에 중심 생각은 ...입니다.

④ ...와 같이 힘이 있는 낱말을 썼습니다.

⑤ ...을 기술한 방식을 좋아합니다.

⑥ ...을 설명한 방식을 좋아합니다.

⑦ 네 글이 ...을 느끼게 해 줍니다.

2 필자의 질문

① 내 글에서 무엇을 알았습니까?

② 더 알고 싶은 것이 무엇입니까?

③ 어느 부분이 이해가 안 됩니까?

④ 내가 지워버려야 할 부분이 있습니까?

---

71) (뒤친이) 원문에는 없지만 편의상 번호를 매겨 두기로 한다.

⑤ 내가 전달하고자 하는 중심 생각이 무엇입니까?

⑥ 바뀌야 되는 단어를 내가 썼습니까?

⑦ 어떤 세부 내용을 더 추가할 수 있습니까?

3 독자의 촌평과 제안

① 당신이 마음에 들어하는 부분이 어디입니까?

② 성가신 부분이 어디입니까?

③ 마무리가 필요합니까?

④ ...에 대한 부분이 혼란스럽습니다.

⑤ ... 때문에 이 부분을 삭제할 수 있습니까?

⑥ ... 때문에 이 부분을 더 보탤 수 있습니까?

⑦ 이 단락은 하나의 주제에 대한 단락입니까?

⑧ 몇몇 문장들을 결합하시겠습니까?

⑨ 다음에 무엇을 할 것입니까? (톰킨스 1990:86에서 발췌)

2. 글말로 하는 동료 비평: 독자로 하여금 비평하게 하기

① *말해주기*. 독자에 묻기: "당신이 보기에 저의 글에서 핵심이라고 생각되는 것을 당신의 표현으로 말해 주십시오."

② *독자의 마음 그림*. 독자에게 자신의 표현을 읽을 때 마음속에 일어나는 것을 솔직하게 이야기해 주도록 한다.

③ *지적하기*. 독자에게 묻기: "어떤 낱말이나 구절이 마음에 듭니까? 어떤 단락이나 특징을 가장 좋아합니까? 이유는 설명하지 마십시오."

④ *거의 다 말해진 것이나 함의된 것*. 독자에게 묻기: "거의 다 말해진 것이나 함축된 것, 가장자리를 맴돌고 있는 것이 무엇입니까? 더 듣고 싶어 하는 것이 무엇입니까?"

⑤ *목소리, 관점, 독자에 대한 태도, 언어 표현, 말투, 통사구조*. 독자에게 이런 기준이나 특징들에 대해 각각 기술하도록 한다.

⑥ *중심*. 독자에게 묻기: "이 작품에서 힘의 원천, 초점, 묘판[생각의 원천], 생성 거점이 무엇이라고 느끼고 있습니까?"

⑦ *믿음과 의심*. "제가 쓴 모든 것을 믿어 주십시오(혹은 믿는다고 가정하십시

오). 제 편이 되어서 본 것을 말해 주십시오. 제가 처해 있는 상황을 도와주기 위하여 더 많은 생각과 견해를 제시해 주십시오. 그 다음에 모든 것을 의심하고 본 것을 말해 주십시오. 제가 언급한 것에 맞서 어떤 논의를 할 수 있겠습니까?"

(홀트 Holt 1992:385, 엘보우와 벨라노프 Elbow and Belanoff(1989)의 《동료 비평 연습》 발췌)

3. 비평을 위한 질문들

① 이 원고에서 필자가 표현하고자 하는 중심 생각은 무엇입니까?

② 중심 생각과 관련이 없는 부분을 발견할 수 있습니까? 그것에 밑줄 그으십시오.

③ 글 가운데서 가장 좋다고 생각하는 부분은 어디입니까?

④ 더 많은 설명, 사례, 세부 내용이 필요한 두세 곳을 찾아보십시오. 그것들에 대해 질문을 쓰십시오.

⑤ 필자가 어떤 생각에서 다른 생각으로 너무 갑작스럽게 건너갔을 법한 부분을 찾았거나 글의 흐름을 놓쳐 버린 적이 있었습니까? 독자로서 당신에게 불분명한 부분이 있었습니까?

⑥ 들머리는 당신의 주의집중을 끌었습니까? 그리고 계속 읽어날 마음이 생겼습니까? 왜 그렇습니까, 혹은 그렇지 않습니까?

⑦ 각 단락의 중심 생각을 한 문장으로 줄일 수 있겠습니까? 각 단락에 대하여 다음 문장을 완성하십시오.

　첫 번째 단락은 …라고 한다.

　두 번째 단락은 …라고 한다.

　이와 같이 나머지 단락에 대해 진행합니다. (레임즈 1992: 64)

4. 읽기와 고쳐 쓰기를 위한 과정 모형

① 원고를 끝까지 읽으십시오. 실제로 읽어야 합니다. 필자가 의도하는 것이 무엇인지 이해합니다. 빠르게 읽는 것을 믿지 마십시오. 한 번은 전체 의미를 이해하려고 읽고 다시 한 번 무엇을 말하고 있으며 어떻게 짜여 있는가와 같은 세부 내용을 살피십시오. 정확한 낱말 이해에 너무 신경 쓰지 마십

시오. 그런 것들은 묻어 두고 낱말이 나타내는 것을 이해하려고 하십시오.

② 이제 원고의 부분을 봅니다. 중심 생각이 무엇이라고 생각하는지 늘어놓고 저자의 목적이 무엇일 것 같은지 기술하십시오(모둠에서 돌아가면서 입말로 하거나, 수업 시간 중이나 수업 전에 입말로 할 수 있다).

③ 중심 생각을 바탕으로 필자가 자세하게 풀어 쓴 것들을 적어 두십시오.

④ 목적, 중심 생각, 뒷받침 정보를 고려해 보고 어떤 생각이 가장 강하게 영향을 미친다고 생각합니까? 그밖에 무엇을 알 필요가 있습니까? 다른 방식으로 어떻게 할 수 있습니까? 그것에 대해 더 알아보고 싶습니까?

⑤ 다음에 모둠의 다른 구성원들이 준비한 개요와 촌평을 비교해 보십시오. 독자들이 목적, 중심 생각, 뒷받침 정보를 확인하는 데서 서로 일치하는지 알아보십시오. 그런 구성이 필자가 수용 가능한지 알아보십시오. 필자는 자신의 원고에서 무엇을 좋아하고 무엇을 싫어합니까? 필자가 장점과 약점으로 간주하는 것이 무엇입니까? 만약 당신이 속한 모둠에서 의견 차이가 있다면, 필자와 공유해 보십시오. 당신이 생각했던 변화 사항과 부가적인 내용을 특히 고려해 보십시오. 이런 변화가 어떤 영향을 미치고 필자는 그것에 대해 어떻게 할지 토론해 보십시오. (기억해 둘 것은 필자는 모든 제안들을 싸안을 수 없다는 것이다. 생각은 원고를 고쳐 쓰는 특별한 방법을 고려하도록 자극하는 데 사용될 뿐이다.)　(스피어 1988: 10-11)

5. 독자 비평 기록지

① 기록용지: 독자-필자 비평

　① 필자: 독자들의 어떤 질문에 대해 답을 하고자 합니까? 그리고 부차적인 의견이 필요한 문제는 무엇입니까?

　② 독자: 질문에 구체적으로 답하십시오. 그 다음에 다음 진술 문장을 완성하십시오.

　　a. 이 글에서 가장 좋은 부분은 ...였습니다.

　　b. 글을 끝냈을 때 나는 ...라고 느낍니다/생각합니다.

　　c. 당신이 ...라고 말한 부분에서 나는 동의하지 않습니다.

　　d. 이것과 비슷한 생각이나 경험으로 내가 겪어 본 것은 ...입니다.

　　e. ...라고 말했을 때, 나는 그것에 대해 ...라고 생각합니다.

f. 이 글에서 개선하고자 원하는 제안 한 가지는 …입니다.

② 기록용지: 모둠 비평
  ① 독자: 필자에게 묻습니다: 어떻게 우리가 도와줄 수 있습니까?
  ② 필자(예상되는 질문을 적어서 수업에 참여한 사람): 도움이 필요한 구체적인 부분을 지적한다.
  ③ 독자: 듣고 적고 나서 입말과 글말로 되짚어 주기와 제안을 한다.
  ④ 필자: 들으면서 받아 적는다. (충고를 평가하고 최종 결정을 내리는 권한을 지니고 있다.)

③ 기록용지: 기술적인 비평
  ① 이 글의 주제/화제는 …입니다.
  ② 이 글이 의도한 독자는 …입니다.
  ③ 순서대로 이 글의 중심 생각은 …입니다.
  ④ 이 글에는 …단락(문장)이 있습니다.
  ⑤ …인 사람의 관점에서 이 글은 쓰였습니다(필자나 전달자를 기술하는데 이 사람은 학생 자신이 아니라 허구적인 대리인일 수 있다.) (레이드 1993: 211-12)

동료들의 모둠 비평을 위한 마지막 안내 지침 유형은 모둠 구성원들에게 고려하고 있는 글과 관련하여 자세히 살피기 위한 내용들의 긴 목록을 보여 준다. 때때로 오로지 동료들의 되짚어 주기 단계에서 부당하게 사용될 수 있는 이 점검표는 편집하기를 뒷받침하는 역할을 할 수 있다. 그 점검표는 다음과 같은 주제들을 포괄한다.

화제와 주장
전체적인 작문
추론과 증거
문장 구조

단락 구조
말투(낱말 선택)
구조와 형식   (스피어 1988:48-50에 있는 본보기 점검표에서 따옴)

또래 모둠 비평 접근법에 대한 연구는 복합적인 발견사실들의 묶음을 보여 준다. 앞 장에서 지적한 몇몇 중심 내용들을 요약하기 위하여 클립포드(Clifford 1981)와 니스트랜드(1986)는 동료 비평 모둠의 채택이 학생들의 쓰기를 낮게 한다고 주장하는 실험적인 증거를 제공한다. 동시에 플라워(1994), 조지(1984), 해리스(1992), 스피어(1988)는 모두 개선이 이뤄지지 않았다거나 동료 비평 접근의 활용으로부터 나온 문제의 다양성을 지적하였다.

쓰기의 품질 개선에 대한 뒤섞인 결과에도 불구하고, 다양한 다른 장점들이 동료 비평 모둠 접근의 활용을 놓고서 주장되었다. 예컨대 동료 모둠 비평이 협력을 북돋우고, 독자에 대한 감각을 발전시키며 자신감을 좋게 하고, 공동체에 대한 감각을 발전시키는 데 도움을 주며, 학생들로 하여금 다른 전략을 고려해 보도록 하고, 학생들에게 문체의 다양성에 접속해 보게 한다는 여러 연구에 걸친 결과들이 있다(기어 1987, 해리스 1992, 넬슨과 머피 1992, 스피어 1988). 그러나 이런 여러 주장들은 제한된 실험적인 뒷받침에 기대고 있다. 미국에서 국가차원의 쓰기 교육거리와 관련되어 있음에도 불구하고 교사들은 또래 모둠 비평 접근의 혜택에 대해 두 방향을 보인다.

지금까지의 결과는 동료 모둠 접근의 성공이 학생 변인들, 교사의 역할, 기관의 목표, 교실수업 맥락에 몹시 의존되어 있음을 보여 준다. 제2외국어 맥락에 대한 연구에서 학생 집단의 다양성, 이전 기관에서 교육을 통한 사회화에서의 차이, 외국어로서 영어 능력의 서로 다른 차이들이 동료 비평 접근에서 차이를 가져 왔다. 예를 들면 카슨(Carson 1992)은 중국과 일본에서 온 영어를 외국어로 쓰는 학생들이 모둠 학습의 기저에 있는 교육적 가정에 잘 들어맞지 않는다는 것에 주목하였다. 실제로 사회언어학적인 예상과 교육을 통해 얻고자 하는 기대치가 많은 외국어 학생들에게서 문젯거리가 된다(알레이와 코너 Allaei and Connor 1991, 패쓰먼과 웨일리 1990, 레키 1990, 1992, 넬슨과 머피 1992, 스탠레이 Stanley 1992).

또래 모둠 비평에 대한 다소 다른 접근법은 최근에 플라워(1994)가 제안하였다. 이런 대안 접근에서 학생들은 협력을 통해 계획을 세우기 위한 모둠을 짜도록 하였다. 시청각 테입 사용 단계에서 비평을 하는 사람들은 필자에게 자신의 계획을 세우도록 장려하고 그 계획들을 쓰기에서 많은 수사적 관심거리를 언급할 수 있도록 전개시키게 하였다. 그 다음에 학생 필자들은 계획하기 단계를 되돌아보면서 테입을 듣고 자신들의 과제에 대한 계획을 완성한다. 협력을 통한 계획하기 단계의 목적은 쓰기에 관련된 수사적인 문제에 대한 자각을 끌어 올리고 쓰기를 위해 더 적합한 계획 세우기 전략을 계발하도록 하는 데 있다. 이를 플라워(1994:142)는 다음과 같이 언급하고 있다.

(1) 목적, 핵심, 독자, 덩잇글 관례에 초점을 모으게 하고, (2) 이런 목표들을 굳건하게 하고, (3) 그들의 생각들을 반영하게 함으로써 필자들에게 쓰기에서 무엇인가를 '할 수 있는' 수사적 계획을 만들도록 하기 위하여 각자가 무엇인가를 '말하는' 정보 중심의 계획을 넘어서도록 서로를 어떻게 자극할 것인가를 보여주었다. 이런 세 가지 조치들은 협력을 통한 계획하기의 장기적인 목표 즉 학생들이 건설적인 계획 세우기를 위한 전략을 계발하는 데 도움을 주고, 자신들의 선택에 대한 자각을 더 많이 갖도록 도와주려는 목표를 반영한다.

이 접근법은 모둠 상호작용을 간단한 대화를 통한 상호작용이 학생들에게 이로울 것이라는 가정을 넘어서고자 하였다. 오히려 그 목표는 쓰기를 위하여 수사적인 계획하기를 장려하는 것이다. 이런 점에서 플라워는 비고츠키의 '인접 영역 발달'에서 활동과 과제 적합성과 목표의 상호주관적 구성 개념을 끌어들였다(콜린스 등 1989, 뉴먼 등 1989, 로고프 1990). 과제 협의와 대화를 통한 상호작용에 대한 인식과 학생들을 연습하도록 하는 데서 직접적으로 안내를 하는 지원의 필요성과는 별도로 이 접근법에서는 초고를 쓰고 난 뒤보다 덩잇글을 산출하기 전에 학생들의 목표와 계획하기에 초점을 모은다. 플라워(1994)의 초기 결과들이 다양한 맥락에서 되풀이되는 정도는 아직 두고 볼 일이다. 그러나 이는 동료 모둠 비평을 수사 전략 발달과 비고츠키의 학습에 대한 해석의 흥미로운 통합을 제안하였다.

어쨌든 현재의 연구로부터 끌어낼 수 있는 가장 강한 결론은 동료 모둠 접근이 효과에서 다양하고 다음에 의존되어 있다는 것이다.

- 그와 같은 접근법이 학생들의 쓰기 향상으로 이어질 것이라고 학생들을 설득하는 정도
- 학생들이 효과적으로 동료 모둠 되짚어 주기를 제공하도록 연습을 한 정도
- 학생들이 동료 모둠 학습을 위해 분명한 안내 지침과 목표를 지니고 있는 정도
- 모둠 구성원들이 자신들의 되짚어 주기에 책임감을 지니고 있는 정도

동료 모둠 접근법은 학생들이 그 접근법에 동기부여가 되어 있을 때, 모둠 활동을 신중하게 수행하도록 연습을 하였을 때, 도움을 주는 되짚어 주기에 대한 안내지침과 제안 내용을 많이 받았을 때, 적절한 되짚어 주기를 제시하는 데 도움을 받았을 때, 그리고 자신들이 제시한 되짚어 주기를 교사가 검토하였을 때 가장 효과적이다(엘보우와 벨라노프 1989, 골럽 1988, 홀트 1992, 레키 1992, 레이드 1993, 스피어 1988, 1993, 스탠레이 1992). 또래 모둠 활동의 활용과 관련하여 가장 온당한 입장은 그것이 효과적일 수 있다는 것이다. 그러나 그것이 모든 학생들의 요구에 대한 답으로 간주되어서는 안 된다(휘트워쓰 Whitworth 1988).

13.2.2 교사-학생 비평

교사-학생 되짚어 주기는 되짚어 주기를 위한 전통적인 양식으로 간주되지

만, 되짚어 주기의 가능성 범위는 동료 모둠 되짚어 주기만큼이나 폭넓다. 교사-학생 되짚어 주기는 다음에 관련된다.

- 고쳐 쓰기의 핵심에 대하여 교사가 진행하는 전체 학급 토론
- 특정 학생의 글로 고쳐 쓰기에 대한 교사의 시범
- 교사가 학급에서 여는 작은 협의회
- 학급에서 벗어나서 갖는 일대일 협의
- 논술 원고에 대한 글말 촌평

이들 선택내용 각각은 특정 학생 집단의 욕구를 충족시키도록 맞출 수 있는 다양한 변이형태를 포함한다. 교실 바깥에서 이뤄지는 일대일 협의와 원고에 대한 글말 촌평은 학생들의 쓰기에 대한 비평에서 구별되는 논제로 취급하기 때문에 다음 두 절에서 논의될 것이다.

교사들은 논술 원고뿐만 아니라 쓰기 전 활동, 생각 생성하기 활동에 대해서 학생들에게 되짚어 주기를 할 수 있다. 교사는 학생들이 활용하기를 바라는 기술의 유형을 본보기로 보여 주어야 하며 생각 소리 내어 말하기 시범을 통해 학생들에게 착상과 난상 제안 전략이 참될 수 있도록 해야 한다. 이는 종종 실물 화상기에서 교사가 써 나가거나 난상 제안이나 작문 과정에서 선택한 전략들을 토론하는 전체 교실 수업 맥락에서 효과적으로 이뤄질 수 있다. 이 과정에 학생들이 친숙해짐에 따라 학생들은 교사의 작문 전략에 적합하도록 배운 것과 같은 협력을 통한 쓰기를 위해 더 많은 정보와 덩잇글을 제공할 수 있다.

이런 방법으로 교사는 학급에서 사용된 글의 다양한 형식들에 대한 되짚어 주기를 제공할 할 수 있다. 예를 들면 학생들에게 수시로 자유롭게 쓰도록 할 수 있다. 교사는 학생들 앞에서 소리를 내면서 자유롭게 써 보여 줌으로써 시범을 보일 수 있다. 학생과 교사는 교사가 사용한 전략과 생각이 전개되는 방법 몇몇을 토론해 볼 수 있다.

교사는 읽을거리나 다른 과제에 비평하는 글쓰기에 대해 비슷한 되짚어 주기

를 제공할 수 있다. 만약 학생들에게 학급에서 덩잇글을 읽도록 한다면 교사는 다음 시간에 학생들에게 읽을거리나 읽을거리의 어떤 측면에 대해 짧은 (이를테면 15분 정도) 비평문을 쓰도록 할 수 있다. 그 다음에 교사는 그와 같은 비평 과제를 수행하는 동안 소리 내어 작문을 함으로써 그와 같은 활동을 위해 적절한 전략과 기술들을 시범으로 보일 수 있다. 다시 교사와 학생들은 학생이 보았다고 생각하는 것, 교사가 하였던 것을 토론해 볼 수 있다. 또 쓰기 기제의 관점에서가 아니라 생각 생성과 생각을 활용할 기회를 놓친 입장에서 학생들의 비평글에 대한 토론과 읽기를 통해 그와 같은 과제에 되짚어 주기를 제공해 줄 수 있다.

교사가 하는 되짚어 주기의 또 다른 유형은 학생들로 하여금 자신의 원고에 대해 평가하는 글을 쓰게 하고 그런 평가를 토론함으로써 제공할 수 있다. 이런 토론 유형은 주제를 통제하고, 글의 구성을 다시 생각하게 하며, 독자가 누구일 것인지를 더 신중하게 고려하며, 독자로서 기대하는 것이 무엇일 것인가 등등의 논제에 대한 소형 학습(mini-lessons)으로 이어질 수 있도록 한다. 이런 식으로 쓰기와 수사적 계획 세우기에서 주제와 논제들은 맥락에서 벗어난 수업이 아니라 학생 자신들의 관심과 흥미가 있는 맥락 안에서 다뤄질 수 있다.

전체 학급을 대상으로 하는 교사의 되짚어 주기는 특정 학생의 글이나 발췌글의 사용과 관련될 수도 있다(12장 참조). 학생 글의 활용은 학생들의 감정을 배려하고 감정에 민감해야 하는데 교사 되짚어 주기에 많은 선택 내용을 제공한다. 학생들의 글에 대한 검토는 다수의 학생들이 쓰기에서 공유하고 있는 어떤 문제에 대한 토론으로 이어질 수도 있다. 교사는 공통적인 문제를 보여주는 비슷한 다수의 발췌글을 가져 와서 이런 문제들을 함께 학급에서 토론해 볼 수 있다. 예를 들면, 많은 학생들은 복잡한 생각을 나타내는 분명하고 더 넓은 사례들을 활용하지 않을 수 있고 따라서 독자의 입장에서 볼 때 너무 많은 추론을 하도록 할 수 있다. 그렇다면 학생들과 교사들은 분명하고 생생한 예들을 생성하기 위한 전략들을 계발하기 위해 몇몇 학생들의 발췌글로 해 볼 수 있다.

학생들의 글에 대한 교사의 되짚어 주기에서 중요한 두 번째 유형은 교사가 지원자의 글로 할 때 나타난다. 이 절차는 여러 가지 혜택이 있다. 개인 학생은 전체 학급에서 되짚어 주기를 받을 수 있고, 교사는 전체 학급에서 보고 들을 수 있도록 여러 겹의 읽을거리와 독자 비평을 제시할 수 있다(이를테면 기술적인 비평, 개인적인 비평, 평가에 바탕을 둔 비평). 그리고 교사는 되짚어 주기 안내 지침과 문제들을 예로 들어 줄 수 있으며 고쳐 쓰기를 위해 적절한 전략들 묶음을 제공할 수 있다. 만약 이 활동이 건설적인 방식으로 이뤄진다면 다른 학생들은 다음 주기에서 자신들의 글을 기꺼이 제출하는 데 자원하게 될 것이다.

교사 되짚어 주기는 또한 학생들의 글에 바탕을 둔 언어 의식 활동에 학생들을 참여하게 할 수 있다. 이런 활동들에서 결속 장치를 강조하기 위하여 학생 글에서 뒤섞어 놓을 수도 있고 의미 있는 논리적 단절을 결정하기 위하여 단락 경계를 없앨 수 있으며(논리적인 문제를 찾아보게 할 수 있으며), 덩잇글에서 태도를 나타내거나 감정을 나타내는 신호를 찾고 그 효과를 토론하며, 의견과 논의를 나타내는 표지를 찾고 상대적인 효과에 대해 주의를 기울일 수 있다(화이트와 아른트 1991 참조).

마지막으로 교사들은 다른 학생들이 모둠 활동을 하고 있는 동안, 쓰기 전에 생각 생성하기, 초고 쓰기, 다른 과제나 쓸거리를 수행하는 동안 개인 학생과 간단한 협의회를 할 기회를 가진다. 이런 작은 모임은 5-10분을 넘지 않아야 하며 학생에 의한 글의 특정 부분을 놓고서 되짚어 주기 혹은 쓰기 일지나 수행 내용철을 놓고서 되짚어 주어야 한다. 작은 모임에서는 언제나 비판과 긍정적인 촌평이 학생 글의 어떤 측면을 놓고서 균형을 이루어야 한다. 이런 간단한 협의회에서는 학생이 다음에 무엇을 할 것인가에 대한 학생의 말로 끝맺어야 한다. 교사는 작은 모임의 결과를 보관하고 담겨 있는 중요한 사항을 주목해야 한다.

13.2.3 교실 바깥에서 협의회

일대일 상황이거나 작은 모둠으로 하거나 학생과 하는 협의회는 지난 15년 동안 쓰기 실천에서 또 다른 중요한 혁신을 보여 준다(이 기법은 학생과 교사가 규칙적으로 일정을 잡아 만난다는 것을 가정한다). 일반적인 협의회에서 몇 명의 학생들이 15-30분 동안 교사와 만나고 학생들이 한 쓰기 진행 정도를 협의한다. 협의회에서는 수행내용철에 있는 이전 글을 살펴볼 수도 있고, 논술 쓰기 과제에 대한 지금의 글을 살피거나 학급 수행에서 특정한 측면(동료 비평 연습하기, 계획을 세우기 위한 새로운 전략, 내용 생성과 다듬기 전략, 쓰기에서 학생들의 향상을 위해 자기 평가 양식 살피기 등등)을 개선하는 방법을 찾아 볼 수도 있다.

협의회가 학생 쓰기에 미치는 영향에 대한 연구는 그렇게 많지 않다. 협의회 활용을 논의했던 교사들에 의한 사례 연구에서 설명은 많이 있지만 학생들의 쓰기에서 협의회의 역할을 검토하는 실험적인 증거는 아직까지 거의 없다(캘킨스 1986, 그레이브스 1983 참조). 쓰기 협의회에 대하여 신중하게 통제된 연구는 두 가지 문제 즉 협의회 뒤에 학생들과 교사들의 평가와 일련의 교사-학생 협의회에서 교사-학생 상호작용의 본질에 초점을 모은다. 교사와 학생들의 평가 결과는 글말로 되짚어 보기보다 협의회 동안 납득할 만하고 초점이 모아진 되짚어 주기를 받게 되었다는 생각을 뒷받침한다(카니첼리 Carnicelli 1980, 소크먼 Sokmen 1988, 자멜 1985, 주 1994). 교사-학생 상호작용의 본질에 대한 연구는 학생들의 쓰기를 나아지게 하는 데 도움을 주는 정도가 상당히 다양함을 보여준다. 사례들은 학생들이 능동적으로 참여하고 의미를 타개하는 협의회(확인 점검하고, 해명하도록 묻고, 고쳐 쓰기를 확인하며, 고쳐 쓰기를 위해 질문하기 등등)는 학생들이 교사의 촌평에 수동적인 수용자가 되는 협의회보다 더 효과적임을 보여 준다(골드스타인과 콘래드 Goldstein and Conrad 1990). 쓰기 협의회에서 타개하기에 대한 연구는 협의회가 잘 계획되어야 하고, 교사와 학생 모두 학생들이 쓴 글의 양상을 타개할 수 있도록 준비되어야 한다는 것을 보여 준다(프리드먼과 스펄링 1985, 워커와 엘리아스 Walker and Elias 1987).

학생들과의 협의회는 분명한 장점과 단점을 지니고 있다. 교사는 일대일로 혹은 작은 모둠으로 학생과 강도 높게 공부할 수 있고, 교사는 개인적인 차원에서 학생들을 더 잘 알게 된다. 학생들은 당황하지 않고 질문할 수 있는 비격식적인 분위에서 배타적인 글말 촌평을 통한 것보다 더 직접적이고 다듬어진 되짚어 주기를 받을 수 있게 된다. 교사와 학생들은 신중하게 공부할 수 있고 쓰기의 앞 단계에서 학생들의 수행을 개선하기 위한 중요한 전략들을 철저하게 공부할 수 있으며 개인적인 주목을 받음으로써 더 나은 동기부여를 하게 된다. 교사는 쓰기 과제와 전체적인 쓰기 향상을 위해 분명하고 효과적인 목표를 세우도록 도움을 받을 수 있다. 교사에게 가장 불리한 점은 시간이 많이 들며 상호작용을 하는 협의자로서 능숙하게 될 필요가 있다는 것이다. 이런 약점을 줄이기 위해서는 돌아가면서 변하는 어떤 목표를 구체화하는 안내 지침을 협의회 전에 준비하도록 하는 것이다. 이런 양식들은 과제에서 벗어나지 않도록 하면서 각 모임에 필요한 시간을 줄여줄 수 있다.

협의회는 일반적으로 다음의 일반적인 순서를 따르는 것으로 기술된다. 레이드(1993)는 전형적인 협의회 단계를 다음과 같이 기술한다.

여는말
학생이 시작하는 촌평
교사가 시작하는 촌평
글 읽기
맺음말

레이드는 또한 각 모임의 중심 목표에 따라 변화해야 하는 협의회 계획 기록용지를 활용하도록 강하게 추천한다. 그녀는 처음 계획하기, 논술 원고쓰기, 고쳐쓰기 계획하기를 위한 협의회 기록 용지의 구체적인 사례를 제공한다. 예컨대 다음은 고쳐 쓰기 계획 안내 지침이다.

고쳐 쓰기 계획하기 협의회
1. 내 글에서 가장 좋은 부분은 …이라고 생각한다.
2. 내 글에서 가장 약한 부분은 …이라고 생각한다.
3. 너(혹은 교사)의 촌평에 따르면, 강점과 문젯거리는 다음과 같다.

    a. ……………   a. ……………

    b. ……………   b. ……………

    c. ……………   c. ……………

4. 되짚어 주기에 근거하여 이 글을 고쳐 쓰기 위한 계획은 다음과 같다.
   (받아들이고자 하는 구체적인 단계와 고치고자 하는 구체적인 단락을 늘어놓을 것).

    a. ………………………………………………………

    b. ………………………………………………………

    c. ………………………………………………………

5. 너(혹은 교사)에게 묻고 싶은 세 가지 질문은 다음과 같다.

    a. ………………………………………………………

    b. ………………………………………………………

    c. ……………………………………………… (레이드 1993:222-3)

더 나아가서 레이드(1993)은 어떤 협의회 주기에서든 끌어들여야 하는 상위인 지적 질문/진술 묶음을 제공한다. 그녀는 또한 협의회는 학생들이 즉각적인 행위 계획을 세울 수 있도록 *일어나야 할 가장 중요한 변화 하나나 두 개 정도를 약속하는 말로* 끝맺도록 하여야 한다고 제안한다. 이와 비슷한 협의회 안내 지침은 테일러(1993), 톰킨스(1990), 화이트와 아른트(1991)에서도 제공하였다.

결국 협의회의 활용은 논리를 따르는 논의, 교사들과 연구자들의 관찰, 소규모의 실험적 연구에 의해 잘 뒷받침된다. 협의회를 이용한 접근법은 학생들의 쓰기에서 쓰기 전 활동, 원고 쓰기, 고쳐 쓰기, 편집하기, 평가하기를 부드럽게 다루는 데 적용될 수 있다(톰킨스 1990). 조사연구의 관점으로부터 나오는 더 많은 추가적인 연구가 쓰기 협의회의 다양한 형식과 양상의 영향을 살피기 위해 필요하다. 추가적인 연구 결과를 이용 가능하게 될 때까지 쓰기 향상을 위해 효과적인 뒷받침으로서 쓰기 협의회 활용에 신중해야 될 듯하고 학생들의 쓰기 향상을 위한 만병통치약이 되라고 기대해서는 안 될 듯하다.

13.2.4 쓰기에서 비평하기

학생들의 글을 비평하는 일반적인 양식은 원고와 최종 내용본을 놓고서 글말로 써 주는 촌평이다. 촌평들은 계획하기에서부터 초고 쓰기까지, 고쳐 쓰기까지, 최종 덩잇글에 이르기까지 어떤 시점에서든 제공될 수 있다. 교사들은 또한 자유롭게 쓴 글, 일지 항목들, 반응 평가, 글을 쓰고 난 뒤 평가와 같은 간단한 과제에 대해 비평할 수 있다. 학생들의 글에 글말 비평을 제공하기 위하여 많은 시점에서 교사는 평가할 뿐만 아니라 비평하는 동안에 채택할 수 있는 양식과 접근법이 다수 있다. 가장 일반적인 선택 내용에는 기술적인 글말 비평(글을 읽는 동안 교사가 생각한 것), 글의 중요 내용과 구성을 고쳐 주기 위한 비평, 중요한 편집상의 약점에 대해 이뤄지는 줄글 편집 비평이 포함된다.

다수의 조사연구자와 실천가들은 글말 비평이 학생들을 위한 되짚어 주기에서 가장 효과가 적은 형식일 수 있다고 느끼지만 글말 비평이 적절하게 사용한다면 실용적이고 효과적인 접근법이라는 설득력 있는 반례가 있다(패쓰먼과 웨일리 1990, 페리스 Ferris 1995). 글말 비평에 대한 찬성과 반대 주장을 쓸어버리기보다는 우리의 목표는 그와 같은 되짚어 주기가 효과적으로 활용될 수 있는 방법을 이해하는 것이다. 글말로 하는 되짚어 주기에 대해 일반적으로 눈길을 끈 중요 문제는 교사의 촌평이 종종 흐릿하고, 혼란스럽고 학생들이 고쳐 쓰고자 할 때 구체적인 방향을 거의 제공하지 않는다는 것이다. 극단적인 경우 교사들은 때때로 핵심적인 구성 방식과 내용 관련 문제에 거의 주목하지 않고 표면적인 형식에 대해 자세한 편집 관련 촌평을 제공한다. 요점은 이런 두 극단 사이의 중간 길을 찾아내는 것이다.

학생들의 쓰기에 대한 훌륭한 비평 방법은 효과적인 동료 모둠 되짚어 주기에서와 매우 비슷하다. 교사는 글에 대해 말할 긍정적인 점들을 찾아야 하며 학생들이 고쳐 쓰기를 하도록 할 구체적인 질문을 제기하고 글의 세밀한 부분이나 구성을 바꾸기 위한 제안을 하여야 한다. 그리고 덩잇글의 구조적인 측면을 개선하기 위한 구체적인 일련의 제안을 제공하여야 한다. 교사의 되짚어 주기는 학생들의 원고에 제시할 수 있고, 덩잇글에 덧붙인 비평란이나 카세트 테입 위에 적어둘 수 있다. 편집을 위한 촌평은 분명히 제시되어야 하는데 줄글로 적어 주거나 (비록 부호 표기의 사용에는 결함이 있기는 하지만) 부호 표기로 적어둘 수 있다. 교사 비평을 위한 효과적인 준비는 학생들에게 덩잇글을 제출하기 전에 덩잇글 부분에 대한 표시를 하거나 점수를 매기도록 하는 것이다. 이는 유용한 자기 평가 과정을 제공해 주고, 학생들이 겪고 있는 문젯거리와 관심사에 주의하도록 하는 데 이바지한다.

덩잇글에 대한 촌평은 표면적인 관례(철자법, 구두점, 단락 나누기, 하이픈으로 연결하기)에 집중적인 주의를 하지 않도록 하여야 하며 애매한 촌평이나 표기(이를테면 AWK)를 피하여야 한다. 촌평은 (모든 흠에 대해 지적함으로써) 학생들이 좌절감으로 눌리지 않아야 하며 (진짜로 좋은 점을 칭찬함으로써) 긍정적인 뒷받침을 하고 애매한 부분이 나타나면 (소리 내도록 할 것이 아니라) 무엇을 의미하는지 물어보아야 하고 구성 문제는 해결책을 지시하기보다는 선택 내용들을 제안함으로써 다루어야 한다.

학생들의 글에 대하여 교사가 되짚어 주기 위한 기록용지와 안내 지침들은 조심스럽게 사용되어야 한다. 조심스럽게 사용하지 않으면 비인격적이고 위협하는 것이 될 수 있다. 연습하기에서는 학생들이 기록용지에 바탕을 두고 고쳐 쓰기를 하기 위한 구체적인 단계를 학생들이 받아들일 수 있도록 분석적인 안내 지침과 함께 활용되어야 한다. 그와 같은 안내지침은 종종 최종 편집 단계와 평가에 바탕을 둔 되짚어 보기에서 사용된다. 그러나 그런 안내가 등급을 매기

지 않으면서 비격식적인 교사 비평을 위해 사용될 수 있다. 이런 유형의 안내지
침은 휴이 등(1983), 레이드(1993), 톰킨스(1990)에서 논의하였다.

13.2.5 다른 독자들

동료 학생들과 교사들만이 되짚어 주기를 위한 유일한 자원은 아니다. 학생
들은 다른 독자들과 비평을 해 주는 사람을 찾아보도록 격려하여야 한다. 이를
테면 학생들은 되짚어 주기를 위해 동료들에게 글을 제시해 볼 수 있다. 이런
활동의 목표는 더해지는 독자들로부터 도움을 받을 수 있는 되짚어 보기를 받는
것이다. 그리고 더해지는 독자들은 학생들의 글에 대해 폭넓은 편집하기와 다시
쓰기 활동에 관련되어 있지 않을 것이다. 분명한 것은 다른 독자들은 그 글을
다시 쓰려고 하지 않을 것이며, 그 글은 더 이상 학생들의 능력을 나타내지 않는
다는 것이다. 더해지는 독자들로부터 되짚어 보기를 받게 되는 것은 고급 수준
에서 쓰기 과정의 일부를 이루며, 모든 학생들이 그와 같은 기회를 접할 수 있도
록 격려하여야 한다.

학생들은 또한 그런 내용들을 이용 가능하도록 쓰기를 위한 공간과 쓰기 실
습실을 활용할 수 있어야 한다. 이런 쓰기 공간에 있는 강사들은 뚜렷이 구별되
고 솔직한 독자로서 해석을 제공할 수 있으며, 고쳐 쓰기를 위해 유용한 도움을
제공할 수 있다. 때때로 강사들은 학급 협력 공간이나 학습 지원 공간을 통하여
개별 학생들을 만날 수 있다. 교사 연수를 받고 있는 강사들은 교사 준비 교육거
리에서 신뢰를 얻고자 하며 가르치는 경험도 필요하기 때문이다. 이런 강사들은
가능하다면 언제나 활용될 수 있는 독자로서 자원으로 제공될 수 있다.

외부 독자들은 동료와 교사와 거의 비슷한 갈래의 비평을 제공해 줄 수 있다.
교사들은 쓰기 강사들과 공동으로 하며 강사들에게 효과적인 되짚어 주기를 제
공하는 방법을 제안해야 한다. 교사들은 강사들에게 기록용지, 비평 형식, 적절
한 상호작용을 통한 타개하기, 구체적인 쓰기 문제에 초점을 모은 다양한 활동

들을 보여줌으로써 되짚어 주기를 위한 안내지침과 선택내용을 제공할 수 있다.

13.3 쓰기 평가

쓰기 평가는 교사의 비평과 더 형식적인 모양새를 갖춘 학생 평가 둘 다에 관련된다. 일반적인 쓰기 평가에서 반드시 등급을 매길 필요는 없지만 다양한 유형의 점수를 매기는 기제와 관련된다. 쓰기 평가에 대한 논의는 일반적으로 교실수업 맥락과 표준화된 검사 맥락이라는 두 가지 맥락에서 일어난다. 앞은 일반적으로 성취도 평가(총괄 평가와 형성 평가)와 관련되는 반면 뒤는 유창성 평가와 관련된다. 교실 수업 맥락에서 어떤 평가는 (과정을 강조하는) 형성평가이거나 (산출물을 강조하는) 총괄평가일 수 있다. 매우 드물기는 하지만 교실수업 평가는 또한 진단을 위해 혹은 배치를 위해 활용될 수 있다. 이와는 달리 표준화된 평가는 주로 유창성 판단(경우에 따라는 배치를 결정)을 하기 위해 사용된다. 그것은 특정 교실 수업 맥락에서 성취도 평가를 위한 잘 맞추어진 도구도 아니며 학생들의 어려움을 진단하기 위해서도 유용하지 않다.

학생들의 글에 대한 비평과 쓰기 평가가 격식성의 연속선을 따라 있는 것으로 간주할 수 있지만 이 장에서는 이 둘을 다소 별개로 다룬다. 그와 같은 접근이 쓰기 비평과 더 격식적인 평가 사이의 유사성을 부정하지는 않지만 쓰기 평가에서 어떤 문제들은 학생들의 글에 대한 되짚어 주기의 핵심이 되는 논제와 구별된다. 이 절에서는 직접적으로 혹은 간접적으로 수행내용철을 논의할 것이다. 이런 범주들이 표준화된 평가와 교실 수업 평가 맥락에 포함되는 정도에 따라 두 가지는 다른 세부 제목으로 논의할 것이다.

13.3.1 간접적인 쓰기 평가

일반적으로 학생들의 문법, 어휘, 글말 표현 지식을 측정하는 다지선택형 평가인 간접 평가는 대개 표준화된 쓰기 평가에만 갇혀 있다. 말하자면 교실수업을 중심으로 하지 않으며 공통적인 평가 접근에서 단일의 학급보다는 더 큰 집단에 관련된 평가 상황이라는 것이다. 40년이나 50년 전에 쓰기에서 표준화된 평가는 쓰기 본보기 사례에 따라 입학 허가와 배치의 근거로 학생 쓰기를 주관적으로 평가하였던 개인 교사와 교사 집단인 전문가들에 의해 수행되었다. 대학의 역할이 늘어나고 신뢰에 따른 책무성에 대한 요구가 커짐에 따라 심리 측정학자들은 개인별 쓰기 평가를 계발하고 옹호하였다(캠프 1993, 퍼킨스 Perkins 1983, 화이트 1993).

간접적인 평가의 대다수에 걸쳐 있는 근본적인 공통점은 쓰기 능력을 구성하리라 가정되는 세부 기술들을 평가함으로써 쓰기를 평가하려는 시도로부터 비롯되었다. 대부분의 경우 어휘, 문장 문법, 쓰기 활용의 요점에 대한 세부 집합으로 구성되어 있다. 이들 측정은 1950년대와 1960년대에 계발되었다. 그 시기는 다른 평가 관심사보다 신뢰도를 우선적으로 선호하는 심리 측정 기법과 변별 점수 평가의 전성기였다. 이들 가운데 다수가 쓰기 능력의 직접적인 측정을 선호하여 물러났지만 오늘날에도 사용되는 간접적인 측정법이다.

일반적으로 오늘날에는 흥미를 잃었지만 이런 평가는 통계적인 신뢰성과 특정 방법상의 타당성을 설명해야 하는 현재의 평가 노력에 두 가지 기준을 수립하였다. 간접적인 평가가 신중하게 전개되었을 때 강한 신뢰를 주는 통계 자료를 산출한다는 데에는 의문의 여지가 없다. 간접 측정으로 신뢰도를 수립하려는 노력은 예측 타당성(predictive validity)과 동시 발생 타당성(concurrent validity)에 주로 집중되어 있다. 쓰기에 대한 간접 측정은 신중하게 계획된다면 어느 정도 다음 학업에서 성공을 예측하였다. 더 나아가 간접 측정은 쓰기에 대한 직접적인 평가와 높은 상관관계를 보여주었고 따라서 직접 평가 측정이 설명해야 되는 많은 부분을 설명해 줄 것이라고 가정하였다(브릴랜드 등 1987, 캠프 1993, 칼슨 등 1985, 퍼킨스 1983, 스탠스필드 Stansfield 1986). 이런 논의와 관련된 근본적인 문제는 간접 측정으로는 쉽게 다룰 수 없는 내용 타당성과 구성 타당성에 더 많은 무게를 두고 있다는 것이다.

간접 측정에서 채택하고 있는 잘 알려진 도구 가운데 두 개는 미시간 대학의 평가이다. 외국어 쓰기 학생을 위한 미시간 영어 평가 도구(MELAB)의 이른 시기 내용본은 쓰기 구성요소에 대한 다지 선택형이었다. 이와 비슷하게 (모국어 쓰기 학생에 대한) 미시간 작문 검사의 이른 시기 내용본은 다지 선택형 질문들이었다. 미시간 작문 담당국의 배치 시험은 들어오는 모든 새내기들에게 필요하였는데 몇 년 동안 그리고 지금에는 전체적인 점수를 매기는 직접 쓰기 실제 사례로만 이뤄져 있다.

두 번째 쓰기 간접 평가 자료는 모국어 쓰기 학생들을 대상으로 하는 표준 글말 영어 검사(TSWE: Test of Standard Written English)이다. 교육평가원(ETS: Educational Testing Service)에서 계발하였는데 이는 학업 적성 검사(SAT)와 짝을 이루어서 나타났으며 미국에서 가장 기본적이고 일반적으로 이뤄지는 것으로 대학에 들어오기 전에 실시하는 평가 도구이다. TSWE는 50문항으로 된 다지 선택형을 30분 동안 검사한다. 두 유형의 질문이 검사에서 나타나는데, 글말 용법 문제와 문장 문법 문제가 있었다(퍼킨스 1983). 토박이 영어 화자들 가운데 그 검사는 높은 신뢰도와 직접 쓰기 실제사례와 예측 타당성, 동시 발생 타당성을 어느 정도 지니고 있었다.

세 번째 쓰기 능력에 대한 일반적인 간접 측정은 토플의 2부에 나타난다. 이 부분은 25분 동안에 마무리지어야 하는 40문항으로 되어 있다. 이 부분에는 문장 분법과 글말 표현(용법)에 관련되는 두 유형의 문제로 짜여 있다. 이 부분은 매우 신뢰할 만하고 쓰기 실제사례에 대한 전체적인 측정과 잘 관련된다(칼슨 등 1985, 드 모로 DeMauro 1992). 그러나 높은 상관관계에도 불구하고, 토플 2부와 쓰기 능력의 직접 측정인 글말 영어 검사(TWE: Test of Writtent English)는 통계적으로 대응하지 않는다고 분명하게 말한다.

때때로 주목을 받은 쓰기 능력 간접 측정은 여럿이 있다. 이들 가운데 가장 잘 알려진 것들에는 영어 모국어 화자를 대상으로 한 수식 능력 검증(TAS: Test of Ability to Subordinate)과 영어를 사용하는 외국인을 대상으로 하는 영어 유창성에 대한 미시간 검증(MTELP: Michigan Test of Eglish Language Proficiency)이 있다. TAS는 예측 타당성과 동시 발생 타당성을 어느 정도 지니고 있는 듯한 50개의 문장 결합에 대한 문항 검사이지만 그러나 보고된 것은 거의 없다(뮬렌 1987). MTELP는 쓰기 능력에 대한 측정이 구체적으로 포함되어 있지 않다. 그러나 때때로 부당하게 동시 발생 타당성의 측정을 위해 사용되었다. 이 검사는 쓰기 능력에 대한 간접 측정으로서 타당하거나 믿을 만하다고 간주되어서는 안 된다.

서로 다른 종류의 간접 측정은 쓰기 능력에 대한 잠재적인 측정으로서 때로 논의되어 왔다. 특히 빈칸 메우기는 적절하게 설계되고 알맞게 활용된다면 직접적인 측정과 높은 상관관계를 보여 줄 것이다. 예컨대 포토스(Fotos 1991)는 빈칸 메우기 검사가 일본에서 영어를 외국어로 하는 대학생 집단의 경우 논술 쓰기와 관련되는 정도가 강하다고 주장하였다. 이와 비슷하게 하나니아와 쉬카니(Hanania and Shikhani 1986)는 빈칸 메우기 검사와 쓰기 실제사례들이 고차원적인 언어 능력을 측정하는 도구라고 주장하였다. 그러나 두 경우에서 빈칸 메우기 검사를 논술 덩잇글로 직접 대체하자는 주장은 하지 않았다. 오히려 논술 검사와 빈칸 메우기는 모두 고급 수준에서 전체적인 언어 유창성을 통합하는 훌륭한 측정이라고 주장하였다. 앞으로의 연구에서 이런 관계들이 더 깊이 있게 고려될 것인지는 두고 볼 일이다. 당분간 빈칸 메우기 검사의 활용은 논술 쓰기의 보완 검사 즉 언어 능력에 대한 효과적인 측정을 제공해 주는 검사로 보는 것이 좋을 것이다(존즈 Johnz 1990, 올러 Oller 1983, 올러와 존즈 1994).

쓰기 능력에 대한 표준화된 간접 측정의 활용은 지난 십 년 동안 눈에 띄게 줄어들었고, 간접 측정은 앞으로 어떤 시대고 인기를 다시 얻을 것 같지는 않아

보인다(화이트 1995). 연구자들이 생각하는 쓰기가 무엇인지를 반영하는지 여부와 쓰기 실천으로 싸안을 수 있는 것을 반영하는지 여부인 구성 타당성과 내용 타당성에 대한 강조가 늘어남에 따라 앞으로 쓰기 평가는 직접 평가 방향으로 더 나아가게 될 것이다. 간접 쓰기 평가에서 전체적인 점수를 매기는 것에 대한 지난날의 염려는 더 이상 그와 같은 점수가 알맞게만 매겨진다면 직접 평가에 아무런 위협이 아닌 것이다. 훌륭한 쓰기 검사는 학생들이 산출한 글과 관련이 있어야 한다는 상식이 너무나 강하기 때문에 쓰기 능력에 대한 간접 평가는 가까운 장래에 실행 가능한 선택 내용으로 남아 있을 것 같지 않다.

13.3.2 글쓰기 직접 평가

타당성 특히 구성 타당성과 내용 타당성과 관련하여 검사 이론에 대한 관심이 늘어남에 따라 많은 연구자들이 학생들의 쓰기 능력을 정확하게 평가할 수 있는 쓰기 간접 평가의 능력에 의문을 품게 되었다. 1970년대 초에 쓰기에 대한 평가 측정이 통제된 학생들의 쓰기 실제사례 산출로 방향을 바꾸었다. 이 접근법이 쓰기의 실제 사례 평가의 필요성을 언급하였지만 전체적인 쓰기 능력의 참된 지표로서 해당 쓰기 실제사례를 평가하고 수집하는 방법에 관련된 더 큰 문제가 제기되었다.

지난 10년 동안 직접적인 쓰기 실제사례를 바탕으로 이뤄진 표준화된 평가는 타당성에 관련되는 다수의 문제에 연구의 초점을 모았다. 특히 연구에서는 타당한 쓰기 실제사례의 입수를 위한 절차 개선에 초점을 모았는데 독자, 과제 유형, 주제 유형, 평가자의 본질, 평가자 연수, 등급 산정을 위한 평가 규정, 등급을 구분하는 유형의 영향과 같은 논제들을 설명하고 적어도 반영하여야 한다는 것이었다. 이런 논제들 다수는 교실수업 맥락에서 전체적인 평가에 대한 논의에서 중요할 뿐만 아니라 대규모 평가 상황에서도 매우 중요하다. 왜냐 하면 산출된 점수 결과는 학생들과 기관에 매우 중요하기 때문이다.

쓰기 평가를 위한 교실 맥락에서 단일 학급에 한정되든 전체 학교를 대상으로 하는 활동이든 대규모 평가보다 간접 측정으로부터 더 멀어져 갔다. 이는 교실 중심 평가에서 느슨하게 제약을 받는 환경뿐만 아니라 평가 접근에 대한 가르침에서 혁신의 영향이 커졌음을 반영한다. 직접 평가 문제는 대규모 평가의 맥락에서 먼저 다루고, 그 다음에 교실 수업에서 직접 평가를 다루기로 한다.

13.3.2.1 표준화된 직접 평가

쓰기 능력에 대한 대부분의 표준화된 직접 평가는 비교적 짧은 기간 동안에 단일의 주제로 쓰는 것과 관련된다. 그때에 논술은 연수를 받은 평가자 집단에 의해 전체적으로 점수를 매긴다. 대부분의 신뢰할 만한 대규모 평가 환경에서 모든 논술문은 두 평가자들이 읽고 '수석 평가자'에 의한 세 번째 읽기를 통해 구별을 해나간다. 단일 항목으로 된 논술 쓰기 실제사례에 대한 신뢰도와 타당성에 대하여 상당한 논의가 있었다. 이런 논의는 이 절의 마지막에 간단하게 언급할 것이다.

쓰기 능력에 대한 가장 대규모 평가는 최근에 계발된 글말 영어 평가(TWE)이다. TWE는 지난 5년 동안 해마다 이십오만 명을 넘어섰다(ETS(1992), 《글말 영어 평가 안내》). 평가는 단일 주제에 대하여 수험자들이 30분 동안을 하도록 지시문이 제시된 논술이다. 그 평가는 아마도 논술 쓰기 평가에 대하여 폭넓은 타당성과 신뢰도 검사를 거쳤을 것이다. 그리고 이런 연구의 결과들은 지시문 계발, 과제와 주제 비교, 쓰기를 위한 시간, 논술 평가자 연수, 논술 점수매기기의 계발에 직접적으로 기여하였다(칼슨 등 1985, 골럽-스미드 등 Golub-Smith 1993, 헤일 1992, 헤닝 Henning 1992, 스탠스필드 Stansfield 1986, 스탠스필드와 로스 Stansfield and Ross 1988).

전체적인 점수를 매긴 쓰기 실제사례를 가지고 일반적으로 사용된 영국의 시험은 국제 영어 평가 체계(IELTS: International English Language Testing System) 시험인데 영국 문화협회(British Council)와 캠브리지 대학 지역 시험 연합회(UCLES)가 공동으로 만들었다. 이 평가는 영어를 외국어로 하는 학생들을 대상으로 영국에서 실시되는 쓰기 직접 평가들(캠브리지 대학 지역 시험 연합회, 왕립학회 시험, 옥스퍼드 대학 대표단 시험이 있는데 앨더슨 등 1987 참조)을 대표한다. 국제 영어 평가 체계 시험에서 학생들은 (IELTS 1995의 안내서에 기술된 것처럼) '학업에 따른 쓰기'나 '일반적인 연습을 위한 쓰기'를 반영하는 길라잡이에 따라 써 나간다. 이른 시기(ELTS)에서 수험생들은 단일의 논술만을 썼다. 그러나 고친 국제 영어 평가 체계(IELTS)에서는 수험생들은 두 개의 논술을 써야 한다. 이전 평가에서 수험생들은 주제 영역에서 선택내용이 제시되었지만 가장 최근의 수정본에서는 학업에 따른 글쓰기와 일반적인 글쓰기 사이의 선호도에 따라 주제 영역 선택내용이 주어졌다(앨더슨 1993b 참조).

외국어 필자의 유창성 구성요소를 포함하는 영국의 평가 대부분에서 의사소통에 따른 언어 사용과 평가에서 전문가적인 판단을 강조하고 양적 신뢰도와 타당성을 구체적으로 밝히려는 심리 측정법의 관심사를 덜 강조한다(앨더슨 1987, 앨더슨과 벅 1993). 통계적인 신뢰도를 향해 방향을 맞춘 평가 사용자의 경우 이런 차이는 다행스럽지 못한데 영국에서 계발된 대부분의 평가들이 혁신적인 시험 선택 내용과 흥미로운 길라잡이를 포함하고 있기 때문이다. 만약 앞으로 타당성과 신뢰도의 문제를 언급하고 노력한다면(이를테면 IELTS의 더 발전된 모습), 이런 평가들을 대규모 쓰기 평가를 위한 선택 내용으로서 더 폭넓게 받아들일 가능성이 있다.

대규모 쓰기 평가는 다른 많은 나라에서도 나타났는데 모국어 화자와 외국어 화자를 대상으로 하여 쓰기 능력을 평가하였다(블락과 드글로퍼 Block and De Glopper 1992 참조). 이를테면 오스트레일리아에서 제2 언어 유창성 잣대(ASLPR: Australian Second Language Proficiency Ratings)는 오스트레일리아에서 논술 시험을 포함하는 영어 유창성을 평가하는 중요 시험이다(잉그램 1990, 잉그램과 바일리 Ingram and Wylie 1984). 홍콩에서 중요한 시험은 홍콩 교육 자격 시험(HKCEE)이다. 홍콩에서는 연간 십오만 명의 16-18세 학생들이 고등 교육 기관의 입학 허가를 받거나 고용 기회를 얻기 위한 자격으로서 이 시험을 치른다(밀라노빅 Milanovic 1987).

오스트레일리아에서 언어 교육과정과 평가의 책임은 주에 달려 있고 다른 주에서는 평가 문제에 대한 서로 다른 해결 방법을 실험하였다. 동시에 연구는 캔버라에 본부를 두고 있지만 나라 구석구석의 다양한 전문가들이 중심이 되는 오스트리아 국립 어문 기관(NLLIA)을 통해 이뤄진다. 언어 평가의 다양한 맥락에서 중요한 일은 브리스베인의 그리피쓰 대학, 시드니의 맥콰이어 대학, 멜버른 대학과 모나시 대학의 응용 언어학과 언어 중심 연구소에서 한다.

뉴질랜드에서는 과정이 집중화되어 있다. 교육부가 영어와 다른 언어 가르침을 중심으로 하는 수정된 국가 차원의 교육과정 계발 과정에 있다. 동시에 교육부와 구별되어 있지만 협력하는 뉴질랜드 자격고시 당국이 적절한 평가 도구를 계발하고 있다. 두 경우에서 계발은 최근의 자료여서 출판된 형태로 쉽게 구해 볼 수 있는 정보는 거의 없다.

미국에서 신뢰도와 타당성에 상당한 주의를 기울인 영어를 모국어로 하는 평가 시도에는 몇몇 대학들과 대학 기구들을 포함된다. 두 개의 본보기 평가거리 가운데 1979년에 문을 연 미시간 작문담당국에서는 대학에 들어오는 모든 학부생들의 작문 능력에 대한 평가가 있다(연간 6000명). 학생들은 50분짜리 논술을 쓰고 그 결과에 따라 세 단계 가운데 한 단계의 쓰기 교육거리에 배치하였다. 이 평가의 최신 수정본은 여러 속성에 따라 점수를 매기는 절차를 채택하였고 이런 변화들은 성공적인 것으로 비쳤다(햄프-라이온과 콘튼 Hamp-Lyons and Conton 1993).

캘리포니아 주립 대학 영어 작문 담당국은 두 개의 객관적인 측정과 쓰기 실제사례로 이뤄진 두 시간짜리 쓰기 평가를 실시하였다. 쓰기 실제사례는 단일의 논술 지시문으로 이뤄져 있고 응답을 하는 시간은 40분이 허용되었다. 쓰기 실제사례들은 캘리포니아 주립 대학의 20개 대학 체계에서 중앙 채점 지역으로 보내지고 초보자들은 이런 결과에 바탕을 둔 다양한 캠퍼스의 영어 쓰기 교육거리에 배치된다. 지시문 마련과 점수를 매기는 절차들은 신중하게 다뤄지고, 평가는 상당히 높은 신뢰도를 지닌다(그린버그 1988).

대규모 평가의 또 다른 유형은 미국에서 쓰기 평가를 위한 국립 교육 향상 평가(NAEP: Natinal Assement of Educational Progress) 계획으로 수행된다(애플비 등 1986, 1990a, 1990b). (프린스턴 ETS에 받아들인) 미국에 기반을 둔 이 평가거리는 초등학교와 중등학교 맥락에서 일정한 범위의 학생 집단에 걸친 교육적인 향상으로 이뤄지는 변화를 두고 살피기 위하여 연방 정부의 재정 지원을 받았다. 1969년에 시작된 이래 NAEP는 다섯 차례의 국가 수준의 평가를 수행하여 왔다(1969-70, 1973-74, 1978-79, 1983-84, 1987-88). 이 다섯 평가에서 정보 전달, 설득, 개인/이야기 전달 과제에 걸쳐 있는 (12개의 선택 내용 가운데) 하나에서 네 개에 이르는 쓰기 지시문에 따라 임의로 뽑은 학생 집단이 글을 쓴다. NAEP에 참가한 학생들은 작은 책을 받고 배경에 관련된 일련의 질문을 완성하며 읽기와 쓰기에 대한 짧은 질문을 완성한다. 1992년에 있었던 가장 최근의 NAEP에서는 배당된 시간이 늘어났다. 쓰기 지시문에 응답하는 시간이 더 주어진다(25분과 50분)(젠타일 Gentile 1992). 전체적으로 백삼십만 명의 초등학생과 중등 학생이 지난 25년 동안 평가거리에 참가하였다. 이런 결과에 바탕을 두고, NAEP는 미국 학생들이 쓰기 향상에서 보인 발전에 대하여 언급하기 위하여 표본으로부터 추정한 보고서를 제공하였다.

이런 쓰기 실제 사례 표본들은 중요 속성에 등급을 매기는 절차를 통하여 점수를 주었는데 그 점수는 글 각각에 대하여 과제를 수행하는 정도에 따라 부여되었다. 지시문은 치우침과 타당성 기준을 대상으로 하여 검토되었는데 신뢰도 측정에서는 높았다(대부분 0.87에서 0.95에 분포). 평가 계획과 사용된 절차의 관점에서 이 평가거리에 대한 진지한 비판이 있었지만 쓰기 평가와 점수를 매기는 절차의 계발, 결과의 해석을 위해 상당한 분량의 자료를 산출하였다. 게다가 NAEP 평가거리에 대한 비판의 대다수가 단일 항목 접근법으로 이뤄지는 대규모 직접 평가에 대한 것과 다름이 없다. (교육평가원(미국)에서 주관하는 다른 대규모 평가거리에는 고등학생을 대상으로 하는 고급 수준 배치(AP) 평가거리와 고등학교 졸업과 동등한 자격이 주어지는 종합 교육 계발(GED) 평가거리를 포함한다).

마지막으로, 여러 나라에 걸쳐 쓰기 향상 이해를 위한 중요한 국제적인 노력에서는 직접적인 쓰기 실제 사례를 사용하였다. 교육 성취도 평가를 위한 국제연합(IEA: International Association for the Evaluation Achievement)에 의해 (주로 1982-83에 수행된) 수행된 평가거리는 IEA 글말 작문에 대한 연구이다. 평가거리를 위한 평가 설계에서 14개의 서로 다른 국가에서 세 등급의 학생들에게 8개의 다른 쓰기 지시문을 놓고서 쓰도록 하였는데, 화용론적 과제(자전거 묘사, 충고 편지)와 논술 유형(설득적인 글, 이야기 전달적인 글)에 걸쳐 있다. 지시문은 폭넓게 검토되었고 국제적인 검토 위원단에 의해 안내를 받았다. 그리고 연구에서는 채점에서 타당성과 신뢰도를 위한 강력한 기준을 계발하였다. 이런 연구의 결과는 비록 대부분이 쉽게 접속 가능하지는 않지만 다양한 곳에서 나타났다(드젠하르트 Degenhart 1987, 고어먼 등 Gorman 1988, 퍼브스 1984, 퍼브스 등 1984, 바하파시 1988).

13.3.2.2 채점 접근법

대규모 평가에서 쓰기 사례에 등급을 매기는 접근법은 어느 정도 있다. 점수를 매기는 데서 가장 일반적으로 사용되는 유형은 글의 전체적인 품질을 나타내는 전체 점수이다. 다른 유형으로 점수를 매기는 방법은 주요 기량에 점수 매기기와 여러 특성을 결합한 점수 매기기이다. 교실 수업 맥락에서 쓰기 평가는 분석적인 척도와 비정량적인 평가를 포함한다. 뒤에 나오는 두 개의 선택 내용은 다음 부분에서 논의될 것이다.

전체적으로 점수를 매기기 방법은 비록 교실 수업 쓰기에서 이런 접근법을 활용할 수도 있지만 대규모 쓰기 평가에서 점수를 매기는 가장 일반적인 형식이다. 이렇게 인기가 높은 것은 다지 선택형 쓰기 평가 활용의 직접적인 반발 때문

이다(퍼킨스 1983, 화이트 1993). 전체적인 점수 매기기는 덩잇글을 읽고 일반적이고 주관적이며 1-4에서 1-9에 이르는 수치 등급에 바탕을 두고 점수를 매긴다. 잣대에서 수치는 점수를 매기는 지침에 간단하게 명세화되어 기술된다(이를테면 ≪글말 영어 평가 안내≫ 1992). 전체적인 점수가 사용될 경우 다른 평가자들이 등급을 매기는 방법과 그렇게 점수를 매기는 근거에 대하여 전체적으로 작업이 되도록 하려는 노력이 필요하다. 이런 조정은 일관되게 믿을 만한 점수매기기가 이뤄지도록 하는 중요한 근거가 된다.

주요 기량 채점하기는 (실험적인 연구를 제외하면) 학급 평가에서나 대규모 평가에서 그렇게 일반적으로 사용되지 않는 등급매기기 틀이다. 주요 기량 점수 매기기의 사용은 그렇게 경제적인 접근 방법이 아닌데 주요-기량 안내 지침이 모든 쓰기 과제를 대상으로 하여 다시 쓰여야 하기 때문이다(화이트 1993). 목표는 과제 요구사항의 두드러진 특성을 평가되는 주요 기량에 들어맞도록 하여야하기 때문에 학생들의 글에서 그러한 특성을 강조하기 위해 과제의 잠재적인 형태를 미리 평가해 보는 것이 필요하다. 의심을 품게하는 타당도는 또 다른 문제이다. 햄프-라이온스(1991c)가 주장하듯이, 논술 평가자들이 부여한 점수를 확신하도록 하기 위하여 논술에서 단일 기량에 기댈 가능성은 거의 없다. 논술 등급 매기기에 대한 연구를 살펴보면, 평가자들이 학생들의 논술에서 다양한 점에 초점을 모으기 때문에 다양한 기량에 기대고 있음이 분명하다(퍼킨스 1983, 화이트 1993도 참조). 이런 이유로 주요 기량 점수 매기기는 학생들의 쓰기 평가를 위해 선호되는 선택사항이 아니다.

대규모 평가에서 주요 기량 점수 매기기를 일관되게 사용되는 것으로 잘 알려진 것은 미국의 NAEP 평가에서 사용이다. 쓰기 평가는 학생들이 수행하여야 하는 구체적인 과제를 반영하도록 마련된다. 학생들은 설득 과제, 이야기 전달 과제나 편지 쓰기 과제를 성공적으로 달성한 것으로 평가된다. 점수 매기기는 그 과제 수행에서 성공을 구체적으로 반영하기 위해 마련되었다(애플비 등 1990a, 1990b).

여러 기량에 바탕을 둔 점수의 활용은 학생 필자들의 더 세세한 특징들을 필요로 하는 쓰기 평가에서 더 선호되는 선택내용으로 간주된다. 그리고 점수를 매기는 도구가 적절하게 마련되고 활용된다면 진단을 목적으로 하는 데 특히 유용하다(햄프-라이온스 1991c). 여러 기량 점수 매기기에서 지침은 평가자로 하여금 논술의 여러 측면들을 고려하도록 마련된다. 몇몇 규정들은 성격상 더 일반적일 수 있고 몇몇 규정들은 더 구체적으로 마련될 수 있다(일반적인 규정에서는 정확성, 전체적인 일관성, 내용 등등에 대한 전체적인 점수를 필요로 할 것이다).

여러 기량에 점수를 매기는 데서 있을 수 있는 어려움은 규정을 계획하고 적절하게 활용하기 어렵다는 것이다. 신중한 채점 기준이 없이 여러 기량 채점 방식을 사용한 경우에 결과의 타당성과 신뢰도에 심각한 문제가 있다(커네일 등 1988, 커밍 1990a, 햄프-라이온스와 헤닝 Hamp-Lyons and Henning 1991). 평가자들은 자신들의 평가를 뒷받침해 주는 분명하게 규정된 규정을 지니고 있지 않을 경우 믿을 만한 방식으로 독자적인 기준에 따라 점수를 매기는 데 어려움이 있다. 이는 연구자와 대규모 평가에서 더 중요한 문제이긴 하지만 그럼에도 불구하고 (정확성, 문체, 내용 등에 대해서) 잘 자리매김이 되지 않고 구체화되지 않은 전체 기량 점수 매기기를 할 경우 주의할 필요가 있음을 암시한다.

13.3.2.3 수행 평가

수행평가는 종종 능력에 대하여 실제적이고 직접적인 측정을 강조하는 평가 절차의 한 갈래로 언급된다. 복잡한 문제, 고차원적인 기술, 맥락에 민감한 전략, 학생들의 선택과 관련이 있다(현재의 흐름을 두루 살피기 위해서는 베이커 등 1993, 메식 Messick 1994 참조). 과학 실습, 기술 자격증, 건축 자격증과 같은 많은 상황에서 수행평가는 서로 다른 여러 방식으로 실시된다.

쓰기의 경우 평가의 이런 유형들은 (수행내용철을 포함하여) 먼저 교실 수업 평가와 기관에서 평가라는 맥락과 두 번째로 국가 수준의 평가로 국립 교육향상

평가원 평가거리라는 맥락에서 논의되어 왔다(던바 Dunbar 등 1991, 페이글리 등 1985). 이런 두 맥락에서 수행평가는 일반적인 쓰기 유창성보다는 구체적인 목적이나 일련의 목적을 위해 특정의 쓰기 능력을 평가하도록 마련되었다는 점에서 주요 기량과 여러 기량에 점수를 매기는 접근법의 변이형태를 띠고 있다(페이글리 등 1985). 서로 구별되는 구체적인 내용들은 평가되어야 하는 쓰기 유형을 결정하는 지시문을 신중하게 마련하는 데서부터 나타난다. 특정의 측면이 평가된다는 점에서 주요 기량 평가와 비슷하다. 그러나 차이는 특정의 측면(이를테면 의미연결)이 평가의 기준이 아니라 평가되어야 하는 쓰기 유형이라는 것이다. 예컨대 수행평가는 학생들로 하여금 분류하는 글을 쓰게 하고 분류를 위해 적절한 범주를 설정하고 이 범주에 따라 항목들을 분류하는 수사적 상황에서 요구내용을 글에서 만족시키는 정도에 평가의 초점을 구체적으로 맞출 수 있다. (반면에 주요 기량에 따른 점수는 전체적으로 과제가 수행되는 정도만을 측정할 뿐이다.)

수행 평가는 신중하게 조직된 여러 기량 채점 지침을 사용하여 이루어질 가능성이 높으며 쓰기의 구체적인 측면을 다루는 평가이고 학생들의 배치와 진단에 적합하여야 한다. 그와 같은 채점 접근 방식은 대규모 평가거리에 그렇게 유용하지 않을 수 있지만, 뒤따르는 쓰기 강좌를 위해 대학과 같은 기관 차원에서 배치 계획으로 실현될 가능성이 있을 것이다. 다른 목적을 위해 수행 평가를 계발하려는 노력은 알래이와 코너(1991), 베이커 등(1993), 페이글리 등(1985)에서 논의되었다.

13.3.2.4 교실 수업에 바탕을 둔 직접 평가

쓰기 수업에 참여하고 있는 학생들의 능력은 대부분 쓰기 실제 사례에 대한 평가로 거의 결정된다. 그러나 직접 평가를 위한 교실수업 맥락은 향상된 수행으로 이어져야 하는 일종의 평가에 바탕을 둔 되짚어 주기를 학생들에게 제공하는 것과 주로 관련되어 있다. 교실에서 평가가 이런 식으로 활용되지 않는다면 학습 도구로서 중심 기능은 상실된다. 교실 수업에서 평가가 수행될 수 있는 구체적인 방법이 여럿 있으며 학생의 목표, 교사의 목표, 기관의 목표에 들어맞을 수 있는 평가 선택 내용들이 여럿 있다.

예컨대 교실 수업 평가는 단일의 쓰기 과제, 일련의 관련된 쓰기 과제, 장기적인 쓰기거리, 쓰기 수행내용철에 바탕을 둘 수 있다. 평가는 계속 이어질 수도 있고 최종적일 수도 있다. 교실 수업 안에서 혹은 교실 수업 바깥에서 그리고 쓰기의 형식적인 측면, 수사적인 측면, 내용적인 측면에 초점을 모을 수 있다. 쓰기를 독자적인 언어 기술로 다룰 수도 있고 다른 언어 과제(주로 읽기)와의 통합에 초점을 모을 수도 있다. 평가는 협의를 통해서 혹은 타개를 위한 협의, 혹은 구체적인 글의 실제 사례, 교사의 지속적인 관찰 기록을 통해서 수행될 수 있다. 평가는 교사의 평가, 학생의 자기 평가 혹은 이 둘 사이의 절충에 근거를 둘 수 있다. 마지막으로 어떤 기술이나 전략의 통달을 위하여 방향이 설정될 수도 있다(과정평가나 절대 평가). 그리고 다른 학생들의 수행과 비교되는 학생들의 수행에 맞춰질 수 있다(상대 평가). 등급 매기기는 전체 점수나 강좌의 어떤 측면을 반영하는 일련의 분석적인 척도에 근거를 둘 수 있다. 이에 따라 교사와 기관에서는 학생들의 글을 적절하게 평가하기 위한 다수의 선택내용을 지니게 된다.

쓰기 평가를 위한 가장 전통적인 양식(일반적으로 총괄 평가)은 비교적 간단한 지시문과 비교적 제한된 시간에 걸쳐 부과되는 단일의 논술 과제와 관련이 있다. 교실 수업 맥락에서 학생들의 글을 평가하는 그와 같은 측정은 그 자체로 타당성에 의문을 가질 수 있는 것으로 간주된다. 두 번째로 더 수용 가능성이 있는 것으로 학생들이 제시된 주제를 전개하도록 하기 위해 더 긴 시간 동안 준비하도록 하는 단일 논술로부터 나온 선택 내용인데 더 많은 시간을 주고, 여러 개의 쓰기 과정을 거치도록 한다. 예컨대 어떤 학기의 앞 주에 일반적인 형식과 어떤 주제를 학생들에게 소개해 주고, 일련의 읽을거리를 토론하고 쓰기 전 활동, 토론, 읽기 자료로부터 끌어낸 정보를 통해 주제를 발전시키는 데 활용해 볼 수 있다. 그 주제에 대한 공부를 하고나서 한 주 뒤에 학생들에게 지시문을 주고 초고를 쓰기 위한 한두 시간을 내어 준다. 그 다음 날 한 시간 동안 고쳐 쓰기를 한다. 이 형식이 단일 논술 평가 형식을 유지하고 있지만 학생들로 하여금 최종 논술을 준비하는 동안 쓰기 과정에 몰두할 수 있게 하며 학생들에게 시간 제약 아래서 자신의 능력을 최대한 발휘하여 쓰도록 충분한 시간과 자원을 제공해 준다.

뒤의 선택 내용은 쓰기 평가 목적을 위해 수업 시간 주기를 늘이는 것으로 현재의 가르침 실천 관행과 더 잘 어울린다. 훌륭한 쓰기에는 쓰기 전 활동, 난상제안, 계획하기, 고쳐 쓰기와 관련된다는 것을 학생들이 확신하도록 교사는 많은 시간을 보낸다. 쓰기 총괄 평가가 계속 진행되는 가르침과 어울리도록 한다는 것이 중요하다. 평가 준비의 일부로 다양한 쓰기 과정을 통해 학생들로 하여금 쓰게 하는 것은 가르침과 평가에 걸쳐 비슷한 목표를 유지하기 위하여 합리적인 선택 사항이다.

여러 번의 원고 쓰기, 되짚어 주기, 고쳐 쓰기의 결과인 교실 수업으로부터 나온 글말 논술을 대상으로 하여 계속 진행되는 (형성) 평가는 여전히 전통적이지만 평가를 위한 서로 다른 맥락을 보여 준다. 이 맥락은 교실 수업에서 시간 제약을 받는 평가보다 쓰기 수업의 실천 사례와 더 잘 어울린다. 이 경우 학생 글에 대한 진행되는 평가와 최종 평가 둘 다 그 강좌를 통하여 부과되었던 일련의 논술 쓰기 과제의 최종본 평가에 근거를 두고 있다. 평가 선택 내용의 묶음들은 평가에서 발전과 향상을 보여주는 부가적인 증거들로서 다른 쓰기 유형들즉, 읽을거리 요약, 비판적인 검토, 비평 등등을 포함한다.

세 번째 쓰기 평가 선택 내용은 강좌의 마지막 주 동안에 일련의 더 짧은 과제를 쓰도록 하고 모든 쓰기 과제에 걸쳐 결합된 수행을 평가를 받도록 이끄는 데에 있다. 이런 과제들에는 읽고 요약문 쓰기, 견해를 드러내는 글, 자기 평가 글, 첫 번째 읽을거리와 두 번째 읽을거리의 종합이 포함된다. 이와 같은 접근법의 장점은 평가가 단일 쓰기 실제 사례나 단일 갈래/과제 유형에 기대지 않는다는 것이다. 불리한 점에는 알맞은 여러 개의 지시문 계발, 학생(교사)이 지칠 가능성, 다양한 쓰기 실제 사례를 대상으로 하여 더 복잡한 가중치 매기기에 관련되어 있다.

이런 모든 경우들에서 평가 절차에는 쓰기를 대상으로 하여 적절하고 매력적인 지시문의 계발, 학생들이 자신의 능력을 최대한 발휘하여 수행할 수 있도록 하는 구체적인 과제의 계발, 공평하고 쉽게 해석 가능한 평가 계획의 계발, 평가에 바탕을 둔 건설적인 되짚어 주기를 고려하여야 한다. 최근의 연구에서는 적절한 지시문, 과제, 평가 계획이 간단하지 않음을 주장한다. 햄프-라이온스(1991b)와 호로비츠(Horowitz 1991)는 서로 다른 쓰기 지시문들은 서로 다른 쓰기 과제와 마찬가지로 서로 다른 결과를 산출할 가능성이 높다고 한다. 이런 이유로 호로비츠는 평가를 위한 과제와 지시문은 학생들에게 낯이 익고 학생들의 구체적인 공부 영역에 적합하도록 주제를 자리 잡게 하여야 한다고 주장한다(크롤과 레이드 1994, 레이드와 크롤 1995).

13.3.2.5 교실 수업 맥락에서 평가 선택 내용들

쓰기 평가를 위한 교실 수업 맥락은 대규모 평가에서 사용되지 않는 다수의 채점을 위한 선택 내용들에 열려 있다. 게다가 수행 평가와 수행내용철 평가의 적용이 비교적 쉬우며(아래 참조), 교실 수업 맥락은 또한 분석적인 척도, 비-정량적인 평가, 대안 평가 방식을 사용한 평가의 효과적인 사용을 할 수 있도록 해 준다.

*분석적인 점수 매기기*는 학생들의 글에 등급을 매기는 인기 있는 방법이었고, 여전히 그러하다. 그리고 쓰기의 구체적인 측면에 되짚어 주기를 제공한다. 이런 분석 지침 가운데 최선은 대부분의 분석적인 잣대에 타당도 문제가 있기는 하지만(페이글리 등 1985, 화이트 1993) 다이더리치(Diederich 1974)에 의해 계발되었다. 각각의 잣대로 등급을 명시적으로 자세하게 밝혀놓지 않는다면 그 잣대가 적절한 되짚어 주기를 제공할지 혹은 학생들의 쓰기 능력을 참되게 나

타내어 줄 수 있을지 분명하지 않게 된다. 예컨대 어휘 사용에 대하여 80%라는 등급을 주기 위한 결정에는 학생들이 기댈 만하거나 사용 가능한 정보를 제공하지 않을 것이다(햄프-라이온스 1991c). 그럼에도 불구하고 평가를 위해 그와 같은 분석적인 잣대는 일반적이다(페이건 등 Fagan 1985, 레이드 1993의 예를 참조).

이런 유형으로 제2외국어로서 영어를 대상으로 하여 이른 시기에 잘 알려진 채점 안내는 야콥스 등(Jacobs 1981과 휴이 등 1993 참조)에 의해 계발되었다. 앞에서 살핀 더 전형적인 분석 잣대와는 달리 이런 잣대들은 내용 타당도와 구성 타당도로 뒷받침이 잘 되고 대규모 평가를 위해서라기보다는 교실 수업을 위해 구체적으로 마련되었다. 이들은 여전히 외국어 쓰기를 대상으로 하는 가장 인기 있는 분석 지침으로 남아 있다. 게다가 구체성 때문에 교실 수업에서 여러 기량에 점수를 매기는 절차에서도 유용하다.

학생 글에 대한 *비-정량적인 분석*은 숫자로 점수를 매기는 것이 학생들에게 되짚어 주기에서 유용한 구조물을 제공하지 않는다고 느끼기 때문에 몇몇 교사들이 채택하는 선택 사항이다. 더 나아가 몇몇 교사들은 그와 같은 점수 매기기가 학생들의 쓰기 그 자체에 대한 주의집중에 초점을 모은다고 느끼지 않는다. 비-정량적인 분석은 학생들의 논술에 더 많은 변화를 가져오기 위해 장점에 초점을 모으는 방향으로 나아갈 것이다. 그리고 교사에 의한 평가는 논술에 대해 산문 형태를 띠게 될 것이다. 이런 비평은 논술의 장점과 약점을 강조할 것이며 학생들이 쓰기를 확장할 수 있는 영역을 제안할 것이다. 그리고 심지어는 같은 과제에 대하여 교사가 쓸 수 있는 방법을 지적할 것이다. 비-정량적 평가는 학생들에게 논술 쓰기의 경험에 대해 안으로 살핀 응답을 글로 쓰도록 요구할 수 있는데 다음을 포함할 것이다.

- 과정에 대한 검토
- 해결하기 어려운 특정 문제

- 글의 장점들
- 포함될 수 있는 다른 정보들
- 다음 쓰기 과제를 하는 동안 더 많은 주의하여야 할 두세 가지

쓰기 평가에 대한 *대안 평가 접근*은 특정의 논술을 하기 위한 쓰기 과정으로 확대되는 학생 수행 평가를 위해 비교적 일반적이지 않은 선택 내용들을 제안한다. 앞에서 논의한 등급을 매기는 모든 접근법들이 학생들의 쓰기 과정에서 의도한 종결 지점(산출물)에서 평가에 바탕을 둔 되짚어 주기를 제공한다(칼피 Calfee 1992, 하이베르트와 칼피 Heibert and Calfee 1992). 대안 평가 방법에서는 언제나 그와 같이 엄격히 고정된 평가 시점이 있는 것은 아니다(피어스와 오멀레이 Pierce and O'Malley 1992).

더 일반화되고 있는 대안 평가 하나는 *평가 협의회*의 활용이다. 이런 상황에서 학생-교사 협의회는 학생들의 향상 정도를 평가하기 위해 구성되고 쓰기에서 앞으로의 목표를 계획하고, 특정의 쓰기 과제나 일련의 과제 묶음들을 검토하고 평가하며, 학생들의 글에서 관찰된 장점과 문제를 토론하기 위해 꾸려진다. 이런 경우에 학생들과 교사는 학생들의 글에 대하여 기록되어야 하는, 평가 내용을 타개해 나갈 뿐만 아니라 앞으로의 목표를 설계하고 새로운 목표가 어떻게 평가되어야 하는지 결정한다. 평가 목적을 위한 협의회 활용은 학생들에게 평가 과정에 걸쳐 어느 정도 주인의식과 책임감을 심어 준다. 그리고 평가 과정에 대하여 학생들이 통찰력을 지니도록 해주며 강좌의 목표와 개인의 향상 정도를 살필 수 있도록 해준다. 이 접근법은 그러나 평가에 학생들의 참여에 제약을 하는 교사들의 경우 부적절할 수 있다.

만약 평가 협의회를 활용한다면 협의회가 시작되기 전에 목표를 설정해 두어야 한다. 학생들은 적절한 쓰기 자료를 모아야 하며 학급에서 수행을 기록해야 한다. 평가 협의회 기댓값에 대하여 교사가 작성한 안내 지침은 학생들에게 유용할 수 있다. 협의회 동안 논의되어야 하는 적절한 자료와 쓰기 평가 목록을

적은 양식은 학생들도 하여금 초점을 모으게 하고 잘 짜인 협의회를 할 수 있는 방법이 된다. 학생들이 동의와 이해를 보여 주는 편지도 또한 협의회 다음에 해 볼 수 있는 쓸모 있는 마무리 활동이 된다.

학생 참여에서 다소 다른 내용은 *자기 평가 절차*를 통해서 나타난다. 이 선택 내용에서 교사들은 학생들로 하여금 지금까지 자신이 써 왔던 글들을 설명하도록 하는 안내 지침 형식을 통하여 학생들에게 평가를 하도록 한다. 그와 같은 형식에서 학생들은 자신들이 최근에 쓴 글이나 학급에서 자신의 성취 결과물, 성취 결과물이라고 주장하고 싶은 유리한 수행내용이나 향상을 보이는 글, 여전히 문제가 되는 약점, 앞으로의 글에서 적절하게 다룬다면 더 나은 발전을 보일 한두 영역을 각자 검토를 한다. 자기 평가 절차들은 논술 과제를 대상으로 하여 사용될 수 있다(스팬들과 스티진스 Spandel and Stiggins 1990, 화이트 1994). 학생들에게 최근에 마무리한 논술을 살피게 하면서 쓰기 과정과 글의 약점과 강점을 지적하게 한다. 이 과정에서 학생들은 이전 쓰기 과제에서보다 나아졌다고 살피게 된 것을 지적하여야 한다. 이런 자기 평가에 바탕을 두고 학생들이 논술에 대한 등급을 스스로 매기게 한다. 교사는 그 다음에 그 과제를 향상 정도와 등급에 따라 어떻게 평가할 것인지 학생들에게 말해 준다. 이런 평가들은 등급을 조정하고 학급에서 학생들의 향상 정도에 의견 일치에 바탕을 둔 알려주기에 활용할 수 있다. 다른 방법으로는 그와 같은 과정에서 글에 부여된 모든 등급을 놓고서 백분율 형태를 띨 수도 있다.

평가의 또 다른 유형은 조정을 거친 평가와 자기 평가 둘 다에 관련된다. 강좌의 처음에 교사는 강좌에서 요구 조건을 수행하기 위해 학생들이 선택할 수 있는 것들로부터 가능한 *평가 수행 약정*(assessment contract)을 놓고서 얼개를 짠다. 학생들은 자유롭게 서로 다른 선택 내용을 고를 수 있고 개인별 변수가 최소한이 되도록 조정할 수도 있다. 이런 평가 수행 약정은 한 학기 강좌 동안 쓰기 향상을 평가하기 위한 토대로 활용된다. 그와 같은 약정은 일반적으로 쓰기의 일정한 분량, 완결되어야 하는 과제의 종류, 쓰기가 이뤄져야 하는 추가되는 갈래들, 학생들의 발전을 위한 향상 목표, 약정의 만족스러운 이행을 바탕으로 할 때 이르러야 할 등급을 분명히 적어두게 될 것이다. 이런 약정은 또한 자기 평가의 근거, 조정된 평가, 평가 협의회를 위한 토대를 제공한다.

등급을 매기지 않으면서 교사가 더 중심이 되는 평가는 *교사 관찰*에 바탕을 두는 평가이다. 이 형식의 평가는 교사의 관찰 기록을 계속해서 해 나가는 것과 관련된다. 교사들은 일반적으로 학생들의 향상 정도, 일관되게 나타나는 약점, 늘어나고 있는 장점을 적어 나간다. 교사는 또한 학생들의 쓰기 과제와 그 두드러진 측면들을 적어 두기도 한다. 추가적으로 교사들은 비공식적인 협의와 학생들과의 토론을 적어둘 수 있다. 일련의 등급이라는 형태를 띨 수도 있지만 더 일반적으로는 학생들의 향상에 대하여 글말 평가로 나타나기도 하며 장점과 발견된 약점에 똑 같이 초점을 맞춘다. 이런 접근법은 학생들의 향상 정도를 반드시 알려 주어야 한다고 생각하지만 등급을 그렇게 믿지 않는 교사들에게 알맞다. 이 기록 용지들은 학생들의 쓰기 평가에서 반드시 고려해야 하는 중요한 관심사들을 다루기 위한 충분한 여유를 제공해 줄 것이다. 마지막으로 그와 같이 계속 진행되는 평가 접근법은 관례적인 절차와 대안적인 절차 둘 다를 포함하여 위에서 논의한 다른 평가 선택 내용과 결합될 수 있다.

쓰기 평가에 대한 마지막 접근법은 *비격식적인 평가*를 통하는 것인데 어떤 점에서 용어에서 모순이 있는 것처럼 보이기도 한다. 비격식적인 평가는 교사의 관찰과 관련이 있으며, 학생들의 향상에 대하여 *등급을 떠난 토론과 조정*을 강조한다. 이 접근법은 부분적으로 학생들이 자신들의 쓰기 능력으로 쓰기를 하려는 강한 동기를 스스로 갖게 될 것이라는 매우 낙천적인 가정에 근거를 두고 있다. 이 접근법은 가르침 활동과 교육거리의 관련성을 강조하는 교육과정과 어울린다. 이 교육과정에서는 실제적이거나 현실적인 쓰기를 위한 자연스러운 영역을 제공한다(이를테면 극이나 텔레비전 뉴스를 통해 쓰고 보여주기, 학생들이 자신의 글을 학생 독자에게 공개적으로 읽어주기, 다양하게 가능한 학생들 잡지와 학습 일지에 대한 토론). 또한 언어를 통하여 긍정적이고 유의미한 학습 경험에 바탕을 둔 언어 기술 향상을 장려하고자 하는 초등 수준의 교육과정과 전체 언어 교실 수업에 잘 들어맞는다. 아마도 이것은 고급 수준의 학생들을 위한 평가로서는 적용 가능성이 떨어지며 학생들의 향상에 대한 평가를 위해 어느 정도 공식적인 절차를 요구하는 기관 맥락에서도 적용 가능성이 떨어지는 평가 선택 사항이다.

13.3.2.6 직접 평가로 빚어지는 문제점

대부분의 평가 상황에서 쓰기 평가의 계발에 대한 더 단순한 가정이 학생들의 수행에 영향을 미칠 법한 학생들의 배경, 흥미, 선택된 주제, 사용된 쓰기 과제, 지시문 언어 표현, 지시문에서 시각 자원(이를테면 표, 도형, 도식 등등)의 존재, 시간 양, 점수를 매기는 절차와 같은 변수들에 대하 알게 됨에 따라 바뀌었다. 타당하고 믿을 만한 쓰기 평가는 이런 변수들 다수를 통제하려고 할 것이고 적어도 평가 결과에 잠재적인 영향력을 인식하려고 할 것이다.

쓰기 직접 평가의 출현과 특히 전체적으로 점수를 매기는 단일의 논술 지시문에 대하여 서로 다른 이유에서긴 하지만 이른 시기와 더 최근의 활용에서 다수의 비판이 일어났다. 이른 시기의 비판은 논술 평가자들 사이에서 평가자 상호 신뢰성의 문제를 주로 다루었다. 이런 비판은 직접적으로 다수의 연구와 높은 평가자 상호 신뢰성을 일관되게 보여주는 계속 진행되는 평가거리에서 언급되었다(체리와 메이어 Cherry and Meyer 1993).

전체적으로 점수를 매기는 직접 평가에 대한 더 새로운 도전거리는 그와 같은 접근법의 내용 타당도와 구성 타당도에 대한 의문을 제기하였다는 것이다. 타당도와 관련된 문제는 쓰기 향상에 대한 연구와 쓰기 평가 절차 사이의 부합에 집중되어 있다. 이런 문제는 대규모 평가에 특히 심각한데 왜냐 하면 교실 맥락에서는 직접 평가에서 나타날 수 있는 어려움에 대한 대답을 어느 정도 제공하기 때문이다. 일반적으로 논의되는 염려에는 다음과 같은 것들이 있다.

1. 맥락에서 벗어난 한 번의 쓰기 실제 사례로 평가가 이뤄질 수 있을까(형식이 너무 인위적이지 않은가?)
2. 짧은 시간을 준 실제 사례가 다양한 맥락에서 다양한 목적을 위한 학생들의 쓰기 능력을 보여줄 수 있을까?
3. 단일의 잣대가 학생들의 쓰기 능력을 반영할 수 있을까?(전체적인 측정이 가능할까?)
4. 쓰기 산출물의 평가가 쓰기 과정이 어떻게 실행되었는가에 대한 정보를 제공할 수 있을까?
5. 서로 다른 주제에 대하여 지시문이 일반화될 수 있을까?
6. 임의로 주어지는 과제와 주제가 학생들 집단에 걸쳐 똑같은 흥미를 불러일으키고 동기 부여를 할 수 있을까?
7. 짧은 쓰기 실제 사례가 뒤에 이뤄지는 학습을 위한 되짚어 주기와 진단을 위한 정보를 제공할 수 있을까?
8. 평가자들이 실제로 전체 점수를 제공할 수 있을까? 혹은 논술의 특정 부분에 집중할 수 있을까?

앞의 의구심으로부터 알 수 있듯이, 직접 평가의 도전거리는 글의 실제 사례를 요구하는 데 있는 것이 아니라 학생들의 글에 대한 단일 사례 평가로 이뤄지는 사례가 타당한 평가가 이뤄지도록 하기 위해서는 불충분하다는 것이다(캠프 1993, 햄프-라이온스 1991c, 호로비츠 1991, 화이트 1993, 1995, 윌리엄슨 1993). 이들 의구심 가운데 다수는 다양하게 논의될 수 있지만 그럼에도 불구하고 직접 평가를 채택하는 누구라도 고려해야 하는 실제적인 문제를 제기한다. 이런 의문으로부터 발전되어 나온 한 가지 방향은 대규모 평가에서 수행내용철로 나아가는 움직임이다.

13.3.3 수행내용철(portfolios)

쓰기 평가에 수행내용철을 통한 접근은 대규모 평가와 교실 수업 맥락 둘

다에서 중요한 최근의 흐름이 되고 있다. 이런 움직임에 대한 폭넓은 연구 문헌
은 없지만 지금까지 여러 계획들과 방법, 평가 결과들을 기술하는 다수의 자료
들이 있다(벨라노프와 딕슨 Belanoff and Dickson 1991, 티어니 등 1991, 햄프-라
이온스와 콘든 1993). 다음에는 먼저 대규모 평가 맥락에서 수행내용철 평가를
활용하고자 하는 시도를 살피기로 한다.

13.3.3.1 대규모 평가에서 수행내용철

교실 수업 맥락을 벗어나서 학생들의 쓰기 능력을 평가하기 위하여 수행내용
철에 대한 연구가 늘어남에 따라 흥미를 불러일으키고 그에 상응하는 회의를
자아냈다. 흥미는 부분적으로 인위적인 '대상을 중심으로 하는' 쓰기 사례에서
벗어날 수 있는 기회 때문이며 부분적으로 맥락을 다르게 하는 데서 상당히
성공을 거둔 흥미롭고 시험적인 노력들 때문이다. 회의는 수행내용철 옹호론자
들에 의해 이뤄진 강하고 지나치게 열정적인 주장 때문이며 평가는 그 자체로
어느 정도 인위적인 수행으로 형식과 절차에 상관없이 언제나 한계에 부딪힐
것이라는 인식 때문이다(던바 등 1991, 메식 1994).

미국에서 고급 수준의 쓰기에 수행내용철을 활용한 것으로 가장 잘 알려진
사례는 스토니브룩에 있는 뉴욕 주립 대학(SUNY)에서 지난 10년 동안 수행내
용철 평가를 계발하려는 노력이었다. 뉴욕 주립 대학의 새내기 영어 작문 교육
거리에서 학생들은 쓰기 강좌의 수행내용을 모아야 하며 통과하기 위해 C 이상
을 받아야 한다. 모든 수행내용철은 교실 수업 교사와 다른 강사 한 사람에 의해
등급이 부여되고 수행내용철 통과 등급으로 외부 독자가 C나 그 이상을 주어야
한다. 학생들의 수행내용철은 세 개의 고친 논술과 교실 수업 논술 하나로 이뤄
져 있으며 각 논술의 표지 기록용지에는 쓰기 과정과 각 논술의 목적을 기술하
여야 한다. 세 개의 고친 논술에는 (1) 이야기 전달, 묘사, 자기 표현적인 논술,
(2) 학업에 따른 논술, (3) 다른 논술을 분석하고 비판한 논술(엘보우와 벨라노프
1991)이 있었다.

평가자들은 '통과'와 '불합격' 등급을 수행내용철에 주도록 연수를 받았고 교사들은 그 뒤에 통과된 수행내용철을 대상으로 하여 더 높은 등급을 결정하여야 한다. 학생들로 하여금 더 많이 쓰게 하고 더 잘 쓰도록 하는 데 효과적인 평가 거리이지만 몇몇 문제들이 발견되었다. 교사들은 학생들의 그를 평가하는 데서 더 많은 일들을 하도록 요구를 받았다. 학생들은 속일 수 있는 기회를 더 많이 갖게 되었다. 몇몇 교사들은 수행내용철이 강좌를 압도한다고 느꼈다. 몇몇 교사들은 반복적으로 고칠 수 있는 기회로 너무 너그러운 제도가 되도록 하였다고 느꼈다. 이와는 달리 이 평가거리의 장점은 쓰기 과정을 진지하게 받아들여야 하며, 실제적인 관심거리로서 독자를 고려해야 하고, 자신이 쓴 일련의 글에 책임을 져야 하며 이런 일련의 글을 살피고, 동떨어진 최종 산출물이 아니라 실제적인 산출물에 따라 학생들이 평가된다(엘보우와 벨라노프 1991)는 것이다.

대다수의 다른 대학은 스토니브룩 모형과 거의 비슷하게 적용되는 수행내용철 평가거리를 계발하였다. 사소한 변이형태는 외부 평가자의 활용, 수행내용철의 서로 다른 중간 평가, 수행내용철 평가를 위한 다양한 틀, 포함되는 논술의 수나 갈래에서 다양한 선택 내용, 제출된 논술을 고쳐 쓰기 위한 다양한 선택 내용, 학생들에게 요구하는 표지 정보의 유형과 관련되어 있다. 그와 같은 평가 거리에는 뉴욕 시립 대학, (버지니아주의) 크리스토퍼 뉴포트 대학, 캔자스 주립 대학, 미시간 대학교, 북부 애리조나 대학, 오하이오 주의 마이애미 대학교가 포함된다(햄프-라이온스와 콘든 1993, 로젠버그 1991, 스밀 등 1991).

수행내용철은 고급 수준의 쓰기 유창성 시험을 대신하여 대학에서 쓰기 능력 자격으로 활용될 수 있었다. 이런 경우 일반적으로 대학에서는 수행내용철에 들어 갈 수 있는 글을 쓰도록 하는 강좌의 영역을 결정하게 된다. 예컨대 알래스카 남동부 대학에서는 쓰기 평가 대신에 수행내용철을 고급 수준의 쓰기 유창성의 자격으로서 3학년생들에게 활용하였다(워터즈 Wauters 1991). 학생들은 자기 표현적인 글, 설명적인 글, 설득적인 글뿐만 아니라 수행내용철에 있는 글을 설명하는 글을 아울러 제출할 것으로 예상하였다.

또 다른 변이형태는 미주어리 남동부 주립 대학교에서 나타난다(홀트와 베이커 Holt and Baker 1991). 이 경우 고급 수준의 쓰기 자격을 갖추는 데 실패한 학생들이나 수행내용철을 다른 대안으로 선택한 학생들은 네 편의 글과 네 편의 글을 기술하는 표지 글을 제출하여야 한다. 제출되는 글에는 설득을 목적으로 하는 논술, 더 일반적인 설명글, 학업에 따른 다른 두 개의 글이 포함된다(편지, 시, 단편 소설을 허용되지 않음). 이런 수행내용철들은 6등급으로 매겨진다. 다섯 가운데 셋은 수행내용철이 통과하기 위해 4나 그 이상을 받아야 한다.

수행내용철은 또한 NAEP 평가거리의 선택 내용으로 검토되기도 한다(젠타일 1992). 1990년의 실험 연구에서 NAEP는 8학년과 4학년에서 대략 2000개의 수행내용철 평가를 모았다. 이런 수행내용철에는 정보 전달적인 글과 이야기 전달 글을 표본으로 삼았으며 NAEP 쓰기 지침에서 사용한 것과 비슷한 잣대에 따라 평가되었다. 실험 연구 결과는 NAEP에서 사용한 전형적인 평가 지침에 따라 끌어낸 것과 비슷한 쓰기 유형을 보여 주었다. 1992년에 더 완벽한 수집 절차로 실행하였지만 수행내용철에 대한 이런 평가 결과들은 아직껏 출판되어 나타나지는 않았다.

세계 곳곳의 다양한 맥락에서 수행내용철의 활용은 분명히 있을 것이고 그 활용에 대한 더 많은 보고서가 앞으로 나타날 것이다. 예컨대 미국에서는 여러 주의 교육국에서 주 단위의 쓰기 평가를 위해 수행내용철을 활용하고 있다. 특히 버몬트 주에서는 최근에 보도의 대상이 되었는데 애초의 노력에서 예상할 수 있듯이 어느 정도 어려움에 맞닥뜨리고 있다(코렛츠 Koretz 1993). 그럼에도 불구하고 수행내용철은 쓰기 능력에 대하여 간접 평가와 단일 실천 사례 평가에서 나타난 구성 타당도 문제 다수를 다룰 수 있는 접근법을 제공한다. 동시에 수행내용철 평가는 쓰기에 대한 직접 평가가 맞이하였던 것과 같은 몇 가지 문제에 직면하였다. 그리고 앞으로 언급하게 될 추가적인 문제 몇몇도 나타나게 되었다(캠프 1993, 햄프-라이온스와 콘든 1993, 화이트 1994, 1995).

대규모 수행내용철 평가에서 나타난 한계들에는 다음과 같은 것이 있다.

1. 수행내용철은 평가의 수단을 가리키기보다는 실제적으로는 글을 모으는 수단을 가리킨다.

2. 논술 지시문을 대상으로 하여 단일 점수나 잣대를 수립하는 문제는 수행내용철의 경우 더 복잡해진다. 단일한 체계로 부여되는 점수가 수행내용철에 나타난 학생들의 쓰기 능력 다양성을 어떻게 포착할 것인가?

3. 신뢰성과 관련하여 심각한 문제가 있다. 수행내용철에서 쓰기 선택의 자유가 많아질수록 등급에서 같음을 수립하기가 더 어려워진다.

4. 수행내용철은 등급 매기기는 데 시간이 더 많이 걸리고 평가 선택 내용으로서 품이 더 많이 든다.

5. 수행내용철 평가 체계에서는 쓰기의 실제성을 지니도록 해야 한다. 어떻게 수행내용철 평가자들이 학생들이 실제로 수행내용철의 모든 글들을 썼다는 것을 알 것인가? 그리고 다른 사람으로부터 편집하기와 고쳐 쓰기에서 도움을 받는 것이 너무나 폭이 넓어서 학생들 자신의 쓰기 능력을 드러낼 수 없다는 것을 언제 알게 되는가?

6. 다른 교사들로부터 부여된 서로 다른 쓰기 과제로 이뤄진 수행내용철이 단지 어떤 과제가 흥미롭고 잘 구성되어 있다는 이유만으로 차이로 이어질 것이다. 그와 같은 차이를 어떻게 조정할 것인가?

이들과 다른 많은 문제들은 앞으로 10년 안에 수행내용철 평가에서 도전거리가 될 것이다.

다른 대규모 평가 형식에서 그러한 것처럼 수행내용철 평가에 심각한 장애물들이 있기는 하지만, 수행내용철 평가 접근에서 무시되어서는 안 되는 장점들이 있다.

1. 여러 쓰기 주제와 과제 유형에 걸쳐 여러 글들에 대한 평가를 가능하게 한다.

2. 학생 자신들의 글과 쓰기 향상에 대하여 성찰하게 할 가능성이 있다.

3. 학생들이 산출할 수 있는 최선의 글을 평가한다.

4. 학생들 글에 더 실제적인 독자를 만들어낸다.

5. 학생들이 평가받기를 원하는 글을 선택할 책임감을 부여해 준다.

6. 가르침과 평가 사이의 연결을 강하게 해주는데 이는 평가 구도에서 매우 바람
   직한 특성이다.

이런 잠재적인 이점이 앞으로 수행내용철 평가를 강력한 평가 접근이 되도록
하였다. 수행내용철 평가를 더 효과적으로 하기 위해 다루어야 하는 진지한 문
제들이 있다는 사실 때문에 단일 지침에 따른 쓰기 평가에 대한 강력한 대안으
로서 가치를 떨어뜨리지는 않는다.

13.3.3.2 교실수업 평가를 위한 수행내용철

교실수업 맥락에서 수행내용철 활용은 학생들의 향상 정도를 평가하기 위한
더 많은 선택 내용을 허용해 주고 진단을 위해서나 배치를 위해서 더 큰 잠재력
을 지니도록 해 준다. 교실수업 맥락에서 수행내용철은 대규모 평가에서와 같은
것이 아니라 조정된 양식으로 마련될 수 있고 학생들의 쓰기 능력과 가장 성공
적인 글을 가장 잘 보여주는 계속되는 모음이 될 수 있다. 이런 점에서 수행내용
철은 어른들이 자신의 기술이나 재능을 널리 알리는 방법으로 수행내용철을 전
문적으로 활용하는 것과 같은 방법을 직접적으로 따를 수 있다. 그럼에도 다른
맥락에서 수행내용철에는 학생들이 모든 중요한 글일 뿐이며 앞으로의 쓰기에
자원으로 활용될 수 있는 실험적인 글을 포함하는 것이 아니라 자신들의 최상의
글을 고를 뿐이다. 수행내용철에는 가르침 안내, 의미 지도, 읽을거리, 그림, 시,
특정의 쓰기 과제와 숙제에 관련될 수 있는 항목들과 같은 쓰기 자원들이 포함
될 수 있다.

교실 수업 맥락에서 수행내용철 평가의 가장 좋은 점은 다른 대안 평가 선택
내용(위의 13.3.2.5 참조)과 표준화된 평가를 결합할 수 있다는 사실에 있다. 예
컨대 수행내용철은 학생들과 협의를 하기 위한 이상적인 기법일 수 있다. 학생
들은 그들이 쓰고 있는 중요한 글을 넣어 둘 수 있고 교사와 학생 둘 다 그
글에서 다양한 부분을 직접적으로 언급할 수 있다. 수행내용철은 협의회를 위한

자연스러운 안건을 제공하며 학생들이 자신의 글에 대해 더 많은 것을 이야기하게 할 수 있다. 학생들의 글에서 자세하게 약점과 장점을 교사와 학생들로 하여금 검토하게 할 뿐만 아니라 학생 자신의 최종 수행내용으로 평가의 일부가 될 법한 글을 확인하면서 앞으로 있을 고쳐 쓰기와 고쳐 쓰기를 위해 하게 되는 다양한 범위의 노력에 대해 협의를 할 수 있도록 해 준다.

대안 평가와 수행내용철을 결합하는 두 번째 방법은 교실 수업 실천 자료로서든 평가 협의회의 일부로서든 자기 평가를 위한 발판을 제공하는 것이다. 티어니 등(1991)은 자기 평가 접근법을 위한 가치 있는 다수의 특징들 즉 학생들의 주인의식을 길러 주고, 학생이 중심이 되고, 개인별 주문-제작이 가능하며, 쓰기에 대한 더 객관적인(혹은 독자의) 입장을 취할 수 있고, 학생들 자신의 선택이 이뤄지며, 평가 기준 수립에 학생들의 참여가 가능하다는 것을 강조하였기 때문에 수행내용철이 자기 평가를 도와주는 효과를 놓고서 설득력 있는 논의를 제공한다.

어린 학생들과 교실에서 함께 하는 데서 수행내용철은 비격식적인 쓰기, 일련의 주제에 걸쳐 있는 쓰기, 쓰기 전 메모, 목록, 의미지도, 그림, 표 등등을 포함하여 모든 학생들의 쓰기 내용이 될 수 있다. 어떤 의미에서 그와 같은 수행내용철은 앞으로의 쓰기 활동을 위한 지식의 원천이 될 뿐만 아니라 과거와 앞으로 있을 쓰기 과제의 기록이 될 수 있다. 학년말에 이르러 수행내용철은 한 해 동안 학생들의 쓰기 향상에 초점을 맞춘 전시물을 만드는 데 검토될 수 있다. 그 시점에 이르러 학생과 교사는 수행내용철의 선택, 조직, 수행내용철에 있는 글의 항목에 대한 설명, 수행내용철 평가를 통해 공동 작업을 해 볼 수 있다. 이런 과정에는 교사의 관점으로부터 제시되는 것과 학생들의 발전을 함께 볼 수 있도록 부모에게 수행내용철을 보내는 것도 포함할 수 있다.

나이든 학생들의 경우 그리고 더 고급 수준의 학업 맥락에서 수행내용철은 학생들의 향상을 보여주는 더 개인적인 보고서가 된다. 수행내용철은 학생들의 책임감을 높여 주고, 학생과 교사들은 포함되어 있는 자료의 구성을 함께 한다.

그러나 학생들은 자신들의 수행내용철 자료에 대한 소개 글을 스스로 쓰며 자신들이 지니고 있는 글들의 적합성에 대해 설명한다. 수행내용철이 학생-교사의 타개하기와 협의하기를 위한 초점이지만 학생들은 자신들의 쓰기 수행내용철이 강좌의 더 큰 평가 목적을 떠안고 있다는 것을 알고 있다. 수행내용철은 최상으로 자신을 표현하는 수단이 된다. 이런 맥락에서 쓰기 수행내용철은 전문가가 지니고 있는 수행내용철과 비슷하게 된다.

결국 교실 수업 맥락에서 수행내용철의 활용은 대규모 평가의 긍정적인 측면을 넘어 중요한 평가 기준을 더해 놓을 성싶다.

1. 평가와 가르침을 이어주면서 수행내용철은 가르침과 교육과정 계발에 되짚어 보기를 가능하게 한다.
2. 수행내용철은 학부모, 행정가, 다른 사람들에게 학생 능력의 정확한 모습 즉 장점, 약점, 향상 정도를 볼 수 있게 해 준다.
3. 수행내용철은 평가 시간에 앞서 교육과정 주기나 학업 기간에 걸친 계획의 균형을 잡아 줄 수 있다.
4. 수행내용철은 평가에 협력을 통해 접근할 수 있도록 해 준다.
5. 인위적으로 외부의 기준을 부과하기보다는 교실 수업에서 학생들이 실제로 쓰고 있는 것을 평가의 기본으로 삼는다.
6. 지속적이고 꾸준히 범위를 넓힐 수 있으며 체계적인 평가를 할 수 있도록 해 준다.
7. 수행내용철은 교사에게 전문가다운 평가자의 지위를 준다. 교사는 전문가다운 판단을 하도록 요청을 받는 것이다(티어니 등(1991)에서 끌어 옴)

다른 접근법에서와 마찬가지로 수행내용철 평가에는 도전적이고 흥미로운 평가 접근이라는 긍정적인 측면만을 보는 근시안적인 태도를 지닐 위험이 있다. 게다가 강좌 시간에 걸쳐 확대되는 쓰기를 강조하는 것은, 쓰기가 시간에 걸쳐 진행되는 과정임을 강조하고 여러 번 고쳐 쓰기를 강조하기보다는 종결 시점에서 학생들의 유창성 수준을 평가해야 한다고 느끼는 사람들에게는 문젯거리일 것이다. 더 나아가 같은 딜레마가 다른 쓰기 평가에서와 마찬가지로 수행내용철 평가에도 영향을 미친다. 많은 경우에 학생들은 등급을 받아야 하고, 궁극적으로 학생들의 노력과 협력을 대상으로 하기보다는 글의 품질에 대한 평가를 받게 되는 것이다(화이트 1993).

13.4 평가의 한계

지난 십 년 동안 쓰기 평가에 대한 강조와 그에 상응하여 조사연구가 불어났기 때문에 교사와 연구자들로 하여금 학생들의 쓰기 능력에 대하여 공정하고 적절한 평가에 관련된 복잡성을 더 많이 의식하게 하였다. 이제는 어떤 평가 접근법도 아무런 문제가 없는 것은 없다는 것을 잘 인식하고 있다. 최근의 조사 연구에서는 평가의 서로 다른 유형들이 서로 구별되는 가르침 맥락, 학생들의 능력과 목적, 교사 선호도와 목적, 기관의 기댓값에 더 잘 들어맞는다는 것을 지적하였다.

쓰기 평가 연구와 실천 사례는 복잡하게 전개된 일련의 인지 처리에 대한 평가에 내재된 한계에 직면하고 있다. 쓰기 기술에 대한 이른 시기의 연구는 아마도 쓰기 향상 정도가 쉽게 평가될 수 있다면서 지나치게 자신감이 넘쳤을 것이다. 평가에 대한 지금의 논의 특히 대규모 평가에 대한 논의는 매우 어려운 과제(평가가 공정하고, 적절하며 믿을 만하게 이뤄질 것이라는 가정)에 맞닥뜨려서 적절한 겸손이 필요하다고 주장한다. 쓰기 평가에 대한 더 발전된 연구에서 교사와 기관의 필요성을 만족시키며 동시에 학생들에게 평가뿐만 아니라 가르침을 줄 정보와 되짚어 주기를 제공하는 방법을 찾게 될 것이다.

게다가 실제적인 평가 연구는 이제 평가 이론에 최근에 일어난 변화를 반영한다. 대부분의 평가 전문가들은 구성 타당성이 적절한 평가를 위한 선택의 배후에 있는 추진력으로 간주하고 있다. 말하자면 쓰기 평가의 잣대는 쓰기 강좌

를 마친 뒤 학생들이 수행하리라 예상하는 쓰기 기준에 부합하여야 하며 쓰기
능력에 대한 현재의 생각에 부합하고 사회적으로 책임을 지는 방식에 부합하여
야 한다(캠프 1993, 화이트 1993).

대규모 평가의 계발과 실천을 둘러싼 문제의 경우 신뢰도, 구성 타당성, 동시
발생 타당성과 같은 개념들이 독립적인 고려 사항이라기보다는 구성 타당성의
한 측면으로 간주되고 있다(캠프 1993, 햄프-라이온스 1991c, 메식 1989). 구성
타당성을 강조한 결과는 다음과 같다. (1) 해당 집단의 학생들에게 중요한 쓰기
유형을 신중하게 탐구하려는 노력이 많아졌다. (2) 쓰기 기술의 갈래에 대해 교
사들의 태도에 더 관심이 많아졌다. (3) 쓰기 가르침, 쓰기 평가, 뒤에 나타나는
쓰기 기술들 사이의 관계에 더 많은 주의를 기울였다. 쓰기 평가는 적절한 가르
침 목표를 반영할 뿐만 아니라 쓰기 가르침에서 살아 있는 구성요소이며 학생들
의 학습 과정을 통합하는 것으로 간주되어야 한다.

14 | 결론 : 영어에서 쓰기
Conclusion: writing in English

저자들은 끝내기에 앞서 있는 장들에서 응용 언어학자들과 다른 학자들이 최근에 탐구한 다양한 이론적 흐름들을 상당할 정도로 요약하려 하였다. 그리고 글말 덩잇글의 본질을 이해하려고 도달한 지점에서 일관된 그림으로 이런 흐름들을 끌어들이려고 하였다. 덩잇글이 무엇이며 어떻게 생성되는가에 대한 이런 요약을 바탕으로 하여 덩잇글의 본질과 글을 써나가는 과정, 주변의 사회 환경에 대하여 알려진 것과 어울리게 쓰기를 가르칠 수 있는 방법을 제안하려고 하였다.

어떤 의미에서 쓰기 가르침의 실천 사례와 보편적인 이론을 실제로는 다루지 않았다. 오히려 이런 문제들을 영어라는 맥락에서 살핀 것이다. 영어에서 덩잇글의 본질에 대하여 참인 것은 그리고 영어에서 쓰기 가르침에 적용되는 것은 다른 언어에서도 아마 참일 것이지만 정말로 그런지는 알지 못하며 따라서 영어의 울을 넘어서 우리가 말한 것에 대해 주장하지 않았다. 우리의 발견 사실이나 추천 내용에 대한 확정이나 부정을 위하여 다른 언어의 학자들로부터 나온 비평을 환영한다.

이 책에 대해 마지막으로 개관하는 이 시점에서 또 다른 장을 덧보태고 싶은 유혹을 받을지도 모르는데 우리는 자제할 것이다. 그러나 특별히 고려해 볼 만한 가치가 있는 일련의 결론들을 재확인하고 싶다. 우리의 관찰로부터 다음을 주장할 수 있을 것이다.

- 쓰기 가르침은 통사적 정확성의 가르침과 덩잇글에 엉겨 있는 다양한 관례(철자법, 구두법)의 가르침과 구별되며 독립되어 있다.
- 쓰기 학습은 학생들이 스스로 실제 독자와 실제 메시지로 소통하기를 바라는 조건에서 성공할 가능성이 높다.
- 쓰기 학습은 이전 덩잇글로부터 학습자에게 폭넓은 뒷받침이 제공되는 상황에서 그리고 쓰기를 위한 준비 단계에 동료들의 참여가 있는 상황에서, 교사로부터 지원이 있는 상황에서 성공할 가능성이 높다.

교사는 학습자를 뒷받침하고 격려해 줄 뿐만 아니라 학습자들이 숙달될 수 있도록 해 주는 장인으로 이바지해야 한다. 오랜 시간에 걸쳐 학습자들은 글말 담화 기능이 실제적이고 실용적인 목적을 제공하는 공동체에서 제 노릇을 하는 구성원이 될 것이다.

다른 갈래의 담화를 실행하는 공동체 출신의 학습자들이나 글말 담화가 아무런 실용적인 기능을 하지 않은 공동체 출신이나 실제로 완전히 다른 목적에 이바지하는 공동체 출신의 학습자는 불리하다고 주장하였다. 그들이 모르거나 바보여서가 아니라 학업 공동체에서 담화의 목적이나 말투식을 받아들이지 않거나 수용하지 않기 때문이다. 그와 같은 학습자들을 대상으로 하는 가르침에서 중요한 측면은 학업 담화에 의해 제공되는 목적을 자각하도록 하는 것이지만 그와 같은 자각이 학습자로 하여금 특정의 글말 담화 갈래에 참여하도록 원하게 할지는 보장하지 못한다. 적어도 학습자가 참여하지 않기로 선택한다면 그렇게 하기로 선택하지 않았다는 것을 이해할 것이고, 정보를 바탕으로 결정을 내리도록 할 수 있을 것이다.

글말 학업 담화 실천 사례 안에 학습자로 하여금 자신의 내부 자원만을 끌어들이도록 요구하는 과제와 학습자로 하여금 자신의 범위를 넘어서 다른 덩잇글을 끌어들이고 새로운 의미의 발견을 위한 발견 기법으로서 쓰기 과정을 활용하도록 요구하는 과제 사이에 중요한 차이가 있다는 것을 주장하였다.

이와 같은 다양한 연구 관점을 전제로 하여 저자들은 교실 수업에서 이론으로부터 도출되어 나오는 대상들이 실천으로 옮겨질 수 있는 방법에 대한 일련의 주장을 전개하려고 하였다. 우리는 이런 논의를 초급, 중급, 고급 수준의 쓰기 가르침에 적용 가능한 제안 사항들로 나누었다. 우리는 그와 같은 구분이 임의적이며 궁극적으로 만족스럽지 못하다는 것을 인식한다. 학습의 세계에 대한 그와 같은 구분을 왜곡하는 한정된 조건의 묶음이 있는 것이다. 실제로 나이에 따라 등급화된 그와 같은 체제에서는 개인들이 해당 나이 수준에 들어갈 수 있지만 그런 가르침으로부터 아무런 혜택을 받을 준비가 되어 있지 않다고 이해한다.

다른 의미에서 학습 세계는 몸동작을 통한 학습, 전략적인 학습, 전문·실제적인 학습과 같이 세 개의 다른 집단으로 나눌 수 있다. 나이와 등급에 바탕을 두지 않은 이런 구별은 왜 어떤 개인이 교육 제도로부터 도움을 받지 못하는가를 이해하는 데 도움을 주며 잘못 배치된 개인들의 욕구에 맞춰 조정된 체제를 허용하는 통찰을 제공해 줄 것이다.

몸동작을 통한 학습(kinesic learning)은 다양한 갈래의 물리적인 협응과 관련이 있다. 여기에는 기본적인 손/눈의 협응에서부터 낯선 소리를 또렷하게 발음하기 위해 혀를 마는 것에 이르기까지 관련된 복잡한 과정에 걸쳐 있다. 그리고 그와 마찬가지로 잘 모르는 정서법에 있는 음소 기호의 모양을 본뜨기 위해 쓰기를 손으로 수행하는 복잡한 문제와 관련되어 있다. 교육 제도에서는 이런 종류의 가르침에는 비교적 효과적이다.

전략적인 학습(tactic learning)은 유추에 의해 가장 잘 예를 들어 보일 수 있다. 만약 어떤 사람이 낯선 도시에 가서 택시를 빌려 타고 공항에서 시내 호텔로 간다면 이용 가능한 경로와 그날 그 시간대의 지정 경로, 가는 도중에 있는 (이를테면 공사로 인한) 일시적인 장애물를 고려하는 상당히 복잡한 경로 탐색 분석을 택시 운전수가 하게 될 것이라고 예상한다. 그리고 운전수는 경제적이고 효과적인 방법으로 호텔에 도착하게 될 것이라고 예상한다. 이와 같은 경로 탐색 문제에서 택시 운전수는 닫힌 체계 안에서 자신의 역할을 한다. 결국 공항과 호텔 사이에 제한된 일정한 수의 방법이 있으며 지정 경로와 장애물과 관련된 제한된 선택이 있을 뿐이다. 언어에서 이는 통사적인 구조와 어떤 언어의 어휘 학습에 비교될 수 있다. 교육 제도는 전략적인 학습을 되풀이해서 가르치는 데 잘 해나가고 있다.

전문·실제적인 학습(legeric learning) 역시 유추에 의해 가장 잘 예를 들어 보일 수 있다. 만약 어떤 사람이 어느 정도 국부적인 아픔을 하소연하면서 외과 의사를 찾아간다면 사람들은 의사가 질병을 진단하고 적절한 조치를 처방하여 줄 것이라고 기대한다. 그렇게 하기 위하여 외과 의사는 선택 가능하지만 실제로는 무한히 열린 체계에서 역할을 하여야 한다. 시험 측정 물리적 점검, 직관, 경험 혹은 다른 기술을 이용하면서 외과 의사는 목적을 달성하고 환자는 좋아질 것이다. 언어에서 실제적인 학습은 (교육적으로 타당한) 수사 체계 즉 언어사용과 담화의 통달과 관련된다. 교육제도에서 실제적인 기술의 가르침에 그렇게 전문적이지 않다. 이와는 달리, 학생들이 그와 같은 기술을 완전하게 터득하게 된다고 가정하거나 그와 같은 기술의 본질을 인식하지 못하고 있을 뿐이다. 그 결과 적절한 실제적인 지식을 터득하게 되는 학생들은 성공하지만 그렇지 않은 사람은 실패하게 되고 그런 제도 때문에 [실패자라는] 낙인이 찍힌다.

세 가지 학습 흐름에 얹혀진 상대적인 가치에 따라 어떤 사회를 기술할 수 있다. 대부분의 교육제도에서는 실현 가능한 가장 이른 시기에 몸동작을 통한 학습에 주의를 기울인다. 일반적인 범위 안에서 모든 개인들은 그와 같은 기술들을 쉽게 습득할 수 있다고 가정한다. 전문 육상 선수가 터무니없이 높게 보상을 받는 미국과 같은 곳을 제외하면 이런 기술들은 일반적으로 높게 평가되지 않으며, 이들을 습득하는 데 오랜 시간이 걸리지 않는다. 대부분의 초등학생들은 이런 기술을 통달하였다고 말할 수 있다. 택시를 모는 것과 같은 전략 기술은 대부분의 사회에서 높은 가치를 지닌다고 간주되지 않으며, 그것들을 습득하는 데 오랜 시간이 걸리지 않는다. 택시 운전수는 그렇게 잘 보상을 받지도 않는다. 실제로 그들은 사회 경제적인 척도에서 낮은 가장자리로 떨어지는 경향이 있다(이것은 지리 탐색 기술이 높은 가치를 부여받는 사회가 아무 데도 없다는 것을 의미하지 않는다. 어떤 태평양 제도의 사회에서 지리 탐색가는 사회 구성원 가운데 가장 가치 있는 구성원이다). 반면에 대부분의 사회에서 전문·실제적인 기술은 높게 가치를 부여받는다. 외과 의사는 면허를 습득하는 데 필수적인 기술과 손일을 실행하는 데 필요한 자격을 얻기 위해 몇 년이 걸린다. 그들은 가장 높은 가치를 부여받는 사회 구성원이며 상당한 수익으로 보상을 받는다(언제나 그런 것은 아니다. 17세기와 18세기에 미국에서 외과 의술은 이발사들이 하였고 외과 의사는 높은 사회적 지위에 있지 않았다. 의약의 범례가 바뀜에 따라 의학이 그것들을 다시 자리매김함에 따라 외과 의술의 사회적 지위가 높아졌다).

많은 교실 수업에서 쓰기 가르침이 주로 몸동작 기술이나 전략적 수준에서 통달에 초점을 모았다고 주장하고 싶다. 말하자면 쓰기에 관련된 고급 수준의 기술 습득을 도와주는 대신에 학생들에게 (펜을 사용하든 문서 편집기를 사용하든) 정서법 체계에 따른 산출에 관련된 기술을 가르치고 문법과 철자와 같은 표면 구조 특징과 관련된 기술을 가르친다. 간단히 말해 학생들에게 쓰기와 관련된 관례들을 기본적으로 가르친 것이다. 더 나아가 우리가 논의해 온 것처럼 쓰기 가르침은 교사는 말할 것도 없이 연구자들에게는 충분히 이해되지 않은 전문·실제적인 차원에 관련된다는 것을 주장하고 싶다. 경험, 직관에 따른 결합과 처리가 새로운 지식의 발견을 위한 기법이 되는 것은 전문·실제적인 차원이다.

교실 수업에서 학생 수행을 몸동작 차원의 기술, 전략 차원의 기술로 쓰기를 제한하는 것과 관련되는 정도, 자신의 내재적인 자원에 전적으로 의존하는 닫힌 체계 안에서 학생들이 역할을 제한하는 정도만큼 그와 같은 교실 수업은 실제로 매우 제한된 형식의 쓰기만을 가르치고 있다. 이 책에서 저자들은 전문·실제

차원으로 쓰기 가르침을 옮겨가야 하는 근거를 제공하고자 하였으며 그 다음에 그렇게 하기 위한 교육적인 방법들을 제공하려고 하였다.

학생들은 서로 다른 단계에서 시작한다고 이해한다. 만약 어떤 학생이 몸동작 차원의 기술만을 지닌 채 어떤 수준에 있든 그 제도에 들어오게 된다면 그 제도에서는 학생이 전문·실제적인 기술의 일부로서 전략 차원의 기술 습득이 가능하도록 충분하게 가르침 방향을 제시하는 데 책임이 있다. 많은 학생들은 전략적 차원의 기술을 지니게 된다. 결국 낙서처럼 쓸 수 있는 필자들은 모두 전략 차원의 기술을 지니고 있지만 전문·실제적인 차원의 기술은 부족한 것이다. 학생들로 하여금 전문·실제적인 기술을 지니도록 하기 위해서는 그런 기술을 지닐 수 있도록 원해야 하고 그와 같은 기술이 자신들의 삶과 사회에서 가치를 지닌다는 것을 알게 된 뒤에야 그와 같은 기술을 지니도록 원하게 될 것이다.

우리가 수행해 온 과제가 완결되지 않았다는 것을 알고 있다. 글말 덩잇글의 구조에 대한 지식이 넓혀짐에 따라 그리고 전문·실제 차원의 기술을 깨닫도록 하는 수단에 대한 자각이 늘어남에 따라 쓰기 가르침도 변할 것이다. 우리의 지식을 최대한 활용하여 학문이 도달할 수 있는 종합을 제공하였다. 밑바닥에 깔려 있는 모범사례들을 넓히거나 바꾸게 되고 쓰기 가르침의 더 효과적인 방법을 제공하게 될 다음 단계의 연구를 기대한다. 각각의 학자들 세대는 아버지 세대의 어깨를 딛고 서 있어서 더 멀리 볼 수 있다. 쓰기에 대한 계속되는 연구를 통하여 더 넓어진 안목을 가질 가능성을 기꺼이 받아들인다.

▌쓰기 가르침을 위한 일흔다섯 가지 주제들 ▌

10장: 초급 수준에서 쓰기 가르침

1. 교실수업에서 인쇄물 활용하기
2. 매일 쓰기
3. 쓰기에 앞서 토론 장려하기
4. 학생들의 관심사 녹음하기
5. 쓰기에 대한 근거 제공하기
6. 보호장치가 있는 교수법(sheltered instruction) 활용
7. 글말 능력 뒷받침하기(literacy scaffolding)
8. 어휘 발달에 관심 기울이기
9. 반응을 보이고 되짚어 주기
10. 시작을 할 수 없는 학생들을 도와주기
11. 큰 책과 언어 경험 활동을 활용하기
12. 낱말 목록 만들기
13. 구절과 문장 활용하기
14. 베껴 쓰기와 받아쓰기
15. 시로 활동하기
16. 그림으로 활동하기
17. 이야기 전달하기
18. 편지 쓰기
19. 묘사하기, 지시하기, 과정 기술하기
20. 기록 보관하고 보고서 쓰기
21. 대화 일지 활용하기
22. 완결된 글 출판하기
23. 쓰기를 위한 공간 마련하기
24. 폭넓은 읽기 포함하기
25. 문서 편집기에 이른 시기에 접속하기

11장: 중급 수준에서 쓰기 가르침

1. 협력 학습과 모둠 활동
2. 쓰기 향상을 위한 얼개로서 내용 중심의 가르침
3. 독자에 대한 자각
4. 자유롭게 쓰기와 난상제안
5. 의미 지도 만들기와 그림으로 구성 나타내기
6. 전략 가르침
7. 동료 비평 모둠(peer response group)
8. 쓰기 과정
9. 통제된 쓰기에서 자유롭게 쓰기로 옮아감.
10. 언어와 갈래별 구조에 대한 자각
11. 정보를 모으기
12. 내용 중심의 자료로 쓰기
13. 요약하고 비평하는 쓰기
14. 언어 사용에 대한 자각
15. 덩잇글을 효과적으로 편집하기
16. 자서전과 전기
17. 현장조사와 설문지
18. 신문과 매체
19. 정보에 바탕을 둔 보고서
20. 개인적으로 써보기
21. 문장 결합하기
22. 수행내용철
23. 가치 분명하게 하기 활동
24. 복식 기입장
25. 학생들의 발표

12장: 고급 수준에서 쓰기 가르침

1. 쓰기를 위한 분위기 조성하기
2. 여러 층위의 자료들로 쓰기
3. 비판적으로 읽기
4. 토론을 안내하기
5. 쓰기 탐구와 쓰기 실행
6. 개요 짜기와 구조에 바탕을 둔 개관
7. 쓰기 구성하기를 위해 진단법 활용하기
8. 논술 조직의 유형 활용하기
9. 단락을 나누고 덩잇글 형식 만들기
10. 쓰기 시작과 쓰기 마무리
11. 의견과 사실을 구별하기
12. 적절하게 세부내용 전개하기
13. 학생들의 글에 비평하기
14. 학급에서 고쳐 쓰기를 위해 덩잇글 제시하기
15. 교사-학생 협의하기
16. 비평문(critical reviews) 쓰기
17. 논증문 쓰기 - 입장 취하기
18. 사례 연구를 바탕으로 한 쓰기와 모의하기
19. 창의와 해석에 바탕을 둔 논술(interpretive essays) 쓰기
20. 조사연구 보고서(research report) 쓰기
21. 내용에 바탕을 둔 쓰기와 여러 교육과정에 걸친 쓰기
22. 담화 공동체
23. 시각적인 표현자료로 쓰기
24. 매체와 함께 쓰기
25. 문체와 개인 필자

▌참고문헌 ▌

Abrahamson, D. 1985. Creature of invention. *National Wildlife* 23, 2. 25-8.

Ackerman, J. 1993. The promise of writing to learn. *Written Communication* 10. 334-70.

Adams, M. 1989. Beginning to read: Thinking and learning about print. London and Cambridge, MA: MIT press.

Alderson, C. 1987. An overview of ESL/EFL testing in Britain. In C. Alderson, K. Krahnkf and C. Stansfield (eds) *Reviews of Englis language proficiency tests.* Washington, DC: TESOL Publications. 3-4.

Alderson, C. 1993a. Judgments in language testing. In D. Douglas and C. Chapelle (eds) *A New decade in language testing research.* Alexandria, VA: TESOL Publications. 46-57.

Alderson, C. 1993b. The relationship between grammar and reading in an English for academic purposes test battery. In *A New decade in language testing research.* Alexandria, VA: TESOL Publications. 203-19.

Alderson, C. Krahnkf and C. Stansfield (eds). 1987. *Reviews of Englis language proficiency tests.* Washington, DC: TESOL Publications.

Allaei, S and U. Connor. 1991. Using performative assessment instruments with ESL student writers. In L. Hamp-Lyons(ed.) *Assessing second language writing in academic contexts.* Norwood, NJ: Ablex. 227-40.

Amnesty International. 1984. Exiled South Korea leader calls for Amnesty's continued human rights support. *Amnesty International Newsletter.* (Dec. 1984) 1.

Anderson, J. 1990. *Cognitive psychology and its implications*, 3rd edn. Oxford and New York: Freeman.

Anderson, P. 1985. W*hat survey research tells us about writing at work*. In L. Odell and D. Goswami (eds) Writing in nonacademic settings. New York: Guilford. 3-83.

Anson, C. (ed.) 1989. *Writing and response: Theory, practice, and research*. Urbana, IL: National Council of Teachers of English.

Applebee, A. 1981. *Writing in the secondary schools*. Urbana, IL: National Council of Teachers of English.

Applebee, A. 1984. *Contexts for learning to write*. Norwood, NJ: Ablex.

Applebee, A. 1986. Problems in process approaches: Toward a reconceptualization of process instruction. In A. Petrosy and D. Bartholomae (eds) *The teaching of writing*. Chicago. IL: National Society of the Study of Education(University of Chicago Press). 95-113.

Applebee, A., J. Langer, L. Jenkins, I. Mullis and M. Foertsch. 1990a. *Learning to write in our nation's schools: Instruction and achievement in 1988 at grades 4, 8, and 12*. Princeton, NJ: Educational Testing Service.

Applebee, A., J. Langer, and I. Mullis. 1986. Writing: Trends across the decade. 1974-84. Princeton, NJ: Educational Testing Service.

Applebee, A., J. Langer, I. Mullis, and L. Jenkins1990b. The writing report card, 1984-88. Princeton, NJ: Educational Testing Service.

Applebee, A., J. Langer, I. Mullis, A. Latham and C. Gentile. 1994. NAEP 1992: *Writing report card*. Washington, DC: Office of Educational Research and Improvement, US Department of Education. [Report #23-W01].

Armbruster, B. 1991. Framing: A technique for improving learning from science texts. In C. Santa and D. Alvermann (eds) *Science learning: Process and applications*. Newark, DE: International Reading Association. 104-13.

Armbruster, B., T. Anderson and J. Meyer. 1991. Improving content area reading using instructional graphics. *Reading Research Quarterly 26*, 393-416.

Arnove, R and H. Graff (eds). 1987. *National Literacy campaigns*. London and New York: Plenum.

Aronson, E., N. Blaney, C. Stephan, J. Sikes and M. Snapp. 1978. *The Jigsaw classroom*, Beverley Hills, CA/London: Sage.

Atkinson, D. 1991. Discourse analysis and written discourse conventions. In W. Grabe et al. (eds) *Annual review of applied linguistics, 11*. Cambridge, England and New York: Cambridge University Press. 57-76.

Atkinson, D. 1993. A historical discourse analysis of scientific research writing from 1675 to 1975: The case of the *Philosophical Transactions of the Royal Society of London. Los Angeles*: University of Southern Calfornia. Ph. D. diss.

Au, K., D. Crowell, C. Jordan, K. Sloat, G. Speidel, T. Klein and R. Tharp. 1986. Development and implementation of the KEEP reading program. In J. Orasanu (ed.) *Reading Comprehension: From reasearch to practice*. Hove, Sussex and Hillsdale, NJ: L. Erlbaum. 235-52.

Au, K. and C. Jordan. 1981. Teaching reading to Hawaiian children: Finding a culturally appropriate solution. In H. Trueba, G. Guthrie, and K. Au (eds) *Culture and the bilingual classroom: Studies in classroom ethnography*. Rowley, MA: Newbury House. 139-52.

Bachman, L. 1990. *Fundamental Considerations in Language testing*. Oxford and New York: Oxford University Press.

Baker, E, H. O'Neil and R. Linn. 1993. Policy and validity prospects for performance-based assessment. *American Psychologist 48*, 1210-18.

Bakhtin, M. 1981. *The ideological imagination*. (C. Emerson and M. Holquist, Trans.) Austin, TX: University of Texas Press.

Baldauf, R. 1986. Linguistic constraints on participation in psychology. *American Psychologist 41*. 220-4.

Baldauf, R. and B. Jernudd. 1983. Language of publications as a vairable in scientific communication. *Australian Review of Applied Linguistics 6*, 97-108.

Baldauf, R. and B. Jernudd. 1987. Academic communication in a foreign language: The example of Scandinavian psychology. *Australian Review of Applied Linguistics 10*, 98-117.

Bamberg, B. 1983. What makes a text coherent? *College composition and Communication 34*, 417-29.

Bangert-Drowns, R. 1993. The word processor as an instructional tool: A meta-analysis of word processing in writing instruction. *Review of Educational Research 63*, 69-93.

Barber, C. 1962/1985. Some measurable characteristics of modern science prose. In J. Swales (ed.) *Episode in ESP*. Hemel Hempsted and Englewood Cliffs, NJ: Prentice Hall. 1-14.

Basalou, L. 1992. Cognitive psychology: An overview for cognitive scientists. Hove, Sussex and Hillsdale, NJ: L. Erlbaum.

Basalou, L. 1993. Frames, concepts, and conceptual fields. In A. Lehrer and E. Kittay (eds) *Frames, fields, and contrasts*. Hove, Sussex and Hillsdale, NJ: L. Erlbaum. 21-74.

Bartholomaem, D. 1985. Inventing the University. *When a writer can't write*. New York: Guilford. 134-165.

Bartholomaem, D. and A. Petrosky. 1986. *Facts, artifacts and counterfacts: Theory and method for a reading and writing course*. Upper Montclair, NJ: Boynton/Cook.

Barton, D. and R. Ivanic (eds) 1991. *Writing in community*. London and Newbury Park, CA: Sage.

Basso, K. 1974. The ethnography of writing. In R. Buman and J. Sherzer (eds) Explorations in the ethnography of speaking. Cambridge, England and New York: Cambridge University Press. 425-32.

Bateson, G. 1979. *Mind and Nature: A necessary and unity*. London and New York: Bantam Books.

Bazerman, C. 1983. Scientific writing as a social act. In P Anderson, J. Brockman and C. Miller (eds) *New essays in technical writing and communication*. Farmingdale, NY: Baywood. 156-84.

Bazerman, C. 1985. Physicists writing physics: Schema-laden purposes and purpose-laden schema. *Written Communication 2*, 3-23.

Bazerman, C. 1988. *Shaping written knowledge*. Madison, WI: University of Wisconsin Press.

Bazerman, C. 1991. Discourse analysis and social construction. In W. Grabe et al. (eds) *Annual review of applied linguistics*, 11. Cambridge, England and New York: Cambridge University press. 77-83.

Bazerman, C. 1993. Constructing experience. Carbondale, IL: Southern Illinois University press.

Beach, R. 1989. Showing students how to assess: Demonstrating techniques for response in the writing conference. In C. Anson (ed.) *Writing and response: Theory, practice, and research*. Urbana, IL: National Council of Teachers of English. 127-48.

De Beaugrande, R. 1982. Psychology and composition: Past, present, future. In Nystrand (ed.) *What writers know: The language, process, and structure of written composition*. London and New York: Academic press. 211-67.

De Beaugrande, R. 1984. *Text production: Toward a science of composition*. Norwood, NJ: Ablex.

De Beaugrande, R. 1985. *Writing step by step*. London and New York: Harcourt Brace.

De Beaugrande, R. and W. Dressler. 1981. *Introduction to text linguistics*. London and New York: Longman.

Beck, I., M. McKeown, G. Sinatra and J. Loxterman. 1991. Revising social studies text from a text-processing perspective: Evidence of improved comprehensibility. *Reading Research Quarterly 26*, 251-76.

Belanoff, P. and M. Dickson (eds). 1991. *Portfolios: Process and product*. Portsmouth, NH: Boyton/Cook.

Benson, J. and W. Graves (eds). 1985. *Systemic perspectives on discourse*. 2 Volumes. Norwood, NJ: Ablex.

Beriter, C. 1990. Aspects of an educational learning theory. *Review of Educational Research 60*, 603-24.

Beriter, C. and M. Scardamalia. 1985. Cognitive coping strategies and problem of 'inert knowledge'. In S. Chipman, J. Segal and R. Glaser (eds) *Thinking and learning skills: vol. 2 Research and open questions*. Hove, Sussex and Hillsdale, NJ: L. Erlbaum. 65-80.

Beriter, C. and M. Scardamalia. 1987. *The psychology of written composition*. Hillsdale, NJ: L. Erlbaum.

Beriter, C. and M. Scardamalia. 1989. International learning as a goal of intruction. In L. Resnick (ed.) *Knowing, learning, and instruction: Essays in honor of Robert Glaser*. Hillsdale, NJ: L. Erlbaum. 361-91.

Beriter, C. and M. Scardamalia. 1993. *Surpassing ourselves: An inquiry into the nature and complications of expertise*. Chicago: Open Court Press.

Berkenkotter, C. and T. Huckin. 1983. Rethinking genre from a sociocognitive perspective. *Written Communication 10*, 475-509.

Berkenkotter, C. and T. Huckin. 1995. *Genre knowledge in disciplinary communication*. Hillsdale, NJ: L. Erlbaum.

Berlin, J. 1984. *Writing instruction in nineteenth century American colleges*. Carbondale, IL: Southern Illinois Univ. Press.

Berlin, J. 1987. *Rhetoric and reality: Writing instruction in American colleges, 1900-1985*. Carbondale, IL: Southern Illinois Univ. Press.

Bernhardt, E. 1994. A content analysis of reading methods texts: What are we told about nonnative speaker of English? *Journal of Reading Behaviour 26*, 159-89.

Bernstein, B. 1972a. Social class, language and socialization. In P. P. Giglioli i(ed.) *Language and social context*. Harmondworth, England: Penguin. 157-78.

Bernstein, B. 1972b. A critique of the concept of compensatory education. In. Cazden, V. John and D. Hymes (eds) *Functions of language in the classroom*. New York: Routledge.

Berthoff, A. 1981. *The making of meaning*. Upper Montclair, NJ: Boynton/Cook.

Bensier, N. 1988. The linguistic relationships of spoken and written Nukulaelae registers. *Language 64*. 707-36.

Bhatia, V. K. 1993. *Analysing genre: Language use in professional settings*. London and New York: Longman.

Biber, D. 1988. *Variation across speech and writing*. Cambridge, England and New York: Cambridge Univ. Press.

Biber, D. 1989. A typology of English texts. Linguistics 27. 3-43.

Biber, D. 1992. On the complexity of discourse complexity: A multidimensional analysis. *Discourse Processes 15*, 133-63.

Biber, D. 1994. An analytic framework for register studies. In D. Biber and E. Finegan (eds) *Sociolinguistic perspectives on register*. Oxford and New York: Oxford Univ. Press. 31-56.

Biber, D. 1995. *Cross-linguistic patterns of register variation: A multipdimensional comparison of English, Tuvaluan, Korean, and Somali*. Cambridge, England and New York: Cambridge Univ. Press.

Biber, D. and E. Finegan 1988. Adverbial stance types in English. *Discourse Processes 11*, 1-34.

Biber, D. and E. Finegan 1989. Styles of stance in English: Lexical and grammatical markings of evidentiality and affect. *Text 9*, 93-124.

Bickner, R. and P. Peyasantiwong. 1988. Cultural variation in reflective writing. In A Purves (ed.) *Writing across languages and cultures*. London and Newburry Park, CA: Sage. 160-74.

Bissex, G. 1980. *Gyns at work: A child learns to read and write*. Cambridge, MA: Harvard Univ. Press.

Bizzell, P. 1982. College composition: Initiation into the academic discourse community. *Curriculum Inquiry 12*, 191-207.

Bizzell, P. 1986a. What happens when basic writer comes to college? *College composition and communication 37*, 294-310.

Bizzell, P. 1986b. Foundationalism and anti-foundationalism in compositon studies. *Pre/Text 7*, 37-56.

Bizzell, P. 1993. *Academic discourse and critical consciousness*. Pittsburg: Univ. of Pittsburgh Press.

Blair, H. 1783/1965. Lectures on rhetoric and belles letters(H. Harding, ed.). Carbondale, IL: Southern Illinois Univ. Press.

Block, H. and K. De Glopper. 1992. Large scale writing assessment. In L. Verhoeven. and J. H. A. L De Jong (eds) *The construct of language proficiency*. Philadelphia: J. Benjamins. 101-111.

Bloome, D. and J. Green. 1992. Educational contexts of literacy. In W. Grabe et al. (eds) *Annual review of applied linguistics, 12. Literacy*. Cambridge, England and New York: Cambridge Univ. Press. 49-70.

Boggs, S. 1985. *Speaking, relating and learning*. Nor Wood, NJ: Ablex.

Bonk, W. 1990. A synthesis of social cognition and writing research. *Written Communication 7*, 136-63.

Boomer, G. 1985. *Fair dinkum teaching and learning: Reflections on literacy and power*. Upper Montclair, NJ: Boynton/Cook.

Bracey, G. 1995. The assessor assessed: A 'revisionist' looks at a critique of the Sandia report. *Journal of Educational Research 88*, 136-44.

Breland, H., R. Camp, R. Jones, M. Morris and D. Rock. 1987. *Assessing writing skill*. New York: College entrance Examination Board. [Research Monograph #11].

Briton, D., M. A. Snow and M. Wesche (eds.) 1989 *Content-based second language instruction*. New York: Newburry House.

Britton, B. and J. Black. 1985a. Understanding expository text: From structure to process and world knowledge. In B. Britton and J. Black (eds) *Understanding expository text*. Hove, Sussex and Hillsdale, NJ: L. Erlbaum. 1-9.

Britton and J. Black (eds) *Understanding expository text*. Hove, Sussex and Hillsdale, NJ: L. Erlbaum.

Britton B. and S. Gulgoz. 1991. Using Kintsch' computational model to improve instructional text: Effects of reparing inferenc calls on recall and cognitive structures. *Journal of Educational Psychology 83*, 329-45.

Britton, B., A. Woodward and M. Binkley (eds.) 1993. *Learning from textbooks: Theory and practice*. Hove, Sussex and Hillsdale, NJ: L. Erlbaum.

Britton, J. 1983. Shaping at the point of uttrance: In A. Freedman, I. Pringle and J. Yalden (eds.) *Learning to write: First language/second language*. London and New York: Longman. 13-19.

Britton. J., T. Burgess, N. Martin, A. McLeod, and H. Rosen. 1975. *The development of writing ability* (11-18). London: Macmillan.

Brown, A. 1994. The advancement of learning. *Educational Researcher 23*, 4-12.

Brown, A and J. Campione. 1994. Guided discovery in a community of learners. In K. McGilly (ed.) *Classroom lessons: Intergrating cognitive theories*. Cambridge, MA: MIT Press. 229-70.

Brown, A. and A Pallincsar. 1989. Guided, cooperative learning and individual knowledge acquisition. In L. Resnick (ed.) *Knowing, learning, and instruction: Essays in honor of Rober Glaser*. Hove, Sussex and Hillsdale, NJ: L. Erlbaum. 393-451.

Brown, G. and G. Yule. 1983. *Discourse analysis*: Cambridge, England and New York: Cambridge Univ. Press.

Bruce, B., J. K. Peyton, and T. Bateson (eds.) 1993. *Network-based classrooms: Promises and realities*. Cambridge and New York: Cambridge Univ. Press.

Bruce, B. and A. Rubin, 1993. *Electronic quills: A situated evaluation of using computers for writing in classrooms*. Hove, Sussex and Hillsdale, NJ: L. Erlbaum.

Bruffee. J. 1986. Social construction, language, and the authority of knowledge: A bibliograhic essay. *College English 48*, 773-90.

Bruner, J. 1983. *Child's talk: learning to use language*. Oxford: Oxford Univ. Press.

Bruthiux, P. 1993. *Child's talk: learning to use language*. Oxford: Oxford Univ. Press.

Bullock Committee. 1975. *A language for life*. London: Department of Education and Science, Her Majesty's Stationery Office.

Calfee, R. 1992. Authentic assessment of reading and writing in the elementary classroom. In M. Dreher and W. Slater (eds.) *Elementary school literacy: Critical issues*. Norwood, MA: Christoper Gordon. 211-39.

Calkins, L. 1983. *Lessons from a child*. London and Portsmouth, NH: Heinemann.

Calkins, L. 1986. *The art of teaching writing.* London and Portsmouth, NH: Heinemann.

Camp, R. 1993. Changing the model for the direct assessment of writing. In M. Williams and B. Hout (eds) *Validating holistic scoring for writing assessment.* Cresskill, NJ: Hampton Press. 45-78.

Campbell, C. 1990. Writing with other's words: Using background reading text in academic compositions. In B. Kroll (ed.) *Second language writing.* Cambridge and New York: Cambridge Univ. Press. 211-230.

Campbell, G. 1776/1963. *The philosophy of rhetoric* (L. Bitzer, ed.). Carbondale, IL: Southern Illinois Univ. Press.

Canale, M. 1983. From Communication competence to communicative language pedagogy. In J. Richards and R. Schmidt (eds.) *Language and communiation.* London and New York: Longman.

Canale, M., M. Belanger and N. Frenette. 1988. Evaluation of minority student writing in first and second language. In J. Fine (ed.) *Second language discourse: A Textbook of current research.* Norwood, NJ: Ablex. 147-65.

Canale, M. and M. Swain. 1980. Theoretical bases of communicative approaches to second language teaching and testing. *Applied Linguistics 1*, 1-47.

Cantoni, G. 1987. *Content-area language instruction.* Wokingham, England and Reading, MA: Addison-Wesley.

Carlisle, R. 1989. The writing of Anglo and Hispanic elementary school students in bilingual, submersion, and regular programs. *Studies in Second Language Acquisition 11*, 257-80.

Carlson, S. 1988. Cultural differences in writing and reasoning skills. In A. Purves (ed.) *Writing across languages and cultures.* London and Newburry Park, CA: Sage. 227-60.

Carlson, S., B. Bridgeman, R. Camp and J. Waanders. 1985. *Relationships of admission test scores to writing performance of native and nonnative speakers of English.* Princeton, NJ: Educational Testing Service. [TOEFL Research Report #19].

Carnicelli, T. 1980. The writing conference: A one-on-one conversation. In T. Donovan and B. McClelland (eds) *Eight approaches to teaching composition*. Urbana, IL: National Council of Teachers of English. 101-31.

Carrell, P. 1982. Cohesion is not coherence. *TESOL Quarterly 16*, 479-88.

Carrell, P. 1987. Text as interaction: Some implications of text analysis and reading research for ESL composition. In U. Connor and R. B. Kaplan (eds) *Writing across languages: Analysis or L2 text*. Wokingham, England and Reading, MA: Addison-Wesley. 47-56.

Carson, J. 1992. Becoming biliterate: First language influences. *Journal of Second Language Writing 1*, 37-60.

Carson, J., P. Carrell, S. Silberstein, B. Kroll, and P. Kuehn. 1990. Reading-writing relationships in first and second language. *TESOL Quarterly 24*, 245-66.

Carson, J. and G. Nelson. 1994. Writing groups: Cross-cultural issues. *Journal of Second Language Writing 3*, 17-30.

Carter, M. 1990. The idea of expertise: An exploration of cognitive and social dimensions of writing. *College Composition and Communication 41*, 265-86.

Carter, R. 1990. When is a report not a report? Observation from academic and nonacademic settings. In W. Nash (ed.) *The writing scholar: Studies in academic discourse*. London and Newburry Park, CA: Sage.

Cazden, C. 1988. *Classroom discourse: The language of teaching and learning*. Oxford and Portsmouth, NH: Heinemann.

Cazden, C. and B. Gray. 1992. Australian approaches to genre-based writing instruction. *Paper presented at the 27th Annual TESOL Convention*, Vancouver, BC, March 1992.

Celce-Murcia, M., Z. Dornyei and S. Thurell. 1994. Communicative competence: A pedagogically motivated framework. *Paper presented at 1994 Arizona Round Table on Language*. Tucson, AZ, Feb.1994.

Cerniglia, C., K. Medsker and U. Connor. 1990. Improving coherence using computer-assisted instruction. In U. Connor and A. Johns (eds) *Coherence in Writing*. Washington, DC: TESOL Publications. 229-41.

Chafe, W. 1982. Integration and involvement in speaking, writing, and oral literature. In D. Tannen (ed.) *Spoken and Written language*. Norwood, NJ: Ablex. 35-54.

Chafe, W. 1985. Linguistic differences produced by differences between speaking and writing. In D. Olson, N. Torrance and A. Hilyard (eds) *Literacy, language, and learning*. Cambridge and New York: Cambridge Univ. Press. 105-23.

Chafe, W. and J. Nichols (eds). 1986. *Evidentiality: The linguistic coding of epistemology*. Norwood, NJ: Ablex.

Chapelle, C., W. Grabe and M. Berns. 1993. *Communicative language proficiency: Definitions and implications for TOEFL 2000*. [ETS International Report] Princeton, NJ: Educational Testing Service.

Charney, D. and R. Carlson. 1995. Learning to write in a genre: What student writers take from model texts. *Research in the Teaching of English 29*, 88-125.

Cheng, P. 1985. *An analysis of contrastive rhetoric: English and Chines expository prose, pedagogical implications, and strategies for the ESL teacher in a ninth grade curriculum*. Unpublished Ph. D. diss., The Pensylvania State University.

Cherry R. and P. Meyer. 1993. Reliability issues in holistic assessment. In M. Williamson. and B. Hout (eds) *Validating holistic scoring for writing assessment*. Cresskill, NJ: Hampton Press. 109-41.

Choi, S. and M. Bowerman. 1991. Learning to express motion events in English and Korean: The influence of language-specific lexicalization patterns. *Cognition 44*, 83-121.

Christie, F. 1985. Some current issues in first language writing development. *Australian Review of Applied Linguistics 8*, 27-54.

Christie, F. 1989. Language development in education. In R. Hasan and J. Martin (eds) *Language development: Language learning, learning culture*. Norwood, NJ: Ablex. 152-98.

Christie, F. 1992. Literacy in Australia. In W. Grabe et al. (eds) *Annual review of applied linguistics, 12. Literacy*. Cambridge and New York: Cambridge Univ. Press. 142-55.

Christie, F. (ed.) 1990. Literacy for a changing world. Hawthorn, Victoria: Australian Council for Educational Research.

Christie, F. et al. 1991. *Language as a resource for meaning: Report booklets 1-4 and teacher manual*. Sydney: Harcourt and Brace Jovanich.

Christie, F. et al. (eds). 1991. *Writing in schools: Studying guide*. Geelong, Victoria: Deakin Univ. Press.

Clancy, P. 1986. The acquisition of communicative style in Japanese. In B. Schieffelin and E. Ochs (eds) *Language socialization across cultures*. London and New York: Cambridge Univ. Press. 213-50.

Clapham, C. 1993. Is ESP testing justified? In D. Douglas and C. Chapelle (eds) *A new decade in language testing research*. Alexandria, VA: TESOL Publications. 257-71.

Clay, M. 1975. *What did I write: Beginning writing behaviour*. Oxford and Auckland, New Zealand: Heinemann Educational Books.

Clifford, J. 1981. Composing in stages: The effects of a collaborative pedagogy. ***Research in the Teaching of English 15***. 37-53.

Clyne, M. 1981. Culture and discourse structure. *Journal of Pragmatics 5*, 61-6.

Clyne, M. 1983. Linguistics and written discourse in particular languages: Contrastive studies: English and German. In R. B. Kaplan et al. (eds) *Annual review of applied linguistics, 3*. Cambridge, England and New York: Cambridge Univ. Press. 38-49.

Clyne, M. 1985. Language and society in the German speaking countries. Cambridge and New York: Cambridge Univ. Press.

Clyne, M. 1987. Cultural differences in the organization of academic texts: English and German. *Journal of Pragmatics 11*, 211-47.

Clyne, M. 1991. The sociocultural dimension: The dilemma of the German-speaking scholar. In H. Schroder (ed.) *Subject-oriented texts*. New York: Walter deGruyter. 49-67.

Cochran-Smith, M. 1991. Word processing and writing in elementary classrooms: A critical review of related literature. *Review of Educational Research 61*, 107-55.

Coe, R. 1986. Teaching writing: The process approach, humanism, and the context of 'crisis.' In S. DeCastell, A. Luke and K. Egan (eds) *Literacy, society and schooling: A reader*. Cambridge and New York: Cambridge Univ. Press. 270-312.

Coe, R. 1994. 'An arousing and fulfillment of the desires' : The rhetoric of genre in the process era- and beyond. In A, Freedman and P. Medway (eds) *Genre and the New rhetoric*. London and New York: Taylor & Francis. 181-90.

Cohen, A. 1990. *Language learning*. New York: Newbury House.

Cohen, A and M. Cavalcanti. 1990. Feedback on composition: Teacher and student verbal reports. In B. Kroll (ed.) *Second language writing*. Cambridge and New York: Cambridge Univ. Press. 155-77.

Cohen, G. 1983. *The psychology of cognition*. 2nd edn. Cambridge and New York: Academic Press.

Collerson, J. (ed.) *Writing for life*. Rozelle, NSW: Primary English Teaching Association.

Collins, A., J.S. Brown and S. Newman. 1989. Cognitive apprenticeship: Teaching the craft of reading, writing, and mathematics. In I. Resnick (ed.) *Knowing, learning, and instruction: Essays in honor of Robert Glazer*. Hove, Sussex and Hillsdale, NJ: L. Erlbaum. 453-94.

Collins, H. 1985. *Changing order: Replication and induction in scientific practice*. London and Beveyl Hills, CA: Sage.

Collins, J. and M. Williamson. 1984. Assigned rhetorical context and semantic abbreviation in writing. In R. Beach and and L. Birdwell (eds) *New directions in composition research*. New York: Guillford. 285-96.

Comprone, J. and W. O'Barr. 1990. *Rules versus relationship: The ethnography of legal discourse*. Chicago: Univ. of Chicago Press.

Connor, U. 1987. Research frontiers in writing analysis. *TESOL Quarterly 21*. 677-96.

Connor, U. 1995. *Contrastive rhetoric: Cross-cultural aspects of second language writing*. Cambridge, England and New York: Cambridge Univ. Press.

Connor, U. and K. Asenavage. 1994. Peer response groups in ESL writing classes: How much impact on revision. *Journal of Second Language Writing 3*, 257-76.

Connor, U. and M. Farmer. 1990. The teaching of topical structure analysis as a revision strategy of ESL writers. In B. Kroll (ed.) *Second Language Writing*. Cambridge, England and New York: Cambridge Univ. Press. 126-39.

Connor, U. and J. Lauer. 1988. Cross-cultural variation in persuasive student writing. In A. Purves (ed.) *Writing across languages: Analysis of L2 text*. Wokingham, England and Reading, MA: Addison-Wesley. 73-86.

Cook-Gumperz, J. (ed.) 1986. The social construction of literacy. Cambridge, England and New York: Cambridge Univ. Press.

Cooper, C. and S. Greenbaum (eds). 1986. *Studying writing: Linguistic approaches*. London and Beverly Hills, CA: Sage.

Cooper, C. and A. Matsuhashi. 1983. A theory of the writing process. In M. Martlew (ed.) *The psychology of written language: A fundemental approach*. Chichester, Sussex and New York: John Wiley. 3-39.

Cooper, M. 1986. The ecology of writing. *College English 48*, 364-75.

Cooper, M. 1989. Why are we talking about discourse communities? Or, foundationalism rears its ugly head once more. In M. Holzman (eds) W*riting as social practice*. Portsmouth, NH: Boyton/Cook. 202-20.

Cooper, R. 1979. Language planning, language spread, and language change. In J. Altis and G. R. Tucker (eds) *Language in public life*. Georgetown University Table on Languages and Linguistics 1979. Washington, DC: Georgetown Univ. Press. 23-50.

Cope, B. and M. Kalatzis (eds) *The powers of literacy: A genre approach to teaching writing*. Pittsburgh: Univ. of Pittsburgh Press.

Copeland, J. and E. Lomax. 1988. Building effective student writing groups. In J. Golub (ed.) *Focus on collaborative learning*. Urbana, IL: National Council of Teachers of English. 99-104.

Corbett, E. 1971. (1) *Classical rhetoric for the modern student*, 2nd edn. Oxford and New York. Oxford Uni. Press.

Coulthard, M. (ed.) 1994. *Advances in written text analysis*. London and New York:

Routledge.

Couture, B. (ed.) 1986. *Functional approaches to writing: Research perspectives.* Norwood, NJ: Ablex.

Couture, B. and J. Rymer. 1993. Situational exigence: Composing processes on the job by writer's role and task value. In R. Spilke (ed.) *Writing in the workplace.* Carbondale, IL: Southern Illinois Univ. Press. 4-20.

Cox, B., T. Shanahan and E. Sulsby. 1990. Good and poor elementary reader's use of cohesion in writing. *Reading research Quarterly 25,* 47-65.

Cox, B., T. Shanahan and M. Tinzmann. 1991. Children's knowledge of organization, cohesion, and voice in written exposition. *Research in the teaching of English 25,* 179-218.

Crandall, J. 1993. Content-centered learning in the United States. In Grabe et al. (eds) *Annual review of applied linguistics, 13.* Issues in second language teaching and learning. Cambridge and New York: Cambridge Univ. Press. 111-26.

Cressy, D. 1980. *Literacy and the social order.* Cambridge and New York: Cambridge Univ. Press.

Crowhurst, M. 1987. Cohesion in argument and narration at three grade levels. *Research in the teaching of English 21,* 185-201.

Crowhurst, M. 1990. The development of persuasive/argumentative writing. In R. Bach and S. Hynds (eds) *Developing dicsourse practices in adolescence and adulthood.* Norwood, NJ: Ablex. 200-23.

Crowley, S. 1989. *An introduction to deconstruction.* Urbana, IL: National Council of Teachers of English.

Crowley, S. 1990. *The methodical memory.* Carbondale, IL: Southern Illinois Univ. Press.

Crowley, S. 1995. Composition's ethic of service, the universal of requirement, and the discourse of student need. *Journal of Advanced Composition 15,* 227-39.

Cumming, A. 1989. Writing of expertise and second language proficiency. *Language Learning 39,* 81-141.

Cumming, A. 1990a. Expertise in evaluating second language compositions. *Language testing* 7, 31-51.

Cumming, A. 1990b. Metalinguistic and ideational thinking in second language composing. *Writing Communication* 7, 482-511.

Czubarofe, J. 1989. The deliberative character of strategic discourse debates. In H. Simons (ed.) *Rhetoric in the human sciences*. London and Newburry Park, CA: Sage. 28-47.

Daikerk, D., Kerek and M. Morenberg (eds) 1985. S*entence combining: A rhetorical perspective*. Carbondale, IL: Southern Illinois Univ. Press.

Danes, F. 1974. Functional sentence perspective and the organization of text. In F. Danes (ed.) *Papers on functional sentence perspective*. The Hague: Mouton. 106-28.

D'Angelo, F. 1975. *A conceptual theory of rhetoric*. Cambridge, MA: Winthrop.

D'Angelo, F. 1987. Aims, modes, and forms of discourse. In G. Tate (ed.) *Teaching composition*. Fort Worth, TX: Texas Christian Univ. Press. 131-54.

Dantas-Whitney, M. and W. Grabe. 1989. English and Brazilian Portuguese editorial prose. Paper presented at the 24th Annual TESOL Convention, San Antonio, TX, April 1989.

Davis, A., M. Clarke and L. Rhodes. 1994. Extended text and the writing proficiency of students in urban elementary schools. *Journal of Educational Psychology 86*, 556-66.

Degenhart, R. E. (ed.) 1987. *Assessment of student writing in an international context*. Jyvaskyla: Institute for Educational Research, University of Jyvaskyla.

DeMauro, G. 1992. *An investigation of the appropriateness of the TOEFL test and as a matching variable to equate TWE topics*. Princeton, NJ: Educational Testing Service. [TOEFL Research Reports #37.]

Demuth, K. 1990. Maturation and the acquisition of the Sesotho passive. *Language 65*, 56-81.

Derewianka, B. 1990. Exploring how text work. Rozelle, NSW: Primary English

Teaching Association (dist. by Heinemann, Portsmouth, NH).

Diederich, P. 1974. *Measuring growth in English*. Urbana, IL: National Council of Teachers of English.

Dillon, G. 1981. *Constructing texts*. Bloomington, IN: Indiana Univ. Press.

Dillon, G. 1983. Interpersonal functions of textual analysis. Lecture presented at the Univ. of Southern Calfornia. March, 1983.

DiPardo, A. and S. Freedman. 1988. Peer response groupd in the writing classroom: Theoretical foundations and new directions. *Review of Educational Research 58*, 119-49.

Dixon, C. and D. Nessel. 1983. Language experience approach to reading (and writing). Hayward, CA: Alemany Press.

Dobrin, D. 1989. Writing and technique. Urbana, IL: National Council of Teachers of English.

Doheny-Farina, S. 1986. Writing in an emerging organization: An ethnographic study. *Written Communication 3*, 158-85.

Dudley-Evans, T. 1989. An outline of the value of genre analysis in LSP work. In C. Lauren and M. Normad (eds) *Special Language*. Clevedon, England and Philadelphia: Mutiligual Matters. 72-9.

Dunbar, S., D. Koretz and H. Hoover. 1991. Quality control in the development and use of performance assessments. *Applied Measurement in Education 4*, 289-303.

Dyson, A. 1989. *Multiple worlds of child wriers: Friends learning to write*. New York: Teachers College Press.

Dyson, A. 1993. *Social worlds of children learning to write*. New York: Teachers College Press.

Eagleton, T. 1983. *Literacy theory: An introduction*. Minneapolis: Univ. of Minnesota Press.

Ede, L. and A Lunsford. 1984. Audience addressed/audience invoked: The role of audience in composition theory and pedagogy. *College composition and Communication 35*, 155-71.

Edelsky, C. 1982. Writing in a bilingual program: The relation of L1 and L2 texts. *TESOL Quarterly 16*, 211-28.

Edelsky, C. 1986. Writing in a bilingual program: Habia una vez. Norwood, NJ: Ablex.

Edelsky, C., B. Altwerger and B. Flores. 1991. *Whole language: What's the difference?* Oxford and Portsmouth, NH: Heinemann.

Eggington, W. 1987. Written academic discourse in Korean: Implications for effective communication. In U. Connor and R. B. Kaplan(eds) *Writing across languages: Analysis of L2 text.* Wokingham, England and Reading, MA: Addison-Wesley. 153-68.

Einstein, M. 1979. *The printing press as an agent of change, communications, and cultural transformations in early modern Europe.* 2 Volumes. Cambridge, England and New York: Cambridge Univ. Press.

Elbow, P. 1973. *Writing without teachers.* Oxford and New York. Oxford Uni. Press.

Elbow, P. 1981. *Writing with power.* Oxford and New York. Oxford Uni. Press.

Elbow, P. and P. Belanoff. 1989. *Sharing and responding.* London and New York: Random house.

Elbow, P. and P. Belanoff. 1991. State University of New York at Stonybrook portfolio-based evaluation program. In P. Belanoff and M. Dickson (eds) *Portfolios: Process and product.* Portsmouth, NH: Boynton/Cook. 3-16.

Emig, J. 1971. T*he composing processes of twelfth graders.* Urbana, IL: National Council of Teachers of English.

Emig, J. 1983. *The web of meaning.* Upper Montclair: NJ: Boynton/Cook.

Empson, W. 1961. *Seven types of ambiguity.* Harmonsworth: Penguin.

Enright D. S. and M. McCloskey. 1988. *International English.* okingham, England and Reading, MA: Addison-Wesley.

Ericsson, K. and H. Simon. 1984. Protocol analysis: Verbal reports as data. Cambridge, England and Cambridge, MA: MIT Press.

Evenson. L. 1990. Pointers to superstructure in standard writing. In U. Connor and A. Johns (eds) Coherence in writing. Washington, DC: TESOL Publications.

169-83.

Fagan, W., J. Jensen and C. Cooper. 1985. *Measures for research and evaluation in the English language arts*, Vol. 2. Urbana, IL: National Council of Teachers of English.

Faigley, L. 1979. Problems in analyzing maturity in college and adult writing. In D. Daiker, A. Kerek and M. Morenberg (eds) *Sentence combining and the teaching of writing*. Akron, OH: L&S Books. 94-100.

Faigley, L. 1985. Nonacademic writing: The social perspective. In L. Odell and D. Goswami (eds) *Writing in nonacademic settings*. New York: Guilford Press. 231-48.

Faigley, L. 1986. Competing theories of process: A critique and a proposal. College *Composition and Communication 48*, 527-42.

Faigley, L., R. Cherry, D. Joliffe and A. Skinner. 1985. *Assessing Writers' knowledge and process of composing*. Norwood, NJ: Ablex.

Fairclough, N. 1992a. Discourse and text: Linguisitc and intertextual analysis within discourse analysis. *Language and Society 3*, 193-217.

Fairclough, N. (ed.) 1992b. *Critical language awareness*. London and New York: Longman.

Faltis, C. 1992. Joinfostering: Adapting teaching strategies for the multilingual classroom. New York: Merrill.

Fathman, A. and C. Kessler. 1993. Cooperative language learning in school contexts. In W. Grabe et al. (eds) *Annual review of applied linguistics, 13. Issues in second language teaching and learning*. Cambridge, England and New York: Cambridge Univ. Press. 127-40.

Fathman, A. and E. Whalley. 1990. Teacher response to student writing: Focus on form versus content. In B. Kroll (ed.) *Second language writing*. Cambridge, England and New York: Cambridge Univ. Press. 178-90.

Feitelson, D. 1988. *Facts and fads in beginning reading*. Norwood, NJ: Ablex.

Ferris, D. 1994. Rhetorical strategies on student persuasive writing: Differences between native and non-native English speakers. *Research in the teaching of English 28,* 45-65.

Ferris, D. 1995. Student reactions to teacher response in multi-draft composition studies. *TESOL Quarterly 29,* 33-53.

Firbas, J. 1986. On the dynamics of written communication in light of the theory of functional sentence perspective. In C. Cooper and S. Greenbaum (eds) *Studying writing: Linguistic approaches.* Beverly Hills, CA: Sage.

Felck, L. 1935. *Genesis and development of scientific fact.* (trans. F. Bradley and J. Trenn). Chicago: Univ. of Chicago Press.

Flower, L. 1979. Writer-based prose: A cognitive basis for problems in writing. *College English 41,* 19-37.

Flower, L. 1988. The construction of purpose in writing and reading. *College English 50,* 528-50.

Flower, L. 1989. Cognition, context, and theory building. *College Composition and Communication 40,* 282-311.

Flower, L. 1994. *The construction of negotiated meaning: A social cognitive theory of writing.* Carbondale, IL: Southern Illinois Univ. Press.

Flower, L. and J. Hayes. 1977. Problem-solving strategies and the writing process. *ollege English 39,* 449-61.

Flower, L. and J. Hayes. 1980a. The cognition of discovery: Defining a rhetorical problem. *College Composition and Communication 31,* 21-32.

Flower, L. and J. Hayes. 1980b. The dynamics of composing: Making plans and juggling constraints. In L. Gregg and E. Steinberg (eds) *Cognitive processes in writing.* Hove, Sussex and Hillsdale, NJ: L. Erlbaum.

Flower, L. and J. Hayes. 1981a. A cognitive process theory of writing. *College Composition and Communication 32,* 365-87.

Flower, L. and J. Hayes. 1981b. Plans that guide the composing process. In C. Fredricksen and J. Dominic (eds) Writing: The nature, development, and teaching of written communication, Vol.2. Hove, Sussex and Hillsdale, NJ: L. Erlbaum.

Flower, L. and J. Hayes. 1984. Images, plans and prose: The representation of meaning of writing. *Written Communication 1*, 120-60.

Flower, L., V. Stein, J. Ackerman, M. Kantz, K. McCormick and W. Peck. 1990. *Reading-to-Write: Exploring a cognitive and social process*. Oxford and New York. Oxford Univ. Press.

Flynn, T. and M. King (eds) 1993. *Dynamics of the writing conference*. Urbana, IL: National Council of Teachers of English.

Fotos, S. 1991. The cloze test as an intergrative measure of EFL proficiency: A substitute for essays on college entrance examinations? *Language Learning 41*, 313-36.

Flower, R. 1986. *Linguistic criticism*. Oxford and New York. Oxford Univ. Press.

Frank, M. 1979. *If you're trying to teach kids how to write, ypu've gotta have this book!* Nashville, TN: Incentive Publications.

Frawly, W. 1993. *Linguistic semantics*. Hove, Sussex and Hillsdale, NJ: L. Erlbaum.

Freebody, P. and A. Welch (eds). 1993. *Knowledge, culture and power: International perspectives on literacy as policy and practice*. Pittsburg: Univ. of Pittsburg Press.

Freedman, A. 1993. Show and tell? The role of explicit teaching in the learning fo new genres. *Research in the teaching of English 27*, 222-51.

Freedman, A. and P. Medway (eds). 1994. *Genre and the new rhetoric*. Bristol, PA: Taylor and Francis.

Freedman, S. (ed.). 1985. *The acquisition of written language: Response and revision*. Norwood, NJ: Ablex.

Freedman, S. 1987. Response to student writing. Urbana, IL: National Council of Teachers of English. [NCTE Research Report No. 23]

Freedman S. and M. Sperling. 1985. Written language acquisition: The role of response and the writing conference. In S. Freedman (ed.) *Acquisition of written language: Response and revision*. Norwood, NJ: Ablex. 106-30.

Freeman, Y. and D. Freeman. 1992. *Whole language for second language learners*. Oxford and Portsmouth, NH: Heinemann.

Freidlander, A. 1990. Composing in English: Effects of a first language on writing in English as a second language. In B. Kroll (ed.) *Second language writing*. Cambridge, England and New York: Cambridge Univ. Press. 109-25.

Freire, P. 1985. *The politics of education*. South Hadley, MA: Bergin and Gravey.

Freire, P. 1994. *Pedagogy of hope*. New York: Continuum.

Freire, P. and D. Macedo. 1987. *Literacy: Reading the word and the world*. South Hadley, MA: Bergin and Gravey.

Fries, P. 1994. On theme, rheme and discourse goals. In M. Coulthard (ed.) Advances in written text analysis. Oxford and New York: Routledge. 229-49.

Gaies, S. 1980. T-unit analysis in second language research: Applications, problems and limitations. *TESOL Quarterly 14*, 53-60.

Gardner, H. 1985. *The mind's new science: A history of the cognitive revolution*. New York: Basic Books.

Garnham, A. 1985. *Psycholinguistics: Central topics*. London and Baltimore, MD: Edward Arnold.

Gaskill, W. 1986. Revising in Spanish and English as a second language: A process oriented study of composition. LA: UCLA. Ph. D. diss.

Gaskins, I. 1994. Creating optimum learning environments: Is membership in the whole language communities necessary? In F. Lehr and J. Osborn (eds) *Reading, language, and literacy*. Hove, Sussex and Hillsdale, NJ: L. Erlbaum.

Gee, J. 1986. Orality and literacy: From the Savage mind to Ways with words. *TESOL Quarterly 20*, 717-46.

Gee, J. 1990. *Social linguistics and literacies*. New York: Falmer Press.

Geertz, C. 1973. *The interpretation of cultures*. New York: Basic Books.

Geertz, C. 1983. *Local Knowledge*. New York: Basic Books.

Geisler, C. 1994. *Academic literacy and the nature of expertise*. Hove, Sussex and Hillsdale, NJ: L. Erlbaum.

Genesee, F. 1994. Some holes in whole language. *TESOL Matters, 4.* 3.3

Gentile, C. 1992. *Exploring new methods for collecting student's school-based writing. NAEP's portfolio study*. Princeton, NJ: Educational Testing Service.

George, D. 1984. Working with peer groups in the composition classroom. *College Composition and Communication 35*, 320-6.

Gere, A. 1987. *Writing Groups: History, theory and implication.* Carbondale, IL: Southern Illinois Univ. Press.

Gilbert, G. and M. Mulkay. 1984. *Opening Pandra' box: A sociological analysis of scientists' discourse.* Cambridge, England and New York: Cambridge Univ. Press.

Giroux, H. 1988. *Schooling and the struggle for public life.* Minneapolis: Univ. of Minnesota Press.

Givon, T. (ed.) 1983. *Topic continuity in discourse.* Philadelphia: John Benjamin.

Givon, T. 1985. *Quantified studies in discourse.* [Special issues of Text, 5. 1/2]

Goldberg, A. 1985. Groves, philharmonic at Chandler Pavilion. *Los Angeles Times.* (March, 16, 1996). VI.1.

Goldman, S. and H. Trueba (eds). 1987. Becoming literature in English as a second language. Norwood, NJ: Ablex.

Goldstein, L. and S. Conrad. 1990. Student input and negotiation of meaning in ESL writing conference. *TESOL Quarterly 24*, 443-60.

Golub, J. (ed.) 1988. *Focus on colloborative learning.* Urbana, IL: National Council of Teachers of English.

Golub-Smith, M., C. Reese and K. Steinhaus. 1993. *Topic and topic type comparability on the test of written English.* Princeton, NJ: Educational Testing Service. [TOEFL Research Reports #42.]

Goodman, K. 1986. *What's whole in whole language.* Oxford and Portsmouth, NH: Heinemann.

Goodman, Y. 1985. Kindwatching: Observing children in the classroom. In A. Jagger and M. T. Smith-Burke (eds) *Observing the language learner.* Newark, DE: International Reading Association. 9-18.

Goody, J. 1977. *The domestication of the savage mind.* Cambridge, England and New York: Cambridge Univ. Press.

Goody, J. 1987. *The interface between the written and the oral.* Cambridge, England

and New York: Cambridge Univ. Press.

Goody, J. and I. Watt. 1963. The consequence of literacy. Comparative Studies in History and Society 5, 304-45.

Gorman, T. P., A. Prurves and R. E. Degenhart (eds). 1988. *The international writing tasks and scoring scales. International study of achievement in writing. Vol. 5.* Oxford: Pergamon Press.

Gough, K. 1968. Implication of literacy in traditional China and India. In J. Goody (ed.) *Literacy in traditional societies.* Cambridge, England and New York: Cambridge Univ. Press. 69-84.

Grabe, W. 1987. Contrastive rhetoric and text-type research. In U. Connor and R. B Kaplan (eds) *Writing across languages: Analysis of L2 text.* Wokingham, England and Reading, MA: Addison-Wesley. 115-35.

Grabe, W. 1988a. Assessing the term 'interactive'. In P. Carrell, J. Devine and D. Eskey. (eds) *Interactive approaches to second language reading.* Cambridge, England and New York: Cambridge Univ. Press. 56-70.

Grabe, W. 1988b. English, information access, and technology transfer: A rationale for English as an international language. *World English 7,* 63-72.

Grabe, W. 1990. Current developments in written discourse analysis. *Language Modernas 17,* 35-56.

Grabe, W. 1992. Applied linguistics and linguistics. In W. Grabe and R. B. Kaplan (eds) Introduction to applied linguistics. Wokingham, England and Reading, MA: Addison-Wesley. 35-58.

Grabe, W. and D. Biber. 1987. Freshman student writing and the contrastive rhetoric hypothesis. Paper presented at the 7th SLRF Conference. LA, Feb. 1987.

Grabe, W. and C. Chapelle. 1995. Communicative competence, strategic competence, and procedural competence. Paper presented at the annual meeting of the American Association for Applied Linguistics. Long Beach, CA, March. 1995.

Grabe, W. and R. B. Kaplan 1986. Science, technology, language and information: Implications for language- and language-in-education planning. *International*

Journal of the Sociology of Language 59, 41-79.

Grabe, W. and R. B. Kaplan 1989. Writing in a second language: Contrastive rhetoric. In D. Johnson and D. Roen (eds) Richness in writing. London and New York: Longman. 263-83.

Graff, H. 1987. *The legacies of literacy*. Bloomington, IN: Univ. of Indiana Press.

Graves, D. 1983. *Writing: Teachers and children at work*. London and Portsmouth, NH: Heinemann.

Graves, D. 1984. *A researcher learns to write*. London and Portsmouth, NH: Heinemann.

Graves, R. 1993. Composition in Canadian universities. *Written Communication 10*, 72-105.

Gray, B. 1990. Natural language learning in aboriginal classrooms: Refelctions on teaching and learning. In C. Walton and W. Egginton (eds) *Language: Maintenance, power and education in Australian Aboriginal contexts*. Darwin: Northern Territories Univ. Press. 105-39.

Greenberg, K. 1988. Review of *Assessing Writing Skills. College Composition and Communication 39*, 478-9.

Haas, C. and L. Flower. 1988. Rhetorical reading strategies and the construction of meaning. *College Composition and Communication 39*, 167-83.

Hairston, M. 1982. Winds of change: Thomas Kuhn and the revolution in the teaching of writing. *College Composition and Communication 33*, 76-88.

Hale, G. 1992. *Effects of amount of time allowed on the test of written English*. Princeton, NJ: Educational Testing Service. [TOEFL Research Reports #39.]

Halliday, M. A. K. 1973. *Explorations in the functions of language*. London and Boston: Edward Arnold.

Halliday, M. A. K. 1975. *Learning how to mean: Explorations in the development of language,* London and Boston: Edward Arnold.

Halliday, M. A. K. 1978. *Language as a social semiotic: The social interpretation of language*. London and Boston: Edward Arnold.

Halliday, M. A. K. 1985. *An introduction of functional grammar*. London and Boston:

Edward Arnold.

Halliday, M. A. K. 1989. *Spoken and written language*. Oxford and New York. Oxford Univ. Press.

Halliday, M. A. K. 1993a. *Language in a changing world*. Deakins, AUS: Applied Linguitics Association of Australia. [Occasional Paper #13.]

Halliday, M. A. K. 1993b. Toward a language-based theory of learning. *Linguistics and Education 5*, 93-116.

Halliday, M. A. K. 1994. The construction of knowledge and value in the grammar of scientific discourse, with reference to Charles Darwin's *The origin of species*. In M. Coulthard. (ed.) *Advances in written text analysis*. London and New York: Routledge. 136-56.

Halliday, M. A. K. and R. Hasan. 1976. Cohesion in English. London and New York: Longman.

Halliday, M. A. K. and R. Hasan. 1989. *Language, context, and text: Aspects of language in a social semiotic perspective*. Oxford and New York. Oxford Univ. Press.

Halliday, M. A. K. and J. Martin. 1993. Writing science: Literacy and discursive power. Pittsburgh: Univ. of Pittsburgh Press.

Hamp-Lyons. L. 1990. Second language writing: Assessment issues. In B. Kroll (ed.) Second language writing. Cambridge, England and New York: Cambridge Univ. Press. 69-87.

Hamp-Lyons. L. 1991a. Issues and directions in assessing second language writing in academic contexts. In L. Hamp-Lyons (ed.) *Assessing second language writing in academic contexts*. Norwood, NJ: Ablex. 323-9.

Hamp-Lyons. L. 1991b. Pre-tet: Task related influences on the writer. In L. Hamp-Lyons (ed.) *Assessing second language writing in academic contexts*. Norwood, NJ: Ablex.87-107.

Hamp-Lyons. L. 1991c. Scoring procedures for ESL contexts. In L. Hamp-Lyons (ed.) *Assessing second language writing in academic contexts*. Norwood, NJ: Ablex. 241-76.

Hamp-Lyons. L. (ed.) 1991d. *Assessing second language writing in academic contexts.* Norwood, NJ: Ablex.

Hamp-Lyons, L. and W. Condon. 1993. Questioning assumptions about portfolio-based assessment. *College Composition and Communication 44*, 176-90.

Hamp-Lyons L. and G. Henning. 1991. Communicative writing profiles: An investigation of the tranferability of a multiple-trait scoring instrument across ESL writing assessment contexts. *Language Learning 41*, 337-73.

Hanania, E. and M. Shikhani. 1986. Interrelationships among three tests of language proficiency: Standardized ESL, cloze and writing. *TESOL Quarterly 20*, 97-109.

Harley, B., P. Allen, J. Cummins and M. Swain (eds). 1990. *The development of second language proficiency.* Cambridge, England and New York: Cambridge Univ. Press.

Harris, D. 1990. The use of 'organinzing sentences' in the structure of paragraphs in science textbooks. In U. Connor and A. Johns (eds) *Coherence in writing.* Alexandria, VA: TESOL Publications. 69-86.

Harris, M. 1992. Colloboration is not collaboration: Writing center tutorials vs. peer-response groups. *College Composition and Communication 43*, 369-83.

Harste, J., Woodward and C. Burke. 1984. *Language stories and literacy lessons.* London and Portsmouth, NH: Heinemann.

Hasan, R. 1989. Semantic variation and socioloinguistics. *Australian Journal of Linguistics 9*, 221-75.

Hasan, R. and J. Martin (eds). 1989. *Language development: Learning language, learning culture.* Norwood, NJ: Ablex.

Hatim, B. 1991. The pragmatics of argumentation in Arabic: The rise and fall of text typ. *Text 11*, 189-99.

Havelock, E. 1976. *The origins of western literacy.* Toronto: Ontario Institute for Studies in Education.

Hayes, J. and L. Flower. 1983. Uncovering cognitive process in writing: An introduction to protocol analysis. In P. Mosenthal, L. Tamor and S. Walmsley (eds) *Research in writing: Principles and methods*. London and New York: Longman. 206-19.

Hayes, J., L. Flower, K. Schriver, J. Stratman, and L. Carey. 1987. Cognitive processes in revision. In S. Rosenberg (ed.) *Advances in applied psycholiguistics: Vol2. Reading, writing, and language learning*. Cambridge, England and New York: Cambridge Univ. Press. 176-240.

Heath, S. B. 1982. What no bedtime story means: Narrative skills at home and in school. *Language in Society 11*, 49-76.

Heath, S. B. 1983. Ways with words. Cambridge, England and New York: Cambridge Univ. Press.

Heath, S. B. 1985. Literacy or literate skills? Considerations for ESL/EFL learners. In P. Larsen, E. Judd, and D. Messerschmitt (eds) *On TESOL '84*. Washington, DC: TESOL Publications. 15-28.

Heath, S. B. 1986a. Critical factors in literacy development. In S. DeCastell, A. Luke and K. Egan (eds) *Literacy, society and schooling: A reader*. Cambridge, England and New York: Cambridge Univ. Press. 209-29.

Heath, S. B. 1986b. Sociocultural contexts of language development. In Calfornia Office of Bilingual Education, *Beyond language: Social and cultural factors in schooling language minority children*. LA, CA: Evaluation, Dissemination and Assessment Center, California State Univ. LA. 143-86.

Heath, S. B. 1993. Inner city life through drama: Imagining the language classroom. *TESOL Quarterly 27*, 177-92.

Heath, S. B. and A Brandscombe. 1985. Intelligent writing in an audience community: Teacher, students, and researcher. In S. Freedman (ed.) The acquisition of written language: Response and revision. Norwood, NJ: Ablex. 3-32.

Heath, S. B. and L, Mangiola. 1991. Children of promise: Literate activity in linguistically and culturally diverse classrooms. Washington, DC: National Education Association.

Hedge, T. 1988. Writing. Oxford and New York: Oxford Univ. Press.

Heimlich, J. and S. Pittelman. 1986. Semantic mapping: classroom applications. Newark,

DE: International Reading Association.

Henning, G. 1992. *Scalar analysis of the test of written English*. Princeton, NJ: Educational Testing Service. [TOEFL Research Reports #38.]

Hiebert, F. and R. Calfee 1992. Assessment of literacy: From standardized tests to performance and portfolios. In A. Farstrup and S. J. Samuels (eds) *What research has to say about reading instruction*. Newark, DE: International Reading Association. 70-100.

Hilgers, T. and J. Marsella. 1992. Making your writing program work: A guide to good practices. London and Newburry Park, CA: Sage.

Hillocks, G. 1986. *Research on written composition*. Urbana, IL: National Council of Teachers of English.

Hinds, J. 1983a. Linguistics and written discourse in particular languages: Contrastive studies: English and Japanese. In R. B. Kaplan et al. (eds) *Annual review of applied linguistics, 3*. Cambridge, England and New York: Cambridge Univ. Press. 78-84.

Hinds, J. 1983b. Contrastive rhetoric: English and Japanese. *Text 3*, 183-95.

Hinds, J. 1987. Reader vs writer responsibility: A new typology. In U. Connor and R.B. Kaplan (eds) *Writing across languages: Analysis of L2 text*. Wokingham, England and Reading, MA: Addison-Wesley.

Hinds, J. 1990. Inductive, deductive, quasi-inductive: Expository writing in Japanes, Korean, Chinese. and Thai. In U. Connor and A. Johns (eds) *Coherence in writing*. Washington, DC: TESOL Publications. 87-109.

Hirsch, E.D. 1987. *Cultural literacy*. Boston: Houghton Mifflin.

Hoey, M. 1983. *On the surface of discourse*. London: Allen & Unwin.

Hoey, M. 1986. Overlapping patterns of discourse organization and their implications for clause relation analysis of problem-solution texts. In C. Cooper and S. Greenbaum (eds) *Studying writing: Linguistics approaches*. London and Beverly Hills, CA: Sage. 187-214.

Hoey, M. 1991. *Patterns of lexis in text*. Oxford and New York: Oxford Univ. Press.

Hoey, M. 1994. Signalling in discourse: A functional analysis of a common discourse pattern in written and spoken English. In M. Coulthard (ed.) Advances in written text analysis. London and New York: Routledge. 26-45.

Holt, A. and N. Baker. 1991. Portfolios as a follow-up option in a proficiency- testing program. In P. Belanoff and M. Dickson (eds) *Portfolios: Process and Product.* Portsmouth, NH: Boynton/Cook. 37-45.

Holt, M. 1992. The value of written peer criticism. *College Composition and Communication 43*, 384-392.

Horner, W. (ed.) 1983. *The present state of scholarship in historical and contemporary rhetoric.* Columbia, MO: Univ. of Missouri Press.

Horowitz, D. 1991. ESL writing assessment: Cotradictions and resolutions. In Hamp-Lyons. L. (ed.) *Assessing second language writing in academic contexts.* Norwood, NJ: Ablex.

Houston, R. 1988. *Literacy in early modern Europe.* London and New York: Longman.

Hudelson, S. 1984. 'Kan yu ret an iayt en ingles': Children become literate in English as a second language. *TESOL Quarterly 18*, 221-38.

Hudelson, S. 1989a. Writing in a second language. In R. B. Kaplan et al. (eds) *Annual review of applied linguistics, 9.* Cambridge, England and New York: Cambridge Univ. Press. 210-22.

Hudleson, S. 1989b. Write on: Children writing in ESL. Englwood Cliffs, NJ: Prince Hall.

Hudson, R. 1980. *Sociolinguistics.* Cambridge and New York: Cambridge Univ. Press.

Hughey, J. D. Wormuth, V.F. Hartfiel and H. Jacobs. 1983. *Teaching ESL composition: Principles and techniques.* Rowley, MA: Newbury House.

Hunt, E. and F. Agnoli. 1991. The Whorfian hypothesis: A cognitive psychology persepective. Psychological Review 98, 377-389.

Hunt, K. 1965. Grammatical structures written at three grade levels. Urbana, IL: National Council of Teachers of English.

Hunt, K. 1983. Sentence combining and the teaching of writing. In M. Martlew (ed.)

The psychology of written language: A developmental approach. New York: J. Wiley. 99-125.

Hutchinson, T. and A. Waters. 1987. English for specific purposes: A learning centered approach. Cambridge, England and New York: Cambridge Univ. Press.

Hymes, D. 1972. On communicative competence. In J. Pride and A. Holmes (eds) Sociolinguistics. Harmsworth and New York: Penguin. 269-93.

IELTS Handbook. 1995. Cambridge: Univ. of Cambridge Local Examination Syndicate.

Indrasutra, C. 1988. Narrative styles in the writing of Thai and American students. In Purves (ed.) Writing across languages and cultures. Newburry Park, CA: Sage. 206-26.

Ingram, D. 1990. The Australian second language proficiency ratings(ASLPR). In J. H. A.L. De Jong (ed.) Standardization in language testing. Amsterdam: Free Univ. Press. 46-61. [AILA Review, 7]

Ingram, D. and E. Wylie. 1984. Australian second language proficiency ratings. Canberra: Australian Government Publishing Service.

Jackendoff, R. 1972. Semantic interpretation in generative grammar. Cambridge, MA: MIT Press.

Jacobs, H., S. Zinger, D. Wormuth, V. Hartfiel and J. Hughey. 1981. Testing ESL composition: A practical approache. Rowley, MA: Newbury House.

Jagger, A. and M. T. Smith-Burke (eds). 1985. Observing the language learner. Neward, DE: International Reading Association.

Jenkins, S. and J. Hinds. Business letter writing: English, French, and Japanese. *TESOL Quarterly 21*, 327-49.

Johns, A. 1986. Coherence and academic writing: Some definitions and suggestions for teaching. *TESOL Quarterly 21*, 327-49.

Johns, A. 1990. L1 composition theories: Implications for developing theories of Le2 composition. In B. Kroll (ed.) Second language writing. Cambridge, England and New York: Cambridge Univ. Press. 24-36.

Johns, A. and T. Dudley-Evans. 1991. English for specific purposes: International in scope, specific in purpose. *TESOL Quarterly 25*, 297-314.

Johnson, D. and and D. Roen (eds). 1989. Richness in writing: Empowering ESL studnents. London and New York: Longman.

Johneson, D. W. and R. Johnson. 1991. Learning together and alone: Cooperative, competitive, and individualistic learning. Edina, MN: Interaction Book Company.

Johnson-Laird, P. 1983. Metal Models, Cambridge, MA: Havard Univ. Press.

Jones, S. 1985. Problems with monitor use in second language composing. In Rose (ed.) When a writer can't write. New York: Guilford. 96-118.

Jones, S. and J. Tetroe. 1987. Composing in a second language. In Matsuhashi (ed.) writing in real time. Norwood, NJ: Ablex. 34-57.

Jonz, J. 1990. Another turn in the conversation: what does cloze measure? *TESOL Quarterly 24*, 61-83.

Joos, M. 1967. The five clocks. London and New York: Harcourt Brace Jovanovich.

Just, M. and P. Carpenter. 1992. A capacity theory of comprehension: Individual differences in working memory. Psychology Review 99, 122-49.

Kachru, B. 1985. Institutionalized second language varieties. In S. Greenbaum (ed.) The English language today. Oxford and New York. Oxford Univ. Press. 211-26.

Kachru, B. 1992. Why applied linguistics leaks. Plenary address presented at the annual meeting of the American Association for Applied linguistics. Seattle, WA, Feb. 1992.

Kachru, Y. 1983. Linguistics and written discourse in particular language: Contrastive languages: Contrastive studies: English and Hindi. In R. B. Kaplan et al. (eds) *Annual review of applied linguistics, 3*. Cambridge, England and New York: Cambridge Univ. Press. 50-77.

Kachru, Y. 1987. cross-cultural texts, discourse strategies and discourse interpretation. In L. Smith (ed.) Discourse across cultures: strategies in world Englishes. Englewood Cliffs, NJ: Princeton Hall. 87-100.

Kachru, Y. 1988. Writers in Hindi and English. In A. Purves (ed.) Writing across languages and cultures. London and Newburry Park, CA: Sage. 109-37.

Kaestle, C., H. Damon-Moore, L. Steman, K. Tinsley and W. Trollinger. 1991. Literacy in the United States. New Heaven, CT: Yale Univ. Press.

Kagan, S. 1992. Cooperative learning. San Juan Capistrano, CA: Resources for Teachers.

Kaplan, R. B. 1966. Cultural thought patterns in intercultural education. Language learning 16, 1-20.

Kaplan, R. B. 1972. The anatomy of rhetoric.: Porlegomena to a functional theory of rhetoric. Philadelphia: Center for Curriculum Development (dis. by Heinle & Heinle, New York).

Kaplan, R. B. 1983. An introduction to the study of written texts: The 'discourse compact.' In R. B. et al. (eds). Annual review of applied linguistics, 3. Cambridge, England and New York: Cambridge Univ. Press. 138-51.

Kaplan, R. B. 1987. Cultural thought patterns revsited. In U. Connor and R. B. Kaplan (eds) Writing scross languages: Analysis of L2 text. Wokingham, England and Reading, MA: Addison-Wesley. 9-22.

Kaplan, R. B. 1988. contrastive rhetoric and second language learning: Notes toward a theory of contrastive rhetoric. In A. Purves (ed.) Writing across languages and cultures. London and Newburry Park, CA: Sage. 275-304.

Kaplan, R. B. 1991. Concluding essay: On applied linguistics and discourse analysis. In W. Grabe et al. (eds) Annual review of applied linguistics, 11. Cambridge, England and New York: Cambridge Univ. Press. 199-204.

Kaplan, R. B. 1992. Applied linguistics and language policy and planning. In W. Grabe and R. B. Kaplan (eds). Introduction to applied linguistics. Wokingham, England and Reading, MA: Addison-Wesley.

Kaplan, R. B. (ed.) 1995. The teaching of writing around the Pacific Basin. [Special issues of Journal of Asian Pacific Communication. 6].

Kaplan, R. B. and W. Grabe. 1991. The fiction in science writing. In H. Schroder (ed.) Subject-oriented texts: Language for special purposes and text theory. New York: Walter de Gruyter. 199-217.

Kaplan, R. B. and P. Shaw. 1983. Exploring academic English. Rowley, MA: Newburry

House.

Kaplan, R. B. and R. Young. 1993. Writing in the content areas: Some theoretical complexities. In Odell (ed.) Theory and Practice in the teaching of writing: Rethinking the discipline. Carbondale, IL: Southern Illinois Univ. Press. 71-104.

Kellogg, R. 1994. The psychology of writing. Oxford and New York. Oxford Univ. Press.

Kinneavy, J. 1971. A theory of discourse: The aims of discourse. Englwood Cliffs, NJ: Prentice Hall.

Kinneavy, J. 1983. A plualistic synthesis of four contemporasy models for teaching composition. In A. Freedman, I. Pringle and J. Yalden (eds) Learning to write: First language/second language. London and New York: Longman. 121-38.

Kinneavy, J. 1987. Writing across the curriculum. In G. Tate (ed.) Teaching composition. Fort Worth, Tx: Texas Christian Univ. Press. 353-77.

Kintsch, W. and T. van Dijk. 1978. Toward a model of text comprehension and production. Psychological Review 85, 363-94.

Kirsch, G. and D. Roen (eds). 1990. A sense of audience in written communication. London and Newburry Park, CA: Sage.

Koretz, D. 1993. New report on Vermont portfolio project documents challenges. National Council on Measurement in Education Quartely Newsletter. 1.4 1-2.

Kraples, A. 1990. An overview of second language writing process research. In B. Kroll (ed.) Second language writing. Cambridge, England and New York: Cambridge Univ. Press. 37-56.

Krashen, S. 1984. Writing: Research, theory and applications. Oxford and New York. Pergamon Press.

Kress, G. 1989. Linguistics processes in sociocultural practices. Oxford and New York. Oxford Univ. Press.

Kress, G. 1991. Critical discourse analysis. In W. Grabe et al. (eds) *Annual review of applied linguistics, 11.* Cambridge, England and New York: Cambridge Univ. Press. 84-99.

Kress, G. 1994. Learning to write. 2nd ed. London: Routedge.

Krueger, M. and F. Ryan (eds). 1993. language and content: Discipline and content-based applied linguistics approaches to language study. Lexington, MA: D.C. Heath.

Kroll, Barbara. (ed.) 1990. Second language writing. Cambridge, England and New York: Cambridge Univ. Press.

Kroll, Barbara and J. Reid, 1994. Guidelines for designing writing prompts: Clarification, caveats, and caution. *Journal of Second Language Writing 3*, 231-55.

Kroll, Barry. 1981. Developmental relationship between speaking and writing. In B. Kroll and R. Vann (eds) Exploring speaking-writing relationships. Urbana, IL: National Council of Teachers of English. 32-54.

Kroll, Barry. 1984. writing for readers: Three perspectives on audience. *College Composition and Communication 35*, 172-85.

Kuhn, T. 1970. The structure of science revolutions, 2nd edn. Chicago: Univ. Chicago Press.

Kutz, E., S. Grogan and V. Zamel. 1993. The discovery of competence: Teaching and learning with diverse student writers. London and Portsmouth, NH: Heinemann.

Lackstorm, J., L. Selinker and L. Trimble. 1973. Technical rhetorical principles and grammatical choice. *TESOL Quarterly 7*, 127-36.

Ladusaw, W. 1988. Semantic theory. In F. Newmeyer (ed.) Linguistics: The Cambridge survey, vol 1. Cambridge, England and New York: Cambridge Univ. Press. 89-112.

Langacker, R. 1995. Raising and transparency. Language. 1-62.

Langer, J. 1987. A sociocognitive perspective on literacy. In J. Langer (ed.) language, literacy, and culture: Issues of society and schooling. Norwood, NJ: Ablex. 1-20.

Laponce, J. 1987. Languages and their territories. Toronto: Univ. of Toronto Press.

Lareau, A. 1989. Home advantage. New York: Falmer Press.

Large, J. A. 1983. The foreign language barrier: Problems in scientific communication. London: Andre Deutsch.

Larsen-Freeman, D. 1978. An ESL index of development. *TESOL Quarterly 12*, 439-48.

Latour, B. 1987. Science in action. Cambridge, England and New York: Cambridge Univ. Press.

Latour, B. and S. Woolgar. 1979. Laboratory life: The social construction of scientific fact. London and Beverly Hills, CA: Sage.

Lauer, J. and J. Asher. 1988. Composition research: Empirical designs. Oxford and New York. Oxford Univ. Press.

Lautamatti, L. 1987. Observation on the development of the topic of simplified discourse. In U. Connor and R. B. Kaplan (eds) writing across languages: Analysis of L2 text. Wokingham, England and Reading, MA: Addison-Wesley. 87-114.

Lawson, B., S Ryan and R. Winterowd (eds) 1989. Encountering student texts. Urbana, IL: National Council of Teachers of English.

Lay, N. 1982. composing processes and adult ESL learners: A case study. *TESOL Quarterly 16*, 406.

Leki, I. 1990. Coaching from the margins: Issues in written response. In B. Kroll (ed.) Second language writing. Cambridge, England and New York: Cambridge Univ. Press. 57-68.

Leki, I. 1991. Twenty-five years of contrastive rhetoric: text analysis and writing pedagogies. *TESOL Quarterly 25*, 123-43.

Leki, I. 1992. Understanding ESL writers: A guide for teachers. London and Portsmouth, NH: Heinemann.

Lemke, J. 1995. Textual politics: discourse and social dynamics. New York: Taylor and Francis.

Ley, C., B. Schair and B. Dismukes. 1994. Longitudinal study of the reading attitudes and behaviors of middle school students. Reading Psychology 15, 11-38.

Liberman, Y. and I. Liberman. 1990. Whole language vs. code emphasis: Underlying assumptions and their implications for reading instructions. Annals of Dyslexia 40, 51-76.

Lindemann, E. 1987. a rhetoric for writing teachers. Oxford and New York. Oxford

Univ. Press.

Linden, M. and A. Whimbey, 1990. Why Johny can't write: How to improve writing skills. Hove, Sussex and Hillsdale, NJ: L. Erlbaum.

Loban, W. 1976. Language development: Kindergarten through grade twelve. Urbana, IL: National Council of Teachers of English.

Long, R. 1990. The writers audience: Fact or fiction? In Kirsch and D. Roen (eds) A sense of audience in written communication. London and Newburry Park, CA: Sage.

Lucy, J. 1992. Language diversity and thought: A reformulation of the linguistic relativity hypothesis. Cambridge, England and New York: Cambridge Univ. Press.

Lux, P. 1991. Discourse styles of Anglo and Latin American college student writers. Tempe, AZ: Arizona State Univ. Ph. D. diss.

Lux, P. and W. Grabe. 1991. Multivariate approaches to contrastive rhetoric. Lengaus Modernas 18, 133-60.

Lynch, M. 1985. Art and artifact in laboratory science: A study of shop work and shop talk at research laboratory. London and Boston: Routledge & Kegan Paul.

MacKinnon, J. 1993. Becoming a rhetor: Developing writing ability in a mature, writing-intensive organization. In R. Spilka (ed.) Writing in schools: Studying Guide. Geelong, Victoria: Deakin Univ. Press. 131-49.

Macrorie, K. 1970. Uptaught. Rochelle Park, NJ:Hayden.

Macrorie, K. 1980. Searching writing. Upper Montclair, NJ: Boynton/Cook.

Maher, J. 1987. The role of English as the international language of medicine. Applied Linguistics 7, 206-18.

Maher, J. and Rokosz. 1992. Language use and the professions. In W. Grabe and R. B. Kaplan (eds) Introduction to applied linguistics. Wokingham, England and Reading, MA: Addison-Wesley.

Mann, W. and S. Thompson. 1988. Rhetorical structure theory. Text 8, 243-81.

Mann, W. and S. Thompson. (eds) 1992. discourse description: Diverse linguistic analyses of a fund-raising text. Philadelphia: J. Benjamin.

Manning, M., G. Manning and R. Long. 1994. Theme immersion: Inquiry-based curriculum in elementary and middle schools. London and Portsmouth, NH: Heinemann.

Marland, M. 1977. language across the curriculum. London: Heinemann.

Martin, J. 1985. Process and text: Two aspects of semiotics. In J. Benson and W. Grabe (eds) Systemic perspective in discourse. Vol. 1. Norwood, NJ: Ablex. 248-74.

Marint, J. 1989. Factual writing: Exploring and challenging social reality. Oxford and New York. Oxford Univ. Press.

Martin, J. 1992. English text: System and structure. Philadelphia: J. Benjamin.

Martin, J. 1993. Genre and literacy-Modelling context in educational linguistics. In W. Grabe et al. (eds) *Annual review of applied linguistics, 13.* Issues in second language teaching and learning. Cambridge, England and New York: Cambridge Univ. Press. 141-72.

Martin, J. and J. Rothery. 1986. What a functional approache to the writing task can show teachers about 'good writing'. In B. Couture (ed.) Functional approaches to writing: research perspectives. Norwood, NJ: Ablex. 241-65.

Matalene, C. 1985. contrastive rhetoric: An American writing teacher in China. College English 47, 789-807.

Matalene, C. 1995. Of the people, by the people, for the people: Texts in public contexts. In J. Reynolds, C. Matalene, J. Magnotto, D. Samson, Jr. and L. Sadler (eds) Professional writing in context: Lessons from teaching and consulting in worlds of work. Hove, Sussex and Hillsdale, NJ: L. Erlbaum. 33-67.

McGinley, W. and R. Tierney. 1989. Traversing the topical landscape. Written communication 6, 243-69.

MeKenna, M., R. Robinson and J. Miller. 1993. Whole language and research: The case for caution. In D. Leu et al. (eds) Examining central issues in literacy research, theory, and practice. 42nd Yearbook of the National Reading Conference. Chicago, IL: National Reading Conference. 141-52.

McKenna, M., S. Stahl and D. Reinking. 1994. A critical commentory on research, politics, and whole language. Journal of Reading Behavior 26, 211-33.

McLeod, S. and M. Doven (eds) 1992. writing across the curriculum: A guide to developing programs. London and Newburry Park, CA: Sage.

Mech, D. 1985. How delicate is the balance of nature? National Wildlife 23, 54-8.

Medgyes, P. and R. B. Kaplan. 1992. discourse in a foreign language: The example fo Hungarian scholars. International Journal of the sociology of language 98, 67-100.

Meinbach, A., L. Rothlein and A.Fredericks. 1995. The complete guide to thematic units: Creating the intergrated curriculum. Norwood, MA: Christopher-Gordon.

Merton, R. 1973. The sociology of science. Chicago: Univ. of Chicago Press.

Messick, S. 1989. Validity. In R. Linn (ed.) Educational measurement, 3rd edn. London and New York: Macmillan. 13-104.

Messick, S. 1994. The interplay of evidence and consequences in the validation of performance assessments. Educational Research 23, 13-24.

Meyer, B. 1975. The organization of prose and its effects on memory. Amsterdam: North-Holland.

Meyer, B. 1984. Organization aspects of text: Effects on reading comprehension and applications for the classroom. In J. Flood and D. Lapp (eds) Promoting reading comprehension. Newark, DE: Internatioanl reading Association. 113-38.

Meyer, B. 1985. Prose analysis: purpose, procedures, and problems. In B. Britton and J. Black (eds) Understanding expository text. Hove, Sussex and Hillsdale, NJ: L. Erlbaum.

Meyer, B. 1987. Following the author's top-level organization: An important skill for reading comprehension. In R. Tierney, P. Anders and J. Mitchell (eds) Understanding reader's understanding: Theory and practice. Hillsdale, NJ: Erlbaum. 59-76.

Milanovic, M. 1987. Large-scale language testing. In R. Lord and H. Cheng (eds) language education Hong Kong. Hong Kong: The Chinese Uni. Press. 123-32.

Miller, C. 1984. Genre as social action. *Quarterly* Journal of Speech 70, 151-67.

Miller, T. (ed.) 1995. Functional approaches to written texts: Classroom applications. Paris: TESOL France.

Moffett, J. 1968. Teaching the universe of discourse. Boston: Houghton Mifflin.

Mohan, B. 1986. language and content. Wokingham, England and Reading, MA: Addison-Wesley.

Mohan, B. 1990. LEP students and the intergration of language and content: knowledge structure and tasks. In C. Simich-Dudgeon (ed.) Proceedings of the first research symposium on limited English proficient student issues. Washington, DC: Office of Bilingual education and Minority language affarirs. 113-60.

Moll, L. (ed.) 1990. Vygotsky and education: Instructional implications and application of socio-historical psychology. Cambridge, England and New York: Cambridge Univ. Press.

Montano-Harmon, M. 1988. discourse features in the compositions of Mexican English as a second language, Mexican-American, Chiano and Anglo high school students: Considerations for the formulation of educational policy. LA: Univ. of Southern California. Ph. D. diss.

Montano-Harmon, M. 1991. discourse features of written Mexican Spanish: Current research in contrastive rhetoric and its implications. Hispania 74, 417-25.

Mosenthal, P. and R. Tierney. 1984. Cohesion: problems with talking about text. *Reading research Quarterly 19*, 240-4.

Muchiri, M., N. Mulamba G. Meyers and D. Ndoloi. 1995. Importing composition. *College Composition and Communication 46*, 175-98.

Mulkay, M. 1979. Science and the sociology of knowledge. London: Unwin & Allen.

Mullen, K. 1987. Test of ability to subordinate. In C. Alederson, K. Krahnke and C. Stanfield (eds). Review of English language proficiency tests. Washington, DC: TESOL Publications. 73-6.

Murray, D. 1968. A writer teaches writing. Boston: Houghton Mifflin.

Murray, D. 1980. writing as process: How writing finds its own meaning. In T. Donovani and B. McClelland (eds) English approaches to teaching composition. Urbana,

IL: National Council of Teachers of English.

Murray, D. 1985. A writer teaches writing, 2nd edn. Boston: Houghton Mifflin.

Myers, G. 1985. The social construction of two biologist's proposals. *Written Communication 2*, 219-45.

Myers, G. 1986. writing research and the sociology of scientific knowledge: A review of three new books. *College English 48*, 595-610.

Myers, G. 1989. The pragmatics of politeness in scientific articles: Applied linguistics 10. 1-35.

Myers, G. 1990. writing biology: Texts in the social construction knowledge. Madison, WI: Univ. of Wisconsin Press.

Nagy, W. 1988. Teaching vocabulary to improve reading comprehension. Urbana, IL: National Council of Teachers of English.

National Council of Teachers of English (NCTE) (eds). 1983. Idea exchange for English teachers. Urbana, IL: National Council of Teachers of English.

Needels, M. and M Knapp. 1994. Teaching writing to children who are underserved. *Journal of Educational Psychology 86*, 339-49.

Neel, J. 1988. Plato, Derida, and writing: Carbondale, IL: Southern Illinois Univ. Press.

Nelson, G. and J. Murphy. 1992. An L2 writing group: Task and social dimensions. *Journal of Second Language Writing 1*, 171-93.

Nelson, G. and J. Murphy. 1993. Peer response groups: Do L2 writers use peer comments in revising their drafts? *TESOL Quarterly 27*, 135-42.

Newell, A and H. Simon. 1972. Human problem solving. Englewood Cliffs, Nj: Prentice Hall.

Newkirk, T. 1987. More than stories. London and Portsmouth, NH: Heinemann.

Newkirk, T. (ed.) Nuts and bolts: A practical guide to teaching college composition. London and Portsmouth, NH: Heinemann.

Newman. D., P. Griffin and M. Cole, 1989. The construction zone. Cambridge, England and New York: Cambridge Univ. Press.

Nold. E. and S. Freedman. 1977. An analysis of reader's responses to essays. *Research in the teaching of English 11.* 164-77.

North. S. 1987. The making of knowledge in composition. London and Portsmouth, NH: Heinemann.

Nystrand, M. 1986. The structure of written communication: Studies in reciprocity between writers and readers. London and New York: Academic Press.

Nystrand, M. 1989. A social-interactive model of writing. *Written Communication 6*, 66-85.

Nystrand, M. 1990. Sharing words: The effects of readers on developing writers. *Written Communication 7*, 3-24.

Nystrand, M. and D. Brandt. 1989. Response to writing as a context for learning to write. In C. Anson (ed.) writing and response. Urbana, IL: National Council of Teachers of English. 209-30.

Oakhill, J. and A. Garnham. 1988. Becoming a skilled reader. Oxford and New York: Basil Blackwell.

O' Barr, W. 1982. linguistic evidence: language, power, and strategy in the courtroom. London and New York: Academic Press.

Ochs, E. 1979. Planned and unplanned discourse. In T. Givon(ed.) discourse and syntax. [Syntax and semantics 12]. London and New York: Academic Press.

Ochs, E. 1988. language and cultural development. Cambridge, England and New York: Cambridge Univ. Press.

Odell, L. 1985. Beyond the text: Relations between writing and social context. In L. Odell and D. Goswami (eds) writing in nonacademic settings. New York: Guilford Press. 249-80.

Odell, L. D. Goswami (eds) writing in nonacademic settings. New York: Guilford Press.

O'Hare, F. 1973. Sentence combining: Improving student writing without formal grammar instruction. Urbana, IL: National Council of Teachers of English.

Oller, J., Jr. 1983. Evidence for a geneal language proficiency factor: An expectancy grammar. In J. Oller (ed.) Issues in language testing research. Rowley, MA: Newbury House. 3-10.

Oller, J., Jr. and J. Jonz (eds). 1994. Cloze and coherence. Lewisburg, PA: Bucknell Univ. Press.

Olsen, L. 1993. research on discourse communities: An overview. In Spilka (ed.) writing in the workplace. Carbondale, IL: Southern Illinois Univ. Press. 181-94.

Olsen, D. 1977. From uttrance to text: The basis of language in speech and writing. Havard education Review 47. 257-81.

Olson, D. 1991. Literacy as metalinguistics. In D. Olson and T. Torrance (eds) Literacy and Orality. Cambridge, England and New York: Cambridge Univ. Press. 251-70.

Olson, D. 1994. The world on paper. Cambridge, England and New York: Cambridge Univ. Press.

Ong, W. 1992. Orality and literacy: The technolozing of the word. London: Methuen.

Ostler, S. 1987 English in paralles: A comparison English and Arabic prose. In U. Connor and R. B. Kaplan (eds) *Writing across languages: Analysis of L2 text.* Wokingham, England and Reading, MA: Addison-Wesley. 169-85.

Painter, C. 1989. learning language: A functioal view of language development. In R. Hasan and J. Martin (eds). language development: learning language, learning culture: Norwood, NJ: Ablex. 18-65.

Paivio, A. 1986. Mental representation. Oxford and New York. Oxford Univ. Press.

Palincsar, A. and A. Brown. 1984. Reciprocal teaching of comprehension-fostering and monitoring activities. Cognition and Instruction 1, 117-75.

Palincsar, A. and L. Klenk. 1991. Dialogues prompting reading comprehension. In B. Means, C. Chelemer and M. Knapp (eds) teaching advanced-skills to at-risk students. San Francisco: Jossey Bass. 112-30.

Pandharipande, R. 1983. linguistics and written discourse in particular languages: contrastive rhetoric: English and Marathi. In R. B. Kaplan et al. (eds) *Annual review of applied linguistics, 3.* Rowley, MA: Newbury House. 118-38.

Paradis, J. 1991. Text and Action: The operator's manual in context and in court. In C. Bazerman and J. Paradis (eds) *Textual dynamics of the professions.* Madison, WI: Univ. of Wisconsin Press. 256-78.

Paradis, J., D. Dobrin and R. Miller. 1985. writing at Exxon ITD: Notes on writing environment of an R&D organization. In L. Odell and D. Goswami (eds) *Writing in nonacademic settings*. New York: Guilford Press. 281-307.

Park, D. 1982. The meaning of audience. *College English 44*, 247-57.

Pearson, P.D. and L. Fielding. 1991. Comprehension instruction. In R. Barr et al. (eds) *Handbook of reading research. vol. 2*. London and New York: Longman. 815-60.

Pennington, M. 1993. A critical examination of word processing effects in relation to L2 writers. *Journal of Second Language Writing 2*, 227-55.

Peregoy, S. and O. Bolye. 1993. *Reading, writing and learning in ESL: A resource book for K-8 teachers*. London and New York: Longman.

Perera, K. 1984. *Children's writing and reading: Analysing classroom language*. Oxford and New York: Basil Blackwell.

Perfetti, C. and D. McCutchen. 1987. School language competence: linguistic abilities in reading and writing. In Rosenberg (ed.) *Advances in applied psycholinguistics: Vol 2. reading, writing, and language learning*. Cambridge, England and New York: Cambridge Univ. Press. 105-41.

Perkins, K. 1983. On the use of composition scoring technique, objective measures, and objective test to evlauate ESL writing ability. *TESOL Quarterly 17*, 651-71.

Perl, S. 1979. The composing process of unskilled college writers. *Research in the Teaching of English 13*, 317-36.

Peyton, J. K. (ed.) 1990. *Students and teachers writing together*. Washington, DC: TESOL Publications.

Peyton, J. K., J. Staton, G. Richardson and and W. Wolfram. 1990. The influence of writing task on ESL students' written production. *Research in the Teaching of English 24*, 142-71.

Phelps, L. 1988. *Composition as a human science*. Oxford and New York. Oxford Univ. Press.

Philips, S. 1983. *The invisible culture: Communication in classroom and community on the Warm Springs indian reservation*. London and New York: Longman.

Phillipson, R. 1992. *Linguistic imperialism*. Oxford and New York. Oxford Univ. Press.

Pierce, L. and M. O'Malley. 1992. *Performance and portfolio assessment for language minority students*. Washington, DC: National Clearinghouse for Bilingual education. [NCBE Program Information Guide Series #9.]

Ponger, K. H. (ed.) 1994. *More on writing*. Odense, Denmark: Institute of language and communication. [Odense Working Papers in language and Communication #6.]

Poole, D. 1991. discourse analysis in ethnographic research. In W. Grabe et al. (eds) *Annual review of applied linguistics, 11*. Cambridge, England and New York: Cambridge Univ. Press. 42-56.

Prelly, L. 1989. The rhetorical construction of scientific ethos. In Simons (ed.) *Rhetoric in the human science*. London and Newburry Park, CA: Sage.

Pressley, M. et al. 1989 strategies that improve memory and comprehension: A case study at benchmark school. In J. Zuteli and S. McCormick (eds) learner factors/teacher factors: Issues in literacy research and instruction. *40th Yearbook of the National reading Conference*. Chicago, IL: National Reading Conference. 219-28.

Pressley, M. et al. 1992. Beyond direct explanation: Traditional instruction in reading comprehension strategies. *Elementary School Journal 92*, 513-55.

Pressley, M. et al. 1994. Transactional instruction of comprehension strategies: The Montgomery Country, Maryland, SAIL program. *Reading and Writing Quarterly 10,* 5-20.

Priestley, J. 1777/1965. *A course of lectures on oratory and criticism*. [ed. V. M. Bevilacqua and R. Murphy.] Carbondale, IL: Southern Illinois Univ. Press.

Prince, E. 1981. Toward a taxonomy of given-new information. In P. Cole (ed.) *Reading pragmatics*. London and New York: Academic Press.

Prince, E. 1992. The ZPG letter: Subjects, definitness, and informaion status. In W. Mann and S. Thompson (eds) *Discourse description: Diverse linguistic analyses of fund-raising text*. Philadelphia: J. Benjamins. 295-325.

Purves, A. 1984. In search of an internationally-valid scheme for scoring compositions. *College Composition and Communication 35*, 426-38.

Purves, A. 1991. *The scribal society*. London and New York: Longman.

Purves, A. (ed.) 1988. *Writing across languages and cultures*. London and Newburry Park, CA: Sage.

Purves, A. and G. Hawisher. 1990. Writers, judges, and text models. In R. Beach and S. Hynds (eds) *Developing discourse practices in adolescence and adulthood*. Norwood, NJ: Ablex. 183-99.

Purves, A. and W. Purves 1986. Culture, text models, and the activity of writing. *Research in the Teaching of English 20*. 174-97.

Purves, A., A. Soter, S. Takala and A. Vahapassi. 1984. Toward a domain- referenced system for classifying composition assignments. *Research in the Teaching of English 18*. 385-416.

Purves, A., S. Takala (eds) 1982. *An international perspective on the evaluation of written composition: Education in education: An international review series, Vol. 3. No. 5*. Oxford: Pergamon.

Quirk, R. et al. 1985. *A comprehensive grammar of English*. London and New York: Longman.

Rabin, C. 1986. The discourse status of contemporary. In C. Cooper and S. Greenbaum (eds) *Studying writing: linguistic approaches*. London and Beverly Hills, CA: Sage. 215-25.

Radecki, P. and J. Swales. 1988. ESL student reaction to written comments on their written work. *System 16*, 355-65.

Rafoth, B. 1988. discourse community: Where writers, readers, and texts come together. In B. Rafoth and D. Rubin (eds) *The social construction of written communication*. Norwood, NJ: Ablex. 131-46.

Rafoth, B. 1990. The concept of discourse community: Descriptive and explanatory adequacy. In G. Kirsch and D. Roen (eds) *A sense of audience in written communication*. London and Newburry Park, CA: Sage. 140-52.

Raimes, A. 1983a. Anguish as second language: Remedies for composition teachers. In S. Freedman, I. Pringle and J. Yalden (eds) *Learning to write: First language/second language*. London and New York: Longman.

Raimes, A. 1983b. Tradition and revolution in ESL teaching: *TESOL Quarterly 17*, 535-52.

Raimes, A. 1983c. *Technique in teaching writing*. Oxford and New York. Oxford Univ. Press.

Raimes, A. 1985. What unskilled students do as they write: A classroom study of composing. *TESOL Quarterly 19*, 229-53.

Raimes, A. 1987. Language proficiency, writing ability and composing strategies: A study of ESL college student writers. *Language Learning 37*, 439-68.

Raimes, A. 1991. Out of woods: Emerging traditions in the teachig fo writing. *TESOL Quarterly 25*, 407-30.

Raimes, A. 1992. *Exploring through writing: A process approach to ESL composition, 2nd edn*. New York: St Martins Press.

Rayner, K. and A. Pollatsek. 1989. *The psychology of reading*. Hemel Hempstead and Englwood Cliffs, NJ: Prentice-Hall.

Readance, J., T. Bean and R. S. Baldwin. 1989. *Content area reading: An intergrated approach*, 3rd edn. Dubuque, IA: Kendall Hunt.

Reid, J. 1988. *Quantitative differences in English prose written by Arabic, Chinese, Spanish, and English students*. Ft Collins, CO: Colorado State Univ. Ph. D. diss.

Reid, J. 1993. *Teaching ESL writing*. Englwood Cliffs, NJ: Regents Prentice Hall.

Reid, J. and B. Kroll. 1995. Designing and assessing effetive classroom writing assignments for NES and ESL students. *Journal of Second Language Writing 4*, 17-41.

Reither, J. 1985. writing and knowing: Toward redefining the writing process. *College English 47*, 620-8.

Reither, J. 1993. Bridging the gap: Scenic motives for collaborative writing in workplace and school. In R. Spilak (ed.) *Writing in the workplace*. Carbondale, IL: Southern Illinois Univ. Press. 195-206.

Repeen, R. 1995a. *Variation in elementary student language: A multidemential perspective.* Flagstaff, A2: Nothern Arizona Univ. Ph. D. diss.

Repeen, R. 1995b. A genre-based approach to content writing instruction. *TESOL Journal 4, 2.* 32-5.

Repeen, R. and W. Grabe. 1993. *Spanish transfer effects in the English writing of elementary school students.* Lenguas Modernas 20, 113-28.

Resnick, D. and L. Resnick. 1977. The nature of literacy: A historical expalanation. *Havard Educational Review 47*, 370-85.

Reynolds, J., C. Matalene, J. Magnotto, D. Samson, Jr. and L. Sadler. 1995. *Professional writing in context: Lessons from teaching and consulting.* Hove, Sussex and Hillsdale, NJ: L. Erlbaum.

Richards, J. 1990. From meaning into words: writing in a second or foreign language. In J. Richards, *The language teaching matrix.* Cambridge, England and New York: Cambridge Univ. Press. 100-17.

Richgels, D., L. McGee, R. Lomax and C. Sheard. 1987. Awareness of four text structures: Effects on recall of expository prose. *Reading research Quarterly 20*, 83-93.

Rieben, L. and C. Perfetti (eds). 1991. *Learning to read.* Hove, Sussex and Hillsdale, NJ: L. Erlbaum.

Robb, T., S. Ross and I. Shortreed. 1986. Salience of feedback on error and its effect on ESL writing quality. *TESOL Quarterly 20*, 83-93.

Robinson, G. 1992. *ESP today.* Hemel Hempstead and Englwood Cliffs, NJ: Prentice-Hall.

Rogoff, B. 1990. *Apprenticeship in thinking.* Oxford and New York: Oxford Univ. Press.

Rorty, R. 1979. *Philosophy and the mirror of nature.* Princeton, NJ: Princeton univ. Press.

Rosengerg, R. 1991. Using the portfolio to meet state-mandated assessment: A case study. In P. Belanoff and M. Dickson (eds) *Portfolios: Process and product.* Portsmouth, NH: Boynton/Cook. 69-79.

Rothery, J. 1989. learning about language. In R. Hasan and J. Martin (eds) *Language development: learning language, learning culture*. Norwood, NJ: Ablex. 199-256.

Sa'Adeddin, M. 1989. Text development and Arabic-English negative interference. *Applied linguistics 10*, 36-51.

Santa, C. and D. Alvermann (eds). 1991. *Science learning: Process and applications*. Newark, DE: International Reading Association.

Scardamalia, M. C. Bereiter. 1986. research on written composition In M. Wittrock (ed.) *Handbook of research on teaching, 3rd edn*. New York: Macmillan education Ltd. 778-803.

Scardamalia, M. C. Bereiter. 1987. knowledge telling and knowledge tranforming in written composition. In S. Rosengerg (ed.) *Advances in applied psycholinguistics, Vol. 2: reading, writing, and language learning*. Cambridge, England and New York: Cambridge Univ. Press. 142-75.

Scardamalia, M. C. Bereiter. 1991. Literate expertise. In K. A. Ericsson and J. Smith (eds) *Toward a general theory of expertise*. Cambridge, England and New York: Cambridge Univ. Press. 172-94.

Schiefflin, B. and E. Ochs (eds) 1986. *Language socialization across cultures*. Cambridge, England and New York: Cambridge Univ. Press.

Schifflin, D. 1987. *Discourse markers*. Cambridge, England and New York: Cambridge Univ. Press.

Schifflin, D. 1991. Coversational analysis. In W. Grabe et al. (eds) *Annual review of applied linguistics, 11. Discourse analysis*. Cambridge, England and New York: Cambridge Univ. Press. 3-16.

Schifflin, D. 1994. approaches to discourse. Oxford and New York: Basil Blackwell.

Scholes, R. (ed.) 1993. *Literacy and language analysis*. Hove, Sussex and Hillsdale, NJ: L. Erlbaum.

Schriver, K. 1992. Teaching writers to anticipate reader's needs: A classroom-evaluated pedagogy. *Written communication 9*, 179-208.

Schroder, H. (ed.) 1991. *Subject-oriented texts: language for special purposes and text theory*. New York: Walter de Gruyter.

Scollon, R. 1991. *Eight legs and one elbow: Stance and structure in Chines- English compositions*. Paper presented at the international Reading Association, Second North American Conference on Adult and Adolescent Literacy. Banff, Canada, March 1991.

Scollon, R. and S. Scollon. 1981. *Narrative, literacy and face in interethnic communication*. Norwood, NJ: Ablex.

Scollon, R. and S. Scollon. 1983. Face in interethnic communication. In J. Richards and R. Schmidt (eds) *Language and communication*. London and New York: Longman.

Scribner, S. and M. Cole. 1981. *The psychology of literacy*. Cambridge, MA: Havard Univ. Press.

Selfe, C. 1981. *The composing processes of four high- and four low writing apprehensives: A case study*. Austin, TX: Univ. of Texas. Ph. D. diss.

Selfe, C. 1984. The predrafting processes of four high- and four low apprehensive writers. *Research in the Teaching of English 18*. 45-64.

Slefe, C. and S. Hilligoss (eds). 1994. *Literacy and computers: The complications of teaching and learning with technology*. New York: The Modern language Acquisition.

Shapiro, M. 1987. language and Politics. In R. B. Kaplan et al. (eds) *Annual review of applied linguistics, 7*. Cambridge, England and New York: Cambridge Univ. Press. 74-85.

Sharan, Y and S. Sharan. 1992. *Expanding cooperative learning through group investigation*. New York: Teachers College Press.

Shaughnessy, M. 1977. *Errors and expectations: A guide for the teacher of basic writing*. Oxford and New York. Oxford Univ. Press.

Shih, M. 1986. Content-based approaches to teaching academic writing. *TESOL Quarterly 20*, 617-48.

Shor, I. (ed.) 1987. *Freire for the classroom*. Portsmouth, NH: Boynton/Cook.

Short, D. 1991. *How to intergrate language and content instruction*. Washington, DC: Center for Aplied linguistics.

Short, D. 1994. Expanding middle school horizons: Intergrating language, culture, and social studies. *TESOL Quarterly 28*, 581-608.

Shuchman, H. 1981. *Information transfer in engineering*. Washinton, DC: Future Group.

Shuy, R. 1987. language and the law. In R. B. Kaplan et al. (eds) *Annual review of applied linguistics, 7*. Cambridge, England and New York: Cambridge Univ. Press. 50-63.

Shuy, R. 1991. *Language crimes*. Oxford and Cambridge, MA: Basil Blackwell.

Silva, T. 1990. second language composition instruction: developments, issues, and directions in ESL. In B. Kroll (ed.) *Second language writing*. Cambridge, England and New York: Cambridge Univ. Press. 11-23.

Silva, T. 1992. *Research agendas for ESL writing*: Differences in ESL and NES writing. Paper presented at the 27th annual TESOL Convention. Vancouver, BC, March.

Silva, T. 1993. Toward an understanding of the distinct nature of L2 writing: The ESL research and its implications. *TESOL Quarterly 27*, 657-77.

Sinclair, J. 1991. *Corpus, concordance, collocation*. Oxford and New York. Oxford Univ. Press.

Sinclair, J. 1994. Trust the text. In M. Coulthard (ed.) *Advances in written text analysis*. London and New York: Routledge. 12-25.

Singer, M. 1990. P*sychology of language: An introduction to sentence and discourse processes*. Hove, Sussex and Hillsdale, NJ: L. Erlbaum.

Slavin, R. 1990. Cooperative learning: *Theory, research, and practice*. London and Englewood Cliffs, NJ: Prentice Hall.

Slobin, D. 1990. The development from child speaker to native speaker. In J. Stingler, R. Shweder and H. Herdt (eds) *Cultural psychology: Essays on comparative human development*. Cambridge, England and New York: Cambridge Univ. Press. 233-56.

Slobin, D. and A. Bocaz. 1988. learning to talk about movement through time and space: *The development of narrative abilities in Spanish and English*. Lenguas Modernas 15, 5-24.

Smagorinsky, P. 1992. How reading model essays affects writers. In Irwin and M. Doyle (eds) *Reading/writing connections: Learning from research*. Newark, DE: International Reading Association. 160-76.

Smagorinsky, P. (ed.) 1994. *Speaking about writing: Reflections of research methodology*. London and Thousand Oaks, CA: Sage.

Smit, D., P. Kolonsky and K. Seltzer. 1991. Implementing a portfolio system. In P. Belanoff and M. Dickson (eds) *Portfolios: Process and product*. Portsmouth, NH: Boynton/Cook. 46-56.

Smith, N. 1989. The twitter machine. Oxford and New York: Basil Blackwell.

Snow, C., W. Barnes, J. Chandler, I. Goodman and L. Hemphill. 1991. *Unfufilled expectations: Home and school infulences on literacy*. Cambridge, MA: Havard Univ. Press.

Snyder, I. 1993. writing with word processors: A research overview. *Educational Research 35*, 49-68.

Sokmen, A. 1988. Taking advantage of conference-centerd writing. *TESOL Newsletter*. 22. 1. 5.

Sommer, N. 1980. Revision strategies of student writers and experienced adult writers. *College Composition and Communication 31*, 378-88.

Soter, A. 1988. The second language learner and cultural transfer in narration. In A. Purves (ed.) *Writing across languages and cultures*. London and Newburry Park, CA: Sage. 177-205.

Spack, R. 1988. Initiating ESL students into the academic discourse community: How far should we go. *TESOL Quarterly 22*, 29-51.

Spandel, V. and R. Stiggins. 1990. *Crating writers: Linking assessment and writing instruction*. London and New York: Longman.

Spear, K. 1988. *Sharing writing: Peer response groups in English classes*. Portsmouth, NH: Boynton/Cook.

Sperber, D. and D. Wilson. 1986. *Relevance*. Oxford : Blackwell Publishers and Cambridge, MA: Havard Univ. Press.

Spiegel, D. and J. Fitzgerald. 1991. Textual cohesion and coherence in children's writing revisited. *Research in the Teaching of English 25.* 48-66.

Spilka, R. 1993a. Influencing workplace practice: A challenge to professional writing specialists in academia. In Spilka (ed.) *Writing in the workplace.* Carbondale, IL: Southern Illinois Univ. Press.

Spilka, R. 1993b. (ed.) *Writing in the workplace.* Carbondale, IL: Southern Illinois Univ. Press.

Spindler, G. and L. Spindler. 1987a. Teaching and learning how to do the ethnography of education. In G. Spindler and L. Spindler (eds) I*nterpretive ethnography of education.* Hove, Sussex and Hillsdale, NJ: L. Erlbaum. 17-33.

Spindler, G. and L. Spindler (eds) *Interpretive ethnography of education.* Hove, Sussex and Hillsdale, NJ: L. Erlbaum. 17-33.

Spiro, R. and B. Taylor. 1987. On investigating children's trasition from narrative to expository discourse: The multidimensional nature of psychological text classification. In R. Tierney, P. Anders and J. Mitchell (eds) *Understanding reader's understanding.* Hove, Sussex and Hillsdale, NJ: L. Erlbaum. 77-93.

Spiro, R., W. Vispoel, J. Schmitz, A. Samarapungavan and A. E. Boerger. 1987. knowledge acquisition for application: Cognitive flexibility and transfer in complex content domains. In B. Britton and S. Glynn (eds) *Executive control process in reading.* Hove, Sussex and Hillsdale, NJ: L. Erlbaum. 177-99.

Sridhar, S. N. 1994. A reality check for SLA theories. *TESOL Quarterly 28*, 800-5.

Stahl, R. (ed.) 1994. *Cooperative learning in social studies.* Wokingham, England and Reading, MA: Addison-Wesley.

Stahl, S. 1994. Whole language in kindergarten and first grade: Separating the rhetoric from the effects. In F. Lehr and J. Osborn (eds). *Reading, Writing, and Literacy.* Hove, Sussex and Hillsdale, NJ: L. Erlbaum. 101-14.

Stahl, S. and P. Miller. 1989. Whole language and language experience approaches for beginning reading: A quantitative research synthesis. *Review of Educational Research 59*. 87-116.

Stanley, J. 1992. Coaching student writers to be effective peer evaluators. *Journal of Second Language Writing 1*, 217-33.

Stanovich, K. 1980. Toward an interactive-compensatory model of individual differences in the development of reading fluency. *Reading research Quarterly 16*, 32-71.

Stanovich, K. 1986. Matthew effects in reading: Some consequences of individual differences in the acquisition of literacy. *Reading research Quarterly 21*, 360-407.

Stanovich, K. 1992. The psychology of reading: Evolutionay and revolutionary developments. In W. Grabe et al. (eds) *Annual review of applied linguistics, 12. Literacy*. Cambridge, England and New York: Cambridge Univ. Press. 3-30.

Stansfield, C. 1986. A history of the Test of Written English. The developmental years. *Language Testing 3*, 224-34.

Stansfield, C. and J. Ross. 1988. A long-term research agenda for the Test of Written English. *Language Testing 5*, 160-86.

Staton, J., R. Shuy, J. K. Peyton and L. Redd. 1988. *Dialogue journal communication: classroom, linguistic, social and cognitive views*. Norwood, NJ: Ablex.

Stedman, L. 1994. The Sandia report and U. S. achievement: An assessment. *Journal of Educational Psychology 86*. 133-146.

Stedman, L. and C. Kaestle. 1987. Literacy and reading performance in the United States from 1880 to the present. *Reading research Quarterly 22*, 8-46.

Steiner, G. 1978. *On difficulty and other essays*. Oxford and New York: Oxford Univ. Press.

Stewart, M. F. and C. Grobe. 1979. Syntactic maturity, mechanics of writing, and teacher's quality ratings. *Research in the Teaching of Writing, 13*. 207-15.

Stolarek, E. 1994. Prose modeling and metacognition: The effect of modeling on developing a metacognitive stance toward writing. *Research in the Teaching of Writing, 28*. 154-74.

Street, B. 1984. *Literacy in theory and practice*. Cambridge, England and New York:

Cambridge Univ. Press.

Street, B. (ed.) 1993. *Cross-cultural approaches to literacy*. Cambridge, England and New York: Cambridge Univ. Press.

Stubbs. M. 1980. *Language and Literacy: Sociolinguistics of reading and writing*. London and Boston: Routledge & Kegan Paul.

Stygall, G. 1991. Texts in oral context: The 'transmission' of jury instruction in an Indiana trial. In C. Bazerman and J. Paradis (eds) *Textual Dynamics of the professions*. Madison, WI: Univ. of Wisconsin Press. 234-53.

Swales, J. 1981. *Aspects of article introductions*. Birmingham: language Studies Unit, Univ. of Aston. [Aston ESP research report 1.]

Swales, J. (ed.) 1985. *Episodes in ESP*. Oxford: Pergamon.

Swales J. 1990. *Genre analysis: English in academic and research settings*. Cambridge, England and New York: Cambridge Univ. Press.

Swales, J. 1991. discourse analysis in professional contexts. In W. Grabe et al. (eds) *Annual review of applied linguistics, 11*. discourse analysis. Cambridge, England and New York: Cambridge Univ. Press. 103-14.

Swales, J. 1993. Genre and engagement. *Revue Belge de Philologie et d'Histoire 71*, 687-98.

Swales, J. and H. Najjr. 1987. The writing of research article introductions. *Written Communication 4*, 175-91.

Tadros, A. 1994. Predictive categories in expository text. In M. Coulthard (ed.) *Advances in written text analysis*. London and New York: Routledge. 69-82.

Tang, G. 1992. The effects of graphic representation of knowledge structures on ESL reading comprehension. *Studies in Second Language Acquisition 14*, 177-95.

Tannen, D. 1982. Oral and literate strategies in spoken and written narratives. *Language 58*, 1-21.

Tannen, D. 1985. Relative focus on involvement in oral and written discourse. In D. Olson, N. Torrance and A. Hilyard (eds). *Literacy, language and learning: The nature and consequence of reading and writing*. Cambridge, England and New

York: Cambridge Univ. Press. 124-47.

Tannen, D. 1987. The orality of literature and the literacy of conversation. In J. Langer (ed.) *Language, literacy, and culture: Issues in society and schoolings*. Norwood, NJ: Ablex. 67-88.

Tannen, D. 1989. *Talking voices*. Cambridge, England and New York: Cambridge Univ. Press.

Tarone, E., S. Dwyer, S. Gillette and V. Icke. 1981. On the use of the passive in two astrophysics jouranl papers. *ESP Journal 1*, 123-40.

Tate, G. (ed.) 1987. *Teaching composition*. Fort Worth, TX: Texas Christian Univ. Press.

Taylor, D. 1993. A counseling approach to writing conferences. In T. Flynn and M. King (eds) *Dynamics of the writing conference*. Urbana, IL: National Council of Teachers of English. 24-33.

Taylor, G. and T. Chen. 1991. Liguistic, cultural, and subcultural issues in contrastive discourse analysis: Anglo-American and Chinese scientific texts. *Applied Linguistics 12*, 319-36.

Tchudi, S. and M. Huetra. 1983. *Teaching writing in the content areas: Middle school/junior high*. Washington, DC: National Education Association.

Test of Written English (TWE) *Guide*. 1992. Princeton, NJ: Educational Testing Service.

Tharp, R. and R. Gallimore. 1988. *Rousing minds to life*. Cambridge, England and New York: Cambridge Univ. Press.

Tierney, R., M. Carpenter and L. Desai. 1991. *Portfolio assessment in the reading-writing classroom*. Norwood, MA: Christopher Gordon.

Tierney, R. and P. Mosenhthal. 1983. Cohesion and textual coherence. *Research in the Teaching of English 17*. 215-29.

Tierney, R. and P. D. Pearson. 1983. Toward a composing model of reading. *Language Arts 60*, 568-80.

Tierney, R., J. Readance and E. Dishner. 1990. *Reading strategies and pracices: A compendium, 3rd edn*. Boston: Allyn & Bacon.

Tompkins, G. 1990. *Teaching writing: Balancing process and product*. New York: Merrill.

Trimble, L. 1985. *English for science and technology*. Rowley, MA: Newburry House.

Tsao, F. 1983. Linguistics and written discourse in particular languages: Contrastive studies: English and Chinese. In R. B. Kaplan et al. (eds) *Annual review of applied linguistics, 3*. Rowley, MA: Newburry House. 99-117.

Tuman, M. (ed.) 1992. *Literacy online*. Pittsburgh, PA: Univ. of Pittsburgh Press.

Univ. of Southern California (USC), UCC. USM. 1985. Univ. of Southern California, *University Computer Center, Users Manual, AAO2*. page 8.

Urzua, C. 1987. 'You stopped too soon': second language children composing and revising. *ESOL Quarterly 21*, 279-304.

Vacheck, J. 1966. *The linguistic school of Prague*. Bloomington, IN: Univ. of Indiana Press.

Vahapassi, A. 1988. The problem of selection of writing tasks in crosscultural study. In A. Purves (ed.) *Writing across languages and cultures*. London and Newburry Park, CA: Sage.

Vande Kopple, W. 1982. The given-new strategy of comprehension and some natural expository paragraphs. *Journal of Psycholinguistic Research 11*, 501-20.

Vande Kopple, W. 1983. Something old, something new: Functional sentence perspective. *Research in the Teaching of English 17*. 85-99.

Vande Kopple, W. 1986. Given and new information and some aspects of the structures, semantics, and pragmatics of written texts. In C. Cooper and S. Greenbaum. (eds) *Studying writing: linguistic approaches*. London and Newburry Park, CA: Sage. 72-111.

Vande Kopple, W. 1990. Themes, thematic progressions, and some implications for understanding discourse. *Written Communication 8*, 311-47.

van Dijk, T. 1985. *Handbook of discourse analysis, 4 Vols*. London and New York: Academic Press.

van Dijk, T. 1988. *News as a discourse*. Hillsdale, NJ: Erlbaum.

van Dijk, T. and W. Kintsch. 1983. *Strategies of discourse comprehension*. London and New York: Academic Press.

van Naerrsen, M. and R. B. Kaplan. 1987. language and science. In R. B. Kaplan et al. (eds) *Annual review of applied linguistics, 7*. Cambridge, England and New York: Cambridge Univ. Press. 86-104.

Ventola, E. and A. Mauranen. 1991. Non-native and native revising of scientific articles. In E. Ventola (ed.) *Functional and sytstemic linguistics: approaches and uses*. Berlin: Mouton de Gruyter. 457-92.

Vygotsky, L. 1962. *Thought and language* (E. Haufmann and G. Vadar, eds and trans). Cambridge, MA: MIT Press.

Vygotsky. L. 1978. *Mind in society*. (M. Cole et al. eds and trans.). Cambridge, MA: MIT Press.

Vygotsky, L. 1983. The prehistory of written language. In M. Martlew (ed.) *The psychology of written composition*. New York: J. Wiley. 279-91.

Wald, B. 1987. The development of writing skills among Hispanic high school students. In S. Goldman and H. Trueba (eds) *Becoming literate in English as a second language*. Norwood, NJ: Ablex. 155-185.

Walker, C. and D. Elias. 1987. writing conference talk: Factors associated with high- and low-rated writing conferences. *Research in the Teaching of English 21*. 266-85.

Walshe, R. 1981a. *Every child can write!* Victoria, NSW: Primary English Teacher's Association.

Walshe, R. 1981b. *Donald Graves in Australia: Children want to write*. Victoria, NSW: Primary English Teacher's Association.

Walsmley, S. 1994. *Children exploring their world: Theme teaching in elementary school*. London and Portsmouth, NH: Heinemann.

Walvoord, B. and L. McCarthy. 1991. *Thinking and writing in college: A natualistic study of students in four disciplines*. Urbana, IL: National Council of Teachers of English.

Wasik, B. and R. Slavin. 1993. Preventing early reading failure with one-to-one tutoring: A review of five programs. *Reading research Quarterly 28*, 179-200.

Wauters, J. 1991. Evaluation for empowerment: A portfolio proposal for Alaska. In P. Belanoff and M. Dickson (eds) *Portfolios: Process and product.* Portsmouth, NH: Boynton/Cook. 57-68.

Weasenforth, D. 1995. *Rhetorical abstration as a facet of expected response: A structural equation modeling analysis.* LA: Univ. of Southern California. Ph. D. diss.

Wells, G. 1986. *The meaning makers: Children learning language and using language to learn.* London and Portsmouth, NH: Heinemann.

Wells, G. 1994. The complementary contributions of Halliday and Vygotsky to a 'language-based theory of learning'. *Linguistics and Education. 6,* 41-91.

Wells, G. and G. Chang-Wells. 1992. *Contructing Knowledge together.* London and Portsmouth, NH: Heinemann.

Wertsch, J. (ed.) 1985. *Culture, Communication and Cognition.* Cambridge and New York: Cambridge Univ. Press.

Wertsch, J. 1991. V*oices of the mind: A sociocultural approach to mediated action.* Cambridge, MA: Havard Univ. Press.

White, E. 1993. Holistic scoring: Past triumph, future challenges. In M. Williamson and B. Huot (eds) V*alidating holistic scoring for writing assessment.* Cresskill, NJ: Hampton Press. 79-108.

White, E. 1994. *Teaching and assessing writing,* 2nd edn. San Francisco: Jossey Bass.

White, E. 1995. An apologia for the timed impromptu essay test. *College Composition and Communication 46,* 30-45.

White, R. and V. Arndt. 1991. *Process writing.* London and New York: Longman.

Whitworth, R. 1988. Colloborative learning and other disasters. In J. Golub (ed.) *Focus on collaborative learning.* Urbana, IL: National Council of Teachers of English. 13-20.

Whorf, B. L. 1941. Grammatical categories. *Language 21,* 1-11.

Widdowson, H. G. 1978. *Language teaching as communication.* Oxford and New York:

Oxford Univ. Press.

Widdowson, H. G. 1979. *Explorations in applied linguistics.* Oxford and New York: Oxford Univ. Press.

Widdowson, H. G. 1980. Conceptual and communicative functions in written discourse. *Applied Linguistics 1*, 234-43.

Widdowson, H. G. 1983. *Learning purpose and language use.* Oxford and New York: Oxford Univ. Press.

Wild, A. 1985. Performance review. *L. A. Times* (March 16, 1985). V. 1.

Willey, R. 1990. Pre-classical roots of the addressed/invoked dichotomy of audience. In G. Kirsch and D. Roen (eds) *A sense of audience in written communication.* London and Newbury Park, CA: Sage. 25-39.

Williams, F. 1976. *Explorations of the linguistic attitudes of teachers.* Rowley, MA: Newbury House.

Williamson, M. 1993. An introduction to holistic scoring: The social, historical, and theoretical context for writing assessment. In M. Williamson and B. Hout (eds) *Validating Holistic Scoring for Writing Assessment.* Cresskill, NJ: Hampton Press. 1-43.

Winsor, D. 1990. Engineering writing/writing engineering. *College Composition and Communication 41*, 58-70.

Witte, S. 1983a. Topical structure and revision: An exploratory study. *College Composition and Communication 34*, 313-41.

Witte, S. 1983b. Topical structure and writing quality: Some possible text-based explanations for reader's judgments of student writing. *Visible Language 17*, 177-205.

Witte, S. and R. Cherry. 1986. Writing processes and written products in composition research. In C. Cooper and S. Greenbaum (eds) *Studying Writing: linguistic approaches.* London and Newbury Park, CA: Sage. 112-53.

Witte, S. and L. Faigley, 1981. Coherence, cohesion, and writing quality. *College Composition and Communication 32*, 189-204.

Wodak, R. 1989. Topic development, syntax, and social class. *Discourse Process 11*, 267-86.

Wodak, R. 1990. Discourse analysis: Problems, findings, perspectives. *Text 10*, 125-32.

Wolfson, N. 1989. *Perspectives: sociolinguistics and TESOL*. New York: Newbury House.

Young, R. 1987. Recent developments in rhetoric invention. In G. Tate (ed.) *Teaching composition*. Fort Worth, TX: Texas Christian Univ. Press. 1-38.

Young, R., A. Becker and K. Pike. 1970. *Rhetoric: Discovery and change*. London and New York: Harcourt, Brace and World.

Zamel, V. 1982. Writing: The process of discovering meaning. *TESOL Quarterly 16*, 195-209.

Zamel, V. 1983. The composing process of advanced ESL students: Six case studies. *TESOL Quarterly 17*, 165-87.

Zamel, V. 1985. Responding to student writing. *TESOL Quarterly 19*, 79-101.

Zamel, V. 1987. Recent research on writing pedagogy. *TESOL Quarterly 21*, 697-715.

Zamel, V. 1992. Writing one's way into reading: *TESOL Quarterly 26*, 463-85.

Zellermeyer, M. 1988. An analysis of oral and literate texts: Two types of reader-writer relationships in Hebres and English. In B. Rafoth and D. Rubin (eds) *The social construction of written communication*. Norwood, NJ: Ablex. 287-303.

Zhu, W. 1994. *Effects of training for peer revision in college freshman composition classes*. Flagstaff, AZ: Northern Arizona University Ph. D. diss.

∎ 주제어 찾기 ∎